Albert Neuburger

Die Technik des Altertums

REPRINT – VERLAG
LEIPZIG

Die zum Teil geminderte Druckqualität ist auf den
Erhaltungszustand der Originalvorlage zurückzuführen.

Die Deutsche Bibliothek – CIP-Einheitsaufnahme

Ein Titeldatensatz für diese Publikation ist bei
Der Deutschen Bibliothek erhältlich.

© REPRINT-VERLAG-LEIPZIG
Volker Hennig, Goseberg 22-24, 37603 Holzminden
ISBN 3-8262-1400-5

5. Reprintauflage der Originalausgabe von 1919
nach dem Exemplar des Verlagsarchives

Lektorat: Andreas Bäslack, Leipzig
Einbandgestaltung: Jens Röblitz, Leipzig
Gesamtfertigung: Westermann Druck Zwickau GmbH

Die Technik des Altertums

Von

Dr. Albert Neuburger

Mit 676 Abbildungen

R. Voigtländers Verlag in Leipzig, 1919

Vorwort.

So eingehend und liebevoll man sich auch seit den Tagen der Renaissance und der großen Humanisten mit dem Altertume beschäftigt hat, so ist doch eines der bedeutendsten Gebiete dieses Entwicklungsraumes ziemlich links liegen geblieben: Die Technik des Altertums. Erst in neuerer Zeit hat man begonnen, sich mehr und immer mehr mit ihr zu beschäftigen. Dabei hat sich im vollsten Sinne des Wortes eine Wunderwelt offenbart, die uns einen tiefen Einblick in das hohe Wissen und die außerordentlichen Fertigkeiten vergangener Zeiten gewährt.

Die Ursachen, warum es so lange dauerte, bis man dieses Gebiet zu durchforschen und zu würdigen begann, sind in mancherlei Umständen begründet. Als die großen Humanisten des 15. Jahrhunderts die Aufmerksamkeit von neuem auf das Altertum und insbesondere auf jenen Zeitabschnitt lenkten, den man heute unter der Bezeichnung des „klassischen Altertums" zusammenfaßt, da waren es zunächst die Schönheit der Sprache und dann die Schönheit der Kunst, die die Geister in erster Linie fesselten. Die technischen Einblicke, die sich dabei zeigten, vermochten zunächst noch keinen besonderen Anreiz auszuüben. Das „Zeitalter der Technik" war eben noch nicht angebrochen, die Geisteswissenschaften allein beherrschten die Gemüter. Aber auch schon damals waren es die großen Techniker jener Zeit, die zuerst auf die hohen technischen Fertigkeiten der alten Völker aufmerksam wurden, die sie mit Eifer studierten und ihren Zwecken dienstbar zu machen suchten. Insbesondere waren es die Baumeister, die in den Werken des Vitruvius mancherlei Anregung fanden, und vom größten aller Techniker der Renaissancezeit, von Leonardo da Vinci, hat Werner[1]) den Nachweis zu bringen versucht, daß seine Technik sowie ihre Grundlagen, nämlich sein mathematisches, physikalisches und sonstiges naturwissenschaftliches Können, auf eingehenden Studien arabischer Gelehrter sowie solcher des Altertums beruhten.

Aber noch ein weiterer Umstand hat dazu beigetragen, daß die Technik des Altertums nicht schon früher eingehend erschlossen worden ist. Die Techniker, die sich mit diesem Gegenstande beschäftigten, verfügten vielfach nicht über die nötigen Sprachkenntnisse oder hatten keine Gelegenheit, tiefer in die sprachwissenschaftliche Seite der alten technischen Sachausdrücke einzudringen. Die Philologen hingegen, die zwar über das nötige sprachwissenschaftliche Rüstzeug verfügten, waren ihrerseits wiederum technisch nicht genügend vorgebildet, um das große Gebiet der alten Technik erschöpfend zu behandeln. So kommt es, daß die Bedeutung mancher technischer Sachausdrücke (es sei als Beispiel nur an die Bezeichnungen „aes", „nitrum", „byssos" usw usw. erinnert) erst in neuerer Zeit vollkommener geklärt werden konnte. Freilich gibt es von den beiden großen Gruppen der Berufenen — der Techniker und Philologen — Ausnahmen: wir brauchen in dieser

---

[1]) Werner: Zur Physik Leonardo da Vincis. Berlin.

hinsicht nur auf Techniker wie Diergart und auf Philologen wie Blümner, Re=
ber usw. usw. hinzuweisen —, aber ihre so verdienstvolle Arbeit konnte natürlich
nicht genügen, um dieses ganze große Gebiet auch nur einigermaßen erschöpfend zu
erschließen.

Erst in neuerer Zeit ist durch die Arbeit vieler und besonders dadurch, daß auch
Techniker Geschmack an Forschungen über die alte Technik fanden, sowie durch die
Ausdehnung der Arbeiten auf die Völker des alten Orients ein weitgehender und
ziemlich umfassender Einblick in die technische Entwicklung des Altertums gewonnen
worden. Die Arbeiten sind aber ganz außerordentlich zersplittert, sowohl ihrem In=
halte wie dem Orte nach, wo sie zur Veröffentlichung gelangten. Während der eine
Forscher wie z. B. Le Chatelier in der Hauptsache über alte Tonwaren arbeitet,
beschäftigt sich der andere (Kaßner) mit alten Tinten, der dritte (Berger) mit
der alten Wachsmalerei usw. usw. Schon dieser Umstand ließ es wünschenswert
erscheinen, die so zerstreuten und vielfach mehr oder minder unzugänglichen Ver=
öffentlichungen zu sammeln und das ganze Gebiet einmal in möglichst weitem Um=
fange zusammenfassend zu behandeln. Wenn der Verfasser dieses Wagnis unter=
nommen hat, so glaubt er die Berechtigung daraus herleiten zu dürfen, daß er sich
fast zwei Jahrzehnte lang mit der Technik des Altertums beschäftigte, daß er von
Beruf Techniker ist, und daß er vielfache technisch=philologische Studien getrieben hat.
Er hofft, daß es ihm gelungen sein möge, durch diese Zusammenfassung sowie auf
Grund eigener Erfahrungen ein Werk zu schaffen, das für den Gelehrten und Techniker
eine Grundlage zu weiteren Arbeiten, für die Allgemeinheit aber hoffentlich der
Anreiz zu eingehender Beschäftigung mit dem großen, in seinen Einzelheiten so
schönen, in seinen Leistungen oft so überwältigenden Gebiete der antiken Technik
sein möge.

Wenn man ein Werk über die Technik des Altertums verfassen will, so muß
man sich zunächst darüber klar sein, was denn der Begriff des „Altertums" alles in
sich schließt. Im allgemeinen rechnet man das Altertum von einem zeitlich nicht
näher bestimmten Anfang an, der für jedes einzelne Volk ein verschiedener ist, und
der den ungefähren Zeitpunkt kennzeichnet, wo es in die Geschichte eintritt, bis etwa
zum letzten Drittel des 5. Jahrhunderts n. Chr., also bis zu jenem Abschnitt in der
Geschichte der Völker, wo mit dem Untergange des weströmischen Reiches gewaltige
Umwälzungen religiöser, kultureller und geschichtlicher Natur einsetzten, die vor
allem durch die Gründung der christlichen Staaten und die Stürme der Völkerwande=
rung gekennzeichnet sind. Es war ernstlich zu prüfen, ob dieser Begriff des „Alter=
tums" auch auf die Technik zutrifft. Im allgemeinen ist diese Frage zu bejahen, und
so enthält das Werk tatsächlich eine Darstellung der Entwicklung des Standes der
Technik, die den genannten Zeitraum umfaßt. In einzelnen Fällen jedoch mußte
sowohl nach rückwärts wie nach vorwärts eine Erweiterung statthaben. So mußte
z. B. überall da, wo es sich zeigte, daß eine bestimmte Technik sehr tief in vorgeschicht=
lichen Zeiten wurzelte, auf diese zurückgegriffen werden. Ist doch so manche technische
Errungenschaft, die am Beginne der Geschichte irgendeines Volkes bereits ihre höchste
Entwicklung und ihre weitgehendste Ausnützung erfahren hat, in Wirklichkeit bereits
in vorgeschichtlicher Zeit geschaffen oder doch wenigstens in ihren Hauptzügen fest=
gelegt worden. Ebenso gebietet es die Entwicklung einzelner technischer Zweige,
daß man bei ihrer Betrachtung über das Jahr 476 n. Chr., das im allgemeinen als
das „Ende des Altertums" angesehen wird, hinausgeht — bedeutet doch dieses Jahr
durchaus nicht immer einen scharfen Abschnitt in technisch=geschichtlicher oder entwick=
lungsgeschichtlicher Hinsicht.

Die Literatur wurde im allgemeinen tunlichſt bis zum Beginn der Druck=
legung berückſichtigt, doch war es infolge der durch den Krieg geſchaffenen Ver=
hältniſſe natürlich ſchwieriger, die Veröffentlichungen aus den letzten Jahren, ins=
beſondere die ausländiſchen, vollſtändig zu erhalten. Die den einzelnen Ab=
ſchnitten angefügten Literaturverzeichniſſe ſollen nicht die geſamte über den be=
treffenden Gegenſtand überhaupt erſchienene Literatur wiedergeben, ſondern
ſtellen lediglich die bei der Bearbeitung benutzten Quellen dar. Ein Teil der
ſtändig benutzten und — um zu häufige Wiederholungen zu vermeiden — in
den Verzeichniſſen nicht immer wieder von neuem aufgeführte Quellen iſt auf
S. 532 zuſammengeſtellt.

Während der langen Jahre, die die Vorbereitung und Abfaſſung des vor=
liegenden Werks in Anſpruch nahm, wurde mir ſeitens zahlreicher Forſcher
— und zwar ſowohl von Archäologen wie von Technikern — insbeſondere aber
auch von Seiten ſo vieler Vorſtände von Muſeen und Bibliotheken, ferner auch
von privaten Sammlern eine Fülle liebenswürdiger Unterſtützung zu teil. Ich
ſpreche allen dieſen Herren, die in ihrer Geſamtheit namentlich anzuführen ganz
unmöglich iſt, an dieſer Stelle nochmals meinen verbindlichſten Dank für ihr
freundliches Entgegenkommen und für ihr Intereſſe an meiner Arbeit aus.

Berlin, im Juli 1919.   Dr. Albert Neuburger.

Inhaltsübersicht.

Einleitung.

Man hat die Gegenwart vielfach als das „Zeitalter der Technik" bezeichnet. Dadurch wird unwillkürlich der Glaube erregt, daß es erst der Jetztzeit vorbehalten blieb, eine Technik zu schaffen oder zu hoher Entwicklung zu bringen, während es in vergangenen Jahrhunderten eine solche nicht gab. Nichts ist falscher als diese Vorstellung! In Wirklichkeit hatte man zu allen Zeiten bis in die Uranfänge der Menschheit zurück eine Technik. Die der Gegenwart unterscheidet sich von der der Vergangenheit in der Hauptsache nur dadurch, daß wir in der Ausnützung mancher Naturkräfte, vor allem der Spannkraft des Dampfes und der Elektrizität, früher vollkommen Unbekanntes leisteten, und daß wir dadurch manche Zweige unseres kulturellen Lebens, in erster Linie das Verkehrswesen, auf eine neue Grundlage stellten.

Wir haben also eigentlich kein Recht, von einem besonderen „Zeitalter der Technik" zu sprechen, wir müssen vielmehr die Technik als einen Ausfluß menschlicher Geistestätigkeit betrachten, der in der Natur der Dinge begründet und mit dem Dasein des Menschen von alters her auf das engste verknüpft ist. Wie aber alle Äußerungen des menschlichen Geistes, so weist auch die Technik, die man als den ständigen Kampf des Menschen mit dem Stoffe bezeichnen kann, Zeiträume höchster Entwicklung neben solchen größten Tiefstandes auf. Die Unterschiede, die sich hier zeigen, sind ganz gewaltige: Lassen wir die Entwicklung vor unserem Auge vorüberziehen, so ergeben sich zwei große Blütezeiten: Die Jetztzeit und — das Altertum.

Die Technik des Altertums unterscheidet sich von der der Gegenwart vor allem dadurch, daß sie mit viel einfacheren Hilfsmitteln als jenen, über die wir jetzt verfügen, Leistungen von einer Größe vollbrachte, die teilweise heute noch nicht übertroffen wurden. Geht unsere Technik durch die Ausnützung des Dampfes und der Elektrizität sowie vieler im Laufe der Zeiten gewonnener Erkenntnisse mehr in die Breite, so geht die des Altertums entschieden mehr in die Tiefe: Das damalige, gegenüber dem gegenwärtigen viel enger begrenzte Wissen wird auf das eingehendste ausgenützt. Die einfachen Hilfsmittel werden Jahrhunderte, ja selbst Jahrtausende hindurch, ohne daß man sie oft wesentlich verbesserte, mit einer Geschicklichkeit und in einer Leistungsfähigkeit verwendet, die uns heute nicht selten befremdlich anmutet.

Aber auch gegen die Technik der späteren Zeit, vor allem gegen die des Mittelalters, weist die des Altertums weitgehende Unterschiede auf. Die Technik des Mittelalters und der folgenden Jahrhunderte erstarren nicht selten in den engen Formen und Grenzen, die ihnen durch das Zunftwesen gezogen sind, das sogar die Arbeitszeit, die Zahl der Gehilfen, die Art der zu verwendenden Rohstoffe sowie die Form und Größe aller für einen bestimmten Zweck überhaupt gestatteten Hilfsmittel auf das genaueste vorschreibt. Jede freiere Entwicklung, jeder Versuch, diese Grenzen zu durchbrechen, werden auf das strengste unterdrückt und auf das schärfste geahndet. So leistet die Technik des Mittelalters zwar Gutes, aber dieses Gute bleibt immer nur die durch Geschlechter und Geschlechter hindurch gepflegte Ausübung einer ganz beſtimmten eng umſchloſſenen Tätigkeit, der höchſtens eine Entwidlung nach der künſtleriſchen Seite hin geſtattet iſt. Anders die Technik des Altertums! Auch hier finden wir Zünfte, auch hier ſehen wir, daß lange Zeiträume hindurch der gleiche Zwed mit immer gleichen Mitteln erſtrebt wird, aber darüber hinaus ſind der freien Entwidlung keinerlei Grenzen gezogen. Große Geiſter können ſich nach jeder Richtung hin entfalten. Sie finden allerorts und insbeſondere vonſeiten der Mächtigen verſtändnisvolle Unterſtützung — ein Zuſtand, der erſt am Ende des Mittelalters und da nur vereinzelt wieder auftritt, zu einer Zeit, die eben gerade da= durch gekennzeichnet iſt, daß ſie im Altertume wurzelt, im Zeitalter der Renaiſſance. Aber auch hier wird das alte Vorbild niemals wieder ganz erreicht: Wer allzuviel wagt, weſſen Geiſt ſich auch auf techniſchem Gebiet allzuweit über die herkömmlichen Schranken erhebt, den vermag auch der mächtigſte Gönner nicht immer vor dem Zugriffe der Inquiſition mit allen ſeinen Folgen zu ſchützen.

So ſehen wir alſo in der antiken Technik einen Zeitraum der Entwidlung, der in ganz beſtimmter Weiſe gekennzeichnet iſt: durch gewaltige Leiſtungen, hervorge= bracht mit verhältnismäßig einfachen Hilfsmit eln, und durch eine faſt nach jeder Rich= tung hin freie Entwidlung! Zu dieſen einfachen Hilfsmitteln ſind aber nicht nur die Maſchinen zu rechnen. Zu ihnen gehört vielmehr in erſter Linie auch die wiſſen= ſchaftliche Grundlage, auf der ſich das techniſche Leben aufbaut. Das, was die Tech= nik des Altertums leiſtet, iſt vielfach ſo überraſchend und derart außerordentlich, daß man häufig den Gedanken ausſprechen hört, die Alten müßten über ein Wiſſen ver= fügt haben, das uns heute verloren gegangen iſt, ſie müßten Kenntniſſe, insbeſondere phyſikaliſcher Natur, beſeſſen haben, von denen wir keine Ahnung mehr haben. Dieſer Gedanke mag in einzelnen Fällen tatſächlich nicht immer ganz von der Hand zu weiſen ſein, ein reſtloſer Beweis für ſeine Richtigkeit iſt noch niemals erbracht worden. Die Entwidlung ging damals, worauf wir oben ſchon hinwieſen, eben in die Tiefe. Die aſtronomiſchen, mathematiſchen und phyſikaliſchen Kenntniſſe, über die man ver= fügte, nütz e man auf das höchſte aus, man zog aus ihnen die letzten zu jener Zeit überhaupt möglichen praktiſchen Anwendungen. Mag die Kenntnis von irgendeinem Stoff oder irgendeiner Pflanze, die die Alten für irgendeinen techniſchen Zwed, z. B. zur Malerei oder bei der Balſamierung uſw. uſw. verwendeten, tatſächlich nicht auf uns gekommen ſein: im allgemeinen iſt uns genau bekannt, welches der Umfang und die Einzelheiten ihres Wiſſens waren. Nicht ſo ſehr dieſes Wiſſen iſt es dann, das unſere Bewunderung erheiſcht, ſondern die Art, wie man es in zielbewußter und ſinngemäßer Weiſe ausnützte, ſo daß man auch mit verhältnismäßig einfachem Rüſtzeug oft gerade ſoviel, manchmal ſogar noch mehr erreichte als wir, die wir doch über ſo ausgedehnte Kenntniſſe auf den verſchiedenſten Gebieten verfügen. Dieſe Ausnützung aller Möglichkeiten erſtredte ſich auch auf den Menſchen ſelbſt und wird unterſtützt durch den damals verhältnismäßig geringen Wert der Zeit — zwei Punkte, auf die wir in den nachſtehenden Ausführungen noch öfters zurüd= kommen werden.

Wie bei uns, ſo waren es auch im Altertume neben der allgemeinen Erfahrung und den aus ihr gezogenen Folgerungen vor allem einzelne große Geiſter, die der Technik neue Wege wieſen. Die Namen dieſer Bahnbrecher der Technik ſind zum großen Teil verſchollen, nur einzelne ſind bis auf den heutigen Tag erhalten geblieben. Aber eines ergibt ſich aus dem, was wir wiſſen: Die Stellung des Tech= nikers war im Altertume vielfach eine angeſehenere, als ſie es bis vor kurzem bei uns geweſen iſt, die wir doch alle ſo ſtolz auf unſer ſogenanntes „Zeitalter der Technik“ und ſeine Erfolge ſind. Wenn heute der Techniker wirklich jene Stellung einnimmt, die ihm nach seiner Allgemeinbildung, nach seinem Wissen und nach seinen Leistungen gebührt, so darf man nie vergessen, daß er sie sich erst nach harten und schweren Kämpfen erringen mußte, und daß noch heute die Vertreter einzelner akademischer Stände glauben, sie seien etwas Besseres als er. Im Altertume hingegen war der hervorragende Techniker eine vielgesuchte Persönlichkeit, die sich des allergrößten Ansehens erfreute, und zwischen der und dem höchsten aller Stände, dem Priesterstande, sich bei einzelnen Völkern sogar gewisse Zusammenhänge vermuten lassen. Noch heute zeigt die Ausgestaltung mancher technischer Werke, welch hohe Ehre der Techniker im Altertume genoß; gab es doch z. B. im alten römischen Reiche fast keine Brücke, die nicht durch eine Art von Triumphbogen für ihren Erbauer gekrönt war. Die Mächtigen der Erde zogen den Techniker zu sich heran und gaben ihm in einzelnen Fällen eine ganz besonders hohe Stellung. Vielfach wurden auch eigene Gelegenheiten für die Ausbildung von Technikern geschaffen. Es gab besondere technische Behörden, und zwar sowohl staatliche wie städtische, ja manche Heere hatten sogar ein besonderes Ingenieurkorps.

Sehr weitgehend war im Altertume der Einfluß der Technik auf das Staatswesen, und zahlreiche Kennzeichen deuten darauf hin, daß man sich dieses Einflusses auch im vollen Maße bewußt war. Nur durch die Ausnützung technischer Hilfsmittel ließ sich der Staat erhalten, nur durch sie ließ sich jener Wohlstand schaffen, der die Grundlage seines Daseins bildete. In fast allen Reichen des Altertums wehrten die Techniker den Überschwemmungen der Flüsse und retteten dadurch weite Gebiete vor dem Untergange. Sehr häufig verstanden sie es, Sumpfgebiete durch Trockenlegung in fruchtbares Land und sandige Wüsten durch wohlausgebaute Bewässerungsanlagen in blühende Getreidefelder umzuwandeln. Sie waren es, die das Straßennetz schufen, das es ermöglichte, das Heer rasch an die entferntesten Grenzen des Reiches zu senden und diese dadurch nicht nur gegen feindliche Einfälle zu schützen, sondern sogar immer noch weiter hinauszurücken. Den Technikern verdankte man die starken Mauern, die dem Ansturme der Feinde trotzten, sie waren es, die alle jene Maschinen bauen mußten, durch die man den Gegner niederzwang. Der Techniker baute und verbesserte die zahlreichen Hilfsmittel des Verkehrs und trug so dazu bei, daß der Handel, diese hauptsächlichste Grundlage des Wohlstandes, blühte. So zeigten sich zwischen dem Bestehen des Staates und der antiken Technik zahlreiche Wechselbeziehungen, die rückwirkend wieder ihren Einfluß auf das Leben des einzelnen geltend machten. Die Technik schuf den Wohlstand, der Wohlstand stellte die Technik vor neue Aufgaben. Durch ihn entwickelt sich das künstlerische Leben, und hier ist es dann wieder die Technik, die der Kunst zahlreiche Hilfsmittel bereitet und zur Verfügung stellt. Die Städte und die Häuser gewinnen an Ausdehnung: Der Technik bleibt es vorbehalten, in Form von Kanalisation, Wasserleitung usw. usw. die hygienischen Grundlagen zu schaffen, deren Notwendigkeit für jede größere Gemeinde man schon im Altertum erkannt hatte. Welche schwierigen Aufgaben sie dabei zu lösen hatte, und wie meisterhaft ihr diese Lösung gelang, dessen sind die gewaltigen Überreste ihrer einstigen Leistungen heute noch unvergängliche Zeugen.

So stand also auch im Altertume bereits das gesamte staatliche und öffentliche Leben in weitgehendstem Maße unter dem Einflusse der Technik, und man kann wohl behaupten, daß auch damals schon jener Staat die besten Aussichten für die Zukunft hatte, der über die besten Techniker und über die besten technischen Hilfsmittel verfügte. Daß man sich dieser Tatsache wohl bewußt war, dafür sind uns zahlreiche Beweise erhalten. Nur wer die alte Technik kennt, ist imstande, das Altertum im vollen Umfange geistig zu erfassen!

Der Bergbau.

Ohne Bergbau keine Technik! Diese Wahrheit galt schon im Altertume, denn auch damals wäre jede technische Entwicklung unmöglich gewesen, wenn man es nicht verstanden hätte, der Erde die Schätze abzuringen, die sie in ihrem Schoße verbarg. Mit dem, was sie freiwillig darbot, ließ sich verhältnismäßig wenig anfangen. Holz und sonstige Pflanzenteile, herumliegende Steine, die Knochen erlegter Tiere und die Gräten gefangener Fische mochten dem Urmenschen und dem Wilden genügen. In dem Augenblicke, wo jene vielseitige Entwicklung menschlicher Tätigkeit einsetzte, die wir unter dem Begriffe der „Kultur" zusammenfassen, war man genötigt, sich nach anderen Hilfsmitteln umzusehen. Man brauchte Werkzeuge, um die zum Hausbau erforderlichen Materialien zu bearbeiten. Ackergeräte sowie bessere Waffen wurden nötig, und das häusliche Leben stellte so mancherlei Anforderungen, denen sich nur dadurch genügen ließ, daß man sich neue Stoffe dienstbar machte. Diese aber konnten zum großen Teil nur auf dem Wege des Bergbaus gewonnen werden.

Es läßt sich daher wohl behaupten, daß der Beginn der Kultur und die Anfänge des Bergbaus bei den einzelnen Völkern zusammenfielen. Freilich ist von keinem einzigen Volke des Altertums mit auch nur einigermaßen hinreichender Genauigkeit mehr festzustellen, wann dort die Technik des Bergbaues begann. Wahrscheinlich sind einzelne Völker des Orients ganz von selbst und in natürlicher Entwicklung dazu gekommen, die Tiefen der Erde nach Schätzen zu durchwühlen. Sie fanden bald hier, bald dort brauchbare Steine oder Edelmetalle. Der Wunsch, mehr davon zu besitzen, veranlaßte sie dann, weiter zu graben. So hat sich wohl hier zuerst eine bergbauliche Technik entwickelt. Als nun später Handel und Verkehr einsetzten, ging diese Technik auf andere Völker über. So berichtet z. B. die griechische Sage, daß der wahrscheinlich aus Phönizien stammende Kadmos am Berge Pangaeus in Thrazien Gold- und Silberbergwerke eröffnet habe, die wir wohl als die ältesten Europas ansehen dürfen. Ebenso sind Metallgruben auf einigen Inseln des Mittelmeeres und an den Küsten Spaniens durch die Phönizier angelegt worden. Auf ähnliche Weise kam der Bergbau durch den Verkehr in andere Länder, wie z. B. nach Britannien, wo Kaiser Hadrian, als er im Jahre 120 mit der sechsten Legion dorthin kam, sofort Bergwerke in Betrieb setzte, die bis zum Jahre 409 ausgebaut wurden. Natürlich brachte er auch die in den römischen Gruben übliche Bergbautechnik mit nach der britannischen Halbinsel.

Diese Technik stand nun bei den verschiedenen Völkern des Altertums auf einer verschieden hohen Stufe. Eine besondere Entwicklung zeigte sie bei den Ägyptern, die wahrscheinlich bereits zwischen 4000 und 3000 v. Chr. Kupferbergwerke auf der Sinai-Halbinsel anlegten. Außerdem aber sind uns aus jener Zeit noch die gewaltigen Steinbrüche von Turra bei Kairo erhalten, die den Beweis liefern, daß man bereits damals vom gewöhnlichen Tagebau zur Anlegung von Schächten übergegangen war. Man begnügte sich also in Ägypten nicht damit, den Berg einfach abzutragen, sondern man drang tief in sein Inneres vor. Brunnen aus jener Zeit, wie z. B. der Josephsbrunnen in Kairo, führen bis zu 90 Meter senkrecht in die Tiefe. Wenn man schon um das Jahr 2500 v. Chr. derartige Brunnenschächte herzustellen verstand, so kann es keinem Zweifel unterliegen, daß man von dieser Fähigkeit auch für den Bergwerksbetrieb mancherlei Anwendung machte.

In ähnlich hoher Blüte wie bei den Ägyptern stand der Bergbau auch bei den Indern und bei den Chinesen, die gleichfalls schon vor etwa 5000 Jahren Berg= werke anlegten. Zwar sind diese Bergwerke heutzutage meist verschüttet, und die For= schung hat sich wenig mit ihnen beschäftigt, doch ergibt sich aus anderen Spuren die Tatsache, daß man auch schon damals das metallhaltige Erz von dem begleitenden „tauben Gestein" wohl zu unterscheiden verstand. Man trennte beide und warf, genau so wie jetzt, das nicht verwertbare auf großen Halden zusammen. Die Halden unserer heutigen Bergwerke bilden für den Mineralogen, den Geologen, den Berg= ingenieur und für die Vertreter noch mancher anderer Zweige der Forschung eine unerschöpfliche Fundgrube. Ebenso sind auch die Halden alter Bergwerke jetzt noch sprechende Zeugen für den Stand einer untergegangenen Technik. Sie lassen uns erkennen, welche Metalle man damals zutage förderte, und geben uns Aufschluß über die Hilfsmittel, deren man sich dabei bediente. Über die Metalle und ihre weitere Verarbeitung ist in anderen Abschnitten dieses Werkes Näheres mitgeteilt. Hier, wo nur vom Bergbau gesprochen werden soll, interessiert uns in erster Linie die Art und Weise, wie damals die Bergwerke angelegt und betrieben wurden.

Ehe wir jedoch hierauf näher eingehen, sei noch vorausgeschickt, daß Anlage und Betrieb solcher Bergwerke bei fast allen Völkern des Altertums nach gleichen Grundsätzen gehandhabt wurden. Es wurde ja eben schon angedeutet, daß die Technik infolge der Entwicklung von Handel und Verkehr von einem Volk auf das andere überging. So finden wir also in den indischen und chinesischen Bergwerken so ziem= lich dieselben Zustände wie später in den phönizischen und ägyptischen und noch später in den griechischen, römischen, keltischen, gallischen, britannischen usw. usw. Die Schätze, die man suchte, und die Erze, die man förderte, sind je nach dem Lande oft mehr oder minder verschieden, die Art und Weise ihrer Gewinnung bleibt so ziemlich dieselbe.

Der Bergarbeiter des Altertums war fast stets Sklave oder Verbrecher. Dieser Um= stand erklärt, warum die verwendeten Hilfsmittel durch Jahrtausende hindurch so ziem= lich die gleichen geblieben sind. Die Maschine hat den Zweck, die Arbeit des Menschen zu erleichtern oder Zeit und Arbeitskräfte zu sparen. Dem Sklaven brauchte man es nicht leicht zu machen, man hatte kein Mitgefühl mit ihm und seinem harten Los, das ihn bis zu seinem Ende in den finsteren Tiefen der Erde unter Qualen und Ent= behrungen festhielt. Sklaven gab es meist im Überfluß, nach Feldzügen gewöhnlich so viele, daß man sie in großen Mengen hinrichtete. An Arbeitskräften war somit kein Mangel, und der Wert der Zeit war noch ein sehr geringer. So kommt es, daß in fast allen Bergwerken des Altertums mit äußerst einfachen Hilfsmitteln gearbeitet wird. In den von den Römern und Karthagern bearbeiteten Kupferminen von Rio Tinto und Tharsis in der spanischen Provinz Huelva ging die Einfachheit dieser Hilfsmittel so weit, daß die in den Bergwerken beschäftigten Sklaven die über den Erzen lagern= den Tonschichten mit den Händen abkratzen mußten. Man sieht im Ton der alten Gru= ben heute noch Tausende von Fingerabdrücken, an denen man eine merkwürdige Be= obachtung machen kann. Der Daumen ist nämlich durch die Eigenart der Arbeit ganz besonders entwickelt, genau so, wie er ja auch jetzt noch bei manchen Handwerkern eine besondere Entwicklung aufweist. Im übrigen aber arbeitete man im allgemeinen mit Hämmern und Keilen, wohl auch mit Knochen und Geweihen. Das bekannte

Bergwerkszeichen besteht aus zwei gekreuzten hammerartigen Werkzeugen, dem „Schlägel" und dem „Eisen", von denen das eine als Hammer dient. während das andere mit seiner Spitze in das Gestein hineingehämmert wird. Dieselben Formen weisen auch die Handwerkszeuge des alten Bergbaues auf: Ganz gleich, ob sie aus Horn, Knochen, Stein oder Metall hergestellt sind, wir finden immer das Eisen, also den Spitzkeil, der gegen das Gestein gehalten wird, und auf dem man mit dem Schlägel hämmert. Bezeichnenderweise heißt der Schlägel heute noch in der Bergmanns= sprache auch „Säustel", eine Benennung, die uns erklärlich wird, wenn wir in den alten Bergwerken oder auf ihren Halden Steine finden, deren Gestalt darauf hinweist, daß sie als Hammer benutzt und einfach mit der Faust gehandhabt wurden. In einem verschütteten Gange des erwähnten altrömischen Bergwerkes in der spanischen Provinz Huelva lagen fünfzehn Skelette, von denen, als man sie aufdeckte, einzelne noch mit der Faust den steinernen „Säustel" umspannten. Der „Säustel" wurde aber sehr oft auch mit einem Stiel versehen und so zum richtigen Hammer, ebenso wie man auch durch den Spitzkeil einen Stiel hindurchsteckte oder ihn mit Hilfe von Stricken daran festband.

Derartige Werkzeuge finden wir auch auf den alten, wahrscheinlich aus dem 7. oder 6. Jahrhundert v. Chr. stammenden Weihetäfelchen abgebildet, die fast die einzigen erhaltenen bildlichen Darstellungen vom Betrieb alter Bergwerke sind. Diese aus bemaltem Ton bestehenden Weihetäfelchen, die sogenannten

„korinthischen Pinakes", die sich größtenteils im Berliner Antiquarium befinden, zeigen, daß die Arbeit in den Berg= werken wegen der Hitze ge= wöhnlich in nacktem Zustande vorgenommen wurde, oder daß man nur einen Schurz trug. Die Form des Hammers und die Länge des Stiels war

Abb. 1 u. 2.   Darstellung von Arbeiten in Bergwerken des Altertums nach korinthischen Pinakes.

ebenso wie die der übrigen Werkzeuge der Art des Gesteins sowie der Art der Arbeit, die bald im Stehen. bald im Sitzen, bald im Liegen ausgeführt wurde, angepaßt. Wir erkennen aus den Täfelchen, daß die Bergwerke auch durch von der Decke herabhängende Amphoren erleuchtet wurden, sodaß also die Beleuchtung nicht immer durch die meist in kleinen Gesteinshöhlungen aufgestellten Lampen geschah und daß Knaben das Gestein in Henkelkörben sammelten, die dann verschnürt, in die Höhe ge= reicht und durch andere Knaben weiter gegeben oder fortgetragen wurden (siehe Abb. 1 und 2).

Man muß staunen, wenn man bedenkt, daß mit derartigen einfachen Werk= zeugen lange Gänge in das Gestein hineingehauen wurden. Man hat berechnet und aus den Spuren der Spitzkeile festgestellt, daß man m Laufe von vierundzwanzig Stunden in noch verhältnismäßig weichem Gestein nur etwa um einen Zentimeter vordrang. Der Fortschritt n hartem Gestein betrug bei den Völkern des Altertums durchschnittlich nicht mehr als acht bis zehn Meter pro Jahr. Diese geringe Leistung glich man dadurch aus, daß man die Gänge sehr niedrig machte, daß man nur an den Erzadern entlang arbeitete und sich nach Möglichkeit hütete, überflüssiges Gestein zu entfernen. Die Stollen und Gänge wurden infolgedessen so eng, daß sich ein Sklave nur mit Mühe und Not hindurchzwängen konnte. In manchen Bergwerken, insbe=

sondere in den ägyptischen, griechischen und römischen, verwendete man, um möglichst wenig Gestein entfernen zu müssen, sogar vielfach nur Kinder. Trotzdem die Sklaven durch den Aufenthalt in den Bergwerken, durch die ungesunde Stellung beim Arbeiten sowie durch Krankheiten — in Bleibergwerken insbesondere durch die Bleikrankheit — entkräftet waren, mußten sie doch oft sehr schwere Werkzeuge handhaben. Man hat Hämmer gefunden, deren Gewicht zwischen 9½ bis 12 Kilogramm schwankt.

Dabei fehlte es an allen und jeglichen Sicherheitsvorkehrungen. Die Gänge wurden nicht gestützt und fielen deshalb sehr oft ein, die Arbeiter unter sich begrabend. Zahlreich sind die Funde von Skeletten erschlagener Bergwerkssklaven, die in alten Gruben gemacht werden. Ebensowenig suchte man die Luft zu erneuern oder sonstige gesundheitliche Maßnahmen zu treffen. War die Luft im Innern des Bergwerkes so heiß und schlecht geworden, daß man sie nicht mehr atmen konnte, so verließ man den Ort und nahm eine neue Stelle in Angriff. Besonders empfindlich dürften sich diese Verhältnisse überall da geltend gemacht haben, wo man außer mit Schlägel und Eisen auch noch mit dem einzigen sonstigen technischen Hilfsmittel arbeitete, das zum Loslösen der Gesteine geeignet war, nämlich mit dem Feuer. Man erhitzte das Gestein und begoß es dann mit Wasser. Rauch und Qualm fanden keinen Abzug. Diese Art der Anlegung von Stollen und Gängen beschreibt Plinius folgender= maßen: „Es werden Stollen in die Berge getrieben und weitläufig untersucht. Man nannte diese Stollen arrugia, kleine Wege oder kleine Straßen. Oft stürzten diese Stollen ein und begruben unter sich viele Arbeiter. Kommen sehr harte Gesteine vor, so versucht man sie mit Feuer und Essig zu sprengen.[1]) Weil der dadurch ent= wickelte Dampf und Rauch oft die Arbeiter erstickte, so zerschlagen die letzteren lieber das Gestein in Stücken von 150 Pfund und darüber und verwenden dazu eiserne Keile und Hämmer. Diese Stücke werden aus den gehauenen Gängen fortgeschafft, so daß eine freie Höhlung entsteht. Solcher Höhlungen werden so viele, eine neben der anderen, in den Berg eingetrieben, bis dieser mit Krachen und Getöse zusammen= stürzt, und das innere Gestein zutage tritt. Häufig tritt die gesuchte und erhoffte Goldader nicht zutage, und die schwere und langandauernde Arbeit, die oft viele Men= schenleben gekostet hatte, war vergebens gewesen."

Es ist erstaunlich, daß man mit derartig einfachen Hilfsmitteln bis zu oft be= trächtlichen Tiefen vorzudringen vermochte. Wenn Diodor erzählt, die Römer hätten Gruben gehabt, die „stadientief" waren, so ist dies durchaus keine Übertreibung; hat man doch z. B. in einer spanischen Grube in zweihundert Meter Tiefe eine Kupfer= tafel mit einer altrömischen Inschrift gefunden[2]).

Nicht minder einfach erfolgte jener Teil des Bergwerksbetriebes, den man heut= zutage die „Förderung" nennt. Das Erz wurde in Säcke oder Tröge eingefüllt und von Kindern, die in den niedrigen Stollen oft allein mit der Last vorwärts kommen konnten, herausgeschleppt. War man im Innern des Berges auf eine Höhlung ge= stoßen, so sortierte man es wohl schon hier, sonst aber fand die Sortierarbeit erst „über Tag" statt. Aus der Größe der Säcke und dem spezifischen Gewichte der Erze hat man berechnet, daß die von einem solchen Kinde getragene Last oft bis zu zwanzig Kilo= gramm betrug. Wie viele dieser armen Kinder mögen nicht unter derartig schweren Lasten und unter den Peitschenhieben der Aufseher zusammengebrochen sein! Manche Gänge alter Bergwerke sind so steil, daß man, ebenso wie auch bei den senkrechten Schächten, die Verwendung von Seilen zur Förderung annehmen muß. Gefunden haben sich solche Seile aber nicht.

---

[1]) Über den „Essig" zum Sprengen der Gesteine siehe Seite 468.
[2]) Über das „Stadion" siehe Seite 505.

Je weiter man in die Tiefe kam, desto häufiger stieß man natürlich auch auf Wasseradern, desto häufiger mögen sich Wassereinbrüche ereignet haben. Aber auch eine „Wasserhaltung" in unserem Sinne gab es nicht. Das Wasser wurde mit Gefäßen oder ledernen Schläuchen ausgeschöpft, die von Hand zu Hand weitergereicht wurden. Die Ägypter zogen solche Säcke an Seilen empor, die mit einer Haspel aufgewunden wurden, eine Art der Wasserförderung, die man ja von den uältesten Zeiten bis auf den heutigen Tag auch noch an den Brunnen vielfach zur Anwendung

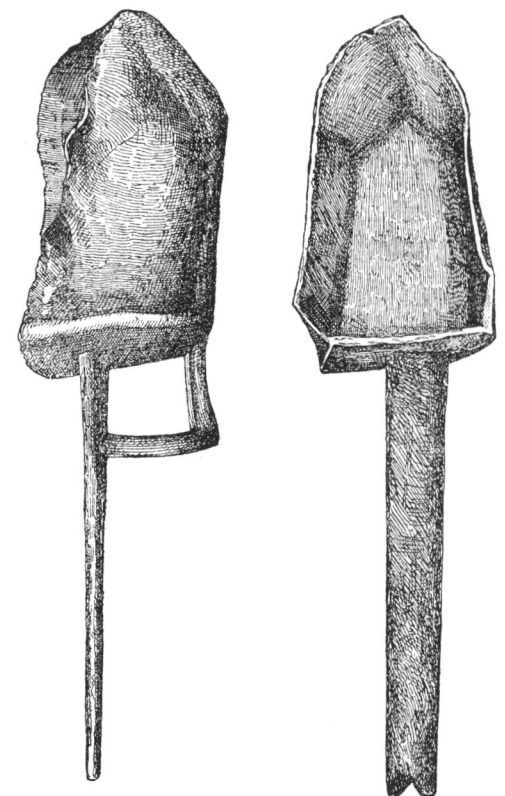

Abb. 3 und 4. Löffelartige Bergwerkslampen aus Blei.
Gefunden zu Villefranche.

bringt. Konnte man des Wassers nicht mehr Herr werden, so mußte man eben notgedrungen das ganze Bergwerk ersaufen lassen, womit nicht selten die Arbeit vieler Jahrzehnte, ja oft von Jahrhunderten zunichte gemacht war.

Die Beleuchtung entsprach in bezug auf ihre Einfachheit allen übrigen Einrichtungen der damaligen Bergwerke. Sie geschah vielfach mit Holzstücken, die mit Harz oder Fett getränkt und an den Wänden mit Lehmklumpen befestigt waren. Auch Reisigbündel wurden angezündet. In einzelnen altrömischen Bergwerken, wie z. B. in dem zu Villefranche, fand man auch bleierne löffelartige Bergwerkslampen. (Abb. 3 und 4). Der Hohlraum des Löffels wurde mit Öl gefüllt, in das ein Docht gelegt wurde, den man anzündete. Die Lampe wurde dann an einem geraden Stiel gehalten. Im gleichen Bergwerke sind auch tönerne Krukenlampen gefunden worden, die in bezug auf Form und Aussehen jenen entsprechen, wie man sie auch zur häuslichen Beleuchtung verwendete (Abb. 5 bis 7).

Die Technik des Bergbaus zeigt während des ganzen Altertums, und zwar von den ältesten Spuren bis zum Untergange des römischen Weltreichs, fast keine Fort-

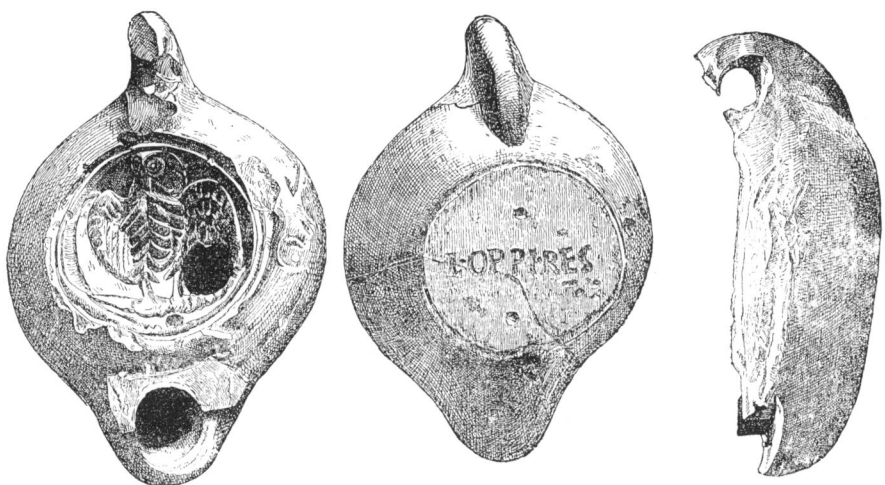

Abb. 5, 6 und 7. . Tönerne Krukenlampen als Bergwerkslampen verwendet.
Gefunden zu Villefranche.

schritte in bezug auf die verwendeten technischen Hilfsmittel. Umsomehr müssen uns die gewaltigen Leistungen in Erstaunen setzen, die man auf diesem Gebiete sowohl in bezug auf die Tiefe der Schächte wie auch in bezug auf die Menge der geförderten Erze vollbrachte, Leistungen, die eben nur durch die Unmasse des zu ihrer Erzielung geopferten Menschenmaterials ihre Erklärung fanden.

Literatur zum Abschnitt: „Bergbau".

Beck, Die Geschichte des Eisens. Erste Abteilung. Braunschweig 1891.

Blümner, Technologie und Terminologie der Gewerbe und Künste bei Griechen und Römern. Vierter Band. Leipzig 1887.

— Technische Probleme aus Kunst und Handwerk der Alten. Berlin 1877.

Danbrée, Aperçu historique sur l'exploitation des mines métalliques dans la Gaule. Paris 1881.

Freise, Bergbau vor 5000 Jahren. Technische Monatshefte 1914, 1, S. 31.

— Berg- und hüttenmännische Unternehmungen in Asien und Afrika während des Altertums. Ztschr. f. Berg-, Hütten- u. Salinenwesen 1908, Bd. 56, S. 347 ff.

Herodot, Geschichten. 1. Buch, 185; 6. Buch, 46—47.

H. H. Montanus, Antiker Bergbau in Griechenland. Mont. Rundschau 1902, S.1202 1244.

Mosso, Le armi più antiche di rame e di bronzo. Roma 1908.

— Der Bergwertsbetrieb der Alten. Welt d. Technik 1911, 4. 76.

Rohrer, Die alten Kupfergruben in Chalkis. Athen 1909.

Strunz, Die Chemie im klassischen Altertum. Sonderausgabe aus der Zeitschrift „Die Kultur" 1905, S. 474.

Treptow, Bergbau und Hüttenwesen. Leipzig 1900.

— Die älteste Geschichte des Bergbaus und die geschichtliche Sammlung für Bergbaukunde der königl. Sächsischen Bergakademie Freiberg. Vortrag, gehalten auf der Naturforscherversammlung zu Dresden, September 1907.

— Der altjapanische Bergbau- und Hüttenbetrieb. Sonderabdruck aus dem Jahrbuch f. d. Berg- u. Hüttenwesen im Königreich Sachsen. Jahrgang 1904.

Vom Bergbau der alten Römer. Welt d. Technik 1904, S. 396.

Die Metalle und ihre Gewinnung.
(Das Hüttenwesen.)

Der griechische Dichter Hesiod, der um das Jahr 770 v. Chr. lebte, erzählt die bekannte Geschichte von den vier verschiedenen Zeitaltern des Menschengeschlechts: dem goldenen, dem silbernen, dem bronzenen und dem eisernen. Lange Zeit hat man an diese Fabel geglaubt und angenommen, daß den Menschen zuerst das Gold, dann das Silber, hierauf die Bronze und schließlich das Eisen bekannt geworden sei. Neuere Forschungen haben die Unhaltbarkeit dieser Annahme erwiesen. Es hat sich gezeigt, daß man bei den Völkern des Altertums von irgendeinem durch die hauptsächlichste Benutzung eines Metalls gekennzeichneten Zeitalter überhaupt nicht sprechen kann. Zunächst läßt sich überhaupt nicht feststellen, welches Metall der Mensch zuerst kennen lernte; dann aber ergeben sich durchaus nicht bei allen Völkern die gleichen Verhältnisse. So ist ein „bronzenes Zeitalter" im Hesiodschen Sinne schon deshalb ein Ding der Unmöglichkeit, weil es im Altertume viele Völker gab, denen die zur Herstellung der Bronze nötigen Stoffe überhaupt fehlten. Sie konnten die Bronze also erst dann kennen lernen, wenn zwischen ihnen und anderen Völkerschaften, die über die zur Herstellung dieses Materials nötigen Stoffe verfügten, Handelsbeziehungen bestanden. Knüpften sich aber schon vorher Handelsbeziehungen zu anderen, mit der Eisengewinnung vertrauten Völkern an, so mußte bei ihnen dem bronzenen Zeitalter natürlich ein eisernes vorangehen. Andererseits gehört das Gold sicherlich zu den ältesten überhaupt bekannten Metallen; mußte doch überall da, wo es sich in Form von Körnern in Flüssen abgelagert hatte, sein Glanz schon frühe die Aufmerksamkeit erregen. Nicht überall aber findet man derartiges gediegenes Gold, und so manches Volk hat sicherlich schon lange andere Metalle gekannt und benutzt, ehe es Gold zum ersten Male zu Gesicht bekam.

Gold.

Im allgemeinen läßt sich die Behauptung aufstellen, daß die meisten Völker beim Beginn ihrer geschichtlichen Zeit das Gold, das Silber, das Kupfer, das Eisen, das Blei und vielfach auch das Zinn kannten. Von den Ägyptern steht fest, daß sie bei ihrem Eintritt in die Geschichte, also etwa um das Jahr 3000 v. Chr., mit dem Golde, dem Kupfer, dem Silber, dem Blei und dem Eisen bekannt waren. Das Gold, von ihnen „Nub" genannt, war angeblich von Osiris entdeckt worden und wurde von dem Goldlande, von „Nubien", geliefert. Da die Nubier ihre Goldschätze nicht freiwillig herausgaben, so fanden ständig Kriegszüge der Ägypter dorthin statt. So groß soll der Reichtum Ägyptens bezw. Aethiopiens an Gold gewesen sein, daß man, wie Herodot erzählt, selbst die Gefangenen mit goldenen Ketten fesselte, worüber die Abgesandten des Perserkönigs Kambyses sehr erstaunten. (Herodot III. 22. 23). Nun bestehen aber die Erzählungen Herodots aus einem Gemenge von

Dichtung und Wahrheit. Da man niemals goldene Sklavenketten aufgefunden hat, so dürfte diese Erzählung wohl in das Reich der Fabel zu verweisen sein. Immerhin war der Reichtum, den Ägypten aus den nubischen Goldbergwerken zog, ein ungeheurer. Diodor berichtet, daß die jährliche Ausbeute der nubischen Goldgruben zur Zeit Ramses' II. (1300—1230 v. Chr.) an die 32 Millionen Minen, d. h. etwa 2660 Millionen Mark betragen habe.

Von der Technik der altägyptischen Goldgewinnung hinterließ uns Diodor eine ausführliche Beschreibung. Das nubische Gold war in Form von Adern in Quarz eingesprengt. Sklaven und Verbrecher arbeiteten in der schon im Abschnitte „Bergbau" beschriebenen Weise, indem sie mit hilfe von hammer und Spitzkeil Gänge aushieben, die in der Richtung der Goldadern verliefen. Knaben unter 17 Jahren schleppten die Steine heraus, die dann in Steinmörsern mit hilfe eiserner Stempel zerstoßen wurden. Die Zerkleinerung des goldhaltigen Rohmaterials wird zunächst bis zur Erbsengröße durchgeführt. Die erbsengroßen Stücke werden in steinernen Mühlen zu Pulver zermahlen. Das Pulver kommt auf holztische und wird dort mit Wasser geschlämmt, wobei Schwämme zur Anwendung kommen, an denen sich die Goldflitter festsetzen. Durch das Schlämmen wird der leichte Sand weggeführt, während der infolge seines Goldgehaltes schwerere liegen bleibt. Er wird dann mit Blei verschmolzen,

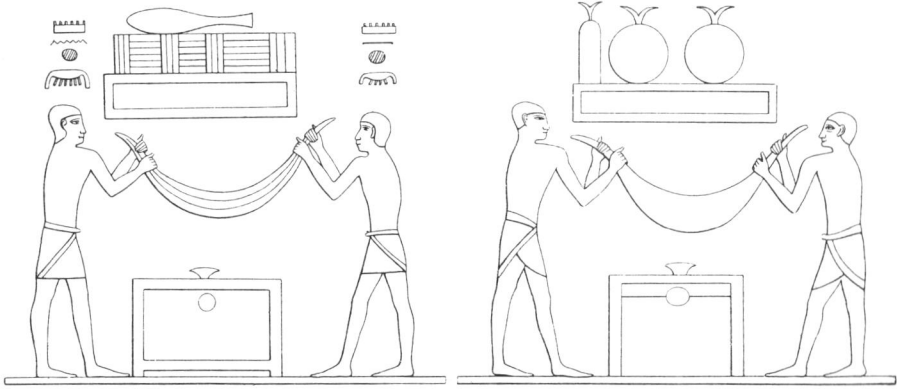

Abb. 8. Auswaschen des Goldes in Ägypten.

Zwei Arbeiter behandeln das Gold in einem Sack, den sie hin= und her schleudern, mit Wasser, um die leichteren Sandteile zu entfernen. In den Säcken befinden sich wahrscheinlich Schwämme, in denen die Goldkörner hängen bleiben. Darunter stehende Tische scheinen nach Ansicht des Verfassers als Truhen ausgestaltet zu sein, in die oben durch den angedeuteten Trichter das Waschwasser hineinläuft. Es sammelt sich in der Truhe unter der Tischfläche, so daß das in ihm etwa noch enthaltene Gold gleichfalls gewonnen werden kann.

Darstellung aus Beni Hassan. 16. Jahrh. v. Chr.

um das Gold von der Gesteinsart zu trennen. Dann folgt ein abermaliges Einschmelzen unter Zugabe von neuem Blei und Kochsalz, das fünf Tage lang dauert. Die Verunreinigungen des Goldes, die aus ihnen und den Zusätzen gebildeten Verbindungen sowie der Überschuß dieser sublimieren teilweise, teilweise aber verschlacken sie zusammen mit dem Chlorsilber, das aus dem im Gold enthaltenen Silber entstanden ist, mit der Masse des Tiegels. Im Tiegel selbst bleibt reines Gold zurück. Zum Betriebe der Schmelzöfen verwendet man Blasebälge, die mit hilfe von Stricken hochgezogen und mit dem Fuße wieder niedergetreten werden.

In ähnlicher Weise dürfte die Gewinnung des Goldes auch bei den Völkern des Orients vor sich gegangen sein. Bei ihnen allen findet sich Gold, das teils aus eigenen Betrieben ſtammt, teils aus Afrika eingeführt wurde. Einzelne Länder, wie z. B. das ſagenhafte Goldland Ophir, aus dem König Salomon das zum Tempel= bau nötige Gold bezog, ſind wegen ihres Goldreichtums berühmt. Allerdings ſtand die Technik der Goldgewinnung nicht überall auf ſo hoher Stufe wie bei den alten Ägyptern, bei denen, wie wir ſahen, bereits chemiſch=hüttenmänniſche Derfahren zur Anwendung kamen. Überall da, wo man das Gold an ſekundären Lagerſtätten, alſo bereits aus den verwitterten Geſteinen ausgeſchwemmt, vorfand, bediente man ſich einfacherer Hilfsmittel, um es zu gewinnen. Strabo (XI 2, 19) beſchreibt dieſe Art der Gewinnung folgendermaßen: „Es wird erzählt, daß die Bergwäſſer auch Gold talwärts bringen, und daß es die Barbaren in Trögen auffangen, die mit Löchern verſehen ſind und in langhaarigen Fellen, woher auch erzählt worden iſt die Fabel vom Gold tragenden Dlies". Dieſe Art der Gewinnung beſtätigt Appian (Bellum Mithridaticum): „Gold führen aus dem Kaukaſus heraus viele Quellen in unſichtbaren Körpern, und die Bewohner legen Schaffelle in die Strömung hinein, und zwar dichthaarige. Das Körnchen nun, das darin feſtgehalten wird, ſammeln ſie aus ihnen heraus. Ein ſolches Fell war vielleicht auch das goldene Dlies des Aetes". In der Tat ſtellt ſich der Argonautenzug (etwa 1350 v. Chr.), den die Griechen nach dem Goldlande Kolchis unternahmen, als ein gewöhnlicher Raubzug dar, der wohl weiter keinen Zweck hatte, als goldene Dlieſe, d. h. die zum Auffangen der Goldkörner in die Strömung gelegten Widderfelle zu erbeuten. Somit gibt uns dieſe altgriechiſche Sage vom Zuge der Argonauten einen bemerkenswerten Einblick in eine alte Technik der Goldgewinnung, die im übrigen noch vor wenigen Jahrzehnten in Afrika und Kalifornien in ähnlicher Weiſe ausgeübt wurde. Auch die Römer bedienten ſich ähnlicher Derfahren, als ſie die ſpaniſchen Goldlager ausbeuteten. Hier fand ſich das Gold im Innern von Bergen. Es handelte ſich darum, es zunächſt einmal an das Tageslicht zu ſchaffen, wozu man nach den Mitteilungen des Plinius ein eigen= artiges Derfahren verwendete. Man drang durch Anlage von Schächten in das Berg= innere vor und ſchuf dort eine Höhlung, deren Decke durch Pfeiler geſtützt wurde. Dann brachte man dieſe Pfeiler und damit die ganze Höhlung zum Einſturz. Das Geröll wurde durch Flüſſe, die man in beſonders angelegten Leitungen („corrugi") in das Innere des Berges hineinführte, herausgewaſchen. Die Waſſermaſſen wur= den in zahlreiche Gräben („agogas") verteilt, in denen ſie langſam dahinfloſſen. In dieſe Gräben legte man dann Laubwerk und Reiſer, die die Stelle des Dlieſes ver= traten. In ihnen ſammelte ſich das Gold, das dann zuſammmengeſchmolzen wurde. Nach Berechnungen von Breidenbach haben die Römer (hauptſächlich in den ſpaniſchen Goldgruben) auf dieſe Weiſe etwa 500 Millionen Tonnen (1 Tonne = 1000 Kilogramm) Geſteinsmaſſen auf Gold verarbeitet.

Silber.

Das Silber, auch weißes Gold genannt, kam bei den Ägyptern erſt nach dem Golde zur Derwendung. Wahrſcheinlich wurde es von den Phöniziern nach Ägypten eingeführt. Eine Legierung von Gold und Silber, „Aſem" genannt, wurde im Alter= tum als ſelbſtändiges Metall angeſehen. Dieſe Legierung, die neueren Analyſen zufolge $^4/_5$ bis $^3/_4$ Gold und $^1/_5$ bis $^1/_4$ Silber enthält, wird von Plinius „Elektron"[1]) genannt und ſtellt eine Derbindung dar, die man ſowohl auf natürlichem Wege wie

---

[1]) Nach der Anſicht von Rhouſopoulos rührt der (ſchon im alten Griechenland gebräuchliche) Name daher, daß die Farbe der Legierung der des Bernſteins (ἤλεκτρον) ähnelte.

auch auf künstlichem erzeugen kann. Die Römer, die sie auf künstlichem darstellten, hatten also im Gegensatz zu den Ägyptern bereits erkannt, daß das „Asem" bzw. „Elektron" kein selbständiges Metall ist. hingegen ist Plinius das gediegene Silber nicht bekannt, was um so mehr wundernehmen muß, als ja wohl ein beträchtlicher Teil des im Altertume verwendeten Silbers im gediegenen Zustande gefunden worden sein dürfte. Die attischen Silberbergwerke lieferten bei Beginn der Perserkriege (490—449 v. Chr.) für über zwei Millionen Mark Silber. Wie alt die Verwendung des Silbers in Griechenland war, mag man daraus ersehen, daß bereits homer verschiedentlich von seiner Verwendung spricht. So erzählt er z. B., daß das Schwert des Achilleus ein silbernes „heft" (Ilias I. 219) und daß sein Schild ein silbernes Gehenk hatte (Ilias XVIII. 480) usw. Man kann wohl behaupten, daß das Silber bei allen Völkern des Altertums weiter verbreitet war als das Gold. Germanien ist arm an diesem Metall. Zur Zeit des Tacitus befindet sich in diesem Lande nur ein einziges Silberbergwerk.

Soweit man das Silber nicht in gediegenem Zustand auffand, wurde es aus silberhaltigen Erzen durch hüttenmännische Verfahren gewonnen. Welcher Art

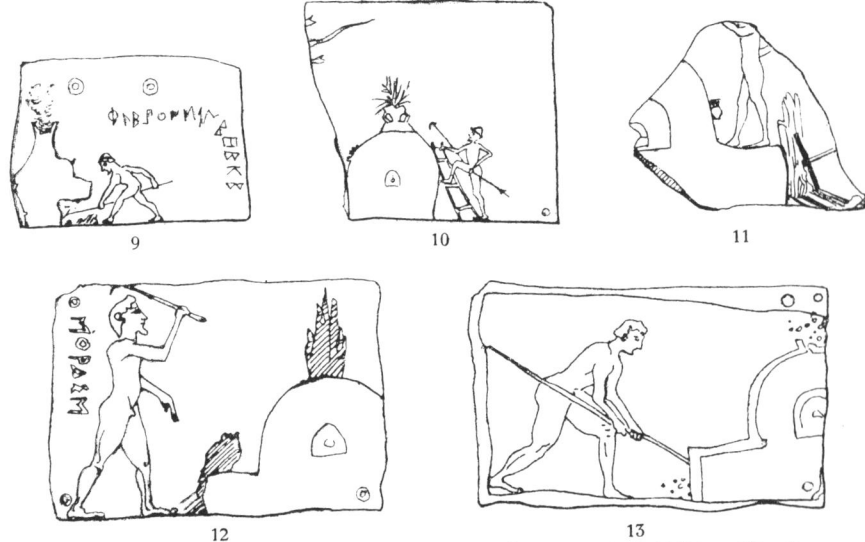

Abb. 9—13. Darstellung alter metallurgischer Öfen auf korinthischen Pinakes.

diese Verfahren aber waren, darüber lassen sich keinerlei zuverlässige Angaben machen. Sie werden in alten Schriftstellern zwar erwähnt, aber niemals eingehender be= schrieben, und die fast einzige eingehendere Beschreibung, die uns erhalten geblieben ist, die von Plinius,[1]) ist so unklar und verworren, daß man sich kein rechtes Bild vom Vorgange der Silbergewinnung machen kann. Wahrscheinlich verstand Plinius selbst nicht viel davon und schrieb nur das, was er gehört hatte, in unklarer Form nieder. Jedenfalls aber geht aus seinen Angaben sowie aus denen von Strabo (IV 399, 400) soviel hervor, daß man silberhaltigen Bleiglanz für sich verhüttete, oder daß man Silbererze mit Blei verschmolz. In beiden Fällen erhielt man durch das Schmelzverfahren ein silberhaltiges Blei (Werkblei), das dann abgetrieben wurde.

---

[1]) Hist. nat. insbes. XXXIII 6, 31, 35, 44 und XXXIV 16, 47.

Man erhitzte es bei Luftzutritt auf offenem Herd und führte so das Blei in eine seiner Oxydverbindungen, in rote Bleiglätte ($\lambda\iota\vartheta\acute{\alpha}\varrho\gamma\nu\varrho\varsigma$), über. Das reine Silber bleibt zurück. Außerdem entstand bei diesem Verfahren noch Schlacke ($\sigma\varkappa\omega\varrho\acute{\iota}\alpha$, $\acute{\epsilon}\lambda\varkappa\nu\sigma\mu\alpha$) mit einem Gehalt von wahrscheinlich 25 v. H. Blei und Ofenbruch ($\sigma\pi\sigma\delta\acute{\sigma}\varsigma$), seiner chemischen Zusammensetzung nach Zinkoxyd, das sich an den oberen Ofenteilen absetzte.

Die Reinheit des Silbers wurde durch Erhitzen geprüft. Reines Silber läßt sich an der Luft glühen, ohne seine Farbe zu verändern. Wird es beim Glühen auf einer eisernen Platte braunrot, so ist es nach damaliger Annahme weniger rein, wird es schwarz, so ist es unrein. Es liegt hier eine sehr richtige Beobachtung vor, da sich ja die Legierungen des Silbers mit anderen Metallen, insbesondere mit Blei und Kupfer, beim Erhitzen an der Luft in der beschriebenen Weise verfärben. Jedenfalls aber machten die in den Silbererzen sowie in den silberhaltigen Bleierzen vorkommenden übrigen Metalle manchmal ziemlich viel zu schaffen. Man muß annehmen, daß Arsen und Zink so manche Schwierigkeit bereiteten, der man vielleicht, insbesondere in Griechenland, durch die Konstruktion besonderer Öfen begegnete, in denen sie sich verflüchtigen konnten. Hierauf lassen verschiedene Umstände schließen, vor allem der, daß uns auf den bereits Seite 14 erwähnten tönernen Weihetafeln, den „korinthischen Pinakes", auch eingeritzte Zeichnungen von Öfen sowie an verschiedenen Stellen auch Reste solcher erhalten geblieben sind. Die Öfen waren, soweit dies die korinthischen Pinakes erkennen lassen, unten mit einer Feuerung und oben mit einer Öffnung versehen, aus der der Rauch abzog und manchmal wohl auch die Flamme herausschlug. Manche scheinen von unten (Abb. 9), manche von oben her (Abb. 11 und 12) mit dem Brennmaterial beschickt worden zu sein, wenigstens läßt der seitwärts angebrachte Auftritt und das Hinauftreten eines Mannes auf ihn vielleicht einen derartigen Schluß zu. Die Öfen hatten in der Mitte eine Öffnung, die durchzugehen scheint und die wohl eine Muffel oder einen Treibherd darstellt. Wo der Auftritt fehlt, wird zum Besteigen des Herdes eine Leiter verwendet. Auf einer Weihetafel (Abb. 13) ist ein scheinbar ausgebrannter Ofen zu sehen, bei dem augenscheinlich aus dem hohlen Auftritt die Schlacke herausgeräumt wird. In manchen Gegenden, vor allem in Griechenland, wurde das Silber vor der Verarbeitung zu Schmucksachen, Münzen usw. nochmals besonders gereinigt. Das Reinigungsverfahren ist nicht bekannt. Auch die bei dieser Reinigung abfallenden Schlacken (jetzt $\alpha\varrho\gamma\nu\varrho\acute{\iota}\tau\iota\varsigma$ $\varkappa\acute{\epsilon}\gamma\chi\varrho\sigma\varsigma$ = Silberhirse genannt) wurden nochmals nach einem gleichfalls unbekannten Verfahren verarbeitet, um das darin enthaltene Silber zu gewinnen.

Kupfer.

Nicht minder verbreitet als das Silber war das Kupfer. Wann man es kennen lernte, hat sich nicht feststellen lassen. Es ist jedoch wahrscheinlich, daß sehr viele Völker des Altertums das Kupfer schon lange vor dem Eisen kannten. Bei den Germanen ist es umgekehrt. Sie lernten das Kupfer erst kennen, als sie das Eisen schon lange benutzten, und es ist anzunehmen, daß sie es niemals selbst darstellten, sondern jedenfalls auf dem Handelsweg erwarben. Im übrigen aber finden wir Kupfer bei allen Völkern des Altertums, und zwar teilweise in sehr beträchtlichen Mengen, sowohl rein wie auch in seiner wichtigsten und so viel verwendeten Legierung mit Zinn, der Bronze. Es ist unmöglich, die alten Fundstätten des Kupfers alle auf=

zuzählen, so groß war ihre Anzahl. Die ältesten Kupferbergwerke Ägyptens liegen
am Sinai und sind nach Ansicht von Berthelot bereits etwa 5000 v. Chr. in Betrieb
genommen worden. Diese Zahl dürfte wohl etwas zu hoch gegriffen sein, Tatsache
aber ist, daß die alten Kupfergruben des Sinai noch unter der Regierung des ägypti=
schen Königs Tutmes III. (1515—1461 v. Chr.) ausgebeutet wurden. Die Erze
der sinaitischen Gruben enthielten hauptsächlich Karbonate und Hydrosilikate des
Kupfers (Malachit und Chrysokoll). Das Erz fand sich nicht allzu reich im Sandstein,
so daß, um daraus das Kupfer zu gewinnen, jedenfalls sehr umfangreiche und weit=
gehende Aufbereitungsarbeiten nötig waren. Zum Verschmelzen der Erze dienten
aus Sandsteinen aufgebaute Öfen, in die Tiegel hineingestellt wurden, die aus einem
Gemenge von Quarz, Sand und Ton hergestellt waren. Da der Sinai zu jener Zeit
nicht bewaldet war, so ist das zum Betriebe dieser Öfen nötige Brennholz jedenfalls
von weit her geschafft worden. Die im Jahre 1896 aufgefundenen Schlacken, die teils
dunkel und schwer, teils hell und leicht sind, sowie erstarrter Glasschaum verschieden=
artigster Zusammensetzung beweisen, daß der Ofengang schwerfällig und unvoll=
kommen war, und daß der Prozeß der Kupferausbringung wohl nicht immer gleich
und einheitlich verlief. Irgendwelche Spuren, daß man Blasebälge verwendete, haben
sich am Sinai nicht gefunden. Nach einer Angabe von Hesiod wurden aber später
bei den Griechen Tiegel verwendet, die unten mit einer seitlichen Öffnung versehen
waren, durch die mit Hilfe eines Blasebalges Wind zugeblasen werden konnte.
Während man sonst vielfach geschwefelte Erze verwendete, kamen am Sinai nur
oxydische zur Verhüttung.

Im übrigen aber wurden bei den verschiedensten Völkern des Altertums auch
schwefelhaltige Erze auf Kupfer verarbeitet. Diese schwefelhaltigen Erze, die Pyrite,
wurden zunächst, um sie in Oxyde überzuführen, einem Röstprozeß unterworfen.
Über diesen Röstprozeß hat uns Dioscorides ausführliche Angaben hinterlassen,
aus denen hervorgeht, daß man das Röstverfahren genau nach dem Muster der Kalk=
brennerei ausführte. Man baute aus dem Material selbst Öfen und füllte sie, nach=
dem man unten Brennmaterial hineingegeben hatte, mit dem abzuröstenden Erze.
Dann wurde angezündet, und nun beschränkte sich die Arbeit der Röster darauf,
Brennmaterial nachzufüllen. Die Pyrite rösteten dann von selbst ab, das Ende der
Röstung erkannte man nach Dioscorides daran, daß das Erz rot geworden war. Die
eigentlichen Schmelzöfen für Kupfer, wie sie insbesondere auf der Insel Cypern
im Gebrauch waren, die seit den ältesten Zeiten nach allen Teilen der Alten Welt
große Kupfermengen ausführte, waren hohe Schachtöfen, die von oben durch eine
Gicht beschickt wurden. In diese Gicht gab man abwechslungsweise Schichten von
Kupfererz und Holzkohle. Dann schmolz man das Ganze nieder, wobei man von unten
her mit Hilfe von Blasebälgen Luft hindurchblies. Es handelt sich hier also um eine
Ofenkonstruktion, die in ihren Grundzügen jener unserer Hochöfen glich. Im übrigen
aber kamen auch Tiegelöfen zur Verwendung, wie man sich überhaupt bei der Kupfer=
gewinnung in den verschiedenen Ländern sehr verschiedenartiger Ofenkonstruktionen
bedient zu haben scheint.

Bei der hüttenmännischen Kupfergewinnung erhielt man reines Kupfer, Schlacke,
Gichtschwamm und eine Art von Kupferstein. Das Kupfer mußte, da es noch unrein
war, umgeschmolzen werden. Man nahm, wie Plinius mitteilt, das Umschmelzen
um so häufiger vor, je reineres Kupfer man gewinnen wollte. Das Umschmelzen
geschah in verschiedenartig gestalteten Öfen, aus denen man Kupfer wahrscheinlich
abstach und es dann durch Aufgießen von Wasser zum Erstarren brachte. So erhielt
man Kupferplatten. Außer in Platten kam das Kupfer jedoch auch noch in Blöcken

in den Handel. Im übrigen aber war der Kupfergewinnungsprozeß des Altertums ebenso wie viele andere hüttenmännische Verfahren ein in bezug auf die Ausbeute ziemlich unbefriedigender. Während man aus den Erzen oft nur 15—25 Prozent des darin enthaltenen Kupfers gewann, enthielt die Schlacke manchmal nicht weniger als 50 Prozent davon.

Zinn.

Ebenso wie das Kupfer spielte auch das Zinn im Altertum eine große Rolle. Sicherlich gehört es zu den ältesten der damals bekannten Metalle. Die Zeit seiner Entdeckung steht nicht fest. Wahrscheinlich hat man aus der Schwere der Zinnerze geschlossen, daß darin ein Metall enthalten sein müsse, das dann — vielleicht durch Zufall — beim Schmelzen mit Holz oder Holzkohlen bekannt wurde. Schon im alten Testament ist das Zinn erwähnt. Alle Völker des Orients kannten es, auch dann, wenn in ihren Reichen überhaupt keine Zinnerze vorkommen. Dies läßt den Schluß zu, daß damals eine große Einfuhr derartiger Erze stattgehabt hat. Hierauf läßt auch der Umstand schließen, daß Herodot die Zinninseln oder Kassiteriden besonders erwähnt. Ihre Lage hat sich nicht feststellen lassen, wie überhaupt nicht feststeht, ob die Bezeichnung κασσίτερος zu Homers Zeiten wirklich Zinn bedeutet. Mit Sicherheit wird dieser Ausdruck erst im 1. Jahrhundert n. Chr. für dieses Metall gebraucht. Im übrigen werden außer κασσίτερος auch andere Bezeichnungen, insbesondere μόλυβδος für Zinn gebraucht. Die Römer nannten es „plumbum candidum" oder „album". Das Wort „stannum", das vorher „stagnum" geschrieben wurde, war die Bezeichnung für Werkblei. Überhaupt werden Zinn und Blei im Altertum oft verwechselt, ein Umstand, der ja leicht erklärlich ist, da damals Analysen in unserem heutigen Sinne unbekannt waren, und man die Metalle vielfach lediglich nach ihrem äußeren Aussehen beurteilte. Später wußte man jedoch Blei und Zinn wohl zu unterscheiden, und Plinius gibt ausdrücklich an, daß die von den Römern zu Wasserleitungsröhren verwendeten Bleiplatten mit einer Legierung von zwei Teilen Blei und einem Teile Zinn verlötet wurden. Ebenso berichtet er von einer Verzinnung kupferner Gefäße, über die er mitteilt, daß sich dabei das Gewicht des Kupfers nicht vermehrt, so daß jedenfalls nur eine sehr dünne Zinnschicht aufgebracht wurde.

Die Gewinnung des Zinns geschah im Altertume durchweg aus Zinnerzen, die wohl zum größten Teil aus Britannien bezogen wurden, in dem man die alten „Zinninseln" erkennen will. Nach anderer Ansicht soll Indien das Land der Zinninseln gewesen sein, eine Ansicht, die sich auf die Bezeichnung des Sanskrits für Zinn, „kastira", stützt. Jedenfalls scheinen die Phönizier ihr Zinn bestimmt aus Indien erhalten zu haben. Später wurden dann auch die spanischen Zinngruben ausgebeutet sowie vor allem — nach der Eroberung Britanniens durch die Römer — die des heutigen Cornwall. Über die Art und Weise der Zinngewinnung im Altertume sind uns unmittelbare Überlieferungen nicht erhalten. Aus den Resten von Öfen erkennt man jedoch deutlich, daß diese Gewinnung ein einfacher Reduktions- und Schmelzprozeß war. Er wurde in der Weise ausgeübt, daß man die Erze über einem Holzfeuer erhitzte, wobei das darin vorkommende Zinnoxyd reduziert und das so gewonnene metallische Zinn ausgeschmolzen wurde.

Ob später auch Gebläse Verwendung fanden, mag zweifelhaft erscheinen. Öffnungen, die sich am Boden mancher Öfen finden, können vielleicht als Winddüsen angesehen werden, durch die man Luft zublies, um die Glut des Feuers anzufachen. Sie können aber auch zur bequemeren Entnahme des Metalls gedient haben. Ihr Zweck erscheint noch nicht vollkommen geklärt.

Bronze.

Noch weit wichtiger als Kupfer und Zinn für sich war im Altertume die Kupfer-Zinnlegierung, die Bronze. Man kann wohl behaupten, daß das ganze Altertum unter dem Zeichen der Bronze gestanden hat. Die Bronze, damals „Erz" genannt und in den ältesten Zeiten in bezug auf die Bezeichnung von der des Kupfers nicht zu unterscheiden, scheint zunächst hauptsächlich dem Zwecke gedient zu haben, dem Kupfer eine größere Härte ode Festigkeit zu verleihen. Allerdings scheint dies nicht immer gelungen zu sein. So hat sich z. B. im alten Theben ein Meißel gefunden, der einen der ältesten ägyptischen Bronzefunde darstellt, und der so weich war, daß er sich, wenn man damit auf Stein drückte, sofort umbog. Er bestand aus 94 Teilen Kupfer, 5,9 Teilen Zinn und 0,1 Teil Eisen. Später stellte man härtere Bronzen dar, die in Ägypten „chomt" genannt wurden, und die im allgemeinen eine ziemlich gleichartige Zusammensetzung zeigen. Sie bestehen durchschnittlich aus 80—85 Teilen Kupfer und 20—15 Teilen Zinn. Wer die Bronze erfand, ist unbestimmt. Gewisse Anzeichen deuten darauf hin, daß sie vielleicht zuerst im Tale des Euphrat hergestellt wurde, wo sie um das Jahr 2000 v. Chr. bereits bekannt war. Vielleicht hatten sie die Juden noch früher gekannt, denn die Bibel spricht von Thubalkain „Meister in allerlei Erz- und Eisenwerk", wobei allerdings zweifelhaft erscheinen mag, ob die Bezeichnung „Erz" an dieser Stelle (1. Buch Moses 4. 22) wirklich Bronze bedeutet. Auch die Griechen und die Römer bedienten sich im umfangreichsten Maßstabe der Bronze, die im Altertume geradezu einen Kulturfaktor darstellte. Wegen ihres niedrigen Schmelzpunktes, der zwischen 786 und 900 Grad Celsius liegt, und ihrer schönen Farbe sowie der Möglichkeit, die Eigenschaften der Legierung durch Verwendung verschiedener Zinnmengen zu verändern, erfreute sie sich allgemeiner Beliebtheit. Über die technischen Eigenschaften der alten Bronzen ist zu bemerken, daß die mit weniger als 5 Teilen Zinn kalt bearbeitet werden konnten. Bronze mit 10 Teilen Zinn diente hauptsächlich zur Anfertigung von Werkzeugen, die mit einem Zinngehalt von über 15 Teilen waren wegen ihrer Härte und Sprödigkeit nur für Gußzwecke brauchbar.

Die Schmelzpunkte verschiedener alter Bronzen sind die folgenden:

8 Teile Zinn	900 Grad
13 Teile Zinn	835 Grad
25 Teile Zinn	786 Grad

Ausführliche Analysen alter Bronzen rühren von Berthelot, Andrée, Rhousopoulos usw. her. Es zeigt sich daraus, daß die alten Bronzen durchaus nicht nur Kupfer und Zinn, sondern auch noch die verschiedenartigsten anderen Metalle, meist allerdings nur in geringen Mengen enthalten. Diese Beimengungen rühren daher, daß damals die hüttenmännischen Reinigungsprozesse für Metalle noch sehr wenig ausgebildet waren. Nachstehend seien einige Analysen antiker Bronzen wiedergegeben, aus denen ihre wechselnde Zusammensetzung und ihr Gehalt an mannigfachen Begleitmetallen zu ersehen ist.

Zunächst die Analysen einiger assyrischer Bronzen aus dem britischen Museum zu London (n. Fellenberg):

Bezeichnung	Kupfer	Zinn	Blei	Eisen	Antimon	Arsen	Nickel
1. Graues, dickes Stäbchen . . .	88,03	0,11	3,28	4,06	3,92	0,60	—
2. Gekrümmtes Stäbchen . . .	88,84	12,70	0,28	Spur	—	—	0,18
3. Verzierung eines Hausgerätes	86,99	12,33	0,38	„	—	—	0,30
4. Rundstücke einer Schale . . .	80,84	18,37	0,43	0,16	—	—	0,20

Diese Analysen sind deshalb besonders bedeutsam, weil sich neben den zufälligen aus den Erzen stammenden und als Verunreinigungen aufzufassenden Metallen Arsen, Antimon, Eisen und Nickel in einer der Bronzen (Nr. 1) ein so hoher Bleigehalt findet, daß auf einen mit Absicht erfolgten Zusatz dieses Metalles geschlossen werden muß. Nach v. Bibra kommt in den Bronzen der eigentlichen Bronzezeit kein Blei vor. Ein derartiger größerer Bleigehalt läßt seiner Ansicht nach immer auf eine nach der eigentlichen Bronzezeit stattgehabte Herstellung und damit auf eine bereits erreichte höhere Kulturstufe schließen. Spätere assyrische Bronzen zeigen einen Bleigehalt, der zwischen 7 und 9 v. H. schwankt.

Nachstehend noch einige weitere Analysen verschiedener antiker Bronzen:

	Kupfer	Zinn	Zink	Blei	Eisen	Nickel	Silber	Phosphor
Dolch, altägyptisch	85,0	14,0	—	—	1,10	—	—	— [1]
Pfeilspitze, altägyptisch	76,6	22,2	—	—	—	—	—	—
Bronzeschale aus Ninive	80,8	18,4	—	0,4	0,2	0,4	—	—
Henkel eines Gefäßes aus Mykenae	89,7	10,1	—	—	—	—	—	—
Altattische Münze	88,46	10,04	—	1,50	—	—	—	—
Athenensische Münze	76,41	7,05	—	16,54	—	—	—	—
Viktoriastatue aus Brescia	80,8	19,4	1,9	7,7	—	—	—	—
Münze d. Titus Claudius	81,4	8,6	—	—	—	—	—	—
Münze des Nero	81,1	1,1	17,8	—	—	—	—	—
Münze d. Diocletian	95,8	2,2	—	1,9	—	—	—	—

Silber kommt in den Bronzen im allgemeinen nicht vor. In spätrömischer Zeit gibt es jedoch auch silberhaltige Bronzen, die als Münzmetalle verwendet werden und aus denen man „Silber"=Münzen prägt, die so wenig Silber enthalten, daß sie richtiger als Bronze bezeichnet werden müssen. Überhaupt geben die Analysen der römischen Silbermünzen, die durch Klaproth, Thomson usw. usw. ausgeführt wurden, ein treffliches Bild von dem Verfalle des römischen Kaiserreiches. In dem Maße seines Niederganges steigt der Kupfergehalt der Münzen. Diese werden zuletzt aus einer silberhaltigen Bronze, und ganz zuletzt werden sie (unter Kaiser Gallienus) überhaupt nur noch aus Kupfer hergestellt und dann verzinnt. Es wurde ja oben bereits darauf hingewiesen, daß auch Plinius die in Rom ausgeübte Technik des

---

[1] Eine ganz merkwürdige Übereinstimmung mit der dieses altägyptischen Dolches zeigt die chemische Zusammensetzung der Bronze eines bei Daberkow, Kr. Demmin in Vorpommern gefundenen vorgeschichtlichen Lure (Schallrohr, Blasinstrument), die von Rathgen analysiert wurde. [Kupfer 85,03 v. H., Zinn 13,76 v. H. Sonstige Metalle (Blei, Eisen, Kobalt) 1,1 v. H.]

Derzinnens von Kupfer erwähnt. Im übrigen sprechen die nachstehenden Analysen von altrömischen Münzen verschiedener Zeitalter für sich selbst:

300 v. Chr.	⎫	99,5 v. H.	Silber
zur Zeit der Republik:	⎭	0,5 „	Kupfer
69 n. Chr.	⎫	80 „	Silber
Vespasianus:	⎭	20 „	Kupfer
138 n. Chr.	⎫	70 „	Silber
	⎱ 27 „		Kupfer
Antonius:	⎭	3 „	Zinn
180 n. Chr.	⎫	67 „	Silber
	⎱ 32 „		Kupfer
Commodus:	⎭	1 „	Zinn
238 n. Chr.	⎫	30 „	Silber
	⎱ 65 „		Kupfer
Gordianus:	⎭	4 „	Zinn
253 n. Chr.	⎫	95 „	Kupfer
	⎱ 0,5 „		Silber
Gallienus:	⎭	4 „	Zinn (als Überzug)

Wie man aus den weiteren, in der obigen Tabelle (Seite 19) zusammengestellten Analysen ersieht, enthielten die alten Bronzen durchweg kein Zink. Nur ganz ver= einzelt, wie z. B. an einer im germanischen Museum zu Nürnberg befindlichen alt= ägyptischen Figur, hat sich ein Zinkgehalt feststellen lassen. Größere und ständige Mengen von Zink finden sich in antiken Bronzen erst zur Römerzeit. Daraus läßt sich schließen, daß man erst damals begann, das Zink absichtlich in die Legierung ein= zuführen. Diese Legierungen sind dadurch gewonnen worden, daß man dem zur Bereitung der Bronze dienenden Rohmaterial den aus spanischen Gruben stammen= den Galmei zusetzte. Hierdurch wollte man andere Färbungen der Bronze erzielen.

Zink.

Das reine Zink selbst war im Altertum überhaupt nicht bekannt. Die Römer verwendeten zwar das natürlich vorkommende kohlensaure Zinkerz in Gestalt des Minerals Galmei zu den mannigfachsten Zwecken, sie verstanden es jedoch nicht, daraus das Metall selbst zu gewinnen. Außer zur Herstellung zinkhaltiger Bronzen benutzten sie ihn zur Gewinnung von Zinkweiß (Zinkoxyd, „Cadmia") sowie vor allem auch zur Herstellung des Messings. Unter „Cadmia" wird jedoch außer dem Z nkweiß auch noch ein Erz von bis jetzt nicht genau erforschter Natur verstanden. Es ist wahrscheinlich, daß das Messing einem Zufalle seine Entdeckung verdankt, daß man Kupfererze mit Galmei zusammenschmolz, wodurch man die schöne gelbe Legierung erhielt. Nach Pseudo=Aristoteles sollen die am Schwarzen Meer ansässigen Mossinöken die Erfinder des Messings sein. Manchmal wird auch die Ansicht ausge= sprochen, daß die Bezeichnung „Messing" von diesen Mossinöken herrührt. Dies alles ist jedoch unbestimmt. Bestimmt wissen wir nur, daß das Messing zur römischen Kaiserzeit bekannt war. Es wird von Plinius, Virgil, Strabo, Horaz, Cicero und Plautus erwähnt. Ob die Legierungen, die Homer, Plato usw. anführen, wirklich Messing gewesen sind, ist unsicher. Gewisse Umstände sprechen dafür, daß die Römer auch eine Zink=Eisenlegierung, ein „Hartzink", gekannt haben (Diergart).

Blei.

Im Gegensatze zum Zink spielt das Blei während des ganzen Altertums eine äußerst wichtige Rolle. Schon Ägypter, Indier und Juden kannten es. Die ersten Pharaonen, die in Asien siegten, ließen sich von den besiegten Völkern einen Teil des Tributs in Blei zahlen. Thutmes III. brachte Blei als Siegesbeute mit nach Hause, das zum Teil als Dachziegel verwendet worden sein dürfte, wenigstens scheint dies aus einer Darstellung im Tempel Ramses' III. hervorzugehen, wo längliche Platten mit abgerundeten Winkeln dargestellt sind, die die Bezeichnung taht (Blei) in Hieroglyphenschrift enthalten. Diese Platten haben nach der Berechnung von Lepsius bei etwa 25 : 13,5 Zentimeter Oberfläche eine Dicke von 24 Millimetern und ein Gewicht von je etwa 1,8 Kilogramm gehabt. Auch in Indien wird Blei zu vielfachen Zwecken verwendet. Hier benutzt man es teils in der Medizin, teils beim Weben, um die Fäden damit zu spannen, teils bereitet man daraus Schminken usw. usw. Die Römer beuteten die Bleibergwerke Spaniens aus. Zur Zeit des Titus arbeiteten in diesen nicht weniger als 40 000 Sklaven. In den griechischen Bleigruben waren zu manchen Zeiten 20 000 Sklaven beschäftigt. Die Verwendungsarten des Bleis waren in Griechenland und bei den Römern äußerst zahlreiche. Es diente zum Befestigen von Klammern in Steinen, zur Herstellung von Wasserleitungs-

Abb. 14. Reliefschmuck aus Blei an einem römischen Sarg. Provinzialmuseum Trier.

röhren, als Zusatz zu Münzlegierungen, zu medizinischen Zwecken, zur Anfertigung von Deckeln (Kappen) auf Arzneibüchsen, zum Gießen kleiner Statuen und Kinderspielsachen[1]), zur Herstellung von Loten für die Schiffe, zur Anfertigung von Schleuderblei (Schleudereichel: glans missilis) für Kriegszwecke, ja sogar zu der von falschen Würfeln. Ferner machte man zahlreiche Gerätschaften daraus, letzteres allerdings eine sehr gefährliche Verwendungsart, insbesondere da, wo es sich um hauswirtschaftliche Geräte und Gefäße handelt. Hat doch der Physiologe Kobert nachgewiesen, daß bereits im Altertume zahlreiche Bleivergiftungen vorkamen, ja, daß die vielen kinderlosen Ehen der Römer zur Kaiserzeit zum großen Teil auf die Wirkung von Speisen und Getränken zurückzuführen sind, die infolge von Aufbewahrung in bleihaltigen Gefäßen bleihaltig geworden waren und deshalb zu chronischen Bleivergiftungen und damit zur Sterilität führten.

Die Gewinnung des Bleis geschah im Altertum durch Verfahren, über die uns Nachrichten nicht erhalten sind. Doch ergibt sich für jeden, der mit der Technik

---

[1]) Bleisoldaten waren bei den Spartanern schon im 6. Jahrh. v. Chr. gebräuchlich; sie bestanden nach der Analyse von Rhousopoulos aus reinem Blei.

der Bleigewinnung einigermaßen vertraut ist, ohne weiteres, daß die Verfahren
ungefähr dieselben gewesen sein mußten, wie sie oben für die Gewinnung des Sil=
bers aus silberhaltigem Bleiglanz beschrieben wurden. Der Bleiglanz wurde abge=
röstet, dann in Öfen einer reduzierten Schmelzung unterworfen, die mit hilfe von
grünem holz und holzkohlen oder beiden vorgenommen wurde. Grünes holz ver=
wendete man deshalb, weil es besonders viel Rauch und Gase entwickelte, von denen
man sich eine günstige Wirkung versprach. Wahrscheinlich wurden zur hervorbringung
eines stärkeren Luftzuges Blasebälge verwendet. Die Schlacken und das Blei werden
abgelassen und mechanisch getrennt. Das erhaltene Werkblei wird nochmals umge=
schmolzen. Die Schlacken sind stark bleihaltig, ein Umstand, auf den man später auf=
merksam wurde, und der dazu führte, daß man sie, wie Strabo berichtet, in Laurion
dann von den halden wegführte, um sie einem nochmaligen Ausschmelzen zu unter=
werfen. Es ist wahrscheinlich, daß auch Bleierze, die kein Silber enthielten, zur Blei=
gewinnung dienten. Nicht immer war der Röstprozeß nötig, insbesondere erübrigte
er sich da, wo der Bleiglanz oxydische Bleierze enthielt. Ob man das richtig erkannte,
oder ob man stets abröstete, ist unbekannt. Ein aufgefundener altrömischer Blei=
ofen war ganz in die Erde eingelassen. Er hatte bei einer Tiefe von 3,2 Meter eine
obere Weite von 2,5 Meter. Die aus einem feuerfesten Gemisch von Ziegelmehl
und Ton hergestellten Wandungen hatten eine Dicke von 14 Zentimeter. Das
Werkblei floß aus einer am Boden befindlichen Rinne in eine große schüsselförmige
Vorlage. hier wurde die Schlacke abgeschöpft, während das Blei in kleinere Tiegel
gefüllt wurde, um dann umgeschmolzen bzw. vom Silber getrennt zu werden.

Eisen.

Gegenüber der Wichtigkeit anderer Metalle, insbesondere der des Kupfers und
des Bleis, tritt im Altertume die des Eisens bei manchen Völkern etwas zurück. Ob=
schon sich das Eisen, sobald man nur die verhältnismäßig niedere Temperatur von
700 Grad zu erzeugen vermag, ziemlich leicht darstellen läßt, dürften die ältesten
Eisengerätschaften doch wohl die Meteoriten gewesen sein. Man hat zwar daran ge=
zweifelt, daß man das harte Meteoreisen im Altertum überhaupt zu bearbeiten
vermochte; es ist jedoch durchaus nicht nötig, gleich an eine Verarbeitung zu Meißeln
oder ähnlichen Werkzeugen zu denken. Ein mit der Faust geschwungener Meteor=
stein ist ein guter hammer. Außerdem läßt er sich auf hartem Stein abschleifen usw.
Jedenfalls sprechen verschiedene Bezeichnungen wie z. B. der altägyptische Name
„baaenepe", „Geschenk des himmels", sowie die griechische Bezeichnung σίδηρος dafür,
daß das Meteoreisen einstmals eine gewisse Rolle gespielt haben dürfte. Jedenfalls
steht fest, daß es ebenso wie die Meteorfälle im Altertume bekannt war, ja sogar in
vorgeschichtlichen Gräbern hat man Meteoreisen gefunden. Gewisse Möglichkeiten
sprechen sogar dafür, daß die alten Ägypter das Meteoreisen verwendeten. J. R. hill
fand im Mai 1837 in einer Steinfuge der großen Pyramide von Gizeh ein Stück
Eisen, das während der vierten Dynastie, also etwa nach dem Jahr 2700 v. Chr.
dort hineingebracht worden sein muß. Dieses Eisenstück ist nickelhaltig, ein Umstand,
der dafür sprechen würde, daß es sich hier um Meteoreisen handelt, wenn dieser An=
nahme nicht ein Gehalt an gebundenem Kohlenstoff entgegenstünde. Jedenfalls
beweist dieser Fund, daß die Ägypter damals bereits das Eisen kannten, eine Ansicht,
die durch einen weiteren später von Flinders Petrie gemachten Fund zu Abydos
bestätigt wird.

Sichere Kunde haben wir über das Alter der Kenntnis vom Eisen bei den alten Indern. Hier bestand wahrscheinlich schon 2500, sicher aber 1500 Jahre v. Chr. eine Eisenindustrie. Schon der Umstand, daß das Sanskritwort „Ajas" unzweifelhaft mit dem altgotischen Worte „ais", woraus später „Eisen" wurde, zusammenhängt, bestätigt die Annahme, daß die indogermanischen Stämme vor ihrer Trennung (1500 v. Chr.) das Eisen gekannt haben mußten. v. Schwarz fand nun im Rewah= staate (Zentralindien) große, viele Quadratmeilen bedeckende Schlackenhalden, welche davon Zeugnis geben, in welch hoher Blüte die Eisenindustrie einst in Indien gestan= den haben muß. Zugleich finden sich Schmiedestücke von ungeheuren, staunener= regenden Dimensionen, deren Anfertigung heutzutage, im Zeitalter der Dampf= hämmer, nur in ganz großen Werkstätten möglich sein dürfte.

Mit den kleinen heutzutage in Indien gebräuchlichen Öfen ließen sich derartige Eisenkolosse niemals bearbeiten. Der größte uns erhaltene Überrest altindischer Schmiedekunst ist die Kutubsäule in der Nähe von Delhi. Sie wiegt mehr als 17 000 kg und besteht, wie die Analyse ergab, aus fast chemisch reinem Eisen. Ihre Höhe beträgt über der Erde 7 Meter, und sie dürfte wohl aus sehr vielen Blöcken zusammengeschmiedet sein; trotzdem zeigt sich nirgends eine Schweißnaht. Aus einer eingehauenen Inschrift geht hervor, daß diese Säule im 9. Jahrhundert v. Chr. an= gefertigt wurde.

Äußerst merkwürdig ist der Umstand, daß sich an der Kutubsäule trotz ihres hohen Alters bis heute keine Spur von Rost gezeigt hat. Man hat dies früher dem Umstande zugeschrieben, daß die Säule, deren Gesamthöhe, da sie tief in den Erd= boden eingegraben ist, auf über 16 Meter geschätzt wird, mit einer Fettschicht bedeckt sei, eine merkwürdige Ansicht, da sich diese Fettschicht ja im Laufe der Jahrhunderte hätte verwischen müssen. Andere schreiben das Nichtrosten der Trockenheit der Luft zu. Viel wahrscheinlicher ist es, daß die Eigenschaft des Nichtrostens auf der außer= ordentlichen Reinheit des Eisens beruht. Diese Reinheit ist durch Analysen (wie z. B. die von Percy usw.) bewiesen. Der Verfasser hat im Jahre 1891 zusammen mit v. Klobukow im elektrochemischen Laboratorium der Technischen Hochschule zu München auf elektrolytischem Wege chemisch reines Eisen dargestellt, das trotz aller Versuche, es zum Rosten zu bringen, nicht rostete. Chemisch reines Eisen zeigt dem= nach, wie inzwischen auch von anderer Seite bestätigt worden ist, die Eigenschaft, zu rosten, überhaupt nicht. Einen weiteren wichtigen Beitrag zu der Tatsache, daß man im Altertum Eisen darzustellen verstand, das bis auf den heutigen Tag nicht rostete, brachten Funde aus einer ganz anderen Gegend. Zu Oseberg wurde ein altes Wikingerschiff gefunden, dessen Holzteile mit eisernen Nägeln zusammengehalten waren, die sich vollkommen blank und schön erhalten haben. Dieses jetzt im National= museum in Christiania befindliche Schiff wurde von Gustafson untersucht, ohne daß jedoch der Grund des Nichtrostens festgestellt werden konnte, den eine später eingesetzte besondere Kommission in der Reinheit des Eisens fand. Im übrigen waren, wie noch erwähnt sei, auch im Altertume Rostschutzmittel bereits bekannt. So haben die auf dem Römerkastell Saalburg bei Homburg vor der Höhe gemachten Funde be= wiesen, daß man zur Römerzeit Vivianit (ein Eisenphosphatmineral) als Rost= schutz benutzte, und Plinius erwähnt eine ganze Anzahl von Rostschutzmitteln, wie Mennige, Bleiweiß, Gips, Bitumen und flüssigen Teer.

Neben dem Schmiedeeisen war schon vor 3000 Jahren auch der Gußstahl in Indien bekannt. Gräber aus der Zeit um 1400 v. Chr. enthalten Gegenstände (Werkzeuge usw.) aus Gußstahl.

Ebenso wie bei den Indern, findet sich das Eisen schon sehr frühe auch bei anderen Völkern des Orients, wo es zu den verschiedensten Gegenständen ver=

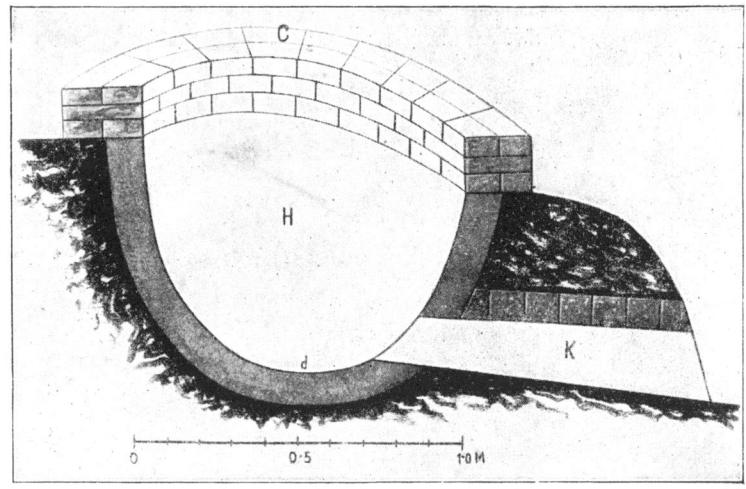

Abb. 15. Vorgeschichtlicher Windherd (Belgien).

H ist die mit Ton ausgekleidete als Schmelzraum dienende herdgrube, durch den mit Steinen abgedeckten Kanal bläst der Wind in den herd. Ein Blasebalg wird nicht benußt. Der Steinkranz C hält die Slammen zusammen.

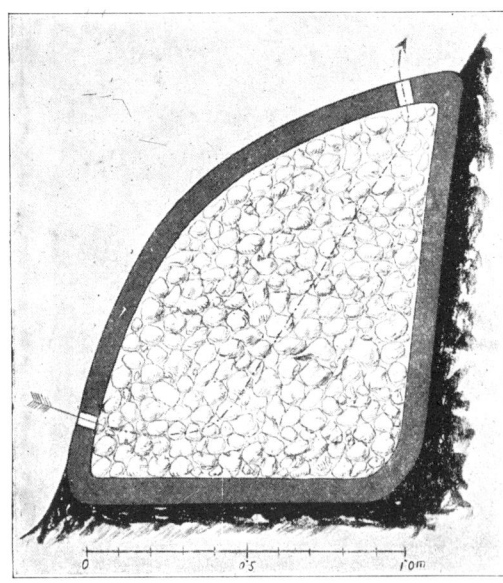

Abb. 16. Vorgeschichtlicher Tiefherd bei Epernay (Dpt. Marne).

Der Ofen ist in die hügelbettung eingestochen, mit Ton aus= gefüttert und nach Aufnahme der Beschickung mit einem Lehmmantel abgedeckt. Entzündung und natürlicher Luftzug erfolgten durch die in den Lehmmantel gestochenen Öffnungen.

arbeitet wird. Der ägyptische König Tutmes III. brachte aus seinen Kriegszügen nach Mesopotamien und Babylonien große Mengen von eisernen Speeren, sonstigen Waffen usw. zurück. Aber nicht nur dieser und noch viele andere Um= stände beweisen den hohen Stand der asiatischen Eisenindu= strie. Für ihn spricht vielmehr auch die Tatsache, daß von dort aus Eisen in großen Mengen nach den verschiedensten Ländern ausgeführt wurde. Wiederum sind es die Phönizier, die auch den Eisenhandel des Altertums hauptsächlich in händen haben. Es ist sehr wahrscheinlich, daß auch nach Germanien das erste Eisen von Asien aus gekommen ist. Wenigstens lassen Funde, die aus dem Jahre 900 v. Chr. stammen dürften, ihrem ganzen Aussehen und ihrer Zusammen=

ſetzung nach darauf ſchließen. Später allerdings wurde die Eiſenerzeugung in
Germanien ſelbſt heimiſch und dort vielfach ausgeübt. Ebenſo werden wohl

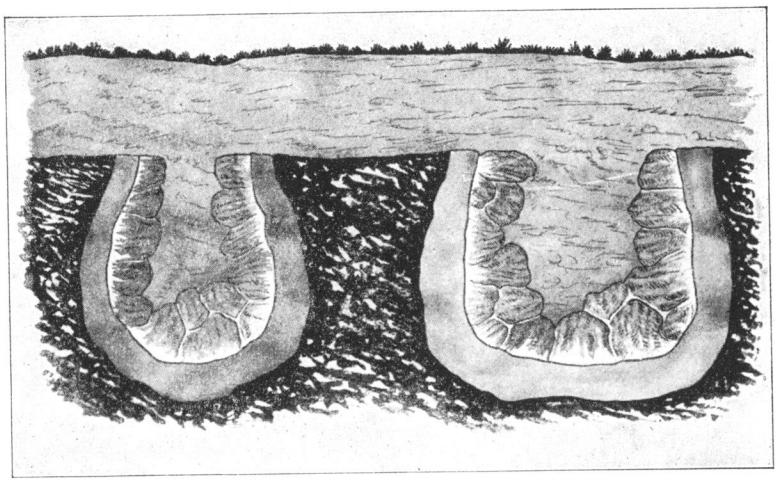

Abb. 17. Alte Renngruben (Rennherde), Waltendorf in Krain.

auch die Griechen und Römer das Eiſen zuerſt als Handelsartikel kennen gelernt
haben, ehe ſie ſelbſt mit der Eiſenbereitung begannen.

Ein die Technik der Eiſengewinnung im Altertum in hohem Maße kennzeich=
nender Umſtand beſteht darin,
daß man Roheiſen überhaupt
nicht kannte. Alles aus dem
Altertume ſtammende Eiſen,
ganz gleich von welchem Volk
es erzeugt wurde, gehört zu
jenen Eiſenſorten, die wir heu=
te als Schmiedeeiſen und als
Stahl bezeichnen. Gehen wir
den Urſachen dieſer Erſcheinung
näher nach, ſo findet ſie durch
folgende Überlegungen ihre
Begründung: Es wurde bereits
oben eingehend dargelegt, wel=
che wichtige Rolle das Kupfer
während des ganzen Altertums
ſpielte. Um die Kupfererze zu
reduzieren, iſt eine Temperatur
von 1100 Grad Celſius erfor=
derlich. Es dürfte dies wohl
die höchſte Temperatur geweſen
ſein, die man im Altertume

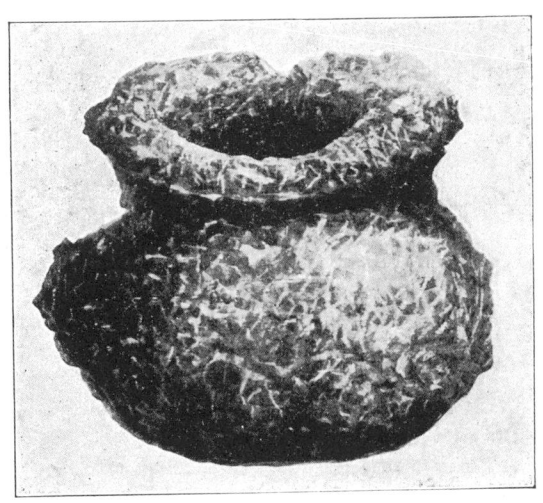

Abb. 18. Renntopf aus der Niederlauſitz.
Entſtanden aus einer in die Erde gegrabenen Grube, in der Schlacke
eingeſchmolzen wurde, die dann die Wand des Topfes bildete, der
ſeitwärts eine Gebläſeöffnung und unten eine Abflußöffnung hatte.

bei hüttenmänniſchen Prozeſſen zu erreichen vermochte. Die Einrichtung aller aus
jener Zeit bekannten Öfen läßt darauf ſchließen, daß man trotz der ſpäter allge=

meiner gewordenen Verwendung von Gebläsen nicht auf höhere Temperaturgrade
kam. Nun entsteht das Roheisen dadurch, daß reduziertes und an Kohlenstoff armes
Eisen bei einer Temperatur von 1225 Grad aus der Beschickung und aus den im
Ofen vorhandenen Gasen Kohlenstoff aufnimmt, der sich beim Erkalten in Form

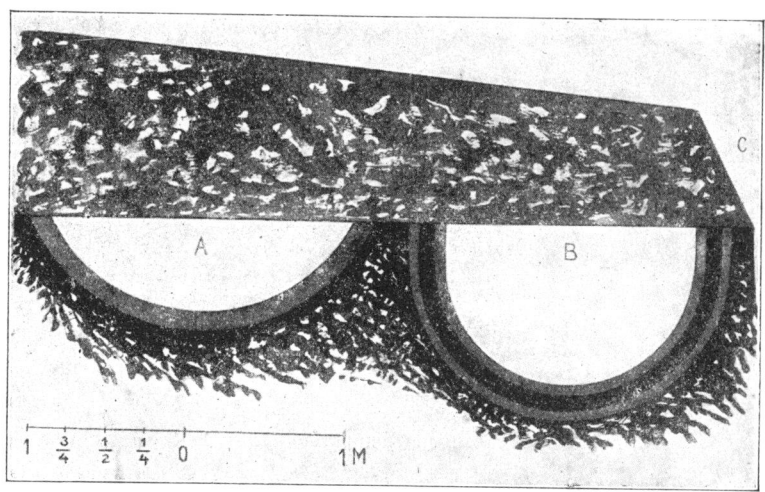

Abb. 19. Römische Rennfeueranlagen aus Hüttenberg in Kärnten.
Die weniger tiefe Grube diente wahrscheinlich zum Rösten der Erze, die tiefere mit Ton ausgekleidete für den
eigentlichen Rennbetrieb.

von Graphit teilweise ausscheidet, während er teilweise in Karbidkohle übergeht.
Da man die Temperatur von 1225 Grad nicht zu erreichen vermochte, so konnte man
auch kein Roheisen darstellen. Die Reduktion der Eisenerze tritt bei 700 Grad ein.
Das Produkt, das bei dieser Temperatur gewonnen wird, ist Schmiedeeisen oder Stahl.

Abb. 20. Vorgeschichtliche Eisenschmelze aus Jolenze
in Krain.
Die tönernen Düsen sind wahrscheinlich Winddüsen, die Neigung
der Mulde sollte wohl das Abfließen der Schlacke erleichtern.

Ob sich das eine oder andere
bildete, hing in der Hauptsache
wohl vom Zufall ab. Immer=
hin dürfte man bei Verwen=
dung der gleichen Erze und
des gleichen Brennmaterials
sowie der gleichen Öfen stets
ein einheitlich zusammenge=
setztes Produkt erhalten haben.
Einen Beweis für die Richtigkeit
dieser Ansicht bildet wiederum
die Kutubsäule. In den alt=
indischen Öfen, in denen das
zu ihrer Herstellung benützte

Eisen dargestellt wurde, haben sich wohl kaum größere Eisenmassen als solche von
25 Kilogramm Gewicht ausschmelzen lassen. Da die Kutubsäule wohl 17000 kg
wiegen dürfte, so muß sie aus einer Unmenge solcher kleinen Eisenblöcke zusammen=
geschmiedet worden sein. Trotzdem zeigt sie durchweg eine einheitliche Zusammen=
setzung, durch die einzelne Forscher, wie z. B. v. Schwarz, dazu geführt wurden,

die Anficht auszufprechen, fie fei aus einem einzigen Blocke gefchmiedet worden.
Es haben fich aber nirgends Spuren von Einrichtungen gefunden, die die herftellung
einer fo gewaltigen Eifenmenge in einem
einzigen Ofengang wahrfcheinlich machen.

Das Ausfchmelzen des Eifens aus feinen
Erzen gefchah während des Altertums nach

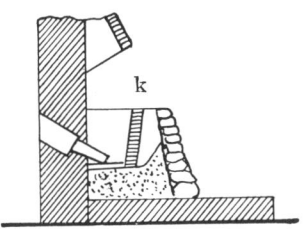

Abb. 21. Korfitanifcher Rennherd.   Abb. 22. Katalonifcher Rennherd.

jenem Verfahren, das wir heute als „Rennprozeß" zu bezeichnen pflegen. Wie
man im Anfang arbeitete, dafür gibt es auch jetzt noch bei den wilden Völker=
schaften Beifpiele, die fich der=
felben Öfen bedienen, die auch
in den früheren Zeiten des Alter=
tums im Gebrauch waren. (Abb.
15—18). Man benutzte einen
primitiven Ofen, der oft nur aus
einer in den Boden gegrabenen
Vertiefung beftand, und den man
mit feuerfeftem Material, alfo mit
Ton oder Ziegeln oder einem Ge=
menge beider ausfütterte. In den
Ofen wurden die Erze und das
Brennmaterial gegeben, das wohl

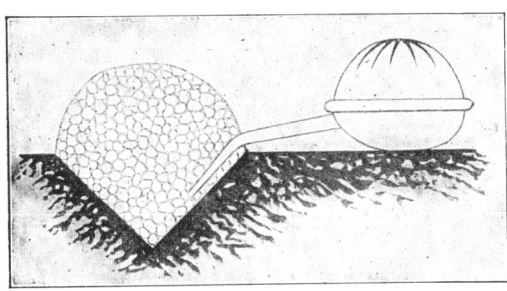

Abb. 23. Rennfeuer aus Kordofan.

faft durchweg aus holzkohle beftand. Um es in Brand zu fetzen, hat man wohl zu=
nächft ein holzfeuer angezündet. Das Eifen blieb im Ofen liegen, aus dem es ent=
nommen wurde; häufiger aber
floß es aus dem unteren Teile
des Ofens durch einen fchiefen
Kanal ab. Später mauerte
man die Öfen höher auf und
brachte dann auch Gebläfe an.
(Abb. 20—23). Die Gebläfe,
wie fie unter Tutmes III. im
Gebrauch waren, find uns aus
den Gräberfunden von Theben
bekannt. hier findet fich auf
einer Abbildung eine Art von
Rennfeuer, das durch zwei Ge=

Abb. 24. Angeblicher „Rennbetrieb" im alten Ägypten.

bläfeeinrichtungen in Gang erhalten wird. Die Erze liegen in einer Grube, über
der fich ein hügel erhebt, aus dem Flammen herausfchlagen. Man muß fich alfo

vorstellen, daß über der Grube noch Erz und Kohle aufgeschichtet wurden, die in dem Maße, wie das Metall (in diesem Falle Gold) ausschmolz, nachsanken. Die Bälge sind Lederschläuche, die, damit sie sich nicht verrücken, durch ein Gestell fest= gehalten werden. Man tritt sie mit dem Fuß und zieht sie dann an Schnüren wieder empor. Zur Einführung des Windes in den Ofen dienten tönerne Pfeifen. Das Bild zeigt im Hintergrunde noch einen mit Holzkohle gefüllten Korb (Abb. 24).

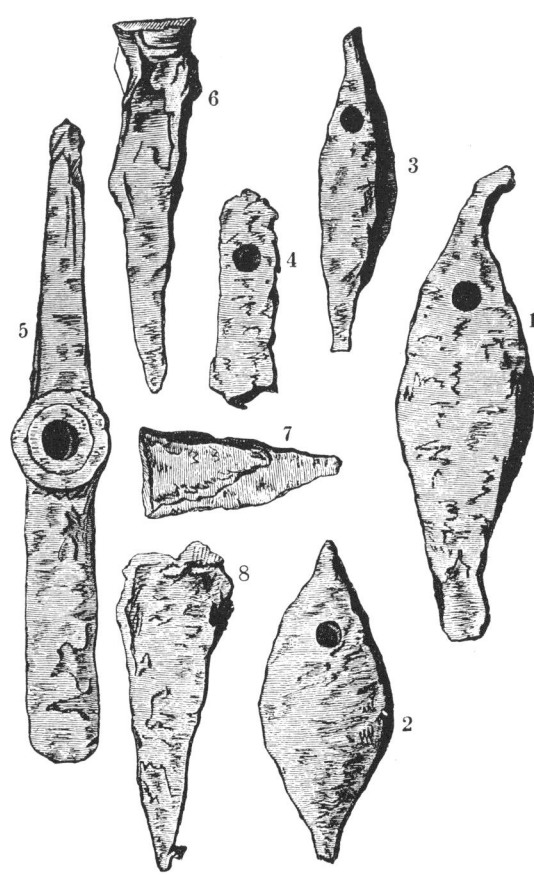

Das Eisen fließt, wie schon erwähnt, in der Regel aus der Rinne aus und sammelt sich in Form einer „Luppe" am Boden der davor befindlichen Grube an. Die Luppen, deren man jetzt noch zahlreiche in alten verlassenen Hüttenwerken fin= det, haben ein Gewicht von 7—25 kg. (Abb. 25 u. 26.) Sie waren von der gleichzeitig ausfließenden Schlacke bedeckt, die entweder abgeschöpft oder nach dem Erkalten abgeschlagen wurde. Der Prozeß der Ge= winnung von Eisen und Stahl vollzog sich stets in einem ein= zigen Gange. Nur in Indien scheint man nach den Angaben des Aristoteles zunächst Fluß= eisen gewonnen zu haben, das man später noch einem Frisch= prozeß unterwarf.

Im allgemeinen dürfte auch die Eisengewinnung im Laufe der Zeiten keinerlei Vervollkommnung erfahren haben, soweit man nicht die Vergrößerung und Erhöhung der Öfen als solche bezeich= nen will, die allmählich immer größere Abmessungen an=

Abb. 25. Rohluppen (1, 2, 3) und bearbeitete Luppen aus den Ausgrabungen aus Khorsabad.
Das Loch in den Rohluppen diente dazu, um sie für die Beförderung durch Menschen oder Tiere an Stricken aufreihen zu können.

nahmen, so daß aus den ur= sprünglichen einfachen Herden allmählich richtige Schachtöfen entstanden, eine Entwicklung, aus der ja auch später unser heutiger Hochofen hervor= gegangen ist. (Abb. 27.) Vereinzelt wurde anstatt mit Holzkohle auch mit Steinkohle oder Braunkohle gearbeitet, wie z. B. bei den Chinesen. Auch Theophrast be= richtet aus dem 4. Jahrhundert v. Chr., daß die Hüttenleute in Elis und Ligurien von einer dort vorkommenden natürlichen Kohle den ausgiebigsten Gebrauch mach= ten. Die gewonnenen Rohluppen gingen von den Eisenwerken aus in den Handel und wurden erst am zweiten Orte durch nochmaliges Einschmelzen, Schmieden usw. usw. zu Waffen, Werkzeugen u. dgl. verarbeitet. Einzelne Eisensorten erfreuten sich z. B. bei den Römern einer besonderen Berühmtheit, so vor allem das Eisen von Elba, ferner nach der Eroberung der norischen Provinzen das norische Eisen. Die Zahl der aufgefundenen alten Eisenhüttenwerke und Eisenfunde ist eine außerordentlich große. So hat man im Grabfelde von Hallstadt mehrere Tausende von Fundstücken gehoben, im Jura hat man allein über 230 Eisengruben aufgedeckt.

Sonstige Metalle.

Gegen die vorstehend besprochenen Metalle treten dann die übrigen, die man im Altertume noch kannte, an Bedeutung beträchtlich zurück. Das Quecksilber war zwar bekannt, es fand jedoch in reinem Zustande wahrscheinlich nur in geringem Umfang Anwendung. Benutzt wurde es hauptsächlich in Form seiner Schwefelverbindung, des Zinnobers, der als rote Farbe diente. Außerdem ist es wahrscheinlich, daß man in Spanien die Goldextraktion durch Amalgamisation, d. h. durch Ausziehen mit Quecksilber, anwendete; denn einesteils kommen Gold sowohl wie Quecksilber in Spanien vor, und dann erzählt Ditruvius, daß man das Gold der mit Gold-

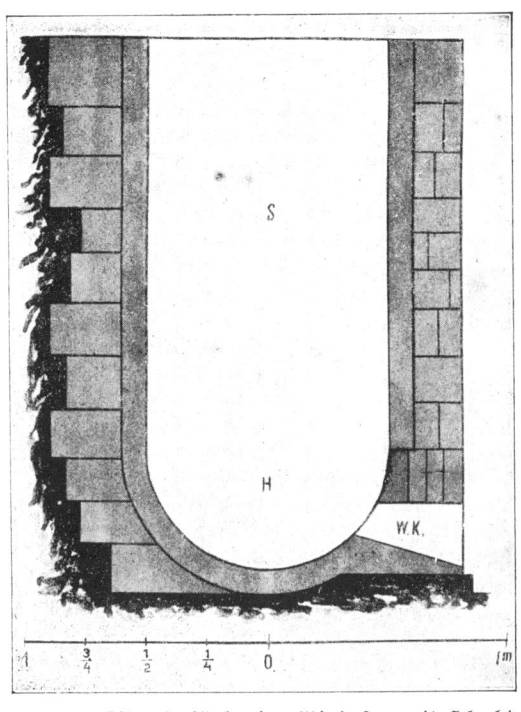

Abb. 27. Alter freistehender Windofen mit Schacht vom Kärtner Erzberg.
H = Herd; S = Schacht; WK = Windkanal.

fäden durchwirkten Gewänder wiedergewinnen könne, indem man diese in Tiegeln verascht und unter Wasser mit Quecksilber behandelt, das alles Gold aufnimmt. Preßt man dieses Amalgam durch die Poren eines Tuchbeutels, so kann das reine Gold aus dem Rückstand erhalten werden. Ebenso wie das Quecksilber waren auch Antimon und Arsen wohl nur in ihren Schwefelverbindungen bekannt. Ob das Platin als solches bekannt war, erscheint

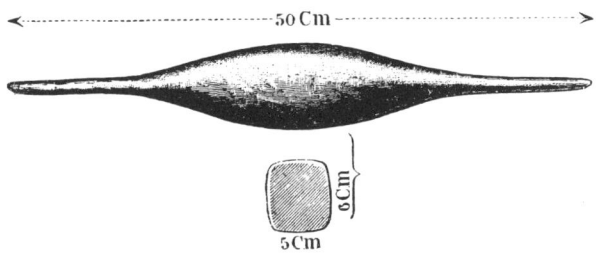

Abb. 26. Überschmiedete Rohluppe aus dem römisch-germanischen Museum in Mainz.

zweifelhaft. v. Lippmann bestreitet es. Vielleicht ist es in einzelnen Fällen für Silber gehalten und an seiner Stelle verarbeitet worden. Berthelot untersuchte ein mit hieroglyphischen Inschriften geschmücktes Futteral ägyptischer Herkunft, das

von der Königin Shaperapit, der Tochter Psammetichs I., im 7. Jahrhundert
vor unserer Zeitrechnung herrührt und fand, daß die hieroglyphischen Zeichen aus
iridiumreichem Platin bestehen. Da man Platinvorkommnisse in Afrika nicht kennt
so ist das Metall wahrscheinlich von auswärts eingeführt worden. Berthelot
nimmt an, daß es mit dem Golde gemeinsam aus dem Nilsande ausgewaschen
worden sei.

Literatur zum Abschnitt: „Die Metalle und ihre Gewinnung".

Bauer und Vogel, Metallographische
Untersuchung vorgeschichtlicher Bronze=
fundstücke. Mitteilungen aus dem Kgl.
Materialprüfungsamt. Berlin 1916,
S. 291.

Beck, Die Geschichte des Eisens. Braun=
schweig 1891.

Beck, Die Erfinder des Eisens im Altertum.
Vortrag, geh. in d. Berliner Ges. f. An=
thropologie. Januar 1907.

Bell, Ein Stück bei Corstopitum gefundenes
römisches Eisen. Chemiker=Zeitung 1912.
S. 594.

Berthelot, Die Chemie im Altertum und
Mittelalter. Leipzig und Wien 1909.

— Quelques métaux trouvés dans les
fouilles archéologiques en Egypte.
Comptes rendus 1905, S. 183.

— Sur les métaux égyptiens: Présence
du platine parmi les charactères d'une
inscription hieroglyphique. Comptes
rendus 1901, S. 729.

v. Bibra, Die Bronzen und Kupfer=
legierungen. Erlangen 1869.

Binder, Laurion. Die attischen Berg=
werke im Altertum. Jahresbericht der
K. K. Staatsoberrealschule in Laibach
für das Schuljahr 1894/95.

Beuther, Das Goldland des Plinius.
Zeitschrift für Berg=, Hütten= und Sa=
linenwesen, 1891, Band XXXIX. Ab=
handlungen S. 55.

Blümner, Technische Probleme aus Kunst
und Handwerk der Alten. Berlin 1877.

— Technologie und Terminologie der Ge=
werbe und Künste bei Griechen und Rö=
mern. 4. Band, Leipzig 1887.

Böckh, Die laurischen Bergwerke in Attika,
Berlin 1815.

Breidenbach, Das Goldvorkommen im
nördlichen Spanien. Zeitschrift für
Geologie, 1893, S. 16.

Bucher, Geschichte der technischen Künste.
Stuttgart 1875—93.

Buchner, Geschichte der Metallfärbung.
Bayer. Industrie= u. Gewerbeblatt 1910,
S. 245.

Busch, Assyrische Bronze. Zeitschrift für
angewandte Chemie 1914, S. 512.

Carthaus, Das eiserne Wunder zu Delphi.
Für alle Welt 1912, 415.

Colin Roß, Etwas über Rennarbeiten.
Bayr. Industrie= u. Gewerbebl. 1910, 361.

Diergart, Die ψευδάργυρος=Frage vom che=
misch=metallurgischen Standpunkte. Bei=
trag zur Urgeschichte des Zinks. Journal
f. praktische Chemie 1902, S. 339.

— Messing, eine urgeschichtlich=etymologi=
sche Studie. Zeitschr. f. angew. Chemie
1901, S. 1297.

— Messing und Bronze. Zeitschr. f. angew.
Chemie 1903, S. 85.

— Messing, Zink und Bronze. Zeitschr. f. an=
gew. Chemie 1903, S. 350.

— Ludwig Beck=Biebrich, Wedding u.
Weeren. Erörterungen über die letzten
Arbeiten zur ältesten Geschichte des Eisens
anläßlich des Beck'schen Vortrags. Mitt.
zur Geschichte der Medizin und der Natur=
wissenschaften 1907, S. 362.

— Über den gegenwärtigen Stand und die
Bedeutung der Geschichte des Zinks für
die moderne naturwissenschaftliche For=
schung. Vortrag, geh. auf der Naturfor=
scherversammlung zu Kassel 1903.

Falk, Das Rosten des Gußeisens. Chemiker=
Zeitung 1912, S. 810 u. Zeitschrift f.
angew. Chemie 1912, S. 2074.

Fellenberg, Mitteilungen der natur=
forschenden Gesellschaft in Bern 1860
u. 1861.

Ferreira da Silva, Analyse eines in einem
sehr alten Grabe aufgefundenen Schwer=
tes. Referat der Chemiker=Zeitung 1907
nach Revista de Chemica Pura e App=
licata, 1907, S. 471.

Siala, Beiträge zur römischen Archäologie
der Herzegowina. Sonderabdruck aus
Wissenschaftl. Mitt. aus Bosnien u. d.
Herzegowina 1897, Wien 1897.

Freise, Das Eisenhüttenwesen im Altertum.
Stahl u. Eisen 1907, S. 1615.

— Geographische Verbreitung und wirt=
schaftliche Entwicklung des süd= und mit=
teleuropäischen Bergbaus im Altertum.
Zeitschr. für das Berg=, Hütten= und Sa=
linenwesen im Preußischen Staate 1907,
S. 199.

Gustafson, Über die Konservierung der im Wikingerschiff zu Oseberg gefundenen Altertümer. Polyteknisk Forenings Kemikergruppe i Kristiania, Sitzung vom 4. November 1913.

Hadfield, Singhalesisches Eisen und Stahl aus früherer Zeit. Chemiker-Zeitung 1912, S. 594.

Hansen, De metallis atticis. Hamburg 1885.

Helm, Das Antimon und seine Benutzung zur Herstellung von Bronzen bei den alten Völkern. Prometheus 1898, S. 41.

Herodot, Geschichten. 1. Buch 50 und 51, 3. Buch 95—107.

Hofmann, K. B. Das Blei bei den Völkern des Altertums. Berlin 1885.
— Die Entstehung des Wortes „Bronze". Berg- u. hüttenmännische Zeitung 1890.

Hommel, Zur Geschichte des Zinks. Chemiker-Zeitung 1912. S. 95. 905.
— Über indisches und chinesisches Zink. Zeitschrift für angew. Chemie 1912, S. 97.

Jaeck, Industrie und Gewerbe im Altertum. Prometheus 1898, S. 434.

Jüptner von Jonstorff, Das Eisenhüttenwesen. Leipzig 1912.
— Prähistorische Eisenerzeugung bei den Naturvölkern. Das Wissen, 6. Jahrg., Nr. 9, S. 89.

Kellner, Römische Baureste in Ilidze bei Sarajevo. Sonderabdruck aus Wissenschaftliche Mitteilungen aus Bosnien und der Herzegowina 1897. Wien 1897.

Kobert, Chronische Bleivergiftung im klassischen Altertume. Vortrag, geh. im Dozentenverein der Universität Rostock, Juni 1906. Veröffentlicht in Diergart, Beiträge aus der Geschichte der Chemie. Leipzig und Wien 1909.

Kopp, Geschichte der Chemie. Braunschweig 1843—1847, Bd. IV.

Kordellas, Le Laurium, Marseille 1871.

Krause, Kupfer. Elektrochemische Zeitschrift 18. Jahrg., S. 293.

Lang, Die altägyptischen Kupferwerke am Sinai. Nach Berthelot, Comptes rendus de l'Académie des Sciences 1896, S. 365. Prometheus 1897, S. 250.

Ledebur, Die Legierungen. Berlin 1913.

Lehmann-Haupt, Die historische Semiramis und ihre Zeit. Tübingen 1910.

v. Lippmann, Chemische Papyri des 3. Jahrhunderts. Chemiker-Zeitung 1913, S. 933.
— Platin in Spanien. Chemiker-Zeitung 1916.
— Die Geschichte der Bronze und die Erklärung ihres Namens. Vortrag am 12. Dez. 1916 in der Naturforschenden

Gesellschaft Halle a. S. Chemiker-Zeitung 1917, S. 44.

Lohse, Die Entwicklung der Gebläse bis zur Mitte des 19. Jahrh. Stahl und Eisen, Jahrg. 31, S. 173.

Ludwig, Κυπρος, cuprum. Zeitschrift für die Kunde des Morgenlandes, 1905, S. 239.

Luschan, Afrikanische Eisentechnik, Vortrag, gehalten in der Berliner Gesellschaft für Anthropologie, November 1908.

Mansch, Die Anfänge der Bleikultur. Welt der Technik 1909, S. 322.

Medicus, Kurzes Lehrbuch der chemischen Technologie. Tübingen 1897.
— Platin in Spanien. Chemiker-Zeitung 1916.

Mehrtens: Das Eisen im Altertum. Stahl und Eisen 1887, S. 527.

Neuburger, Einige Bemerkungen zu dem Vortrag von Burgeß und Hambuechen über elektrolytisches Eisen (Rosten des Eisens). Elektrochemische Zeitschrift 1904, S. 77.
— Handbuch der praktischen Elektrometallurgie. München 1907.

Neumann, Die Metalle. Halle 1904.
— Messing. Zeitschr. f. angew. Chemie 1902, S. 411.
— Zur Geschichte des Messings. Zeitschr. f. angew. Chemie 1903, S. 253.

Oppert, Über die Metalle, besonders das Messing. In: Diergart, Beiträge aus der Geschichte der Chemie. Leipzig und Wien 1909.

Patsch, Archäologisch-epigraphische Untersuchungen zur Geschichte der römischen Provinz Dalmatien. Sonderabdruck aus Wissenschaftliche Mitteilungen aus Bosnien und der Herzegowina 1901. Wien 1901.

Pregél, Die Technik im Altertum. Sonderabdruck aus dem Jahresbericht der technischen Staatslehranstalten in Chemnitz. Chemnitz 1896.

Radimsky, Die Nekropole von Jezerine. Sonderabdruck aus Wissenschaftliche Mitteilungen aus Bosnien und der Herzegowina 1895. Wien 1895.
— Die vorgeschichtlichen und römischen Altertümer des Bezirkes Zupanjac in Bosnien. Sonderabdruck aus Wissenschaftliche Mitteilungen aus Bosnien und der Herzegowina 1896. Wien 1896.

Rhousopoulos, Beitrag über die chemischen Kenntnisse der alten Griechen. In: Diergart, Beiträge aus der Geschichte der Chemie. Leipzig und Wien 1909.
— Noch ein kleiner Beitrag zum Thema über die chemischen Kenntnisse der alten Grie-

chen. Archiv f. Geschichte der Naturwissenschaften und Technik. 1909, S. 287.

Rohrer, Die alten Kupfergruben in Chalkis. Athen 1909.

Rössing, Geschichte der Metalle. Berlin 1901.

Schelenz, Zinn, Kassiteros. Mitteilungen zur Geschichte der Medizin und der Naturwissenschaften, Band VIII, S. 106.

Schmidt, H. Die Luren von Daberkow, Kreis Demmin. Ein Beitrag zur Geschichte von Formen und Technik in der Bronzezeit. Prähistorische Zeitschrift 1915. Heft 3/4, S. 85.

Schmidt, Handbuch der Galvanoplastik. Quedlinburg und Leipzig 1847.

Schrader, Griech: μέταλλον in: Diergart, Beiträge aus der Geschichte der Chemie. Leipzig und Wien 1909.

Schulze, Ernst, Die römischen Grenzanlagen in Deutschland und das Limeskastell Saalburg. Gütersloh 1906.

E. Schultze-Großborstel, Eisen und Stahl in Indien. Archiv f. Geschichte der Naturwissenschaften u. d. Technik, Band II, S. 350.

C. R. v. Schwarz, Die Eisenindustrie bei den alten Indern. Österreichische Monatsschrift für den Orient 1893.

Schwenzner, Das geschäftliche Leben im alten Babylonien nach den Verträgen und Briefen dargestellt. Der alte Orient 1916, 16. Jahrg., Heft 1.

Soisson, Eisenindustrie in Luxemburg zur Zeit der Kelten und Römer. Zeitschr. d. Vereins deutscher Ingenieure 1907, S. 1395.

Steindorff, Die Blütezeit des Pharaonenreichs. Bielefeld 1900.

Stephanides, Συμβολαί εἰς τὴν ἱστορίαν τῶν φυσικῶν ἐπιστημῶν καὶ ἰδίως τῆς λυμείας. Abschnitt 14. Athen 1914.

Strunz, Die Chemie im klassischen Altertum. Sonderausgabe aus der Zeitschr. Die Kultur, 1905, S. 474.

— Über die Vorgeschichte und die Anfänge der Chemie. Leipzig und Wien 1906.

Michelhaus, Das goldene Vließ des Jason in naturwissenschaftlicher Beleuchtung. Vortrag, geh. im Juni 1910 in der Berliner Gesellschaft f. Geschichte der Naturwissenschaften und Medizin. Ref. Elektrochemische Zeitschrift 1911. 12. 347.

Zenghelis, Das Metall der alten Prägestempel. Chemiker-Zeitung 1907, S. 1116.

Die Bearbeitung der Metalle.

In dem Zustande, wie man die Metalle in der Natur vorfand, oder wie man sie durch hüttenmännische Verfahren aus ihren Erzen erhielt, konnten sie keine Verwendung finden. Es mußten deshalb besondere Arten der Bearbeitung mit ihnen vorgenommen werden, ehe man daraus Schmuckwaren, Handwerkszeug, häusliche Geräte und die verschiedenartigsten Gegenstände des technischen Gebrauchs anzufertigen vermochte. Diese Bearbeitung der Metalle war teils mechanischer, teils chemischer Art. Während die mechanische Metallbearbeitung den Zweck hatte, das Metall in eine geeignete Form zu bringen, diente die chemische dazu, ihm, insbesondere aber seiner Oberfläche, ein anderes Aussehen zu verleihen, oder aber dazu, getrennte Metallstücke zu vereinigen, wie z. B. das auf der Bildung von Metalllegierungen beruhende Löten.

Auf beiden Gebieten der Metallbearbeitung, auf dem der mechanischen sowohl wie dem der chemischen, besaß man bereits in den frühesten Zeiten des Altertums hervorragende Fertigkeiten. Schon sehr frühe verstand man die Dehnbarkeit der Metalle, insbesondere der Edelmetalle, dadurch auszunützen, daß man ihnen durch Hämmern und Treiben nicht nur eine größere Oberfläche verlieh, sondern sie auch in bestimmte Formen brachte. Das Formen durch Guß kam wahrscheinlich erst später auf. Die ältesten Bildwerke, wie Statuen von Göttern usw. usw., wurden aus Lehm geformt oder aus Holz geschnitzt und dann mit Goldplatten belegt. Um diese Platten auf dem Kerne haften zu machen und sie auch unter sich zu verbinden, gebrauchte man das Verfahren des Nietens und wahrscheinlich auch das des Verschweißens. Außerdem hämmerte man die Goldplatten zuweilen mit Hilfe künstlich hervorgebrachter Ecken und Kanten in die Unterlage ein — eine Methode, die sich in früher Zeit bei fast allen Völkern des Altertums vorfindet.

Blattmetalle und Treibarbeit.

Unter allen Metallen ist es nun vor allem das Gold, das die Eigenschaft der Dehnbarkeit in ganz besonders hohem Maße besitzt. So darf es uns nicht wundernehmen, daß man diese Eigenschaft auch schon sehr bald erkannte und ausnützte. Das durch fortgesetztes Hämmern zu dünnen Blättern ausgeschlagene Gold, das sogenannte „Blattgold", findet sich fast überall schon in vorgeschichtlicher Zeit. Im Jahre 3500 v. Chr. wird, wie eine im Berliner Museum befindliche altägyptische Halskette beweist, derartiges Blattgold schon zu prachtvollen Goldschmiedearbeiten benützt. Etwa um die gleiche Zeit belegt man in Ägypten die verschiedenartigsten Gegenstände mit Goldblech, und schon 2600 v. Chr. kommt im ägyptischen Reiche das eigentliche Vergolden mit Hilfe von Blattgold auf, d. h. man befestigt das Blattgold nicht mehr durch Aufnieten usw., sondern man macht von seiner Eigenschaft der Adhäsion Gebrauch, indem man z. B. Holz mit Wachs überzieht, auf das man das Blattgold aufbringt, das durch Adhäsion fest haften bleibt. Bei Gegenständen aus anderem Material wird erst eine Auflage aus Stuck gemacht, die man bemalt, worauf das Blattgold aufgesetzt wird entsprechend unserer heutigen Wachs= oder „Plafond= vergoldung"). Gleichfalls auf der Ausnützung der Adhäsion beruht das später übliche und bei vielen Völkern des Altertums nachweisbare Plombieren der Zähne durch

Abb. 28. Goldschmiedewerkstatt.
Links ein Goldschläger. — Darstellung aus einem Grab von Sakkara.

Einstopfen oder Einhämmern von Blattgold, das sich merkwürdigerweise auch in Ekuador bei den damaligen Ureinwohnern, den Azteken, hat nachweisen lassen, wo Saville bei einer im Auftrage der Columbia=Universität unternommenen Forschungs= reise Schädel auffand, deren Zähne teils mit Zement, teils mit Gold gefüllt waren.

Abb. 29. Darstellung eines Goldschlägers (in der Mitte) aus dem Grabe von Rechmere.

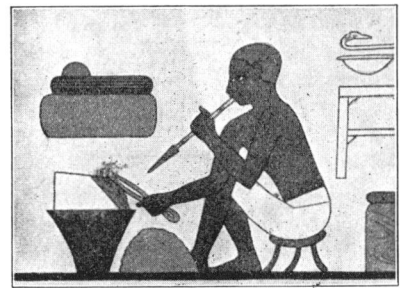

Abb. 30. Schmelzen von Metall in Ägypten mit Hilfe eines Blasrohres.
Links oben Gerätschaften, die nach Theobald als Ambos, Form und Schlagstein eines Goldschlägers ge= deutet werden müssen. (Zu beachten die aus abwech= selnden Schichten von Pergament mit Goldblättchen bestehende Form.)

In Ägypten verstand man das Gold fast bis zur Dünne des Blattgolds aus dem 18. Jahrhundert unserer Zeit= rechnung auszuschlagen. Berthelot hat durch Nachmessen die Dicke solcher Goldblätter aus der 12. und 13. Dynastie (um 2000—1800 v. Chr.) auf nur 0,001 Millimeter festgestellt. Ebenso wie das Gold wurde auch das Silber zu dünnen Blättern (0,001—0,0025 Millimeter) ausgeschlagen.

Welche Technik wendete man nun bei den alten Ägyptern sowie bei den übrigen Völkern des Altertums zur Erzielung derartiger dünner Goldblättchen an? Aus Abbil= dungen von einem Grabe zu Sakkara (Abb. 28), die aus der Zeit von etwa 2500 v. Chr. stammen, sowie aus solchen aus dem Grabe des ägyptischen Würdenträgers Rechmere (etwa 1450 v. Chr.) (Abb. 29) sind uns Darstellungen erhalten, die nach Theobald als solche von Goldschlägern gedeutet werden müssen (s. a. Abb. 30). Auf einem Steine, der als Amboß dient, liegt die sogenannte „Form", d. h. ein Stapel, der aus abwech=

lungsweise geschichteten Goldplättchen und dazwischengelegten Hautstückchen besteht. Der Goldschläger hält diese Form mit der linken Hand fest und schwingt in der rechten einen schweren Stein, mit dem er auf die Form schlägt. Es handelt sich also um ganz genau dasselbe Verfahren, wie es auch heute noch in den Goldschlägerwerkstätten ausgeübt wird, nur daß man jetzt anstatt des geschwungenen Steins einen Hammer verwendet. Während man aber heutzutage den Stapel von Goldblättchen und Häuten, aus denen sich die Form zusammensetzt, ziemlich hoch macht, benutzte man damals eine niedrige, flache, nur aus wenigen der genannten Einzelteile bestehende

Abb. 31. Riesenstatue des Her=
kules aus Bronze, vollständig
durch Überziehen mit Blattgold
vergoldet. Römische Arbeit.
Rom, Vatikanisches Museum

Abb. 32. Römischer Goldschläger, wahrscheinlich
die Zaine vorbereitend. Vatikanisches Museum.

Form. Welche Art von Häuten verwendet wurde, ist unbekannt. Die heutige aus dem Blinddarm des Rindes hergestellte Gold= schlägerhaut wird man wohl kaum benutzt haben, Maspero gibt an, daß Pergament, also Eselshaut, Verwendung fand, eine Ansicht, der sich Wilkinson (Bd. II, S. 243) anschließt.

Die Vorbereitung der auszuschlagenden Goldblättchen geschieht heutzutage durch Gießen des Goldes zu „Zainen", also länglichen Stäben und Auswalzen dieser zu langen schmalen Goldblechen. Die gleiche Art der Vorbereitung dürfte auch in Ägyp= ten stattgehabt haben. Über das Gießen und die dabei verwendeten Vorrichtungen sind uns noch Darstellungen erhalten, auf die wir bei Besprechung des Metallgusses eingehender zurückkommen werden.

Da wir bei allen Völkern des Altertums, sowohl bei den vorderasiatischen wie bei den Juden, den Indern usw. usw., entweder Überreste oder Nachrichten von der Verwendung des Blattgoldes finden, so ist anzunehmen, daß seine Herstellung angesichts der damaligen Handelsbeziehungen und des oft festgestellten Austausches technischer Fertigkeiten durch den Verkehr nach den gleichen Verfahren geschah wie bei den Ägyptern. Manche Völker, die Blattgold verwendeten, mögen es allerdings auch aus dem Auslande bezogen haben. Die Chinesen, deren Kultur sich ja zum größten Teil auf die Verwendung des Papiers gründet, haben anstatt der Pergamenthaut wahrscheinlich dünne Blätter schwarzen Papiers benutzt.

Abb. 33 und 34. Zwei Seiten eines Formsteins aus Granit zum Treiben verschiedener Schmucksachen.
Die Annahme von Schliemann, daß es sich um eine Gußform handle, ist sicherlich falsch, denn es fehlen Gegenform, Eingußtrichter und Kanäle, Windpfeifen usw.; auch gleicht die Form den bei Goldschmieden bis in die Neuzeit gebrauchten Treibformen, dann wurden die in Frage kommenden Gegenstände stets durch Treibarbeit hergestellt. ⅔ der natürlichen Größe.

Eine sehr weite Verbreitung erlangte das Blattgold bei den Griechen und Römern. Bei den ersteren findet seine Verwendung schon zu den Zeiten Homers, also wahrscheinlich bereits 850—800 v. Chr., statt. Die Form wurde jedoch nicht aus Goldplättchen und Haut, sondern wahrscheinlich aus Schichten von Goldblech und Kupferplättchen gebildet. Schreibt doch Dioscorides (V 91) um 75 n. Chr., daß man zur Bereitung von Kupfervitriol auch die Feilspäne von Kupferplättchen benutzen könnte, zwischen denen das Blattgold geschlagen wird (λεπίδων, αἷς περιεχόμενα τὰ χρυσᾶ πέταλα ἐλαύνεται). Für Goldplatten und Blattgold gab es verschiedene Bezeichnungen, und zwar sowohl bei den Griechen wie bei den Römern. Bei den letzteren unterschied man wieder je nach der Dicke des Blattgoldes verschiedene Arten. Plinius (XXXIII 61) erzählt, daß man aus einer Unze (30,59 Gramm) Gold 750 und mehr Blätter von vier Finger Seitenlänge zu schlagen vermochte. (1 digitus

= 0,0185 m; Clarac [s. unten] nimmt eine um einen nicht nennenswerten Betrag abweichende Größe an.) Die feinsten Blätter mochten also etwa eine Dicke von 1/300 Millimeter haben, so daß sie, da man jetzt Dicken von 1/9000 Millimeter erreicht, ungefähr dreimal so dick gewesen sein dürften wie unser heutiges feinstes Blattgold. Aus Versuchen, die Clarac über die eben erwähnte Angabe des Plinius machen ließ, ergab sich die nachstehende bemerkenswerte Vergleichstabelle zwischen altrömischer und neuzeitlicher Goldschlägertechnik, wobei die Blätter von 0,00018 Millimeter Dicke allerdings eine besondere, für gewöhnlich nicht erreichte Leistung darstellen.

Zahl der röm. Blätter aus 1 röm. Unze	Zahl der Parif. Blätter aus 1 röm. Unze	Blattgröße röm. Zing.im Quadr.	cm²	Gejamt= oberfläche der Blätter qm	Gewicht des Blattes g	Dicke des Blattes mm
750	750,000	4,00	54,3904	4,04185	0,0363	0,0003
750	427,733	6,72	153,9351	6,58303	0,6374	0,00018

Der bei den Römern zum Schlagen des Goldes benutzte Hammer dürfte wohl dem heute gebrauchten Goldschläger= hammer geglichen haben, obschon nicht festiteht, ob die einzige erhaltene Darstellung eines Goldschlägers (aurifex brattearius bzw. auf dem Relief brattiarius[?]) auf einem vatikanischen Relief wirklich die eigentliche Tätigkeit des Ausschlagens der Form darstellt. (Abb. 32 S. 35.) Es kann sich auch um das Vorbereiten der Goldplättchen, um die Herstellung von langen schmalen Goldbändern (sogen. „Zainen") handeln. Da der Goldschläger jetzt im Stehen schlägt und wohl auch nur in dieser Stellung den starken, aber doch elastischen Schlag auszuüben vermag, durch den einzig und allein das Zerreißen der dünnen Goldplättchen verhütet wird, so erscheint es dem Verfasser zweifelhaft, daß man damals, wo man ja ebenfalls bereits sehr feine Blättchen herstellte, im Sitzen schlug. Bei dieser Körper haltung mußten sowohl Stärke wie Elastizität des Schlages abgeschwächt werden auch wird der Hammer nicht mit elastischer Bewegung geschwungen, die auf den altägyptischen Darstellungen, wo der Goldschläger kniet, deutlich in Erscheinung tritt.

Außer Gold und Silber wurden auch noch andere Metalle

Abb. 35. Kalksteinsplitter mit ausgetuschter Zeichnung, die Kupferschmiede, ein Gefäß treibend, darstellt. Gefunden zu Der el Medina. Breite 11 cm. Berliner Museum, Ägyptische Abteilung.

Abb. 36. Attische Schale mit Darstellung von Treibarbeit in Bronze. Zu beachten die Form des Hammers mit abgerundeten und verdickten Enden. Berlin Altes Museum Antiquarium.

Abb. 37. Treiben großer Gefäße.
In der Mitte wird augenscheinlich ein größeres Stück über einer
Form getrieben. Auf Treibarbeit läßt nach Ansicht des Verfassers
auch die Form des Hammers (abgerundete Ecken) schließen. Rechts
wahrscheinlich Polieren der getriebenen Gegenstände.
Relief. Museum Neapel.

durch Hämmern zu dünnen Blättchen ausgedehnt und dabei zum Teil gleichzeitig in bestimmte Formen gebracht, also getrieben (Treibarbeit: Toreutik, Cälatur.) [1] Man schuf Bleche und Gebrauchs= bzw. Kunstgegenstände. Im ersteren Falle verwendete man einen Amboß, auf dem man das Metall bis zu der gewünschten geringen Dicke ausschlug, im

[1] τορεύω = ich durchbohre; τορεύματα: bei den Griechen, die sie (nach O. Müller, Handb. der Arch.) erfunden haben sollen = getriebene Arbeiten; bei den Römern caelaturae genannt.

Abb. 38. Das Schwert des Tiberius.
Hervorragendes Beispiel einer römischen Treibarbeit. Gefunden am 10. August 1848 in Mainz.
Länge 40 cm, Breite 7 cm.

letzteren kamen Formen aus Holz oder Stein (Abb. 33, 34 und 39) zur Anwendung, über die das Blech gestülpt wurde oder in die man es hineinlegte, und über bzw. in

Abb. 39. Altägyptische Treibform.
Für Figuren aus Goldblech. Harter gelblicher Stein
(4,7 : 4,2 cm).
Berliner Museum, Ägyptische Abteilung.

Abb. 40.
Ägyptische Treibarbeit aus Goldblech.
Figürchen eines fliegenden Seelenspenders aus
Goldblech; Menschenkopf. Höhe 3,3 cm. Breite
7,5 cm. Abusir el Meleq. Massengrab der
Harsaphespriester.
Berliner Museum, Ägyptische Abteilung.

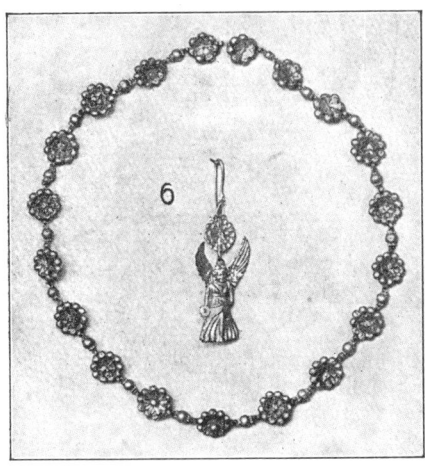

Abb. 41.
Römische Treibarbeit aus Goldblech.
(Armband und Ohrring.) Berlin, Altes Museum,
Antiquarium.

Abb. 42. Getriebenes Diadem aus Mykenae. Um 1600 v. Chr.
Legierung (Elektron) aus 7,51 v. H. Gold und 24,9 v. H. Silber. — Museum Athen. (Katalog Nr. 57.)

denen man es dann so lange mittels eines je nach der Art des Bleches metallenen oder hölzernen Hammers bearbeitete, bis es sich vollkommen der Form angeschmiegt hatte.

Der Hammer hatte, wie jetzt auch noch, häufig abgerundete oder verdickte Ecken, damit das Metall nicht durch scharfe Kanten verletzt werde (s. Abb. 36 u. 37). Bei größeren Gegenständen machte das Treiben zunächst Schwierigkeiten. Man trieb deshalb die Einzelteile, die man dann zusammennietete. Später lernte man ganze Gefäße, Krüge, Becher usw. aus einem einzigen Stück treiben. Eine weitere Vervollkommnung der Treibarbeit besteht dann in dem Treiben aus freier Hand, bei dem die Verwendung der Form wegfällt, und das eine hohe Kunstfertigkeit erfordert. Es wird lediglich eine Zeichnung angefertigt, nach der der geschickte Arbeiter den Gegenstand dadurch herstellt, daß er die Rückseite mit Hämmern und sonstigen Werkzeugen bearbeitet. Die fertig getriebenen Teile werden, um sie bei der weiteren Arbeit vor

Abb. 43. Getriebene Goldvase aus Mykenae (um 1600 v. Chr.). In inneren Teilen der Treibarbeit wurde durch die Analyse Wachs festgestellt. Museum Athen. (Katalog Nr. 351.).

Verletzungen zu schützen, mit Pech oder, wie Rhousopoulos durch Analysen feststellte, mit Wachs ausgegossen. Zu weit vorgetriebene, also zu stark geratene Teile sowie Vertiefungen werden unter Verwendung von Punzen nach innen zurückgetrieben, wobei, um das Reißen zu verhüten und den Schlag zu dämpfen, gleichfalls wieder eine Ausfüllung des Innenraums mit Pech vorgenommen wird. Auf die geschilderte Weise entstehen Gefäße, Beschläge, Dreifüße, Kannen Teller, Bildsäulen usw. usw., die teils ganz aus Treibarbeit hergestellt sind, teils nur aufgesetzte Reliefs von solchen enthalten. Das am meisten verwendete Metall ist neben den Edelmetallen das Kupfer sowie die aus ihm gewonnene Bronze. Aus der letzteren hat man, wie die Bronzen von Siris im Britischen Museum beweisen, Treibarbeiten herzustellen verstanden, bei denen das Metall bis zu der außerordentlich geringen Dicke des Papiers ausgeschlagen ist. Auch Bleiplatten und Bleibleche wurden durch Treibarbeit hergestellt, die dann mancherlei technische Verwendung fanden, z. B. zur Herstellung von Wasserleitungsröhren, als Siebbleche bei Ausgüssen und Dränagen usw. usw.

Drähte.

Mannigfache Verwendung fand im Altertum der Metalldraht, insbesondere der aus Edelmetallen hergestellte, der zu Schmucksachen verarbeitet wird, ja sogar

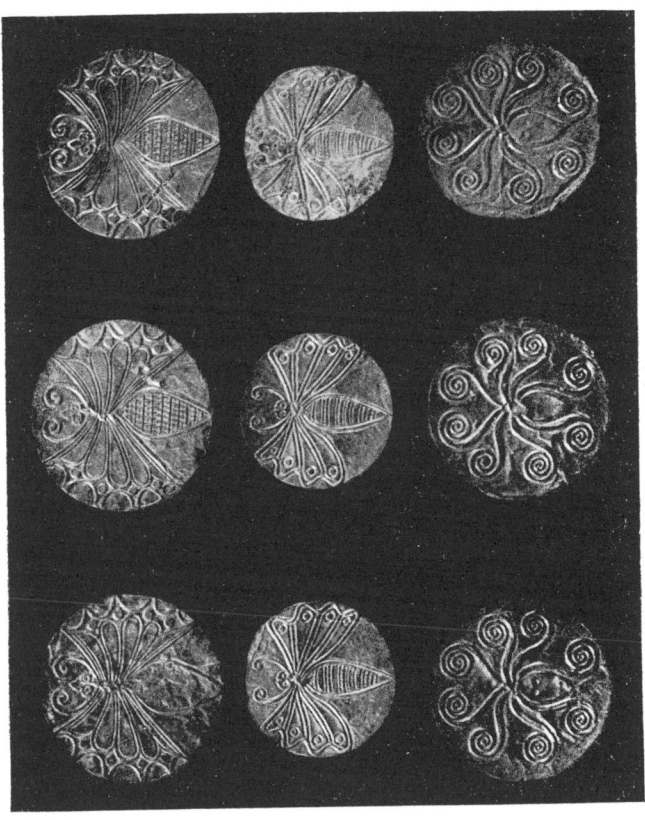

Abb. 44. Goldene Rosetten. Treibarbeiten (aus einem Grabe zu Mykenae). Um 1600 v. Chr. Museum Athen. (Katalog Nr. 590.)

zum Festbinden locker gewordener Zähne dient (Saville). Aus altägyptischen Funden aus der Zeit um 3500 v. Chr. sind Kupferdrähte bekannt, und auch aus späteren Zeiten sind uns mannigfache Spuren der Benützung von Draht erhalten, ja es sind sogar noch Drähte aus dem 6. Jahrhundert n. Chr. erhalten, die die beträcht=

Abb. 45. Getriebene Metallkessel. Verkauf auf der Straße. Die Größe ist durch Vergleich mit den daneben stehenden Männern zu erkennen. Wandbild in Herculanum.

liche Länge von etwa 1½ Meter aufweisen (Germanisches Museum, Nürnberg). Zur Zeit des Untergangs von Pompeji (79 n. Chr.) verwendete man auch bereits Drahtseile. Ein solches in Pompeji aufgefundenes hat eine Länge von 4½ Meter

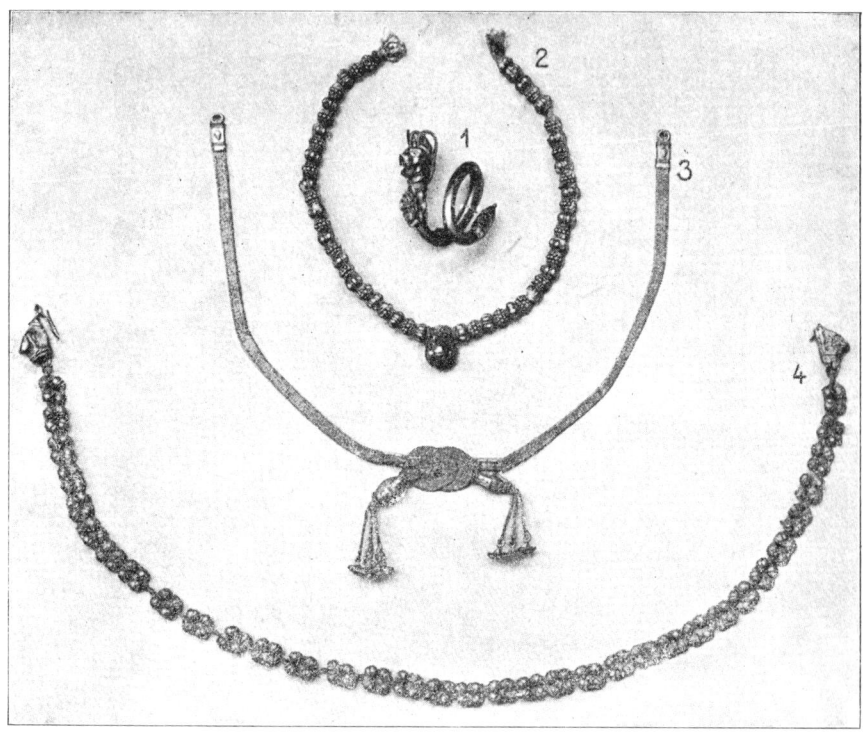

Abb. 46. Römische Goldschmiedearbeiten aus Golddraht und Goldblech.
1. Armband aus Goldblech. 2 und 4 Ketten aus Goldblechperlen. 3 Kette aus äußerst feinem, haardünnem Golddraht geflochten. — Berlin, Altes Museum, Antiquarium.

und einen Umfang von 2½ Zentimeter. Es besteht aus Bronzedraht, von dem drei Stränge aus je 15 Drähten zusammengedreht wurden. Man hat also die mannigfachsten Metalle zu Draht verarbeitet, doch ist uns über seine Herstellung nur sehr wenig bekannt. Eine Herstellungsart des Drahtes ist in der Bibel (2. Buch Moses 39, V. 2) beschrieben, wo es heißt: „er schlug das Gold und schnitt es in Fäden, daß man es künstlich wirken konnte unter Seide". Außerdem gewann man Draht auch noch durch Aushämmern von Metallen sowie durch Ausschmieden. Gezogener Draht war nach Schliemann (Jlion, Stadt und Land der Trojaner, S. 509) schon zu Homers Zeiten bekannt, auch hat man solchen an verschiedenen alten Fundstätten, darunter auch in Mykenae, gefunden. Wie er aber hergestellt wurde, darüber fehlen alle Überlieferungen, doch kann man wohl annehmen, daß langer Draht, wie er z. B. schon 2900 v. Chr. zu Saffara verwendet wurde, durch Zusammenschweißen ausgeschmiedeter Stücke entstand

Stanzen.

Eine im Altertume viel gebräuchliche Technik der Metallbearbeitung war das Stanzen der Metalle, durch das man dem Metallbleche nicht nur eine bestimmte Form gab, sondern es außerdem noch mit erhabenen oder vertieften Verzierungen versah. Ob man aus dem Blech auch Plättchen ausstanzte, obschon man die Lochstanze kannte und sie schon in mykenäischer Zeit zur Herstellung von Ver= zierungen verwendete, erscheint nicht als erwiesen. Runde Metallplättchen wurden wahrscheinlich mit der Schere oder dem Messer ausgeschnitten. Hingegen stanzte man Ver= zierungen in Kästchen, in Metallstückchen, die auf die Kleider aufgenäht wurden, usw. usw. in der Weise ein, daß man das Metallblech auf einen Amboß von Blei auflegte. Dann wurde die aus härterem Metall, also aus Bronze oder vielleicht auch aus Eisen angefertigte Stanze aufgesetzt. Sie enthielt die Verzierungen, die meist durch Eingravieren, vielleicht auch mittels des Schleifrades, hergestellt worden sein dürften. Durch einen kräftigen Schlag mit dem Hammer drückte sich die auf der Stanze enthaltene Darstellung in das Metallblech ab. Manchmal hat man das Blech wohl auf die mit der Gravierung nach oben gerichtete Stanze auf=

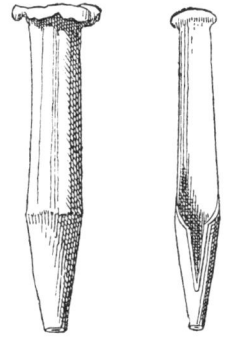

Abb. 47. Locheisen. Zum Einstanzen von Ver= zierungen in Blech.

gelegt und es dann durch Treiben mittels des Hammers in sie eingeschlagen. Ver= zierungen, die sich besonders oft wiederholten, wie Ornamente auf Blechen, Rand= leisten an Bechern usw. usw., wurden meist durch Aneinanderreihen bei Gebrauch ein= und derselben Stanze hergestellt.

Prägen, Ziselieren und Gravieren.

Sehr nahe verwandt mit dem Stanzen war das Prägen, das vor allem bei der Herstellung der Münzen ausgedehnte Anwendung fand, die jedoch ins= besondere in römischer Zeit sehr häufig auch durch Guß gewonnen wurden. Wir werden auf die letztere Art ihrer Anfertigung später, bei der Besprechung des Metall= gusses, noch zurückkommen. Hier sei zunächst die Prägung besprochen, die sich infolge eigenartiger Umstände entwickelte. Als Geld diente zunächst nicht überall Metall; die verschiedensten Gegenstände wurden verwendet, ja in China soll bereits im Jahre 2697 v. Chr. Papiergeld ausgegeben worden sein, das aus den Fasern des Maulbeer= baumes bereitet wurde und mit dem Sinnspruch versehen war: „Alles, was du tust, tue mit Vorsicht". Als man die Metalle als Geld zu verwenden begann, behandelte man sie wie Ware, d. h. man wog sie sich zu. So verfuhren die Juden vor der babylonischen Verbannung. In Ägypten waren zum Abwiegen des Geldes, das die Form runder aus Edelmetall gefertigter Ringe hatte, sehr zweckmäßig gebaute Wagen im Gebrauch (s. Abb. 48 S. 44, ferner Abb. 49 S. 45). Aber auch die Griechen und Römer benützten zunächst keine geprägten Münzen. Da das Abwiegen zeitraubend war, so vereinfachte man das Verfahren, in= dem man dem Edelmetall die schon erwähnten Formen von Ringen oder auch von Barren gab, die ein bestimmtes Gewicht haben sollten. Auf Grund dieses durch eine so einfache Technik der Herstellung gewonnenen Geldes entwickelte sich, z. B. in Babylon bereits eine ausgedehnte Geldwirtschaft. Die Ringe gaben aber keine Gewähr dafür, daß sie aus Metall vom richtigen Feingehalt hergestellt waren. Ein Ring konnte zwar das richtige Gewicht aufweisen, aber doch weniger Gold enthalten, als er sollte. Ziemlich spät erst kam man auf den Gedanken, zur Beglaubigung des Gewichts und des Feingehaltes eine Abstempelung der Ringe oder Barren vorzu=

nehmen. In Babylon und Ägypten war diese Stempelung noch nicht in Gebrauch.
Die Kunst der Münzprägung dürfte um das Jahr 700 v. Chr. aufgekommen sein,
und neueren Forschungen (H. Halke) zufolge dürfte Herodot Recht haben, der be=
hauptet: „Sie (die Lyder) sind unseres Wissens die ersten, die goldene und silberne
Münzen geprägt und gebraucht" (Herodot I 94). Die Münzen waren eiförmig, wiesen
auf der einen Seite eine Anzahl paralleler Streifen auf und zeigten auf der anderen

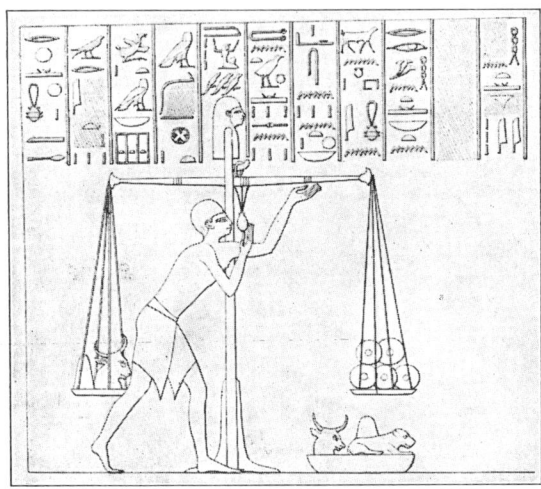

einige unregelmäßige Vertie=
fungen. Sie waren aus „Elek=
tron", der bekannten Legierung
von Gold und Silber, die in
diesem Fall im Verhältnis von
3 : 1 gemischt waren, hergestellt.
Erst später kamen Münzbilder
(Tierköpfe, Götterbilder, schließ=
lich das Bild des Landesherrn)
auf.

Die Münzprägung geschah
durch eine Art verbesserter
Stanztechnik. Man verwendete
einen Prägestempel, in den man
die zu prägende Darstellung ein=
gravierte. Der Münzstempel war
aus gehärteter Bronze, sehr häu=
fig aber auch aus Eisen gefertigt.
Die Prägestempel scheinen nicht
sehr dauerhaft gewesen zu sein,
da von ein und derselben Münz=
stätte aus im Laufe sehr kurzer
Zeit, oft nur eines Jahres,

Abb. 48. Abwiegen mit Geldringen.
Der Mann beobachtet, ob die Wage einspielt. Gleichgewicht ist
vorhanden, wenn die drei Fäden, an denen das Senkgewicht von
der Mitte des wagrechten Wagebalkens herabhängt, sämtlich ge=
spannt sind. Ist ein Faden lose, so ist die Wage nicht im Gleich=
gewicht. 18. Dynastie (um 1550 v. Chr.).
Aus Gräbern von Abd el Guma, Theben.

immer wieder Münzen mit neuer Prägung, die unter Anwendung verschiedener
Stempel hergestellt waren, ausgegeben wurden. Es muß also im Altertume geradezu
Unmengen von Prägestempeln gegeben haben. Von allen diesen Stempeln sind uns
aber nur zwei griechische und eine Anzahl römischer erhalten, von denen die Echtheit
der letzteren seitens der Numismatiker bezweifelt wird. Es sollen Falschmünzer=
stempel sein. Ein weiterer Prägestempel, erst in neuerer Zeit in Ägypten gefunden,
(Abb. 50) stammt aus der Zeit von 430—322 v. Chr., also aus der Zeit der Perserkönige,
wo man in Ägypten bereits Münzen prägte. Dieser Stempel besteht aus Bronze,
ist etwa 6 cm hoch, 164,12 g schwer und zeigt die Gestalt zweier mit ihren
Grundflächen aufeinandergestellter, oben abgestumpfter Pyramiden ungleicher Höhe.
Die untere, die die Gravierung enthält, ist die niedrigere. Bei der Untersuchung
durch Zenghelis ergab sich, daß die Masse des Stempels durchweg dieselbe Härte
und Farbe hatte. Verdickungen, die er zeigt, sind durch den Widerstand der Unter=
lage und durch die Hammerschläge entstanden. Die Analyse ergab, daß das ursprüng=
lich verwendete Stempelmetall aus 75 Teilen Kupfer und 25 Teilen Zinn bestand.
Die gewöhnliche Kupfer=Zinnlegierung weist 90 Teile Kupfer und 10 Teile Zinn auf.
Die Erhöhung des Zinngehaltes um mehr als das Doppelte findet sich bei Hunderten
von Zenghelis durchforschter Analysen nur noch ein einziges Mal bei einer ägyptischen
Pfeilspitze, also einem Gegenstande, der gleichfalls neben großer Härte eine bedeutende
Festigkeit besitzen mußte. Der Stempel sollte aber auch noch Geschmeidigkeit aufweisen,

damit das Bild der Münze, die Eule der Athener Tetradrachmen, eingraviert werden konnte. Daß gerade diese Legierung gewählt wurde, um alle diese Eigenschaften zu erzielen, und daß sie obendrein keine Spur irgendeines fremden Metalles aufweist, das diese Eigenschaften hätte beeinträchtigen können, zeigt, wie sehr man sich damals schon des Einflusses der chemischen Zusammensetzung auf die physikalische Beschaffenheit bewußt war.

Die Münzen Griechenlands und auch Roms sind — insbesondere die aus der älteren Zeit — in technischer Hinsicht sehr wenig vollkommen. Man scheint stets den Hauptwert auf die künstlerische Vollendung des Münzbildes gelegt zu haben. Berühmte Stempelschneider, wie z. B. der Grieche Euainetos, zeichnen die von ihnen hergestellten Münzstempel mit ihrem Namen. Das Münzmetall wurde nicht, wie bei uns, in Form runder Plättchen aus Zainen ausgestanzt, man goß vielmehr die Stücke jedes einzeln, wobei man Formen verwendete, die wie die gegenwärtig in

Abb. 49. Anderer Bau einer ägyptischen Wage.
Am Wagebalken ein nach unten gerichteter Zeigebalken mit Lot, das gegen eine jedenfalls am Standfuß angebrachte Marke einspielen muß.

den Münzen zum Herstellen der Metallstäbe gebräuchlichen zum Auseinanderklappen eingerichtet waren. Da sich beim Prägen die Münze insbesondere in der Mitte etwas flach drückte oder vertiefte, und da auch manche Reliefs ziemlich hoch geschnitten waren, so goß man das zur Prägung bestimmte Metallstück oft in Form einer schwach bikonvexen Linse, an deren Rand, der gewöhnlich nicht geriffelt wurde, zuweilen noch Spuren der Gußnaht sowie des Eingusses sichtbar sind. Die ältesten geriffelten Münzen, die „Serraten", deren Rand sägenförmig ausgezahnt war, kamen 190 v. Chr. auf und waren bei den Germanen sehr beliebt (Tacitus). Damit sich das Metallstück bei der Prägung, die im Anfang nur auf einer Seite vorgenommen wurde, nicht verschieben konnte, war auf dem Amboß ein quadratisch geriffelter Klotz angebracht, der sich bei dem mit dem Hammer auf den Prägestempel geführten Schlag

Abb. 50. Griechischer Münzstempel.
Gefunden in Tel el Ahrib in Ägypten (um 430—322 v. Chr.). Höhe 6 cm, Gewicht 164,12 g.

in das Münzmetall eindrückte und es festhielt. Auf alten griechischen Münzen sind die Spuren dieses aus dem Amboß herausragenden Zapfens oder Klotzes noch zu sehen. Später machte man aus der Not eine Tugend und gab diesem Zapfen irgendeine Form.

Wie die beistehende Abb. 51 zeigt, war diese Form (wenigstens sehr häufig) die eines einfachen oder mit Linien versehenen Quadrates (quadratum incusum).

Abb. 51. Antike Münzen mit Spuren der Prägetechnik.
Sammlung Dr. Cahn, Frankfurt a. M. (Erklärung s. S. 47 unten.)

Dieses erfüllte vom technischen Standpunkte aus den beabsichtigten Zweck am besten. Es wirkte dem beim Verrücken stattfindenden Druck, von welcher Seite er auch kommen mochte, entgegen. Besonders wenn es liniirt war übte es an mehreren Stellen einen Gegendruck aus, der die Münze sehr sicher festhielt.

Auch Buchstaben brachte man auf dem Zapfen an, so daß er als eine Art von Gegenstempel (Matrize) diente. Aus ihm hat sich später der eigentliche Gegenstempel entwickelt. Die Münzprägung geschah wohl durchweg unter Verwendung kalten Metalls, obschon von mancher Seite angenommen wird, daß das Münzmetall in erhitztem Zustand auf den Amboß gelegt und mit Zangen dort festgehalten wurde. Mehrere kräftige Schläge auf den Prägestempel, wahrscheinlich mit Hilfe eines schweren Hammers ausgeführt, stellten dann die eigentliche Prägung dar. Das Relief erscheint meist erhaben, doch sitzt es, selbst noch zur Zeit der römischen Kaiser, sehr oft nicht in der Mitte. Es ist vielfach gegen den Rand zu verschoben, manch= mal sogar verwischt, so daß man deut= lich erkennt, daß der Stempel ungenau aufgesetzt oder nicht fest genug gehalten wurde, oder daß sich das Münzmetall verschob, oder daß, um eine schlechte Prägung zu verbessern, nach der ersten noch eine zweite ausgeführt wurde. Nicht unwahrscheinlich ist es, daß man große Münzen erst in eine Form goß, die be= reits das Relief enthielt, das man durch einen Bleiabguß vom Prägestempel ange= nommen und dann in die Form eingedrückt hatte. Hierauf wurde auf dieses bereits vorhandene durch Guß entstandene Relief der Prägestempel aufgesetzt. Durch Hammer= schläge auf ihn führte man eine Verschär= fung des unscharfen Gußreliefs herbei.

Abb. 52. Ziselieren eines Helmes (links unten) in der Werkstatt des Hephästos. Wandgemälde in Pompeji.

Abb. 51 zeigt eine Anzahl weiterer antiker Münzen, an denen sich Eigenarten der Prägetechnik erkennen lassen.

Schon vor der Münzprägung scheint man nach dem gleichen Verfahren, nach dem man später Münzen herstellte, Medaillen angefertigt zu haben. Das Berliner

Erklärung zu Abb. 51 S. 46:
1. Archaische Tetradrachme von Acanthus in Mazedonien mit einfachem Quadratum incusum. 6. Jahrh. v. Chr.
2. Drachme von Aegina mit der Schildkröte und einfach liniiertem Quadratum incusum. 5. Jahrh.
3. Archaischer Stater von Korinth mit dem Kopfe der Athene im Quadratum incusum. 5. Jahrh.
4. Archaische Didrachme von Caulonia in Süditalien, um 550 v. Chr., auf welcher das Bild des Avers auf dem Revers intus nochmals erscheint. Technisch sehr interessant.
5. Tetradrachme der Königin Philistis von Syrakus, 275 v. Chr. Blütezeit der Stempelschneidekunst, hohes Relief.
6. Tetradrachme der Provinz Mazedonien unter römischer Herrschaft nach 148 v. Chr. Späte griechische Stempel= schneidekunst.
7. Früher römisch=campanischer Doppeldenar, um 250 v. Chr., mit infuser Inschrift ROMA.
8. Didrachme von Hyria in Campanien mit verletztem Stempel geprägt.
9. Denar des Julius Cäsar, auf welchem der Stempel über den Rand hinausragte (nicht zentrierte Prägung).
10. Denar der Gens Pomponia, ca. 100 v. Chr., mit gekerbtem Rande, sogenannter „Serratus".
11. Didrachme von Metapontum=Lucaniae, auf zu kleinem Schrötling geprägt.
12. Gegossener römischer Triens (⅓ As = 4 Unzen) mit Gußzapfen, von der Gußform stehen geblieben, aus der stadt=römischen Schwerkupferserie. 4. Jahrh. v. Chr.
13. Ovaler gegossener Sextans (⅓ As = 2 Unzen) aus der umbrischen Schwerkupferserie. Die Gußzapfen an den Enden sind abgefeilt.

Museum besitzt eine Goldmedaille, die wahrscheinlich aus der Zeit der sagenhaften Königin Semiramis, der Schwiegertochter Salmanassars III. (860—826), stammt, und die trotz ihrer primitiven Technik von hoher künstlerischer Vollendung ist.

Außer den vorerwähnten Verfahren der mechanischen Metallbearbeitung war noch das Ziselieren (s. Abb. 52 S. 47) gebräuchlich, das ebenso wie das Gravieren mit Werkzeugen ausgeführt wurde, die den heute benutzten im wesentlichen glichen.

Nieten, Löten, Schweißen, Kitten.

Die Vereinigung einzelner Metallstücke zu einem größeren Ganzen erfolgte, wie wir schon oben erwähnten, anfänglich durch Zusammennieten oder durch Verwendung von Klammern. Wann statt dessen die innigere Verbindung durch das Löten aufkam, ist unbekannt. Man will in Glaukos aus Chios den Erfinder des Lötens erkennen, wenigstens scheint er im Altertume dafür gegolten zu haben. Tatsächlich aber sind die Kunst des Lötens sowohl wie die des Schweißens schon vor Glaukos, der um das Jahr 700 v. Chr. lebte, bekannt gewesen. Unter „Löten“ versteht man die Vereinigung zweier Stücke gleichen oder verschiedenen Metalls unter Anwendung des Feuers und unter Verwendung eines dritten Metalls, des sogenannten „Lotes“. Beim „Schweißen“ geschieht die Vereinigung zwar gleichfalls im Feuer, jedoch ohne Anwendung des dritten Metalls. Geschweißte Stücke, die aus dem Jahre 1490 v. Chr. stammen, sind bei den Ausgrabungen in Theben gefunden worden (Wilkinson II 258). Des weiteren befindet sich im Britischen Museum eine altägyptische Klapper, die aus pharaonischer Zeit stammt und mit Blei gelötet ist. Es ließ sich nicht genau ermitteln, wann sie hergestellt wurde, aber jedenfalls ist sie gleichfalls älter als die angeblich von Glaukos gefertigten Gegenstände. Des weiteren hat Schliemann Goldgefäße ausgegraben, die gleichfalls, und zwar mit Gold, gelötet sind. Aus alledem sowie aus verschiedenen anderen Funden geht hervor, daß das Löten sowohl wie das Schweißen eine uralte Technik darstellen. Wie die Untersuchungen, insbesondere des Hildesheimer Silberfundes, der aus der Zeit der julischen Kaiser stammt, ergeben haben, war damals bereits sowohl das Hartlöten wie auch das Weichlöten im Gebrauch. Das Weichlot besteht aus Zinn oder einer Zinnlegierung und ist leichtflüssig. Das Hartlot ist eine Kupferlegierung, meist von der Zusammensetzung der Bronze oder des Messings. Wieweit man diese beiden Arten von Loten zu Plinius' Zeiten verwendete, läßt sich aus seinen Schriften nicht erkennen, da er (nach Blümner) nur eine unklare Darstellung der Löttechnik gibt (XXXIII 94): „Für Gold dient Chrysokolla, für Eisen Tonerde, für massive Kupferstücke Galmei, für Kupferblech Alaun, für Blei mit Marmor Harz, für Blei mit Blei Zinn, für Zinn mit Zinn Öl und dasselbe für die Verbindung von Werkblei mit Bronze oder von Werkblei mit Silber“. Es ist unmöglich, hier dem Gedankengange des Plinius zu folgen, der die Lote und die „Lötmittel“, also jene Stoffe, die man beim Löten verwendet, um die Luft von der Lötstelle abzuhalten und dadurch Oxydationen zu vermeiden, einfach durcheinanderwirft. Als derartige „Lötmittel“ ergeben sich aus der vorstehenden Stelle des Plinius die Tonerde, der Alaun und das Öl. Blei läßt sich mit Marmor überhaupt nicht verlöten. Das Harz diente wahrscheinlich gleichfalls als Lötmittel bei Bleilötungen sowie beim Ausgießen von Löchern in Marmor mit Blei. Dieses Ausgießen wurde sehr oft zu dem Zwecke vorgenommen, bronzene oder Eisenklammern im Marmor zu befestigen. „Chrysokolla“ ist Malachit, also ein basisches Kupferkarbonat von der Formel $CuCO_3 Cu(OH)_2$, das wahrscheinlich nicht als Lot benutzt wurde, sondern zur Herstellung eines Goldlotes diente, über dessen Bereitung uns Dioscorides (V 92) sowie Plinius nähere Angaben machen: Grünspan wird mit dem Urin eines Knaben in einem kupfernen Mörser vermengt. Dann wird noch Soda zugesetzt. Wahrscheinlich konnte man statt des Grünspans auch den ähnlich zusammengesetzten Malachit, also das „Chrysokolla", verwenden.

Grünspan ist ein basisches Kupferacetat von der Zusammensetzung $Cu(C_2H_3O_2)_2 \, 2\,Cu(OH_2)$, das sich unter dem Einfluß der Hitze in ähnlicher Weise zersetzt, wie der Malachit, so daß schließlich reines geschmolzenes Kupfer entstand, das die Vereinigung herbeiführte. In beiden Fällen bildet sich u. a. auch Kohlensäure bezw. Kohlenoxyd, die die zu vereinigenden Metallflächen vor Oxydation schützen.

Die von Plinius angegebene Verwendung des Galmeis als Lot erklärt sich dadurch, daß aus dieser Verbindung von Zink mit Kohlensäure im Kohlenfeuer reines Zink entstand, das dann mit dem zu lötenden Kupfer Messing ergab, so daß sich also ein Hartlot bildete. Ein beliebtes und viel gebrauchtes Lot war das Blei sowie seine Legierung mit Zinn. Auch reines Zinn wurde zum Löten von Edelmetallen verwendet (Hildesheimer Silberfund).

Die eigentliche Technik des Lötens dürfte sich von der heutigen wohl kaum unterschieden haben. Das Lötrohr, das zum Anblasen des Feuers diente, war wahrscheinlich schon den alten Ägyptern bekannt. Die römischen Goldschmiede benutzten es mit Bestimmtheit, ebenso stand auch der Lötkolben in Verwendung. (Abb. 53 und 54.)

Wo es sich darum handelte, Metalle mit anderem Material zu verbinden, verwendete man,

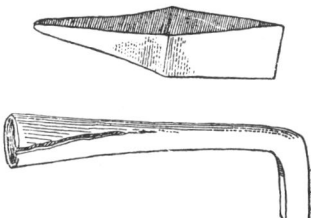

Abb. 53 u. 54. Römisches Lötrohr (?) und Lötkolben.
Gefunden bei Chatelet in Frankreich.

soweit nicht das oben erwähnte Ausgießen mit Blei in Frage kam, Kitte, deren Zusammensetzung bis jetzt nur teilweise geklärt ist. So fand Rhousopoulos in einem Grabe von Mykenae goldene Rosetten, die mit einem manganhaltigen Kitt auf dem Holzdeckel des Sarges festgekittet waren. Ähnliche manganhaltige Kitte wurden noch mehrfach gefunden, so daß wohl irgendein Manganerz, wahrscheinlich der Braunstein, in altgriechischer Zeit einen viel gebrauchten Bestandteil derartiger Metallkitte gebildet haben dürfte.

Schmieden.

Wie bei uns, so spielte unter den verschiedenen Arten der mechanischen Metallbearbeitung auch schon im Altertum das Schmieden eine hervorragende Rolle; lieferte der Schmied doch auch damals schon einen großen Teil des für die Landwirtschaft, die Technik, das Haus, das Verkehrs- und das Kriegswesen nötigen Bedarfs. In älteren Zeiten war das zum Schmieden am meisten benutzte Metall die Bronze, neben der auch das reine Kupfer verwendet wurde. So fand Pater Scheil in Susa eine Schmiederechnung auf Terrakotta aus dem 30. Jahrhundert v. Chr. über Waffen aus Bronze. Später bildete das Eisen die Grundlage des Schmiedehandwerks. Ob und wieweit man bei der Bronze und beim Kupfer ein eigentliches „Schmieden" anwendete, d. h. ein Bearbeiten nach vorhergegangnem Erweichen durch Erhitzen im Feuer, mag dahingestellt bleiben. Wahrscheinlich waren beide Arten der Bearbeitung, die des Treibens im kalten und die des Schmiedens im erhitzten Zustande, gleichzeitig im Gebrauch, wenigstens läßt die Stelle im 18. Gesang der Jlias, die von der Herstellung der Wehr des Achilleus durch Hephästos handelt, darauf schließen, daß hier Bronze kalt und heiß bearbeitet sowie mit auf= oder eingelegten Verzierungen versehen wurde:

> „Dieses gesagt, verließ er sie dort und ging in die Esse,
> Wandt' in das Feuer die Bälg' und hieß sie mit Macht arbeiten.
> Zwanzig bliesen zugleich der Blasebälg' in die Öfen,
> Allerlei Hauch aussendend des glutanfachenden Windes,
> Bald des Eilenden Werk zu beschleunigen, bald sich erholend,
> Je nachdem es Hephästos befahl zur Vollendung der Arbeit.
> Jener stellt' auf die Glut unbändiges Erz in den Tiegeln,
> Auch gepriesenes Gold und Zinn und leuchtendes Silber,
> Richtete dann auf den Block den Amboß, nahm mit der Rechten
> Drauf den gewaltigen Hammer und nahm mit der Linken die Zange.
> Erst nun formt' er den Schild, den ungeheuren und starken,
> Ganz ausschmückend mit Kunst. Ihn umzog er mit schimmerndem Rande,
> Dreifach und blank, und fügte das silberne schöne Gehenk an.
> Aus fünf Schichten gedrängt war der Schild selbst; oben darauf nun
> Bildet' er mancherlei Kunst mit erfindungsreichem Verstande."

Diese Beschreibung Homers gibt uns über die Technik des Schmiedens in sehr alter Zeit wichtige Aufschlüsse und zeigt vor allem, daß man damals bereits in der Hauptsache dieselben Geräte gebrauchte wie auch jetzt noch, nämlich Blasebalg, Amboß, Hammer und Zange. In der Tat scheint der Blasebalg eines der ältesten bei der Bearbeitung der Metalle in erhitztem Zustande gebräuchlichen Geräte gewesen zu sein, wird er doch sowohl auf den altägyptischen Tempelgemälden von Karnak (16. Jahrhundert v. Chr.) dargestellt wie auch in der Bibel erwähnt, wo es (Jeremias 6, 29) heißt: „Der Blasebalg ist verbrannt". Bei den Römern wird er gleichfalls vielfach erwähnt, wie z. B. bei Plinius (XXXIV 9): „Dies Erz macht man mittels Blasebalgs flüssig" und im Virgil (Äneis VIII 416), wo die Arbeit des Schmiedes geschildert wird:

> „Über ihm donnert die Höhl' und aetnäische Kluft der Zyklopen,
> Ganz durchbrannt von den Essen, und kräftige Schläg' auf den Amboß
> Führen dem Ohr das Getös zurück; im Gewinde der Gänge
> Zischen die Massen des Stahls, wild atmet die Glut in den Öfen:
> Dort nun stieg vom Himmel herab der Gebieter des Feuers.
> Allda schmiedeten Eisen in räumiger Kluft die Zyklopen,
> Brontes, Steropes auch und mit nackenden Gliedern Pyrakmon".

Unter „Gewinde der Gänge" kann hier, vom technischen Standpunkt aus betrachtet, nur ein Blasebalg verstanden sein.

Wie sah nun der Blasebalg des Altertums aus? Die altägyptischen Darstellungen zeigen Säcke aus Haut, wahrscheinlich Ochsenhaut, die in ein Gestell eingebunden waren, damit sie sich nicht verrückten, und von denen vorne eine Windleitung, wahrscheinlich aus Bambusrohr, bis in die Nähe des Herdes ging. Hier war, um ein Anbrennen zu verhüten, eine Winddüse angesetzt. Der Arbeiter, der den Blasebalg bediente, stand mit je einem Fuß auf einem solchen Sack und hatte in jeder Hand einen Strick, mit dem er ihn emporziehen konnte. Während er mit dem einen Fuße den einen Balg niedertrat, lockerte er den anderen Fuß und zog mit der Hand den darunter befindlichen Balg in die Höhe. (Abb. 55 u. 24 Seite 27.) Es ift wahrfcheinlich,

daß der Blafebalg im gewöhn=lichen Fächer einen Vorläufer gehabt hat, den man dazu benützte, das Feuer zu helle=rer Glut zu entflammen. Ferner blies man in Ägypten das Feuer auch durch Blafe=röhren mit dem Munde an. (Abb. 28 S. 34.) Auch fpäter noch wurden die Blafebälge aus Tierhäuten hergeftellt, die man zu Säcken zufammen=nähte. Horaz (Sat. I 4, 19) gibt an, daß man Ziegenfell (folles hircini) verwendete. Für größere Bälge wurden gegerbte Ochfenhäute (folles taurini) verwendet. Die klei=neren Bälge fahen genau fo aus wie unfere heutigen in Haushaltungen verwendeten und mit der Hand in Tätigkeit

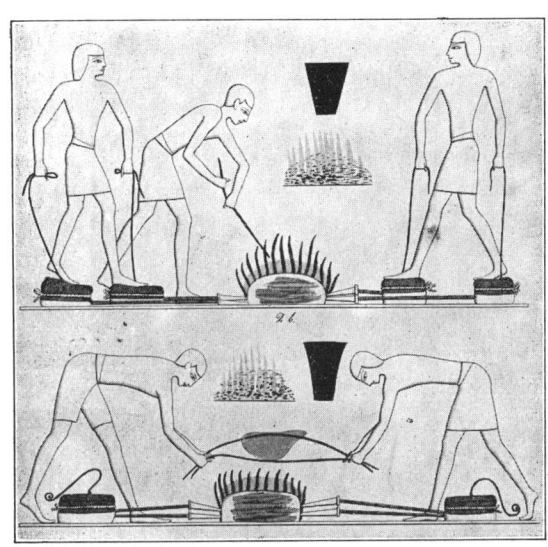

Abb. 55. Ägyptifche Blafebälge.

gefetzten Blafebälge. Sie hatten eine Luftklappe, ihr Geftell war aus Buchen=holz, wahrfcheinlich aber auch vielfach aus anderen Holzarten hergeftellt (Cicero,

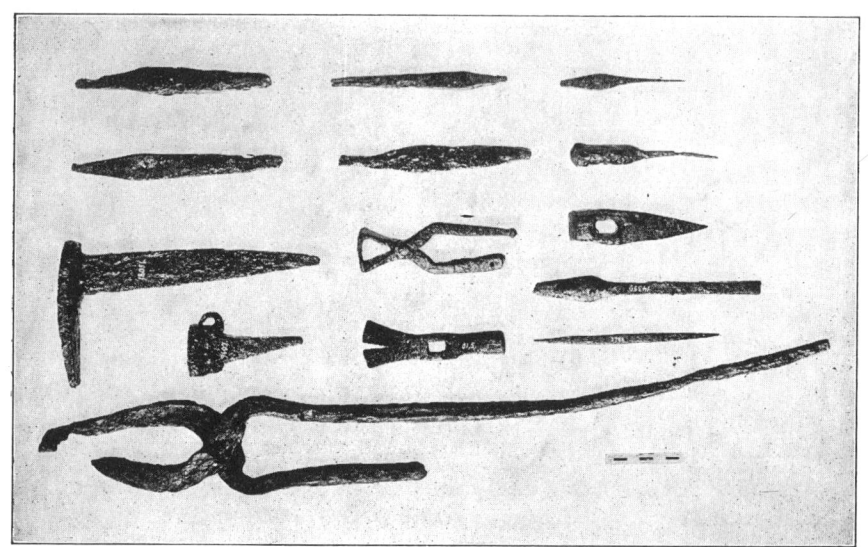

Abb. 56. Schmiedezangen, 2 Amboffe (linke Reihe, drittes und viertes Stück von oben), Hämmer, Feilen, Dorne und fonftiges römifches Schmiedewerkzeug. Provinzialmufeum Trier.

4*

Celſius V 11; Virgil, Georg. IV 171). Die größeren Bälge wurden mittels eines Hebels auf= und niedergezogen.

Der Amboß, der ebenſo wie der Hammer und die Zange nach Plinius (VII 195) von Kinyras von Zypern erfunden worden ſein ſoll, zeigt, wie die erhaltenen Ab= bildungen und Funde erkennen laſſen, eine äußerſt wechſelnde Geſtalt. Bald beſteht er aus einem Block, bald ſind drei Blöcke übereinandergeſtellt, bald ſteht auf einem

Abb. 57. Griechiſche Schmiedewerkſtatt auf einer attiſchen Vaſe des 6. Jahrh. v. Chr. aus Orvieto.
Links der Schmiedeherd, oben geſchmiedete Gegenſtände und Werk= zeuge, ein Krug und ein Schwert. Boſton, Fine Arts Museum.

Unterſatz aus Holz der eigent= liche eiſerne Amboß, der mittels einer langen tief in das Holz hineinreichenden Spitze darin befeſtigt iſt, bald hat das Metall des Amboſſes viereckigen, bald wieder run= den Querſchnitt, bald iſt es ausgekehlt, bald wieder gab man dem Amboß die Geſtalt eines langen Hornes. In dieſem letzteren Falle muß man annehmen, daß er zum Verſchweißen von Rohren, alſo als ſogenanntes „Rohr= eiſen" diente. Ein ſolcher Amboß wurde neben klei= neren, die für feinere Arbeit

dienen ſollten, auf der Saalburg gefunden. Das Arbeitsteil der Amboſſe beſtand ſtets aus Eiſen; die Oberfläche, die ſogenannte „Bahn", wurde gehärtet, was durch Ver= ſtählen geſchah (Plinius XXXIV 41). Über die Hämmer iſt ebenſo wie über die

Zangen nicht viel zu ſagen: ſie glichen ganz genau den heutigen Schmiedehämmern und Schmiedezangen und hatten, je nach dem Zwecke, dem ſie dienen ſollten, ſehr ver= ſchiedenartige Geſtalt. Die Abb. 56 (S. 51 unten) und die folgenden geben eine Anzahl derartiger Hämmer und Zangen wieder.

Das Schmieden ſelbſt wurde, ſoweit das Erhitzen und Bearbeiten mit dem Hammer in Betracht kommt, in der gleichen Weiſe vorgenommen wie auch jetzt noch. Merk= würdig berührt es nur, daß der Schmied, der auf den uns erhaltenen altrömiſchen Darſtellungen ſtets einen Vollbart trägt, während ſeine Gehilfen bartlos ſind, viel= fach im Sitzen gearbeitet zu haben ſcheint;

Abb 58. Schmiedearbeit in der „Werkſtatt des Hephäſtos". Wandgemälde in Pompeji.

wenigſtens geben die eben erwähnten Darſtellungen häufig Schmiede wieder, die vor dem Amboß ſitzen und dabei den Hammer ſchwingen. Bei anderen Darſtellungen ſteht der eigentliche Schmied, während der Gehilfe (ein Eros), der das Werkſtück hält, ſitzt. Man darf aus allen dieſen Darſtellungen wohl den Schluß ziehen, daß das Schmieden kleinerer Werkſtücke, bei denen kein beſonderer Kraftaufwand nötig war, im Sitzen erfolgte, während große Stücke im Stehen geſchmiedet wurden. Das

Ablöschen, d. h. das plötzliche Abschrecken des glühenden Eisens im kalten Wasser, um es zu härten, wird schon im Homer (Odyssee IX 391) erwähnt:

„Wie wenn ein kluger Schmied die Holzart oder das Schlichtbeil
Aus der Ess' in den kühlenden Trog, der sprudelnd emporbraust,
Wirft und härtet; denn dieses ersetzt die Kräfte des Eisens".

In der Tat schrieb man die beim Ablöschen des erhitzten Eisens im Wasser ein=
tretende Härte eigenartigen Kräften zu. Auch hielt man manches Wasser für besse

Abb. 59. Messerschmied.

Abb. 60. Verkaufsladen eines Messer=
schmieds, der die verschiedenen Formen
der durch Schmieden erhaltenen Messer
erkennen läßt.

Abb. 59 und 60: Von einem Grabstein der Galeria lapidaria des Vatikan.

zum Härten geeignet als anderes, eine Ansicht, die vielleicht in der verschiedenen Temperatur der Gewässer ihren Grund hat: in einem aus einem sehr kalten Flusse

Abb. 61. Grobschmied.
Relief von einem Sarkophag in Rom.

Abb. 62. Römische Schmiede.
Links wahrscheinlich Betätigung des Blasebalgs,
auf dessen Hebel der Geselle sitzt. Grabstein
im Museum des Lateran.

geschöpften und sofort zum Ablöschen verwendeten Wasser mußte der Stahl härter und spröder werden als in einem wärmeren, aus einem stehenden Teiche u. dgl. herrührenden. Wenn das kältere Wasser bei längerem Gebrauch in der Schmiede auch allmählich eine höhere Temperatur annahm, so mußte doch bei Beginn seiner

Verwendung der eben erwähnte Unterschied in der Härtung auffallen. Außer dem Wasser benutzte man noch verschiedene andere Härtungsmittel, wie z. B. das Blut von Böcken (Plinius XXVIII 148), den Urin von Knaben, wobei man insbesondere den von rothaarigen sehr schätzte, usw. usw. Ihre Wirkung darf als die von Kohlungsmitteln betrachtet werden, da sie ja sämtlich Kohlenstoff abgeben, der sich im Eisen löst und hier als sogenannter „Härtungskohlenstoff" wirkt. Auch Öl wurde verwendet, worin man, wie auch heute noch, feinere Werkzeuge u. dgl. ablöschte. Da Öl nur eine weiche Härte gibt, und da von Hippokrates und anderen eigens erwähnt wird, daß das Ablöschen in Öl den Zweck habe, das Springen bzw. Zerbrechen zu verhüten, so handelt es sich hier um ein Ablöschen zum Zwecke des

Abb. 63. Römischer Regimentsschmied mit Ambos, Hammer, Zange und Schmiedestück.
Grabstein im Museum zu Sens.

Abb. 64. Schmiedende Eroten.
Von einem römischen Sarkophag.   Links Bearbeitung einer Luppe.

Abb. 65. Schleifstein.
Darstellung auf einer Gemme (Echtheit nicht sicher feststehend).

Anlassens, d. h. zum Zwecke, ein hartes Stahlstück auf der Oberfläche mit einer sehr dünnen, aber etwas weicheren Schicht zu überziehen, die, da sie eine geringere Sprödigkeit aufweist, das Zerspringen und Zerbrechen verhindert. Die Wirkung der beim Anlassen im Feuer jetzt eine so wichtige Rolle spielenden Anlauffarben scheint im Altertum nicht bekannt gewesen zu sein; hingegen verstand man es, Stahlspitzen und Stahlschneiden an schmiedeeiserne Waffen und Werkzeuge anzuschweißen.

Zur weiteren Bearbeitung des Schmiedestückes war die Werkstatt des Schmieds mit allen jenen Geräten ausgestattet, die wir auch heute noch darin zu sehen pflegen, also mit Schleifsteinen, die sich in der Form von den jetzigen nicht unterschieden haben dürften und wie diese durch Treten mit dem Fuß in Bewegung gesetzt wurden. Die verwendeten Steine kamen aus Kreta sowie aus Lakonien. Bei ihrer Verwendung benutzte man Öl, während andere Schleifsteine (aus Naxos: Schmirgel?) mit Wasser befeuchtet wurden. Auch die Feile stand im Gebrauch, doch wurde sie verhältnis=

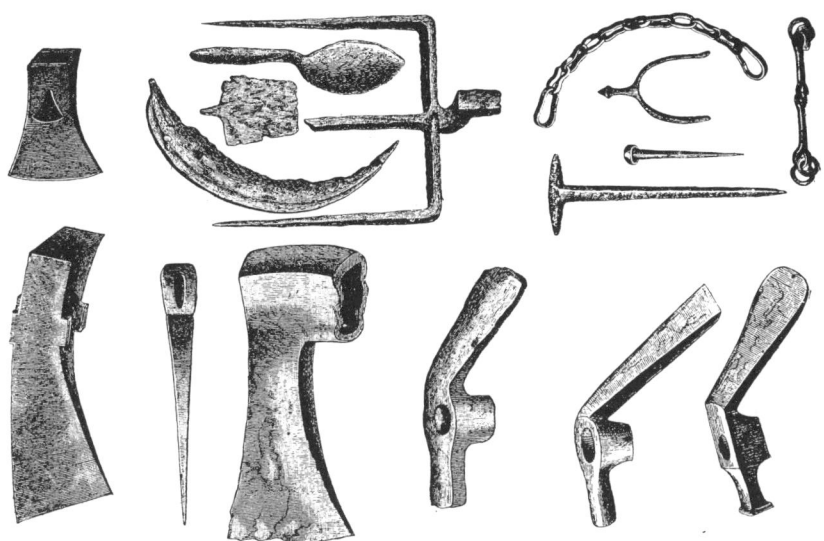

Abb. 66. Verschiedene altrömische Schmiedestücke.

mäßig weniger verwendet als bei uns; eine zugespitzte Vierkantfeile aus altrömischer Zeit hat man in Aliso ausgegraben. Zum Glätten der durch Schmieden erhaltenen Stücke benutzte man neben der weniger ge= brauchten Feile in der Hauptsache samische Erde und Bocksblut.

Wie die Art des Schmiedens, so waren auch die durch Schmiedearbeit erhaltenen Gegenstände vielfach den unse= ren ähnlich, so ähnlich, daß oft nur der Fundort Kunde gibt, ob ein neuzeitliches oder altrömisches Hufeisen vorliegt. Das Hufeisen hat sich aus dem Pferdeschuh (solea ferrea) der sogenannten „Hipposandale" entwickelt, die gleichfalls aus Eisen ge= schmiedet war, von der jedoch nicht fest= steht, ob sie nicht vielleicht nur als Schutz= mittel für hufkranke Pferde diente. Ja= cobi unterscheidet nach den auf der Saal= burg gemachten Funden drei Arten, von denen die ältesten von ziemlich roher Ar= beit sind und in den untersten Schichten liegen. Die Stärke des Eisens wächst im

Abb. 67. Altrömisches Hufeisen.

Laufe der Zeit, doch stoßen die genauen Feststellungen infolge der Abnutzung auf mancherlei Schwierigkeiten. Das in unserer Abbildung dargestellte Hufeisen ge= hört zur jüngsten Art und zeigt die vorgeschrittenste Ausführung. Diese Eisen

sind kräftig gearbeitet, 10 bis 11 cm breit und 13 bis 14 cm lang. Sie enthalten
6 bis 8 Nagellöcher (jetzt bekanntlich 7: 4 bzw. 3 auf jedem Schenkel), die in
Salzrinnen liegen. Vorne ist eine Verstärkung, der sogenannte „Griff", der wohl
deshalb zuerst angebracht wurde, weil die Pferde beim Bergaufgehen hier die
stärkste Abnutzung des Eisens bewirkten. Außerdem sind auch noch „Stollen"
vorhanden, d. h. die beiden Enden der Schenkel sind umgebogen. Das Gewicht
der Hufeisen schwankt in weiten Grenzen. Die leichtesten, die man fand, wiegen
122 g, die schwersten 443 g. Die an vielen Hufeisen befindlichen verschieden=
artigen Stempel lassen darauf schließen, daß die Eisen fabrikmäßig hergestellt wurden.

Das Gießen der Metalle.

Ihre höchste Ausbildung erlangte die Metallbearbeitung des Altertums im
Metallguß, der unter Verwendung verschiedenartiger Metalle, wie Blei, wahrschein=
lich auch Zinn, Kupfer und vor allem Bronze ausgeführt wurde. Die Verwendung

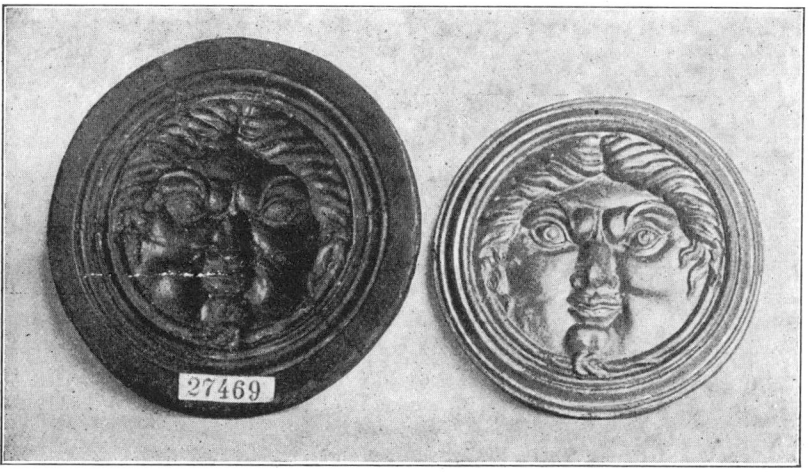

Abb. 68. Form und Gegenform bzw. Gußstück beim Guß eines Reliefs
Deutsches Museum München.

von Gußeisen ist zwar mehrfach behauptet worden, jedoch nicht bewiesen. Die herr=
lichsten Kunstwerke wurden in Bronzeguß ausgeführt, der eine schon sehr alte Technik
darstellt, deren Anfänge sich vollkommen im Dunkeln verlieren. Gewisse Anzeichen
deuten darauf hin, daß seine Heimat vielleicht Indien gewesen ist, wo ja die Metall=
technik schon in den ältesten Zeiten in hoher Blüte stand. Zunächst wurde jedenfalls
nur sogenannter „Vollguß" angefertigt, bei dem das Gußwerk durchweg aus Metall
besteht und infolgedessen nicht nur ziemlich schwer ist, sondern auch größere Mengen
von Material benötigt. Wie der Vollguß in Ägypten ausgeübt wurde, darüber gibt
uns eine alte Darstellung aus der Zeit von etwa 1600 v. Chr. Kunde, die aus einem
Tempel zu Karnak stammt, und in der der Guß einer bronzenen Tempeltür dargestellt
ist. Die auf dem Boden stehende große Gußform besteht aus zwei Kasten (Kasten=
guß), die mit (jedenfalls angefeuchtetem) Sand gefüllt sind. Sklaven schleppen
auf ihren Schultern Säcke mit derartigem Sand herbei und entleeren sie in der Gießerei.

In den Sand wird das vorher fertiggestellte Modell, das vielleicht aus Holz bestand, eingedrückt, und zwar mit der einen Seite in den einen, mit der anderen Seite in den anderen Kasten. Dann läßt man den Gußsand an der Luft trocknen und vereinigt hierauf die beiden Hälften des Gußkastens, der oben mit zahlreichen Öffnungen versehen ist, auf denen trichterförmige Aufsätze angebracht sind. Diese Aufsätze dienen als Eingußtrichter für das geschmolzene Erz sowie als Windpfeifen, durch welche die beim Eingießen des Erzes aus der Hohlform verdrängte Luft entweicht. Das Metall wird in Gußtiegeln geschmolzen, die zwischen zwei Stäbe geklemmt und so an die Eingußtrichter herangetragen werden (s. d. Darstellung in Abb. 55 S. 51 unten u. Abb. 69). Eine Zange, wie man sie jetzt zum Anfassen der Gußtiegel verwendet, scheint also nicht bekannt zu sein; die Vorrichtung ähnelt der „Rahmentrage", die ja jetzt gleichfalls zum Transport der Gußtiegel Anwendung findet. Durch Neigen des Gußtiegels ergießt sich das Metall in flackerndem Strahl in die Trichter und füllt die Hohlform an, in der es erkaltet. Dann wird der Gußkasten auseinandergenommen, in dem nunmehr der fertige Guß frei zutage liegt. Die beiden Tempeltüren (vielleicht

Abb. 69. Guß einer Tempeltür in Ägypten.

auch die Modelle dazu?) sind oben dargestellt. Man sieht an ihnen oben und unten deutlich die Zapfen für die Angeln, in denen sie sich drehen sollen. Die neben ihnen befindlichen Arbeiter scheinen, den Blaserohren und Feuerzangen zufolge, die sie in den Händen tragen, mit der Unterhaltung des unter den Gußtiegeln befindlichen Feuers betraut zu sein.

An die Stelle des Vollgusses trat später der Hohlguß, der aber ebenso wie der Guß überhaupt den Griechen in der Sagenzeit und den nachfolgenden Epochen noch nicht bekannt gewesen zu sein scheint, denn Homer spricht bei der Erzählung von der Anfertigung der Rüstungen seiner Helden immer nur von Schmiedearbeit, nie aber von Guß. In der Tat scheint man in sehr alter Zeit vielfach Geräte, Waffen usw., die man später durch Guß anfertigte, auf andere Weise hergestellt zu haben. So hat, um nur ein Beispiel anzuführen, Morgan bei Ausgrabungen auf der Akropolis von Susa, der alten Hauptstadt der Perserkönige, einen Wurfspieß gefunden, der nicht durch Guß ,sondern durch kräftige Drehung einer drei bis vier Millimeter dicken und durch Aushämmern entstandenen bronzenen Platte hergestellt war, wie die Rich-

tung der in ihm befindlichen Riffe deutlich beweift. Es ift wahrfcheinlich, daß zwei
Samier, Rhoikos und Theodoros, zwar nicht, wie die Griechen behaupten, den Erz=
guß erfunden, wohl aber ihn — vielleicht um 650 v. Chr. — von
Kleinafien nach Griechenland gebracht haben. Man hat zwar fchon
aus früherer Zeit kleine Formen aus Stein gefunden, wie z. B. Schlie=
mann bei feinen mykenifchen Ausgrabungen, die man für Guß=
formen hielt; doch handelt es fich hier wahrfcheinlich um Formen,
die zum Treiben von Metallen dienten. Daß aber Steinformen tat=

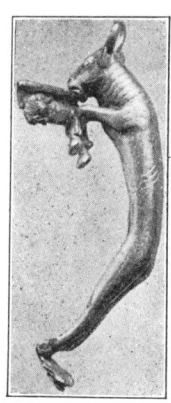

Abb. 70. Ägyptifcher Hand=
fpiegel in 2 Stücken aus Bronze
gegoffen.
Die beiden Stücke (Griff und Spiegel)
find nach dem Guß durchbohrt und
durch Vernieten miteinander ver=
einigt worden. Der Spiegel felbft ift
vergoldet. Auf der Rückfeite Papyrus=
dolden durch Gravierung angegeben.
Länge 30,5 cm. Berliner Mufeum,
Ägyptifche Abteilung.

Abb. 71. Ägyptifcher Maffiv
guß in Edelmetall: golde=
ner Henkel in Geftalt eines
Wildftiers (an einer fil=
bernen Kanne).
Die Falten am Hals gegoffen,
die am Leib graviert.
Länge 11 cm.
Berliner Mufeum, Ägyptifche
Abteilung.

Abb. 72. Ägyptifcher
Hohlguß.
Bronzefigur der Buto,
löwenköpfig mit Sonnen=
fcheibe auf einem Thron
fitzend. Augen aus Gold.
Vielfach graviert.
Höhe 75 cm. Aus Sais.
Berliner Mufeum, Ägyp=
tifche Abteilung.

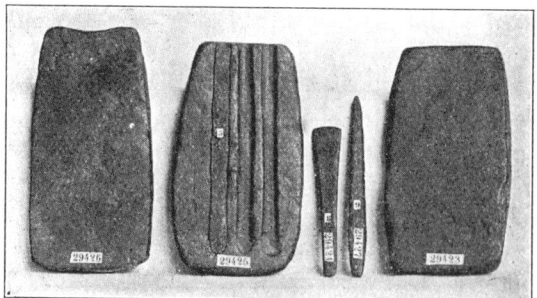

Abb. 73. Vorgefchichtl. Steinformen zum Gießen einfacher
Gegenftände (Meifel) in Vollguß. Deutfch. Mufeum München.

fächlich für Vollguß Verwen=
dung fanden, beweifen ver=
fchiedene vorgefchichtliche Fun=
de (Abb. 73). Derartige
Formen boten den Vorteil,
daß fie nach dem Guß nicht
zerfchlagen wurden, fondern
oft benutzt werden konnten.
Rhoikos und Theodoros
fchufen bereits Werke von
großen Abmeffungen, wobei
fie das Wachsausfchmelz=
verfahren zur Anwendung

brachten, das auch in der Folgezeit das am meiften angewendete Gußverfahren
geblieben ift. Diefes Wachsausfchmelzverfahren läßt fich auch fchon an fehr

alten ägyptischen Bronzearbeiten nachweisen; zeigt sich doch nach Entfernung
der oft sehr dicken Patinaschicht, daß der Guß die Wiedergabe eines aus
weicher Masse angefertigten Modells darstellt, und daß die Feinheiten nicht erst
nachher in die Gußmasse hineingebracht wurden. Nur am Einlauf und an Fehler=
stellen finden sich Spuren der Nachbearbeitung durch Meißel oder Feile. Der Guß
ist äußerst dünnwandig, so daß ein Kern vorhanden gewesen sein mußte, der die
Gußform nahezu ausfüllte und zwischen sich und ihrer Innenseite nur äußerst wenig
Raum freiließ. Dieser sehr schmale Raum wurde dann durch das Metall gefüllt.
Wie dünn man im Altertume zu gießen verstand, dafür dient neben vielen anderen

Abb. 74. Ägyptische Bronzen in Voll= und Hohlguß.
Deutsches Museum München.

Beispielen der „betende Knabe" im Berliner Museum als Beweis, der bequem von
einem einzigen Manne getragen werden kann. Eine in München in der Glyptothek
stehende, im Jahre 1834 in Dulci gefundene Statue der Hera[1]) wiegt trotz ihrer Größe
von 1,77 m noch nicht 50 kg (Abb. 77 S. 60); eine neuzeitliche Erzstatue gleicher Größe
hätte ungefähr das zehnfache Gewicht. Einzelne Teile sind so dünn, daß sie den
Eindruck machen, als wären sie getrieben, was jedoch genauen Untersuchungen zu=
folge nicht der Fall ist. Man goß derartige Bildwerke meist in mehreren Einzelteilen,
die man dann so geschickt zusammenfügte, daß die Verbindungsstellen überhaupt
nicht bemerkbar sind.

    Die Herstellung des Gusses geschah in der Weise, daß man zunächst einen Kern
aus Lehm, Ziegelmehl und ähnlichem feinem Material herstellte, der um die Dicke
der Wandstärke, die das anzufertigende Gußstück haben sollte, kleiner war als dieses

---

[1]) Diese angebliche „Hera" wird neueren archäologischen Forschungen zufolge jetzt
als „Spinnerin" bezeichnet.

selbst. Dieser Kern wurde mit einer Wachsschicht umhüllt, die der Künstler als Modell
benutzte. Er arbeitete mit seinen Modellierhölzern, die den heutigen glichen, das
Wachs auf das sorgfältigste durch und stellte so das Urbild des zu gießenden Kunst=
werkes her. Dann nahm man dünne Metallstifte und drückte oder hämmerte sie durch
die Wachsschicht hindurch bis in den Kern hinein. Sie hatten den Zweck, die auf das
Wachs aufzubringende Gußform, den „Mantel", nach dem Ausschmelzen der Wachs=
schicht in richtiger Entfernung vom Kerne zu halten. Ihre Oberfläche mußte deshalb
mit der Oberfläche des Wachses abschneiden. Des weiteren brachte man an ver=

Abb. 75 und 76. Griechische Gießerwerkstätte.
Links oben der Schmelzofen, dessen obere Öffnung mit einem
Steine (?) bedeckt ist, der vielleicht zur Regelung der Hitze dient;
vorne die Heizöffnung. Dahinter ein Gehilfe, der wahrscheinlich
den Blasebalg bedient. Rechts oben eine geöffnete Form, aus der
der Guß entnommen wird. Unten in der Mitte ein fertiger Guß
(Krieger) in einem Holzgestell, der ziseliert und nachgearbeitet wird.
An den Wänden Zeichnungen, Treibhämmer, Säge, Gußteile (Güße),
Ziseliewerkzeuge usw. Sonst noch Gesellen und Zuschauer. Rot=
figurige attische Vase. Erstes Drittel des 5. Jahrh. v. Chr.
Berlin, Altes Museum, Antiquarium.

Abb. 77. Statue der „Hera"
oder „Spinnerin".
1834 in Vulci gefunden.
Höhe 1,77 m, Gewicht 50 kg.
Glyptothek München.

schiedenen Stellen der Wachs=
schicht Wachsstäbe an, die alle
möglichst gerade nach oben
führten und sich über dem
höchsten Punkte des Wachs=
modells zu einer dicken Wachs=
trommel vereinigten. Dann wurde das Ganze auf das sorgfältigste in feinsten Ton
oder in ein Gemenge von Ton und Ziegelmehl eingehüllt, worauf schließlich eine
Packung von dickem Lehm kam, der unter Umständen noch eingemauert oder, ebenso
wie das Mauerwerk, durch eiserne Bänder zusammengehalten wurde. Nach dem
Trocknen des Lehms schmolz man das Wachs aus, wodurch die zur Aufnahme des
Metalls nötige Hohlform entstand. Die Wachsstangen, die man vorher angebracht
hatte, schmolzen gleichfalls aus; an ihrer Stelle bildeten sich Kanäle, durch die die

geschmolzene Bronze in den Hohlraum hineinlief. Die Wachstrommel diente als Einguß. Einige Kanäle, die sich nicht vereinigten, sondern frei nach oben hinausführten, ermöglichten der durch das einströmende Metall verdrängten Luft das Entweichen (Windpfeifen).

Nach dem Erkalten des Metalls zerschlug man den Mantel und hob das Gußstück vom Kern ab, bzw. man entfernte den letzteren gleichfalls durch Zertrümmern, sofern dies angesichts der Gestalt des Gußstückes nötig war. Dann wurden die durch Ausfüllung der Kanäle entstandenen Ansätze abgemeißelt und abgefeilt und alle sonstigen auf der Oberfläche vorhandenen Unebenheiten geglättet. Damit war das Gußstück fertig.

In gleicher Weise gossen auch die Römer, die meist die eben beschriebene Art des Hohlgusses mit „verlorener Form" bevorzugten, bei kleineren Arbeiten aber gleichfalls den Massivguß zur Anwendung brachten. Beson= ders schöne Erzeugnisse des altgriechischen und altrömischen Massivgusses, wie der Metall= bearbeitung überhaupt, sind die Spiegel, flache Scheiben aus Bronze, deren eine Seite vorzüglich poliert, und die mit kunstvollen Handgriffen, schö= nen auf der Rückseite ein= gravierten Darstellungen, hüb= schen Verzierungen usw. ver= sehen waren. Spätere Spiegel sind auch mit einer dünnen Silberschicht überzogen, oder die polierte Bronzeplatte ist auf eine Unterlage aufgekittet, auch wird sie, um das Ver=

Abb. 78. Die Wölfin mit Romulus und Remus.
Etruskische Bronze (Hohlguß). Kapitolinisches Museum, Rom.

kratzen zu verhüten, in eine Art von Schachtel eingeschlossen, die mit einem in einem Scharnier drehbaren Deckel versehen ist.

Als eine besondere Art des Gusses bildete sich insbesondere in der römischen Kaiserzeit der Guß von Münzen aus, der zwar auch in den Münzstätten Verwendung findet, jedoch hauptsächlich von Falschmünzern, die in jener Zeit äußerst zahlreich waren, ausgeübt wird. Man drückte einfach eine echte Münz in Ton ab, wobei man zwei aufeinanderpassende in ein rundes Kästchen gelegte Tonscheiben verwendete. Dann ließ man den Ton trocknen und glühte ihn leicht im Feuer. Schon vorher waren die beiden Tonscheiben, von denen jede nunmehr einen vertieften Abdruck je einer Münzseite enthielt, genau aufeinandergepaßt und oben mit je einem dreieckigen Einschnitt versehen worden, der als Eingußöffnung diente. Nach dem Brennen legte man sie aufeinander, wobei man, um sich die Arbeit zu erleichtern, oft eine ganze Batterie derartiger Münzformen nebeneinander anbrachte, die man, damit sie während des Gusses gut beisammenblieben, mit Lehm umhüllte. Hierauf wurde das Metall eingegossen. Nach dem Erkalten nahm man die Formen auseinander und bearbeitete das falsche Geld durch Entfernung des an der Eingußstelle sitzenden Gußzapfens, Glätten des Randes usw. usw. (Abb. 83—86 S. 63 oben).

Schon vor der Entwicklung der griechischen und römischen Bronzetechnik hatte
sich im Norden, bei den angeblichen „Barbaren", eine Blütezeit der Bronzetechnik

entwickelt, die in der sogenannten, um 400 v. Chr.
beginnenden La Tène-Periode ihre höchste Ausbildung erreicht, gleichzeitig aber von dem nunmehr auftauchenden Eisen in den Hintergrund
gedrängt wird. Wenn es sich hier auch um
vorgeschichtliche Funde handelt, deren Besprechung
nicht in den Rahmen dieses Buches gehört, so
sei doch erwähnt, daß die oft sehr schön gearbeiteten Gefäße jener Zeit in Lehm vorgearbeitet wurden, der auf dem Kern aufgetragen
war. Auf dem Lehm wurde der Mantel angebracht, den man zerschnitt, um ihn abnehmen
zu können. Der nach dem Abnehmen wieder zu-
sammengefügte Mantel wurde durch Einbetten in
Lehm für den Guß gefestigt. Hierauf konnte man
das Lehmmodell vom Kern entfernen, das ja nicht,
wie das Wachsmodell, ausgeschmolzen werden konnte.

Abb. 79—81. Beispiele für Hohlguß. Berliner Museum, Antiquarium.

Der Guß geschah dann in ähnlicher Weise durch Einlaufenlassen des Metalls in
den Zwischenraum zwischen Kern und Mantel, wie es oben geschildert wurde.

Abb. 83 u. 84. Die beiden Hälften einer römi=
schen Falschmünzer=Gußform aus leicht ge=
brannntem Ton.
Oben die eingeschnittene Eingußöffnung. Natürliche
Größe. Sammlung Dr. Cahn, Frankfurt a. M.

Abb. 82. Griechischer Klappspiegel mit
aufgelötetem Scharnier,
das auch als Handgriff dient, und unten mittelst
durchgetriebener Ösen befestigtem beweglichen
Ringstück zum Aufhängen. Mit Darstellung
der Stylla. 4.—3. Jahrh. v. Chr.
Berlin, Altes Museum, Antiquarium.

Abb. 85 u. 86. Die beiden Hälften einer römi=
schen Falschmünzer=Gußform mit eingeschnit=
tener Einlauföffnung.
Gebrannter Ton. Sehr scharfer Abdruck. Natürliche
Größe. Sammlung Dr. Cahn, Frankfurt a. M.

Die chemische Metallbearbeitung und die Metallfärbung.

Zu den vorstehend besprochenen Arten der mechanischen ohne und mit Ver=
wendung des Feuers vorgenommenen Metallbearbeitung gesellte sich dann noch die
chemische Bearbeitung der Metalle, die in erster Linie darauf abzielte, den Me=
tallgegenständen eine bestimm=
te Farbe zu verleihen. Dies
geschah entweder auf natür=
lichem Wege, d. h. dadurch, daß
man, insbesondere bei Legierun=
gen, die Metalle in einer ganz
bestimmten Weise mischte, um
eine bestimmte Tönung zu erzie=
len, oder aber auf künstlichem
Wege, d. h. durch Vornahme
einer besonderen Metallfär=
bung. Ein Beispiel für das erste=
re Verfahren bilden das „Elek=
tron", ferner das „korinthische
Erz", die Bronze usw. usw.,
denen man durch entsprechende

Abb. 87. Römisches Niello.
Silberbecher mit in Niello ausgeführten Epheuranken aus dem
Hildesheimer Silberfund. Berlin, Altes Museum, Antiquarum.

Veränderung ihrer Zusammensetzung verschiedenartige Färbungen zu geben verstand.
So kannte man drei Arten von „korinthischem Erz", einer Bronzesorte, die auch in
weißlicher und goldgelber Farbe hergestellt wurde, was man durch angeblichen Zu=

fatz von mehr Silber oder Gold zum Kupfer oder zur Bronze erreichte; tatsächlich fand man derartige gold= und silberhaltige Bronzen von besonders schöner Farbe. Auch leberfarbige Bronzen ($\chi\alpha\lambda\varkappa\grave{o}\varsigma\ \dot{\eta}\pi\alpha\tau\acute{\iota}\zeta\omega\nu$) kamen vor. Die künstliche Metall= färbung wurde nach verschiedenen Verfahren ausgeübt. Man färbte die Oberfläche des Silbers durch Überstreichen mit Auripigment[1]) golden, die des Kupfers durch Be=

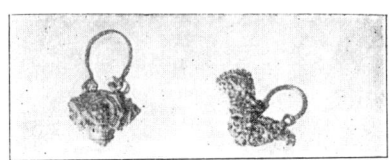

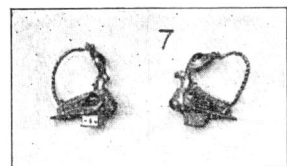

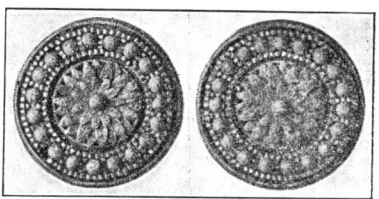

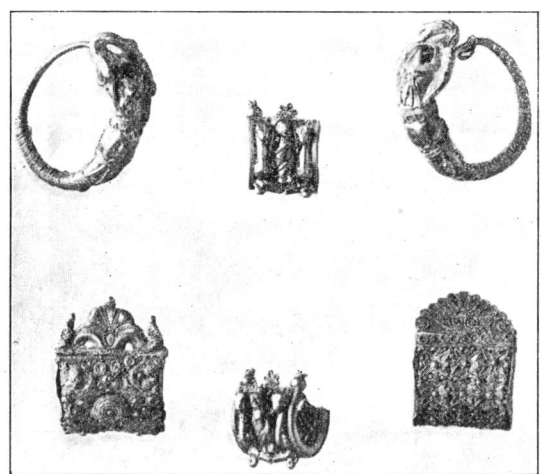

Abb. 88—91. Römische Filigranarbeiten.
Ohrringe, Zierknöpfe, Fibeln usw., teilweise getrieben und dann mit aufgelötetem Golddraht verziert.
Berlin, Altes Museum, Antiquarium.

handeln mit Quecksilber silbern. Stark legierte Goldmünzen wurden mit einer Mi= schung von Kochsalz, entwässertem Eisenvitriol und Ziegelmehl zur schwachen Rotglut erhitzt. Hierbei schmilzt das entstandene Chlorsilber und zieht sich in das Ziegelmehl, wodurch die Münzoberfläche das Aussehen von reinem Gold erhält. Zu diesen Ver= fahren kommen die eigentlichen Verfahren des Vergoldens oder Versilberns mit Blattgold und Blattsilber[2]), ferner das der Feuervergoldung mit Hilfe von

---

[1]) Schwefelarsen As_2S_3.
[2]) Siehe Seite 33 ff.

Goldamalgam, das bereits von verschiedenen römischen Schriftstellern (Vitruvius VII 8, 4; Jsidorus Origg. 19, 2; Plinius XXXIII, 64) genau so beschrieben wird, wie man es heute noch ausübt; das schon in vorgeschichtlicher Zeit bekannte Verzin= nen, das durch Eintauchen in geschmolzenes Zinn bewirkt wurde und das z. B. die Gallier so vortrefflich auszuüben verstanden, daß man die verzinnten Gegenstände von silbernen nicht unterscheiden konnte. Die Ägypter tauchten die aus dem Guß kommenden und noch nicht abgekühlten Bronzen in geschmolzene Harze, wodurch sie auf der Oberfläche entsprechend abgetönt wurden. Ebenso kannten die Ägypter bereits das Schwarzfärben des Silbers, die Herstellung des „Niello", das sie nach Plinius (XXXIII 46) dadurch erzielten, daß sie gleiche Teile Silber, Kupfer und

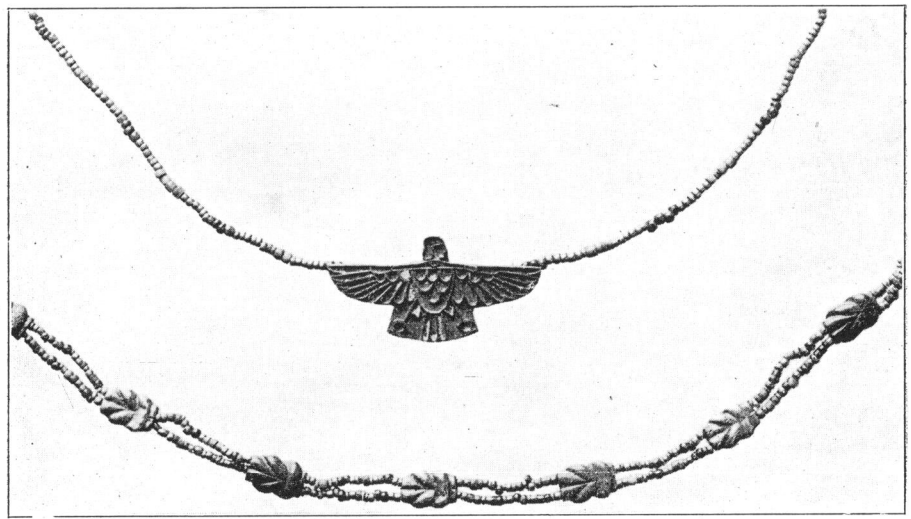

Abb. 92. Ägyptische Emailarbeit (oben).
An der Kette hängt ein Seelenvogel aus Gold mit Menschenkopf. Die Emaileinlagen der Federn und des Kopfes (hellblau und schwarz, teilweise herausgefallen) befinden sich in Zellen (sog. Zellenemail). Flügelbreite 4,3 cm. Unten: Kette aus zwei Schnüren kleiner Perlen aus Gold, Lapislazuli und Carneol bestehend, die durch 27 Knoten aus Gold, Lapislazuli, Carneol, Feldspat und glasiertem Ton zusammengehalten werden.
Berliner Museum, Ägyptische Abteilung.]

überschüssigen Schwefel zusammenschmolzen. Man kennt mehrfach derartige mit Niello versehene ägyptische Gegenstände, so z. B. eine in Ungarn gefundene Vase, ferner eine in Korinth befindliche große ägyptische aufs feinste niellierte Silberplatte, eine Fibel im k. k. Münz= und Antiquitätenkabinett zu Wien, die zierlich in das Gold eingegrabene Ornamente zeigt, die mit einer nielloartigen Masse ausgefüllt sind usw. usw.

Das ägyptische Niello, dessen Alter z. T. auf 3000 Jahre geschätzt wird, enthält kompakte Schichten, die selbst teilweise wieder mit Einlagen versehen sind, beim römischen Niello hingegen handelt es sich meist nur um dünne Schichten. Es scheint, daß das älteste ägyptische Niello ausschließlich auf Gold gearbeitet ist, und daß man erst später Niello auf Silber herstellte.

Bei den Römern wird das Niello durch Zusammenschmelzen von Silber, Kupfer und Blei mit Schwefel erhalten. Die nach dem Erkalten fein gestoßene, durch die entstandenen Sulfide schwarz gefärbte Masse wird, mit Borax vermischt, über glühenden Kohlen auf das vorher mit Gravierungen versehene Silber und Gold aufgeschmolzen. Nach dem Reinigen und Polieren erscheint der Metallgrund, in dem die Vertiefungen durch das Niello schwarz gefärbt sind. Eine Vorschrift des Plinius zur Erzeugung von Niello lautet: 3 Teile Silber, 1 Teil Kupfer und 3 Teile Schwefel. (Abb. 87 S. 63 unten.)

Besondere Techniken der Metallbearbeitung.

Anschließend an die vorstehend beschriebenen Arten der Metallbehandlung seien noch einige weitere beschrieben, die sich in die von uns gewählte Anordnung nicht einreihen lassen, die aber im Altertume gleichfalls eine bedeutende Rolle spiel=

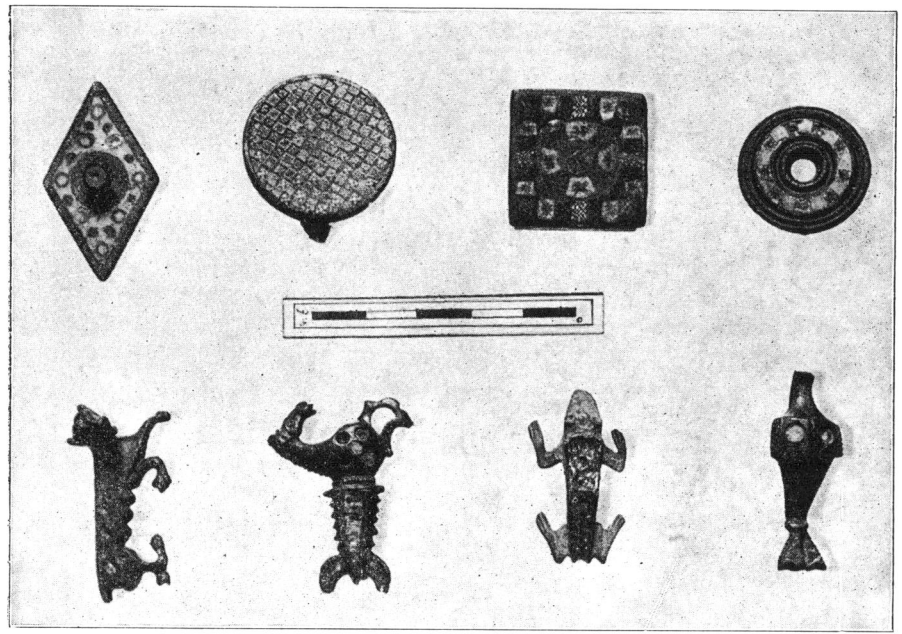

Abb. 93. Römische Emailarbeiten.
Bronzen mit verschiedenfarbigem Email (obere Reihe zweiter und vierter Zierknopf von links blau und weiß, die übrigen Gegenstände in den verschiedensten Farben; der dritte Zierknopf von links in der oberen Reihe enthält fast alle Farben.
Provinzialmuseum Trier.

ten. Es handelt sich hier um Techniken, die hauptsächlich in den Handwerksbereich des Goldschmiedes fallen, der überhaupt ein in mancherlei Fertigkeiten sehr er= fahrener Mann war und fast alle die bereits erwähnten Arten der Metallbearbeitung praktisch ausübte. Er verstand die Treibarbeit, wußte zu legieren, Metalle zu färben, goß kleinere Gegenstände aus Edelmetallen in besonderen Öfen usw. usw. Hierzu kamen noch einige besondere technische Fertigkeiten, unter denen zunächst die Goldelfenbeintechnik erwähnt sei. Diese Art der Technik wurde übrigens auch von Bildhauern ausgeübt. Die Goldelfenbein= oder „chryselephantine“ Technik besteht darin, daß man einzelne Teile von Statuen, insbesondere die nackten, von

Elfenbein, alles übrige aber von reich emailliertem Gold herstellte. Zunächst war es eine heute rätselhafte Kunst, Elfenbeinplatten so zusammenzufügen, daß man keine Fugen bemerkte, und daß auch die durch die Unterschiede der Außen=temperatur bewirkten Größenänderungen der Platten keine solchen entstehen ließen. Dann aber erweichte man die Elfenbein=platten und formte sie; wie, ist unbe=kannt. Hierzu kam dann die reiche Ver=wendung von Gold und Emaillierung.

Eine weitere, speziell dem Goldschmied eigene Technik war das Filigranieren (Abb. 88—91 S. 64), das wohl in Ägypten schon üblich war und sich insbesondere in Griechenland einbürgerte, später mit den Römern sogar nach Germanien kam, wo es allerdings niemals in sehr hoher Blüte stand. Das Filigranieren besteht im Auf=löten von Goldfäden auf Schmuck aus Edelmetall, wodurch oft Kunstwerke von äußerster Feinheit entstehen.

Des weiteren verwendet man zur Verzierung von Schmucksachen das Email=lieren. (Abb. 92—94 S. 65—67.) Nach heutiger Auffassung wird Ägypten als das Ursprungsland der Emaillierkunst an=gesehen, obschon manche Persien dafür ansprachen, das diese Kunst gleichfalls schon in sehr früher Zeit kannte. Das Email (Glasschmelz) für Edelmetalle wurde in derselben Weise hergestellt wie das für Tonwaren und unterscheidet sich in chemischer Beziehung nicht von diesem (siehe in den Abschnitten: Glas und Kera=mik). Die Herstellung des Emails ist ein Zweig der antiken Technik, der unter mancherlei Unvollkommenheiten leidet, die erst später mit zunehmender chemischer und physikalischer Erkenntnis behoben werden konnten. Soll nämlich das Email, das auf Metall oder in seine Zellen ein=geschmolzen wird, fest sitzen, so müssen die durch die Veränderung der Temperatur bewirkten Ausdehnungen und Zusam=menziehungen des Metalls und des Emails gleichmäßig erfolgen. Beide

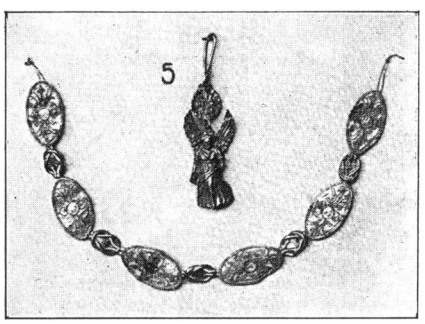

Abb. 94. Römisches Zellenemail.
Die unten abgebildete, aus Goldblech hergestellte Kette ist durch Auflöten von Golddraht (Filigra=nieren) in Zellen geteilt, die teilweise mit Steinen, teilweise mit Email gefüllt wurden. (Nur noch teilweise gefüllt.)
Berlin, Altes Museum, Antiquarium.

Abb. 95. Ägyptische Tauschierungsarbeit.
Bronzefigur der Göttin Neith. Auf dem Kopfe die unterägyptische Krone. Halstragen, Augen und Krone mit Gold eingelegt (tauschiert). Höhe 15,8 cm.
Berliner Museum, Ägyptische Abteilung.

müssen, physikalisch gesprochen, den gleichen „Ausdehnungskoeffizienten" besitzen. Sobald sich das eine stärker ausdehnt oder zusammenzieht als das andere, tritt zunächst eine Lockerung und allmählich ein Abspringen ein oder das Email wird durch den Druck des sich zusammenziehenden Metalls derart gepreßt, daß es Risse und Sprünge bekommt. Bei Verwendung verschiedenfarbiger Gläser müssen ihre Schmelzpunkte entweder die gleichen sein, oder doch sehr nahe beieinander liegen. Sonst ist das eine Glas schon geschmolzen, während die anderen noch nicht zu sintern begonnen haben. Erhitzt man aber bis zum Schmelzpunkt der am schwersten schmelzbaren farbigen Schmelzflüsse, so ist die Temperatur oft so hoch, daß sich dabei die leichter schmelzbaren verändern, ihre Farbe verlieren oder sich zersetzen, trübe werden usw. Während man allen diesen Tatsachen jetzt Rechnung zu tragen versteht und in besonderen Fällen zwischen Metall und Schmelzfluß noch eine besondere Emailschicht, das sogenannte „Kontreemail" anbringt, das eine etwa vorhandene verschiedenartige Ausdehnung ausgleicht, stand man im Altertum allen diesen schwierigen Fragen ratlos gegenüber. Infolgedessen gibt es verhältnismäßig wenig gut erhaltene Emailarbeiten aus jener Zeit, insbesondere ist die Emailschicht meist abgesprungen bezw. aus den Zellen des Zellenemails herausgefallen.

Endlich sei noch des Tauschierens gedacht. Tauschierte Gegenstände kommen schon in den ältesten Zeiten vor. Man kennt assyrische Bronzeplatten mit eingelegten Silberverzierungen, einen tauschierten Diskus aus Epirus, Bronzegeräte aus Pompeji usw. usw. In den fränkischen und alemannischen Gräbern werden ganz besonders häufig tauschierte Gegenstände gefunden. Die Tauschierung geschah in zweierlei Weise: entweder rauhte man das zu verzierende Metall mit dem Rauhhammer auf und belegte die so geschaffene rauhe Fläche mit einer dünnen

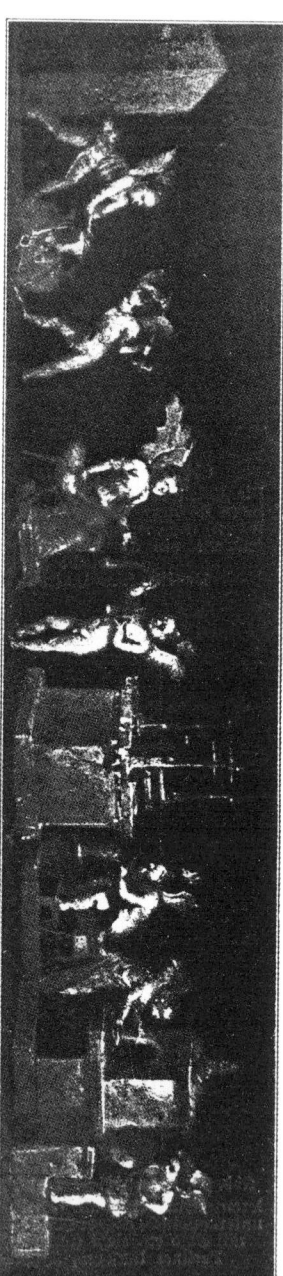

Abb. 96. Eroten als Goldschmiede. Von links nach rechts: Treiben (wahrscheinlich Herstellung von Zainen aus Goldklumpen) mit schwerem Hammer¹), Abwiegen, Zeintreiben (mit leichterem Hammer), Schmelzen im Tiegel oder Auflötmelzen bzw. Auflöten von Verzierungen oder dgl. unter Verwendung eines Blasrohres zum Anfachen des Feuers, schließlich Nacharbeiten eines fertigen Gegenstandes mit dem Ziselierhammer (?); (die Form des Hammers, dessen Bär angedeutet erkennbar ist, läßt sich am Original in Pompeji nicht mehr deutlich genug erkennen, um heraus Schlüsse auf die Art des Hammers zu ziehen. Der Hammerbär scheint unten spitz, oben rund zu sein.) Farbiges Wandgemälde im Hause der Vettier in Pompeji.

¹) Die Annahme von Mau (Pompeji in Leben und Kunst 1900), daß der eine Arbeiter „möglichst weit entfernt stehe, damit ihn die abspringenden Funken nicht treffen", ist wohl nicht zutreffend, da Gold auch im Altertum sicherlich stets kalt und nicht (wie Eisen) heiß gehämmert wurde.

Schicht von Gold oder Silber, das darauf leicht haftete, oder aber man spaltete das Metall, insbesondere das Eisen, bis zu einer gewissen Tiefe auf. Dann wurde anderes Metall in die so entstandene Öffnung eingelegt und das Ganze wieder — wahrscheinlich kalt — mit dem Schmiedehammer bearbeitet.

Literatur zum Abschnitt: „Die Bearbeitung der Metalle".

Beck, Die Geschichte des Eisens. 1. Band. Braunschweig 1891.
— Urkundliches zur Geschichte der Eisengießerei. Jahrb. d. Vereins deutscher Ingenieure. Beiträge zur Geschichte der Technik und Industrie, Band II.
Beckmann, Beiträge zur Geschichte der Erfindungen. Leipzig 1783—1805.
Bergner, Natürliche und künstliche Schleifmittel. Gießerei=Zeitung 1914, Nr. 4, S. 113.
Berthelot, Archéologie et histoire des sciences. Paris 1906.
— Die Chemie im Altertum und Mittelalter. Leipzig und Wien 1909.
— Quelques métaux trouvés dans les fouilles archéologiques en Egypte. Comptes rendus 1905, S. 183.
Blümner, Technische Probleme aus Kunst= und Handwerk der Alten. Berlin 1877.
— Technologie und Terminologie der Gewerbe und Künste bei Griechen und Römern. Leipzig 1887, 4. Band.
Blr. H., Homer und die Wirklichkeit. Eine Entgegnung. Neue Zürcher Zeitung 1915. 2. September.
Bröndstedt, Die Bronzen von Siris. Kopenhagen 1837.
Bucher, Geschichte der technischen Künste. Stuttgart 1875—93.
Buchner, Die Metallfärbung und deren Ausführung. Berlin 1910.
— Metallfärbungen an Legierungen. Elektrochemische Zeitschrift 1910, S 207.
Clarac, Musée de sculpture antique et moderne. Paris 1841.
v. Cohausen, Römischer Schmelzschmuck. Wiesbaden 1873.
Cramer, Das römische Trier. Gütersloh 1911.
Daremberg et Saglio, Dictionnaire des Antiquités grecques et romaines. Paris 1874—1917.
Diels, Antike Chemie in: Diels, Antike Technik. Leipzig und Berlin 1911.
Donner v. Richter, Die Heddernheimer Helme, die etruskischen und der griechische Helm des Frankfurter Museums. Mittei-

lungen über römische Funde in Heddernheim. Heft I. Frankfurt a. M. 1894.
Frey, Homer und die Wirklichkeit. Neue Züricher Zeitung 1915, 18. August.
Führer durch die Skulpturen= und Antikensammlung des Museums Wallraf=Richartz der Stadt Köln. Köln 1911.
— kurzer, durch das Provinzialmuseum in Trier. 1911.
Furtwängler, Bronzefunde aus Olympia. Abhandlungen d. Berl. Akademie 1879.
Grünwald, Beiträge zu der Geschichte des Emails und der modernen Emailliertechnik. Archiv f. Geschichte der Naturwissenschaften und der Technik 1909 S. 124.
Halke, Handwörterbuch der Münzkunde. Berlin 1909.
Hanemann, Metallographische Untersuchungen einiger altkeltischer und antiker Eisenfunde. Internationale Zeitschrift für Metallographie 1913, S. 248.
Head, Historia Nummorum. Oxford 1911.
Herodot, Geschichten, Buch 1, 92—94.
Jacobi, Das Römerkastell Saalburg. Homburg 1897.
Klein, Schwert des Tiberius. Mainz 1850.
Kossinna, Die deutsche Vorgeschichte. Würzburg 1914.
— Der germanische Goldreichtum in der Bronzezeit. Würzburg 1914.
Krause, Niello. Elektrochemische Zeitschr. 1912, S. 86 u. 116.
Lehnert, Illustrierte Geschichte des Kunstgewerbes. Berlin.
Lepsius, Die Metalle in den ägyptischen Inschriften. Berlin 1872.
v. Lippmann, Chemisches aus dem Papyrus Ebers. Abhandlungen und Vorträge zur Geschichte der Naturwissenschaften. Leipzig 1913.
— Die chemischen Kenntnisse des Plinius. Abhandlungen und Vorträge zur Geschichte der Naturwissenschaften. Leipzig 1906.
— Chemische Papyri des 3. Jahrhunderts. Chemiker=Zeitung 1913, S. 933.

Lorď, Einiges vom Bronzeguß. Leipzig.

Manſch, Antike techniſche Probleme in Kunſt und Handwerk. Welt d. Technik 1911, S. 142.

— Der Werdegang eines Bronzeguſſes. Welt der Technik 1904, S. 213.

— Die Anfänge der Bleikultur. Welt der Technik 1909, S. 322.

Maſpero, Ägyptiſche Kunſtgeſchichte. Deutſche Ausgabe von Georg Steindorff. Leipzig 1889.

Mémoire publié par les membres de la mission archéologique au Caire 1881 bis 1884.

Miste, Die Bedeutung Delem St. Deits (Ungarn) als prähiſtoriſche Gußſtätte mit Berückſichtigung der Antimonbronzefrage. Archiv für Anthropologie 1904, Band II, S. 124.

Moſſo, Le armi più antiche di rame e di bronzo. Roma 1908.

Neumann, Chemie und Archäologie. Zeitſchrift f. angewandte Chemie 1907, S. 2019.

Newberry, The life of Rhekmara. London 1900.

Perrot und Chipiez, Geſchichte der Kunſt im Altertum. Leipzig 1884.

Priſſe d'Avenne=, Histoire de l'Art égyptienne d'après les monuments. Paris 1879.

Quilling, Die antiken Münzen aus Heddernheim=Praunheim und Umgebung. Mitteilungen über römiſche Funde in Heddernheim. Heft III. Frankfurt a. M. 1900.

Rhouſopoulos, Chemiſche Kenntniſſe der alten Griechen. In: Diergart, Beiträge aus der Geſchichte der Chemie. Leipzig und Wien 1909.

— Noch ein kleiner Beitrag zum Thema über die chemiſchen Kenntniſſe der alten Griechen. Archiv für Geſchichte der Naturwiſſenſchaften und Technik 1909, S. 287.

Roſenberg, Marc, Geſchichte der Goldſchmiedekunſt auf techniſcher Grundlage. Frankfurt a/M. 1908.

Roſellini, Monumenti civili dell'Egitto. Piſa 1832—1834.

Sacken, Die antiken Bronzen des k. k. Münz= u. Antikenkabinetts in Wien. Wien 1871.

Schliemann, Jlios, Stadt und Land der Trojaner. Leipzig 1881.

— Mykenae. Leipzig 1878.

— Troja. Leipzig 1884.

Schulze, Ernſt, Die römiſchen Grenzanlagen in Deutſchland und das Limeskaſtell Saalburg. Gütersloh 1906.

Selch, Geſchichte und Technik des Metallemails. Mitteilungen des Erzherzog-Rainer=Muſeums Brünn 1908, S. 17.

Steindorff, Grabfunde des mittleren Reichs aus den Königlichen Muſeen in Berlin. In: Mitteilungen aus der orientaliſchen Sammlung der Königlichen Muſeen zu Berlin 1896 und 1901.

— Die Blütezeit des Pharaonenreichs. Bielefeld 1900.

Stephanides, Eine Skizze aus der analytiſchen Chemie der Alten. Mitteilungen zur Geſchichte der Medizin und der Naturwiſſenſchaften 1916, (Bd. XV), S. 85.

— Σύμβολα εἰς τὴν ἱστορίαν τῶν φυσικῶν ἐπιστημῶν καὶ ἰδίως τῆς λυμειας. Αθηεν 1914.

Strunz, Über die Vorgeſchichte und die Anfänge der Chemie. Leipzig und Wien 1906.

Tacitus, Germania

Theobald, Das Papier als Erſatz der Goldſchlägerhaut. Welt der Technik 1911, S. 284.

— Die Herſtellung des Blattmetalls in Altertum und Neuzeit. Glaſers Annalen für Gewerbe und Bauweſen, 1912, S. 91.

Vernier, La bijouterie et la joaillerie égyptienne. Cairo 1907.

Vogel, Prähiſtoriſche Verzinnung. Vortrag, gehalten auf der Naturforſcherverſammlung zu Cöln, September 1908.

Wilkinſon, The manners and customs of the ancient Egyptians. London 1878.

Zenghelis, Das Metall der alten Prägeſtempel. Chemiker=Zeitung 1907, S. 1116.

Die Bearbeitung des Holzes.

Die Beschaffung des Holzes; das Fällen der Bäume.

Das Holz gehört zu den ältesten Rohmaterialien, deren sich die Technik des Altertums bediente: Es sei nur daran erinnert, daß die Wohnstätten und ihre Einzelteile, wie z. B. Säulen, meist aus Holz bestanden, ehe man später an ihrer Stelle Steine verwendete. Das Holz nahm man zunächst, wie man es eben gerade vorfand, d. h. aus der nächsten Nachbarschaft. Soweit es sich nicht von selbst in Form angeschwemmter Stämme, abgebrochener Äste usw darbot, mußte man es durch Fällen von Bäumen beschaffen. Hierzu verwendete man in den ältesten Zeiten vielleicht das Feuer, das man rings um den Stamm herum entzündete, bis er soweit verkohlt war, daß er umfiel, später aber besondere Werkzeuge. Noch zu Homers Zeiten, etwa 850—800 v. Chr., benützten die Griechen zum Fällen der Bäume und Abhauen der Äste Steinäxte, mit denen die Arbeit, wie Schliemann mit Recht betont, eine sehr schwierige gewesen sein muß. Noch schwieriger aber als das Fällen der Bäume ist sicherlich das Spalten gewesen, das gleichfalls mit Steinäxten vorgenommen wurde. Die kleinen in Troja ausgegrabenen, oft nur wenige Zentimeter langen Sägen von Silex oder Chalcedon dienten wahrscheinlich nur zum Zersägen von Knochen, vielleicht jedoch auch zum Glätten der Oberfläche von Holz, das deshalb notwendig wurde, weil ein gerades Durchspalten eines Baumes mit Steinäxten ja doch nicht möglich war. Infolgedessen waren die Bretter auch ziemlich uneben. Die Ägypter hingegen bedienten sich schon in früherer Zeit bronzener Werkzeuge zum Fällen von

Abb. 97.
Assyrische Holzarbeiter.
Die Ausrüstung mit Baumsäge, Beilen und Stützstangen (die Layard als „Schaufeln" anspricht), läßt darauf schließen, daß sie zum Fällen von Bäumen ausziehen. (Die Form der „Schaufeln" erscheint ungewöhnlich; man könnte sich ihre Verwendung höchstens als zum Ausgraben von Wurzelwerk dienend denken. Wahrscheinlicher dürfte es sich um Stützstangen handeln, die wechselweise unter den sich neigenden Baum gestemmt wurden, um ihn allmählich und ohne daß er andere Bäume beschädigte, zur Erde zu bringen. Flachrelief in Kujundschik.

Bäumen, und zwar gebrauchten sie sowohl Äxte wie auch Stichsägen, die aber bei der Arbeit des Fällens wohl nur als untergeordnete Hilfsmittel zur Anwendung kamen. Hingegen spielte die ziemlich lange Stichsäge beim Zerteilen des gefällten Stammes in einzelne Bretter eine wichtige Rolle. Man gewann diese im alten Ägypten auf folgende Weise: Ein Pfahl wurde senkrecht in die Erde geschlagen. An diesen band man den zu zersägenden Baumstamm — und zwar gleichfalls in senkrechter Stellung — an. Hierauf wurde mit der Stichsäge von oben her so weit eingesägt, daß man Stricke festbinden konnte, die das Zusammenklaffen und damit das Einklemmen der Säge verhindern sollten (Abb. 104 S. 74). Die meist gebrauchte Stichsäge war nämlich nicht wie unsere heutigen Sägen „verschränkt", d. h. ihre Zähne waren nicht abwechselnd bald nach der einen, bald nach der anderen Richtung nach außen gebogen, wodurch das Steckenbleiben und Einklemmen des Sägeblatts verhütet wird. Bei der nicht verschränkten Zahnung bildete die Verwendung von Stricken, mit denen man den Baumstamm unter Umständen auch auseinanderziehen konnte, ein gutes Hilfsmittel. Wurden die einzelnen ab=

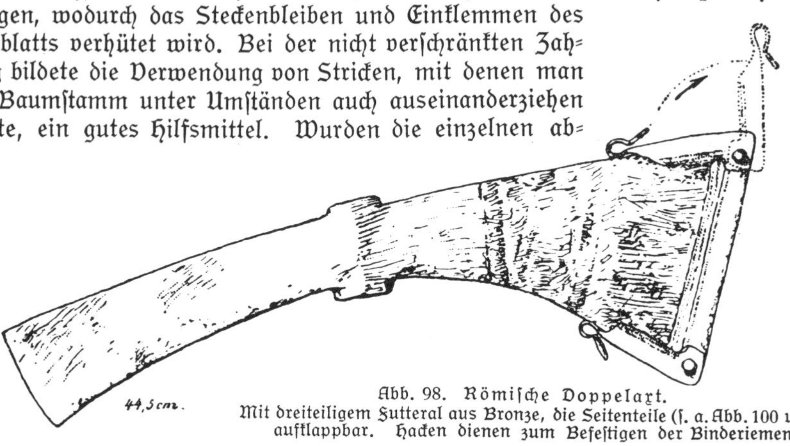

Abb. 98. Römische Doppelaxt.
Mit dreiteiligem Futteral aus Bronze, die Seitenteile (s. a. Abb. 100 u. 101) aufklappbar. Haken dienen zum Befestigen der Binderiemen.

Abb. 99.
Römisches Axtfutteral.

Abb. 102.
Teil eines römischen Axtfutterals.

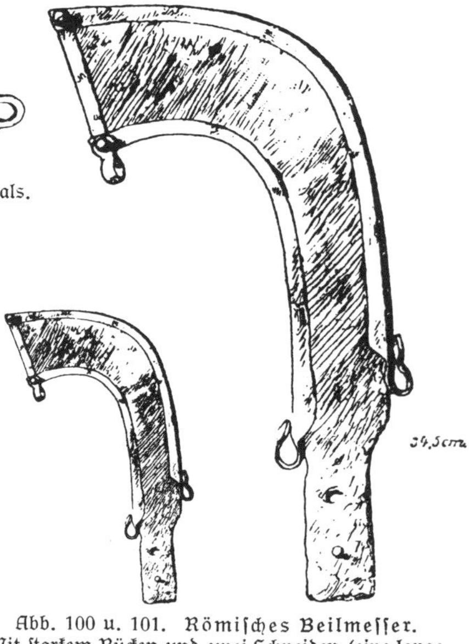

zusägenden Teile locker, wodurch das Sägen erschwert wurde, so band man sie gleichfalls mit Stricken fest, bis der Stamm vollständig zersägt war. Den Hobel kannten die alten Ägypter nicht, an seiner Stelle wurde eine Art von Spaten verwendet, mit dem man die Oberfläche des Holzes glättete. Es sei noch erwähnt, daß die von den Ägyptern zum Fällen des Holzes verwendeten Äxte kein Loch zum Befestigen des Stieles besaßen: sie wurden mit Lederriemen daran angebunden.

Die Römer fällten die Bäume in ähnlicher Weise wie wir, indem sie den Stamm mit Äxten so weit einkerbten, daß er dann durch Ziehen an angebundenen Stricken zu Fall gebracht werden konnte. Der Holzfäller von heute sichert sich vielfach gegen zufällige Verletzungen dadurch, daß er die Schneide seines Handwerkszeugs mit Schutz=

Abb. 100 u. 101. Römisches Beilmesser.
Mit starkem Rücken und zwei Schneiden (eine lange gegenüber dem Rücken, eine kürzere am vorderen Ende), so daß es sowohl als Hackmesser wie als leichtes Beil dienen konnte. Das Messer besitzt ein dreiteiliges Futteral aus Bronze, das sich eng anlegt. Die beiden langen Teile sind durch Stifte mit dem dritten, die kurze Schneide schützenden verbunden und lassen sich aufklappen. Haken dienen zum Befestigen der Binderiemen. Die (nicht vorhandenen) Griffe waren wie Nietlöcher und =Stifte erkennen lassen, aufgenietet. Die in Abb. 98—102 dargestellten Gegenstände sind im Rhein an der Bleiaue bei Mainz gefunden.
Museum Mainz.

vorrichtungen aus Holz umgibt, die zugleich auch eine Schonung dieser Schneide bewirken sollen. Ähnliche Vorrichtungen kannten auch die Römer. Eine aus dem Rhein gehobene Doppelaxt von Eisen zeigt an der breiten Schneide ein Futteral aus Bronze, das aus drei Teilen besteht, von denen sich die beiden kurzen Seitenteile aufklappen lassen. Sie tragen an ihren Enden Haken, in denen jedenfalls Riemen befestigt waren, die um die Axtklinge geschnürt wurden, um das Futteral in seiner Lage festzuhalten. Die Spuren dieser Riemen sind auf der Klinge noch deutlich erkennbar. Außerdem hat man auch noch einzelne Teile derartiger Axtfutterale gefunden. Die mit einem Loche zum Durchstecken des Stieles versehene Axt dürfte ihrer Form nach zum Fällen von Bäumen gedient haben, ebenso ein zweites mit einer ähnlichen Schutzvorrichtung versehenes Instrument, ein Beilmesser, das wahrscheinlich zum Zuspitzen von Pfählen, die in die Erde gerammt werden sollten, zur Herstellung von Faschinen usw. usw. Verwendung fand. An der kurzen dicken Griffangel sind noch kräftige Nietstifte erhalten, mit denen der starke Griff befestigt war. (Abb. 100—101.) Diese Äxte, Beilmesser usw. usw. waren sehr leistungsfähig. Im Taunus z. B., wo zur Römerzeit das weichere Tannenholz ganz fehlte, mußten starke Eichen gefällt werden, die man dann mit dem Schlichtbeile zu Balken von nicht weniger als 14 m Länge zuhaute, wie solche zur Befestigung des Mainufers bei Stockstadt Verwendung fanden. Sehr richtig hatte man schon zuzeiten des Theophrast (390 bis um 300 v. Chr.) bei den Griechen erkannt, daß es durchaus nicht gleichgültig ist, um welche Jahreszeit man die Bäume fällt. Dieser (V 1 ff.) gibt nämlich an, daß es am besten ist, Baumstämme, die nicht behauen, sondern nur geschält werden sollen, bei Vollsaftigkeit zu fällen, da sich dann die Rinde am besten entfernen läßt. Die zu behauenden Bäume hingegen fällt man am vorteilhaftesten erst, wenn die Früchte reif sind. Theophrast stellt als beste Fällungszeit für die einzelnen Holzarten die folgende Regel auf: Man fällt im Frühling die Weißtanne, die Kiefer und die Pinie; zu Beginn des Herbstes den Maulbeerbaum, die Ulme, den Ahorn, die Esche, die Buche und die Linde, zu Beginn des Winters aber die Eiche (Blümner II, 244 bis 245).

Die Holzarten.

Diese Aufstellung gibt uns zugleich einen Überblick über die bei den Griechen am meisten verwendeten Holzarten. Fügen wir hinzu, daß die Ägypter in erster Linie die wegen ihrer krummen Faserung schwer zu bearbeitende Nilakazie sowie die Sykomore, dann aber auch die Dattelpalme, die Dumpalme und einzelne aus Syrien bezogene Nadelhölzer sowie Ebenholz verwendeten, und daß hierzu außer den oben angeführten bei den Griechen und Römern noch der Ahorn, der Buchsbaum, die Erle die Tanne, die Zeder, die Weide und eine Anzahl anderer seltener verwendeter Hölzer kamen, so haben wir damit einen allgemeinen Überblick über die im Altertume verwendeten Holzarten. Von diesen wurden einzelne, wie z. B. das Ebenholz, hauptsächlich zu Luxusgegenständen verarbeitet, während andere, wie die Weide und der Holunder, zu Flechtwerk dienten. Die Zeder war ein geschätztes Baumaterial. Im übrigen aber befolgte man im allgemeinen den Grundsatz, daß man das Holz möglichst aus nächster Nähe bezog. So trifft man z. B. die im Süden so häufig als Baumaterial vorkommende Zeder in den nördlich der Alpen gelegenen römischen Provinzen nur selten noch als solches an. Sie ist hier Luxusholz.

Das Handwerkszeug und die Bearbeitung des Holzes.

Tischler und Zimmerleute benutzten schon bei den alten Ägyptern, und zwar bereits um das Jahr 3500 v. Chr., zur Verarbeitung des Holzes Äxte aus Bronze, deren Stiel gleichfalls mit Lederriemen am Bronzestiel befestigt ist. Ferner bedienten sie sich des Meißels, dessen mit Schneide versehener Teil in ein Holzheft gesteckt wird, auf das man mit einem Holzhammer schlägt. Die Form dieser Meißel gleicht der der unsrigen. Als Hobel dient eine Art von Spaten, dessen flaches Blatt mit Riemen

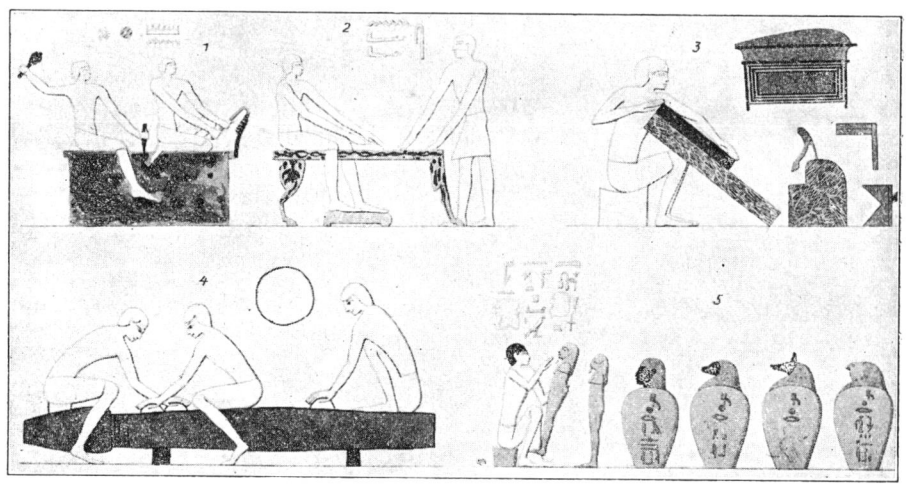

Abb. 103. Holzbearbeitung in Ägypten.

(Obere Reihe von links nach rechts): 1. Arbeiten mit Meißel und Beil, dessen mit Metallteil an einem gebogenen Holzheft befestigt ist (Dexel). 2. Bank mit Einlegearbeit. 3. Hobeln. Der Mann prüft durch Anlegen eines Metall= stücks, ob die Holzfläche glatt gehobelt ist. Daneben das in einem Holzblock steckende, als Hobel dienende Beil, dessen gebogenes Blatt an einem Stiel angebunden ist. Daneben Winkelmaß und =Bock, dessen Ausschnitt ebenso wie der des Holzblocks, in dem das Beil steckt, zum Anstemmen der zu bearbeitenden Holzstücke dient(?). Darüber Truhe(?). (Untere Reihe): 4. Glätten einer Holzsäule und 5. Holzsärge für Mumien. — Wandgemälde Theben.

an einem nach oben stehenden gebogenen Handgriffe befestigt ist. Ebenso konnte man aber auch mit einem eigenartigen kleinen Handbeile Holzflächen glätten, dessen Blatt halbmondförmig gestaltet oder gebogen war. (Abb. 103, obere Reihe rechts: das Beil steckt in einem Holzblock.) Die gebogene Seite diente als Schneide, mit der flachen war es am Stiel angebunden. Durch Querstellung dieses Blattes entsteht der in Ägypten gleichfalls zur Holz= bearbeitung viel verwendete Dexel.

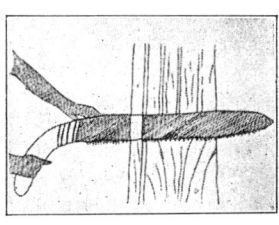

Abb. 104. Ägyptische Säge.
Holzarbeiter, einen senkrecht stehen= den Baumstamm zersägend.

Über die Werkzeuge zur Holzbearbeitung hat vor allem Blümner sehr eingehende Forschungen an= gestellt, dessen Ausführungen wir im Nachstehenden im wesentlichen folgen.

Daß als Säge nur die Stichsäge Verwendung findet, wurde oben schon erwähnt; sie ist jedoch, wie uns die erhaltenen Darstellungen zeigen, oft von beträchtlicher Länge und unten mit einem Handgriffe versehen, der oben gegen das Sägeblatt zu scheinbar noch einen Wulst oder ein Schutzblatt aufweist. Der Bohrer ist ein soge= nannter „Drillbohrer". Er sitzt an einem Holzstabe, der an einem verdickten Kloß= artigen Ende mit der linken Hand festgehalten und gegen das zu bearbeitende Werk=

ſtück gedrückt wird. Wahrſcheinlich beſtehen verdicktes Ende und Holzſtab nicht aus einem einzigen Stück. Man muß ſich vielmehr vorſtellen, daß der Holzſtab loſe in dem als Widerlager dienenden auf ſein oberes Ende geſtellten Klotze ſitzt (Abb. 107.) Unterhalb dieſes Klotzes iſt um das Holz-ſtück eine Bogenſehne herum-geſchlagen. Durch raſches Hin- und Herführen des Bogens wird der Bohrer in Umdrehun-gen verſetzt. Es kommen jedoch auch Bohrer zur Verwendung, die gegen die Bruſt geſtemmt werden, und bei denen bei ſcheinbar gleicher Konſtruktion das Holzſtück mit der Hand ge-dreht wird. Die Geſtalt dieſes Bohrers ſelbſt iſt unbekannt. Wahrſcheinlich hatten die älte-ſten Bohrer die Form eines Nagels, und zwar eines kan-tigen Nagels. Sie gaben keine Bohrſpäne, ſondern nur Bohr-mehl, das durch Umkehren des Werkſtückes herausbefördert wurde. Später wird der Schneckenbohrer bekannt, der zum erſtenmal in einer alten Handſchrift der Gedichte des Heſiod, die aus dem 8. oder 9. Jahrhundert v. Chr. ſtammt, abgebildet iſt. Dieſer Bohrer hat die Form eines vierkantigen Nagels, der an ſeiner Spitze ein-mal um ſeine Achſe gedreht iſt, wodurch vier immer noch

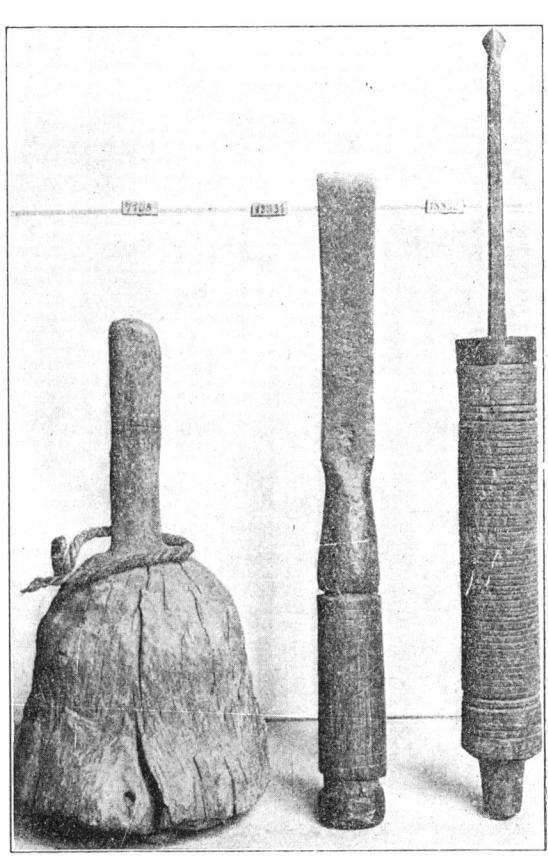

Abb. 105—107. Schlegel, Stemmeiſen und Drillbohrer
(ägyptiſch oder koptiſch).
Zu dem Bohrer gehört ein ausgehöhltes Holzſtück, in dem ſich ſein
verjüngtes Ende dreht. — Berliner Muſeum, Ägyptiſche Abteilung.

Abb. 108. Ägyptiſche Holzarbeiten.
Hölzernes Kinderſpielzeug (Tier und Krüge mit und ohne
Deckel). — Berliner Muſeum, Ägyptiſche Abteilung.

ſtumpfe Schneiden entſtehen. Auch dieſer Bohrer liefert nur Bohrmehl, keine Bohrſpäne. Zum Polieren des Holzes dienten Steine mit glatter Oberfläche.

In ſpäterer Zeit erfahren alle dieſe primitiven Holzbearbeitungs-werkzeuge weitere Vervollkommnun-gen. Ihre Form nähert ſich allmählich immer mehr jener der unſrigen. Es kommen bei den Griechen und Römern Äxte von ſehr verſchiedenartiger

Ausgestaltung auf, bei denen der Stiel in einem Loche sitzt, durch das er meist derart hindurchgesteckt ist, daß er nach oben wieder hervorragt. Der Meißel bleibt wie er war. Die Säge wird ganz beträchtlich handlicher. Man spannt sie in einen gebogenen Handgriff, in dem sie in ähnlicher Weise sitzt, wie die Sehne

Abb. 109. Arbeit mittelst Handmeißels an einer hölzernen Herme. Bild auf einer athenischen Schale. Antikenkabinett Kopenhagen.

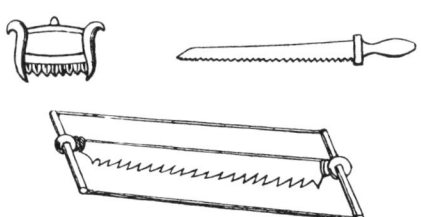

Abb. 110—112. Römische Sägen.
Fuchsschwanz, Schrotsäge oder Klob und Stichsäge.

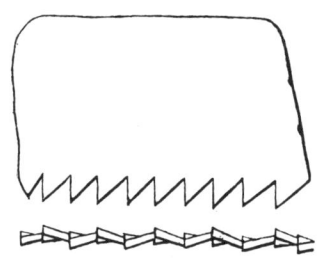

Abb. 113. Römische Säge mit ver=
schränkten Zähnen.
Darunter die Verschränkung der Zähne.
Museum Zürich.

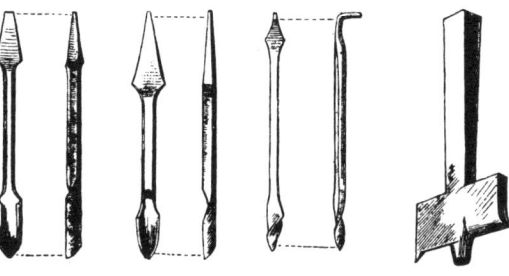

Abb. 114. Verschiedene Sorten römischer Bohrer.
Von links nach rechts: 2 zweischneidige Löffelbohrer in Vorder=
und Seitenansicht; gewöhnlicher Bohrer in Vorder= und Seiten=
ansicht; Zentrumsbohrer. — Museum Zürich.

Abb. 115. Römischer Hobel.
Mit schief gegen die Stoßrichtung stehen=
dem Griff und Löchern, durch die die
Späne herausfallen.
An einem Marmorgrabmal in Rastatt.

Abb. 116. Eroten als Tischler.
Links hölzerne Flügeltür, Sägebank aus einem
auf zwei Böcken befestigten Brett bestehend, auf
dem links ein Brett durchgesägt wird. (Rich gibt
hier das Sägeblatt in der Mitte an [Schrotsäge];
Overbeck, Helbig, Blümner usw. unten. Das
Original ist sehr verwischt; Feststellung wegen des
Krieges nicht möglich). Rechts ein durch eine Art
von Schraubzwinge befestigtes Brett. Darunter ein
Kasten. An der Wand rechts auf einem Wandbrett
ein Bohrer (?). [Blümner nimmt ein Gefäß oder
Lampe an.] — Wandgemälde in Herculanum.

im Bogen. Dann aber spannt man sie auch in rechteckige Rahmen derart ein, daß sie, in der Mitte der beiden Schmalseiten befestigt, parallel zu den Längsseiten läuft. Das Sägeblatt liegt mit seiner Schneide entweder senkrecht zur Ebene des Rahmens oder parallel zu diesem. Endlich kommt auch die jetzige Säge auf, bei der das Sägeblatt durch einen Strick gespannt wird. Derartige Sägen gibt es von kleinen Handsägen angefangen bis zur großen Balkensäge. Eine altrömische Säge des Antiquariums in Zürich zeigt die Verschränkung der Zähne. (Abb. 113.)

Auch bei den Griechen und Römern bleibt der Bohrer zunächst ein Drillbohrer, eine Art, die schon Homer erwähnt (Odyssee IX 384):

.... und ich, in die Höhe mich reckend,
Drehte. Wie wenn ein Mann, den Bohrer lenkend, ein Schiffholz
Bohrt; die Unteren ziehn an beiden Enden des Riemens,
Wirbeln ihn hin und her ....

Besondere Bedeutung erlangte der Bohrer, der in Form des gallischen Bohrers als Löffelbohrer Verwendung findet, und zwar in Form eines zweischneidigen

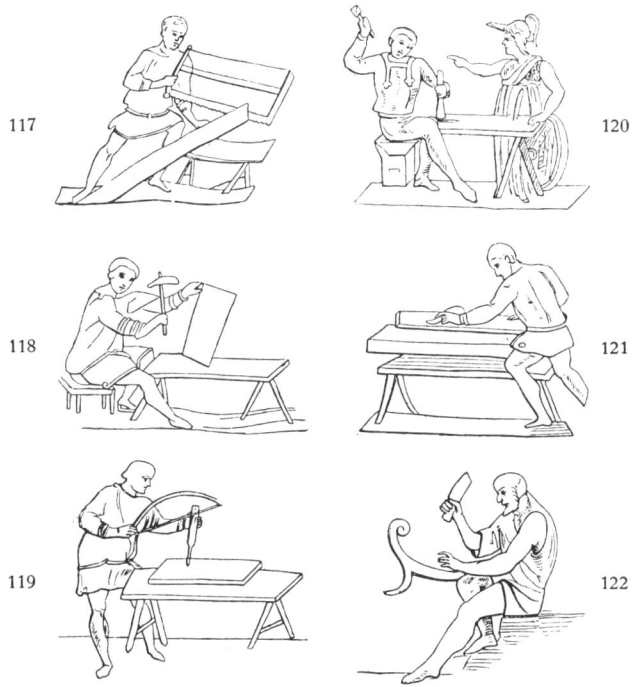

Abb. 117—122. Tischlerarbeiten.

Abb. 117. Durchsägen eines Brettes, das in üblicher Weise schief gegen eine Bank gestellt wurde. Beim Durch-sägen langer Bretter stellte sich ein zweiter die Säge führender Arbeiter auf das Brett, das außer durch die Bank noch durch einen dagegen gestellten Holzstamm gestützt wurde. — Abb. 118. Glätten eines Brettes mit dem Glättbeil (oder spalten, was Blümner gleichfalls für möglich hält). — Abb. 119. Bohren eines Loches mit dem Drillbohrer. — Abb. 120. Ausstehlen eines Brettes mit Meißel und Schlägel (Blümner nimmt spalten an, was sich aber auf diese Weise kaum durchführen läßt). — Abb. 121. Hobeln mittelst Langhobels. — Abb. 122. Zurichten eines wahrscheinlich zu schnitzenden oder sonst feiner zu bearbeitenden Stückes mit dem Beilmesser (Blümner nimmt nacharbeiten mit Schnitzmesser an, wogegen aber die Form des Messers und die Armbewegung zu sprechen scheint, die auf roheres Zuhauen, also auf „Zurichten" deuten dürfte). Gemalter Boden eines Glasgefäßes aus den Katakomben (Vatikanische Bibliothek).

Löffelbohrers, so daß ein Schneiden sowohl in dem einen als auch in dem anderen Drehsinne stattfindet. Da die Bohrer damals entweder mit Hilfe von Griffen durch die Hand oder durch Drillen mit der Schnur bewegt wurden, so war es in beiden Fällen weit bequemer, den Sinn der Drehung wechseln zu lassen, als ihn beizubehalten. In Zürich befindet sich auch ein aus römischer Zeit stammender Zentrumsbohrer.

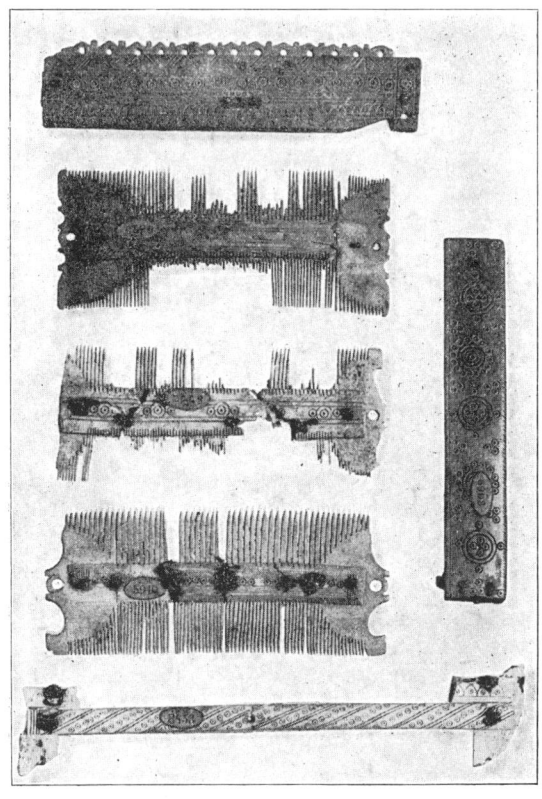

Abb. 123. Römische Holzarbeiten.
Kämme aus Holz (und Bein). Die Kämme beweisen, bis zu welcher Feinheit die Bearbeitung des Holzes bei den Römern vorgeschritten war. — Provinzialmuseum Trier.

Der Hobel behält im allgemeinen seine Form als vorne zugeschärftes, mit einem Handgriffe versehenes spatenförmiges Blatt, nur wird dieses Blatt später mit Öffnungen versehen, deren Zweck nicht aufgeklärt erscheint. Später wird das Blatt wie bei uns in einem Holzklotz befestigt.

Auch die Drehbank war im Altertume bekannt. Sie wird von Plinius (VII 198) erwähnt, und zahlreiche Reste geben von den auf ihr hergestellten Arbeiten Kunde. Wie sie jedoch aussah, ist unbekannt. Es läßt sich nur vermuten, daß sie, ähnlich dem Schleifsteine, durch Treten mit den Füßen in Bewegung gesetzt wurde.

Literatur zum Abschnitte „Die Bearbeitung des Holzes" siehe hinter dem Abschnitte „Die Herstellung und Bearbeitung des Leders".

Abb. 124. Altgriechische Holzarbeit aus Mykenae.

Die Herstellung und Verarbeitung des Leders.

Die Gerberei.

Eine wichtige Rolle spielte im Altertume das Leder. Die ungegerbten Felle, die wohl bei allen Völkern die älteste Art der Bekleidung darstellen, unterlagen der Fäulnis und waren von oft nur geringer Haltbarkeit. So dürfte man wohl bald dazu übergegangen sein, sie durch eine besondere Art der Behandlung dauerhafter zu machen. Welches die ersten Gerbmittel waren, ist unbekannt. Man vermutet, daß man die Felle zuerst in Wasser einweichte, um die Haare besser entfernen zu können. Dann behandelte man sie mit Pflanzensäften, und zwar in manchen Teilen des alten Orients wahrscheinlich mit dem Safte von Periploca secamone, die heutzutage noch bei den Arabern in der Gerberei verwendet wird und wahrscheinlich schon in den ältesten Zeiten dem gleichen Zwecke diente. Ob freilich die Ägypter sich ihrer bedient haben, erscheint zweifelhaft. Jedenfalls handelte sich hier um eine Art von Lohgerberei; muß man doch annehmen, daß die Wirkung auf der in der Pflanze enthaltenen Gerbsäure beruht.

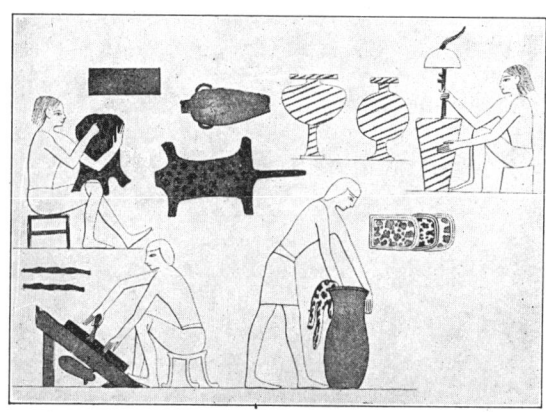

Abb. 125. Herstellung des Leders in Ägypten.
Oben rechts scheinbar Herstellung der Gerbbrühe (Stampfen der Gerbstoffe in einem Gefäße); unten rechts Einweichen der Felle, unten links Abschaben der Haare auf dem Schabebock. Felle, Lederstücke (oben links das viereckige), Gefäße, mit Einfassung versehene Felldecken (in der Mitte rechts, drei übereinanderliegend).

Im übrigen wurde im Altertum eine ganze Anzahl der auch jetzt gebräuchlichen Mittel zur Lohgerberei benutzt; vor allem verwendete man allerlei Baumrinden, wie die der Erle (Theophrast), des weiteren Teile von Früchten, wie von Granatäpfeln, Eicheln usw. Außerdem standen aber noch zahlreiche andere gerbsäurehaltige Pflanzen und Pflanzenteile im Gebrauch. Auch die Alaungerberei war bekannt (Plinius XXXV 190), und ebenso verwendete man Salz, ja nach Wilkinson sollen die Ägypter sogar Kalk benutzt haben, was aber, sofern damit gebrannter Kalk gemeint ist, wenig wahrscheinlich klingt, da dieser nur bei sehr vorsichtiger Anwendung ohne Schaden für die Haut Benutzung finden kann. Ungebrannter Kalk ist aber kein Gerbmittel. Ebenso ist auch der Gebrauch von Öl (Sämisch-Gerberei) nicht bezeugt. Die verbreitetsten Arten der Gerberei des Altertums dürften also die Lohgerberei und die Alaungerberei gewesen sein. Man gerbte nach diesen Verfahren Felle der verschiedensten Art, sowohl solche von Haustieren wie auch die des erlegten Wildes und der Raubtiere. An Leder= sorten war also kein Mangel.

Die bei der Gerberei verwendeten Werkzeuge sind uns nur aus einem einzigen pompejanischen Funde bekannt. Sie bestehen aus einem bron= zenen Schabeisen, das an einem hölzernen Handgriffe durch Dernietung befestigt ist; dann aus einem langen in zwei Exemplaren gefundenen konkaven Schabmesser und endlich aus einem kleinen halbrunden Handmesser, über dessen wahrscheinliche Der=

Abb. 126. Lederbearbeitung in Ägypten.
Links: Durchbohren von Lederstücken mit der Ahle, unten Schabebock mit Schabeisen, Pfriemen; auf dem Bock ein zu bearbeitendes Fell (im Originalgemälde punktiert, also wahrscheinlich Leopardenfell), darüber viereckige Lederstücke; dann Strecken des Leders über einem Bock; der dritte und vierte Mann arbeiten ähnlich wie der erste. Oben Lederstücke, Felle, Handwerkszeug (Klopfer, Schaber, Kämme usw.)

wendung darauf hingewiesen sei, daß sich noch heute Kürschner und sonstige Lederarbeiter eines halbrunden Messers bedienen, dessen sichelförmige Schneide in ihrer ganzen Länge ange= schärft ist. Es ist merkwürdig, daß uns das gleiche Messer bereits auf altägyptischen Wandgemälden von Theben entgegentritt, wo Leute dar= gestellt sind, die Leder zu= richten. Solche Messer sind auch tatsächlich in Theben ge= funden worden. Des weiteren wurden dort Steine zum Po= lieren des Leders gefunden, Tafeln, um es beim Schneiden darauf zu legen, Formen, über denen es gebogen wurde usw. Aus den Gemälden aber er= kennen wir die Verwendung

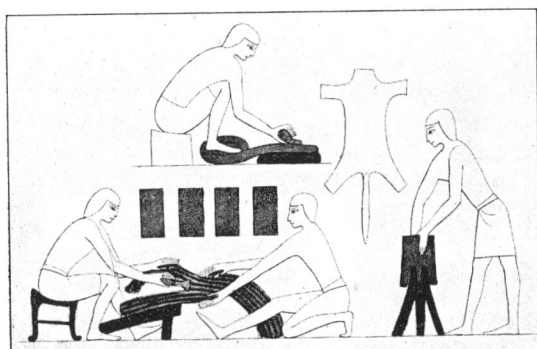

Abb. 127. Lederbearbeitung in Ägypten.
Glätten des Leders auf einer Unterlage mit Hilfe eines Polier= steins (?) und (darunter) Spalten des Leders mit einem Messer. Rechts Strecken und Weichmachen durch Ziehen über einen Bock.

von Pfriemen, Messern, Scha= bern, Bohreisen, Nadeln und Böcken zum Ziehen und Strecken des Leders.

Die Verarbeitung des Leders.

Die Ägypter verfügten also bereits über ein ziemlich umfangreiches Handwerkszeug

Abb. 128. Lederbearbeitung in Ägypten.
Von links nach rechts: Schaben eines aufgehängten Felles mit dem Schabemesser, Narben, Strecken und Weichmachen durch Ziehen über den Bock; die Tätigkeit der beiden Männer rechts ist unklar.

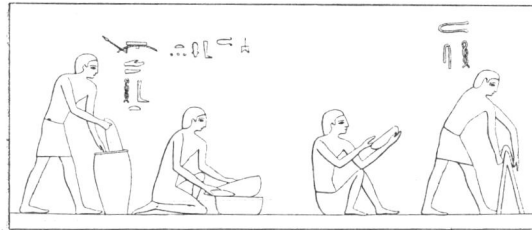

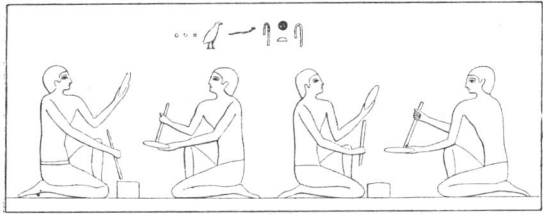

Abb. 129 u. 130   Schneiden von Sohlen in einer ägyp=
tischen Schuhmacherwerkstatt.

Die Darstellung ist wohl so zu erklären:

Oben von links nach rechts: Einweichen des Leders, Weichmachen
durch Walken oder Klopfen zwischen zwei Steinen, Ziehen und
Strecken über einen Bock. Unten: Schneiden der Sohlen auf einer
Unterlage.

zur Bearbeitung des Leders.
Noch umfangreicher dürfte das
der Griechen und Römer
gewesen sein, das uns aus
zahlreichen Funden sowie auch

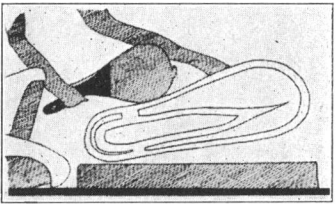

Abb. 131. Klopfen von Sohlleder.

(Die Abbildung läßt sich wohl nur in
dieser Weise erklären und zeigt, daß man
damals schon das Sohlleder ebenso be=
handelte, wie heute noch).

aus einigen Beschreibungen
bekannt ist. Die Funde zeigen
Messer, die den unsrigen
glichen, und lassen auch die
Verwendung der mit einem

Holzgriffe versehenen Schusterahle erkennen. Besonders wichtig ist es, daß durch
den Fund eines Grabsteines zu Rom auch die Verwendung von Leisten feststeht,

die oben mit Handgriffen ver=
sehen waren, mittels deren
man sie in die Schuhe hinein=
steckte. Diese letzteren wur=
den zunächst zugeschnitten
und dann zusammengenäht.
Beim Nähen wurde das
Loch mit der Ahle vorge=
bohrt. Dann wurden die
Lederstücke unter Verwen=
dung von tierischen Sehnen
oder auch von Lederriemen
vereinigt. Manchmal fand
die Vereinigung durch Ver=
nieten statt, wie man über=
haupt Lederteile öfters mit
Nägeln oder Nieten besetzte,
teils um sie zu verzieren,
teils um sie gegen Abnützung
zu schonen. Die Sohlen be=
stehen aus Leder oder aus
Holz und werden manch=
mal genagelt. Vom feinen

Abb. 132. Griechische Schuhmacherwerkstatt.

Die Bestellerin steht auf dem Tisch auf dem Stück Leder, aus dem der
Meister (links) mit dem halbmondförmigen Messer die Sohle auszu=
schneiden sich anschickt. Der Geselle (rechts) hat (nach Ansicht von
Blümner) das zum Oberleder bestimmte Stück Leder in der Hand.
Oben links auf einem Brett Zange, Ahlen; an der Wand zwei Stück
Leder an Schleifen aufgehängt, zwei Leisten, ein Korb. Unter dem
Tisch ein Gefäß, das nach Ansicht des Verfassers das zum Einweichen
des Leders dienende Wasser enthält, wie es auch heute noch in jeder
Schuhmacherwerkstatt unter dem Tische zu finden ist. Das gleiche Gefäß
findet sich auch auf anderen griechischen Darstellungen unter dem Tisch.
Vasenbild aus der Sammlung Bourguignon in Neapel,
jetzt in Boston.

Damenschuh gibt es bis zum groben Soldatenstiefel die verschiedensten Arten des Schuhwerks, und zwar sowohl Sandalen wie Stiefel. Man hat rechte und linke

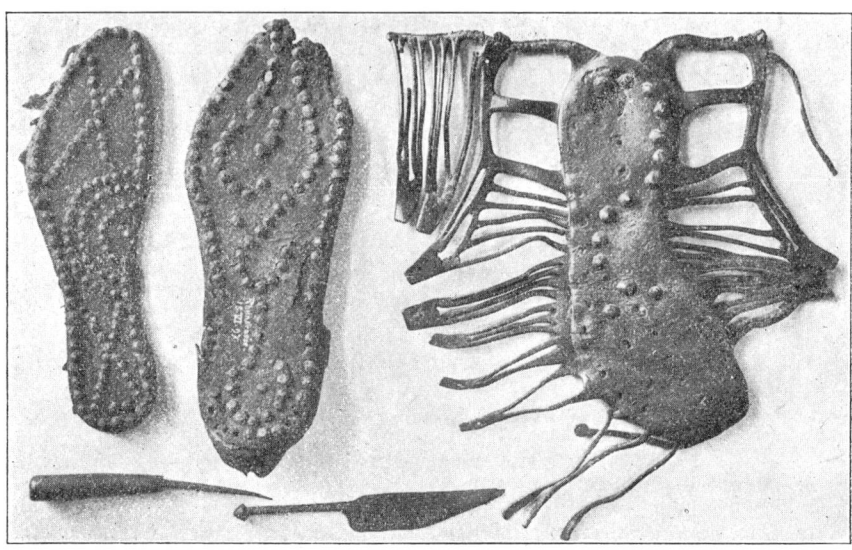

Abb. 133. Römische Sohlen, Sandalen und Schuhmacherwerkzeuge.
Von links nach rechts: Zwei benagelte Sohlen für den rechten Fuß; auseinandergelegte Sandale (die Sandale hat eine benagelte Sohle, über der eine zweite liegt, dann die sogen. Brandsohle.) Darunter Schusterahle und Schustermesser.
Fundort Mainz. Altertumsmuseum der Stadt Mainz.

Abb. 134. Römische Sandalen, Schuhe, genagelte Sohlen.
Fundort Mainz. Altertumsmuseum der Stadt Mainz.

Schuhe, die über entsprechenden Leisten hergestellt werden. Dolchscheiden aus Leder und ähnliche Futterale werden über vorher entsprechend zugeschnitzten Holzkernen angefertigt.

Die chemische Behandlung des Leders bezweckt das Färben und Konser=
vieren. Zum Färben dienen vor allem Krapp und Scharlach so= wie, um schwarzes Le= der zu erzeu= gen, Kupfer= vitriol, der mit dem im Leder enthalte= nen Gerbstoff in chemische Reaktion tritt

Abb. 135. Römische Sandalen am Fuß befestigt.
Fundort Mainz. Altertumsmuseum der Stadt Mainz.

und dadurch die Schwarz= färbung her= vorbringt. Im übrigen wur= de aber das Leder meist na= turfarben ge= tragen. Um es zu konser= vieren, wurde es mit Öl eingerieben (Plinius XV. 34).

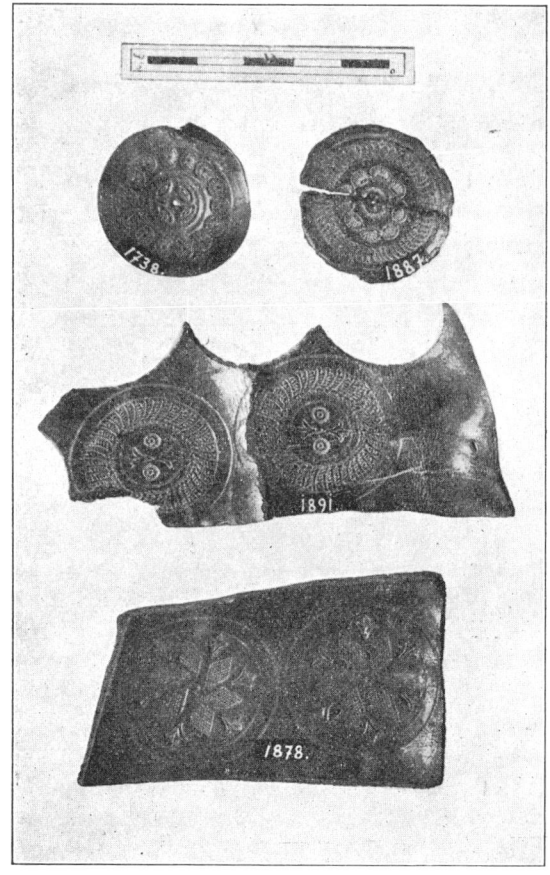

Abb. 136. Altrömisches Zierleder. Lederscheiben und Stücke mit eingeprägten Ornamenten.
Provinzialmuseum Trier.

6*

Literatur zu den Abschnitten: „Die Bearbeitung des Holzes" und „Die Herstellung und Verarbeitung des Leders".

Blümner, Technische Probleme aus Kunst und Handwerk der Alten. Berlin 1877.
— Technologie und Terminologie der Gewerbe und Künste bei Griechen und Römern, 1. Band. Leipzig und Berlin 1912; 2. Band, Leipzig 1879.
Cramer, Das römische Trier. Gütersloh 1911.
Dooley, Manual of Shoemaking. New-York 1912.
Feis, Über den römischen Militärstiefel. Mitteilungen zur Geschichte der Medizin und der Naturwissenschaften. Bd. XVI, Nr. 1, S. 19. Leipzig 1917.
Fiala, Beiträge zur römischen Archäologie der Herzegowina. Sonderabdruck aus Wissenschaftliche Mitteilungen aus Bosnien und der Herzegowina 1897. Wien 1897.
Fischer, Beiträge zur Geschichte der Werkzeugmaschinen. Jahrbuch des Vereins Deutscher Ingenieure. Band 4, S. 274.
Franziß, Bayern zur Römerzeit. Regensburg 1905.
Friedländer, Darstellungen aus der Sittengeschichte Roms. Leipzig 1888—1890.
Garstang, Excavations at Beni Hassan. Annales du service des Antiquités de l'Egypte, 5. Band, S. 215. Kairo 1904.
Jacobi, Führer durch das Römerkastell Saalburg. Homburg 1908.
Jaeck, Industrie und Gewerbe im Altertum. Prometheus 1898, S. 434.
Jahn, Römisches Handwerkzeug. Abhandlungen der Phil.-hist. Klasse der Sächsischen Gesellschaft d. Wissenschaften 1868. S. 275.
Kellner, Römische Baureste in Ilidze bei Sarajevo. Sonderabdruck aus Wissenschaftliche Mitteilungen aus Bosnien und der Herzegowina 1897. Wien 1897.
Kobert, Beiträge zur Geschichte des Gerbens und der Adstringentien. Archiv für Geschichte der Naturwissenschaften und der Technik 1916. (Bd. VII), S. 185 u. 255.
Kohnstein, Chemismus und Fortschritte in der Gerbereitechnik. Österreichische Chemiker-Zeitung 1911, 5, 54.

Layard, Niniveh und Babylon. Leipzig.
Lewin-Dorsch, Die Technik der Urzeit. Leipzig 1912.
v. Lippmann, Die chemischen Kenntnisse des Dioskorides. Abhandlungen und Vorträge zur Geschichte der Naturwissenschaften. Leipzig 1906.
Marquart-Mau, Das Privatleben der Römer. Leipzig 1886.
Medicus, Kurzes Lehrbuch der chemischen Technologie. Tübingen 1897.
Neuweiler, Pflanzenreste aus der römischen Niederlassung Vindonissa. Vierteljahrsschrift der Naturf. Ges. Zürich 1908.
Overbeck, Pompeji in seinen Gebäuden, Altertümern und Kunstwerken. Leipzig 1884.
Pregél, Die Technik im Altertum. Sonderabdruck aus dem Jahresbericht der technischen Staatslehranstalten in Chemnitz. Chemnitz 1896.
Radimsky, Die vorgeschichtlichen und römischen Altertümer des Bezirkes Zpanjac in Bosnien. Sonderabdruck aus Wissenschaftliche Mitteilungen aus Bosnien und Herzegowina 1901. Wien 1901.
Riedenauer, Handwerk und Handwerker in den homerischen Zeiten. Erlangen 1873.
Römische Waffen und Werkzeuge mit Schutzvorrichtungen. Westdeutsche Zeitung für Geschichte und Kunst. Jahrgang 22, S. 427.
Schliemann, Ilios, Stadt und Land der Trojaner. Leipzig 1881.
Schuhmacher, Verzeichnis der Abgüsse und wichtigeren Photographien mit Germanendarstellungen. Mainz 1910. Kataloge des römisch-germanischen Zentralmuseums Mainz.
Schulze, Ernst, Die römischen Grenzanlagen in Deutschland und das Limeskastell Saalburg. Gütersloh 1906.
Ule, Römische Handwerkszeuge auf der Saalburg. Vortrag im Museum für Völkerkunde zu Berlin. Februar 1905.
Weule, Kulturelemente der Menschheit. Stuttgart 1912.
Wilkinson, The manners and customs of the ancient Egyptians. London 1878.

Der Ackerbau.

Ackergeräte.

Das älteste Ackergerät war wohl der Stock, den man nicht mit Unrecht mit dem verlängerten und verhärteten Finger verglichen hat. Aus dem Stocke hat sich dann in einer Entwicklung, für die uns aus dem Altertume keinerlei Beweise mehr

Abb. 137. Grabstock der Buschleute.

Abb. 138. Vorne Hacke, hinten Hackenpflug der Kolumbia-Indianer.

erhalten sind, die aber durch Beobachtungen an ursprünglichen Völkerschaften wahrscheinlich gemacht wird, der Pflug herausgebildet. Zunächst hat man wohl den Stock an seinem unteren Ende mit einem durchbohrten Steine belastet. Man erhielt so ein Grabscheit, wie es auch heute noch die Buschleute Südafrikas benutzen. Steckte man jetzt den Stock in den Boden, und setzte man den Fuß auf den Stein, so hatte man einen zweiarmigen Hebel, mit dem sich der Boden leichter auflockern und umlegen ließ als mit dem einfachen vorne zugespitzten Stock. (Abb. 137.) Um die Arbeitsleistung zu vergrößern, wurde der untere Teil dieses primitiven Ackergerätes verbreitert, es entstand der Spaten. Eine besonders bequeme Abart dieses Spatens bot sich in der Natur

Abb. 139. Eisernes Blatt einer koptischen Hacke (Form der ägyptischen Hacke) zur Feldbestellung.

Berlin, Altes Museum, Ägyptische Abteilung.

so und so oft von selbst dar: ein starker Ast mit einem im Winkel abgebogenen Zweig ermöglichte die Anwendung größerer Kraft und damit ein tieferes Eindringen in den Boden. In dieser Form fand die Hacke zuerst Verwendung (Abb. 138), aus der sich dann der Pflug entwickelte. Drehte man die Hacke um, so daß ihr Blatt nicht mehr

Abb. 140. Griechischer Hackenpflug. Vasenbild.
Berlin, Altes Museum, Antiquarium.

nach vorne, sondern nach hinten zu gerichtet war, und spannte man an ihren langen Stiel Zugtiere, so hatte man den Pflug. (Abb. 138.) Diese Gestalt ist es, in der er uns auch im Altertum entgegentritt, und sie behält er — unbeschadet aller weiteren Entwicklung — Jahrtausende hindurch bei. (Abb. 140.) Noch in spätrömischer Zeit dürften derartige Pflüge nicht allzu selten benutzt worden sein.

Nebenbei geht aber eine in ihren einzelnen Abschnitten als äußerst zweckmäßig sich erweisende Entwicklung. Der Ast mit dem umgebogenen hackenförmigen Ende ist in der gerade geeigneten Form nicht immer leicht aufzufinden, das Ende ist in der Regel zu schmal. Deshalb stellt man es besonders her und befestigt es durch An=

Abb. 141. Kaffern mit zusammengesetzten Pflügen, wie sie auch viele Völker des Altertums verwendeten, und Harken.

binden oder Verpflocken mit dem Aste: Pflugschar und Deichsel werden Gegenstände der Einzelanfertigung. Zusammengesetzt bilden sie den Pflug. (Abb. 141.) Derartiger alter Holzpflüge bedienten sich die Babylonier; sie sind uns aus ägyptischer Zeit erhalten, die Römer bevorzugten zu ihrer Anfertigung besondere Holzarten, vor allen die Steineiche, die Kermeseiche, den Lorbeer und die Ulme. Vielfach stellt man die Pflugschar aus Metall her: dann nützt sie sich weniger ab, Steine vermögen sie nicht in dem Maße zu verletzen, wie dies beim Holze der Fall ist, und infolge des größeren Gewichtes und des schärferen Randes durchschneidet die bronzene oder eiserne Schar leichter den Boden.

Aber noch einen Fehler hat dieser Pflug: er läßt sich nur schwer lenken. Deshalb bringt man einen besonderen zum Lenken dienenden Handgriff, den „Sterz", an, aus dem, um beide Hände zur Führung des Pfluges verwenden zu können, allmählich zwei Sterze werden. Die Deichsel, der „Pflugbaum", wird verlängert und schließ= lich entsteht zwischen ihm und dem Lenkgriffe, dem Sterz, noch eine besondere Verbin= dung, die „Griessäule", die die Handhabung erleichtert. In dieser Form des verbesserten Hackenpfluges tritt uns der Pflug bei vielen Völkern des Altertums, vor allem aber bei denen des Orients und bei einzelnen der Mittelmeerländer (Ägyptern und Etruskern) entgegen. Er wird auch von den Griechen und Rö= mern da benutzt, wo reichliche Regenmengen einen lockeren Boden schaffen. Als besonders brauchbar erweist er sich aber überall da, wo, wie im Nildelta oder im Überschwemmungsgebiete des Euphrat, von den Flüssen ein weicher und deshalb leicht zu bearbeitender, von Steinen freier Schlamm abgesetzt wird.

Wo jedoch die Bearbeitung des Bodens höhere Anforderungen an die Wirk= samkeit des Pfluges stellte, entwickelte sich auch der Pflug weiter. Insbesondere ist dies bei den Griechen und den Römern der Fall, wo neben dem eben beschriebenen einfachen Hackenpflug verbesserte Pflüge Anwendung finden. Man behält, insbeson= dere bei den Römern, den Pflugbaum (emo), die Sterze (stiva), ihren Handgriff (manicula) und die Griessäule (buris oder bura) bei, bringt jedoch, indem man die Schar schrägstellt, noch eine besondere Pflugsohle (dentale) an, durch die der Schar eine bessere Führung gegeben wird. Die Schar hatte zunächst die Form eines Keils und heißt als solche „vomer." Um ein Wenden der Scholle herbeizuführen, macht man sie einseitig, gibt ihr die Grundform eines rechtwinkligen Dreiecks und setzt ein einziges Streichbrett daran. Zuletzt krümmt man Pflugschar und Streichbrett zu einer Schraubenfläche, man erhält eine langgestreckte, gewölbte Schar (rectis rostratus) durch die die Scholle bei Anwendung einer viel geringeren Zugkraft gewendet wird. Da aber die Rasennarbe des Bodens sich mit dieser Schar schwer durchschneiden läßt, so daß zur Führung des Pfluges immerhin noch ein ziemlicher Kraftaufwand not= wendig ist, so befestigt man vor ihr ein besonderes Pflugmesser, das die Rasennarbe zerschneidet, ehe die Pflugschar daran kommt, „Sech" (culter), das sich, ebenso wie das später gleichfalls noch hinzugekommene Rädergestell, schon bei altgriechischen Pflügen findet. Auf diese Weise entstand bereits im Altertume bei den Griechen, insbesondere aber bei den Römern, ein Pflug, der in späterer Zeit dem heutigen einfachen Landpfluge glich, und von dem uns noch zahlreiche Funde, insbesondere Pflugscharen und Seche, erhalten sind.

Die Technik des Pflügens.

Herodot (II 14) berichtet von den unterhalb Memphis wohnenden Ägyp= tern: „Sie brauchen sich nicht zu quälen, Furchen aufzubrechen mit dem Pfluge, noch zu hacken, noch mit irgendeiner andern Arbeit, mit der andere Menschen sich auf dem Felde quälen, sondern der Fluß kommt von freien Stücken auf ihre Äcker und bewässert sie, und wenn er sie bewässert hat, verläßt er sie wieder, und dann besät ein jeder seinen Acker und treibt die Schweine darauf, und wenn die Schweine die Saat eingetreten, dann wartet er die Erntezeit ab und drischt das Korn aus durch die Schweine und dann bringt er es in seine Speicher". Diese Stelle könnte zu der Annahme verführen, daß der Pflug in einem Hauptteil Ägyptens nicht benutzt worden sei, eine Annahme, die in der Allgemeinheit, wie sie Herodot ausspricht, sicherlich nicht richtig ist. Über die altägyptische Pflugarbeit berichten Diodor (I 36) (1. Jahrh.

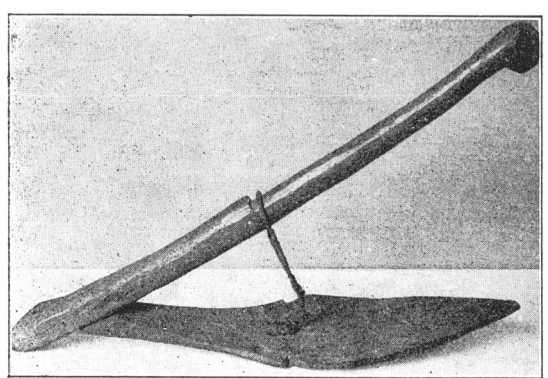

Abb. 142. Ägyptische Harke. Länge 70,7 cm.
Berliner Museum, Ägyptische Abteilung.

v. Chr.) und Columella (de re rustica II 25) (1. Jahrh. n. Chr.), daß die Ägypter mit leichten Pflügen leichte Furchen auf der Oberfläche des Landes zogen, eine Art zu pflügen, die die Römer „scarificatio" nann=ten. Von der altägyptischen Pflugarbeit sind uns Darstel=lungen sowie mannigfache Überreste erhalten, die uns über die Form und Hand=habung des Pfluges eingehende Auskunft geben. Diesen Dar=stellungen zufolge scheinen die Ägypter neben dem Pfluge mit Vorliebe noch die Harke

verwendet zu haben, die aus Holz hergestellt war und in ihrer Form dem großen lateinischen A glich. (Abb. 142) Der Querbalken des A bestand aus einem zusammen=gedrehten Stricke. Ferner wird die Saat oft vor dem Pflug ausgestreut, um sogleich in den Boden eingepflügt zu werden. Bei trockenen Schollenäckern scheint der ägypti=sche Pflug in mancher Beziehung versagt zu haben: es läßt sich dies daraus schließen, daß auf einer Darstellung aus dem Grabe Chaemhats vor dem Pflug Arbeiter einherschreiten, die mit einer Art von Hämmern die Schollen zerschlagen.

Tiefere Furchen als die Ägypter stellten die Römer her, die überhaupt sehr tüchtige Landwirte waren. Sie kannten (ebenso wie auch die Ägypter) Dünger und Frucht=wechsel (Plinius XVII 6; XVIII 53 usw.), wie auch die sogenannte „umschlägige Feldwirtschaft": ein Jahr Brache, ein Jahr Anbau. Die Brachfelder dienten als Weide. Der römische Landwirt pflügte nicht einfach hin und her, sondern meist über das Kreuz, ja auf manchen Äckern wurde sogar siebenmal gepflügt, ehe man zur Aussaat schritt. Wieweit die Technik der Erdkultur vorgeschritten war, darüber geben uns verschie=dene Berichte Auskunft. So schreibt M. Terentius Darro (116—27 v. Chr.) (de re rustica): „Wenn man zum drittenmal nach der Aussaat pflügt, setzt man Brett=chen an die Schnur, bedeckt die gesäete Frucht mit Beetrücken und zieht Furchen, damit das Regenwasser abfließt". Plinius aber, der bereits vier Arten von Pflügen kennt (XVIII 48), berichtet uns von dem Gebrauche der Egge (rastum) (XVIII 49), mit der die Erdschollen zerkleinert, die Grasnarbe zerstört und das Unkraut vertilgt wird: „Nachdem der Acker zum zweitenmal gepflügt worden, wird er geeggt, ent=weder mit einem Flechtwerk (welches Stacheln hat) oder mit der eigentlichen Egge, je nachdem es nötig ist, und wenn man gesäet hat, wird noch einmal geeggt". Im übrigen war die Egge auch den Ägyptern und Juden bekannt, die Griechen hin=gegen scheinen sie nicht benutzt zu haben.

Über die Art und Weise des Ackerbaus bei den Germanen sind wir, wenigstens soweit es sich um die Technik der Bodenbearbeitung handelt, leider nur in sehr geringem Umfang unterrichtet. Tacitus erzählt lediglich: „Alljährlich wechselt man mit dem Aderlande, und es bleibt immer noch ein Teil brach liegen. Denn sie wetteifern nicht durch Fleiß mit der Ertragfähigkeit und Ausdehnung des Bodens, indem sie Obstpflanzungen anlegten, Wiesen abgrenzten, Gärten bewässerten. Nur sein Getreide fordert der Germane dem Boden ab. Daher teilt er auch das Jahr nicht in vier Zeiten: von Winter, Frühling und Sommer hat er Worte und Begriff, des Herbstes Name ist, wie seine Gaben, unbekannt." Zahlreiche Funde aus vorgeschichtlicher,

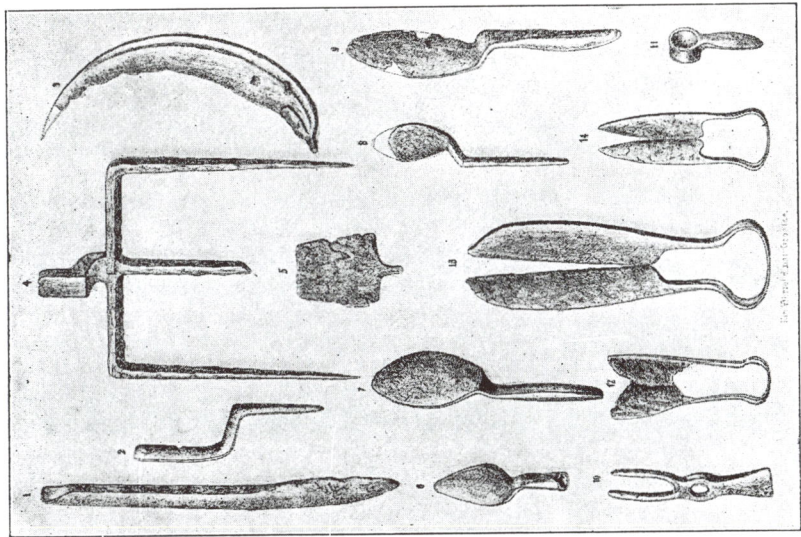

Abb. 143. Römische landwirtschaftliche Gerätschaften.

insbesondere aber aus der La Tène-Zeit (400 v. Chr. bis zu Chr. Geburt) lassen darauf schließen, daß man bei Beginn der geschichtlichen Periode auch in Germanien Adergeräte, insbesondere Pflüge benutzt hat, die den römischen glichen. Insbesondere ist die Verwendung des losen nach rechts und links stellbaren Streichbrettes verbürgt, ebenso wie die des feststehenden. Auch Haden hat man bei der Bestellung des Aders verwendet.

Die Behandlung des Getreides.

Sichel und Sense stehen gleichfalls bei fast allen Völkern des Altertums, und zwar bereits in ihrer vorgeschichtlichen Zeit, im Gebrauch. Sie werden noch zu geschichtlicher ägyptischer Zeit mit Feuersteinschneide, später jedoch aus Bronze und Eisen hergestellt. Die Klinge wird vielfach gezahnt. Im übrigen glichen diese Gerätschaften in Form, Handhabung und Wirkung ziemlich genau den unsrigen.

Das geerntete Getreide wurde gedroschen, und zwar im Anfang wohl allgemein durch eine äußerst primitive Technik, nämlich dadurch, daß man Tiere, vor allem Ochsen, auf den ausgebreiteten Halmen herumtrieb. Wie alt diese

Technik ist, läßt sich daraus ersehen, daß sie bereits bei Homer erwähnt wird
(Jlias XX 495):

> „Wie wenn ein Mann ins Joch breitstirnige Stiere gespannet,
> Weiße Gerste zu dreschen auf rundgeebneter Tenne;
> Leicht wird zermalmt das Getreide vom Tritt der brüllenden Rinder."

Auch die Bibel schreibt vor (5. Buch Mose 25, 4; Korinther I 9, 9; Timoth. 5, 18),
daß man dem Ochsen, der da drischt, das Maul nicht verbinden soll.

Der von Treibern angetriebene Ochse wurde vielfach durch andere Tiere, Maul=
esel, wahrscheinlich auch Esel und Pferde, ersetzt. Auch Dreschflegel standen im
Gebrauch, die allerdings keinen beweglichen Schwengel hatten, sondern jedenfalls
nur aus Stecken bestanden, mit denen man auf das Getreide losschlug.[1]) Die Römer
endlich hatten Dreschmaschinen, von denen eine besondere Art, das „plostellum Poeni=
cum" angeblich von den Karthagern erfunden worden sein soll. Wie es aussah,
wissen wir nicht, wahrscheinlich handelt es sich um eine Walze. Eine andere Dresch=
maschine, das von Varro (de re rustica I 52) beschriebene „tribulum" war eine
mit Steinen oder Eisen unten aufgerauhte Holztafel, die mit Steinen und durch
das Gewicht des Lenkers beschwert war und von Ochsen über das Getreide hinwegge=
schleift wurde. Es scheint, daß durch die rauhe Unterfläche die Körner herausgedrückt
oder herausgequetscht wurden. Ein sehr klares Bild gibt die eben erwähnte Be=
schreibung nicht, doch glich das Gerät vielleicht jenem, wie man es heute noch in Sy=
rien und bei arabischen Stämmen verwendet. Es besteht aus einem mit Ochsen be=
spannten hölzernen Stuhlschlitten, unter dessen Kufen scharfe Steine befestigt sind.
Varros lateinischer Text läßt auch diese Deutung zu.

An das Dreschen schloß sich dann die Absonderung der Spreu, das „Worfeln"
an. Man gab die Körner — und zwar, wie uns erhaltene Funde zeigen, schon in
ägyptischer Zeit — in flache geflochtene, schalenförmige Körbe oder in flache Holz=
bottiche von mäßiger Größe, die an ihren Schmalseiten bequem gepackt werden konn=
ten. Dann warf man den Inhalt, sobald ein stärkerer Wind wehte, in die Luft.
War kein Wind, so machte man ihn, wie die altägyptischen Darstellungen zeigen,
auf künstlichem Wege durch Wedeln mit einem Fächer oder Wedel. Die Griechen
und Römer benutzten in diesem Falle das Sieb. Die schweren Körner fielen zurück,
die leichtere Spreu wurde vom Winde davongeführt. Auch der Schaufel bediente
man sich in gleicher Weise.[2]) Des weiteren standen Holzgabeln im Gebrauch, um die
Trennung der Körner von der Spreu zu bewirken. Mit diesen Verfahren war das
Getreide dann soweit vorbereitet, daß es seinem eigentlichen Verwendungszwecke,
der Bereitung von Speisen, insbesondere von Brot, sowie der Herstellung von Ge=
tränken zugeführt werden konnte. Man bewahrte es nun in Speichern auf, aus
denen es nach Bedarf entnommen wurde.

Literatur zum Abschnitte „Der Ackerbau" siehe hinter dem Abschnitte „Die
Gärungstechnik".

---

[1]) Siehe Abb. 167 S. 103 oben rechts.
[2]) Siehe Abb. 167 S. 103 oben Mitte.

Die Gärungstechnik.

Die Bäckerei.

Die Bereitung des Brotes war — und zwar wohl bei allen Völkern des Altertums — im Anfang eine rein häusliche Technik, die ausschließlich der Frau und ihren Gehilfinnen oblag. Erst ziemlich spät, nämlich während des Krieges gegen König Perseus von Mazedonien im Jahre DLXXXII seit Gründung der Stadt (etwa 171 v. Chr.), kam der besondere Stand der Bäcker auf (Plinius XVIII 107). Bis dorthin wurden alle einzelnen zur Herstellung des Brotes nötigen Verrichtungen, also Mahlen, Ansetzen des Teiges, Gärenlassen, Backen usw. usw., im Hause vorgenommen. Auch die Entstehung des Bäckerstandes vermochte die häusliche Brotbereitung nicht vollkommen einzuschränken, wie jetzt ja auch in vielen Haushaltungen, insbesondere in kleineren Städten und auf dem Lande, das „Hausbrot" noch wirklich ein solches ist. Der Bäcker war, wie uns neben anderen Quellen vor allem auch die Funde in Pompeji beweisen, wo Mühlen und Bäckerei in einem einzigen Anwesen vorhanden sind, zugleich auch Müller. Erst in noch späterer Zeit trennen sich auch hier die beiden Gewerbe.

Diese Entwicklung ist auf die der Technik nicht ganz ohne Einfluß geblieben. Die verwendeten Gerätschaften waren erst so ausgestaltet, daß sie auch durch die schwächeren Kräfte des Weibes gehandhabt werden konnten. Später werden sie größer, leistungsfähiger, auf den handwerksmäßigen Betrieb zugeschnitten. Schließlich aber geht die Entwicklung der Mühle ihren eigenen Weg, wobei die Größe der Leistung weit über das Bedürfnis des einzelnen Bäckereibetriebs hinaus gesteigert wird. Der Müller stellt maschinelle Vorrichtungen, vor allem aber auch die Kraft des Wassers, in seine Dienste, um eine möglichst große Anzahl von Bäckereien und Haushaltungen mit Mehl versorgen zu können.

Das Mahlen des Getreides.

Für gewöhnlich dürfte man das Getreide wohl so, wie es nach der durch das Worfeln oder Sieben geschehenen Reinigung von der Spreu zur Verfügung stand, zum Mahlen verwendet haben. In manchen Fällen aber ging dem Mahlen noch eine besondere Art der Vorbereitung voran, die den Zweck hatte, die Enthülsung des Getreidekorns zu erleichtern. Diese Vorbereitung bestand im Rösten. Das Rösten wurde entweder ohne vorheriges Anfeuchten des Getreides oder nach diesem, und zwar in erster Linie mit der Gerste, dann aber auch mit noch verschiedenen anderen Getreidearten, wie z. B. dem Spelt, vorgenommen. Das vorherige Anfeuchten hatte den Zweck, durch einen osmotischen Vorgang eine vorbereitende Trennung der Hülse von den stärkemehlhaltigen Zellen des Getreidekorns zu bewirken. Hülse und Inhalt besitzen ein verschieden starkes Quellungsvermögen. Die Feuchtigkeit bringt zunächst die Hülfe zum Quellen, durchdringt fie infolge der Osmofe und gelangt so an den Kern, der gleichfalls quillt. Im Zuftande des Turgors, der höchften Quellung, find beide ftark aneinandergepreßt. Trocknet man dann das Getreide, fo findet ein verfchieden ftarkes Schwinden ftatt, das eine Lockerung des Korngefüges bewirkt. Beim Röften wird die Hülfe spröde, so daß sie bei mechanifcher Behandlung, die in Stampfen befteht, leicht abfällt. Das Röften felbft wurde auf oder zwifchen heißen Steinen bzw. im Ofen vorgenommen, wobei man die Körner in ein befonderes Gefäß legte. Hülfe und Körner wurden nach dem Röften und Stampfen durch Siebe getrennt.

> „Mahle, Mühle, mahle!
> Denn auch Pittakos mahlte,
> Des großen Mytilene Beherrfcher"

fingt Plutarch (um 50—120 n. Chr.), und da auch die Bibel im Alten Teftament fowie auch die Edda derartige „Müllerlieder" erwähnen, so darf man annehmen, daß das Mahlen schon zu alten Zeiten eine fröhliche und gern von Gefang begleitete Befchäftigung war, die, wie sich aus diesen Umftänden schließen läßt, gerade bei der Verwendung fehr primitiver technifcher Gerätfchaften durchaus nicht derart an= ftrengte, wie es uns vielleicht erfcheinen mag. Die ältefte Art des Mahlens war

Abb. 144 u. 145. Handmühlen aus Trachyt
Durchmeffer 22,5 bzw. 28 cm.
Gefunden zu Hiffarlik (Troja).

Abb. 146. Ägyptifcher Reibftein
zum Zerreiben des Getreides. Länge 13,5 cm.
Fundort Theben.
Berliner Museum, Ägyptifche Abteilung.

das Zerreiben und Zerftampfen des Getreides. Altägyptifche Darftellungen, ins= befondere aber hübfche Plaftiken fowie auch mehr oder minder roh gefertigte Toten= beigaben, laffen uns erkennen, in welcher Weife das Zerreiben vorgenommen

Abb. 147. Kornreibende Dienerin.
Ägyptifche Plaftik aus Kalkftein. Körper rotbraun, Schurz weiß, Reibftein rot bemalt. Länge 41 cm.
Fundort Sakkara.
Berliner Museum, Ägyptifche Abteilg.

wurde. Ein Stein, der vielfach an feiner Ober= fläche zu einer flachen Mulde ausgehöhlt war, wurde so abgefchrägt oder aufgeftellt, daß sein vorderes Ende tiefer lag als das hintere. An diesem letzteren kniete die Frau nieder und zerrieb mittels eines zweiten kleineren Steins die Körner in der Vertiefung des erften. Die Bewegung war nicht nur ein reines Schieben, sondern es wurde auch eine Stoßwirkung ausgeübt. Mit Recht sprechen deshalb die Römer später, als auch noch andere Arten von Mühlen in Gebrauch kommen, von diefer Art der Mühle als von einer „mola trusatilis", was man mit der Bezeichnung „Stoß= mühle" wiedergeben kann. Da „trusare" ein tüch=

tiges, kräftiges Stoßen bezeichnet, so verrät uns dieser Ausdruck zugleich die technifch wichtige Tatfache, daß bei der Verwendung diefer Mühlen das Reiben und Quetfchen

gegenüber dem Stoßen zurücktrat. Für das Reiben und Quetschen dienten als Unter=
lage in erster Linie die nicht muldenartig vertieften Steine, zu denen ein flacher Hand=
stein mit breiter Auflagefläche gehörte, wie er uns in den oben erwähnten altägypti=
schen Plastiken gleichfalls entgegentritt. Im übrigen haben spätere Vervollkomm=
nungen der Mühlen diese alten Reib=, Quetsch= und Stoßmühlen nicht zu verdrängen
vermocht. In den Lagern der römischen Grenzsoldaten in Germanien fand man
Reibschüsseln, die aus Ton hergestellt waren, in dessen Masse man Quarzsplitter ein=
gedrückt hatte. Darin zerrieben die Soldaten

die Weizenkörner unter Zusatz von Wasser,
wobei sie unter Ausschaltung der Zwischen=
stufe der Mehlbereitung sofort einen zum
Verbacken geeigneten Brei erhielten. In An=
betracht der verhältnismäßig geringen bei
den eben genannten Arten von Mühlen
aufgewendeten Kraft war auch die erzielte
Leistung keine besonders große. Über sie hat
Ringelmann auf Veranlassung von Hèron
de Villefosse im „Institut National Agro-
nomique" zu Paris Versuche angestellt, aus
denen hervorgeht, daß man beim Mahlen kein
eigentliches Mehl, sondern eine Art von Ge=
treidegrieß erhielt. In der Stunde ließen sich
nur 288 g gemahlenes Korn erzeugen. Ville=
fosse schließt hieraus, daß vor Verbesserungen

Abb. 148. Reibschüssel aus Ton mit ein=
gebetteten Quarzsplittern.
Gefunden in einem römisch=germanischen Grenz=
lager. — Museum Mainz.

der Mühlen wohl nur verhältnismäßig wenig Brot und Brotkuchen gegessen wurden,
die wahrscheinlich eine Luxusnahrung waren. Es ist vielmehr zu vermuten, daß
man das Getreide einweichte und es dann kochte, in ähnlicher Weise, wie dies auch
heute noch mit den Bohnen, Erbsen und Linsen geschieht.

In Übereinstimmung hiermit stehen die Stellen bei Homer, Ilias 558—560
und Odyssee XIV 76, 77, wo in ersterer von einem aus Mehl bereiteten „Mus"
in letzteren davon die Rede ist, daß das Mehl zum Bestreuen, also zum, wie man
heute sagen würde, „panieren" des Bratens verwendet wurde. Plinius (XVIII, 19)
spricht gleichfalls davon, daß man aus dem zerquetschten Mehl Brei oder Klöße
(offa) bereitete.

Die geringe Leistungsfähigkeit dieser ältesten, aber doch so lange gebrauchten
Mühlen führte dann bei den verschiedenen Völkern zu allen möglichen Verbesserungen.
Ohne solche sind auch Leistungen gar nicht denkbar, wie z. B. jene, die der Pariser
„Papyrus Rollin" angibt, der berichtet, daß durch den Vorstand der Bäckerei des
Königs 114 064 Brote geliefert wurden. Eine derartige Verbesserung bestand in Ägyp=
ten zunächst darin, daß man den Mahlstein höher machte, so daß die Arbeit anstatt
im Knien im Stehen ausgeführt werden konnte. Derartige Mahlsteine kommen
im neuen Reiche auf. Dann aber ersetzte man die Arbeit der Frauen durch
die der Männer. Männerarbeit am Mahlsteine berichtet die Bibel von Sim=
son (Buch der Richter XVI 21), sie wird aber auch durch verschiedene Darstellungen
bezeugt. In Griechenland und Rom, wahrscheinlich aber auch in den anderen
Ländern, durften jedoch Freie nicht gegen ihren Willen mit Mahlen beschäftigt
werden. Es war dies eine Arbeit für Sklaven und Verbrecher, die obendrein
vielfach noch durch einen breiten um den Hals gelegten Holzring daran gehin=
dert wurden, von dem Getreide oder Mehl zu genießen.

Außer dem Mahlsteine stand noch der Mörser vielfach im Gebrauch, in dem das Getreide zerstampft wurde. Derartige Mörser hat bereits Schliemann in Troja ausgegraben, und zwar ein Mörsergefäß aus Basalt und eine Keule aus hartem Kalk= stein, die aber nicht zusammengehörten, also scheinbar von verschiedenen Gerätschaften herstammten. Wahrscheinlich waren Gefäß und Keule stets aus gleichem Material. Außerdem geben uns Vasenbilder und vor allem eine hübsche Tanagrafigur des Ber= liner Museums, die aus dem 5. Jahrhundert v. Chr. stammt, davon Kunde, in welcher Weise das Zerstampfen geschah. Der eigentliche Mörser stand auf einem Untersatz,

Abb. 149 u. 150. Mörser aus Basalt und Mörserkeule aus hartem Kalkstein.
Durchmesser des Mörsers 32,5 und 25 cm, Länge der Keule 14, Durchmesser ihrer Stoß= und Reib= fläche 4 cm. Troja.

Abb. 151.   Griechische Frauen, Getreide im Mörser stampfend.
Griechisches Vasenbild.

und zwar in solcher Höhe, daß sein oberer Rand den Arbeitenden ungefähr bis an das Knie reichte, oder er war mit dem Untersatze zusammen aus einem Stück hergestellt. Die Keule war aus Holz, etwa 75 cm—1 m hoch und in der Mitte verjüngt, so daß sie an dieser Stelle bequem gefaßt werden konnte. (Abb. 151.)

Die geringe Leistungsfähigkeit aller dieser Einrichtungen ließ schon in sehr alter Zeit den Wunsch nach Verbesserungen entstehen, und so entwickelte sich aus und neben dem Mahlstein allmählich die Mühle, von deren Vorhandensein uns bei fast allen Völkern des Altertums irgendeine Kunde erhalten geblieben ist. So mußten die Juden in der babylonischen Gefangenschaft Mühlsteine transportieren (Jere= mias Klagelieder V 13), das 5. Buch Mose (XXIV 6) gebietet: „Du sollst nicht zum Pfande nehmen den untersten und obersten Mühlstein", Homer schreibt (Odyssee VII, 104) von „rasselnden Mühlen", womit also keine Mahlsteine gemeint sein können, und aus Ägypten ist uns der Gebrauch von Mühlen bezeugt, wenn sich auch keine Wandgemälde erhalten haben, auf denen sie dargestellt sind. Alle diese Mühlen waren zunächst Handmühlen und dürften bei allen Völkern so ziemlich gleichartig ausgesehen haben. Die Handmühle bestand aus zwei Steinen, von denen der untere festlag, während der obere auf ihm herumgedreht wurde. Erst hob man den oberen Stein wohl immer ab, um Getreide nachzuschütten. Dann aber versah man ihn in der Mitte mit einem Loche, während der untere Stein einen Zapfen erhielt, der durch dieses Loch hindurchgesteckt wurde. Zwischen Loch und Zapfen blieb genügend Raum zum Nachschütten des Getreides frei. Am oberen Steine wird ein Handgriff angebracht, der das Drehen erleichtert, der untere erhält einen Rand, der das Herausfallen des Getreides verhindern soll, das durch eine besondere mit Führungen versehene Öffnung in gemahlenem Zustande in das daruntergestellte Gefäß läuft. (Abb. 152.) Um die Körner von der mittleren Einschüttöffnung aus über den ganzen Zwischenraum zwischen den beiden Mühlsteinen zu verbreiten, erhalten diese radial stehende Rillen, zwischen denen im spitzen Winkel an sie anstoßende weitere Rillen angebracht werden. Diese Rillen vermehren auch die Reibung und tragen dadurch zum besseren Zer= quetschen des Getreides bei.

Aus der Handmühle entsteht dann in sinngemäßer weiterer Ent= wicklung jene besonders typische römische Mühle, wie wir sie durch die Ausgrabungen in Pompeji, durch zahlreiche Darstellungen usw. überliefert erhielten. Der Gebrauch solcher Mühlen, von denen Varro und Plinius berichten, daß sie in der Stadt Volsinii (Bolsena) in Etrurien erfunden worden seien, ist in Rom erst im 2. Jahrh. v. Chr. bezeugt. Die Entwicklung ging wohl in der Weise vor sich, daß man, um rascher mahlen zu

Abb. 152. Römische Handmühle. Saalburg=Museum.

können, am oberen Mühlsteine zunächst zwei Handgriffe anbrachte, so daß zwei Per= sonen gleichzeitig drehen konnten, die vermutlich in der Weise verfuhren, daß sie sich die Griffe gegenseitig zuschoben. Aber immer arbeiten diese vorerst nur mit der Hand.

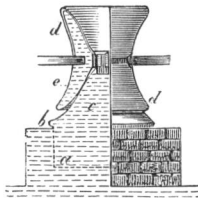

Abb. 153. Römische Mühle. (Links Durchschnitt, rechts Außenansicht.) a Grundmauer, b Fläche oder Rinne, auf der sich das Mehl sammelte, und von wo es entnommen wurde, c fest= stehender kegelförmiger Reibstein mit „geschwungener Profillinie“. Diese Linie bewirkt, daß sich bei e eine sehr enge Stelle befindet, an der das Korn am stärksten zerdrückt wurde, d drehbarer Gegenreiber in Sanduhrform, dessen oberer Teil als trichterförmige Ein= schüttöffnung ausgebildet ist.

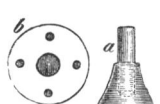

Abb. 154. Der eiserne Zapfen (a) und die Scheibe (b) im Innern der römischen Mühlen.

Abb. 155. Römische Mühle, von einem Esel angetrieben. Reliefdarstellung an einem Bäckerladen in Pompeji.

Die ganze Kraft ihres Körpers können sie erst bei einer größeren Mühle einsetzen, die aus einem kegelförmigen Bodensteine besteht. Über diesem Bodensteine dreht sich der Mahlstein, dessen Höhlung sich natürlich der Form des Kegels anschmiegen muß. Da man oben gleich den Einschütttrichter anfügt, so erhält der Mahlstein die Gestalt zweier mit ihren engsten Teilen aufeinandergesetzter Glocken, er nimmt die Form einer Sanduhr an. Damit man ihn drehen kann, werden an der engsten Stelle seiner Außen= seite in der Richtung des Durchmessers zwei Zapfen angebracht, in deren Aushöhlungen Drehhebel eingesetzt werden. Wird die Mühle groß und von Tieren gedreht, so wer= den diese Hebel noch verbolzt oder durch ein Balkengerüst, das in Form einer Armatur über dem ganzen Einfülltrichter hinweg ging, versteift. Der schwere Mahlstein darf nicht fest auf dem Grundstein aufsitzen, er ließe sich dann ja nicht drehen, und außerdem

könnte das Getreide nicht zwischen beiden hindurchgleiten. Deshalb trägt der Grund=
stein noch einen Zapfen aus Eisen, auf dem der Mahlstein derart aufruhte, daß zwi=
schen beiden noch ein schmaler Zwischenraum verblieb, der sich infolge der geschwunge=
nen Form der Kegelfläche an einer Stelle besonders verengte. Die Verbindung des
Mahlsteins mit dem Zapfen des Grundsteins geschah durch eine im Innern und an
der schmalsten Stelle des Mahlsteins angebrachte Scheibe, die mit fünf Löchern versehen
war. (Abb. 154.) Durch das mittlere dickste ging der Zapfen, die vier anderen führten
der Mühle das Getreide zu. Durch Verlängerung des Zapfens oder bei größeren

Abb. 156. Mühlen eines Bäckers zu Pompeji.
Die sanduhrförmigen Gegenreiber sind etwa 2 Meter hoch. Besonders an den beiden hintersten Mühlen sind
die Öffnungen zum Einstecken der Drehhebel deutlich erkennbar. Links der Backofen, davor am Boden der
Trog zum Aufnehmen des Wassers.

Mühlen des Balkens, der die Holzarmatur des Einfülltrichters trug, konnte man grö=
beres Mehl erzielen. Das Drehen dieser Mühle geschah entweder durch Tiere, in
der Regel durch Esel oder Maulesel, oder durch Menschen, d. h. Unfreie, also Sklaven
oder Verbrecher. (Abb. 153—156.)

Später kamen dann die Wassermühlen auf, die Vitruv (X 5) beschreibt (nach
Reber [Abb. 157]): „Auf dieselbe Weise (d. h. durch das unterschlächtige Wasserrad)
werden auch die Wassermühlen getrieben, bei welchen sonst alles dasselbe ist mit
Ausnahme des Umstandes, daß an einem Ende der Welle ein Zahnrad (a) läuft.
Dieses aber ist senkrecht gestellt und dreht sich gleichmäßig mit dem Schaufelrad
in derselben Richtung: in dieses eingreifend ist ein zweites kleineres Zahnrad (b)
angebracht, welches in einer Welle (c) läuft, die am oberen Ende einen eisernen Doppel=

ſchwalbenſchwanz (e) hat, welcher in den Mühlſtein eingeteilt iſt. So zwingen die
Zähne jenes an die Welle (des Schaufelrades) angefügten Zahnrades dadurch, daß ſie,
in die Zähne des wagrechten Zahnrades eingreifend, dieſes treiben, die Mühlſteine (d)
zur Umdrehung; die über dieſer Maſchine hängende Goſſe (f) gibt den Mühlſteinen
immer das Getreide zu, und durch dieſelbe Umdrehung wird das Mehl gemahlen."

Es iſt eigenartig und zeugt für die lange
Lebensdauer einzelner techniſcher Konſtruktionen,
daß ſich dieſe von Ditruv beſchriebene alt=
römiſche, mit tiefliegendem unterſchlächtigen
Waſſerrad ausgeſtaltete Mühle bis auf den heu=
tigen Tag in einzelnen Gebieten erhalten hat,
die auch noch ſonſtige Überbleibſel ihrer einſtigen
Zugehörigkeit zum römiſchen Reich oder ihrer
Abſtammung von den Römern aufweiſen. So
fand ich dieſe Mühle z. B. in den hinterſten
Teilen des Grödnertals, wo auch jetzt noch eine
aus dem Lateiniſchen abgeleitete Sprache ge=
ſprochen wird. Das Merkwürdige an dieſen

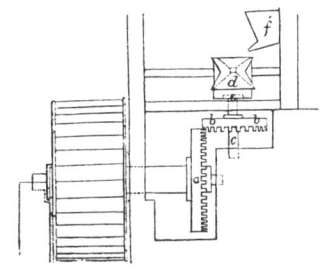

Abb. 157.   Römiſche Waſſermühle
nach Ditruv.

Mühlen war aber, daß das von Ditruv beſchriebene unterſchlächtige Waſſer=
rad auch ſtets da zur Anwendung kam, wo alle Bedingungen für die Verwendung
eines ober= oder mittelſchlächtigen und damit für die Erzielung einer größeren Leiſtung
gegeben geweſen wären (ſ. Abb. 297 S. 231).

An Stelle des Waſſerrades wurde oft auch das Göpelwerk (ſiehe Seite 220)
angewendet. Im 6. Jahrh. n. Chr. entſteht dann die Schiffsmühle, deren Erfindung
dem Umſtande zuzuſchreiben iſt, daß der Gotenkönig Ditiges bei der Belagerung
Roms im Jahre 536 n. Chr. die Waſſerleitungen verſtopfen ließ. Die Tiere, die die
Mühlen gedreht hatten, mußten infolge Waſſermangels geſchlachtet werden, die
Sklaven brauchte man zur Verteidigung, und ſo ließ Beliſar die Mühlen auf Schiffen
aufſtellen, die auf dem Tiber lagen. In techniſcher Hinſicht gewährt die Schiffsmühle
den Vorteil, daß ſie von der Höhe des Waſſerſtandes unabhängig iſt. Das unter=
ſchlächtige Waſſerrad findet, da ſich auch das Schiff bei niedrigem Waſſerſtande ſenkt,
ſtets Waſſer, wodurch ein Nachteil, der ihm ſonſt anhaftet, und der zur Anbringung
beſonderer Stauweiher, Wehre uſw. führt, ausgeſchaltet wird.

Das Backen des Brotes.

Man ſtellte im Altertume die verſchiedenſten Mehlſorten her, aus denen man
Gerichte aller Art bereitete. Zum Backen des Brotes benützte man jedoch in der Haupt=
ſache Weizenmehl, obſchon auch manche andere Fruchtarten (Gerſte, Roggen, Hirſe,
Hafer uſw.) ſowie mancherlei Zuſätze (Öl, Milch, Wein, Mohn, Seſam uſw. uſw.)
zur Verwendung kamen. So berichtet z. B. Herodot, daß die Ägypter Spelt (II
77, 78), ſowie daß ſie die Körner der Lotosblume (II 92) zur Brotbereitung verwen=
det hätten; altnordiſche Brote von der ſkandinaviſchen Halbinſel waren nach Unter=
ſuchungen von Roſendahl, die im Stockholmer pharmazeutiſchen Inſtitut vorgenom=
men wurden, aus Kiefernrinde und Erbſenmehl hergeſtellt uſw. uſw. Zunächſt
genoß man wohl überall nur einen Brei aus Mehl und Waſſer, kochte alſo eine
Art von Polenta.[1]) Um dieſen Brei, der leicht verdarb und insbeſondere ſauer wurde,

---

[1]) Siehe Seite 93.

beſſer aufbewahren zu können, ging man dann wohl zum Backen über, das zunächſt in heißer Aſche oder vielleicht auch auf heißen Steinen vorgenommen wurde. Wenig= ſtens deutet die verkohlte Rinde mancher ſehr alter Funde auf ein derartiges Back= verfahren hin. Dieſes Brot war ungeſäuert und wurde meiſt in die Form von Scheiben gebracht, die dann gebacken wurden. Wenn Homer und die Aeneis erzählen, daß das Brot als Teller benutzt und dann gegeſſen wurde, ſo wird dieſe Erzählung durch die Scheibenform des ungeſäuerten Brotes verſtändlich. Die Bereitung des Sauer= teigs ſcheint eine Erfindung der Ägypter zu ſein, durch die der ungeſäuerte unge= gorene Fladen erſt zu dem wurde, was wir heute unter „Brot“ verſtehen. Aus Ägypten wird dann die Kenntnis des Sauerteiges auf die Griechen und noch ſpäter auf die Römer übergegangen ſein. Bei den Griechen, die den Dionyſos als den Erfinder des Brotbackens feiern, wurde das Brot die Grundlage der Mahlzeit. Außer aus Weizenmehl wurde es auch aus Gerſten= mehl bereitet. Die Rinde diente als Löffel für die anderen Speiſen; ſie wurde nicht verzehrt, ſondern nach dem Gebrauch unter den Tiſch geworfen. Man aß ſowohl geſäuertes wie ungeſäuertes Brot, und manche Bäcker von Athen, wie z. B. Thearion, waren ſehr berühmt.

Um nun das Brot herzuſtellen, ver= wendete man Mehl von verſchiedener Fein= heit, das vorher geſiebt worden war. Gebeuteltes Mehl war im Altertum un= bekannt. Die Ägypter ſtellten ihre Mehl= ſiebe in verſchiedener Maſchenweite aus den fein zerriſſenen Blattſtreifen der Papyrus= ſtaude oder aus Binſen her. Die römiſchen Mehlſiebe beſtanden aus Leinwand oder aus Pferdehaaren, die man aus Gallien bezog. Sie glichen in bezug auf die Form den unſrigen. Die Bereitung des Teiges geſchah durch Kneten. Wenn Herodot (II 78) von den Ägyptern behauptet: „Den Teig kneten ſie mit den Füßen und den Lehm mit den Händen“, ſo ſtimmt dies wohl nicht ganz, denn altägyptiſche Plaſtiken zeigen uns, daß man in Ägypten zum Kneten einen Trog aus feinem Geflecht verwendete und daß man dazu, ebenſo wie wir es zu tun pflegen, die Hände benutzte. Aus den Maſchen des Geflechtes lief das über= ſchüſſige Waſſer in einen daruntergeſtellten ſteinernen Krug ab. Außerdem benutzte man in Ägypten zum Kneten noch ſteinerne Tröge. Neben Steintrögen hatten die Römer auch noch hölzerne für den Haushaltungsgebrauch, während in den Bäckereien, wie z. B. in der von Pompeji, wohl ausſchließlich große flache Tröge aus Stein Ver= wendung gefunden haben dürften. Eine altägyptiſche Darſtellung im Muſeum zu Bulak zeigt uns, daß man große Kraft anwendete, um den Teig kräftig durchzukneten. Aus dem Beſtreben, ſich dieſe Arbeit zu erſparen, ſind dann mechaniſche Knetwerke hervorgegangen, über deren Einrichtung uns insbeſondere pompejaniſche Funde Aufſchluß geben. Sie beſtanden aus einem Knettrog von rundem Querſchnitt, in dem eine ſenkrecht nach oben gehende hölzerne Welle ſtand. An ihr ſaßen Flügel, die bis

faſt an die Innenwände des Knettroges hinanreichten. Um den Teig, der ſich zwiſchen
den Flügeln anſeßte, abzuſtreifen, ragten ſeitlich durch die Wände des Knettroges

Abb. 159. Bäckerei in Ägypten.

Als Deutung kann nach Anſicht des Derfaſſers die folgende als richtig angenommen werden: 1. Kneten des
Teiges mit den Füßen; 2. Waſſerträger, die Waſſer zum Anmachen des Teiges heranbringen; 3. Formen des
Gebäcks, darüber fertige größere und kleinere Brote, 4. der von unten geheizte Backofen, auf deſſen Platte ge=
backen wird, deſſen Einrichtung der auf der vorhergehenden Darſtellung entſpricht; 5. (?); 6. Aufmauern eines
Backofens für eine andere Art von Gebäck; 7. Formen dieſes Gebäcks, das der Mann links aus dem Teig aus=
zuſtechen ſcheint; 8. der mit dieſem Gebäck gefüllte Backofen, aus dem oben die Flammen herausſchlagen.

hindurch feſtſtehende Stangen ins Innere. Sie waren derart angebracht, daß ſie
beim Drehen der Flügel zwiſchen dieſe zu liegen kamen, ſo daß der Teig an ihnen
hängen blieb, der dann
infolge ſeiner Schwere von
ſelbſt abfiel. Die Knet=
maſchine wurde, wie uns
alte Reliefs zeigen, durch
die Kraft von Menſchen
oder Tieren gedreht. Um
die Drehung vornehmen zu
können, war die ſenkrechte
Welle mit einem Quer=
balken verſehen (Abb.160).

Vor dem Kneten wurde
der Teig geſalzen und ge=
ſäuert. Zum Säuern be=
nußten die Römer ein an
der Sonne getrocknetes Ge=
miſch von Kleie und gären=

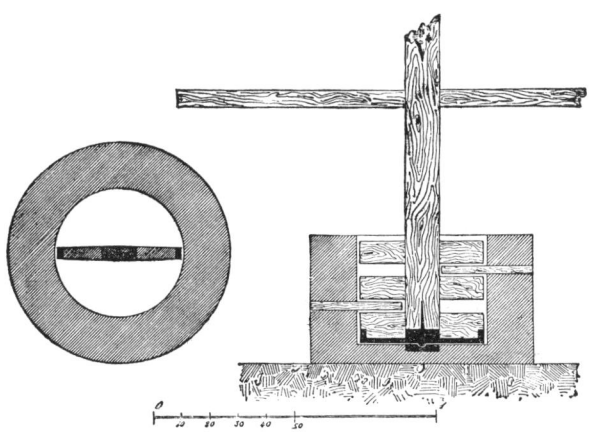

Abb. 160. Mechaniſches Knetwerk. Pompeji.

dem Moſt, das ſich das ganze Jahr über aufbewahren ließ. Zu Plinius Zeiten be=
wahrte man, wie jeßt bei uns, Sauerteig von einem Tage zum anderen auf

7*

(Plinius XVIII 107). Plinius (XVIII 12)) kennt zwar auch die Hefe, die er als „verdichteten Schaum" bezeichnet, der sich bei der Gärung des Bieres (s. unten)

Abb. 161—163. Ägyptische Brotformen.

Die Formen der Brote stimmen zum Teil mit denen in Abb. 159 überein; sie lassen erkennen, daß sie teils durch Kneten und Formen, teils durch Ausstechen aus flachem Teig erhalten wurden. Es sei noch darauf hingewiesen, daß die pyramidenförmigen Brode (πυραμίδες) ein für gottesdienstliche Zwecke bereitetes Gebäck waren, das später auch den Pyramiden den Namen gegeben hat. (Diels.)

bildet; er erwähnt jedoch nicht, daß sie von den Römern bei der Brotbereitung verwendet wurde, sondern erzählt nur, daß sie die Gallier und Spanier statt des Sauerteigs zum Brotbacken verwenden. Außer der biologischen Gärung durch hefehaltigen Sauerteig war auch noch das Auftreiben des Brotes durch Backmittel bekannt. Ob nun als Backmittel wirklich Soda verwendet wurde, wie aus einer Stelle in Geoponica II. 33, 1, geschlossen werden könnte, erscheint mehr als zweifelhaft, da die Soda erst bei 850⁰ schmilzt, also bei einer Temperatur, die im Innern eines in einen Backofen eingeschobenen Teiges niemals herrschen konnte; aber auch im geschmolzenen Zustande gibt Soda keine

Kohlensäure ab. Ein Auftreiben des Teiges durch entweichendes Kristallwasser ist aus verschiedenen Gründen gleichfalls nicht anzunehmen, so daß man also wohl auf eine andere Bedeutung des Wortes νίτρον α. o. O. schließen darf. Der gleichfalls an Stelle des Sauerteigs verwendete Saft eingewässerter und dann ausgedrückter Trauben wirkt durch seinen Gehalt an Hefe.

Das Backen geschah, wie schon erwähnt, zuerst in glühender Asche oder auf heißen Steinen, vielleicht auch auf Rosten, auf deren Verwendung eine aus dem 5. Jahrhundert v. Chr. stammende Tanagrafigur eines angeblichen Bäckers hinzudeuten scheint, später in

Abb. 164. Bäcker aus Tanagra. (5. Jahrh. v. Chr.)
Berlin, Altes Museum, Antiquarium.

Backöfen. Der Backofen hatte im Anfange keinen besonderen Backraum. Man legte die Brote in ähnlicher Weise darauf, wie man sie vorher auf die Asche oder auf bzw. zwischen heiße Ziegelsteine gelegt hatte (s. Abb. 158 u. 159). Ein Bild der Hofbäckerei Ramses III. (um 1200 v. Chr.) in seinem Grabe zu Theben zeigt uns den etwa einen Meter hohen Backofen, der innen geheizt wird; die Brote werden außen auf den heißen Seitenwänden angeklebt und hier gebacken. Später wird der

Abb. 165. Pompejanischer Backofen
an der Casa di Sallustio; unten die Feuerung, daneben (rechts) am Boden Reste des Wasserbehälters, darüber der Einschießraum mit zum Abstellen der Einschießbretter dienendem Vorraum, darüber (eine Seltenheit!) ein Schornstein. Im Hof Reste von Mühlen.

Backofen dann gewölbt und von unten her geheizt. Gewöhnlich stehen die Öffnung des eigentlichen Ofens und die der Heizung um 90 Grad versetzt zueinander. Das Feuer wurde in dem an beiden Seiten offenen Heizraume dicht unter der Platte des Backofens entzündet. Ob es während des Backens unterhalten oder vorher ausge= räumt wurde, ist nicht bekannt. Zum Einschießen der Brote bediente man sich im

Hause, wie sich aus Figuren aus Tanagra usw. schließen läßt, wahrscheinlich des gleichen Brettes, auf dem man die Brote geformt hatte, während in Bäckereien besondere Einschießbretter verwendet wurden. In den größeren Bäckereien, wie z. B. in einer in Pompeji ausgegrabenen, benützte man Backöfen von ziemlich großen Abmessungen. Sie hatten, wie viele der kleineren auch, an der Stirnwand kleine halb eingemauerte Wasserbehälter, die vielleicht zur Aufnahme des Wassers dienten, mit dem man, um eine schöne Rinde zu erhalten, das Brot bestrich (s. Abb. 156 S. 96). Bei den größeren Öfen ist (nach Overbeck) der eigentliche innere, gewölbte Ofen a von einem ringsum wohl verschlossenen viereckigen Vorraum b umgeben (Abb. 166), der die erhitzte Luft festhielt. Durch ihn zog der natürlich auch bei Holzkohlenheizung und dem Backen des Brotes entstehende Qualm und Dampf ab, e ist der Aschenbehälter. Der Backofen steht vermöge einer mäßigen Öffnung c mit den beiden anstoßenden Zimmern in Verbindung. Neben dem Backofen stehen nebeneinander zwei halb eingemauerte Gefäße aus Ton, welche, rechts und links von einer Brunnenöffnung gelegen, wahrscheinlich Wasser zum Befeuchten des halbgaren Brotes enthielten, um seine Rinde glänzender zu machen. Andere Backöfen sind wiederum mit besonderen Schornsteinen versehen. Während des Backens wurde die Mündung des Backofens durch einen eisernen, mit Handgriffen versehenen Deckel verschlossen.

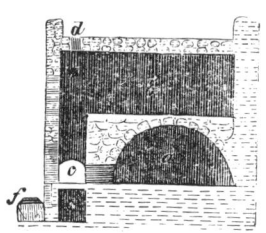

Abb. 166. Durchschnitt durch einen pompejanischen Backofen.

Die Bierbrauerei.

Nach Diodor (1. Jahrh. v. Chr., I 20 und 34) soll der ägyptische Gott Osiris, im Jahre 2017 v. Chr. ein aus gemälzter Gerste bereitetes Bier in Ägypten eingeführt haben, das er zuerst in der Stadt Pelusium braute. Dasselbe berichten Herodot (II 77) und Plinius (XIV 22 und 29). Auch Strabo (Geographica XVII 14), Athenäus (Dipnosoph I 61) und Äschylus kannten dieses ägyptische Getränk, das sich nach der Angabe des Diodor an Wohlgeschmack und Kraft fast mit dem Weine messen konnte. Zu Strabos Zeiten (60 v. Chr. bis 20 n. Chr.) wird in Alexandria massenhaft ägyptisches Bier getrunken, über dessen Herstellung sich zuerst der Papyrus Anastasi IV eingehend ausspricht.

Nach alledem könnte es scheinen, als ob der Ursprung des Bieres in Ägypten zu suchen sei. Den neueren Forschungen Hroznys zufolge braute man jedoch bereits im Jahre 2800 v. Chr. im alten Babylon aus Gerste ein bei vielen Stämmen dieses Reiches sehr beliebtes Bier, und es kann keinem Zweifel unterliegen, daß die Kunst seiner Herstellung aus noch weit älteren Zeiten stammt. Die Babylonier benützten zur Bereitung ihres Bieres nicht nur Gerste, sondern auch Spelt (Tricticum dicoccum), dessen Anbau und Kultur wahrscheinlich gleichfalls von Babylon ausgegangen ist.

Die Herstellung des altbabylonischen Bieres ging mit dem Backen des Brotes Hand in Hand. Man verstand es in Babylon, aus Gerste und Spelt Malz und Malzbrot zu bereiten. Aus dem Malzbrote stellte man wieder eine besondere Art gerösteten Brotes her, das der Art seiner Zubereitung nach etwa dem heutigen „Toast" entsprach. Dieses Brot weichte man ein und ließ die erhaltene Aufschwemmung gären. So erhielt man eine Art von Kwaß, von dem Kobert behauptet, daß ihn die Ägypter, als sie in ihr Land einwanderten, bei der hamitischen Urbevölkerung bereits vorgefunden hätten. Sie bemühten sich, diesen Kwaß immer alkoholhaltiger zu machen, wodurch er seine Unschädlichkeit verlor und zum Bier wurde. Ein derartiges kwaß= artiges Getränk trank man aber auch in vielen anderen Ländern schon sehr frühzeitig. „Archilochus berichtet, daß man in Phrygien und in Thrazien um das Jahr 700 vor unserer Zeitrechnung ein kwaßartiges Volksgetränk herzustellen verstand. Auch Äschylus, Sophokles und Theophrast erwähnen es. Es wurde teils aus Gerste, teils aus Obst hergestellt und als βῦτος oder als βῦτον bezeichnet. Allmählich

Abb. 167. Darstellung der Bierbrauerei bei den Ägyptern.
Wandbild in der Opferkammer des Achet-hetep-her. (Altes Reich). Die richtigste Deutung dürfte nach Ansicht des Verf. die folgende sein: obere Reihe von rechts nach links: Ausdreschen der Körner, Worfeln, Zerreiben (Mahlen); mittlere Reihe von rechts nach links: Rösten der Brote durch eine darunter gehaltene Flamme (?). Zerkleinern der Brote und ev. Mischen mit Spelt oder Malz; Herstellung der Maisch= und Gärgefäße; untere Reihe von links nach rechts: Bereitung der Würze durch Einrühren von Brot und Malz oder Spelt in Wasser (Einmaischen), Einfüllen des Biers in Krüge; Verschließen der Krüge.

wurde auch dieses zum berauschenden Bier. Das Gleiche gilt von den gegorenen Ge= treidegetränken der Germanen, Gallier, Iberer, Lusitaner, Ligurer, Illyrier, Panno= nier und anderer uns zufällig nicht von antiken Schriftstellern mit Namen genannter namentlich nordischer Völker. Bei einigen dieser Völker, wie bei den Germanen, war nebenbei der Met, d. h. vergorener Honig, seit der Urzeit als Genußmittel im Gebrauch." (Kobert.)

Die Urform des Bieres war also der aus Brot bereitete, auch heute noch in Ruß= land vielfach genossene „Kwaß". Bald bemerkte man, daß es, um ihn herzustellen, durchaus nicht nötig war, erst aus Mehlbrei Brot zu machen. Der Kwaß entstand

auch), wenn der Mehlbrei direkt vergor. Allerdings hatte er dann nicht die dunkle
Farbe des aus dem Röstprodukt hergestellten Getränkes, und ebenso fehlten dessen
beim Rösten auf heißem Stein entstehende angenehm schmeckende und riechende

Abb. 168. Ägyptische Brauerei.
Lagern und Vorbereiten des Getreides (Modell von Karl Runt).
Deutsches Museum München.

Bestandteile. Schließlich ging man in dieser nach rückwärts fortschreitenden Ent=
wicklung noch einen Schritt zurück: Man bereitete überhaupt keinen Mehlbrei mehr,
sondern stellte das alkoholische Getränk direkt aus dem gerösteten Getreidekorn dar.

Abb. 169. Ägyptische Brauerei (Modell von Karl Runt).
Deutsches Museum München.

Alle diese Arten der Bierbereitung standen bei den Babyloniern bereits in Ge=
brauch, die infolgedessen über eine ganze Anzahl von Bieren verfügten. Wenn wir
hier von „Bier" reden, so verstehen wir darunter ein Getränk, das im Gegensatze
zu dem einen geringeren Alkoholgehalt aufweisenden Kwaß stark berauschende Wir=
kungen auszuüben vermag. Ob es mit Hopfen hergestellt oder hopfenfrei war, kommt

für diese Bezeichnung nicht in Betracht: nur die Germanen pflegten das hopfenfreie Getränk verhältnismäßig selten als „Bier" zu bezeichnen. Bier in dem eben erläuterten Sinne kannten nun die Babylonier in folgenden Abarten: zunächst ein jedenfalls sehr „billiges Bier", eine Art Schwarzbier, das aus Gerste bereitet wurde, dem man — allerdings nur in manchen Fällen — bis zu einem Fünftel des Braumaterials Spelt hinzufügte. Die Würze bestand, von diesen Fällen abgesehen, nur aus Gersten= produkten, d. h. aus Gerste, geröstetem Gerstenbrot und Gerstenmalz. „Gutes Schwarz= bier" wurde aus einem Fünftel enthülstem Spelt und vier Fünfteln geröstetem Spelt= brot hergestellt. „Rotes Bier" entstand aus weniger als einem Viertel Spelt, dem Brot und zerstoßenes Speltmalz zugefügt wurden. Es scheint ein dickes Bier gewesen zu sein. Das Bier bester Sorte endlich wurde unter Verwendung von bis zu einem Drittel Spelt und zwei Dritteln Brot und Malz zur Bereitung der Würze gebraut. Der Preis des Bieres war um so höher, je mehr Spelt zu seiner Bereitung genommen worden war. Starke und teure Biere verdünnte man in Babylon wohl auch mit Wasser.

Die Gärung der Würze wurde bei allen diesen obergärigen Bieren, wie auch jetzt noch beim Kwaß, von selbst eingeleitet, ohne daß ein künstlicher Hefezusatz statt= fand. Entweder fielen Gärungserreger aus der Luft hinein, oder sie waren in dem zugesetzten Brot enthalten, das wahrscheinlich ohne Sauerteig hergestellt war, in dem sie sich aber infolge Aufnahme aus der Luft gleichfalls vorfanden. Da die Hefe bei 45 Grad abstirbt, und da bei der damaligen Art des Röstens diese Temperatur auf der Oberseite und wahrscheinlich auch im Innern der ungefähr daumendicken Brotfladen nicht überall erreicht worden sein dürfte, so enthielt das zur Bierbereitung verwendete Brot wahrscheinlich noch lebende Hefe. Außerdem dürften aber noch andere Pilzarten, insbesondere der Milchsäurebazillus usw. usw., eine Rolle gespielt haben. Daß es sich hier um ein wirkliches Bier, d. h. also um ein berauschendes Getränk, handelte, geht aus der 13. der Maximen des Schreibers Ani hervor, die wahrscheinlich schon zur Zeit der 20. Dynastie (13. u. 12. Jahrhundert v. Chr.) ver= faßt sind. Es heißt hier: „Erhitze dich nicht in dem Hause, in welchem man die be= rauschende Flüssigkeit trinkt .... Du fällst mit gelähmten Beinen, niemand stützt dich mit der Hand, die Kneipgenossen trinken, gehen fort und sagen: Gehe heim, der du genug getrunken hast. Man sucht dich, um mit dir über deine Angelegenheiten zu sprechen, und findet dich an der Erde liegend wie ein kleines Kind."

Wie das Bier selbst, so stammt auch die Gewohnheit, seinen Geschmack zu korri= gieren und ihm durch Zusatz von Lupinen eine gewisse Bitterkeit zu verleihen, aus dem Osten, und zwar wahrscheinlich aus den Gegenden des Kaukasus. In Westeuropa läßt sich der Gebrauch des Hopfens erst nach dem Tode Pipins (768 n. Chr.) nach= weisen.

Über das von den Germanen bereitete Bier, das sie neben dem Met genossen, den sie durch Gärenlassen des mit Wasser verdünnten Honigs bereiteten, war lange Zeit hindurch nichts bekannt als die recht spärlichen Angaben, die uns Tacitus darüber hinterlassen hat (Germania XXIII): „Ihr Getränk ist ein Saft aus Gerste oder Weizen, ein Gebräu, das eine gewisse Ähnlichkeit mit schlechtem Weine hat". Nach den Untersuchungen von Delbrück dürfen wir annehmen, daß das altgermanische Bier einen weinartigen Charakter besaß, d. h. daß es sauer war, sauer nicht im Sinn eines verdorbenen Bieres, sondern in dem Sinne der Erzeugung eines not= wendigen Geschmacks= und Konservierungsstoffes, denn den Hopfen kannte jenes Zeitalter nicht. Aus weiteren Stellen des Tacitus, die sich allerdings nur auf die Lebensgewohnheiten der Germanen und auf ihre Freude an warmen Bädern be=

ziehen, schließt Delbrück, daß man damals bereits Gefäße von etwa 500 l Inhalt herzustellen verstanden haben muß, die als Mischgefäße dienten. Um die Maische zu erhitzen, wurden wahrscheinlich heiße Steine hineingeworfen. Auch ein Kühl= schiff dürfte vielleicht bekannt gewesen sein. Die Aufbewahrung des Bieres scheint in Gefäßen mit breiter oberer Öffnung stattgefunden zu haben, die in irgendeiner Weise, vielleicht unter Verwendung von Harz als Klebe= und Dichtungsmittel, fest verschlossen wurden. Man fand altgermanische Tongefäße, auf die ein Deckel mit Flansch paßte. Zur sicheren Befestigung des Deckels mittels der Flanschen dienten Löcher, für die passende gebrannte Tonnägel aufgefunden wurden. Die Lagertempera= tur war, da die Gefäße, um sie kühl aufzubewahren, in die Erde eingegraben wurden, die Erdtemperatur, also 10 Grad. Man weiß, daß diese für obergäriges Bier die richtige ist. Die Frage, ob die Germanen — und auch andere nordische Völker — bereits gekeimtes Getreide verwendet haben, läßt sich schwer beantworten. Da jedoch in der Urzeit vieler, insbesondere orientalischer Völker, die Malzbereitung nachweisbar ist, so erscheint sie auch bei den Germanen nicht ausgeschlossen. Es ist aber auch un= erheblich, ob man Malz aus gekeimtem Getreide darstellte oder ungekeimtes Getreide verwendete, denn die Verzuckerung ist nicht unbedingt an das Keimen des Getreides gebunden. Auch Rohkorn läßt sich vermaischen. Delbrück nimmt an, daß das Bier der alten Germanen, zu dessen Bereitung die Hefe gleichfalls aus der Luft ganz von selbst hinzukam, etwa dem heutigen Berliner Weißbier entsprochen haben dürfte.

Die Weinbereitung.

Alkoholgegner scheint es unter den Völkern des Altertums wohl überhaupt nicht gegeben zu haben, ganz im Gegenteil: man liebte die berauschenden Getränke und ehrte die Götter des Weins. Aus allen möglichen Stoffen, wenn sie sich nur vergären ließen, bereitete man solchen. Harnack zeigt in einer Zusammenstellung, daß man bei den Juden Rauschgetränke aus Datteln, Feigen, Rosinen, Granaten, Honig und natürlich auch aus der Weinrebe herstellte. Herodot erzählt uns von den Babyloniern (II 93), daß man dort Palmwein trank. Dem Gotte des Weins wurden in Griechenland und Rom besondere Feste gefeiert, bei denen es derart zuging, daß es wohl in der Folgezeit kaum irgendwelche Arten von Gelagen gibt, die ihnen in bezug auf Unsitte, wüstes Gebaren und Völlerei an die Seite gestellt werden könnten. An dieser, während des ganzen Altertums herrschenden Liebe für den Alkohol ändert die Tatsache nichts, daß einzelnen Völkern, wie z. B. dem Wüsten= stamme der Rechabiten, das Weintrinken verboten war, und daß sich in den religiösen Vorschriften mancher Enthaltsamkeitsgebote für Priester, Frauen usw. finden.

Diese Vorliebe für den Wein mußte natürlich dazu führen, daß man der Pflege des Weinstocks und der Herstellung des Getränkes selbst eine ganz besondere Sorgfalt zuteil werden ließ, die rückwirkend wieder zu Vervollkommnungen in den einzelnen mit der Weinbereitung verbundenen technischen Einrichtungen führte.

Besonders groß war die Zahl der Weingärten im alten Ägypten, wo man schon im alten Reiche (3900—3000 v. Chr.) nicht weniger als sechs Sorten Wein kannte. Die Weinstöcke wurden an Spalieren gezogen, oder man rankte sie in Säulengängen empor, deren Säulen oben Lattengestelle trugen, so wie dies auch heute noch in den südlichen Ländern der Fall ist. Der Wein wurde durch Wächter gehütet, die die Vögel verjagten. Zur Zeit der Weinlese sammelte man die Trauben in Körbe, das Laub überließ man den Ziegen, die es von den Stöcken abfraßen. Dann folgte das Keltern, das in der Regel durch Treten der Trauben mit den Füßen geschah. Man schüttete sie in einen großen an der Seite mit Abflüssen für den Saft versehenen, aus Akazienholz hergestellten Behälter. Über diesem Behälter, an der Decke des Raums, waren Stricke befestigt, an denen sich die Männer, die das Keltern besorgten, mit den Händen anhielten. An manchen derartigen Weinpressen waren zum Anhalten anstatt des Strickes Holzstangen auf Säulen angeordnet. Man trat so lange auf den Trauben herum, als etwas ausfloß, und suchte dann den letzten Rest des in ihnen enthaltenen Saftes dadurch zu gewinnen, daß man die Trester in einen an den Enden mit Schlaufen versehenen länglichen Sack gab, der aus Binsengeflecht oder Leinwand hergestellt war. Die eine Schlaufe wurde an dem einen der beiden senkrechten Balken eines

Abb. 170. Weinbereitung in Ägypten. (Wandgemälde in Theben.)
Oben: Pflücken und Sammeln der Trauben in Körben; darunter und daneben Keltern durch Austreten mit den Füßen. Oben rechts: Klären des Weins durch Filtrieren. (Wahrscheinlicher ist nach Ansicht des Verf. aus der Größe der Gefäße zu schließen und, worauf die in einem Gefäß rührende Person links davon hinzudeuten scheint, daß es sich hier um die Bereitung und das Filtrieren von Zutaten zum Wein handelt. Vielleicht ist aber auch das im Altertum so beliebte Aufkochen des Mostes dargestellt.) Unten Auspressen der Trester und Einfüllen in Krüge.

großen Holzgestells befestigt, durch die andere steckte man einen Stab hindurch und verquirlte durch Drehen an diesem den Sack, so daß auch die letzten Reste des Traubensaftes ausflossen. Das Drehen geschah mit großer Kraftanwendung, was einerseits durch die Stärke des Holzgestells, andererseits aber dadurch bewiesen wird, daß auf den erhaltenen Darstellungen gleichzeitig drei Mann an dem zum Verdrehen dienenden Stab anfassen (Abb. 170).

Der Wein wurde dann in große Steinkrüge eingefüllt, wo man ihn gären ließ, doch scheint man als Gärgefäße auch große Schalen benutzt zu haben, die an ihrem obersten Teil mit einem Ausgusse versehen waren, so daß beim Abfüllen die Hefe unten liegen blieb. Die Aufbewahrung erfolgte nach dem Abfüllen in steinernen oder tönernen Gefäßen, die in der Form den Amphoren glichen, jedoch unten oft scharf zugespitzt waren, so daß man sie in die Erde des Weinkellers bohren und dadurch feststellen konnte. Außerdem aber wurden auch steinerne und hölzerne Ringe benutzt, in deren runde Öffnung man solche Gefäße hineinstellte, wodurch das Umfallen verhindert wurde. Die Gefäße wurden durch steinerne oder tönerne Pfropfen ver= schlossen, die die mannigfachste Gestalt hatten. Alle aber zeigen sie einen breiten Rand, mit dem sie auf den Rand des Gefäßes aufgesetzt werden. Durch Verschmieren der Berührungsstelle von Pfropfen und Gefäßrand mit Lehm, Harz oder Gips suchte man einen luftdichten Verschluß zu erzielen. In die Verschmierung wurde dann noch das Siegel des Besitzers eingedrückt. In allen aus dem alten Ägypten erhalten gebliebenen Weinkrügen findet sich am Boden eine harzartige oder asphalt= ähnliche Substanz, die vielleicht als Konservierungsmittel, vielleicht auch, wie später bei den Römern, zur Erzielung eines bestimmten Geschmackes zugesetzt wurde.

Auch bei den Griechen und Römern war das Wort Pindars ἄριστον μὲν ὕδωρ nur blasse Theorie, was man schon daraus erkennen kann, daß die mit diesen Worten beginnende Ode zur Verherrlichung des Königs Hiero von Syrakus zum erstenmal an einer mit Wein reich besetzten Festtafel vorgetragen wurde. Der Kultur des Weinstockes und seiner Veredelung wandte man die größte Sorgfalt zu. Im all= gemeinen entsprach der technische Teil der Weinbereitung dem bei den Ägyptern gebräuchlichen Verfahren. Die Trauben wurden ebenfalls durch Treten mit den Füßen ausgepreßt, doch wurden auch, insbesondere später, besondere Pressen benutzt, deren Einrichtung bei der Gewinnung des Öls eingehend beschrieben ist (siehe Seite 114 ff.). Dann ließ man den Saft durch ein Sieb in einen Bottich oder in ein großes Tongefäß (dolium) laufen, worin er vergor. Der vor dem Auspressen der Trester gewonnene Saft, der sich durch einen im Verhältnis zu den übrigen Säuren höheren Zuckergehalt auszeichnet, das „protopum", ließ man für sich vergären; aus dem Trestersaft gewann man einen geringwertigen „Tresterwein". Um den Wein zu reinigen, setzte man Eier zu. Dann füllte man ihn in Tongefäße oder in lederne Schläuche, die oft von sehr beträchtlicher Größe waren. So wurde z. B. bei einem Gastmahle des Ptolemäus Philadelphus ein mit edlem Weine gefüllter und aus Pantherfellen hergestellter Schlauch an die Tafel gebracht, der eine Länge von 17 m und eine Breite von 7 m hatte. Auch die Gärgefäße wiesen oft sehr ansehnliche Ab= messungen auf, faßten sie doch zuweilen über 500 l. Nach abgelaufener Gärung dien= ten sie vielfach zur Aufbewahrung von Wein, der für baldigen Gebrauch bestimmt war. Weine besserer Sorte, die man länger aufbewahren wollte, wurden später in Holz= fässer abgefüllt. Ehe diese aufkamen, füllte man sie in kleinere mit zwei Henkeln versehene Amphoren, die man, um sie wasserdicht zu machen, innen mit Pech oder Wachs überzogen hatte. Sie wurden mit einem Tondeckel verschlossen, den man mit Gips oder Pech festkittete.

Wie bei den Ägyptern, so wird zuweilen auch bei den Griechen und Römern der Wein mit allen möglichen Zutaten versetzt. In Griechenland setzt man haupt= sächlich das Harz der griechischen Kiefer zu, wodurch der Wein angeblich haltbarer werden sollte. Für wie wichtig man diesen Zusatz hielt, erhellt daraus, daß der Bacchus= stab stets einen Tannenzapfen trägt. Auf Kreta bestreute man bereits die Trauben mit Gips. Aristoteles berichtet, daß man Weine in Schläuchen trocknete, sie dann stückweise herausnahm und in Wasser zum Trinken auflöste. Weitere gebräuchliche Zusätze waren Nadeln von Zypressen, zerriebene Myrtenbeeren, bittere Mandeln, Honig, Muschelschalen, Galläpfel, Asche von Rebenholz sowie die verschiedensten Harzarten, von denen manche mehr, manche weniger geschätzt waren (Plinius XIV 20). So erfreute sich z. B. das Harz der in Spanien wachsenden Strand= föhre nur sehr geringer Beliebtheit bei den Römern, da es dem Wein einen sehr bitteren Geschmack und unangenehmen Geruch verlieh. In den oströmischen Provinzen bevorzugte man Terebinthenharz. Zum Auskleiden der Gefäße im Innern empfiehlt Plinius (a. a. O.) zyprisches Harz.

Abb. 171. Trojanisches Weinlager.
Große mit der Spitze in die Erde gestellte irdene Krüge (πίθοι)
unter dem Athene-Tempel. Troja.

Derartige Zusätze scheinen hauptsächlich deshalb aufgekommen zu sein, weil man das Bedürfnis fühlte, irgend etwas zu tun, um den Wein haltbarer zu machen. Weininfektionen durch Pilze, die ein rasches Verderben herbeiführten, waren häufig, und man wußte sich, da man von der Ursache keine Ahnung hatte, natürlich auch nicht dagegen zu schützen. Die Art des Arbeitens war im Gegenteil eine ziemlich unsaubere. Schon der Most mußte, wie Columella berichtet, aufgekocht werden, damit er sich nur bis zum Verkaufe hielt. Da das Aufkochen in bleiernen Gefäßen vorgenommen wurde, so wurde der Most, das „defrutum" natürlich gleichfalls bleihaltig. Diesem Most setzte man aber minderwertigen bereits ausgegorenen Weinen zu, um ihn trinkbarer zu machen. Nach Untersuchungen von Hofmann, der Wein in der von Columella angegebenen Weise behandelte, ergab sich, daß dabei in zwei Urnen Gebirgswein 390 mg Blei, in die gleiche Menge Talwein 582 mg Blei und in schlechten Most 781 mg Blei übergingen. Da man aber außerdem noch giftige Bleisalze, wie Mennige, zusetzte, und da man den Kitt zum Verkitten der Weinfässer nach Catos Angaben dadurch herstellte, daß man Mostsirup (sapa) mit Jrispulver in bleiernen oder bronzenen Gefäßen einkochte, so darf es uns nicht wundernehmen, daß die Weine der Alten oft große Mengen des giftigen essigsauren Bleies enthielten. Bei kühlem Wetter bereitete man aus dem Weine Glühwein (calda), wobei man ihn wieder in Bleigefäßen kochte. Wenn wir daher von den vielen Vergiftungserscheinungen lesen, die nach Gastmählern des Altertums auftraten, und wenn wir von verschiedenen römischen Kaisern usw. hören, daß sie vergiftet worden seien, so können wir heute auf

Abb. 172. Beförderung von Wein in Fässern.
Darstellung eines Weinschiffes. — Provinzialmuseum Trier.

Grund besserer technischer und wissenschaftlicher Kenntnisse, insbesondere aber auf Grund der eingehenden Untersuchungen Koberts, wohl behaupten, daß diese angeblichen politischen Morde und Massenvergiftungen weiter nichts waren als Blei= bzw. Fleischvergiftungen; trank man doch einerseits giftigen bleihaltigen Wein, während man andrerseits das Fleisch noch nicht in hinreichendem Maße vor Verderbnis zu schützen wußte.

Im übrigen wurde der Wein für gewöhnlich mit Wasser gemischt, häufig und bei besonderen Gelegenheiten jedoch auch ungemischt getrunken. Die Angaben über das Mischungsverhältnis mit Wasser, wie sie sich z. B. im Homer finden, wonach Maron, der Priester des Apollo, dem Odysseus einen Wein vorgesetzt habe, der mit zwanzig Teilen Wasser vermengt war (Odyssee IX 219), und dem aus dem Mischgefäß ein so köstlicher Duft entquoll ("Und den schäumenden Kelch umhauchten balsamische Düfte göttlicher Art"), daß man sich des Trinkens nicht enthalten konnte, sind, wie Rhousopoulos berechnet hat, mit Vorsicht aufzufassen. Der Alkohol= gehalt des ursprünglichen Naturweins dürfte nicht über 14 Volumprozente betragen haben (= 13 Gewichtsprozenten). Nach dem Mischen hätten sich im günstigsten Falle 0,6 Gewichtsprozente Alkohol ergeben, also ein Getränk, das weder nach Wein schmecken noch riechen konnte. Man kann annehmen, daß auch im Altertum dem Wein kaum mehr als höchstens die gleiche Menge Wasser zugefügt wurde — meist wird es wohl weniger gewesen sein!

Essig erhielt man, indem man sauren Wein als solchen verwendete, oder Wein sauer werden ließ. Die Technik der Essigbereitung bei den alten Völkern bietet keine besonders erwähnenswerten Merkmale dar.

Literatur zu den Abschnitten: „Ackerbau" und „Gärungstechnik"

(Bäckerei, Bierbrauerei und Weinbereitung).

Bäckergewerbe, Das altrömische. Zeit=
schrift für das gesamte Getreidewesen
1916, Nr. 6, S. 93.

Beckmann, Beiträge zur Geschichte der Er=
findungen. Band II. Leipzig 1783.

Behlen, Der Pflug und das Pflügen bei
den Römern und in Mitteleuropa in vor=
geschichtlicher Zeit. Dillenburg 1904.

Billiard, La vigne dans l'antiquité.
Lyon 1913.

Blümner, Technologie und Terminologie
der Gewerbe und Künste bei Griechen und
Römern. 4. Band. Leipzig und Berlin
1887.

Boeser, Denkmäler des Alten Reichs.

Bücher, Arbeit und Rhythmus. Leipzig und
Berlin 1909.

Buschan, Vorgeschichtliche Botanik. Bres=
lau 1895.

Cramer, Das römische Trier. Gütersloh
1911.

de Candolle, L'origine des plantes
cultivées. Paris 1883.

Delbrück, Das Bier einst und jetzt. Natur=
wissenschaftliche Wochenschr. 1911, 46,
729; Zeitschr. f. angew. Chemie 1911, 33,
1553.

Diels, H., Die Entdeckung des Alkohols.
Abhandlungen der phil.=hist. Klasse der
königl. preuß. Akademie der Wissen=
schaften zu Berlin 1913, Nr. 3.

Diels, H., Etymologica. Zeitschrift für ver=
gleichende Sprachforschung 1916, Bd. 47,
S. 193.

Dragendorff, Die Verpflegung der römi=
schen Kastelle in Deutschland. Vortrag
auf der 76. Jahresversammlung der
Freien Vereinigung Deutscher Nahrungs=
mittelchemiker zu Frankfurt a. M.

Engelmann, Die antiken Mühlen. Land=
wirtschaftliche Jahrbücher, Band 33,
1904, S. 159.

Eyck, Zur Urgeschichte des Ackerbaus und der
Diehzucht. Das Wissen 1911, Nr. 4 u. 5.

Friedländer, Darstellungen aus der Sitten=
geschichte Roms. Leipzig 1888—1890.

Führer, Kurzer, durch das Provinzial=
museum Trier. 1911.

Gradmann, Der Getreidebau im deut=
schen und römischen Altertum. Jena
1909.

Harnack, E., Die Bibel und die alkoholischen
Getränke. Festschrift der vier Fakultäten

zum 200 jährigen Jubiläum der Uni=
versität Halle 1894.

Hartwich, Die menschlichen Genußmittel,
ihre Herkunft, Geschichte, Anwendung,
Bestandteile und Wirkung. Leipzig 1911.

Hehn, Kulturpflanzen und Haustiere in
ihrem Übergang aus Asien nach Griechen=
land und Italien. Berlin 1912.

Heilborn, Allgemeine Völkerkunde. Leip=
zig 1898.

Heyne, Über Wein, Weinbau und Wein=
bereitung in: Deutsche Hausaltertümer
II. 1901.

Herodot, Geschichten, I. 193; II. 92; II 36;
II 77.

Hoops, Waldbäume und Kulturpflanzen
im germanischen Altertum. Straßburg
1905.

Hrozny, Bier im alten Babylon und Ägyp=
ten. Anzeiger der phil.=hist. Klasse der
Kaiserlichen Akademie der Wissenschaften
zu Wien, 1910, Nr. 26 und Sitzungsbericht
der Kaiserlichen Akad. d. Wiss. zu Wien
vom Mai 1914.

Jacobi, Das Römerkastell Saalburg 1897.
— Führer durch das Römerkastell Saalburg.
Homburg 1908.

Kobert, Chronische Bleivergiftung im klassi=
schen Altertum. Vortrag, geh. im Dozen=
tenverein der Universität Rostock, Juni
1906. Veröffentlicht in: Diergart,
Beiträge aus der Geschichte der Che=
mie. Leipzig und Wien 1909.
— Der Kwaß. Halle 1913.
— Zur Geschichte des Bieres. Historische
Studien aus dem pharmakologischen In=
stitut der Universität Dorpat. Halle 1896,
Band V.

Koehne, Die Mühle im Rechte der Völker.
Jahrbuch des Vereins Deutscher Ingeni=
eure 1913.

Kopp, Geschichte der Chemie. Braun=
schweig 1843—1847.

Krause, Die Heimat des Spelzes. Natur=
wissenschaftliche Wochenschr. 1910, 412.

Kreichgauer, Das Bier in Ägypten einst
und jetzt. Wochenschrift für Brauerei 1916,
23. Jahrg. Nr. 19.

Liebig, Chemische Briefe. Leipzig und Hei=
delberg 1878.

v. Lippmann, Beiträge zur Geschichte des
Alkohols. Chemiker=Zeitung 1913, Nr. 129
bis 133, 138, 139.

v. Lippmann, Chemisches aus dem Papyrus Ebers. Abhandlungen und Vorträge aus der Geschichte der Naturwissenschaften. Leipzig 1913.
— Chemisches und Alchemisches aus Aristoteles. Abhandlungen und Vorträge zur Geschichte der Naturwissenschaften. Leipzig 1913.
— Die chemischen Kenntnisse des Dioskorides. Abhandlungen und Vorträge zur Geschichte der Naturwissenschaften. Leipzig 1906.
— Die chemischen Kenntnisse des Plinius. Abhandlungen und Vorträge zur Geschichte der Naturwissenschaften. Leipzig 1906.
— Zur Geschichte des Alkohols und seines Namens. Abhandlungen und Vorträge zur Geschichte der Naturwissenschaften. Leipzig 1913.
Marquardt=Mau, Das Privatleben der Römer. Leipzig 1886.
Medicus, Kurzes Lehrbuch der chemischen Technologie. Tübingen 1897.
Meier, Die Bauern im Homer. Separatabdruck aus dem „Landwirt" 1903. Luzern 1903.
Netolitzky, Nahrungs= und Heilmittel der Urägypter. Die Umschau. 15. Jahrg., S. 953.
Neuburger, Das Wasser als Hilfsmittel in Haus und Gewerbe. In: Kraemer, Der Mensch und die Erde. Band 9, S. 149 bis 348.
Nordhoff, Der vormalige Weinbau in Norddeutschland. Münster 1883.
Overbeck, Pompeji in seinen Gebäuden, Altertümern und Kunstwerken. Leipzig 1884.
Pappenheim, Populäres Lehrbuch der Müllerei. Wien 1878.
Pinner, Chemisches aus der Bibel. In: Diergart, Beiträge zur Geschichte der Chemie. Leipzig und Wien 1909.
Pregél, Die Technik im Altertum. Sonderabdruck aus dem Jahresbericht der sächsischen Staatslehranstalten zu Chemnitz. Chemnitz 1895.
Rau, Geschichte des Pflugs. Heidelberg 1845.
Reber, Des Vitruvius zehn Bücher über die Architektur. Stuttgart 1865.
R. h., Die Entwicklung des Mühlenbaus. Deutsche Techniker=Zeitung 1912, S. 68 bis 70.
Rhousopoulos, Chemische Kenntnisse der alten Griechen. In: Diergart: Beiträge zur Geschichte der Chemie. Leipzig und Wien 1909.
Richter, Beiträge zur Geschichte der alkoholhaltigen Getränke bei den orientalischen Völkern und des Alkohols. Archiv für die Geschichte der Naturwissenschaften und der Technik, 4. Band, S. 429. ff.
Ringelmann, Mahlversuche im frühen Altertum. Referat der Frankfurter Zeitung, Mai 1909, des Vortrags von Héron de Villefosse, in der Maisitzung der Académie des Inscriptions et Belles-Lettres zu Paris.
Rosellini, Monumenti civili dell'Egitto. Pisa 1832—1844.
Rühlmann, Allgemeine Maschinenlehre. Braunschweig 1876, Bd. II.
Rusta, Alkohol und Al=kohl. Zur Geschichte der Entdeckung des Namens. Aus der Natur. 10. Jahrg., Heft 2, S. 97.
Schäfer, Der Wein in kulturgeschichtlicher und naturwissenschaftlicher Beziehung. Braunschweig 1916.
Schelenz, Über Pressen. Ein Beitrag zur Geschichte der chemischen Geräte. Chemiker=Zeitung 1912, S. 397 ff.
Schliemann, Ilios, Stadt und Land der Trojaner. Leipzig 1881.
Schrader, Die Anschauungen V. Hehns von der Herkunft unserer Kulturpflanzen und Haustiere im Lichte neuerer Forschung. Berlin 1912.
Schubart, Ein Jahrtausend am Nil. Berlin 1912.
Schulze, Ernst, Die römischen Grenzanlagen in Deutschland und das Limeskastell Saalburg. Gütersloh 1906.
Stummer, Zur Urgeschichte der Rebe und des Weinbaus. Mitteilungen der anthropologischen Gesellschaft in Wien. 1911, Heft 3 u. 4.
Strunz, Über die Geschichte des Brotes. Zeitschrift für das gesamte Getreidewesen 1917, 9, 106—107. (Referat in: Zeitschrift für angewandte Chemie 1917, Nr. 98 Referatenteil, S. 385.)
Tacitus, Germania. v. Oberbreyer. 3. Aufl. Leipzig.
Thümen, Dom Weine. Prometheus 1897, S. 161 ff.
Tschirch, Handbuch der Pharmakognosie 1912.
Weise, Über den Weinbau der Römer. Hamburg 1897.
Wilkinson, The manners and customs of the ancient Egyptians. London 1878.
Woenig, Am Nil. 1. Band. Leipzig.
— Die Pflanzen im alten Ägypten. Leipzig 1897.
Woyte, Antike Quellen zur Geschichte der Germanen. Leipzig (1912—1915).
Zaunick, Die neueren und neuesten Arbeiten über die Frühgeschichte des Alkohols. Naturwissenschaftliche Wochenschrift 1918. 1, S. 1.

Die Technik der Öle, Fette, Seifen und Wohlgerüche.

Es handelt sich hier um ein Gebiet der organisch-chemischen Technik, das mit zahlreichen anderen Gebieten, wie der Landwirtschaft, der Nahrungsmittelchemie, der Konservierungs- und Beleuchtungstechnik usw. usw., im engsten Zusammenhange steht, so daß einzelne seiner Zweige ebensogut dort besprochen werden könnten. Da es sich jedoch in seinen Grundzügen auf der Verwendung und Verarbeitung gewisser Abkömmlinge der organischen Öl- und Fettsäuren aufbaut, so möge es hier als Ganzes seine Betrachtung finden, eine Zusammenfassung, die sich ja auch jetzt noch in der chemischen Technologie im allgemeinen erhalten hat.

Die Gewinnung der Öle und Fette.

Während des ganzen Altertums stand die Kultur des Ölbaumes in hoher Blüte, lieferte er doch das zur Bereitung der Speisen, zum Füllen der Lampen, zum Bestreichen des Körpers, zu Zwecken der Reinigung, zur Herstellung von Parfümerien und kosmetischen Mitteln aller Art usw. usw. so notwendige Öl, und zwar jene Sorte, die wir heute, wo wir über eine reichere Auswahl von Ölen verfügen, „Olivenöl" nennen. Schon in sehr alten ägyptischen Urkunden sind der Ölbaum und das aus ihm gewonnene Öl erwähnt, man findet das Wort „tat", das beide bezeichnet, bereits in den Aufzeichnungen der 8. Dynastie (also etwa 2300 v. Chr.). Auch die Denkmäler der 18. Dynastie (etwa 1550 v. Chr.) zeigen Darstellungen von Blättern und Früchten des Ölbaums. In ägyptischen Königsgräbern der 20. Dynastie (1100 v. Chr.) hat man Zweige des Ölbaums und Kerne der Olive gefunden. Theophrast (Caus. plant IV 2) und Strabo (XVII 1) erwähnen sein Vorkommen in Ägypten. Auch die Bibel erzählt von der Taube Noahs, die mit dem Ölzweig im Schnabel zurückkehrte, und heute noch stehen am Ölberge bei Jerusalem Bäume, die wohl schon zu Christi Zeiten dort gestanden haben dürften. In Griechenland war der Ölbaum, wie heute unbestritten feststeht, schon zu Homers Zeiten bekannt. Die Zahl der Schriftsteller, die seiner in späteren Zeiten Erwähnung tun, ist so groß, daß es unmöglich ist, sie alle aufzuzählen.

Die Gewinnung des Öls aus dem Ölbaume vollzog sich wohl bei allen Völkern des Altertums in der gleichen Weise. Aus Funden auf der Insel Thera scheint festzustehen, daß man die aus Ägypten oder dem Orient stammende Ölpresse später nach Griechenland verpflanzte. Nach den gleichen Verfahren wie das Olivenöl dürfte man auch die übrigen Öle gewonnen haben, insbesondere die wohlriechenden Salböle, die auch noch in späterer Zeit sowohl bei den Griechen wie bei den Römern vielfach aus dem Orient bezogen wurden.

Zur Gewinnung des Öls pflückte man die Früchte, wenn sie den richtigen Zustand der Reife oder vielmehr Unreife erreicht hatten. Heute gewinnt man insbesondere in Griechenland das Öl zuweilen aus den schon abgefallenen Oliven, die zudem schon teilweise in Gärung übergegangen sind. Infolgedessen ist es manchmal von schlechter Beschaffenheit. Es werden aber auch bessere Ölsorten aus noch nicht völlig reifen Früchten ausgepreßt. Auch im Altertume benützte man die unreifen Früchte, um für Speise= sowie für medizinische Zwecke ein besonders gutes, wohlschmeckendes und angenehm riechendes Öl zu erhalten. Dieses Öl wurde nach den Berichten des Dioscorides (d. mat. med. I 29) ὀμφάϰιον genannt, weil es aus unreifen Früchten hergestellt war (ὄμφαξ = unreifes Obst).

Die Früchte wurden, soweit man sie nicht pflücken konnte, mit Rohrstäben heruntergeschlagen (Abb. 173). Dann kamen sie, indem wir in unserer Ausführung im wesentlichen den Angaben und Forschungen Blümners folgen, in die Ölmühlen, in denen sie zunächst zerquetscht wurden, um sie von den Kernen zu befreien. Hierzu bediente man sich einer Mühle, die ähnlich den zum Mahlen des Getreides dienenden gebaut gewesen zu sein scheint. Auf einem unteren feststehenden Steine wurde ein zweiter in der Mitte durchlochter und mit dem Loch auf einen senkrechten Zapfen gesteckter gedreht. Es waren jedoch auch noch andere Mühlen im Gebrauch, die aus einem Behälter mit darin sich drehenden senkrecht gestellten Steinen bestanden, die also jene Einrichtung darstellten, welche unsere heutige Technik als „Kollergang" zu bezeichnen pflegt. Wann sie auftauchten, ist zweifelhaft; bei den Römern standen sie unter der Bezeichnung „trapetum"[1]) in Gebrauch. Die Griechen benützten eine ähnliche Vorrichtung zum Keltern des Weines, ob auch zum Aus= quetschen des Öles, ist un= bekannt. Das trapetum, von dem uns noch verschiedene Exemplare und Beschreibun= gen erhalten sind, besteht aus einem Trog (Abb. 174), in dessen Mitte ein Sockel em= porragt, der mit der Trog= wandung zusammen aus einem einzigen Gesteinstück besteht. Aus der Mitte dieses Pfeilers geht ein eiserner Zapfen senkrecht nach oben, auf dem sich eine Querachse dreht. Die Querachse liegt auf dem Zapfen mit einer besonderen Büchse auf, die aus Holz hergestellt und mit

Abb. 174. Kollergang (trapetum). Zum Auspressen des Öls.
Gefunden in Broscoreale.

Blechen beschlagen ist. Damit sich die Büchse nicht in die Höhe schieben und aus dem Zapfen gleiten kann, was bei Stockungen im Mörser sehr leicht möglich ist, ist der Zapfen oben zuweilen durchbohrt. Durch die Durchbohrung wird ein eiserner

---

[1]) Auch trapetus; die Bezeichnung schwankt, ebenso im Plural.

Bolzen hindurchgesteckt. Auf der wagerechten Achse sitzen nun zwei Quetschsteine, die derart plankonkav ausgestaltet sind, daß ihre ebene Seite dem Pfeiler zugewendet ist, während sich die konkave der entsprechend gerundeten Innenwand des Mörsers anpaßt. Auch die Quetschsteine waren durch eine mit Durchbohrungen versehene Büchse auf der an der entsprechenden Stelle gleichfalls durchbohrten Welle mittels eines Bolzens festgehalten. Manche dieser Kollergänge hatten in Form von Ein= lagen, die am Zapfen angebracht werden konnten, noch besondere Vorrichtungen, um die Steine höher und niedriger zu stellen. Die Befestigung der wagerechten Achse und die Ausgestaltung des Zapfens unterliegen mancherlei kleinen Abänderungen, so daß die gefundenen und beschriebenen Trapeten kleine Verschiedenheiten dieser Teile aufweisen. Die ganze Maschine mußte so eingerichtet sein, daß die Quetsch= steine nur einen sanften Druck ausübten. Es sollten lediglich die Hülsen und das Fleisch zerdrückt werden, die Kerne sollten ganz bleiben, Öl sollte noch nicht ausfließen. Deshalb existierten auch für jeden Einzelteil sehr genaue Maße, und zwar sowohl für größere wie für kleinere. Die Abmessungen derartiger Kollergänge hat Cato (Kap. XX—XXII; CXXXV) sehr sorgfältig angegeben, wie er überhaupt die Anfertigung der Ölquetschen bis in jede Einzelheit beschreibt. Außer dem „trapetum" gab es noch eine Anzahl weiterer Vorrichtungen zum Zerquetschen der Oliven, über die wir je= doch nicht weiter unterrichtet sind.

Die aus dem Kollergang kommende, aus zerquetschten Oliven bestehende Masse wurde dann zunächst ausgelesen, um die Kerne zu entfernen. Dann erfolgte das Auspressen der kernlosen Früchte. Hierzu bediente man sich verschiedenartiger Vorrichtungen. Im Anfange wird man sie wohl in einen geflochtenen Korb gegeben und durch Beschweren mit Steinen ausgepreßt haben. Das Öl lief zwischen dem Flecht= werk des Korbes heraus und wurde in einem daruntergestellten Gefäße gesammelt. Später werden die Einrichtungen vollkommener. Man legte die Masse oder das Flecht= werk, in dem sie sich befand, zwischen Holzlatten und schichtete mehrere Lagen solcher Latten mit dazwischengelegter Masse auf einem Untergestell auf. Oben wird dann ein langer Hebelbalken angebracht, der vorne mit großen durch Stricke festgebundenen Steine beschwert wird. Durch Hinauf= klettern auf den Hebelbalken und Wuchten mit dem Körper= gewicht wird die Wirkung er= höht. Das ausfließende Öl läuft auf das Untergestell und von hier — wahrscheinlich in Rinnen — nach einer größeren Ausflußrinne, deren Öffnung sich über einem Sammelgefäße befindet. (Abb. 175) Die ge= bräuchlichste Art der Ölpresse hat uns wiederum Cato (a. a. O.) beschrieben.[1]) Sie ist uns auch durch Funde erhalten. Zwei in den Fußboden eingetriebene hölzerne Pfeiler stehen dicht

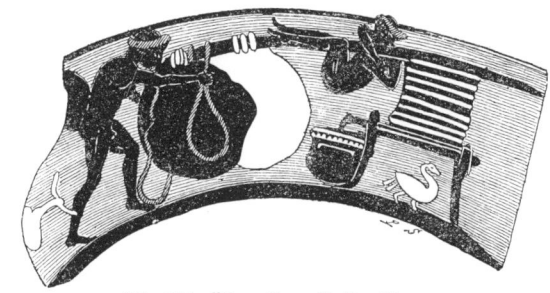

Abb. 175. Ölpresse mit Preßbaum.

Rechts ein Schemel, auf dem die Ölfrüchte mit Zwischenlagen aus Holzlatten oder durchlöcherten, vielleicht auch mit Rillen versehenen Holzscheiben (?) aufgeschichtet sind. Darüber der Preßbaum, der am freien Ende mit zwei Steinen beschwert ist und an dem ein Mann wuchtet, während ein zweiter durch sein Körpergewicht die Kraft des Hebelarms erhöht. Das Öl lief über die Außenseite der Schichten auf den mit einem Rand oder einer Vertiefung versehenen Schemel herab und von hier durch einen Hahn in ein Sammelgefäß. Griechisches Vasenbild.

---

1) Eine übereinstimmende Beschreibung rührt auch von Vitruv (VI 9) her.

8*

nebeneinander. Zwischen beiden ist in passender Höhe ein langer wagerechter Balken, der Preßbaum, beweglich befestigt. Am vorderen Ende des Preßbaumes ist, wiederum zwischen zwei Pfeilern, eine Winde angebracht, durch die dieses Vorderende mit Hilfe von Stricken und Hebeln kräftig niedergezogen werden kann. Zum Heben des schweren Preß=baumes dienen gleichfalls die Winde und eine an der Decke des Kelterraums befestigte Rolle bzw. ein Flaschenzug. Die entfernten Oliven werden — wiederum in einem Geflecht oder in einem Korb — auf ein Gestell gesetzt und mit einem Brette bedeckt, das den Zweck hat, den Druck des Preßbaumes gleichmäßig zu verteilen. Dann wird der Preßbaum mit Hilfe der Winden niedergezogen und dadurch ein sehr starker Druck auf die Olivenmasse ausgeübt. Diese Presse dürfte aus der noch einfacheren Wippresse her=vorgegangen sein, bei der (Abb. 176) der Preß=

Abb. 176. Wippresse.

baum mit seinem einen Ende einfach in eine Aushöhlung eines starken senkrechten Pfostens eingeklemmt war. Darunter ein wagrechter langer kanalförmiger Trog (daher vielleicht der Name canalis für solche Pressen?) in den die zu zerquetschenden Früchte kamen. Der Preß=baum ist mit Steinen beschwert und wird nieder=gewuchtet. Noch später kommt die Schraube auf. Es entsteht eine neue Art der Ölpresse, bei der das auf den Oliven liegende Brett durch die Schraube gegen seine Unterlage gedrückt wird. Diese Presse dürfte im allgemeinen der in Abb. 240 S. 183 dargestellten entsprochen haben, nur scheint sie auch in einschraubiger Form ver=wendet worden zu sein, wenigstens beschreibt Heron von Alexandria in seiner Mechanik (III 20) eine solche Olivenpresse, die mit einer von Plinius (XVIII 317) geschilderten über=einstimmt. Daß man auch mit Steinen be=schwerte Kisten zum Auspressen benutzte, geht gleichfalls aus Plinius hervor. In Herculanum sowohl wie in Pompeji, im Hause der Vettier, aufgefundene Wandgemälde zeigen Eroten, die

Abb. 177. Eroten bei der Ölbereitung. Wandgemälde im Haule der Vettier in Pompeji. Von links nach rechts: Verkauf, Ladentisch mit Toilette=Gegenständen, dahinter Schränkchen, daneben Ölkessel; dann Einreiben von Wohlgerüchen in das Öl, rechts die Keilpresse.

gegen Keile schlagen, zwischen denen die auszupressende Masse liegt. Als Wider=
lager und zum Zusammenhalten der wechselnden Schichten von Keilen und Ölmasse
dient ein starkes Balkengerüst. (Abb. 177 u. 178.) In manchen Ölkeltereien war der
Boden so eingerichtet, daß er das auf ihn fließende Öl aufnahm und es infolge
seiner Neigung vertieft aufge=
stellten Behältern zuführte, aus
denen es dann ausgeschöpft
wurde. (Abb. 179.)

In ähnlicher Weise gewann
man auch das Öl der Nüsse, der
Mandeln, des Sesam, verschie=
dener Palmarten, Mastixöl usw.
usw.[1]) Die Öle wurden dann,
um sie zu konservieren, teilweise
mit Salz versetzt, teilweise setzte
man Gummi und Harz hinzu,
um den Geruch festzuhalten.
Eine Gewinnung reiner äthe=
rischer Öle war, da man da=

Abb. 178. Keilpresse (zum Auspressen von Öl).
Wandgemälde in Herculanum.

mals die jetzigen Destillationsverfahren noch nicht kannte, unmöglich. Auch
sonst wurden noch alle möglichen Stoffe den Ölen zugemischt, wie Essig, Fenchel,
Most, Honig usw. usw.

Bei den Römern gewann man den „sucus", ein wohl nur selten verseif=
bares ätherisches Öl aus Blüten, sowie das „corpus", das stets verseifbare Öl
der Früchte, das zur Bereitung von Salben durch Zusatz von sucus, also von
Blütenöl, wohlriechend gemacht wurde. Außer dem Öle der Früchte verwendete
man zur Salbenbereitung jedoch
auch Tierfette, insbesondere das
Wollfett (bei den Griechen οἴσυ-
πος oder οἴσυπον, auch οἰσύπη,
bei den Römern oesypus oder
oesypum genannt). Das Woll=
fett war, nachdem es im Altertum
sowohl in der Medizin wie in
der Kosmetik eine wichtige Rolle
gespielt hatte, dann Jahrhunderte
lang vollkommen vergessen, bis
es in neuerer Zeit von Liebreich
wieder in die Medizin eingeführt
und unter der Bezeichnung
„Lanolin" allgemein bekannt
wurde. Seine Darstellung ist uns
aus den Berichten des Dios=

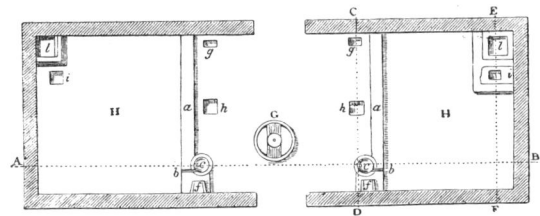

Abb. 179. Ölkelterei in Stabiae (Grundriß).
G: Kollergang (trapetum); g h i: Vertiefungen zur Aufnahme
der Pfosten der Preßvorrichtungen; H: große Behälter, die gegen
die Mitte des Raumes durch Mauern a abgegrenzt waren und
in denen sich das ausgepreßte Öl sammelte. Der tiefste Punkt
des geneigten Bodens liegt bei b, wohin das Öl abfloß, das
dann durch Bleileitungen nach den Sammelbehältern c gelangte,
von wo es entnommen wurde, f f sind Postamente, auf die
wahrscheinlich die Krüge gestellt wurden, in die man es aus c
einfüllte, und deren geneigte Oberfläche übergegossenes Öl
wieder nach e zurückfließen ließ.

corides und des Plinius bekannt. Die beste Art der Bereitung war nach Plinius
die folgende: Man gab die frisch geschorene Wolle in ein mit Wasser gefülltes
ehernes Gefäß und erhitzte die Masse mit gelindem Feuer, kühlte sie darauf ab

---

[1]) Siehe auch Herodot I 94, wo auch ein Verfahren der Ölgewinnung durch Rösten
und Auskochen der Früchte erwähnt ist.

und sammelte das schwimmende Fett in einem irdenen Gefäße. Das wiederholte man noch einmal oder zweimal. Das abgeschöpfte Fett wurde dann gehörig ausgewässert, durch ein Tuch geseiht und so lange der Sonne ausgesetzt, bis es weiß und durchsichtig war. Diese Substanz, die am meisten geschätzt wurde, wenn sie aus der Wolle attischer Schafe bereitet war, galt als ein Heilmittel gegen mancherlei Übel. Außer dem Wollfette wurden auch noch andere tierische Fette, insbesondere Gänsefett, Butter usw., zu allen möglichen, besonders kosmetischen Zwecken benutzt.

Die Verwendung der Öle.

Die Verwendung der Öle und Fette geschah zunächst stets in dem Zustande, in dem sie durch die eben beschriebenen mechanischen Gewinnungsverfahren erhalten worden waren. Eine chemische Spaltung durch Verseifung kannte man noch nicht. Da, wo sie vielleicht erfolgte, z. B. beim Waschen rohwolliger Stoffe mit gefaultem Urin, wo also eine Spaltung des Wollfetts durch Ammoniak anzunehmen ist, wurde man sich ihrer nicht bewußt. Als das Spaltungsprodukt, die Seife, bekannt wurde, verwendete man sie zunächst nicht als Reinigungsmittel; wie die Reinigung der Gespinste und Gewebe geschah, ist in dem von diesen handelnden Abschnitte berichtet. Zur Reinigung des Körpers dienten verschiedenartige Reinigungsmittel: Bei den Juden Pottasche und Soda (Pinner), bei den Griechen Kleie, Sand, Asche und Bimsstein, bei den übrigen Völkern ähnliche Stoffe, des weiteren alle möglichen Salben und vor allem Öle, mit denen man den ganzen Körper einrieb, und deren Überschuß man dann

Abb. 180. Der „Apoxyomenos".
Der „Schaber", ein Athlet, der seinen Körper durch Einreiben mit Öl und nachfolgendes Abschaben mit dem Schabeisen reinigt. Marmorkopie nach einer Erzstatue des Lysippos.
Vatikanisches Museum, Rom.

abkratzte (Abb. 180) usw. usw. Besonders wichtig als Reinigungsmittel aber waren die Bäder, deren Bereitung schon Homer beschreibt (Bad des Odysseus bei der Zauberin Kirke, Odyssee, 10. Gesang, Vers 358 ff.):

Aber die vierte Magd trug Wasser und zündete Feuer
Unter dem großen Dreifuß an, das Wasser zu wärmen.
Und, nachdem das Wasser im blinkenden Erze gekochet,
Führte sie mich in das Bad und strömt aus dem dampfenden Kessel
Lieblich gemischtes Wasser mir über das Haupt und die Schultern
Und entnahm den Gliedern die geistentkräftende Arbeit.
Als sie mich jetzo gebadet und drauf mit Öle gesalbet ...

Die Seife selbst soll nach Plinius (XXVIII 191) eine Erfindung der Gallier sein, die sie aber gleichfalls nicht als Reinigungs=, sondern als Verschönerungsmittel für die Haare anwandten. Sie wurde aus Fett, besonders Ziegenfett und Asche (Pottasche), vor allem Buchenholzasche, hergestellt, wobei in der Tat eine Verseifung des Fettes erfolgt. Plinius erwähnt zwei Arten von Seife, eine härtere und eine weichere. Eine Rotfärbung des Haares, wie Plinius angibt, trat durch den Gebrauch der Seife allein wohl kaum ein.

Die Seife dürfte zunächst auch in Rom lediglich als Mittel zur Haarpflege sowie für arzneiliche Zwecke angewendet worden sein. Galen (131—201 n. Chr.) erwähnt zum erstenmal (XII 170, 180), daß die Seife zum Waschen diene. Er gibt der deutschen Seife als der härtesten den Vorzug, dann folge die gallische. Sie wirke, wie er berichtet, erweichend und werde benutzt, um Schmutz von Körper und Kleidern wegzunehmen. Dieser Unterschied zwischen harter und weicher Seife, den Galen macht, und den auch Plinius (a. o. O.) bereits andeutet, rührt daher, daß die deutsche Seife als mit Buchenholzasche hergestellte Kaliseife weicher ausfiel. Die gallische Seife, die mit der natronhaltigen Asche von Seepflanzen bereitet wurde, war eine Natronseife und infolgedessen hart. Auch der Arzt Serenus Sammonicus, der im dritten Jahrhundert n. Chr. lebte und Leibarzt des Kaisers Septimus Severus war, erwähnt die Seife als Reinigungsmittel, allerdings in einem Gedicht, das von der Behandlung verschiedener Krankheiten spricht, so daß mehrfach geäußerte Zweifel berechtigt erscheinen.

Unendlich groß ist die Zahl der Produkte, die man außer der Seife im Altertum aus Ölen und Fetten herstellte. Schon die Ägypter bereiteten die verschiedenartigsten Salben, indem sie Öle und Fette, deren Schmelzpunkt ein Erstarren bei gewöhnlicher Temperatur zur Folge hatte, mit Wohlgerüchen der verschiedensten Art vermengten, die wohl fast durchweg aus Pflanzenölen bestanden. Beliebt waren bei fast allen Völkern des Altertums die Wohlgerüche des Baumöls, des Rosenöls, des Mandelöls, von Kalmus, Zimmet, Kassia, Ladanum, Weihrauch, Narde, Sesam, Lorbeer, Majoran, Lilie, Isis, Granate, Zyprus, Amaravum, Malabathrum, Honig, Onanthe, Koniferenharze usw. (z. T. nach Galen). Außer in Form von Salben wendete man die Wohlgerüche auch noch in der von Ölen sowie als Pulver an. Der in Rom beliebteste Wohlgeruch war das „Sussineum“, bestehend aus Lilien, Bohnenöl, Honig, Zimt und Safran (Plinius). Im alten Aquileja hat man ein Parfüm ausgegraben, dessen Analyse durch Majonica ergab, daß es ein aus der kretischen Cistrose (Cistus cretinus) gewonnenes Harz war.

Ganz besonders waren im Altertume Schminken beliebt. Man schminkte sich bei allen alten Völkern, und die Verse, mit denen der Spötter Martial die Römerin verhöhnt, galten wohl für alle Frauen des Altertums (n. Oberbreyer):

„Galla, dein Putztisch flickt dich aus hundert Lügen zusammen,
　　Während in Rom du lebst, rötet am Rhein sich dein Haar,
Wie dein Seidengewand, so hebst du am Abend den Zahn auf,
　　Und zwei Drittel von dir liegen in Schachteln verpackt.
Wangen und Augenbrauen, womit du Erhörung uns zuwinkst,
　　Malte der Zofe Kunst, welche dich morgens geschmückt.
Darum kann kein Mann zu dir: Ich liebe dich! sagen;
　　Was er liebt, bist nicht du; was du bist, liebet kein Mann.“

Bei den Ägyptern gab es schon eine richtige Schminkenfabrikation, die nachweisbar 4400 Jahre zurückreicht. Auch damals wurden schon Stangenschminken hergestellt, die wahrscheinlich Fettschminken waren, obschon sich das Fett nicht mehr nachweisen ließ, da es sich im Laufe der Jahrtausende zersetzt hatte. Man goß diese Fettschminke in die hohlen fingerdicken Stengel von Gramineen, die unterhalb eines Knotens abgeschnitten waren, so daß dieser Knoten als Verschluß des einen Endes diente. Das benutzte Fett war vielleicht Wollfett, vielleicht aber bestand es auch aus Olivenöl. Darauf läßt die sorgfältige Umhüllung mit Pflanzenfasern und Gräsern schließen, in die die Stangenschminke eingewickelt war. Außerdem bewahrte man die Schminke

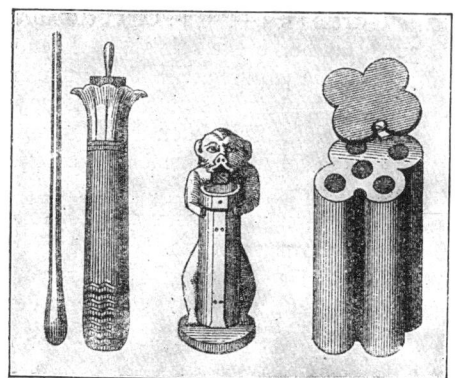

in Töpfen von gebranntem Ton sowie in Gefäßen von Alabaster, Elfenbein usw. usw. Pastenähnliche Schminken wurden in Blätter ein= gepackt, wenigstens zeigten einzelne Funde Eindrücke von Dikotyledonen= blättern. Altägyptische Schminken sind in zahlreicher Menge analysiert worden. So hat A. v. Baeyer meh= rere aus Mumiengräbern zu Achim stammende schwarze Schminken, die zum Färben der Augenlider und Augenbrauen dienten, untersucht und gefunden, daß sie aus einem Ge= menge von Schwefelblei und Kohle bestehen und jedenfalls durch Glühen von schwefelsaurem Blei mit Kohle

Abb. 181. Ägyptische Schminkgefäße.
Links Schminkstab zum Entnehmen der Schminke.

hergestellt wurden. Er glaubt, daß die Ägypter zur Herstellung des erforderlichen Bleivitriols das ihnen bereits bekannte Blei durch Erhitzen an der Luft in Blei= glätte überführten, diese in Essig lösten und daraus durch Zusatz von Alaun Bleisulfat ausfällten. Durch Glühen des letzteren mit Kohle erhält man, wie Baeyer durch eigens angestellte Versuche nachwies, ein mit den untersuchten Schminken gleiche Eigen= schaften zeigendes Produkt.

Eine ebenfalls von Baeyer untersuchte, dem Britischen Museum gehörige grüne Schminke bestand aus Grün= span und etwas Harz. Sal= kowsky fand bei seinen Analysen derartiger Schmin= ken ebenfalls fast stets Schwefelblei, in einer ein= zigen Schminke Braunstein. Russel glaubt, daß das eben= falls häufig in schwarzen Schminken nachgewiesene Mineral Bleiglanz, das sich in Ägypten selbst nicht vor= findet, aus Ispahan stammt;

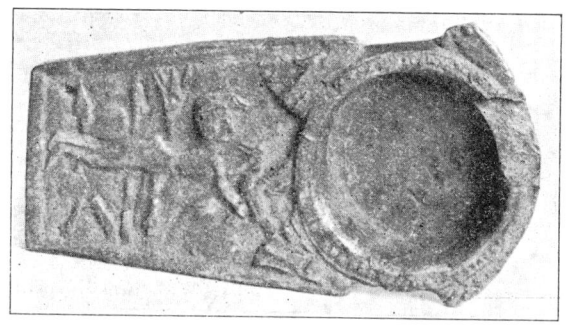

Abb. 182. Löffel für Schminken oder Salben.
Aus grünglasiertem Stein. Auf dem Griff schwimmende Frau zwischen Lotosblumen. Länge 7,8 cm.
Berliner Museum, Ägyptische Abteilung.

in allen diesen untersuchten Proben wurde niemals Antimon gefunden, obgleich durch Berthelots Untersuchungen feststeht, daß es die Ägypter gekannt haben mußten.

Später haben der bekannte Ägyptologe Ebers sowie A. Wiedemann dem Universitätslaboratorium zu Erlangen je eine Serie von Schminken übergeben, welche

von W. M. Flinders Petrie aus Gräbern in der Nähe von Illahûn, Kahûn und
Gurob ausgegraben wurden.

Die Schminken felbft waren entweder feine Pulver von verfchiedener Farbe,
die unterm Mikroſkop ſchwarze Kriſtalle des regulären Syſtems, Quarzkörner,
Pflanzenreſte, grüne und rote Kriſtallſplitter erkennen ließen, oder ſie waren zu
fingerdicken, zylindriſchen Stangen geformt, die infolge der Jahrtauſende dauernden
Austrocknung bedeutende, oft bis zur Mitte ſich erſtreckende Längsriſſe aufwieſen.
Mit welchem Bindemittel dieſe letztere Art von Schminken zubereitet war, konnte nicht
feſtgeſtellt werden, da ſich natürlich auch hier Fette im Laufe der Zeiten zerſetzt
haben würden und Harze nicht nachweisbar waren. Die Analyſe der mineraliſchen
Beſtandteile ergab, daß zu ſchwarzen Schminken meiſt Bleiglanz, in ſelteneren Fällen
Antimonglanz verwendet wurde. Da ſich nebenbei faſt immer noch ſchwefelſaures

Abb. 183. Halter (ägyptiſch) für Wohlgerüche, Schminken, Parfüm, Tuſche uſw.

Blei, oft in nicht unbeträchtlichen Mengen vorfand, ſo iſt die Annahme nicht ungerecht=
fertigt, daß der Bleiglanz entweder ſchwach geröſtet wurde, oder ſich unter Einwir=
kung eines feuchten Bindemittels oxydierte. Die erwähnten beiden Erze finden ſich
in Ägypten nirgends vor und ſind deshalb wahrſcheinlich aus den großen Erzlager=
ſtätten Indiens über Arabien bezogen worden.

Auch Pyroluſit (Braunſtein) fand zuweilen Verwendung, jedoch nur ſelten für
ſich allein; ebenſo finden ſich Kupferoxyd, aus dem Karbonat durch Glühen darge=
ſtellt, ſowie Eiſenoxyduloxyd verhältnismäßig ſelten. Zur Herſtellung brauner Schmin=
ken dienten ſtark eiſenhaltige Tone. Die grünen Schminken ſind entweder Glasflüſſe
oder auch natürlich vorkommende Silikate, die fein gepulvert und mit baſiſchem Kupfer=
karbonat gemengt wurden. Dieſe grünen Schminken dienten außer als Mittel gegen
Augenkrankheiten nach Hille wahrſcheinlich auch dazu, um das Weiße des Auges
zu färben, doch dürfte es ſich wahrſcheinlich nur um ein Bemalen des Augenrandes
gehandelt haben. Das zum Schminken der Fingernägel dienende Orangerot wurde
aus der Hennapflanze (Lythracee Lawsonia inermis L.) bereitet. Das aus ihren
Blättern, Stengeln und Blüten gewonnene grobe Pulver findet ſich in zahlreichen alt=

ägyptischen Gräbern. Da sich der Saft erst auf Zusatz von Alkali organgerot färbt, so wurde zur Hervorbringung der Färbung wahrscheinlich Soda oder gebrannter Kalk verwendet.

Im Gegensatz zu der Vielseitigkeit der Ägypter kannten die Juden nur eine einzige Schminke, nämlich den Grauspießglanz, der dazu diente, dem Auge mehr Glanz und Feuer zu verleihen. Diese Schminke wurde „Puch" genannt und ist erwähnt in Jerm. 4, 30: „Und wenn du aufreißest durch Puch deine Augen". Es ist anzu=

Abb. 184. Ägyptischer Toilettenkasten aus Schilf
(um 2000 v. Chr.).
Höhe 0,34m; Breite 0,20 m; Länge 0,27 m. Berliner Museum, Ägyptische Abteilung.

nehmen, daß dieser Grauspieß= glanz (Schwefelantimon Sb_2S_3) durch Karawanen aus Arabien gebracht wurde (Pinner).

Die Griechen, bei denen übrigens die Pflege des Körpers mehr durch Gymnastik als durch Kosmetik erfolgte, bemalten in ihrer vorklassischen Zeit den ganzen Körper. Als rote Schminke dienten später ver= schiedene der bei den Farben erwähnten roten Pflanzenaus= züge, noch später wurde Zinnober verwendet. Die weiße Schminke war Bleiweiß. Sie wurde, wie athenische Gräber= funde aus dem 3. Jahrhundert v. Chr. ergaben, in Form von runden Tabletten in den Handel gebracht. Als Enthaarungs= mittel diente Auripigment As_2S_3 (Rhousopoulos).

Ihre höchste Ausbildung erreichte die Kunst des Schmin= kens und damit auch die Fa= brikation der Schminken bei den Römern. Als weiße Farbe dienten zerriebener Kro=

kodilmist, Erde von Chios, Kreide, vor allem aber auch Bleiweiß. Als rote wurden Rötel, Zinnober, Mennige und Orseille verwendet. (Martial: „Lycoris, deren Gesicht eine schwärzere Farbe hat als die Maulbeere, wenn sie vom Baume fällt, dünkt sich schön, wenn sie das Gesicht mit Bleiweiß bedeckt.") Dioscorides und Pli= nius erwähnen, daß alle Bleipräparate (also auch die Schminken) giftig sind, eine Erkenntnis, die aber ihrer Verwendung keinen Eintrag getan zu haben scheint. Die schwarze, zum Nachziehen der Augenbrauen dienende Schminke war entweder Ruß oder Blei oder gepulverter Spießglanz (Schwefelantimon Sb_2S_3). Diese kost= bare, übrigens auch schon in altägyptischer Zeit verwendete Schminke wurde damals schon oft mit Schwefelblei gefälscht (Kobert). Ganz raffinierte Damen verwendeten teurere Schminken, die aus der Asche von Dattelkernen, Narde oder gebrannten Ro= senblättern bereitet wurden. Im übrigen schminkten sich auch die Männer Roms, allerdings nur bei besonderen Gelegenheiten. Das Gesicht des Triumphators, der in der Hauptstadt einzog, wurde mit Mennige rot bestrichen. Sonst beschränkte sich der Schmuck der Männer meist auf das Tragen von Schönheitspflästerchen (splenia). Das Haar wird schwarz oder blond gefärbt: schwarz mit den eben erwähnten Mitteln oder mit Blutegeln, die längere Zeit in einem irdenen Topfe zusammen mit Wein und Essig gefault hatten. Blond bzw. rot färbte man mit der aus Deutschland bezogenen Seife, die in Form von Kugeln verkauft wurde.[1] Martial nennt diese Kugeln „Mattiakugeln", nach dem germanischen Orte Mattium, wo sie hergestellt wurden. Man nimmt an, daß damit das heutige Marburg gemeint war. Ovid klagt, daß dieses Haarfärbemittel schädlich war. Wahrscheinlich hat ein darin vorhandener Überschuß an Alkali das Haar zerstört. Daß man auch unschädlichere färbende Pomaden herzustellen verstand, beweist die Analyse einer solchen bei Ticino ausgegrabenen, die sich noch unversehrt in ihrem Aufbewahrungsgefäß befand. Sie bestand nach Reutter aus einem Gemisch von Bienenwachs mit Fett, dem Storaxharz und Terpentinöl zugesetzt waren. Die Gegenwart von weinsauren Salzen läßt auf ein Anfeuchten mit Wein schließen. Die gelbe Farbe war durch Zusatz von Henna erzeugt. Es handelte sich also um eine Pomade zum Blondfärben des Haares. In den Zeiten des höchsten Luxus puderte man das Haar mit Goldstaub.

---

[1] Siehe S. 119: „rötet am Rhein sich dein Haar".

Literatur zum Abschnitt: „Öle, Fette, Seifen und Wohlgerüche".

Blümner, Technologie und Terminologie der Gewerbe und Künste bei Griechen und Römern. Band I, Leipzig und Berlin 1912.

Deite, Handbuch der Seifenfabrikation. Berlin 1887.

Eibner, Über das punische Wachs. Beil. 3. Allg. Zeitung, München 1905, Nr. 275 bis 276.

— Ein altes Medikament. Mitt. zur Geschichte der Medizin und der Naturwissenschaften 1905, S. 92.

Einiges Historisches von der Butter. Zeitschrift für Fleisch- und Milchhygiene 1916, Heft 11, S. 174.

Friedländer, Darstellungen aus der Sittengeschichte Roms. Leipzig 1888—1890.

Goldschmidt, Chemie, Analyse, Technologie der Fettsäuren, des Glyzerins, der Türkischrotöle und der Seifen. Leipzig 1911.

Hehn, Kulturpflanzen und Haustiere in ihrem Übergang aus Asien nach Griechenland und Italien. Berlin 1912.

Herodot, Geschichten, 1. Buch 193, 2. Buch 85—89; 4. Buch, 74.

Hoops, Reallexikon der germanischen Altertumskunde. Band 3. Straßburg 1915.

Joseph, Handbuch der Kosmetik. Leipzig 1912.

Kobert, Chronische Bleivergiftung im klassischen Altertum. In: Diergart, Beiträge aus der Geschichte der Chemie. Leipzig und Wien 1909.

Kopp, Geschichte der Chemie. Braunschweig 1843—1847.

Laton, Der Ölbaum und seine Geschichte. Aus der Natur 1912, S. 579.

Leichner, Über Puder und Schminke. Polytechnisches Zentralblatt 1894/95, S. 117.

Lewin=Dorsch, Die Technik in der Urzeit. Stuttgart 1912.

v. Lippmann, Chemische Papyri d. 3. Jahrhunderts. Chemiker=Zeitung 1913, S. 933.

— Chemisches aus dem Papyrus Ebers. Abhandlungen und Vorträge zur Geschichte der Naturwissenschaften. Leipzig 1913.

v. Lippmann, Die chemischen Kenntnisse d. Dioskorides. Abhandlungen und Vorträge zur Geschichte der Naturwissenschaften. Leipzig 1906.

— Die chemischen Kenntnisse des Plinius. Abhandlungen und Vorträge zur Geschichte der Naturwissenschaften. Leipzig 1906.

Medicus, Kurzes Lehrbuch der chemischen Technologie. Tübingen 1897.

Neuburger, Die chemische Zusammensetzung altägyptischer Augenschminken. Prometheus 1893, S. 355.

Pagel, Geschichte der Kosmetik. In: Joseph, Handbuch der Kosmetik. Leipzig 1912.

Pinner, Chemisches aus der Bibel. In: Diergart, Beiträge aus der Geschichte der Chemie. Leipzig und Wien 1909.

Prisse d'Avennes, Histoire de l'art égyptienne. Paris 1879.

Reutter, Les parfums égyptiens. Bull. de la société française d'histoire de la médicine. 1913, S. 159.

Reutter, Zusammensetzung einer römischen Pomade. Zeitschrift für angewandte Chemie (n. Comptes rendus de l'Academie des Sciences 1916. 162. 470) Referatenteil 1916, S. 449.

Rhousopoulos, Chemische Kenntnisse der alten Griechen. In: Diergart, Beiträge aus der Geschichte der Chemie. Leipzig und Wien 1909.

— Noch ein kleiner Beitrag zum Thema über die chemischen Kenntnisse der alten Griechen. Archiv für Geschichte der Naturwissenschaften und der Technik 1909, S. 287.

Schelenz, Seifenbehelf. Deutsche Parfümerie=Zeitung 1916, S. 46.

Strunz, Die Chemie im klassischen Altertum. Sonderausgabe aus der Zeitschr. Die Kultur 1905, S. 474.

Werner, Ovid als Kosmetiker. Deutsche Parfümerie=Zeitung 1916, 16, 98.

Woenig, Die Pflanzen im alten Ägypten. Leipzig 1897.

Kältetechnik und Konservierung.

Von den heute üblichen Konservierungsverfahren wandten auch die Alten schon die wichtigsten an, nämlich die Kälte, das Einsalzen, das Austrocknen und den Abschluß der Luft. Wie jetzt, so diente damals bereits die Kälte nicht nur zur Konservierung, sondern auch zur Erzeugung künstlicher Kühlung. Es entstand so, unabhängig von der Konservierung, eine besondere Kältetechnik, die teilweise auf den Verfahren des Wärmeaustausches, teilweise auf der Herbeiführung von Verdunstungskälte sowie auch auf der von Temperaturerniedrigung durch Auflösung beruhte.

Die Kältetechnik.

Diese Kältetechnik ist schon sehr alt. Bereits im altchinesischen Liederbuch „Schiking" finden sich in einem älteren über das Jahrtausend v. Chr. zurückreichenden Abschnitte religiöse Zeremonien für das Füllen und Entleeren der Eiskeller vorgeschrieben. Leider ist über die Beschaffenheit dieser Eiskeller nichts bekannt, insbesondere nicht, ob man gegen die Wärme isolierende Schichten verwendete. Auch die Juden benutzten Schnee zur Kühlung ihrer Getränke. In den Sprüchen Salomonis heißt es: (25, 13): „Wie die Kühle des Schnees zur Zeit der Ernte, so ist ein getreuer Bote dem, der ihn gesandt hat und erquickt seines Herrn Seele". Nach wichtigen technischen Grundsätzen legten die Griechen und Römer, insbesondere aber die letzteren, ihre Schneekeller an. Es waren große Gruben, die mit Gras, Spreu oder (nach Seneca) mit Erde, Mist oder Baumzweigen bedeckt wurden, so daß also, wie man gestehen muß, die Wahl der gegen die Wärme isolierenden Stoffe nach sehr richtigen Grundsätzen geschah. Außerdem preßte man den Schnee, ehe man ihn in die Gruben brachte, noch fest zusammen. Da er unter Druck in Eis übergeht, so erscheint es nicht ausgeschlossen, daß man damals bereits nach diesem Verfahren ein künstliches Eis erzeugte. Der Schnee mußte oft weit hergeholt werden; vielleicht hat man Pressen auch benützt, um den Transport, über dessen Einzelheiten uns nichts weiter bekannt ist, zu erleichtern. Über den Schutz, den die Spreu gegen das Schmelzen des Schnees gewährt, stellt Plutarch eingehende Erörterungen an, aus dessen Betrachtungen im übrigen noch hervorgeht, daß man den Schnee, um ihn lange zu erhalten, auch in dicke Tücher einhüllte. Im übrigen soll die eben beschriebene Art der Aufbewahrung nach Athenäus schon von Alexander dem Großen angewendet worden sein. Den Schnee warf man direkt in die Getränke. Auch sein Schmelzwasser wurde zu dem gleichen Zwecke benutzt, nachdem man es vorher, um es zu reinigen, durch Tücher und Siebe hatte laufen lassen. Der Genuß der stark gekühlten Getränke erzeugte, wie Plinius (XXXI 21) erwähnt, die verschiedenartigsten Krankheiten. Als man sich dieses Umstandes bewußt war, kühlte man die Getränke von außen her, indem man die Gefäße in Schnee stellte, eine Erfindung, die von Kaiser Nero herrühren soll (Plinius XXXI 23), so daß wir also in diesem den Erfinder des Sektkühlers zu erblicken hätten. Galen berichtet, daß Nero auch die Beobachtung gemacht hätte,

vorher erhitztes Wasser kühle sich rascher ab als gewöhnliches. Diese Beobachtung,
die übrigens jedoch bereits von Aristoteles (Meteorologie I 12) erwähnt wird,
ist richtig: das gewöhnliche Wasser enthält Luft und Kohlensäure, die die Abkühlung
verzögern. Aus gekochtem Wasser sind beide Gase ausgetrieben.

Im übrigen ging man nach den Berichten des Galen besonders in Ägypten
noch vielseitiger vor, um eine künstliche Abkühlung des Wassers herbeizuführen. Man
stellte vorher erwärmtes Wasser in flache Tonschalen und ließ sie über Nacht auf dem
Wind abgewandten Dächern stehen. Am anderen Morgen stellte man sie in feuchte,
in die Erde gegrabene Höhlungen und bedeckte sie mit feuchten Blättern. Es wird
also hier von der durch Verdunstung erzeugten Kälte in ausgiebigem Maße Gebrauch
gemacht, die ja auch in der Gullah (siehe den Abschnitt „Keramik") in sehr sinngemäßer
Weise zur Erzeugung eines kühlen Trunkes von altersher ausgenützt wurde. Nach
den Berichten des Athenäus ließ man in Ägypten diese Tonschüsseln während
der ganzen Nacht durch Knaben von außen anfeuchten, um die Verdunstung zu er-
höhen. Darüber, wie weit die herbeigeführte Abkühlung geht, sind die Ansichten
sehr geteilt, ebenso wie darüber, ob die Sonne infolge lebhafter Verdunstung
oder der Schatten infolge der Verdunstung in Verbindung mit seiner Kühle besser
wirkt. Dollinger berechnet bei einem Topf von 5 Liter Inhalt, von dem $\frac{1}{10}$
verdunstet ist und einer Temperatur von 33 Grad einen Wärmeentzug von
58,5 Kalorien, was einer Abkühlung von 12 Grad entsprechen würde, die aber
nie eintreten kann, da ein Teil der Wärmeeinheiten nicht vom Wasser, sondern
von der umgebenden Luft geliefert wird und da durch die Öffnung des Topfes
Wärme zum Wasser zutritt. v. Luschan hingegen vermochte bei 40 Grad Wasser
oder Tee um volle 25 Grad abzukühlen. Versuche, die besser als theoretische
Berechnungen die besten Abkühlungsmöglichkeiten erkennen lassen, wollte der Verfasser selbst in Ägypten anstellen. Sie waren für den Winter 1914/15 vorgesehen,
mußten aber wegen des inzwischen ausgebrochenen Krieges unterbleiben.

Davon, daß man auf diese Weise Eis erzeugt hätte, wird nichts berichtet,
doch war den alten Indern schon von alter Zeit her ein Verfahren der künstlichen Eiserzeugung bekannt. Es beruhte auf dem gleichzeitigen Zusammenwirken von Verdunstungskälte und Wärmeausstrahlung. Man stellte über Nacht flache, mit Wasser
gefüllte Schalen aus porösem Ton auf Reisstroh in kleine Erdgruben. Das Wasser
friert dann infolge starker Ausstrahlung und gleichzeitiger Verdunstung: am Morgen
sind die Schalen mit Eis bedeckt,. Diese Form der Eiserzeugung mag im übrigen bei
vielen Völkern bestanden haben. Durch einen Zufall wissen wir, daß sie auch den
Esten um das Jahr 800 n. Chr. bekannt war. Die im Altertume so beliebte Abkühlung der Luft durch Springbrunnen, Wasserbassins, sowie durch Begießen
der Marmorfließen mit Wasser stellt gleichfalls eine Ausnützung der Verdunstungskälte dar.

Inwieweit man von der Lösungskälte Gebrauch machte, ist nicht bekannt.
Daß sie verwendet wurde, dürfte sicher sein. Einmal geht dies aus der aus dem 4. Jahrhundert n. Chr. stammenden indischen Schrift „Pancatantram" hervor, in der es
heißt: „Dann ist das Wasser kühl, wenn es Salz enthält". Andererseits aber tritt
bei der Lösung bestimmter, den Alten wohlbekannter und von ihnen vielfach verwendeter Salze, so insbesondere des Salpeters, eine starke Abkühlung ein, und es
ist nicht anzunehmen, daß diese unbemerkt blieb.

Auch die Wärmeableitung wurde — allerdings in sehr origineller Weise —
zur Herbeiführung einer künstlichen Kühlung verwendet. Man umgab sich mit
Kaltblütern und benutzte kalte Steine, um sich Kühlung zu verschaffen. Herodot

berichtet von den Ägypterinnen des 5. Jahrhunderts v. Chr., die sich derartiger Mittel sowie gleichzeitig auch der Verdunstungskälte bedienten, um ihr Dasein angenehmer zu gestalten: „Sie ließen das Lager in ihrer Sänfte mit einer dichten Schicht grüner Blätter und Blumen bedecken, auf der sie sich ausstreckten, nur mit einer zarten Linnentunika bekleidet. Man schloß die Vorhänge, und dann benetzte man sie mit kühlem Wasser. Dazu rollten sie um ihren Hals und um ihre Arme zwei oder drei lebende Nattern, und in jede Hand nahmen sie eine Quarzkugel, ein Mineral, dessen Temperatur ständig unterhalb der der umgebenden Luft bleibt".

Die Verfahren der Konservierung.

Daß die Kälte im Altertum auch Konservierungszwecken diente, geht aus verschiedenen Angaben, vor allem auch aus altrömischen Kochbüchern hervor, in denen der Rat gegeben wird, gewisse Speisen, insbesondere Sülzen, mit Schnee zu bedecken. Da gerade diese besonders leicht der Verderbnis ausgesetzt sind, und da der Schnee als solcher kaum als Leckerbissen gegolten haben dürfte, so kann es sich hier nur um ein Konservierungsverfahren handeln.

Im übrigen bediente man sich zum Konservieren insbesondere der Nahrungsmittel vor allem der Austrocknung an der Luft, des Räucherns, dann aber auch des Einsalzens und des Luftabschlusses. Dieser erfolgte vor allem durch Einlegen von Nahrungsmitteln in Öl (Columella, d. re rustica V 8). Außerdem legte man aber auch in Essig, in Salz und in Salzwasser ein (a. a. O.). Das Einsalzen scheint allgemein im Gebrauche gestanden zu haben. Herodot (IV 53) berichtet von dem Flusse Borysthenes, der im Lande der Skythen fließt: „An seiner Mündung schießt von selbst eine unendliche Menge von Salz an, und große Haifische ohne Gräten liefert er zum Einsalzen, die sie Antakäer nennen, und viele andere bewundernswerte Dinge". Konservierte Fische aus altägyptischer Zeit haben sich bis jetzt vollkommen unversehrt erhalten. Allerdings war das Konservierungsverfahren ein etwas kompliziertes. Es handelt sich um den bei den alten Ägyptern heiligen Lates niloticus, einem barschartigen Fisch, von dem große Mengen sowohl in einer sich östlich der Stadt Esnéh erstreckenden Sandwüste gefunden wie auch aus Gräbern ausgegraben wurden. Die Fische wurden mit leinenen Streifen umwickelt und dann in das Wasser der stark sodahaltigen Seen Ägyptens eingelegt, mit dem man sie längere Zeit in Berührung ließ. (Die Untersuchungen französischer Gelehrter erbrachten den Nachweis des Vorhandenseins von Natrium; ob dieses Natrium von der Verwendung von Soda oder von der von Kochsalz herstammt, erscheint nach den sogleich zu besprechenden neueren Forschungen über die Herstellung von Mumien zweifelhaft.) Dann wurden die Fische in eine Mischung von Sand und Ton gepackt und abermals in eine Salzlake gelegt. Sie sehen zum Teil heute noch so aus, als ob sie eben erst aus dem Wasser gekommen wären. Die Haut hat Glanz und Farbe, in den Augen ist die Regenbogenhaut deutlich zu erkennen. Es dürften bei dieser Art der Konservierung die Einpökelung, der Luftabschluß (Ton) sowie die Austrocknung durch die trockene ägyptische Luft zusammengewirkt haben, um ein derartiges Ergebnis zu zeitigen.

Die Mumien.

Die höchste Stufe ihrer Vollendung erreicht jedoch die alte Konservierungstechnik in den altägyptischen Mumien. Sie sind der Gegenstand vielfacher Untersuchungen gewesen, ohne daß es jedoch bis jetzt gelungen wäre, jede Einzelheit ihrer Herstellung vollkommen aufzuklären. Immerhin haben jedoch neuere Forschungen und Analysen so viel erwiesen, daß der Bericht, den Herodot (II 86) gibt, ebenso wie der des Diodor im allgemeinen zutrifft. Da die älteste aller bekannten Mumien aus der Zeit um etwa 3000 v. Chr. stammen dürfte, so scheint es auf den ersten Blick, als ob die von den alten Ägyptern angewendeten Verfahren geeignet sein könnten, eine über Jahrtausende sich erstreckende Konservierung vollständiger Leichname zu ermöglichen. Dieser Auffassung ist, wie W. A. Schmidt auf Grund seiner Untersuchungen mit Recht hervorhebt, irrig. Wir werden auf die Ergebnisse dieser Untersuchungen weiter unten noch zurück=

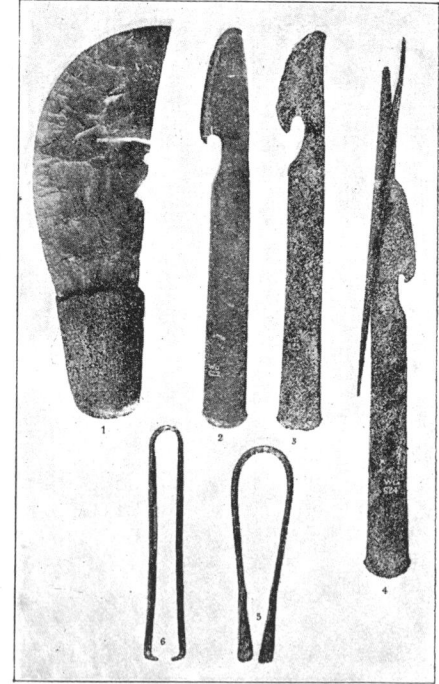

Abb. 185 u. 186. Ägyptische Mumienmacherinstrumente.

kommen, hier sei nur hervorgehoben, daß sich in den Mumien niemals Blut bzw. Hämoglobin und seine Abkömmlinge nachweisen ließen. Die Konservierung erstreckt sich nur auf das Skelett und die Haut sowie auf Nägel, Haare, Sehnen und Knochen.

Die Muskulatur ist auf ein geringes zusammengeschrumpft und stellt nur noch eine faserige tabakähnliche Masse dar. Erst bei jüngeren Mumien, den sogenannten „Koptenmumien" aus dem 5. Jahrhundert n. Chr., ist nach Schmidt die Muskulatur derartig erhalten, daß man von einer Konservierung des Fleisches sprechen kann.

Die Herstellung der Mumien geschah nun (Herodot und Diodor) auf folgende drei Arten, von denen je nach dem Reichtum des Einzubalsamierenden bald die eine, bald die andere zur Anwendung kam. Das erste Verfahren kostete ein Talent (etwa 4500 Mark) das zweite 20 Minen (etwa 1500 Mark), das dritte war sehr billig. Beim ersten verfuhr man in der Weise, daß das Gehirn zum Teil mit einem krummen Eisen durch die Nasenlöcher herausgezogen wurde, zum anderen Teil wurde es durch Eingießen heute unbekannter Mittel entfernt. Dann geschah mit Hilfe eines scharfen äthiopischen Steins ein Einschnitt in die Weiche, durch den die Eingeweide herausgenommen wurden. Man reinigte sie mit Palmwein und streute zerriebene Spezereien darauf. Der Bauch wurde mit zerriebenen Myrrhen, mit Kassia und allem übrigen Räucherwerk, jedoch nicht mit Weihrauch, angefüllt und dann wieder zugenäht. Hierauf wurde die Leiche siebzig Tage lang in „Natrum" (siehe Seite 130) eingelegt. Nach Verlauf dieser Zeit wusch man sie, umwickelte den Leib mit feiner Byssusleinwand und überstrich ihn mit Gummi. Dann kam die Leiche in einen Holzkasten, der sich der Form der Mumie anpaßte. In diesem wurde sie aufrecht an die Wand gestellt.

Die zweite Art der Mumienherstellung war die folgende: Klistierspritzen wurden mit Zedernholzöl gefüllt. Der Leib wurde nicht geöffnet, und es wurde auch der Magen nicht herausgenommen. Dann wurde das Öl durch den After, der wieder geschlossen wurde, eingespritzt. Die Leiche wurde wieder in die Natrumlösung eingelegt und nach Verlauf von siebzig Tagen herausgenommen. Dann ließ man das Zedernöl wieder ausfließen, das Magen und Eingeweide aufgelöst mit herausbrachte. Das Fleisch wird nach Herodot vom Natrum aufgelöst, so daß von der Leiche nichts übrig bleibt als Haut und Knochen.

Die dritte Art der Einbalsamierung, die billigste, erfolgt durch Waschen und Ausspülen des Bauches mit einer reinigenden Flüssigkeit und siebzigtäges Einlegen der Leiche.

Nach diesen hauptsächlichsten Grundsätzen verfuhr man auch bei der Einbalsamierung der heiligen Tiere. Im übrigen aber gab es verschiedene Abweichungen von diesen Verfahren. So findet man die Verwendung von mannigfachen Harzen, Asphalt, Pech, aromatischen Wässern, teuren Ölen, Blumen usw. usw. Nach den Untersuchungen, die Elliot Smith an den Mumien von 44 Priestern und Priesterinnen aus der 21. Dynastie (11. Jahrhundert v. Chr.) anstellte, übte man damals ein

Abb. 187. Eingeweidekrug (Kanope),

der zur Aufnahme der Eingeweide von Mumienleichen diente. Deckel in Form eines Menschenkopfes. Der untere Teil ist mit Leinewand überzogen und schwarz bemalt.

Höhe 0,33 m. Theben. Berliner Museum, Ägyptische Abteilung.

Verfahren aus, durch das die natürliche Form des Körpers gesichert werden sollte. Insbesondere wollte man das Einschrumpfen des Leibes und die Verdrehung des Körpers verhindern. Zu diesem Zwecke bediente man sich des Füllens oder Stopfens. Das Fleisch wurde ersetzt, indem man an seiner Stelle dauerhafte Stoffe wie Lehm,

Sand oder Sägespäne unter die Haut brachte, oft unter Beimengung wohlriechender Stoffe. Später wurde dieses Ausstopfungsverfahren wieder verlassen und versucht, durch Einwickeln der Glieder und des Körpers in Binden seine äußere Gestalt zu sichern. Noch später wurden Verdrehungen durch Anwendung von Pech und Binden verhindert. Die von Herodot erwähnte Öffnung im Dache der Nasenhöhle, durch die man das Gehirn herauszog, wurde von Smith an allen Mumien der 17. und späteren Dynastien aufgefunden. Die während des Einlegens in den vier „kanopischen Vasen" aufbewahrten Eingeweide wurden in vier Päckchen wieder in die Körperhöhle eingeführt.

Abb. 188.
Eingeweidekrug
(Kanope).
Deckel in Form eines
Sperberkopfes. Mit
Asphalt überzogen
und dann mit gelber
Farbe bemalt. Holz.
Höhe 0,32 m.
Berliner Museum,
Ägyptische Abteilg.

Aus den zahlreichen über die Mumien und ihre Bestandteile vorliegenden analytischen Befunden seien die nachstehenden als die insofern wichtigsten hervorgehoben, als sie uns bemerkenswerte Aufschlüsse über das Verfahren der Mumifizierung und der dabei verwendeten Stoffe geben. Die von A. Lucas analysierte Asche dreier Mumien enthielt 10—13,58 % in Wasser unlösliche Stoffe, hauptsächlich kohlensauren Kalk neben Eisenoxyd, Tonerde und Sand. Es hat sich nicht ermitteln lassen, ob der kohlensaure Kalk ein umgewandelter Bestandteil des Einbalsamierungsmittels oder eine zufällige Verunreinigung aus dem Erdreich ist, ebensowenig ließ sich feststellen, ob das Aluminium in Form eines Silikats oder eines löslichen Salzes zur Verwendung kam. Es scheint sich hier um Reste des Ausstopfungsmittels zu handeln. Haas beobachtete den hohen Natriumgehalt einer Mumienasche, der jedenfalls von der Tränkung mit dem von Herodot erwähnten „Natrum" herrührt. Dieses „Natrum" oder „Nitrum" wurde bisher für eine Lösung von Salpeter oder Soda gehalten, insbesondere jener Art von Soda (kohlensaurem Natron), die aus den Salzseen Ägyptens auswittert, jetzt als „Trona" bezeichnet wird und ihrer chemischen Natur nach der Formel $Na_2CO_3 . 3 H_2O$ entspricht. W. A. Schmidt konnte in den Mumiengeweben Salpeter und kohlensaures Natron auch nicht in den geringsten Spuren feststellen; hingegen fanden sich stets, besonders in den koptischen Mumien, erhebliche Mengen

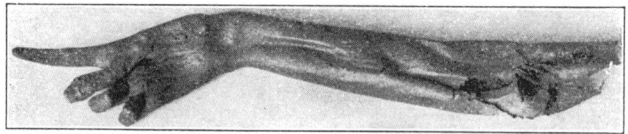

Abb. 189. Unterarm einer weiblichen Mumie (ohne Binden). Aus einem Grabe in Theben.
Berliner Museum, Ägyptische Abteilung.

von Kochsalz. Nach Schmidt bestand somit das Nitrumbad zweifellos aus Kochsalz. Die Mumifizierung wurde also durch ein richtiges Einpökeln der Leichen herbeigeführt. Trona wurde daneben vielfach in fester Form als Füllmaterial für die Leichen verwendet. In keiner Mumie ließen sich andere chemische Konservierungsmittel, wie Verbindungen von Quecksilber, Arsen, Blei, Zink, Antimon usw. usw. feststellen. Dem Auswaschen der Leichen mit Palmwein kommt wegen seines geringen Alkoholgehalts keine konservierende Wirkung zu. Der Luftabschluß durch Harz, Asphalt usw. tritt nach Schmidt gegen die Bedeutung des Pökelns und Ausdörrens zurück. Wichtig

Abb. 190. Ausgewickelte Mumie. Berliner Museum, Ägyptische Abteilung.

ist hingegen die Umhüllung mit Bandagen, die mit Gummischleim und Harzen beschmiert waren. Daß die Austrocknung allein ohne Pökelung in der trockenen Luft Ägyptens konservierend wirken kann, beweisen vorgeschichtliche, vielleicht 6000 Jahre alte Mumien, die im Sande vergraben wurden und nachweislich keine Kochsalzbehandlung durchgemacht haben. Sie wurden vor dem Begräbnis gut ausgetrocknet. Wahrscheinlich hat die öfter stattfindende Beraubung der mit Schmuckstücken und Kostbarkeiten begrabenen Leichen sowie die Verbesserung der Werkzeuge, die es ermöglichte, Holzsärge herzustellen, zur Aufgabe des alten Luftdörrverfahrens und zur Herstellung der Mumien durch Pökeln und Trocknen geführt.

Die zum Ausstopfen der Mumien verwendete Trona wurde mit Fetten, und zwar wahrscheinlich mit Butter vermischt, doch läßt Schmidt, der die Frage der Mumienfettsäuren sorgfältigen Untersuchungen unterzogen hat, die Frage offen, ob nicht auch andere Fette zur Anwendung kamen oder ob das mit der Trona vermengte Fett langsam dem Körper entzogen wurde. Die Wahrscheinlichkeit spricht doch für eine Vermischung der Trona mit Butter.

Über die bei der Herstellung von Mumien verwendeten Harze liegen mannigfache Untersuchungen von Reutter, Tschirch usw. usw. vor, die sich auf Mumien aus verschiedenen Zeitaltern beziehen. Es zeigt sich, daß sowohl reine Harze, und zwar Styrax, Mastix, Aleppoharz, Kopal, ferner Asphalt, wahrscheinlich auch Chiosterpentin sowie Zedernharz und Gemische dieser Verwendung fanden. Weihrauch war nirgends nachzuweisen, so daß also die von Herodot gemachte Angabe stimmt. Seine Verwendung war in Ägypten durch Kultusgebote ausgeschlossen. In karthagischen Mumien hingegen, wo diese Verbote keine Geltung hatten, findet sich auch Weihrauch. Zum Parfümieren dienten die verschiedensten Wohlgerüche; in Karthago verwendete man meist Thymian und Mentha.

Abb 191. Mumienhülle. Bunte Bemalung auf weißem Grunde. Gesicht dunkelrot. Theben. Berliner Museum, Ägyptische Abteilg.

Nach Dörpfeld hätten übrigens auch die Griechen ihre Leichen, und zwar durch Räuchern konserviert. Eine Verbrennung fand nur statt, wenn man die Asche transportieren wollte. Daß im übrigen bei ihnen auch noch eine Erhaltung durch Luftabschluß üblich gewesen zu sein scheint, die durch Einlegen in Honig oder durch Umgießen mit Wachs bewirkt wurde, geht u. a. aus

9*

dem Berichte des Plutarch (Vitae X) über den Tod des Agesilaos im Menelaus=
hafen zu Lybien hervor: „Die anwesenden Spartaner machten also, weil kein
Honig vorhanden war, einen Guß von Wachs über den Toten und führten ihn
so nach Lakedämon." Ähnliches berichtet Herodot (IV 71) von den Skythen.
Um die Leichen ihrer Könige transportieren zu können, überziehen sie den Leib
mit Wachs, nachdem sie den Bauch aufgeschnitten, gereinigt, mit gepulvertem
Safran, Räucherwerk, Aniskörnern usw. gefüllt und wieder zugenäht haben. Da
dieser Füllung keinerlei konservierende Eigenschaften zukommen, so beruht die
Erhaltung auf dem durch das Wachs bewirkten Abschluß der Luft.

Literatur zum Abschnitt: „Kältetechnik und Konservierung".

Dollinger, Poröse Tongefäße zum Ab=
kühlen von Trinkwasser. Naturwissen=
schaftliche Wochenschrift 1913, S. 768
u. 799.

Elliot Smith, Über den Ursprung der ägyp=
tischen Mumien. Vortrag in der Philo-
sophical Society von Glasgow, Mai 1910.

— Über die Kunst des Einbalsamierens der
Leichen im alten Ägypten. Mémoires
présentées à l'Instistut égyptien, Band 5
Heft 1.

Friedländer, Darstellungen aus der Sitten=
geschichte Roms. Leipzig 1865—1874.

Herodot, Geschichten. 1. Buch, 200;
2. Buch, 85—89; 4. Buch, 53.

Jeep, Der Asphalt und seine Anwendung in
der Technik. Leipzig 1899.

v. Lippmann, Zur Geschichte der Kälte=
mischungen. Abhandlungen und Vor=
träge zur Geschichte der Naturwissen=
schaften. Leipzig 1906.

Lucas, Über die von den alten Ägyptern
zum Einbalsamieren verwendeten Kon=
servierungsmittel. Chemical News 1910,
S. 266.

v. Luschan, Poröse Tontöpfe usw. Natur=
wissenschaftliche Wochenschrift 1913, 799.

Mann, Balsamierte Fische. Frankfurter
Nachrichten, 12. Dezember, 1911.

Medicus, Kleines Lehrbuch der chemischen
Technologie. Tübingen 1897.

Meyer, Geschichte der Chemie von den älte=
sten Zeiten bis zur Gegenwart. Leipzig
1914.

Möller, Die beiden Totenpapyrus Rhind
des Museums zu Edinburg. Leipzig 1913.

Netolitzky, Ergänzungen zu „Nahrungs=
und Heilmittel der Urägypter". Zeit=
schrift für Untersuchung von Nahrungs=
und Genußmitteln 1913, S. 425.

Peters, Heilmittel und Gifte in den Kriegen
der Vergangenheit. Pharmazeutische
Zeitung 1917, Nr. 24.

Reutter, Analyse eines Harzes aus einem
ägyptischen Sarkophage. Chemiker=Zei=
tung 1911, Nr. 137.

— De l'embaumement avant et après
Jésus-Christ. Paris-Neuchâtel 1912.

— de la momie ou d'un médicament dé=
modé. Bulletin de la Société française
d'histoire de la médicine 1912, S. 439.

— de la Momie ou Mumia. Sonderdruck aus
Bulletin des Sciences pharmacologiques.
Genf 1913.

— Zusammensetzung der zur Einbalsamierung
dienenden Harze. Vortrag in der Sitzung
der Société de Chimie de Genève v.
11. Dezember 1913, referiert Natur=
wissenschaftliche Wochenschr. 1914, S. 236.

Ruffer, Remarks on the histology and
pathological Anatomy of Egyptian
Mummies. The Cairo Scientific Journal
Nr. 40, Januar 1910.

— Pathological notes on the Royal
Mummies of the Cairo Museum. Le
Caire 1912.

— und Rietti, Notes on two Egyptian
mummies. Bulletin de la Société Archéologique d'Alexandrie. No. 14.
Alexandrien 1912.

Schmidt, Chemische und biologische Unter=
suchungen von ägyptischem Mumien=
material. Zeitschr. f. allgemeine Physio-
logie 1907, S. 369.

— Über Mumienfettsäuren. Chemiker=Zei=
tung 1908, S. 769.

Tschirsch, Über im ersten Jahrtausend vor
Christi bei der Einbalsamierung der Lei=
chen in Ägypten und Karthago benützte
Harze. Archiv f. Pharmazie 1912, S. 170.

Wiedemann, Tote und Totenreiche im
Glauben der alten Ägypter. Der alte
Orient. 2. Jahrg., Heft 2.

Wilkinson, The manners and customs of
the ancient Egyptians. London 1878.

Die Keramik.

Die Entwicklung der Keramik.

Obgleich man unter „Keramik" in erſter Linie die Tonbildnerei, d. h. die Ver=
arbeitung des Tons zu allen möglichen Kunſt= und Gebrauchsgegenſtänden, zu ver=
ſtehen pflegt, ſo ſoll in dieſem Abſchnitte doch auch die Herſtellung verſchiedener
Baumaterialien, insbeſondere die der Ziegel geſtreift werden, da gerade im Altertume
zwiſchen der eigentlichen Keramik und der Gewinnung von Baumaterialien mancherlei
Beziehungen beſtehen, die insbeſondere durch die Konſtruktion der Öfen, die Be=
handlung und Art des Materials uſw. uſw. geſchaffen werden.

Die Keramik iſt zweifellos eine der älteſten aller Techniken. Ihre Spuren
gehen bis weit in die vorgeſchichtliche Zeit, man kann wohl ſagen, bis zu den
Anfängen der Menſchheit zurück. Wie man eigentlich dazu kam, aus Ton
Gefäße zu formen, darüber macht Rohland ſehr bemerkenswerte Angaben, der
darauf hinweiſt, daß der franzöſiſche Seefahrer Gonneville an der braſilianiſchen
Küſte hölzerne Kochgeſchirre der Eingeborenen fand, die mit einer Lehmſchicht
umkleidet waren; löſte ſich durch Zufall die Holzſchale von der irdenen Umkleidung
ab, ſo blieb ein Tongeſchirr übrig. Der Deutſche Rau entdeckte am Miſſiſſippi in
einer alten Töpferwerkſtätte der Indianer Binſen und Weiden, die mit Ton aus=
gekleidet waren. Wurden ſie erhitzt, ſo verbrannten die Holzbeſtandteile, und das
tönerne Gefäß blieb zurück. Es ſcheint alſo, daß man durch die Verwendung von Ton
hölzerne Gefäße und Geflechte waſſerdicht machen wollte, nachdem man zuerſt viel=
leicht nur ihre Fugen mit Ton ausgeſchmiert hatte. Aus dem Gefäße löſte ſich beim
Trocknen der Ton, und ſo erhielt man die erſten ungebrannten Keramiken. Fiel nun
durch Zufall ein derartiges Gefäß in das Feuer, und verbrannte dabei das Holz, ſo
mußte man erkennen, daß der Ton der Feuersglut nicht nur widerſtand, ſondern durch
ſie ſogar härter und feſter wurde. So dürfte ſchon in Urzeiten ein Zufall das Brennen
der keramiſchen Gefäße gelehrt haben. Hierzu kamen noch weitere Umſtände, die
dazu führten, daß die Keramik eine der älteſten techniſchen Fertigkeiten werden mußte:
Der Ton iſt bildſam, „plaſtiſch". Wenn der Fuß des Menſchen durch eine Tonſchicht
hindurchſchritt, ſo mußte dieſe Eigenſchaft auffallen. Man benutzte ſie dann, um ihm
durch Drücken und Kneten die gewünſchte Geſtalt zu geben. Später geſchah die Form=
gebung mit Hilfe von Werkzeugen, unter denen das wichtigſte die Töpferſcheibe
iſt. Ihr Alter läßt ſich heute nicht mehr feſtſtellen. Sie kommt aber bei allen Völkern
des Altertums vor und dürfte wahrſcheinlich in Kleinaſien oder Ägypten zuerſt
verwendet worden ſein. Uralte von dort ſtammende Keramiken beweiſen bereits

den Gebrauch der Töpferscheibe, und in gleichfalls sehr alten ägyptischen Darstel=
lungen sehen wir die Töpfer bei ihr an der Arbeit sitzen. (Abb. 192.)

Daß die Töpferscheibe nicht bei allen Völkern, die sie benutzten, immer jeweils
wieder von neuem erfunden worden ist, sondern daß irgendwelche Verkehrsverhält=
nisse oder Handelsbeziehungen sie über weite Teile der vorgeschichtlichen und antiken
Welt verbreiteten, dafür spricht ein merkwürdiger Umstand, der vielleicht zugleich
auch ein Beweis dafür ist, daß die Kunst, den Ton zu brennen, auf dem gleichen Wege

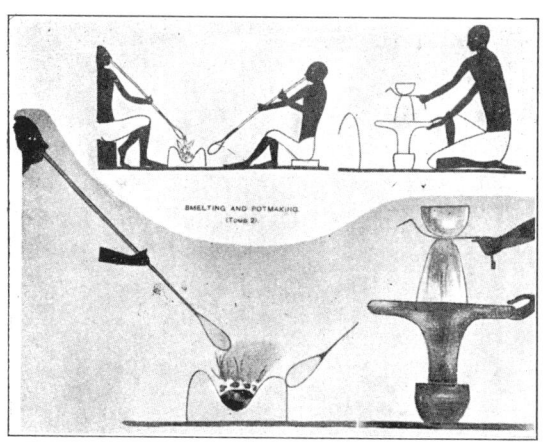

bekannt wurde. Auf allen
gebrannten Tonen der ersten
Zeit, mögen sie nun stammen,
woher es auch immer sei, fin=
det sich ein und dasselbe Zei=
chen, das Zeichen ✛, das Zei=
chen des „laufenden Kreuzes".
Wir finden dieses Zeichen in
Grönland sowohl wie an der
Südspitze Amerikas, wir finden
es in Skandinavien und in
Afrika. Es läßt vermuten,
daß die Wiege der auf dem
Brennen des Tons und auf der
Verwendung der Töpferscheibe
beruhenden Tonindustrie in
Kleinasien oder in Ägypten
gestanden hat.

Noch eine weitere Er=
scheinung tritt allüberall auf:
In der ältesten Zeit benutzte
man Tone der jüngsten oben

Abb. 192. Gebrauch der Töpferscheibe (rechts) bei den Ägyptern
zur Zeit der 12. Manethonischen Dynastie (2380—2167 v. Chr.).
Die Darstellung links erscheint nicht aufgeklärt. Die Vermutung,
daß es sich um Glasblasen handelt, dürfte nach den Ausführungen
im Abschnitt „Das Glas" S. 156 nicht zutreffen. Die Scheibe wird mit
der linken Hand gedreht, die rechte arbeitet mit dem Formeisen.
Wandgemälde aus Beni Hassan.

aufliegenden Erdschichten, wie sie sich eben gerade darboten. Später traf
man eine Auswahl: Man erkannte, daß sich der eine Ton beim Brennen
anders färbte als der andere. Zufällige Beimengungen von Eisen=, Mangan= usw.
Verbindungen, bewirken dieses Verhalten. Man beginnt vielleicht Versuche an=
zustellen, woher diese Verfärbung kommt, und gewinnt so die Grundlagen zu einer
neuen Technik, durch die gefärbte Keramiken gewonnen werden, zu einer Technik,
die sich im Laufe der Zeiten — insbesondere in Griechenland und Rom — zu einer
hohen Stufe künstlerischer Vervollkommnung entwickelt. Wir werden noch ein=
gehender auf die gefärbten griechischen und römischen Keramiken und die Art
und Weise ihrer Herstellung zurückkommen. Auch mit Glasflüssen beginnt man
zu arbeiten, eine weitere Technik, die vielleicht gleichfalls einem Zufall ihre Ent=
stehung verdankt; erscheint es doch nicht ausgeschlossen, daß sich beim Brennen von
Tongefäßen manchmal auf der Oberfläche gefärbte oder ungefärbte Alkali= und Kalk=
silikate, also Glasuren, bildeten. Auch diese Glasuren finden sich schon an sehr alten
Stücken. Später erreicht auch die Kunst des Glasierens oder „Sirnissens", wie sie noch
genannt wird, eine hohe Stufe der Vollkommenheit. Auch der Ton wird mit der
Zeit durch künstliche Verfahren, vor allem durch Schlämmen gereinigt und verbessert.

Hand in Hand mit dieser Entwicklung geht die der Öfen. Zuerst wurden die
Tongefäße wahrscheinlich nur in der Weise gebrannt, daß man sie auf ein Holzkohlen=

feuer stellte und mit Holzkohle bedeckte. Dabei konnte es nicht ausbleiben, daß das Gefäß, insbesondere wenn es glasiert war, manchmal auf seinem Standort anbuk

Abb. 193. Aus 14 Ziegeln gebildetes Grab.
Provinzialmuseum Trier.

und festschmolz. Man kann daher auf Dorrichtungen, in denen die Ware frei stand, und in denen sie womöglich nur von den Flammen berührt wurde, ohne mit dem

Abb. 194. Römische Ziegel mit Stempeln.
Provinzialmuseum Trier.

Brennmaterial in Berührung zu kommen. Man schuf also Öfen, bei denen der Feue= rungsraum von dem Brennraum, in dem sich die Ware befand, getrennt war. Der

so entstandene Ofen einfachster Art wird heute noch — wenigstens in seinen Grund=
zügen — vielfach benutzt und ist in der Keramik unter der Bezeichnung „Kasseler
Ofen" bekannt.

Die vielfache Verwendung von Tonwaren in Kunst, Haus und Gewerbe läßt
mit der Zeit bei allen Völkern des Altertums ganze Fabriken erstehen, in denen zahl=

reiche Arbeiter teils mit der Formgebung, teils mit dem
Brennen beschäftigt sind. Größere Städte haben einen
Massenbedarf an Tonwaren; werden diese doch nicht
nur für häusliche und Bauzwecke, sondern zu den ver=
schiedenartigsten sonstigen Dingen, wie z. B. auch zur
Herstellung von Gräbern (Abb. 193 S. 135 oben) ver=
wendet. In Rom erhebt sich heute noch der Monte
Testaccio, ein 50 m hoher Hügel von 750 m Umfang, der
vollkommen aus den zerbrochenen Tonscherben besteht, die
beim Ausladen der auf dem Tiber angekommenen Sen=
dungen weggeworfen wurden. Dieser Massenbedarf führt
zur Massenfabrikation und damit zur Anfertigung von
Vorrichtungen, die eine schnellere Herstellung der Ton=
waren ermöglichen. Man schafft Formen, in denen sie rasch
in größeren Massen angefertigt werden können, als dies
mit der Hand möglich wäre. (Abb. 195.) Wie auch jetzt

Abb. 195. Modellform, sog.
Modellschüssel mit ein=
gegossenem Tonrelief zur
Massenanfertigung einer ke=
ramischen Verzierung.
Berliner Museum Antiqua=
rium.

noch, so benutzten die einzelnen Fabriken und Arbeiter Stempel, die in den Ton
eingedrückt werden und die heute noch Kunde von dem Verfertiger der Ware
geben. (Abb. 194 S. 135 unten.) Eine umfangreiche Sammlung alter Ton= und
Ziegelstempel hat Ludowici zusammengebracht.

Die Keramik bei den einzelnen Völkern des Altertums.

Die vorstehend gekennzeichnete Entwicklung der keramischen Technik hat sich
im allgemeinen in ziemlich gleicher Weise bei allen Völkern des Altertums voll=
zogen, so daß wir sie zusammenfassend behandeln konnten. Es wird nun unsere weitere
Aufgabe sein, die besonderen Eigenarten dieser Technik bei den einzelnen Völkern zu
besprechen.

Babylonier und Assyrer.

Die Wiege der keramischen Technik stand, wie oben schon ausgeführt, wahrschein=
lich in Kleinasien oder in Ägypten. Von hier aus dürfte sich diese Technik nach dem
Orient verbreitet haben, wo sie zunächst bei den Babyloniern und Assyrern in
hoher Blüte stand. Die Babylonier wie die Assyrer fertigten nicht nur Ton=
gefäße an, sondern wußten vor allem auch ihren Ziegeln eine hohe künstlerische Voll=
endung zu geben. In Assyrien findet man als Ziegel sowohl gewöhnliche Lehmsteine,
die nur an der Sonne gedörrt sind, wie auch gebrannte und glasierte Steine. Rathgen
hat mit Hilfe eines Voluminometers, also mit Hilfe eines Apparates, der es ermöglicht,
festzustellen, um wieviel der Ton beim Brennen geschwunden ist, die Temperatur
bestimmt, die zur Zeit Nebukadnezars (604—561 v. Chr.) in den altbabylonischen
Brennöfen herrschte; er fand, daß man damals die Ziegel bei etwa 550—600 Grad
Celsius gebrannt haben muß. Es ist dies eine sehr niedrige Temperatur, die es er=

klärlich macht, warum sich diese Ziegel mit dem Messer schneiden lassen. Die jetzige Brenntemperatur beträgt etwa 1000 Grad. Über die Ausgestaltung der altbabyloni=schen Brennöfen war man lange Zeit hindurch vollkommen im unklaren, bis Hil=brecht bei den Ausgrabungen in Nippur zum erstenmal einen aus dem Jahre 200 v. Chr. stammenden derartigen Ofen aufdeckte. Hier ist die Trennung von Feuerraum und Brennraum bereits durchgeführt, und zwar in einer sehr eigenartigen Weise. Während sich nämlich bei vielen antiken Brennöfen und auch bei dem bereits erwähnten „Kasseler Ofen" der Brennraum seitwärts vom Feuerraume befindet, steht er hier darüber. Die Decke des Feuerraumes ist mit einer Anzahl von Schlitzen versehen, durch die die Flammen hindurchschlugen und heiße Gase hindurchtraten. Die zu brennenden Tonwaren standen auf diesen ziemlich langen Schlitzen. Auf ihnen dürften wohl auch die Ziegel gebrannt worden sein, zu deren Herstellung man, wie Herodot berichtet, den Ton verwendete, der sich bei der Aushebung des Stadtgrabens von Babylon ansammelte. Herodot, der, wie Friedrich Delitzsch nachgewiesen hat, in Babylonien gewesen ist und deshalb hier als zuverlässig gelten kann, schreibt: „Als sie (die Babylonier) den Graben machten, strichen sie gleich Ziegel aus der Erde, die aus dem Graben geworfen ward, und wie sie eine hinlängliche Zahl von Ziegeln gefertigt, brannten sie dieselben in Ziegelöfen, und dann nahmen sie zum Mörtel heißes Erdharz". Diese letztere Bemerkung beweist, daß man damals schon die Porosi=tät dieser Ziegel gut auszunützen verstand, da ein nicht poröser Ziegel sich mit Erd=harz (Asphalt) kaum so fest mit anderen Ziegeln verbinden läßt, wie dies bei den altbabylonischen Bauten der Fall ist. Auch das große Stadttor von Nippur, das viel=leicht um das Jahr 3000 v. Chr. hergestellt wurde, ist in der erwähnten Weise sehr fest aus Backsteinen gebaut, die mit Erdharz verbunden sind.

Ganz besondere Bewunderung erregte es, als man im Jahre 1851 auf den Ruinen Babylons Brocken von Ziegelsteinen fand, deren Form und Glasierung darauf schließen ließ, daß sie zu den Figuren großer Löwen gehörten. Der Prophet Ezechiel sowohl wie auch der griechische Schriftsteller Diodor erzählen von den herrlichen Tongestalten, mit denen die Mauern Babylons geschmückt, und auf denen Löwen= und Tigerjagden dargestellt waren. Inzwischen hat man diese prachtvollen Terrakotten wieder auf=gefunden, die die Farben Dunkelblau, Hellblau, Weiß, Gelb, Grün, sowie als Umriß Schwarz zeigen. Es ist auch gelungen, sich eine Vorstellung von der technischen Aus=führung dieser Kunstwerke zu machen. Das Verfahren war allerdings etwas umständ=lich, denn da die Ziegel beim Brennen schwanden, so lief man Gefahr, daß, wenn man sie vorher formte, färbte und glasierte, sie hinterdrein nicht zusammenpaßten. Man verfuhr deshalb in folgender Weise:

Die Ziegel wurden gebrannt, und zwar in keilförmiger Gestalt. Dadurch erreichte man, daß die äußere Fuge dicht schließen mußte. Dann mauerte man sie auf. Hierauf erst wurden die Umrißlinien aufgemalt, und zwar mit einem Stoffe, der nach dem Brande rot wurde. Selbst bei ungenauer Vermauerung blieb auf diese Weise die Zeichnung gleichmäßig. Hierauf wurden die Steine markiert und das Ganze wieder abgetragen. Nun erst erfolgte die Anbringung der Glasuren innerhalb der Umriß=linien und das nochmalige Brennen des Steines, bei dem dieser nicht mehr schwand, und wobei sich nur die Glasur einbrannte. Dann wurde das Ganze wieder aufge=mauert, wobei die vorher angebrachten Marken über die Stelle Aufschluß gaben, wohin jeder einzelne Stein gehörte. Die riesigen Löwen in der Prozessionsstraße des Nebukadnezar, die 90 cm hoch und 195 cm lang sind, wurden jedenfalls zunächst vom Bildhauer in eine Form gedrückt oder gemeißelt, in der sie sich dann als „Ne=gativ" darstellten, so daß also später erhabene Teile vertieft und vertiefte erhaben erschienen. In diese Form wurde dann der zur Herstellung der Ziegel dienende Ton hineingedrückt, so daß eine Tonplatte entstand, die das Positiv enthielt. Diese riesige Tonplatte wurde dann in einzelne Teile zerschnitten. Es entstanden Ziegel, die man in der schon geschilderten Weise markierte und dann brannte.

Eine Art von Massenfabrikation derartiger riesiger plastischer keramischer Kunst= werke stellen die 12 Krieger dar, die man in der alten persischen Hauptstadt Susa auffand und von denen immer mehrere einander so genau gleichen, daß man deutlich erkennt, sie wurden nach derselben Form hergestellt. Hier wurde zuerst die Mauer, auf der sie sich befinden, aufgemauert. Dann wurden die Kriegertypen darauf mo= delliert. Das Modell wurde so zerschnitten, wie es die Fugen der darunterliegenden Steine der Mauer vorzeichneten. Dann formte man jeden so entstandenen Ziegel, nachdem man ihn abgedrückt und dadurch eine Negativ geschaffen hatte, einzeln so oft ab, als man ihn brauchte. Die Umrißlinien wurden auf die Formziegel mit Ton erhaben aufgebracht, so daß sie sich im Negativ vertieft, im richtigen Ziegel wieder erhaben zeigten. So bildeten sich auf dem eigentlichen Ziegel Kassetten, in die die Glasur eingefüllt wurde, und innerhalb deren sie beim Brennen verlief. Die Herstellung des auf diese Weise angefertigten erhabenen 11 m langen Frieses geschah um die Wende des 5. Jahrhunderts v. Chr. Ähnliche Plastiken finden sich auch in Babylonien, wie z. B. die Tierornamente an der Triumphpforte von Istar.

In der eben erwähnten Stadt Susa wurden Terrakottagefäße gefunden, die uns über die Herstellung und Zusammensetzung altpersischer häuslicher Gerätschaften Aufschluß geben. Sie sind aus mergelhaltigem Ton angefertigt, ziemlich roh geformt und außen nicht geglättet. Auf einzelnen finden sich schwarze Ornamente, die ein= fach mit dem Pinsel auf den rohen Ton aufgetragen wurden. Erst im Feuer entstand die schwarze Farbe, die jedoch keinerlei Glanz aufweist. Die Brenntemperatur wird von Granger auf etwa 1000 Grad Celsius geschätzt. Die chemische Zusammensetzung der Gefäße ist die folgende (nach Granger):

Tonsubstanz	28,57%
Sand u. dgl.	27,10%
Kalk	37,58%
Feuchtigkeit	2,70%
Gebundenes Wasser	4,05%

Ägypter.

Die keramische Technik der Ägypter ähnelt in ihren Hauptzügen sehr der eben besprochenen der Babylonier, Assyrer, Perser usw. usw. Wenn Herodot (II 136) von der Ziegelpyramide des Königs Asychis erzählt, daß sie die Inschrift trage: „Halte mich nicht gering in Vergleich mit den steinernen Pyramiden, denn ich bin so weit über ihnen, als Zeus über den anderen Göttern. Denn sie steckten eine Stange tief in einen Sumpf hinein, und was da hängen blieb von Schlamm an der Stange, das sammelten sie und strichen Ziegel daraus. Und auf diese Art haben sie mich gebaut", so ist diese Schilderung der Tongewinnung gewiß bemerkenswert, sie ist jedoch wohl kaum die einzig gebräuchliche gewesen. Im übrigen geben uns die er= haltenen bildlichen Darstellungen wie die beistehende, die aus dem Jahre 2000 v. Chr. stammt, hinreichenden Aufschluß über die Art und Weise, wie man in Ägypten Ziegel herstellte. (Abb. 196 u. 197.) Sie unterscheidet sich wohl kaum von der bei anderen Völkern üblichen. Die Ziegel wurden wohl meist an der Luft getrocknet,

Abb. 196. Herstellung der Ziegel bei den Ägyptern (um 2000 v. Chr.).
A: Zwei Leute schöpfen Wasser aus einem Teiche zum Anfeuchten des Rohmaterials (Nilschlamm). B: Bearbeiten und Entnahme des Materials. C: Ziegel formen in Holzkasten, daneben der Aufseher. D: Aufschichten der Ziegel zum Trocknen an der Sonne. E: Herbeitragen der fertigen, an der Sonne getrockneten Ziegel und Aufmauern einer Mauer.
Deutsches Museum, München.

doch kannte man auch Brennöfen, obschon bisher kein solcher aufgefunden worden ist. Im 5. Kapitel des 2. Buch Mose wird von der Ziegelfabrikation in Ägypten durch die Juden erzählt und davon gesprochen, daß dazu Stroh verwendet wurde. Die Art und Weise der Verwendung dieses Strohs erschien lange nicht aufgeklärt: Man hielt es vielfach für ein mechanisches Bindemittel. Bei Versuchen, die der berühmte amerikanische Elektrochemiker Acheson über die Elastizität und Zugfestigkeit des zu Schmelztiegeln verwendeten Lehmes anstellte, zeigte es sich, daß durch den Zusatz organischer Stoffe, und zwar besonders von Stroh zu Lehm, der dann getrocknet wurde, die Bruchfestigkeit der daraus gewonnenen Ziegel von 5,73 kg pro qcm auf 19,75 kg stieg, so daß also eine Erhöhung der Festigkeit um 244 % statt hatte. Acheson zweifelte nicht, daß die Ägypter mit dieser Wirkung des Strohs auf die Ziegelmasse bekannt waren, die, wie er feststellte, durch die Gegenwart eines im Stroh enthaltenen

Abb. 197. Modell einer ägyptischen Ziegelei.
Das Formen und Streichen der Ziegel mit der Hand. Angeblicher Fundort: Ostufer von Beliane bezw. Nag Hamadi. Holz. 35:27 cm. Berliner Museum, Ägyptische Abteilung.

Körpers hervorgebracht wird, der auf den Lehm in ähnlicher Weise einwirkt wie Gerbsäure. Daß zur Herstellung von Ziegeln in Ägypten tatsächlich Stroh Ver=

wendung fand, beweisen die Ziegel von El=Kab und die Pyramidenziegel von
Daschur, in denen neben Stroh auch Pflanzenblätter und Teile von Gramineen
(Triticum vulgare L, Hordeum vulgare L und Hordeum hexastichon L) ge=
funden wurden.

Eine weitere Eigenart der keramischen Technik des alten Ägyptens sind die merk=
würdigen Tongefäße, die man dort schon sehr frühe zum Aufbewahren des Wassers
benutzte, und die am Nil auch heute noch gebraucht werden, die sogenannten „Gullahs". Sie wurden bei sehr niedriger Temperatur gebrannt und waren infolgedessen sehr porös. Füllte man nun an heißen Tagen Nilwasser hinein, so drang dieses durch die Poren hindurch und verdunstete an der äußeren Oberfläche des Kruges. Da es die zur Ver= dunstung nötige Wärme seiner Umgebung entzog, so kühlte sich diese sehr rasch ab, und zwar um so stärker, je rascher die Verdunstung erfolgte. In= folge dessen lieferte die Gullah an sehr heißen Tagen, wo die Luft weit von ihrem Sättigungs= punkt entfernt war, ein be= sonders kühles Wasser.

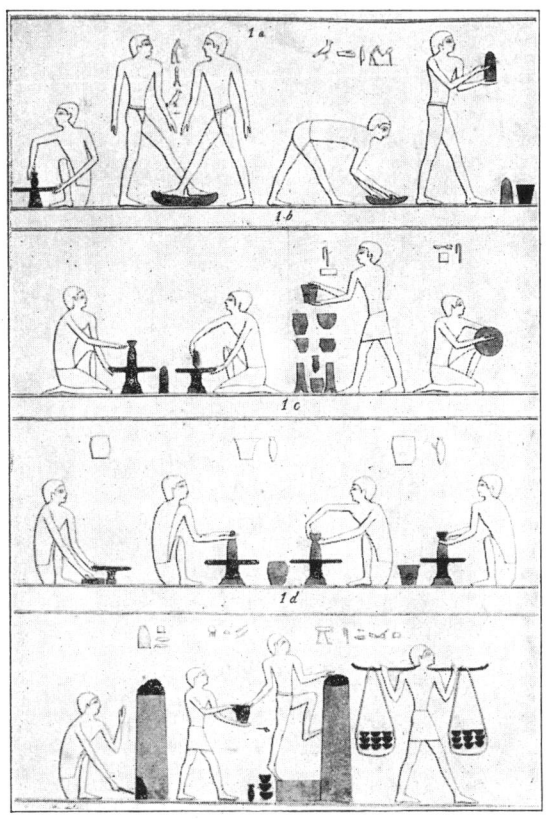

Abb. 198. Herstellung von Töpfergeschirr in Ägypten.
Der Ton wird, genau so, wie auch heute noch bei uns, „einge= sumpft", durchgetreten, dann mit der Hand durchgearbeitet und in Klumpen dem „Faulen" überlassen. Dann folgt das Formen auf der mit der linken Hand gedrehten Töpferscheibe, Trocknen der Stücke und Brennen im Brennofen, der, wie die Darstellung zeigt, bei den Ägyptern von oben gefüllt und entleert, von unten geheizt wurde.

Dollinger ist jedoch auf Grund theoretischer Be= trachtungen der Ansicht, daß beim Stehen im Schatten und Zugwind die weitgehendste Abkühlung erfolge. Seiner Ansicht stimmt v. Luschan nicht in allen Punkten bei. Näheres hierüber siehe im Abschnitt: Kältetechnik und Konservierung S. 126.

Im übrigen bieten die ge= wöhnlichen Töpfergeschirre der alten Ägypter, wie sie für die

Zwecke des Haushaltes verwendet wurden, keine besonderen Merkmale dar. Die Herstellung (Abb. 198) geschah in fast der gleichen Weise wie auch heute noch. Sie sind aus Ton angefertigt, der sich rot, gelb oder braun brannte, und unterscheiden sich in nichts von den bei anderen Völkern des Altertums gebräuchlichen Tonwaren. Im Gegensatze zu ihnen müssen aber die glasierten Keramiken der alten Ägypter das höchste Interesse erregen, die man früher als „ägyptisches Porzellan" oder „glasierte Fayence" bezeichnete, zwei Bezeichnungen, von denen eine so unrichtig ist wie die

andere. Sie rühren von Brongniart her, der sie in seinem „Traité des Arts Céramiques" zum erstenmal gebraucht. Von hier aus sind sie in den archäologischen Sprach-
schatz übergegangen, obschon sie sich weder vom technischen noch vom chemischen
Standpunkt aus rechtfertigen lassen. Diese Pseudo-
Keramiken enthalten nämlich Ton überhaupt nicht als
wesentlichen Bestandteil. Sie bestehen vielmehr aus
Sand, dem eine geringe Menge Ton zugesellt ist. Die
von William Burton ausgeführten Analysen beweisen, daß das Material zu diesen Gefäßen im allgemeinen etwa 94% Sand und bis zu 2% Ton enthält.
Der Rest besteht aus zufälligen Beimengungen, in erster
Linie aus Kalk und Magnesia. Da die in diesen Gefäßen
enthaltene geringe Menge von Ton nicht ausreicht, um
den Sand so weit zu binden, daß daraus eine plastische
und daher formbare Masse entsteht, so nimmt Burton
an, daß die alten Ägypter als Material zur Anfertigung
ihrer glasierten farbigen Gefäße natürlichen Sandstein
verwendeten, der zufällig einen geringen Tongehalt
aufwies. Die Töpferscheibe kam überhaupt nicht zur Anwendung, der Sandstein
wurde vielmehr ausgehöhlt. Für die Richtigkeit des einstigen tatsächlichen Bestehens

Abb. 199.
Sog. „Glasierte Fayence" oder
„Ägyptisches Porzellan."
Distel, wohl von einer Kette.
Oben und unten eine Öse. Stiel
und Kelch grün, das andere dunkel-
blau. Höhe 2,1 cm.
Fundort Theben.
Berliner Museum, Ägyptische
Abteilung.

dieser höchst eigenartigen altägyptischen Technik führt
Burton auf Grund seiner eingehenden Forschungen eine
ganze Anzahl von Beweisen an. Zunächst finden sich
in den ältesten ägyptischen Gräbern kleine Kügelchen,
Anhänger an Halsbänder u. dgl., die gleichfalls aus
Stein, und zwar aus härterem als Sandstein geschnitten
und glasiert sind. (Abb. 199.) Durch Untersuchungen
mit Hilfe des Polarisationsmikroskopes konnte Burton
des weiteren feststellen, daß die Grundmasse dieser
Gefäße tatsächlich aus Sandstein oder aus einer
quarzitischen Felsart besteht. Die Technik wurde von
der 18. Dynastie (1550 v. Chr.) an etwa 1500 Jahre
hindurch unverändert ausgeübt. Burton schlägt deshalb für diese Gefäße den Namen „altägyptisches
Kieselgeschirr" oder „Quarzgeschirr" vor. Da der
Sandstein nur geringe Festigkeit hat, so wird die
Festigkeit des Kieselgeschirrs lediglich durch die Glasur
bedingt. Die Glasuren bestehen aus Alkalisilikaten und

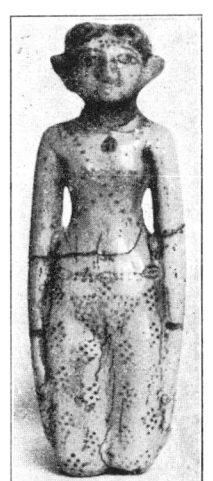

Abb. 200.
Sog. „Glasierte Fayence" oder
„Ägyptisches Porzellan."
Kinderpuppe. Blaue Glasur.
Länge 0,135 m.
Berliner Museum, Ägyptische
Abteilung.

Kalk, sind zum größten Teil von schöner blauer Farbe
und enthalten dann als Farbstoff Kupferoxyd. Auf
gewöhnlicher Töpferware lassen sie sich überhaupt
nicht anbringen, da sie darauf nicht glatt fließen;
nur auf kieselsäurehaltigem Material entsteht eine
schöne glatte Oberfläche. Erst später, als die Römer
bereits in Ägypten eingedrungen waren, lernte man,
derartige Glasuren auch auf Tongeschirr anzubringen. Man wendete hierbei
den Kunstgriff an, daß man zwischen dem Ton und der Glasur eine an Kieselsäure reiche Engobeschicht auflegte. Polychrome Glasuren treten an den ägyptischen
Kieselgefäßen erst später auf und entwickeln sich unter der Römerherrschaft zu ihrer

höchsten Vollkommenheit und Mannigfaltigkeit. Die zunächst vielfach angezweifelten Burtonschen Untersuchungen sind von den deutschen Forschern Pukall und Berge bestätigt worden, die vollkommen unabhängig von ihm auf Grund eigener Versuche zu den gleichen Ergebnissen kamen. Es gelang Pukall und Berge, die türkisblaue Glasur aus Marmor, Soda, Sand und Kupferoxyd wieder herzustellen. Sie erhielten damit schöne türkisfarbige Überzüge. Durch Verwendung von Kobalt= und Manganoxyd sowie auch von Chromoxyd wurden andere, prächtig gefärbte Glasuren erhalten. Auch Le Chatelier in Paris ist es gelungen, die farbigen Emaillen der glasierten ägypti= schen Steine, Statuetten usw. usw. wieder herzustellen. Er findet für den verwendeten

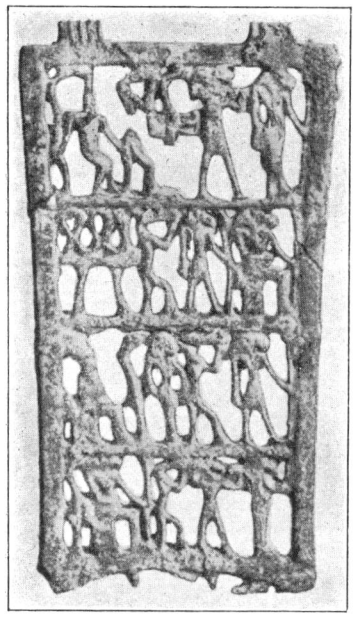

Abb. 201. „Ägyptische Fayence.“
Durchbrochene Tafel mit 4 übereinander= liegenden Reihen von Götterfiguren. Die 5. Reihe ist abgebrochen. Hellgrüne Glasur. Höhe 0,09 m; Breite 0,05 m.
Berliner Museum, Ägyptische Abteilung.

Abb. 202. „Ägyptische Fayence.“
Tür aus dem untersten Raume der Stufenpyramide von Sakkara. Um die 3 Seiten des Haupteingangs eine Zeile hieroglyphischer Inschrift. Die Innen=, Außen= und Seitenflächen sind mit grün= glasierten Tafeln aus „ägyptischer Fayence“ ausgelegt.
Nachbildung im Berliner Museum, Ägyptische Abteilung.

Sandstein genau dieselbe Zusammensetzung wie Burton und auch die von ihm her= gestellten Glasuren enthalten im wesentlichen Kieselsäure, kohlensauren Kalk, kalzi= nierte Soda, Kupferoxyd usw. Außer Gefäßen haben die Ägypter auch Ziegel emailliert.

Da auch die zur Zeit der ägyptischen Dynastien lebenden persischen Keramiker Ziegel sowohl wie Geschirre und Vasen herstellten, bei denen sandige Oberflächen mit farbigen Emaillen überzogen waren, so kann man wohl annehmen, daß die Kunst des Emaillierens bei den alten Ägyptern entstanden ist, und daß sie sich dann zur Zeit der Einfälle des Kambyses (530—522 v. Chr.), der ja bis Nubien vordrang, nach Persien und von hier aus nach dem übrigen alten Orient verbreitete. Die Griechen lernten die Kunst des Emaillierens gleichfalls von den Ägyptern, ebenso

die Römer. Aus Ägypten haben dann ſpäter, in nachrömiſcher Zeit, die Araber dieſe
Kunſt nach Spanien gebracht, von wo ſie auf das übrige Europa überging.

Eine viel erörterte Frage iſt die, ob die alten Ägypter Porzellan hergeſtellt haben.
Dieſe Frage iſt — und zwar wahrſcheinlich auf Grund der oben erwähnten B r o n g n i =
a r t ſchen Benennung — vielfach bejaht worden. Nun findet ſich tatſächlich in Ägypten
Porzellan. Es hat ſich jedoch feſtſtellen laſſen, daß dieſes durchweg aus China ſtammte,
und daß es von dort aus — wahrſcheinlich ſogar erſt ziemlich ſpät — in Ägypten ein=
geführt worden iſt. L e   C h a t e l i e r behauptet nun, daß es tatſächlich echtes ägypti=
ſches Porzellan gäbe. Ein aus der M o r g a nſchen Sammlung ſtammendes Stück
hat er unterſucht und dabei genau dieſelbe Zuſammenſetzung gefunden, die auch
heute noch das weiße Porzellan von Sèvres zeigt. Die Analyſe ergab:

Kieſelſäure 88,6%
Aluminiumoxyd 1,4%
Eiſenoxyd 0,4%
Kalk 2,1%
Natron 5,8%
Kupferoxyd 1,7%
——————————
100,0%

Es gelang L e   C h a t e l i e r die gleiche Maſſe auf künſtlichem Wege wieder zu erzeugen,
wobei eine Brenntemperatur von 1050 Grad zur Anwendung kam. Im übrigen iſt
es ja bekannt, daß das Porzellan eine Erfindung der C h i n e ſ e n iſt. Wann dieſe Er=
findung gemacht wurde, konnte bis jetzt jedoch nicht klargeſtellt werden. So alt jedoch,
wie man früher glaubte, iſt die
Kenntnis des Porzellans keines=
wegs. Mit Sicherheit iſt ſie bei
den Chineſen erſt ſeit ungefähr
dem Jahre 600 n. Chr. nach=
zuweiſen, obſchon gewiſſe An=
zeichen dafür ſprechen, daß die
erſten Porzellangegenſtände in
China vielleicht um 200 v. Chr.
hergeſtellt worden ſind. Über
die altchineſiſche Porzellantech=
nik iſt wenig bekannt. Neuere
Unterſuchungen des japaniſchen
Gelehrten H i r a n o haben we=
nigſtens ſoviel ergeben, daß ſich
die Form des altchineſiſchen Por=
zellanofens vereinzelt noch jetzt
zeigt. Es handelt ſich um
Kammeröfen, die aus drei oder
mehreren Kammern beſtehen
und an einer Berghalde an=

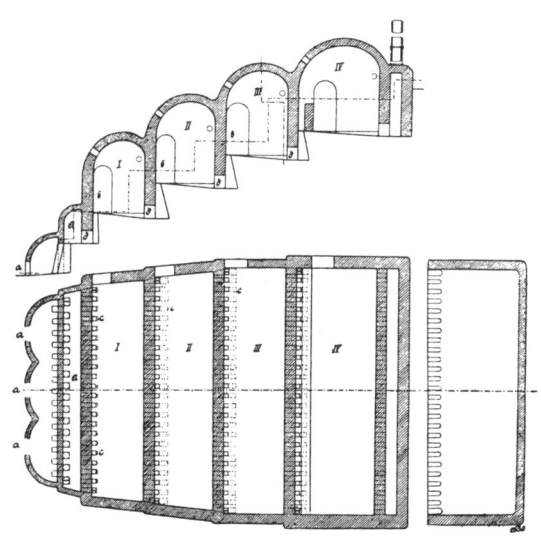

Abb. 203. Altchineſiſcher Kammerofen.

ſteigend derart errrichtet ſind, daß eine Kammer immer etwas höher liegt als die
andere. Dadurch wird der zum Brennen nötige Zug erzeugt und die Errichtung
eines Schornſteins erſpart, der entweder überhaupt nicht vorhanden iſt, oder ſich,
nur ſehr niedrig gehalten, an die letzte Kammer anſchließt. (Abb. 203.) Zum Auf=
brennen der Glaſur iſt wahrſcheinlich ein beſonderer Ofen verwendet worden.

Griechen.

Ihre höchste Blüte erreichte die Keramik des Altertums in Griechenland. Hier entwickeln sich Form und Aussehen ihrer Produkte zur höchsten Vollkommenheit, hier werden der Ton und das aus ihm hergestellte Erzeugnis ein willkommenes Feld künstlerischer Betätigung. Alle übrigen Künste stellen sich in den Dienst der keramischen Industrie, ja sie gehen sogar aus dieser hervor; behauptet doch die griechische Sage, daß die Malerei sowohl wie die Plastik in der Werkstatt des Töpfers Butades erfunden worden seien. In dieser Sage liegt sicherlich ein Körnchen Wahrheit, wenigstens soweit es sich um ein ganz bestimmtes Gebiet der Plastik, um den Erzguß, handelt. Ehe man den Ton zu formen und zu brennen verstand, konnte man auch keine aus Erz gegossenen Kunstwerke herstellen. Die Technik des Erzgusses bedingt, daß ihm die der Keramik als Leiterin und Führerin vorangegangen sein mußte. Zwischen dem griechischen und dem römischen Wandgemälde und der griechischen Vasenmalerei ergeben sich enge Beziehungen. Die Gefäßmaler der Hellenen werden für die Bemalung der Friese, ja sogar zur Herstellung von Gemälden vorbildlich.

Bei der Betrachtung der griechischen Vasen, die den Gipfel althellenischer keramischer Kunst darstellen, muß man zwei Standpunkte scharf auseinanderhalten: den künstlerischen und den technischen. So vollendet nun diese Vasen auch in künstlerischer Hinsicht sind, so wenig hoch stehen sie in technischer da. Auch in Griechenland blickt die Keramik auf ein hohes Alter zurück. Die ältesten Ausgrabungen, vor allem die von Schliemann in Troja, die von Mykenae usw., förderten zahlreiche Tongefäße zutage. Aber schon vor Schliemann, in den zwanziger Jahren des vorigen Jahrhunderts, fand man in Etrurien zahlreiche Vasen, die man wegen ihres Vorkommens auf etruskischem Boden für Erzeugnisse der Etrusker hielt. Erst weitere Ausgrabungen ließen erkennen, daß es sich hier um griechische Erzeugnisse handelt. Seitdem hat man derartige Vasen in ungeheuren Mengen an zahlreichen Fundstätten ausgegraben, so daß man jetzt über ein reichliches Material verfügt. Unendlich groß ist die Zahl der Veröffentlichungen über sie, doch findet darin die griechische Vase ihre Beurteilung fast durchweg vom archäologischen und künstlerischen Standpunkt. Der technische wird weniger gewürdigt. Erst in neuerer Zeit hat man sich auch von seiten der Techniker eingehender mit der altgriechischen Keramik beschäftigt. Es zeigte sich hierbei, wie oben schon angedeutet, daß die technischen Verfahren nicht immer sehr vollkommene waren. Vor allem erzielte man keine sehr hohe Brenntemperatur, und infolgedessen bleibt der Ton für viele Zwecke zu porös. Er sinterte nicht genügend zusammen, die Glasur wird also zunächst nicht zur Verschönerung aufgebracht, sondern sie ist ein notwendiges Hilfsmittel, das vor allem dem Zwecke dient, das Gefäß dicht zu machen, ihm eine Undurchlässigkeit zu verleihen, die es an und für sich vielleicht nicht besitzt. Aus der Not wird dann eine Tugend: die Glasur und mit ihr zusammen die Bemalung erfahren eine hohe künstlerische Vollkommenheit. Im allgemeinen sind die griechischen Vasen von schwarzer, brauner oder roter Farbe und zunächst nur mehr oder minder stark poliert. Am Ende des 3. Jahrhunderts v. Chr. erscheint auf ihnen die Glasur. Die Porosität ist oft eine so hohe, daß sie die Notwendigkeit einer Glasur erklärlich macht, denn wenn sich auch Wasser — ähnlich wie in der ägyptischen Gullah — in manchen dieser Gefäße sehr frisch erhalten haben dürfte, so dürften sie doch wieder für manche anderen Zwecke nicht geeignet gewesen sein. Die Töpferscheibe ist von den ältesten Zeiten an im Gebrauch; schon Homer erwähnt sie, vergleicht den Rundtanz mit ihren Drehungen (Ilias XVIII 600) und gibt an, daß Thalos von Kreta, der Neffe des Dädalos, ihr Erfinder sei. Das Drehen auf der Töpfer= scheibe geschieht durchweg mit der Hand. Schablonen werden nicht verwendet. Der Töpfer muß über eine große Fertigkeit und Geschicklichkeit verfügen. Der Rand wird, wohl um ihn fester zu machen, durchweg verdickt.

Die Gefäße wurden in mannigfacher Weise bemalt, wobei die Farben mit einem Pinsel aufgetragen wurden. Vielfach bemalte man die Vasen auch vollkommen schwarz. Die Bemalung geschah auf dem noch feuchten Tone, der die Farbe rasch einsog. Die Figuren sparte man aus, so daß sie gelb oder rot auf schwarzem Grund erscheinen. Feine Linien usw. werden aus dem schwarzen Grunde mit scharfen Instrumenten noch besonders herausgekratzt. Die schwarze Farbe ist stets so dünn aufgetragen, daß sie nicht reliefartig hervortritt. Manche Farben, vor allem das Gelb, das aus Ocker besteht, werden stets unter der Glasur angebracht, andere wieder, vor allem Weiß und Rot, finden sich hauptsächlich über der Glasur. Während die ältere Technik

Abb. 204 u. 205. Rotfigurige griechische Vase (der Blütezeit).
Berliner altes Museum, Antiquarium.

nur über die genannten Farben verfügt, erscheinen später noch Violett, Grün und Blau. (Über die chemische Zusammensetzung der griechischen Farbstoffe siehe im Ab= schnitte: „Farben".) Schon in den ältesten Zeiten werden die Gefäße auch vergoldet. So hat z. B. Mrs. Harriet Boyd Hawes in Kreta Vasen ausgegraben, deren Alter sich auf etwa 3500 Jahre belaufen dürfte, und die zu Opferzwecken benutzt wurden. Sie sind derartig vorzüglich vergoldet, daß man sie zunächst für Goldgefäße hielt. Erst bei näherer Untersuchung ergab sich ihre wahre Natur. Ebenda fand man auch Vasen, die in ähnlicher Weise versilbert waren. Im griechischen Nationalmuseum zu Athen befindet sich eine solche Tonvase aus den Zykladengräbern aus der Zeit von 2500 v. Chr., die massiv geformt ist, um das Aussehen einer Metallvase vorzu= täuschen, und die mit großer Kunstfertigkeit versilbert ist. Der Überzug von Gold und Silber wurde mit Hilfe von Blattmetall hergestellt. Die Henkel und sonstige Erhabenheiten wurden für sich angefertigt und an die fertige Vase angefügt. Als Bindemittel diente Schlicker.

Die herrliche schwarze Glasur der antiken griechischen Vasen ist Gegenstand vielfacher Untersuchungen gewesen. Zunächst hat sich herausgestellt, daß das schöne Rot des Tones durch Brennen unter reichlichem Luftzutritt auf natürlichem Wege ent= stand. Die Analysen der Glasur, die in zahlreichen Fällen ausgeführt wurden,

ließen lediglich einen Gehalt an Eisenoxyd erkennen und vermochten das Rätsel
dieses prachtvollen schwarzen Überzuges nicht zu erklären, bis es Derneuil gelang,
aus Eisenfeilspänen, Soda und dem das Gefäß bildenden Tonmergel im oxydierenden
Feuer eine schwarze undurchsichtige Glasur mit grünlichen Reflexen zu erhalten, die
die kennzeichnenden Eigenschaften der griechischen Glasur besitzt. Derneuil hält es
für wahrscheinlich, daß die Griechen durch Reduktion von Eisenverbindungen mit
Kohle und Soda fein verteiltes Eisen gewannen, das sie dann dem Tonmergel zu=
sammen mit Soda zusetzten. Auf die Entstehung der schönen schwarzen Schmelze
mag dann noch der Umstand begünstigend gewirkt haben, daß die in Griechenland
verwendete Soda nicht rein war, sondern Beimengungen von Kohle, Schwefel=
natrium und Natriumchlorid enthielt. Es erscheint jedoch nicht ausgeschlossen, daß
außer dem in der geschilderten Weise durch Reduktion erhaltenen Eisen manchmal
auch fein gefeiltes Eisen (Eisenfeilspäne) zu=
gesetzt wurden. Franchet bestätigt die Ver=
wendung von Eisen, doch hält er die Be=
nutzung von Eisenfeile oder reduziertem
Eisen nicht für wahrscheinlich. Er glaubt viel=
mehr, daß die Griechen das in der Natur
als Mineral vorkommende Ferro=Ferrioxyd,
den „Magnetit", zur Herstellung ihrer Glasur
verwendeten, der stets eine geringe Menge
Mangan enthält. Es gelang ihm, durch Zu=
sammenschmelzen von 55 Teilen Quarzsand
mit 45 Teilen Soda und Zugabe von 100 Teilen
Magnetit zur Schmelze eine Glasur zu er=
zeugen, die der der griechischen Gefäße voll=
kommen gleicht, und die auch ihre bekannten
bläulichen bis grünlichen Reflexe aufweist.

Abb. 206. Tanagrafigur.
Berliner altes Museum, Antiquarium.

Sehen wir von den gewöhnlichen Ge=
brauchsgegenständen ab, die sich von denen
anderer alter Völker nicht unterscheiden, so
finden wir als ein ganz spezielles Erzeugnis
der griechischen Keramik noch die sogenannten „Tanagrafiguren", die ihren Namen
von der Stadt Tanagra in Böotien führen, wo man sie im Jahre 1874 in der Nekro=
pole auf dem Kokkalihügel zuerst auffand. Diese hübschen Figuren bestehen aus einer
rohen gebrannten Masse, die mit Leimfarben bemalt ist. Ihre technische Herstellung
geschah in der Weise, daß der Bildhauer zunächst ein Modell schuf, das man in eine
Form aus Gips oder Ton abdrückte, so daß zwei gut aufeinander passende Negative
entstanden. Dann wurden die beiden Hohlräume mit Ton ausgefüllt und aufeinander=
gepreßt. Es entstand so eine plastische Figur, die rings herum und zwar da, wo die
Hohlformen zusammenstießen, mit einer „Naht" umgeben war. Diese Naht wurde
mit Hilfe eines Holzspachtels entfernt. Dann wurde die Figur gebrannt und mit
Leimfarben bemalt.

Trotzdem man in Griechenland so zahlreiche und so mannigfache Keramiken
herstellte, darunter sogar sehr große Stücke, wie Amphoren und Verzierungen für
die Fassade von Häusern, hat man merkwürdigerweise bis vor kurzer Zeit über das
Brennen fast nichts gewußt. Auf Vasen findet man zwar die Darstellung altgriechischer
Öfen, auf denen Arbeiter zu sehen sind, die durch Öffnungen in den Ofen hineinsehen

und dabei, um sich vor der Glut zu schützen, die Hand vor das Gesicht halten. Öfen selbst hat man jedoch lange Zeit nicht gefunden. Erst vor kurzem hat man zu Mykenae Brennöfen aufgedeckt, die in ihren Grundzügen den römischen gleichen, von denen sie sich jedoch dadurch unterscheiden, daß der in der Mitte aufragende Pfeiler, der das Deckengewölbe trägt, nicht eckig, sondern rund ist.	(Siehe Seite 149.)

Römer.

Die Keramik der Römer ist vielfach von der der Griechen beeinflußt worden. Sie unterscheidet sich von dieser im großen und ganzen zunächst nicht sehr wesentlich, wie ja überhaupt durch die Keramik des ganzen Altertums ein großer gemeinschaft-

licher Zug geht, dessen Merk= male wir am Eingange dieses Abschnittes ausführlich schil= derten. Später haben sich dann in der römischen Keramik, wie in der anderer Völker ja auch, besondere Eigenarten heraus= gebildet, von denen einzelne nicht einmal auf der italie= nischen Halbinsel bodenständig sind. Als Beispiel hierfür sei das in den gallischen und rheinischen Provinzen des Rö= mischen Reiches ausgeübte Barbotine=Verfahren er= wähnt, das man in Rom und Italien nicht kennt. Erst neuerdings hat man entdeckt, daß es auch in Ägypten und Kleinasien bekannt war. Es besteht darin, daß man den Ton sehr fein schlämmt und durch Anrühren mit Wasser einen dünnen Schlicker erzeugt. Dieser wird dann in einen mit einer feinen Ausflußöffnung versehenen Trichter eingefüllt und läuft aus diesem in dün= nem Strahle auf die zu ver= zierenden Tongefäße. Auf diese Weise entstehen dann auf den Tonwaren erhabene Verzierungen. Es handelt sich

Abb. 207. „Barbotine"=Vase
(sog. „Göttervase von St. Matthias"). Schwarz gefirnißte Kanne, Kopf gemalt, ebenso Inschrift, das andere mit der Spitzdüte erhaben aufgesetzt.
Provinzialmuseum Trier.

also hier um dasselbe Verfahren, das auch jetzt noch die Zuckerbäcker anwenden, um ihre Torten usw. mit Verzierungen der verschiedensten Art, Inschriften u. dgl. zu versehen. Während man im Anfange nur einfache Ornamente wie Kreise

10*

u. dgl. anbringt, werden später nach dem Barbotineverfahren wahre Pracht=
stücke geschaffen, auf denen ganze Jagdszenen usw. zu sehen sind.

Eine weitere Eigenart römischer Keramik besteht darin, daß die Gefäße fast
durchweg keine Glasur haben. Der Brennprozeß ist also technisch vollkommener als
bei den Griechen. Wo sich eine Glasur findet, ist sie meist von grünlicher Farbe, doch
gibt es auch schwarze Glasuren und solche mit einem Stich in das Gelbliche. Die
schwarz glasierten Gefäße tragen oft Aufschriften.

Außer durch das Barbotineverfahren erzielt man auch durch Bewerfen des noch
feuchten Gehäuses mit körnigen Massen besondere Wirkungen. Es kommt so eine
rauhe Oberfläche zustande, die auch an Hausmauern jetzt noch auf die gleiche Weise
hergestellt zu werden pflegt.

Ihre höchste Eigenart erreicht die römische Keramik jedoch in jener Tonware,
die man wegen ihrer Reliefverzierungen, die oft eine Ähnlichkeit mit Siegelabdrücken
aufweisen oder auch wegen ihres Schmucks mit erhabenen Figuren (sigillum)
„terra sigillata" genannt hat. (Die Bezeichnung ist neuzeitlich und war bei den
alten Römern nicht gebräuchlich.) Auch die Namen „samische" oder „arretinische"
Ware sind üblich, weil die Gefäße vielleicht zuerst auf der Insel Samos hergestellt
wurden und weil sich in Arretium in Etrurien die bedeutendsten Fabriken dafür
befanden. Die terra sigillata stellt die feinere Töpferware des römischen Altertums
dar. Allüberall, wo Römer hinkamen, finden wir Gefäße oder Scherben aus terra
sigillata. Sie zeigen bald ein helleres, bald ein dunkleres Rot, sind bald in einfacheren,
bald in edleren Formen gehalten, bald glatt, bald verziert. Allen Stücken aber ist
ein herrlicher matter samtartiger Glanz eigen. Dieser Glanz ist es, der ihre eigentliche
Schönheit ausmacht. Die terra sigillata hat der Technik ein schwer zu lösendes Rätsel
aufgegeben. Trotz aller Bemühungen wollte es lange Zeit hindurch nicht gelingen,
hinter das Geheimnis ihrer Herstellung zu kommen. Man konnte zwar rote Ton=
waren herstellen, aber sie alle ließen den schönen und so charakteristischen matten Glanz
der Oberfläche vermissen. Zahlreiche Chemiker und Keramiker haben jahrzehnte=
lang an der Lösung dieser Frage gearbeitet. In der Porzellanmanufaktur zu Berlin
wurden allein nicht weniger als 2000 Brandproben gemacht. Riesige Summen, die
sich zum Teil in die Hunderttausende belaufen, sind für diese Versuche aufgewendet
worden, bei denen man sogar so weit ging, daß man die alten Tonlager und die alten
Handwerkszeuge, die bei Ausgrabungen gefunden worden waren, benützte. Die
subtilsten wissenschaftlichen Untersuchungen wurden angestellt, um hinter die Sache
zu kommen. Wieweit man in dieser Hinsicht ging, hierfür ein Beispiel: Mancher
der von den alten Römern verwendeten Tone enthält mikroskopisch kleine Teilchen
von Magneteisenerz. Dieses nimmt während des Brennens eine bestimmte Lage an,
indem das eine Ende seiner winzigen Splitterchen in ähnlicher Weise wie die Magnet=
nadel des Kompasses nach dem magnetischen Nordpol der Erde zeigt. Man hat nun
aus der Lage dieser Splitterchen von eingeschlossenem Magneteisenerz die Herstellungs=
stätte der Gefäße sowie die Temperaturen, bei denen der Brand stattfand, festzustellen
versucht — kurzum, es wurde nichts unterlassen, was irgendwie auf die Spur hätte
führen können.

Wie mit so vielen Dingen, so ging es auch hier. In einem in der Vereinigung
der Saalburgfreunde zu Berlin im Jahre 1907 gehaltenen Vortrage sprach Dier=
gart das prophetische Wort aus: „Mit der Lösung des Rätsels der terra sigillata
wird es gehen wie mit dem Ei des Kolumbus. Sie ist sehr einfach, man muß sie
nur erst gefunden haben". Die Ereignisse sollten ihm, der vielleicht ein Jahrzehnt

seines Lebens auf die Bearbeitung des Problems verwendet hat, Recht geben. Die Lösung ist heute gefunden. Ein einfacher Kunsttöpfer in dem kleinen Orte Sulzbach in der bayerischen Oberpfalz, Karl Fischer, ist im Verein mit seinem Sohne Georg Fischer hinter das verloren gegangene Geheimnis altrömischer Technik gekommen. Und wie einfach ist dieses Geheimnis — ein wahres Ei des Kolumbus! Die neuen terra sigillata=Gefäße, die sich in nichts von den altrömischen unterscheiden, werden durch drei Arbeitsvorgänge erzielt. Zunächst werden die rohen, entweder ungebrannten oder nur leicht gebrannten Gegenstände mit einem aus Tonschlamm gebildeten ge= färbten Überzug versehen. Dieser Tonschlamm muß außerordentlich fein zerrieben sein, da ein Grad äußerster Feinheit unbedingt nötig ist, um den samtartigen Glanz zu erzielen. Dann muß er die weitere Eigenschaft haben, sich beim Brennen rot zu färben. Derartiger sich rot färbender Tone gibt es eine ganze Anzahl, so daß ihre Be= schaffung keinerlei Schwierigkeiten verursacht. Ist dieser erste Arbeitsvorgang, das Überziehen mit Tonschlamm oder, wie man es in der keramischen Technik nennt, das „Engobieren", vollendet, so folgt der zweite, das Polieren, das mittelst einer Bürste so lange fortgesetzt wird, bis der stärkste Hochglanz erzielt ist. Hierauf wird im dritten Arbeitsvorgange die Ware fertig gebrannt, wobei beachtet werden muß, daß der Schlammüberzug, die „Engobe", beim Brennen hart wird. Die nach der Fischer= schen Methode hergestellten Erzeugnisse unterscheiden sich, darüber haben sich die ersten Autoritäten auf diesem Gebiete, wie Diergart und Blümlein=Homburg, ausgesprochen, in nichts von ihren antiken Vorbildern. Der Erfinder hat nach seinem Verfahren unter Verwendung ausgegrabener antiker Formen eine Reihe von Ge= fäßen hergestellt, die selbst erprobte Kenner von den antiken nicht zu unterscheiden vermochten. Der Konservator des Königlichen Nationalmuseums zu München, Dr. Ph. M. Halm äußerte sich dahin, daß die neuen terra sigillata=Gefäße in ihrem ganzen Charakter, vor allem in ihrem warmen Ton und ihrem metallischen Klang, den Originalen so außerordentlich nahestehen, daß nur ein archäologisch geschulter Fachmann imstande sein dürfte, Original und Nachbildung zu unterscheiden. Er riet dem Erfinder, bei allen Nachbildungen den Firmenstempel anzubringen, damit man sie auch als Nachbildungen erkennt, so daß sie nicht zu unlauteren Zwecken verwendet werden können. Wenn natürlich auch nicht mit Sicherheit gesagt werden kann, daß die Fischersche Technik genau der altrömischen entspricht, und wenn auch manche Zweifel hierüber geäußert und angebliche Unterscheidungsmerkmale (wie z. B. bei den alten Gefäßen hineingefallene und mitgebrannte Tropfen, die stark glänzen) gefunden worden sind, so läßt die Ähnlichkeit der Produkte mit den alten terra sigillata=Waren auch die Gleichartigkeit der Verfahren als höchst wahrschein= lich erscheinen.

Über die Technik, nach der die Römer ihre Tonwaren brannten, sind wir durch zahlreiche Funde von Öfen sowie von mit solchen ausgestatteten Töpferwerkstätten auf das eingehendste unterrichtet. Wenn die einzelnen Ofenkonstruktionen auch in manchen Einzelheiten voneinander abwichen, so zeigen sie doch in ihren Grundzügen eine ziemliche Gleichartigkeit. Vor allem sind der Feuerraum und der Brennraum von einander getrennt. Der Feuerraum liegt oft so weit vom Brennraum weg, daß nicht einmal mehr die Flammen, sondern nur die heißen Gase in den letzteren ge= langen können. Der Brennraum hat in der Regel eine runde Form, der Boden ist durchlöchert, so daß durch ihn Flammen oder die heißen Gase oder beide zusammen eintreten könnten. Die Decke ist meistens gewölbt und in der Mitte durch einen vier= eckigen Pfeiler gestützt. Der Durchmesser des Brennraumes ist fast stets ein geringer,

er beträgt meist 2—3 m, oft noch weniger. Diese geringen Abmessungen ermöglichen
es, daß man bei kleineren Öfen die ganze Kuppe abnehmen konnte, um das Brenngut

Abb. 208.   Römischer Brennofen (zum Brennen von Tonwaren).
Links der Ofen von Castor in der Grafschaft Northampton in England, rechts der Ofen von Heiligenberg
bei Straßburg.   Beide zuerst beschrieben von Brongniart. — Nachbildung im Deutschen Museum München.

einzusetzen und wieder herauszunehmen.
Bei größeren Öfen war hierzu eine besondere
Öffnung vorgesehen. Neben Rundöfen fin=
den sich jedoch auch Langöfen. So wurden

Abb. 209 u. 210.   Römischer Brennofen in Heddernheim.
Vom Vorraume, in dem der ihn bedienende Arbeiter saß, aus gesehen. Abb. 209: Blick in den Feuerraum
und in die durchlöcherte Sohle des Brennraums. Abb. 210: Blick in den erhaltenen Teil des Brennraums.

3. B. bei Aquincum, dem heutigen Ofen, einem Stadtteil von Budapest, sieben
Langöfen aufgedeckt, in deren Nähe sich nach Doufrain fünf Rundöfen befanden,

ein Beweis, daß hier der Sitz einer großen Industrie war. Von den Langöfen
diente ein Teil zum Brennen von Geschirr, ein anderer für Dachziegel. Die am besten
erhaltenen Öfen haben Umfassungsmauern von 1—1,5 m Dicke. Durch den ganzen
Ofen geht in der Mitte ein Feuerkanal von 1,25 m Höhe und 1 m Breite. Die Ent=
fernung von der Oberkante des Gewölbes bis zur Bodenhöhe des Ofens ist 0,70 m,
von der Kanalsohle bis zum Boden insgesamt etwa 2 m. Der untere Teil des Kanal=
mauerwerkes ist aus Trachytblöcken, darüber liegt 0,70 m dickes Ziegelmauerwerk.
Der Kanal springt einen Meter vor den eigentlichen Ofen vor und bildet so den
Feuerraum, das „Präfurnium“. Inwendig gehen von dem Hauptkanal auf jeder
Seite acht Seitenkanäle von etwa 0,25 m Breite ab. Die Mündungen dieser Seiten=
kanäle liegen 0,75 m über der Sohle des Hauptkanals. Von hier aus steigen die Seiten=
kanäle unter 45 Grad an und endigen an der Umfassungsmauer des Ofens. Die
einzelnen Zwischenmauern, Gewölbe samt Widerlagern, sind 0,30 m stark aus Roh=

Abb. 211. Modell einer römischen Töpferwerkstätte im städtischen historischen Museum, Frankfurt a. M.
Rechts der als Muffel ausgebildete Ofen mit gewölbter Decke. (Angefertigt von Gondlach.)

ziegeln von 30. 30. 10 cm aufgebaut. Alles ist mit einem fast 1 Zoll starken Lehm=
überzug versehen, und in den Kanälen hängen hier und da noch Klumpen von Schmolz.
Zur Verteilung der Flammen sind in 12—15 Reihen runde Löcher von 5 cm Durch=
messer angeordnet. Die Öfen hatten wahrscheinlich kein Gewölbe, und es scheint,
daß man sie vor jedem Brande mit Erde zugeschüttet hat. Von den Rundöfen sind
zwei durch einen Kanal verbunden, was darauf schließen läßt, daß der kleinere durch
die Abhitze des größeren geheizt wurde, und daß man darin Gegenstände (Formen,
Stempel usw.) brannte, die keine zu große Hitze bekommen sollten.

An manchen Stellen, wie z. B. in der Nähe von Waiblingen in Württemberg,
finden sich Töpferöfen aus der Zeit von etwa 150 n. Chr., die nicht aus Lehm oder
Ziegeln erbaut sind, sondern die man direkt aus der Lehmschicht herausgeschnitten
hat. Unten befindet sich der zweigeteilte Feuerraum, darüber der Boden des Trocken=
raums, in den Löcher eingeschnitten waren, um der heißen Luft das Eindringen zu
ermöglichen, und darüber wölbte sich, wie aus den Ansätzen noch deutlich erkennbar
ist, eine mit Schornstein versehene Kuppel. Durch die dauernde Hitze haben die
Innenwände der Öfen förmlich Glasur erhalten. Im Boden vor jedem Ofen sieht man

die Vertiefung, in der der ihn bedienende Arbeiter faß. Nach den gefundenen Über=
reften von Kohlen war Buchenholz zur Feuerung verwendet worden.

Als eine befondere Vervollkommnung der römifchen Töpferöfen müffen die
Muffelöfen bezeichnet werden, die man vereinzelt findet, und bei denen das Brenngut
in eine Muffel eingefchloffen war, die es vollkommen vor dem Zutritte der Gafe
fchützte. Freilich fahen die Muffeln nicht fo aus wie heute. Sie waren keine allfeitig
gefchloffenen Räume, es diente vielmehr der ganze Brennraum als Muffel. Durch
ihn ging eine Anzahl von Röhren hindurch, die in die Öffnung der Ofenfohle einge=
fetzt waren und die, fich nach oben verengend, bis zum Gewölbe des Ofens auf=
ftiegen. Die Flammen und heißen Gafe ftrömten durch diefe Röhren hindurch, durch
deren Wandungen die Hitze fich dem Brennraume mitteilte. Gewiffe Anzeichen deuten
darauf hin, daß man an manchen Öfen fogar eine Art von Gasfeuerung hatte: wenig=
ftens läßt der Feuerraum darauf fchließen, daß man hier ein brennbares Gas erzeugte,
das im Ofen felbft entzündet wurde. So wechfeln die Ofenkonftruktionen in mannig=
fachfter Weife, bei allen aber zeigt fich der Blick der Römer für das Zweckmäßige.

Germanen.

Es fei noch erwähnt, daß die hohe Vollkommenheit der römifchen Keramik auch
befruchtend auf die Technik anderer Völker, insbefondere der Germanen gewirkt
hat. Diefe ftellten ihre Ge=
fäße aus ungefchlämmtem
Ton her und trockneten fie
an der Sonne oder brannten
fie in offener Flamme, fo
daß fie ziemlich weich und
porös blieben. Mit dem
Eindringen der Römer ändert
fich diefes. Der Ton wird
gefchlämmt, der Töpferofen
ermöglicht die Erzielung
höherer Hitzegrade und da=
mit härterer Ware, während
die Töpferfcheibe die Ur=
fache einer befferen Form=
gebung wird. Die rauch=
gefchwärzte Ware wird ver=
beffert und geht dann, ins=
befondere zur Zeit das
Auguftus, als „terra nigra"
vom Lande der Treverer und
fonftigen Erzeugungsftätten
aus in alle Welt. Wie
die auf den Ziegeln und
fonftigen Tonwaren befind=

Abb. 212. Römifch=germanifche Töpferwaren
von befonders guter Form. Aus einem Brandgrab.
Provinzialmufeum Trier.

lichen Stempel erkennen laffen, werden unter römifcher Herrfchaft zahlreiche
Germanen zu gefchickten Töpfern.

Literatur zum Abschnitt: „Die Keramik“.

Acheson, Deflocculation. Journal of Industrial and Engineering Chemistry, 1912, No. 1.

Albizzati, Zwei etruskische Fabriken rotfiguriger Dasen. Mitteilungen des Kaiserl. deutschen Archäologischen Instituts, römische Abteilung 1916, Heft 1.

Bartel, Terra Sigillata und ihre Nachbildung. Keramische Rundschau 1909, S. 309.

Behn, Römische Keramik mit Einschluß der hellenistischen Vorstufen. Kataloge des römisch-germ. Zentralmuseums. Mainz 1911.

Bersu, Römische Töpfereien in Beinstein in Württemberg. Tonindustriezeitung 1914, S. 342.

Blümner, Technische Probleme aus Kunst und Handwerk der Alten. Berlin 1877.

— Technologie und Terminologie der Gewerbe und Künste bei den Griechen und Römern. Band II. Leipzig 1879.

Brongniart, Traité des Arts céramiques ou des poteries considérées dans leur histoire, leur pratique et leur théorie. Paris 1844.

Burton, Über die Zusammensetzung altägyptischer Keramiken. Referat eines vor der Royal Society of Arts gehaltenen Vortrags in Sprechsaal, Zeitschr. für die keramischen, Glas- und verwandten Industrien 1912, S. 687.

Diergart, Die römische Töpferware Terra Sigillata und das neue Fischersche Verfahren. Mitt. zur Geschichte der Medizin und der Naturwissenschaften, Band VIII, S. 245.

Doufrain, Römische Ziegelei Aquincum. Tonindustrie-Zeitung 1911, S. 480.

Dragendorff, Neue Terra-Sigillata-Funde aus Heddernheim. Mitt. über römische Funde in Heddernheim. Heft IV, Frankfurt a. M. 1907.

— Okkupation Germaniens durch die Römer. Bericht über die Fortschritte der römisch-germanischen Forschung im Jahre 1905, Frankfurt a. M., 1906.

Dragendorff, Provinziale Keramik. Bericht über die Fortschritte der römisch-germanischen Forschung im Jahre 1905. Frankfurt a. M. 1906.

Fiala, Beiträge zur römischen Archäologie der Herzegowina. Sonderabdruck aus Wissenschaftliche Mitt. aus Bosnien und der Herzegowina 1897. Wien 1897.

Fischer, Carl und Georg, Verfahren zur Erzeugung farbiger Tonwaren D. R. P. 206 395.

Forrer, Die römischen Terra-Sigillata-Töpfereien von Heiligenberg-Dinsheim und Ittenweiler im Elsaß. Stuttgart 1911.

Foster, Die Zusammensetzung einiger griechischer Dasen. Chemisches Zentralblatt 1910, S. 1636.

Franchet, La chimie des Arts du Feu. Revue Scientifique 1907, S. 161.

— Schwarze Glasur auf antiken Dasen. Referat nach einem Vortrag von Franchet in der Ac. d. Sciences, in Prometheus 1911, S. 159.

— Über die Darstellung des schwarzen Emails der altgriechischen Gefäße mit Hilfe von natürlichem Ferroferrioxyd. Chemiker-Zeitung 1911, S. 541.

Friedländer, Darstellungen aus der Sittengeschichte Roms. Leipzig 1888—1890. Bd. I, S. 259.

Führer durch die Skulpturen und Antikensammlungen des Museum Wallraf-Richartz der Stadt Köln. Köln 1911.

Glasenapp, Untersuchungen von antiker und moderner Terra Sigillata. Ref. der Chemiker-Zeitung 1909, Nr. 154 nach Vortrag in der Sitzung der Chemischen Gesellschaft am Rigaischen Polytechnischen Institut. Dezember 1909.

Glasur, Die schwarze, der italo-griechischen Töpferwaren von S. L. Keramische Rundschau 1911, S. 162.

Granger, Über die Technik der Darstellung von bei den Ausgrabungen von Susiana gefundenen Terrakottagefäßen. Ref. d. Chemiker-Zeitung nach Comptes Rendus 1912, S. 763.

Heinecke und Eisenlohr, über die Zu=
sammensetzung von Fließen der Omar=
Moschee in Jerusalem. Sprechsaal 1912,
Nr. 50.
Herodot, Geschichten. 1. Buch, 179.
Heuser, Die Ludowicische Terra=Sigillata=
Sammlung und die Glasurfrage. Die
Saalburg. Mitt. d. Dereinigung der Saal=
burgfreunde 1910, S. 358.
Hirano, Porzellanbrennöfen in Japan.
Keramische Rundschau 1912, S. 3.
Jacobi, Führer durch das Römerkastell
Saalburg. Homburg 1908.
Kellner, Römische Baureste in Ilidže bei
Sarajevo. Sonderabdruck aus Wissen=
schaftliche Mitt. aus Bosnien und der
Herzegowina 1897, Wien 1897.
Le Chatelier, Archäologisch=keramische Un=
tersuchungen. Zeitschr. f. angew. Chemie
1907, S. 517.
Lossen, Terra sigillata. Zeïtschrift für
angewandte Chemie 1913, S. 38.
Macchioro, Ceramica Sardo-fenicia nel
museo civico de Pavia. Boll. de Società
Pavese di storia patria 1908, S. 318.
Medicus, Kurzes Lehrbuch der chemischen
Technologie. Tübingen 1897.
Neumann, Die Entwicklung der Ziegel=
technik im Altertum. Tonindustrie=
Zeitung 1916, S. 111.
Patsch, Archäologisch=epigraphische Unter=
suchungen zur Geschichte der römischen
Provinz Dalmatien. Sonderabdruck
aus Wissenschaftliche Mitteilungen aus
Bosnien und der Herzegowina 1897.
Wien 1897.
Pregél, Die Technik im Altertum. Sonder=
abdruck aus dem Jahresbericht der techni=
schen Staatslehranstalten zu Chemnitz.
Chemnitz 1896.
Pukall, Über die Zusammensetzung alt=
ägyptischer Keramiken. Sprechsaal 1912,
Nr. 48.
Radimsky, Die Nekropole von Jezerine.
Sonderabdruck aus Wissenschaftliche Mitt.
aus Bosnien und der Herzegowina 1901.
Wien 1901.
— Die vorgeschichtlichen und römischen Al=
tertümer des Bezirkes Zupanjac in Bos=
nien. Sonderabdruck aus Wissenschaft=
liche Mitt. aus Bosnien und der Herzego=
wina 1901. Wien 1901.

Rathgen, über Ton und Glas in alter und
uralter Zeit. Dortr., geh. auf der Haupt=
versammlung des deutschen Dereins für
Ton=, Zement= und Kaltindustrie. Fe=
bruar 1913 Ref. Chemiker=Zeitung 1913,
S. 441.
Rhousopoulos, Noch ein kleiner Beitrag
zum Thema über die chemischen Kennt=
nisse der alten Griechen. Archiv für Ge=
schichte der Naturwissenschaften und der
Technik 1909. S. 287.
Roeder, Die Verwendung von Ton im
alten Ägypten. Tonindustrie=Zeitung
1914, S. 953.
Rohland, Aus der Geschichte der Ton=
materialien. Archiv für Geschichte der
Naturwissenschaften und der Technik
1912, S. 54.
Stias, Neue Ausgrabungen in der alten
Metropole von Eleusis. übersetzt aus
Ephemeris archaiologike 1912, S. 1.
Sprater, Das römische Rheinzabern und
seine Industrie. Drometheus 1914, S. 235.
Steindorff, Grabfunde des mittleren
Reiches aus den Königlichen Museen
in Berlin in: Mitt. aus der orientalischen
Sammlung. Königl. Museen zu Berlin
1896 und 1901.
— Die Blütezeit des Pharaonenreichs.
Bielefeld 1900.
Strunz, Die Chemie im klassischen Altertum.
Sonderausgabe aus der Zeitschr. Die
Kultur 1905, S. 474.
Thomas, Töpferöfen in der Römerstadt bei
Heddernheim. Mitt. über römische Funde
in Heddernheim. Heft I. Frankfurt a. M.
1894.
Welcker, Die Fundstücke aus der römischen
Töpferei vor dem Nordtore (Heddern=
heim). Mitt. über römische Funde in
Heddernheim. Heft IV. Frankfurt a. M.
1907.
— Die Fundstücke aus der römischen Töp=
ferei vor dem Nordtore von Nida. Mitt.
über römische Funde in Heddernheim.
Heft IV, Frankfurt a/M. 1907, S. 103.
Wilkinson, The manners and customs of
the ancient Egyptians. London 1878.
Wolff, Die Töpfereien vor dem Nordtore
der römischen Stadt (Heddernheim). Mitt.
über römische Funde in Heddernheim.
Heft IV. Frankfurt a. M. 1907, S. 87.
Woenig, Am Nil. Leipzig. Bd. I, S. 22.

Das Glas.

Der Ursprung des Glases.

Nach einer lange Zeit hindurch geglaubten Annahme, die auf Plinius zurück= zuführen ist, sollen die Phönizier die Erfinder des Glases sein. Diese Erzählung ist jedoch in das Reich der Fabel zu verweisen, denn schon lange vor den Phöniziern stellten die Ägypter Glas her und fertigten daraus die verschiedenartigsten Gegen= stände, vor allem auch Schmuckstücke an. Das älteste aller bekannten Glasstücke be= findet sich in der ägyptischen Abteilung des Berliner Museums.[1]) Es ist eine grünliche Glasperle, die neben anderen Gegenständen in einem ägyptischen vorgeschichtlichen Hockergrab gefunden wurde. Man hat diese ungefähr 5400 Jahre alte Perle längere Zeit für einen Stein, und zwar für Quarz gehalten, bis man einen kleinen Sprung an ihr entdeckte, der es ermöglichte, ein winziges Stückchen abzusprengen und es einer chemisch=mikroskopischen Prüfung zu unterwerfen. Bei dieser von Rathgen aus= geführten Untersuchung ergab sich bei der Behandlung mit Jodeosinlösung eine starke Rotfärbung, die den Beweis erbrachte, daß hier Glas vorliegt, da Quarz bei der gleichen Behandlung nicht gefärbt wird. Durch Pulvern und Aufschließen mit Ammo= niumfluorid und Schwefelsäure konnte festgestellt werden, daß die Perle neben Kiesel= säure Kalzium und Natrium enthält, daß sie also als Kalt=Natronglas anzusprechen ist. Ob sie absichtlich dargestellt wurde oder ob sie bei der Herstellung von Ziegel= glasuren als Nebenprodukt entstand, mag dahingestellt bleiben. Die Analyse der Perle beweist aber des weiteren noch, daß die Ägypter schon 3500 Jahre vor Beginn unserer Zeitrechnung über eine Anzahl beachtenswerter technischer Fertigkeiten verfügten: Sie vermochten nicht nur Quarz (Kieselsäure) bis zu seiner Schmelztemperatur zu erhitzen, sondern sie wußten auch, daß die im Gestein enthaltene Kieselsäure unter Hinzufügung von Salz oder Soda[2]) eine glasartige Verbindung eingeht. Außerdem vermochten sie der geschmolzenen Masse bereits eine bestimmte Form zu geben.

---

[1]) Flinders Petrie erwähnt in „The Royal tombs of the earliest Dynasties" auf Tafel XXXVIII Fig. 53 u. 57 (Age of Zet) ein Stück grünen Glases, das vielleicht noch älter sein könnte, als das im Berliner Museum. Alle nähere Angabe über dieses Glasstück fehlen aber.

[2]) Welches der beiden Natriumsalze sie verwendeten, ist unbekannt; nach Ansicht des Verf. wahrscheinlich die in Ägypten vorkommende natürliche Soda.

Abb. 213. Glasſtäbchen mit dem Namen Amenemhet III. (um 1830 v. Chr.). Millefioritechnik. Länge 3,9 cm, Breite 1 cm, Dicke 0,5 cm. Berliner Muſeum, Ägyptiſche Abteilung.

Auch Färbungen wußten ſie ſchon ſehr frühe hervorzubringen. Den Beweis hier= für liefert ein gleichfalls in der ägyptiſchen Abteilung des Berliner Muſeums befind= liches Glasſtäbchen, das aus einer Anzahl blauer und weißlicher Glasſtreifen her= geſtellt iſt, die ſo verſchmolzen wurden, daß ſie den Namen Amenemhet III. ergeben, der um das Jahr 1830 v. Chr. lebte. (Abb. 213.) Ein etwas jüngeres im Bri= tiſchen Muſeum befindliches Stück ſtammt aus dem Jahre 1500 v. Chr. Es iſt das erſte bekannte Glasgefäß und iſt aus hell= blauem Glaſe mit braunen Streifen an=

gefertigt. Da es den Namen Tutmoſis (Tutmes) III. trägt, ſo ließ ſich die Zeit ſeiner Herſtellung genau feſtſtellen.

Ägyptiſche Glastechnik.

Es fragt ſich nun, auf welche Weiſe die Ägypter ihr Glas herſtellten, und wie ſie es zu den ſo verſchiedenartigen Gegenſtänden, die man bei Ausgrabungen findet, verarbeiteten. In einem Grabe von Beni Haſſan findet ſich ein wahrſcheinlich aus der Zeit um 1900 v. Chr. ſtammendes Relief, an dem Arbeiter mit Hilfe langer Pfeifen ſcheinbar an einem Glasgefäß arbeiten. Man hat lange Zeit geglaubt, daß es ſich hier um Glasbläſer und um die bekannte Glasbläſerpfeife handelt. Kiſa und andere haben jedoch nachgewieſen, daß dieſes Relief nicht Glasbläſer, ſondern Metallarbeiter darſtellt, die einen Schmelzofen anblaſen. Durch einen vor etwa 23 Jahren von Petrie in Tell el=Amarna gemachten Fund, der zum Teil an das Berliner Muſeum überging (Abb. 214 u. 215), ſind wir darüber unterrichtet, in welcher Weiſe die alten Ägypter das Glas anfertigten und behandelten. Dieſer Fund ſtellt eine aus dem Jahre 1370 v. Chr. ſtammende altägyptiſche Glaswerkſtätte dar. Nach den Unterſuchungen von Petrie wurde das Glas dadurch gewonnen, daß man Quarz und Alkali in Tontiegeln zuſammenſchmolz. Es entſtand ein farbloſes Erzeugnis, dem man farbige Fritte zuſetzte, auf deren Herſtellung wir ſogleich zurückkommen werden. Während des Schmelzens wurden mit Hilfe von Zangen Proben aus der Schmelze heraus= genommen, die zur Begutachtung der Farbe dienten. Hatte der Glasfluß die rich= tige Farbe, ſo ließ man ihn erkalten und zertrümmerte, um ihn zu gewinnen, den Tiegel. Man hatte dann ein Stück von ungefüger Form, dem man, um es weiter verarbeiten zu können, erſt eine paſſende Geſtalt geben mußte. Zu dieſem Zweck erweichte man die Glasſtücke einzeln im Ofen und rollte ſie dann auf harter Unter= lage unter einem Metallſtab. Es entſtand ſo ein zylindriſcher Glasſtab, der das Roh= material, den Vorrat zur Anfertigung der verſchiedenartigſten Gegenſtände darſtellte.

Die farbige, zum Färben des eigentlichen Glaſes benutzte Fritte iſt ihrer chemi= ſchen Natur nach ein zerkleinerter Glasfluß, der wohl einem Zufall ſeine Entſtehung verdankt. Die zur Glasfabrikation benutzten Rohmaterialien dürften vielfach eiſen= haltig geweſen ſein. Enthält nun der Glasfluß Eiſen, ſo färbt er ſich, je nachdem man ihn im oxydierenden oder im reduzierenden Feuer behandelt, braunrot oder grünlich (rote und grüne Weinflaschen). Da man vor der Verwendung von Tiegeln den Glassatz wohl auch häufig in Löchern zusammenschmolz, die man in die Erde gegraben hatte, und da auch bei der Verwendung von Tiegeln die Regelung des Feuers nicht

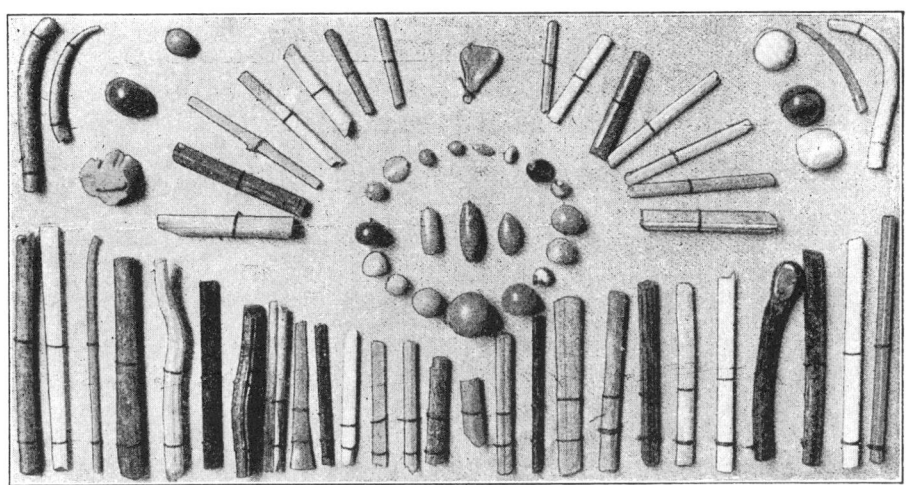

Abb. 214. Glasstücke aus der Glasfabrik von Tell el-Amarna (um 1370 v. Chr.). Verschieden gefärbte Stäbe, Stücke und Perlen. — Berliner Museum, Ägyptische Abteilung.

Abb. 215. Bruchstücke von bunten Glasstäben u. Glasgefäßen aus Tell el-Amarna (um 1370 v. Chr. Berliner Museum, Ägyptische Abteilung.

immer gleichmäßig ausgefallen sein dürfte, so erhielt man rote und grüne Massen, die man zum Färben des Glases verwendete. Später kamen dann noch weitere Farben hinzu, die ebenfalls infolge verschiedenartiger in den gebrauchten Materialien enthaltener Verunreinigungen entstanden. Es finden sich violette Gläser, die Mangan enthalten, blaue und rötliche, die ihre Farbe einem Kupfergehalte verdanken usw. usw. Erfahrungen und Zufall dienten als Lehrmeister und bewirkten, daß die Farbenskala eine immer reichhaltigere wurde. Allmählich lernte man auch, das durch einen Eisengehalt gefärbte Glas durch Zusatz manganhaltiger Substanzen zu entfärben, nachdem man schon vorher erkannt hatte, daß man bei Benutzung des sehr reinen Nilsandes gleichfalls ein farbloses Glas bekam. Die farblosen altägyptischen Gläser sind heute zwar undurchsichtig, da sie im Laufe der Zeiten verwitterten; es steht jedoch fest, daß vom ersten Jahrhundert v. Chr. an die alten gefärbten Gläser von dem farblosen Glase verdrängt wurden, sie kamen außer Mode. Dies bedeutet, obschon darin eine technische Vervollkommnung liegt, eigentlich den Niedergang der Glasmacherkunst, die zur Zeit der 18. und 19. Dynastie (1550—1200 v. Chr.) auf ihrer höchsten Höhe steht; zeigen sich doch hier ein Reichtum der Farben und eine Fülle der Formen, wie wir sie weder vorher noch nachher wieder treffen.

Abb. 216. Ägyptischer Hand-spiegel mit Glaseinlage.
Aus einem Grabe bei Meidum. Höhe 0,255 m, Breite 0,115 m. Berliner Museum, Ägyptische Abteilung.

Die aus den Glastiegeln hervorgegangenen zylindrischen Stäbe stellten, wie schon erwähnt, das Vorratsmaterial für die Weiterverarbeitung des Glases zu allen möglichen Gefäßen, Vasen, Amuletten, Schmuckstücken und — falschen Edelsteinen usw. usw. dar. Das oben angeführte Relief von Beni Hassan hat zu der Vermutung Veranlassung gegeben, daß die Glasbläserkunst in Ägypten schon zu sehr frühen Zeiten heimisch war. Es hat sich jedoch gezeigt, daß die Vasen und sonstige Hohlgefäße nicht geblasen, sondern auf andere Weise geformt wurden. Man stellte zunächst einen Tonkern her, der die Gestalt der zu formenden Vase hatte. Er wurde an einem Stabe befestigt, so daß man ihn bequem handhaben konnte. Dann nahm man aus dem Vorrat einen Glasstab, erweichte ihn und legte ihn in diesem Zustand um den Tonkern herum. Es folgte ein zweiter Stab, ein dritter usw., bis der ganze Kern mit der Glasmasse überzogen war. Dann hielt man das Ganze in den Ofen, wo man es unter ständigem Drehen weiter erhitzte, so daß die einzelnen Stäbe gut miteinander verschmolzen. Wenn dann die Vase fertig war, so zertrümmerte man den beim Brennen geschwundenen Tonkern und nahm seine Stücke einzeln heraus. Im ersten Jahrhundert v. Chr. taucht dann eine andere Art der Herstellung von Hohlgefäßen auf. Man verwendete wieder Modelle aus Ton, jedoch nicht mehr Kerne, sondern Hohlformen, die sich auf der Töpferscheibe leicht anfertigen ließen. Nachdem man sie gebrannt hatte, goß man die flüssige Glasmasse hinein und schwenkte sie darin herum, so daß sie die Innenwandungen überzog. Nahm man dann das Tonmodell ab, so hatte man ein Glasgefäß. Auch große Gußstücke wurden

aus Glas hergeſtellt. So ließ Seſoſtris ſchon 1643 v. Chr. eine Bildſäule
aus Glas gießen.

Das Glasblaſen war in Ägypten noch zur Zeit der Ptolemäer (311—30 v. Chr.)
unbekannt. Es iſt zweifellos eine Erfindung der Phönizier, die in der Zeit von 20
v. Chr. bis 20 n. Chr. in Sidon gemacht wurde. Wieſo man darauf kam, Glas zu
blaſen, läßt ſich wohl kaum mehr feſtſtellen. Die Annahme Kiſas, daß man durch
Beobachtung von Seifenblaſen den Gedanken des Glasblaſens gefaßt habe, dürfte

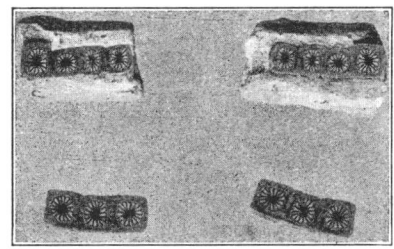

Abb. 217. Glasroſetten vom Belag einer
Mumie.
Die Glasteilchen ſind in eine Stuckſchicht ein=
gelaſſen. Fundort Abuſir el Meleq.
Berliner Muſeum, Ägyptiſche Abteilung.

Abb. 218. Bildſäule eines Mannes. Aus
Kalkſtein mit Glasaugen.
Ägypten, Altes Reich. Fundort: Saffara.
Höhe 0,61 m, Breite 0,27 m, Länge 0,355 m.
Berliner Muſeum, Ägyptiſche Abteilung.

den tatſächlichen Verhältniſſen wohl
kaum entſprechen, da der Gebrauch einer
zur Herſtellung von Seifenblaſen geeig=
neten Seife bei den Phöniziern mehr als
zweifelhaft ſein dürfte. Die Phönizier
haben die Technik der Glasfabrikation
und Glasbearbeitung von den Ägyptern
gelernt und ſie über weite Teile des
Orients verbreitet. Die Erfindung des
Glasblaſens gibt ihrer Glasinduſtrie
neuen Aufſchwung. Die erſten Pro=
dukte der Glasbläſerei waren kleine Vaſen
ſowie Gefäße für Balſam und Eſſenzen.
Es waren Reliefgläſer, auf denen —
und zwar meiſt auf den Henkeln — die
auf die neue Kunſt nicht wenig ſtolzen
Künſtler ihre Namen verewigten. Der
bekannteſte unter ihnen hieß Ennio.

Noch einer beſonderen altägyptiſchen und von Ägypten aus auf die Phönizier
und andere Völker übergegangenen Glastechnik ſei hier Erwähnung getan. Es wurde
ſchon oben jenes eigenartigen, aus der Zeit um 1830 v. Chr. ſtammenden, prismati=
ſchen Glasſtückes Erwähnung getan, das aus blauen und weißen Glasſtreifen derart
hergeſtellt iſt, daß es an ſeinen beiden Enden den Namen des Königs Amenemhet III.
zeigt, und zwar in blauen Schriftzeichen auf weißem Grunde (Abb. 213). Solche bunt=
geſtreifte Gläſer finden ſich noch mehrfach. Sie wurden in der Weiſe angefertigt, daß
man die im Ofen hergeſtellten bunten Glasſtäbe nebeneinander legte und erhitzte,

so daß sie zusammenschmolzen. Dann zog man sie, solange sie noch heiß und weich waren, in die Länge. Es ist dies eine auch heute noch vielfach verwendete Glastech= nik, die sogenannte „Millefioritechnik". (Siehe auch Abb. 215 S. 157 u. 217 S. 159.)

Eine andere besondere Glastechnik der alten Ägypter war die Herstellung künst= licher Augen, die sie den Mumien sowie Statuen einsetzten. (Siehe Abb. 218 S. 159.) Diese künstlichen Augen bestehen aus allen möglichen Materialien und sind zum Teil zusammengesetzt. Der Stern, Iris und Pupille bestehen aus Glas, die Sklerotika (weiße Augenhaut) aus einer Metallegierung, Elfenbein, Perlmutter, Feldspat (South Kensington Museum, London; 5. oder 6. Dynastie), Marmor (Musée du Parc du Cinquantenaire, Brüssel) oder ganz aus Glas (Nationalmuseum, Stockholm, 700 v. Chr.). Ob die alten Ägypter auch den Lebenden künstliche Augen einsetzten, ist nicht bekannt. Ebers hält es nicht für unwahrscheinlich.

Phönizier.

Außer den Ägyptern waren im Altertume, worauf wir schon hinwiesen, auch die Phönizier hervorragende Glastechniker. Sie scheinen den Handel mit Glas beherrscht zu haben, denn in Syrien und Judäa gab es bis zur römischen Kaiserzeit keine Glasindustrie. Die Bezeichnung für das Glas findet sich nach Pinner nur einmal in der Bibel (Hiob 28, 17), also in einem der am spätesten abgefaßten Bücher des Alten Testamentes, wo es als kostbares, dem Golde gleichwertiges Material angeführt wird. Dies läßt darauf schließen, daß das im alten jüdischen Reiche von den Phöniziern bezogene Glas sehr teuer war. Der hohe Preis erklärt sich aus der zur Herstellung nötigen Kunstfertigkeit sowie aus der Zerbrechlichkeit und der daraus erwachsenen Schwierigkeit des Transports. Auch in Mesopotamien scheint man das Glas nur bezogen und nicht selbst angefertigt zu haben. Ob die berühmte aus dem 8. Jahrhundert stammende Vase des Königs Sargon im Britischen Museum, ein beutelförmiges Gefäß aus halbdurchsichtigem grünlichem Glase, wirklich assyrisches Erzeugnis ist, erscheint zweifelhaft.

Griechen.

Auch die Griechen haben die Technik der Glaserzeugung und =Verarbeitung wohl kaum jemals in irgendwie erheblichem Umfang ausgeübt, ja es mag sogar zweifel= haft erscheinen, ob zur Zeit des Aristophanes (450—385 v. Chr.) das Glas in Grie= chenland überhaupt schon in weiteren Kreisen bekannt war. Für seine geringe Verbrei= tung spricht der Umstand, daß man es als ganz erstaunlich fand, wenn die Perser, wie berichtet wurde, aus Gläsern tranken. Außerdem kam der Preis des Glases dem der Juwelen gleich. Allerdings hat Kurt Müller bei Ausgrabungen in Pylos, wobei Gegenstände mykenischer Zeit (1600—1200 v. Chr.) zutage gefördert wurden, ein schönes blaues durchsichtiges Stück einer Vase gefunden, das sich bei der Unter= suchung durch Rhousopoulos sowohl durch seine physikalischen sowie auch durch seine chemischen Eigenschaften als ein ziemlich schwer schmelzbares Kaliglas erwies, das durch eine Kupferoxydverbindung blau gefärbt war. Rhousopoulos schließt hieraus, daß bereits zu jener mykenischen Zeit in Griechenland Glas hergestellt worden sei, und sucht dies durch Anführung weiterer Gegenstände aus dem Museum von Athen zu beweisen.

Die Glastechnik der Römer.

Zu außerordentlich hoher Blüte gelangte die Glastechnik bei den Römern, doch sind deren Kenntnisse wohl gleichfalls ägyptischen Ursprungs und zwar wahrscheinlich auf die alexandrinischen Glasbläsereien zurückzuführen. Bei den Römern wird das Glas Gebrauchsgegenstand. Schon im ersten Jahrhundert v. Chr. verdrängt es die goldenen und silbernen Becher von den Tafeln, schon damals finden sich in den Städten des Römischen Reiches Fensterscheiben aus Glas, die später ziemliche Größe annehmen. Es haben sich derartige Scheiben in den Abmessungen von 30:60 cm bis jetzt erhalten. Man kann wohl annehmen, daß noch größere Scheiben — und zwar wahrscheinlich durch Guß — angefertigt wurden, denn in Pompeji fanden sich bronzene Rahmen für Fensterscheiben mit Glasresten, deren Tafeln eine Größe von 54:72 cm gehabt haben dürften. Eine sehr große Scheibe hatte das Apodyterium (Auskleidezimmer) der kleinen Thermen zu Pompeji (siehe Seite 372), deren Abmessungen 1,0:0,7 m bei 0,013 m Dicke betrugen. Die Scheibe ist auf der einen Seite matt und man nimmt an, daß die Mattierung durch Schleifen hervorgebracht worden sei. Die Scheibe saß in einem Rahmen aus Bronze, der sich mit ihr um zwei in seiner Mitte angebrachte Zapfen drehte. Sonst waren die Rahmen der Glasfenster meist aus Holz. Auch die Ägypter benutzten gegossene Glastafeln zum Bedecken von Gemälden.

Da die Technik der Glasbereitung auf die Ägypter zurückzuführen ist, so findet sie auch bei den Römern in genau der gleichen Weise statt. Vor allem macht man sich die Verfahren zur Entfärbung des Glases zunutze und stellt in der Hauptsache entfärbtes Glas dar, dem man durch Verzieren mit gefärbten Gläsern noch einen besonderen Schmuck verleiht. Als Entfärbungsmittel wird, wie Roters durch Untersuchung von Scherben farblosen, auf der Saalburg gefundenen Glases ermittelt hat, durchweg Mangan verwendet, so daß sich also die Römer desselben Entfärbungsmittels bedienten wie die heutige Technik.

Die Färbemittel gleichen ebenfalls in weitgehendem Maße unsern jetzigen. Es sind im allgemeinen dieselben, wie man sie auch für die Glasuren der Tonwaren verwendet. Für Grün dient Eisenoxydul (Roters), für Blau Kobalt, für Braunrot Eisenoxyd, für Schwarz eisenhaltiger Braunstein, für Violett Mangan; ferner werden auch noch die folgenden weiteren Färbemittel verwendet: Kupfer für Rot, Blau und Grün, Chrom für Grün, Antimon und Uran für Gelb und Orange (Analysen von K. A. Hofmann). Das Gold wurde in das Glas eingeschmolzen, und zwar meist in Form von Blattgold. Die römischen Goldgläser sind Gefäße, die zwischen zwei Glasschichten Figuren usw. aus Blattgold enthalten. Aus dem Blattgolde ritzte man Linien und ganze Teile heraus, wodurch der Grund freigelegt wurde. Man tauchte auch erhitztes Glas, insbesondere Glasfäden, in Goldstaub, ehe man es weiter verwendete. Beim Aufblasen nahm ein so behandelter oder mit Blattgold belegter Tropfen einen großen Umfang an, wodurch das Gold sehr fein verteilt wurde und eine sehr schöne Wirkung entstand. Ein sehr schöner antiker roter Glasfluß, der zuerst im Jahre 1844 in Pompeji gefunden wurde, das sogenannte „Hämatinon", ist von Pettenkofer untersucht worden und erwies sich als ein bleihaltiges Natronkalksilikat, dessen hoher Glanz durch das Blei hervorgebracht wurde, während die

prächtige blutrote Farbe von Kupferoxydul herrührt. Pettenkofer ermittelte folgende Werte:

Kieselerde 49,90%
Natron 11,54%
Kalk 7,20%
Bittererde 0,87%
Bleioxyd 15,51%
Kupferoxydul 11,03%
Eisenoxydul (mit Spuren von Manganoxyd) . . 2,10%
Tonerde 1,20%

Wie dieses herrliche Glas hergestellt wurde, das die Römer „Obsidianglas"
nannten, beschreibt Plinius (XXXVI 26): „Man macht auch für Speisegeschirre
in einer Art der Färbung ein Obsidianglas, welches ganz rot und nicht durchscheinend
ist, das sogenannte Blutrot"; und vorher: „Man kocht aber das Glas mit weichem
und trockenem Holze, unter Zutat von Kupfer und Nitrum (wahrscheinlich Soda).
Es wird in Öfen mit ununterbrochenem Gange wie Erz geschmolzen und gibt schwärz-
liche Massen von tiefsatter Farbe. Aus diesen Massen wird es in den Werkstätten
wieder geschmolzen und gefärbt".

Es ist Pettenkofer gelungen, auf dem von Plinius angegebenen Wege
dieses alte Obsidianglas der Römer wieder herzustellen, wobei er fand, daß die erst
schwarze Masse sich bei erneutem Schmelzen blutrot färbt. Der Ausdruck des
Plinius „tingitur" ist daher nicht als „es wird gefärbt" zu verstehen, sondern als
„es färbt sich".

Zu der Kunst, das Glas in so mannigfacher Weise zu färben, gesellten sich später
noch weitere Kunstgriffe, durch die man verschiedenartige Wirkungen hervorbrachte.
Vor allem verstand man es, gläsernen Gegenständen metallische Reflexe zu verleihen.
Es sind hiermit nicht jene eigenartigen Reflexe gemeint, die man heute auf fast allen
ausgegrabenen altrömischen bzw. antiken Gläsern sieht. Das Irisieren dieser Gläser
beruht zuweilen auf einer teilweise unvollkommenen Entfärbung, meist aber darauf,
daß das Glas im Laufe der Jahrhunderte durch die im Erdboden vorhandenen Humus-
säuren und andere Stoffe an seiner Oberfläche eine Zersetzung erfuhr, wodurch es
mit einer irisierenden Schicht bedeckt wurde. Die hier in Frage stehenden Reflexe
kamen vielmehr erst in spätrömischer Zeit auf und wurden dadurch hervorgebracht,
daß man Verbindungen von Metallen mit Harzen auf Glas auftrug und sie bei
schwacher Rotglut einbrannte. Man erhält mit Kupfer rote, mit Silber goldige,
mit Wismut blaue Töne, die Franchet in neuerer Zeit durch Nachahmung des römischen Verfahrens in gleicher Weise wieder zu erzeugen vermochte. Daß ähnliche Reflexe durch Aneinanderreihen feiner Linien erzeugt werden können, scheint übrigens
in Griechenland bereits bekannt gewesen zu sein, wo man zwar kein Glas verwendete,
wohl aber durchsichtige Quarzplatten auf eine silberne Unterlage legte und sie dann
durch Anbringung gerader Linien riefte, was wohl den Zweck gehabt haben dürfte,
eine irisierende Lichtwirkung hervorzubringen (Rhousopoulos, Nr. 2708 der Sammlung des griechischen Nationalmuseums).

Die berühmten murrinischen Gefäße (murrina vasa, auch pocula murrina
bzw. murrhena) der Römer, die zuerst Pompejus aus dem Schatze des Mithridates nach Rom brachte (64 v. Chr.), wurden aus einer rot- und weißgefleckten
Milchglasmasse hergestellt, deren Trübung auf einem Zusatze von phosphorsaurem

Kalk beruhte, der wahrfcheinlich in Geftalt von Knochenmehl zugegeben wurde. Sie opalifierten lebhaft und wurden fehr teuer bezahlt. Kaifer Nero zahlte nach Plinius für einen murrinifchen Trinkbecher 300 Talente (ungefähr 575 000 Mark). Den Römern ftand alfo ein vorzügliches, in mannigfacher Weife gefärbtes Rohmaterial zur Verfügung, aus dem fie dann durch gefchickte Bearbeitung Gegenftände herzuftellen verftanden, die durch ihre technifche Vollkommenheit und künftlerifche Vollendung heute noch unfere höchfte Bewunderung erregen. Als Hilfsmittel dienten ihnen die Glasbläferpfeife fowie die Glasbläferzange. Das Handwerkszeug war alfo dasfelbe wie das unferer Tage, und da man Füße, Henkel ufw. befonders anfügte,

Abb. 219. Römifche Glasbläferei.
Topf aus einem Brandgrab mit verfchiedenen durch Blafen hergeftellten Glasgegenftänden.
Provinzialmufeum Trier.

fo hat fich die altrömifche Technik der Glasbearbeitung von der heutigen wohl kaum in wefentlichen Punkten unterfchieden.

Das Blafen des Glafes gefchah in Formen, die wie die unferigen auseinandergeklappt werden konnten, um den fertigen Glasgegenftand herauszunehmen. Zahlreiche altrömifche Glaswaren zeigen noch die Formnaht, und zwar nicht nur Gefäße, fondern auch Tiergeftalten u. dgl. Zu diefer allgemeinen Art des Arbeitens gefellen fich noch befondere Techniken, von denen vor allem die des Schlangenfadens zu erwähnen ift, bei der man alle möglichen Schnörkel, Schlangenlinien, Verzierungen in der Weife an den Gefäßen anbringt, daß man einen — oft gefärbten — Glasfaden in den entfprechenden Windungen darauf anfchmilzt. Durch Auffchmelzen von Glasfäden wurden vielleicht auch die fpätrömifchen Diatreta= Gefäße hergeftellt, die mit einem erhabenen Netze von Glasfäden überzogen find. Die Fäden liegen jedoch nicht überall am Gefäß an, fondern nur an einzelnen Stellen.

11*

Die Technik der Herstellung ist nicht bekannt: manche glauben, daß das Netzwerk aus dickem Glas ausgeschliffen wurde. Des weiteren werden farbige, manchmal aber auch farblose Glas= tropfen der verschiedensten Größe auf das Glasgefäß aufgetropft. Es entstehen so „Nuppen", die ja jetzt auch wieder bei uns modern geworden sind.

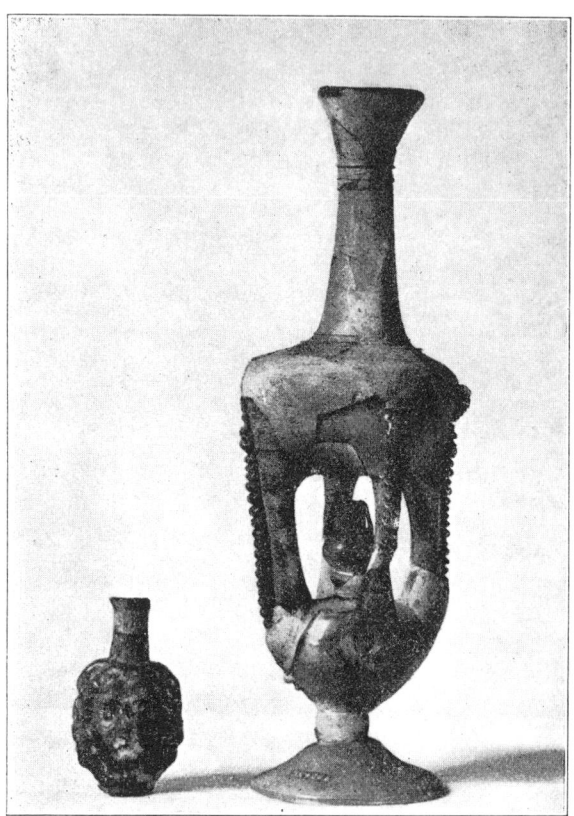

Einer besonderen Aus= bildung erfreut sich in den römischen Glaswerkstätten die Glasschleiferei. Man begann zunächst einfachere Zierlinien in das Glas ein= zugravieren und ging spä= ter dazu über, größere Szenen auszuführen. Zur Anfertigung dieser Gra= vierungen dienten Schleif= räder. Dann stellte man auch „Überfanggläser" her, indem man Glas mit einem andersfarbigen über= zog. Schliff man dann die obenliegende Glasschicht aus, bis die tieferliegende zutage trat, so entstanden wundervolle Wirkungen, wie z. B. bei der berühm= ten Portlandvase des Britischen Museums, bei der ein blauer Grund mit einem weißen undurchsich= tigen Glase von 5 mm Dicke

Abb. 220. Römische Glasflaschen. Geblasen und verziert. Provinzialmuseum Trier.

überfangen ist, das dann in künstlerischer Weise ausgeschliffen ist.

Auf einige besondere, mit der Glastechnik in engem Zusammenhang stehende Fragen sei hier noch näher eingegangen. Zunächst auf die oft wiederholte Erzählung

Abb. 221. Römische Diatreta=Gefäße (Sammlung vom Rath). Berlin, Altes Museum, Antiquarium.

von dem un3erbrechlichen Glaſe, das bei verſchiedenen alten Schriftſtellern eine Rolle ſpielt. Nach der Erzählung des Plinius (XXXVI 66) ſoll ein Mann 3u Kaiſer Tiberius gekommen ſein und ihm ein biegſames Glas ge3eigt haben. Der Kaiſer ließ ſeine Werkſtätte 3erſtören, damit durch dieſes Glas der Wert der Metalle nicht herabgeſetzt werde. Petronius berichtet in ſeinem „Gaſtmahl des Trimalchio" gleichfalls von einem Kaiſer, dem ein Mann ein Glasgefäß überreicht habe, das nicht 3erbrach, wenn man es auf den Boden ſchleuderte. Der Kaiſer ließ dieſen Mann hinrichten, damit durch die Erfindung das Gold und Silber nicht entwertet werde. In derartiger Weiſe wiederholt ſich die Erzählung noch öfter, ja ſogar ſo oft, daß man ſchließlich an irgendeinen wahren Kern glauben muß. Trotz aller Erklärungsverſuche, wie ſie 3.B. von v.Lippmann, Rathgen uſw. entweder wiederholt oder gemacht werden, iſt es uns nicht möglich, den Bericht vom hämmer= baren oder un3erbrechlichen Glas auf eine in3wiſchen bekannt gewor= dene antike Technik 3urück3uführen.

Eine weitere, mit dem Glas im Zuſammenhang ſtehende Frage iſt die, ob die alten Römer glä= ſerne Spiegel, und ob ſie Brillen gekannt haben. Die erſte Frage iſt unbedingt 3u be= jahen, wobei man ſich gar nicht auf die Angabe des Plinius 3u ſtützen braucht, der berichtet, daß 3u Sidon die Erfindung gläſerner und insbeſondere ſchwarzer Spiegel gelungen ſei. Man hat Bruchſtücke gläſerner Spiegel ſo= wohl im römiſchen Lager der Saal= burg wie an anderen Orten, 3. B. bei Regensburg uſw., gefunden. Sie wurden in der Weiſe hergeſtellt, daß man dem Glas als Unter=

Abb. 222. Römiſche Glasſcheibe mit eingeſchliffener Darſtellung eines Wagenrennens im Zirkus. Provin3ialmuſeum Trier.

lage dünne Blättchen von Gold, Silber, Kupfer oder Zinn anklebte, oder daß man ſolche Blättchen 3wiſchen 3wei Glasſcheiben legte. Da man das Glas nicht ſchliff, ſo war es nicht ſehr eben, und die Spiegel haben wohl ver3errte Bilder ergeben. In den römiſch=galliſchen Gräbern von Reims hat man aber auch Spiegel gefunden, die aus dem dritten oder vierten Jahrhundert n. Chr. ſtammen, und die nach einer weſent= lich anderen Technik hergeſtellt ſein dürften. Es handelt ſich um uhrglasähnliche, alſo gebogene und runde Glasſtückchen von 5 b3w. 3 cm Durchmeſſer, die mit Blei hinter= goſſen waren. Man hat die Glaskalotte, die man vielleicht aus einem Glasballon herausſchnitt, jedenfalls vorgewärmt, um das Zerſpringen 3u verhüten, und dann das Blei hineingegoſſen. Der Spiegel gab natürlich gleichfalls ein ver3errtes und verkleinertes Bild.

Brillen kannte man im Altertume nicht; man scheint überhaupt die Wirkungen
von konkaven und konvexen Glaslinsen nicht beobachtet oder nicht ausgenützt zu
haben. Der einzige aus dem Altertum stammende Bericht von der Verwendung einer

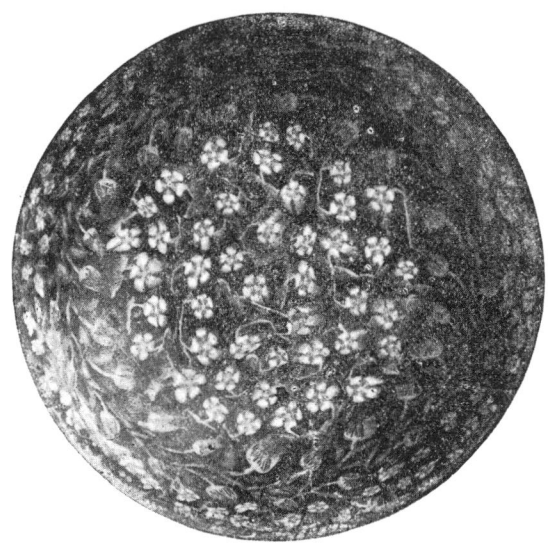

Abb. 223. Millefiorischale (römisch). Grün, weiße Blumen mit rotem Kelch.
Berlin, Altes Museum. Antiquarium.

brillenartigen Vorrichtung rührt von Plinius her, der erzählt, daß sich der Kaiser
Nero eines (geschliffenen) Smaragdes bedient habe, um die Gladiatorenkämpfe zu
beobachten. Man hat daraus geschlossen, daß Kaiser Nero kurzsichtig war, und daß
er eine Art von „Lorgnon" oder „Monokel" benutzte.

Gefundene „Linsen" (in den Ruinen von Tyrus, einem Grab zu Nola,
Pompeji, Troja usw.) dienten als Zierstücke auf Ledergürteln u. dergl., nicht aber
als Vergrößerungsgläser. Hingegen war den Griechen und Römern die ver=
größernde Wirkung von „Schusterkugeln" bekannt.

Künstliche Edelsteine.

Ein besonderer Zweig der antiken Glasindustrie war die Herstellung künst=
licher Edelsteine, die schon im alten Ägypten blühte. Wir finden im Grabschmuck
altägyptischer Könige manchmal echte und künstliche, aus farbigen Glasflüssen be=
stehende Edelsteine beieinander. Man braucht deshalb noch nicht an eine absicht=
liche Fälschung zu denken. Da man damals noch nicht über die physikalischen und
chemischen Verfahren verfügte, die später eine Unterscheidung natürlicher und künst=
licher Steine ermöglichten, so wird man eben so manchen durch Zufall besonders
schön gefärbten Glasfluß für einen Edelstein gehalten haben. Später wird allerdings
die Herstellung künstlicher Edelsteine zu einer besonders geübten Kunst, für die zahl=
reiche Vorschriften existieren, deren z. B. der aus dem 3. Jahrhundert stammende

„Neue Stockholmer Papyrus" eine ganze Anzahl enthält, die allerdings von oft recht zweifelhaftem Wert erscheinen. Auch in Rom existierten, wie Seneca berichtet, ganze Fabriken für künstliche Edelsteine. Während man in Ägypten die falschen Edelsteine in der Weise herstellte, daß man Mineralien von blättriger oder poröser Beschaffenheit, vor allem den Pyrit und den Topas, mit farbigen Lösungen tränkte, die dann von ihnen aufgesaugt wurden, scheint man in Rom von der Eigenschaft des Bleis, dem Glas ein hohes Lichtbrechungsvermögen zu verleihen, ausgiebigen Gebrauch gemacht zu haben. Man stellte farbige Glasflüsse her, deren Färbung durch die oben bereits angeführten Zusätze bewirkt wurde, und setzte ihnen reichlich Blei oder Bleiverbindungen zu. Man erhielt dann einen Glasfluß, der zwei der hauptsächlichen Eigenschaften des echten Edelsteins, nämlich die schöne Farbe und das hohe Lichtbrechungsvermögen zeigte. Die Härte dieser künstlichen Edelsteine war ebenso wie die des heutigen, auf die gleiche Weise hergestellten „Strasses", freilich viel geringer als die des echten Steines, was sich jedoch mangels geeigneter Untersuchungsverfahren schwer nachweisen ließ. Wie wenig ausgebildet diese Untersuchungsverfahren waren, geht daraus hervor, daß Plinius über Härteprüfungen lediglich zu berichten weiß: „Der Diamant ritzt alle Edelsteine, echte und falsche". Im übrigen scheint man nach Untersuchungen von Rhousopoulos in Griechenland, und zwar schon in vormykenischer Zeit auch künstliche Perlen, und zwar durch Zusammenschmelzen von Kalk, Magnesia und Kieselsäure hergestellt zu haben, die man gleichfalls färbte. Die Fälschung kostbarer Naturprodukte scheint also eine schon sehr alte Technik zu sein.

Literatur zum Abschnitt: „Das Glas".

Anonymus, Das Glas im Altertum. Der Kenner. 1909. Nr. 15.

Blümner, Technologie und Terminologie der Gewerbe und Künste bei den Griechen und Römern. Band 4. Leipzig 1887.

Cramer, Das römische Trier. Gütersloh 1911.

Flinders Petrie, The Royal tombs of the earliest Dynasties Part. II. London 1901.

Friedländer, Darstellungen aus der Sittengeschichte Roms. Leipzig 1888—1890.

Führer durch die Skulpturen- und Antikensammlung des Museum Wallraf-Richartz der Stadt Köln. Köln 1911.

Greef, Kritische Betrachtungen über Funde von Brillengläsern und Lupen aus dem frühen Altertum. Zeitschrift für ophthalmologische Optik. 1916. IV. S. 42.

Kisa, Das Glas im Altertume. Leipzig 1908.
— Die antiken Gläser der Frau Maria vom Rath geb. Stein zu Köln. Köln 1899.
— Die Erfindung des Glasblasens. Jahrb. für Altertumskunde, Band I, S. 1.

Klein, Aus oculistischer Vorzeit. Zentralzeitung für Optik und Mechanik. 1913. S. 135.

Kotelmann, Ist das künstliche Auge schon im Talmud erwähnt? Mitt. zur Geschichte der Medizin und der Naturwissenschaften 1907, S. 243.

Lang, Antike gläserne Spiegel. Prometheus 1898, S. 286.

v. Lippmann, Chemische Papyri des 3. Jahrhunderts. Chemiker-Zeitung 1913, S.933.
— Die chemischen Kenntnisse des Plinius. Abhandl. und Vorträge zur Geschichte der Naturwissenschaften. Leipzig 1906.
— Zur Geschichte des Glases im Altertum. Abhandlungen und Vorträge zur Geschichte der Naturwissenschaften. Leipzig 1906.

Medicus, Kurzes Lehrbuch der chemischen Technologie. Tübingen 1897.

Meyer, Geschichte der Chemie von den ältesten Zeiten bis zur Gegenwart. Leipzig 1914.

Mittwoch, Ist das künstliche Auge schon im Talmud erwähnt? Mitt. zur Geschichte der Medizin und der Naturwissenschaften 1907, S. 514.

Müller, Das künstliche Auge. Wiesbaden 1910.

Neuburger, Echte, falsche und künstliche Edelsteine. Vortrag in der Polytechnischen Gesellschaft zu Berlin. Welt der Technik. 1909. Heft 9.

Overbeck, Pompeji. Leipzig 1875.

Pergens, Über Kunstaugen aus dem alten Ägypten in technisch-chemischer Hinsicht. In: Diergart, Beiträge aus der Geschichte der Chemie. Leipzig u. Wien 1909.

Pettenkofer, Über einen antiken Glasfluß (Hämatinon) und über das Aventuringlas. Abhandlungen der naturwissenschaftlich-technischen Kommission bei der königl. bayerischen Akademie der Wissenschaften. 1. Bd. S. 124. München 1857.

Rathgen, Altes und Neues vom Glase. Vortrag, geh. in der Deutschen Gesellschaft für volkstümliche Naturkunde, Dezember 1911.
— Aus der ältesten Geschichte des Glases. Sprechsaal 1913, S. 98.
— Über Ton und Glas in alter und uralter Zeit. Vortrag, geh. auf der Hauptversammlung des Deutschen Vereins für Ton-, Zement- und Kalkindustrie, Februar 1913. Referiert in der Chemiker-Zeitung 1913, S. 441.

Rhousopoulos, Beitrag über die chemischen Kenntnisse der alten Griechen. In: Diergart, Beiträge aus der Geschichte der Chemie. Leipzig und Wien 1909.
— Noch ein kleiner Beitrag zum Thema über die chemischen Kenntnisse der alten Griechen. Archiv für Geschichte der Naturwissenschaften und Technik 1909, S. 287.

Roters, Untersuchungen einiger antiker Gläser und Bronzen. Erlangen 1907.

Schäfer, Millefioriglas aus dem XIX. Jahrhundert v. Chr. Amtliche Berichte aus den königl. Museen. Berlin 29, S. 134.

Strunz, Die Chemie im klassischen Altertum. Sonderausgabe aus der Zeitschr. Die Kultur 1905, S. 474.

Wilkinson, The manners and customs of the ancient Egyptians. London 1878.

Wreszinski, Atlas zur ägyptischen Kulturgeschichte. Leipzig 1913.

Gespinste und Gewebe.

Allgemeines.

Um unser Wissen über die Textiltechnik des Altertums, also über die Herstellung der Gespinste und Gewebe, ist es merkwürdig bestellt: Wir lesen allüberall
von den prächtigen Gewändern, die man damals anfertigte, aber nirgends fast
finden sich klare Beschreibungen, wie man dabei vorging, welche Einrichtungen
man dazu benutzte, wie man die Rohstoffe und die fertigen Gewebe behandelte usw.
usw. Alles in allem muß die Textilindustrie wohl bei sämtlichen Völkern des Altertums in sehr hoher Blüte gestanden haben: Schon das Alte Testament beschreibt die
kostbaren, mit großer Fertigkeit hergestellten und kunstvoll ausgeführten Behänge
des Stiftszeltes. Homer erzählt uns von der Meisterschaft der griechischen Frauen
im Spinnen und Weben: Helena weiß ihre Teilnahme an den Kämpfen zwischen
Griechen und Trojern nicht besser zum Ausdrucke zu bringen, als daß sie sie auf ihrem
Webstuhl in farbenreicher Darstellung wiedergibt. In Ägypten sowie bei den Völkern
des Orients trug man prachtvolle Gewänder, die griechischen Vasen und die Wandgemälde Pompejis geben uns Kunde von kunstvoller Webearbeit. Aber trotz alledem
bleiben uns die Geheimnisse der eigentlichen Technik ziemlich verborgen. Wir lernen
aus allen Beschreibungen und Darstellungen nur ihre Produkte kennen. Immerhin
ist es mühseliger Forschung gelungen, wenigstens mancherlei Einzelheiten aus der
Textiltechnik des Altertums zu ermitteln, so daß wir doch schließlich einigen, wenn
auch keinen lückenlosen Einblick in sie erhalten.

Die Seide.

Am genauesten sind wir noch über die Gewinnung und Verarbeitung der Seide
unterrichtet, die jedoch erst ziemlich spät nach Europa kam. Das Heimatland der
Seidenkultur ist China, wo sie schon vor dem Jahre 3000 v. Chr. heimisch war. Aus
jener Zeit berichtet das geschichtliche Werk Tschu-king, daß Shin-nong, der Nach-
folger des Kaisers Fohi, bestrebt war, die Kultur der Maulbeerbäume und die Zucht
der Seidenraupe möglichst zu verbreiten, um das Gewerbe der Anfertigung von Angel-
schnüren zu fördern, die aus dem Darminhalt der Raupen gezogen wurden. Auch als
Saiten für musikalische Instrumente dienten diese Fäden. Das eigentliche Abhaspeln
der Kokongespinste, wie es auch heute noch üblich ist, soll durch die Kaiserin Si-lung-
shi, die Gemahlin des Hoang-ti, nach anderen Angaben durch dessen Tochter
Lui-tseu im Jahre 2698 v. Chr. eingeführt worden sein. Beim Beobachten einer
Seidenraupe kam sie auf den Gedanken, das Gespinst in umgekehrter Weise wieder

abzuwickeln, wie es die Raupe aufgewickelt hatte, und es dann zu verweben. In dank=
barer Erinnerung an diese für die chinesische Kultur so wichtige Erfindung wurde
die Kaiserin in die Reihe der Gottheiten aufgenommen. Zwanzig Jahrhunderte lang
blühte dann das Seidengewerbe ausschließlich in der Provinz Shantung, wo man
Seide nicht nur herstellte, sondern auch färbte.

Die altchinesische Textiltechnik gewann und verarbeitete die Seide im ganzen
und großen ebenso wie wir dies auch heute noch zu tun pflegen. Vor allem wurden
die Kokons vor dem Ausschlüpfen der Schmetterlinge abgehaspelt, sehr im Gegen=
satz zu dem Verfahren bei den anderen Völkern Ostasiens, wo man später, als sich die
Seidenindustrie von China aus dorthin verbreitet hatte, erst die Schmetterlinge aus=
schlüpfen ließ und dann den Seidenfaden vom Kokon abzupfte. Dadurch wurden
die einzelnen Teile des verzwirnten Fadens natürlich kürzer und dieser infolgedessen
weniger haltbar. Der Seidenfaden wurde nach dem Abhaspeln entschält, wozu man
wahrscheinlich ein Gemisch von Pflanzenasche und Öl verwendete. Dann folgt das
Färben. Die Seide wurde auf mancherlei Art verziert und zwar teils durch Maler,
teils durch Einsticken, später aber auch durch Einweben aller möglichen Ornamente.
Wie bei fast allen Völkern des Altertums, so webte man auch bei den Chinesen Gold=
fäden, ja sogar Vogelfedern in die Stoffe ein. Als eine ganz besondere Technik ent=
wickelte sich die Herstellung einer Art von „Halbseide“, die dadurch gewonnen wurde,
daß man die Kette des Gewebes aus Leinen anfertigte, in die dann seidene Schußfäden
in der Weise eingewebt wurden, daß sie den Kettfaden verdeckten. Das Gewebe
hatte dann das Aussehen reiner Seide.

Von China aus verbreitete sich etwa im 4. Jahrhundert unserer Zeitrechnung
die Seidenindustrie nach Japan, nachdem sie schon vorher nach Indien überge=
gangen war. Allerdings hatten die Indier schon vorher ihre eigene Seidenindustrie,
bei der, wie schon erwähnt, das Töten der Kokons, und zwar aus religiösen Gründen,
unterblieb. Man ließ den Schmetterling ausschlüpfen und zupfte dann die Seide
ab. Es entstand so eine Art von „wilder Seide“, ein minderwertiges Gespinst, das sich
von der chinesischen Seide derart unterschied, daß man, als die chinesische Seide in
Indien eingeführt wurde, dort tatsächlich keine Ahnung davon hatte, daß diese pracht=
vollen glänzenden Gewebe von demselben Tiere gewonnen sein könnten, von dem auch
die indischen Seidenwaren stammten. Die Einführung der chinesischen Seide in In=
dien dürfte etwa im 3. Jahrhundert v. Chr. stattgehabt haben. Zu allen übrigen
Völkern kam die Seide erst ziemlich spät, und wenn auch gewisse Stellen im Herodot,
in der Bibel usw. usw. von Geweben handeln, unter denen man Seide vermutet,
so ist derartigen Annahmen immer entgegenzuhalten, daß an allen diesen Stellen
immer nur das äußere Aussehen dieser Gewebe beschrieben wird, ohne daß auch nur
eine einzige Angabe vorliegt, die einen Rückschluß auf ihre chemische oder physikalische
Beschaffenheit zuließe.

Es hat sich auch nicht feststellen lassen, wann die Seide nach Europa kam. Wenn
auch unter der Kriegsbeute Alexanders des Großen aus dem persischen Kriege
(331 v. Chr.) seidene Stoffe erwähnt werden, so läßt es sich hier gleichfalls nicht sagen,
ob es sich wirklich um Seide gehandelt hat. Zuverlässiger erscheinen die Angaben des
Plinius und des Aristoteles, die erwähnen, daß die zuerst auftauchenden chinesischen
Seidengewebe aufgetrennt wurden, und daß man die so gewonnenen Fäden spaltete,
um ihre Zahl zu vermehren. Dann wurden sie zu feineren, beinahe durchsichtigen
Geweben versponnen. Es ist dies ein Beweis für die große Kostbarkeit der damaligen
Seide, die zur Zeit des Caligula so teuer war wie Gold. Das Kilo Purpurseide ko=

stete damals ungefähr 4125 Mark. Zur Zeit der Perserkriege, wo es an Rohmaterial mangelte, stieg der Preis für das Kilo Seide auf 14 000 Mark, der der Purpurseide sogar auf das Vierfache.

Die sonstigen Rohstoffe und ihre Gewinnung.

Sehen wir von der Seide ab, über deren erstes Auftauchen und Bearbeitung bei den einzelnen Völkern des Altertums wir also sehr wenig wissen, so ergibt sich über die in der Textilindustrie verwendeten Gewebe ungefähr folgendes Bild: Alle im alten Ägypten und Babylon gebräuchlichen Gespinste und Gewebe bestanden lediglich aus Leinen, Baumwolle, Wolle sowie aus Byssus oder „Muschelseide", die aus einer Flußmuschel gewonnen wurde (s. unten). Die Baumwolle tritt zuerst um das Jahr 500 in Oberägypten auf und scheint aus Persien eingeführt worden zu sein. Auch die Assyrer und Babylonier bedienten sich neben der Wolle der Baumwolle. Außerdem verwendete man die Haare gewisser Ziegenarten; bei vielen orientalischen Völkern wurden daraus Gespinste hergestellt. In Indien entstand auf diese Weise die Industrie der Kaschmirschals schon sehr früh. Auch Jute wurde in Indien gebaut.

Die Griechen und Römer kannten vermutlich zunächst nur den Flachs, zu dem sich bald die Schafwolle hinzugesellte. Manche Forscher (Blümner) halten allerdings die Wolle für das ältere Material. Im 5. Jahrhundert v. Chr. wurde ihnen die Baumwolle bekannt. Außerdem wurde schon vor der echten Seide die „Bombykia", wahrscheinlich eine wilde Seide, aus Kos eingeführt. Sie dürfte der wilden indischen Seide geglichen haben und rührte von dem wilden Seidenspinner Bombyx Otus her. Aus ihr wurden die berühmten, meist mit Purpur gefärbten und von den vornehmen Römerinnen getragenen koischen Gewänder hergestellt. Unverbürgten Nachrichten zufolge (siehe oben) soll dann am Ende des ersten oder am Beginn des 2. Jahrhunderts v. Chr. noch die chinesische Seide hinzugekommen sein. Jedenfalls berichtet Tacitus (Annal. II 33) von dem Luxus, der mit den als Kriegsbeute nach Rom gekommenen Seidengeweben getrieben wurde. Die Germanen bauten hauptsächlich Flachs. Außerdem kleideten sie sich in Tierfelle, und Tacitus (Kap. 17) berichtet, daß die Weiber häufig leinene mit Purpurstreifen verzierte Gewänder getragen hätten. Im übrigen sind, wie nochmals betont sei, alle alten Schriftsteller in bezug auf die Textilindustrie wohl im allgemeinen ziemlich unzuverlässig. Die Begriffe für die einzelnen Stoffe werden verwechselt und auch nicht immer richtig übersetzt. So hat sich z. B. nicht feststellen lassen, ob den Juden die Seide bekannt war. Das im 2. Buch Mose vorkommende Wort „Schesch", das Luther mit „Seide" übersetzte, war nach den Untersuchungen von Forster (De bysso antiquorum, S. 8) wohl nur feine Leinwand. Im übrigen scheint auch die Bezeichnung „Byssos" bald Muschelseide, bald Baumwolle bedeutet zu haben.[1]) Welches Durcheinander in bezug auf die Bezeichnungen herrschte, dafür als Beispiel nur das folgende: Herodot (lib. III) behauptet, daß die Bombykia von der Wolle eines wilden Baums in Indien herstamme, Theophrast hält die Seide für das Erzeugnis einer Pflanze, Strabo (lib. XV) gibt an, daß sie von der roten Rinde eines Baumes herstamme, Servius verwechselt die Seide mit der Wolle, Plinius (XI 22) erzählt, daß auf der Insel Kos die vom Regen abgeschlagenen Blüten der Zypresse in Seidenwürmer verwandelt

---

[1]) Über die Bedeutung von βύσσος siehe die ausführlichen Angaben in Pauly, Real-Encyklopädie der klassischen Altertumswissenschaft, Stuttgart 1899. Bd. III, Spalte 1108—1114.

würden, Claudius berichtet noch im 4. Jahrhundert n. Chr. von einem feinen, aus den Baumblättern hervorkommenden Wollgewächs usw. usw. Die Textilindustrie der Alten stellt somit, wenigstens soweit es sich um die Literatur handelt, ein für den Forscher auf dem Gebiete der Technik ziemlich unentwirrbares Rätsel dar. Hierzu kommt, daß die Technik der Verarbeitung dieser mannigfachen Rohstoffe nirgends beschrieben ist, wohl aus dem Grunde, weil sie allgemein im Hause ausgeübt wurde, und weil die alten Schriftsteller deshalb die Einzelheiten als bekannt voraussetzten. Sie erzählten daher lieber von anderen, interessanteren Dingen.

Soweit sich überhaupt Feststellungen machen lassen und Vermutungen gerecht=fertigt sind, und soweit uns Funde vorliegen, ergibt sich bezüglich der technischen Ver=arbeitung des Rohmaterials folgendes:

Die Wolle wurde zunächst meist wohl nicht durch Scheren der Tiere, sondern durch Ausreißen gewonnen, ein Verfahren, das teilweise noch zu Plinius' Zeiten bestand (Plinius VII 191)). Erst später hat man, und zwar wahrscheinlich zuerst bei den Römern, die Schere benutzt, die sich dann von hier aus weiter verbreitete. Sie hatte die Form unserer heutigen zum Schafscheren benutzten Scheren, nur war sie größer und plumper. Die Wolle wurden dann gewaschen (s. unten), getrocknet, ge=schlagen, um noch anhaftende Verunreinigungen zu entfernen, und dann zerrupft, was jedenfalls mit der Hand geschah, gekämmt (gekrempelt). Es entstand jenes Produkt, das wir heute als „Kammzug" bezeichnen. Dieses wird dann versponnen und verwebt, nachdem es unter Umständen schon vorher gefärbt wurde.

Der Flachs, der in Ägypten schon um das Jahr 2500 v. Chr. in großen Mengen angebaut wurde, und der noch vorher im Orient verarbeitet wurde, diente zur Herstel=lung der Leinewand, die in Ägypten ein allgemein gebrauchter Stoff war, während sie in Griechenland zu Homers Zeiten nur von den Vornehmen getragen wurde. Auch in Rom war sie erst eine Bekleidung der Reichen, bis sie sich später allgemein verbreitete. Die Angabe des Tacitus (Kap. 17), daß sich bei den alten Germanen das Weib häufiger als der Mann in leinene Gewänder kleidete, läßt darauf schließen, daß auch hier die Leinewand kostbarer war als das Tierfell. Außer dem Flachse wird in späterer Zeit auch Hanf gebaut, doch bleibt er seltener als der Flachs.

Die Verarbeitung des Flachses geschah, wie uns die Ausgrabungen bei fast allen Völkern des Altertums sowie der Bericht des Plinius (XIX 16—18) erkennen lassen, in einer Weise, die der heute noch üblichen ähnelt. Die Stengel wurden jedoch nicht, wie jetzt, abgeschnitten, sondern ausgerupft. Dabei kam noch alles mögliche Unkraut mit dazwischen, das man nicht besonders sorgfältig aussortiert zu haben scheint, wenigstens fand Hübner bei der mikroskopischen Untersuchung von zwei aus der 12. Dynastie (ungefähr 2500 v. Chr.) stammenden Mumien, daß der Stoff ausschließlich aus Leinen bestand. Dazwischen aber zeigten sich Fasern von Chinagras, Nesseln und sonstigen Pflanzen, die zwischen dem Flachs gewachsen waren. Die Stengel wurden dann, mit Gewichten beschwert, mehrere Wochen lang in Wasser geweicht, wodurch die Faser vom Stengel abgelöst wurde (sogen. „Rösten" des Flachses). Dann folgt Trocknen in der Sonne, Dörren auf heißen Steinen und Klopfen mit Holzkeulen. Zum Brechen des Flachses scheint man Holz verwendet zu haben, das mit schräg=stehenden Leisten versehen war. Auf diese Weise erhielt man die Flachsfasern, die dann gekämmt wurden. Nachdem durch das Kämmen („Hecheln") die vom Holze gelösten Fasern parallel gelegt und die zu kurzen Fasern („Werg") ausgeschieden waren, konnte das Spinnen beginnen. Die gewebte Leinwand wurde — eine Art von Walken — mit Stöcken geschlagen.

Über die Verarbeitung der Baumwolle wissen wir eigentlich gar nichts. Sie
scheint aus verschiedenen Pflanzen gewonnen worden zu sein, wenigstens spricht Strabo
von Stoffen, die aus einer in Ägypten vorkommenden Nuß hergestellt wurden, deren
Inhalt sich zum Verspinnen und Weben eignete. Es kann sich hier also nur um Baum=
wolle handeln. Daß solche verwendet wurde, dafür sprechen außer verschiedenen Fun=
den auch noch weitere Angaben einzelner Schriftsteller, die wir oben bereits anführten,
und aus denen hervorzugehen scheint, daß angebliche „Seide" aus der Rinde von
Bäumen gewonnen wurde. Wahrscheinlich handelt es sich hier gleichfalls um die
Gewinnung von Baumwolle. Herodot unterscheidet genau zwischen Leinen und
Baumwolle. Er erzählt (III 37) von dem Panzerhemd des Königs Amasis von
Ägypten: „Dasselbe ist von Linnen und sind viele Bilder hineingewebt und ist
geschmückt mit Gold und Baumwolle".

Das Verspinnen.

Die auf die eben geschilderte Art gewonnene Faser, ganz gleich ob sie
aus Wolle, Flachs, Hanf oder Baumwolle bestand, wurde dann versponnen,

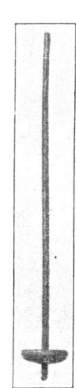

Abb. 224. Ägyptischer Rocken
(aus Stroh von Durra=Hirse).
Länge 26,5 cm.
Berliner Museum, Ägyptische
Abteilung.

Abb. 225. Ägyptische Spindel
mit aufgestecktem Wirtel.
Aus einem Grabe. Meidum.
Holz; Länge 0.157 m. Berliner
Museum, Ägyptische Abteilung.

Abb. 226. Römische Spindel
mit Wirtel.
Fundort Mainz.
Altertumsmuseum der Stadt
Mainz.

um den zum Weben geeigneten Faden zu gewinnen. Das Spinnen dürfte
nun bei allen Völkern des Altertums nach dem gleichen Verfahren erfolgt
sein, wenigstens lassen Funde und bildliche Darstellungen darauf schließen.
Allüberall findet sich — und zwar bei allen Völkern — der zum Spinnen

dienende Wirtel, eine mit einem runden Loche versehene und oft verzierte Scheibe, die aus den verschiedenartigsten Materialien hergestellt ist. Bald ist sie aus Knochen angefertigt, bald aus Stein, bald aus Glas, bald aus verschiedenen Metallen. Der Gebrauch des Wirtels ist uralt, er findet sich bei den alten Völkern Asiens sowohl wie bei den Ägyptern und unter den trojanischen Ausgrabungen Schliemanns. Das Spinnen und Weben, also wichtige Zweige der Textiltechnik des Altertums, sind ausschließlich Hausarbeit und, mit wohl seltenen Ausnahmen, Sache der Frau. Vielfach wird der von ihr bei Lebzeiten gebrauchte Spinnwirtel mit in das Grab gelegt. Das Spinnen geschah in ungefähr derselben Weise, wie wir es auch heute noch im Süden Italiens, in Griechenland und in anderen Ländern des Mittelmeeres beobachten können. Die zu verspinnende gekämmte Faser

wurde auf einen meist aus Rohr hergestellten Rocken aufgesteckt, den die Frauen zu Hause neben sich aufstellten. Gingen sie aus, oder plauderten sie während des Spinnens vor den Türen, so nahmen sie einen Rocken, den sie in den Gürtel stecken konnten. Dann wurde der Wirtel auf die Spindel gesteckt. Diese ist ein runder Holz-, Metall- oder knöcherner Stab von 25—35 cm Länge. Da Holz verfault, haben sich fast nur Wirtel, aber wenige Spindeln aus Metall oder Bein erhalten. Wir kennen sie jedoch aus bildlichen Darstellungen. Ferner sind Metallspindeln bekannt. Die Holzspindel trägt oben eine Einkerbung, die Metallspindel meist ein Häckchen. Die Spin-

Abb. 227. Spinnen auf dem Schenkel. Attische Vase aus dem 5. Jahrh. Berlin, Altes Museum, Antiquarium.

nerin zieht etwas von dem Rohmaterial vom Rocken ab und klemmt es in den Einschnitt der Spindel, oder befestigt es bei Metallspindeln am Haken. Dann dreht sie mit geschickter Handbewegung die Spindel, der der aufgesteckte Wirtel die nötige Schwere verleiht, um die Drehung infolge des Beharrungsvermögens zu einer länger dauernden zu machen, und wirft sie in die Luft. Am Faden hängend, dreht sich die Spindel weiter, dabei den Faden selbst verzwirnend. Sobald der Faden lang genug ist, tanzt die Spindel auf dem Boden auf den Fliesen des Hauses, wo sie sich während der ganzen Dauer des Spinnens lustig weiterdreht. Der fertige Faden wird auf die Spindel aufgewickelt (s. auch Catull 64 311, wo das Verfahren in Versen beschrieben ist). Das ganze Verfahren ist heute noch unverändert in manchen Gegenden Unteritaliens, z. B. in der Umgebung von Neapel, in Gebrauch.

Nicht immer wird das Spinnen in dieser fast allgemein gebräuchlichen Weise ausgeübt. Es gibt auch Abarten. So läßt uns ein griechisches Vasenbild auf einer attischen Vase aus dem 5. Jahrh. v. Chr., die sich im Berliner Museum befindet, erkennen, daß man den Kammzug oder das übrige Rohmaterial manchmal auch einfach in die linke Hand nahm und es auf Schenkel und Unterarm auflegte. (Abb. 227.) Das nackte rechte Bein wurde dann durch Aufstützen des Fußes auf ein Holzgestell festgestemmt. Die rechte Hand zieht den Faden heraus und walkt ihn durch Reiben und Drehen auf dem Beine glatt. Der fertige Faden fällt in einen Arbeitskorb. Vielleicht diente dieses Verfahren auch nur dazu, ein gröberes „Vorgarn" herzustellen, das dann auf den Rocken aufgesteckt wurde, um zum „Feingarn" versponnen zu werden. Anstatt des Schenkels wird zum Walken des Fadens in Griechenland auch oft ein besonderes Gefäß, eine Tonröhre benutzt, die man über den Oberschenkel stülpte, der über den Oberschenkel des anderen Beines gelegt wurde. Diese, die Gestalt eines vorne durch eine Platte geschlossenen Halbzylinders von 24—30 cm Länge zeigende Röhre, „Epinetron" oder „Onos" genannt, ist oft sehr hübsch mit Malereien geschmückt (Abb. 208).

Nach dem Spinnen erfolgt die Weiterverarbeitung des Fadens, der oft noch eine Vorbehandlung vorangeht, die verschiedener Art sein kann. So verstärkt man den Faden durch Zusammendrehen mehrerer Einzelfäden. Herodot (III 47) erzählt uns von dem schon erwähnten Panzerhemd des Amasis: „Was es aber bewunderungswürdig

Abb. 228. Onos. Athen, Nationalmuseum.

macht, das ist jeder einzelne Faden; nämlich die Fäden sind gar nicht grob, und doch besteht jeder wieder aus dreihundertsechzig Fäden, die kann man alle unterscheiden". Ferner verspann man in die Fäden Goldfäden, verstanden doch die Goldarbeiter des Altertums, dieses Metall zu sehr dünnen Drähten auszuziehen. Man erhielt dann golddurchwirkte Gewänder (Herodot IX 80). Auch Asbestfäden scheinen den gewöhnlichen Fäden zugesetzt worden sein, um feuersichere Gewänder zu erhalten, sofern man den Asbest, den man aus Germanien und Britannien bezog, nicht überhaupt in reinem Zustande verwendete.

Die Verarbeitung des Fadens.

Die weitere Verarbeitung des Fadens geschah dann durch Flechten oder Stricken, ferner durch Knüpfen und Sticken sowie durch Weben. Die erstgenannten Arten der Arbeit bedürfen keiner weiteren Erläuterung. Hingegen erregt die Weberei besonderes Interesse; wurden doch, wie wir wissen, durch diese Art der Technik die herrlichsten Teppiche — soweit man sie nicht knüpfte, — ferner prachtvolle, mannigfach durchwirkte Gewänder sowie der ganze Bedarf des Haushaltes an Geweben der verschiedensten Art geschaffen. Auch das Weben ist Frauenarbeit und Hausarbeit und geschah mit Hilfe eines Webstuhls, der mehr als primitiv genannt werden muß. Zwar sind uns die aus Holz hergestellten Webstühle nicht mehr erhalten geblieben, doch kennen wir sie aus Abbildungen auf Vasen, wie z. B. auf einer solchen, die aus dem 5. Jahrhundert v. Chr. stammt und• in Theben ausgegraben wurde. Sie befindet sich im Britischen Museum zu London (Abb. 231 S. 176). Der Webstuhl des Altertums besteht — und zwar wahrscheinlich bei allen Völkern — aus zwei senkrechten Holzpfeilern, die zunächst wohl einfach in die Erde gesteckt, später aber auf einer Querleiste befestigt wurden. Oben werden sie gleichfalls durch eine Querleiste verbunden, an die man die Kettfäden anknüpft. Damit sie straff gespannt bleiben, wird an jeden einzelnen

Abb. 229. Der Webstuhl der Penelope. (Griechisches Vasenbild aus Chiusi.)
Die Fäden sind mit je einem Zettelstrecker beschwert; die verschiedene Höhe dieser Zettelstrecker läßt erkennen, daß die Hälfte der Fäden hinter den Querhölzern herabhängt. Die Lage der Querhölzer zu den Fäden ist nicht deutlich erkennbar. Bucher (III, 337) nimmt an, daß der Garnbaum zugleich als Zeugbaum diente und daß von unten nach oben gewebt wurde. Oben fertiges Gewebe. Auf dem obersten Querbalken, wie Verf. vermutet, leere und mit Garn vollgewickelte Schiffchen. Die Figuren im fertigen Gewebe sind, wie Blümner wohl mit Recht annimmt, gestickt, da sie sich mit diesem Webstuhl durch Weben nicht herstellen lassen.

Kettfaden unten ein Tonkügelchen oder auch ein solches aus Metall angeknüpft (Webergewicht, Zettelstrecker). Manchmal hat man vielleicht auch an mehrere solcher

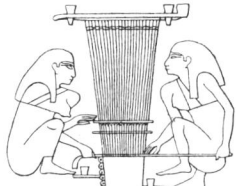

Abb. 230.
Ägyptischer Webstuhl.
Wandgemälde in Beni Hassan.
Die Spannung der Kette wird hier nicht durch Zettelstrecker, sondern durch einen wagerechten Balken bewirkt. Unten rechts und links je ein durch den Fuß zu betätigendes Gabelende, durch dessen wechsel= weises Niedertreten die Fachbil= dung erfolgt. In den Händen der Weberinnen das Webeschwert. Unten fertiges Gewebe: es wird also von unten nach oben gewebt.

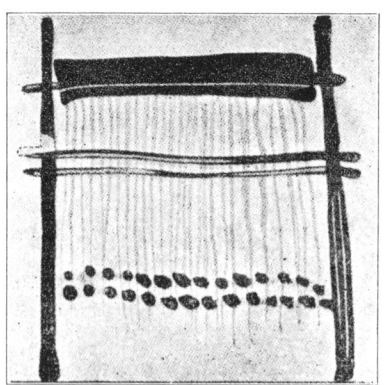

Abb. 231. Altgriechischer Webstuhl.
Vasenbild aus Theben 5. Jahrh. v. Chr.
British Museum, London.

Fäden ein derartiges Kügelchen oder einen Stein angebunden und sie dadurch unten vereinigt. Webstühle, bei denen von unten nach oben gewebt wurde (s. unten), haben statt der Steine einen Balken. (Abb. 230.) In der Mitte des Webstuhls befanden sich zwei Balken, die dazu dienten, die Kettfäden in eine vordere und hintere Reihe zu trennen, so daß sich die einzelnen Reihen bald vor, bald hinter dem Schußfaden hindurchzogen. Natürlich mußte nach jedem Durchziehen des Schußfadens gewechselt werden. Die Abbildung auf der erwähnten Vase (Abb. 231) läßt links deutlich eine Aussparung (oder etwas Ähnliches) in dem einen senkrechten Balken erkennen, wodurch vielleicht das Wechseln ermöglicht wurde. Wie es stattgefunden haben dürfte, ist allerdings nicht klar. Die Vermutung ist vielleicht nicht ungerechtfertigt, daß man die Stäbe einfach von der Seite her einschob und herauszog und so den Wechsel hervorbrachte. Vielleicht verfuhr man, ehe man Wechselvorrichtungen für die Kettfäden anbrachte, auch so, daß man die beiden Reihen einfach durch Befestigen an zwei Balken auseinanderhielt und daß man dann — etwas mühselig allerdings — mit dem Schiffchen oder mit der Spule um einen Faden nach dem anderen, und zwar einmal vorne und einmal hinten, herumfuhr. Das Schiffchen bestand ursprünglich wahrscheinlich aus einem Stabe, der unten und oben mit Einkerbungen versehen war, und auf den der Schußfaden aufgewickelt wurde. Daß statt seiner auch Spulen Verwendung fanden, auf die das Garn einfach aufgewickelt wurde, geht aus erhaltenen Vasenbildern hervor. Die Weberschiffchen späterer Zeit (siehe Abb. 232) ähneln

den heutigen. Sie sind aus Holz oder Bein hergestellt, vorne spitz, hinten mit Handgriff versehen, ausgekehlt und besitzen zwei Öffnungen oder Schlitze zum Befestigen des Fadens. Das Schiffchen war nicht doppelseitig, d. h. mit zwei Spitzen versehen, also auf beiden Seiten gleich gestaltet, so daß es nicht einfach hin und her geworfen werden konnte; es mußte jedesmal gedreht werden,

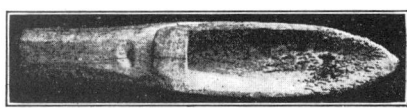

Abb. 232. Römisches Weberschiff aus Bein.
Fundort Mainz.
Altertumsmuseum der Stadt Mainz.

so daß die Spitze in der Wurfrichtung stand. Der durchgezogene Schußfaden wurde dann mit einem flachen Holzscheit kräftig in den von den Kettfäden gebildeten Winkel hineingeschlagen, um dem Gewebe die nötige Festigkeit zu geben.

Zum Hineinschlagen bediente man sich erst wohl stets nur dieses einfachen Scheites, des „Weberschwertes" (σπάθη, spatha) (Abb. 233 Mitte), das man

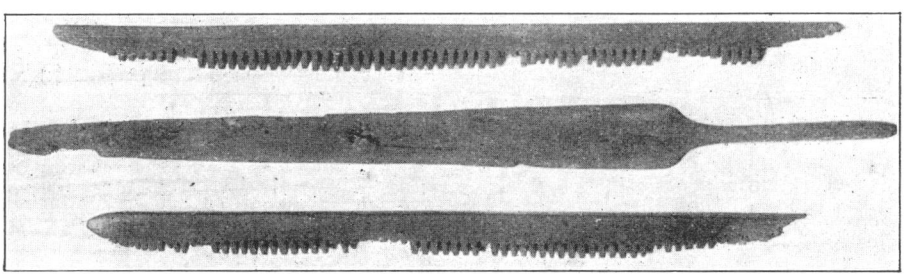

Abb. 233. Ägyptisches Weberschwert (in der Mitte) und zwei Weberkämme aus Holz.
Berliner Museum, Ägyptische Abteilung.

dann mit Zähnen versah, so daß es zum Weberkamm (κτείς, pecten) wurde. Der Weberkamm wurde schon von den Ägyptern gebraucht und zwar entweder in wirklich kammartiger Form (Abb. 233 oben und unten), oder in der eines

Rostes (Abb. 234). Die Kämme ersterer Art sind aus Holz hergestellt, die Ansatz=
fläche der Zähne ist in den Lücken abgeschrägt, um den Schlag gegen die Kette
zu mildern und eine Zerstörung der Fäden zu verhüten. Der rostförmige Kamm

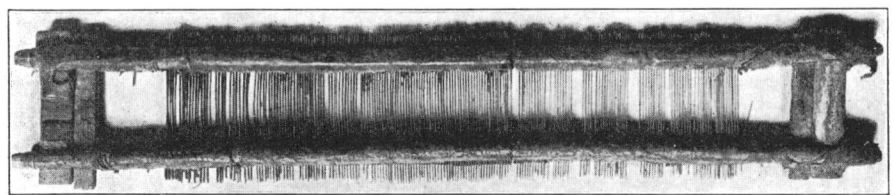

Abb. 234. Rostartiger Weberkamm (in Ägypten gebraucht, byzantinischer Herkunft).
Länge 0,63 m, Breite 0,11 m. — Berliner Museum, Ägyptische Abteilung.

(Abb. 234), der wahrscheinlich byzantinischer Herkunft ist, besteht aus einem
mit Leder überzogenen Rahmen, die Zähne aus dünnen flachen Holzstäbchen.

Bei großen Geweben dürfte anstatt des obersten Querbalkens eine Rolle
am Webstuhl angebracht worden sein, auf die man das fertige Stück aufrollte.
Ob man vielleicht an den ersten, dritten, fünften usw. usw. Faden Schnüre
anband, um sie zwecks Durchführung des Weberschiffchens zu heben, also, wie
der technische Ausdruck lautet, ein „Fach" zu bilden, ist zwar nach einer Stelle im
Homer (Ilias XXIII 760 ff.)[1] wahrscheinlich, mit Sicherheit jedoch ebensowenig
bekannt wie vieles andere aus der antiken Textiltechnik, bei
der wir, wie eingangs schon erwähnt, zum größten Teil auf
Vermutungen angewiesen sind. Gewebt wurde, je nach der
Konstruktion des Webstuhls, im Stehen oder im Sitzen bzw.
Hocken und entweder von oben nach unten oder von unten
nach oben. (Herodot II 35: „Die Männer sitzen daheim
und weben; es weben aber andere Leute also, daß sie den
Schußfaden von oben einschlagen, die Ägypter aber von
unten".) Als Gewebe ergab sich bei den einfachen
Webstühlen des Altertums die sogenannte „Leinwand=
bindung", die infolge des regelmäßigen Über= und Unter=
einanderweglaufens der Fäden ein schachbrettartiges
Muster darstellt. In Ägypten wurden dabei, wie er=
haltene Reste zeigen, Gewebe erhalten, die so fein sind,
wie unser heutiges feinstes Schleiergewebe.

Abb. 235. Stickerin mit
Stickrahmen.

Das unter Abb. 229 erwähnte Sticken dürfte sich in
bezug auf die Art seiner Ausführung kaum von dem heutigen
Verfahren unterschieden haben. Daß dabei auch der Stickrahmen Verwendung
fand, geht aus verschiedenen erhaltenen Darstellungen (Abb. 235) hervor.

Die Reinigung der Gewebe.

An den Webeprozeß schloß sich dann der Reinigungsprozeß an, der insbeson=
dere überall da notwendig war, wo die gewebten Stoffe später gefärbt werden soll=

---

[1] Die vielumstrittene Stelle ist nach Blümner folgendermaßen zu übersetzen; „Der
Rohrstab bleibt der Brust der Weberin nahe, wenn sie ihn zieht, um die Spule hindurch
zu ziehen."

ten. Zum Reinigen der Stoffe diente zunächst einmal das Seifenkraut, von dem
Dioscorides ausdrücklich erzählt, daß man es zum Waschen der Stoffe und Kleider
verwendet. Von den verschiedenen Arten des Seifenkrautes dürfte man wahrschein=
lich — und zwar sowohl bei den orientalischen Völkern wie auch bei den Griechen
und Römern — Gypsophilla struthium verwendet haben, deren Wurzel heute
noch im Orient zum Waschen der Schals dient und unter dem Namen „Seifenwurzel"
zu uns ausgeführt wird. Auf ihre Anwendung bei den Völkern des Mittelmeeres
läßt der Umstand schließen, daß Plinius sie unter dem Namen „Struthion" anführt
und berichtet, sie diene zum Entfetten der Wolle. In Indien benutzte man die Wurzel
und zerquetschten Früchte verschiedener Arten von Rorak oder Seifenbaum (Sapindus
emarginata, maduriensis, saponarius senegalensis). Auch der Urin, der von den
Wäschern oder Walkern, den „Fullonen" der Römer, in Kübeln gesammelt wurde, die
zur gefälligen Benutzung an den Straßenecken aufgestellt waren, diente, nachdem er
gefault war, als Reinigungsmittel, das infolge seines Gehaltes an Ammoniak ent=
fettend und daher auch reinigend wirkte. Die reinigende Wirkung wurde dadurch
noch erhöht, daß durch das Ammoniak eine teilweise Verseifung des Fettes, also eine
Bildung von Seife, eintrat.

Von anorganischen Körpern, die zum Reinigen der Stoffe dienten, ist die rohe
Pottasche zu erwähnen, die man durch Auslaugen verschiedener Pflanzenaschen
erhielt. Ebenso benutzte man auch die als Verdunstungsrückstand verschiedener ägyp=
tischer Seen natürlich vorkommende Soda, die in der Bibel als „Neter" bezeichnet
wird.

Die Reinigung der Stoffe wurde dadurch zu einer vollkommeneren gemacht,
daß man mit der chemischen Behandlung durch Seifenwurzel, Pottasche usw. usw.
eine mechanische verband. Diese mechanische Behandlung war zunächst eine sehr ein=
fache. Aus ägyptischen Darstellungen geht hervor, daß man die Stoffe auf eine
schiefe Unterlage legte, die mit ihrem unteren Ende manchmal in das Waschgefäß ein=
tauchte, und daß man sie dann mit scheinbar ziemlich schweren Steinen schlug. Die
Wandmalereien von Civita sowie die Ausgrabungen von Pompeji lassen uns aber
erkennen, daß bei den Römern der Arbeiter in einem weiten mit der Reinigungs=
lauge gefüllten Gefäße stand und die darin liegenden Stoffe teils mit den Füßen trat,
teils mit den Händen durchwalkte. Da die Indier auch heute noch die mechanische
Reinigung der Stoffe durch Schlagen mit Steinen und hölzernen Hämmern vornehmen,
so kann man wohl annehmen, daß es auch in alten Zeiten nicht anders gewesen sein
dürfte.

Das Färben der Gewebe.

Nach der chemischen und mechanischen Reinigung folgte das Färben. Es wurde
entweder schon am Garn oder — vielleicht seltener — am fertigen Stoffe vorgenom=
men. Die Färberei geschah entweder direkt dadurch, daß man die Stoffe in die Farb=
stofflösung gab, oder nach dem Verfahren der sogenannten „Beizenfärberei", die Pli=
nius (XXXV 150), und zwar in der Weise, wie sie bei den Ägyptern ausgeübt wurde,
eingehend beschreibt, wobei er sich übrigens, wie nebenbei bemerkt sei, auf Herodot
stützt, der das Verfahren aus eigener Anschauung kannte und deshalb hier wohl als
zuverlässig gelten kann. Plinius berichtet: „In Ägypten werden die Kleider nach einem
merkwürdigen Verfahren gefärbt. Zuerst werden sie gereinigt, sodann getränkt,
nicht mit Farbe, sondern mit mehreren farbaufsaugenden Substanzen; diese Sub=

12*

stanzen kommen zunächst auf den Stoffen nicht zum Dorschein, aber wenn letztere in den Färbebottich getaucht werden, so kann man sie nach kurzer Zeit vollständig gefärbt herausnehmen. Und was das Wunderbarste ist, obschon der Bottich nur einerlei Farbe enthielt, so ist doch der Stoff plötzlich in verschiedenen Farben gefärbt, je nach der Natur der angewandten Substanzen. Und diese Farben können nicht nur durch Waschen nicht mehr entfernt werden, sondern die so gefärbten Stoffe sind noch halt= barer geworden". Im übrigen aber war die Derwendung von Beizen zur Färberei auch sonst bekannt. So wird z. B. bei der Purpurfärberei eine Alaunbeize verwendet, ferner scheint man den Weinstein zur Fixierung des Farbstoffs auf der Faser benutzt zu haben. Auch Farblacke dürften Derwendung gefunden haben; hat man doch in den Titusthermen rote Farben aufgefunden, die sich bei der Untersuchung durch den englischen Chemiker Davy als Tonerde=Krapplacke erwiesen.

(Über die zum Färben verwendeten Farben siehe den Abschnitt: Farbstoffe, wo, soweit dies nötig erscheint, auch noch nähere Angaben über die Herstellung der Farbflotten gemacht werden.)

Walken und Herstellung von Tuchen.

Die vorstehend beschriebene Entwicklung der Herstellung von Gespinsten und Geweben war wohl lange Zeit die vorherrschende und allgemein gebräuchliche. Später (wann ist unbekannt) erfuhr die Textiltechnik insofern eine Erweiterung, als das Walken der Webstoffe aufkam, das von einem gewissen Nikias in Me= gara erfunden worden sein soll. Das Walken hat den Zweck, die verhältnismäßig losen Fasern der Gewebe fest miteinander zu vereinigen, so daß aus diesen Geweben dann Tuche entstehen. Der beim Walken sich abspielende Dorgang ist der des „Der= filzens". Durch ihn wird das Gewebe in Tuch umgewandelt. Wie oben bereits mehrfach erwähnt, wurden die Gewebe zuweilen geschlagen, sowie auch mit den Füßen getreten und mit den Händen durchgewalt. Man muß sich den Dorgang nun so vorstellen, daß sich das Waschen und das Walken eigentlich nur durch die Länge der aufgewendeten Zeit und die Größe der zur Anwendung gebrachten Kraft unterschieden. Sollte man nur waschen, so arbeitete man kürzere Zeit und mit weniger Kraft; beim Walken wurde unter stärkerem Kraftaufwand so lange fortgefahren, bis der Zweck, die Herbei= führung einer Derfilzung, erreicht war. Die Dorrichtungen dürften für beide Zwecke ziemlich ähnliche gewesen sein; sie bestanden aus Trögen oder Gruben, die in der Nähe fließenden Wassers gelegen waren. Der Stoff wurde in der schon beim Waschen beschriebenen Weise unter Zusatz von Soda (νίτρον lat.

Abb. 236. Das Walken der Stoffe.
Wandgemälde aus der „Fullonica" in Pompeji.

nitrum, das seines ähnlichen Aussehens wegen im Altertum oft mit Salpeter ver= wechselt wird) oder von gefaultem Urin oder auch von tonigen Stoffen, die sich leicht mit dem Fett verbanden, mit den Füßen getreten. Es gab sogar eine sogenannte

„Walfererde", die von der Insel Kimolos bezogen wurde. Auch von Samos und von anderen Orten wurde solche Erde nach Griechenland und Rom gebracht. Das Verfahren und auch die Mittel dürften bei den meisten Völkern des Altertums die gleichen gewesen sein: War der Stoff genügend durchgewalkt, so folgte, wobei wir den Ausführungen Blümners folgen, das Auswaschen und das Schlagen, durch das die Verfilzung eine vollständige wurde. Wie jetzt auch noch, so wurde der nunmehr verfilzte Stoff an der Oberfläche aufgerauht, wozu man Disteln benutzte, die man in geeignete mit Handgriffen versehene Vorrichtungen einspannte (Abb. 237

Abb. 237. Zum Trocknen aufgehängte Tücher und Einspannen oder Reinigen der zum Aufrauhen dienenden Disteln usw. (unten rechts).
Wandgemälde aus der Fullonica in Pompeji.

Abb. 238. Das Kratzen der Stoffe.
Der Mann rechts trägt ein zum Schwefeln (s. Seite 182) der Stoffe dienendes Gestell und ein Henkelgefäß, in dem vielleicht der dabei verwendete Schwefel entzündet wurde. Darauf eine wohl als Haustier gehaltene und vom Maler mit verewigte Eule.
Wandgemälde aus der Fullonica in Pompeji.

u. 238), ein Verfahren, das ja auch heute noch angewendet wird. Die Disteln heißen in der Textilindustrie jetzt „Rauhkarden". Mit diesen eingespannten Disteln fuhr man an den aufgehängten oder aufgespannten Tüchern auf und nieder (Abb 238). Auch die Stacheln des Igels wurden zu dem gleichen Zwecke benutzt, vielleicht auch metallene mit scharfen Zähnen versehene Kämme oder Bürsten. Die hierbei abgekratzten Wollfasern wurden sorgfältig gesammelt und waren ein beliebtes Material zum Ausstopfen von Ruhekissen.

Die aus den vorstehend beschriebenen einzelnen Verrichtungen sich zusammensetzende Herstellung der Tuche bildete ein insbesondere auch bei den Römern in großem Maßstabe ausgeübtes Gewerbe, dessen Umfang und Eigenart es notwendig machten, daß man die Gebäude seinen Zwecken anpaßte. So entstanden die Tuchwalkereien, z. T. nach Art unserer heutigen Fabriken in technischer Hinsicht besonders eingerichtete Gebäude. Die Tuchwalkerei (Fullonica) in Pompeji (Abb. 239 S. 182) besitzt an der Straße des Merkur vier Läden (1, 3, 5, 6) die, wie dies bei römischen Häusern meist der Fall war (siehe im Abschnitt „Bauwesen" S. 323), keinerlei Verbindung mit dem Hause hatten. Dagegen haben 1 und 3 je ein Hinterzimmer 2 und 4. Die Hinterzimmer von 5 und 6 waren im 1. Stock. 8 ist der Hausflur, 7 wohl eine Art Pförtnerzimmer, 10 das Atrium, in dessen Mitte sich ein von Säulen getragener Schuppen befand., an dessen Vorderseite bei b ein Brunnen sprudelte. Am Pfeiler a die z. T. hier wieder=

gegebenen Gemälde. Der Raum 14 war wohl der Trockenraum, während 22 und 23 die Werkstatt darstellen. In 22 wurden wahrscheinlich die gewaschenen Zeuge gekratzt, in 23 scheint die Presse (siehe unten) gestanden zu haben. An

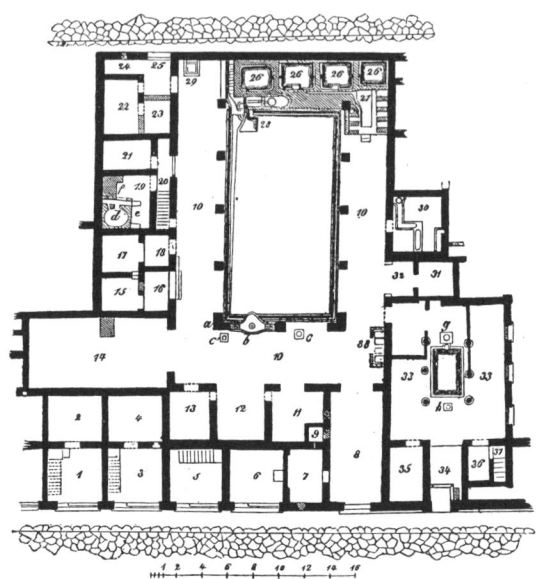

den vier Trögen 26 ist wohl die Färberei zu erkennen; die beiden äußeren Tröge standen höher als die beiden mittleren gleich hohen miteinander ver= bundenen, in die deshalb die Flüssigkeit aus den äußeren ablief. Die Tröge sind ver= schieden tief, der erste 1,15 m, der letzte 0,5 m. 28 ist ein Wasserbecken, das wohl zum Nachspülen der gewalkten Stoffe diente. Im Raume 27, der in sechs Zellen geteilt war, die auch auf Abb. 236 deut= lich zu erkennen sind, wurden die Tuche durch darauf herum= treten gewalkt. Zimmer 30, in dem eine Wanne und ein Steintisch sowie große Mengen Seife (?)[1] gefunden wurden, war der Waschraum, in dem die Stoffe auf dem Steintisch

Abb. 239.   Plan der Fullonica in Pompeji.

mit einem Schlagholz geschlagen wurden. Die übrigen Räume sind Privaträume. Unter ihnen ist hauptsächlich Raum 19 zu erwähnen, der eine Bäckerei enthielt

Bleichen und Pressen.

Der nunmehr eigentlich fertige Stoff war trotz der gründlichen Behandlung, die man ihm hatte angedeihen lassen, immer noch nicht von jener blendenden Weiße, die man wünschte, und die bei manchen Völkern für gewisse Gewänder, wie z. B. die der Priester, vorgeschrieben war. Man ließ deshalb bei weißen Tüchern und viel= leicht auch bei manchen echt gefärbten einen Bleichprozeß folgen. Die Rasenbleiche war im Altertum unbekannt; das Bleichen wurde durch Schwefeln vorgenommen. Dazu diente ein einem runden Vogelkäfig oder der Krinoline seligen Angedenkens ähn= liches Rohrgestell, das man auf den Boden aufsetzte. (Abb. 238.) Man breitete die Tücher darüber, so daß es vollkommen bedeckt war, und schob dann eine Pfanne oder einen Topf mit angezündetem Schwefel darunter. Bei derartig primitiven Vor= richtungen konnte der Bleichprozeß natürlich nicht gleichmäßig verlaufen, es mußten immer einzelne dunklere Stellen bleiben. Um sie zu verdecken, und um dem Gewebe das im Altertume so beliebte blendendweiße Aussehen zu geben, rieb man es dann

---

[1] Die Ausgrabung der 1825 entdeckten Fullonica erfolgte 1826. Es läßt sich deshalb nicht mehr feststellen, ob die gefundene Masse wirklich Seife war. Wahrscheinlich ist dies nach dem bei der Seife Gesagten (siehe Seite 119) nicht.

mit bestimmten weißen Erdarten sowie auch mit Gips ein. Hatte man den Bleich=
prozeß an echtfarbigen Stoffen vorgenommen, so wurden wahrscheinlich entsprechend
gefärbte Erdarten wie Ocker u. dgl. zum Einreiben benützt. Nun folgte noch eine

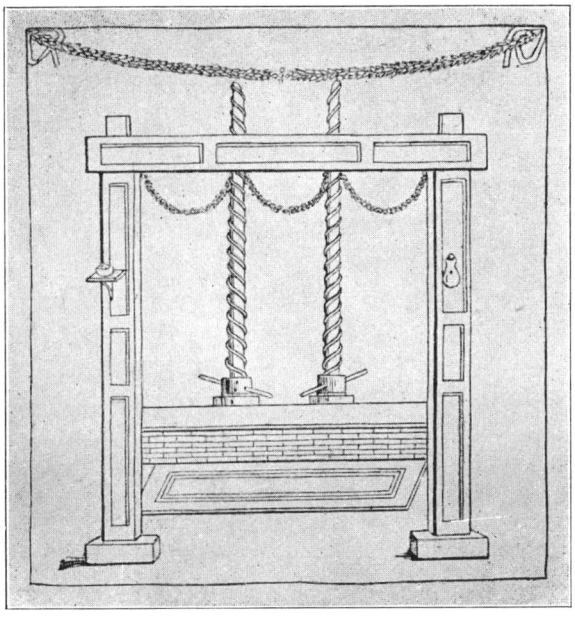

Abb. 240. Tuchpresse.
Wandgemälde aus der Fullonica in Pompeji.

Nachbehandlung, die im Bürsten und wahrscheinlich auch im Scheren bestand, um die
Oberfläche gleichartiger zu machen. Endlich wurden die Tücher noch gepreßt, nachdem
man sie vorher durch Einspritzen befeuchtet hatte. Zum Pressen diente, wie uns ein
weiteres der in der großen Walkerei von Pompeji aufgedeckten Wandgemälde zeigt,
eine Presse, deren beide Schraubengänge merkwürdigerweise im entgegengesetzten
Sinne ausgebildet sind. (Abb. 240.)

Verarbeitung der Stoffe.

Über die Weiterverarbeitung der Stoffe zu Gewändern ist nicht viel zu
sagen. Man stellte die Tuchstücke und Gewebe gleich in der richtigen Größe her, so
daß sie ohne weiteres getragen werden konnten. Abb. 241—244 zeigen eine Anzahl
griechischer und römischer Gewänder, aus denen sich erkennen läßt, daß die hergestellten
Zeugstücke oft eine beträchtliche Größe aufwiesen, so daß ihre Behandlung beim
Walken, Bleichen und Färben große Erfahrung und Geschicklichkeit erforderte, wenn
man einigermaßen gute Ergebnisse und insbesondere Gleichartigkeit in Bezug
auf Dichte, Farbe usw. erzielen wollte. Daß diese Gleichartigkeit nicht immer
erreicht werden konnte, wurde oben schon erwähnt. Zur Fertigstellung der Ge=

wänder waren dann vielfach noch verschiedene Näharbeiten erforderlich, so z. B.
die Herstellung eines Umschlages, das Aufnähen von Purpur= und sonstigen Streifen
auf die Tunika der Würdenträger, insbesondere der Senatoren und des Adels, die An=
bringung der vielfach beliebten Borten usw. usw. hierzu, sowie zum Flicken, dienten

Abb. 241. Griechische Gewänder.
Tanagrafiguren.
Berlin, Altes Museum, Antiquarium.

Abb. 242. Römische Gewänder.
Relief: Rückkehr von der Hasenjagd.
Provinzialmuseum Trier.

Nadeln, die aus den verschiedensten Materialien, wie Elfenbein, Knochen, Bronze,
Eisen, Edelmetall usw. usw., angefertigt waren. Wie bei uns, so gebrauchte man
auch damals schon Fingerhüte und Scheren.

Während man jetzt die alten Kleider, nachdem sie vollkommen unbrauchbar
geworden sind, vertrennt und aus den so gewonnenen Tuchstücken Kunstwolle

Abb. 243. Römische Gewänder. Pachtzahlung.
Provinzialmuseum Trier.

(Shoddy und Mungo) anfertigt, aus der dann die zur herstellung billiger Kleider=
stoffe dienenden „Kunststoffe" gewonnen werden, kannte man im Altertum ein der=
artiges Verfahren nicht. Aber auch hier gab es eine Technik, die sich speziell die Ver=

wertung der Tuchfetzen angelegen sein ließ. In besonderen Werkstätten stellte
man daraus durch Zusammennähen alle möglichen Gebrauchsgegenstände her:

Abb. 244. Römische Gewänder. Grabcippus mit Abschiedsszene.
Provinzialmuseum Trier.

Decken, die zur Ausrüstung der Soldaten dienten, ferner Löschtücher zum Bedecken
brennender Gegenstände, Vorhänge für Innenräume und Verkaufsläden, billigere
Kleider usw. usw.

Filze, Seilerei, Flechtarbeiten.

Der Vorgang des Verfilzens wurde außer zur Anfertigung von Tuchen auch zu
der von eigentlichen Filzen benutzt. Der Filz wurde wohl hauptsächlich aus Ziegenhaar
gewonnen, doch dürfte man auch die Haare von Hasen, Kamelen, Schafen usw. usw.

verwendet haben. Er diente als Kopfbedeckung, ferner zur Herſtellung von Schuhen, Pferdedecken u. dgl. Auf welche Weiſe ſeine Anfertigung geſchah, iſt nicht bekannt, ebenſowenig wie man weiß, durch welche Vorrichtungen der fertige Filz in die Form von Kopfbedeckungen uſw. gepreßt wurde. Daß der mit Eſſig bereitete Filz ſogar dem Eiſen widerſtand, wie Plinius (VIII 192) ſchreibt, dürfte wohl eine Übertrei= bung ſein.

Als ein beſonderer Zweig der Textiltechnik muß die Seilerei betrachtet werden, bei der Pflanzenfaſern zunächſt einen dem Verſpinnen ähnlichen Vorgang unter= zogen und dann miteinander verdreht wurden. Als Rohmaterial diente bei faſt allen

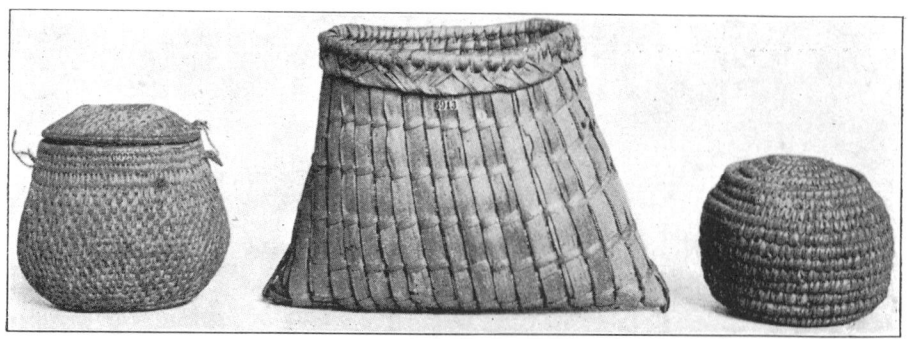

Abb. 245. Ägyptiſche Flechtarbeiten aus Palmbaſt.
Berliner Muſeum, Ägyptiſche Abteilung.

Völkern des Altertums außer dem Flachs auch noch der Hanf ſowie bei den Römern das Espartogras (Stipa tenacissima L.). Die Vorbereitung des Hanfes und Espartos glich im ganzen und großen der, wie ſie ſchon beim Flachſe beſchrieben wurde. Durch

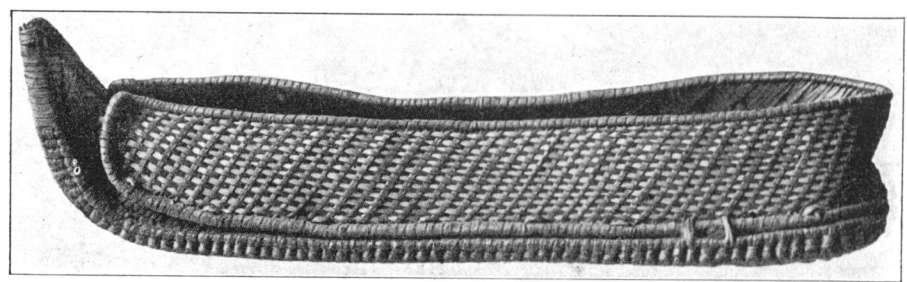

Abb. 246. Ägyptiſcher Kinderſchuh.
Vollkommen geflochten (auch die Sohle). Palmbaſt. Fundort Theben.
Berliner Muſeum, Ägyptiſche Abteilung.

Röſten, Trocknen, Klopfen uſw. uſw. erhielt man zuletzt die gewünſchte Faſer. Das Rohmaterial blieb jedoch nicht auf dieſe Stoffe allein beſchränkt. Auch aus Stroh machte man Seile, ferner verwendete man in Ägypten und ſpäter auch in Rom und Griechenland Binſen, Schilfgras, Weiden, Papyrus, Palmbaſt, die teils zur Herſtellung von Seilen, Netzen u. dgl. verwendet, teils aber auch, ebenſo wie das

Rohr zu Körben, Stühlen, Matten, Hüten usw. usw. verflochten wurde. Auch die Anfertigung der Seile geschah teilweise durch einfaches Zusammenflechten, insbesondere gröberen Rohmaterials wie Stroh, Binsen usw. usw. Im übrigen aber dürfte — und zwar schon bei den Ägyptern, deren Wandgemälde uns davon Kunde geben — die

Abb. 247. Geflochtener Rohrstuhl (Relief).
Provinzialmuseum Trier.

Herstellung der Seile in ganz ähnlicher Weise erfolgt sein wie bei uns. Man nahm entweder fertige Garnstränge, oder zupfte sie während des Seilens aus dem Gürtel oder einer rockenartigen Vorrichtung, die, wie die eben erwähnten Wandgemälde vermuten lassen, in der einen Hand gehalten wurde. Die andere Hand des wie bei uns rückwärts schreitenden Seilers führte das die Zusammendrehung bewirkende und jedenfalls mit entsprechenden Kerbungen versehene Holz, die „Seilerlehre". Ein Gestell mit

Haken zum Befestigen der Seilenden scheint nicht bekannt gewesen zu sein, es scheint vielmehr, daß ein Gehilfe den Strick oder seine Einzelteile am Ende mit den Händen festhielt. Abb. 248.) Wie bei uns, so bestand auch damals schon das gewöhnliche Seil

Abb. 248. Ägyptischer Seiler.
Oben aufgerollte Seile. Die Technik des Vorgangs läßt sich schwer deuten. Die im Text angegebene Deutung erscheint die am meisten wahrscheinliche.

aus drei Faden oder — bei stärkeren Seilen — aus einer Mehrzahl von Einzelseilen und somit aus 9, 12, 15 usw. usw. Fäden. Starke Seile enthalten bis zu 45 Fäden und darüber. Daneben kommen aber auch Seile vor, deren Grundlage 4 Garnfäden bilden.

Literatur zum Abschnitt: „Gespinste und Gewebe".

Blümner, Technologie der Gewerbe und Künste bei Griechen und Römern. 1. Bd. Leipzig und Berlin 1912.

Braulik, Altägyptische Gewebe. Stuttgart 1910.

Bucher, Geschichte der technischen Künste. Stuttgart 1893, Bd. III.

v. Cohausen, Das Spinnen und Weben bei den Alten. Annalen des Vereins für nassauische Altertumskunde und Geschichte 1879. S. 23.

Cramer, Das römische Trier. Gütersloh 1911.

Dépierre, Die Waschmaschinen. Wien 1884.

Fisch, Die Walker oder Leben und Treiben in altrömischen Wäschereien. Berlin 1891

Friedländer, Darstellungen aus der Sittengeschichte Roms. Leipzig 1888—1890.

Führer durch die Skulpturen- und Antikensammlung des Museums Wallraf-Richartz der Stadt Köln. Köln 1911.

Grempe, Wie die Seide nach Europa kam. Welt d. Technik 1911, S. 390.

Herodot, Geschichten. Leipzig. 2. Buch, 35, 81; 3. Buch, 47. 98; 4. Buch, 74; 7. Buch, 65; 9. Buch, 80.

Helbig, Wandgemälde der verschütteten Städte. Leipzig 1868.

Hübner, Untersuchung einiger altägyptischer Gewebe. Referat der Zeitschr. f. angew. Chem. 1909, S. 2107, nach Journal Soc. Dyers and Col. 1909, S. 223.

Jaeck, Industrie und Gewerbe im Altertum. Prometheus 1898, S. 434.

Lewin-Dorsch, Die Technik in der Urzeit. Stuttgart 1912.

Lepsius, Denkmäler aus Ägypten und Äthiopien. Berlin 1849—1860, Bd. II.

Mansch, Über Gobelinweberei. Welt der Technik 1905, S. 1.

Marquart-Mau, Das Privatleben der Römer. Leipzig 1886.

Mau-Overbeck, Pompeji in seinen Gebäuden, Altertümern und Kunstwerken. Leipzig 1884.

Medicus, Kleines Lehrbuch der chemischen Technologie. Tübingen 1897.

Pariset, Histoire de la Soie. Paris 1862.

Pauly, Realencyklopädie der klassischen Altertumswissenschaft. Stuttgart 1899, Bd. III, Spalte 1108—1114.

Pregél, Die Technik im Altertum. Sonderabdruck aus dem Jahresbericht der technischen Staatslehranstalten zu Chemnitz. Chemnitz 1896.

Schliemann, Ilios, Stadt und Land der Trojaner. Leipzig 1881.

— Troja. Leipzig 1884.

Silbermann, Die Seide, ihre Geschichte, Gewinnung und Verarbeitung. Dresden 1897.

Wilkinson, The manners and customs of the ancient Egyptians. London 1878. Bd. I u. II.

Witt und Lehmann, Chemische Technologie der Gespinstfasern. Braunschweig 1910.

Woenig, Die Pflanzen im alten Ägypten. Leipzig 1897.

Yoshida, Entwicklung des Seidenhandels und der Seidenindustrie vom Altertum bis zum Ausgang des Mittelalters. Heidelberg 1895.

Die Farbstoffe.

Die Färberei gehört zweifellos zu den ältesten Techniken, denn schon die ältesten Überlieferungen (z. B. 1. Buch Mofes 37, 23, 2. Buch Mofes 26, 1 und 39, 1; aus späterer Zeit Efther 1, 6 ufw. ufw.) berichten von gefärbten Kleidern, die zum Teil ausführlich beschrieben werden. Allerdings kennt das Alte Teftament nur drei Farbstoffe, den Purpur, den Kermes und den Krapp (Pinner). Da nun der Färberei unbedingt die Bereitung der Farbstoffe vorhergehen mußte, so dürfte auch dieser Zweig der chemischen Technik auf ein außerordentlich hohes Alter zurückblicken. In den ältesten ägyptischen Gräbern hat man gefärbte Stoffe gefunden. Die Phönizier waren berühmt wegen ihrer Färbekunst, und insbesondere in der Hauptstadt Tyrus wurden prachtvoll gefärbte Stoffe und Teppiche hergestellt, die als vielbegehrte Handelsprodukte in alle Welt verfrachtet wurden. Nach E. Curtius soll die Färbkunft mit dem Dienste der Aphrodite aus Phönizien nach Griechenland verpflanzt worden sein.

Der Purpur.

Die im Altertume verwendeten Farbstoffe waren im Anfange wohl ausschließlich organischer Natur, d. h. tierischen oder pflanzlichen Ursprungs. Mineralische Farbstoffe kamen jedenfalls erst später auf. Der berühmteste unter allen Farbstoffen des Altertums war der Purpur, der von den Phöniziern, und zwar in Tyrus erfunden worden sein soll. Die Sage berichtet, daß ein Hund eine am Meeresftrande liegende Purpurschnecke zerbiß und durch die herrliche tiefrote Farbe, die dann an seiner Schnauze klebte, eine Schäferin veranlaßte, den Saft dieser Schnecke zum Färben ihres Gewandes zu benutzen. Jahrhundertelang haben die Phönizier das Geheimnis der Purpurfärberei auf das sorgfältigfte zu hüten verftanden. Aus dem Handel mit Purpurstoffen floß ihnen ein beträchtlicher Reichtum zu. Der Purpur galt im Altertum als das Symbol des Reichtums und der Vornehmheit. In Rom ftand nur den Senatoren das Recht zu, einen breiten Purpurftreifen, latus clavus, um den Ausschnitt ihrer Tunika zu tragen. Die Ritter hatten einen schmäleren Streifen, bei den höheren Staats= und städtischen Beamten war die Toga praetexta mit Purpur umsäumt. Nur der im Triumph einziehende Feldherr durfte sich in ein ganz mit Purpur gefärbtes und mit Gold gewirktes Gewand kleiden. Später, insbesondere unter Nero und dann unter Theodosius (401 n. Chr.), wurde durch Gesetze dafür gesorgt, daß lediglich die geheiligte Person des Kaisers vollkommen purpurne Gewänder tragen durfte, ein Recht, das später auch auf die hohen Kirchenfürften überging, und dessen Reste wir jetzt noch in der Tracht der Kardinäle erkennen.

Trotzdem wir über die kultur= und sittengeschichtliche Bedeutung des Purpurs sowie auch über die hohen Preise für Purpurstoffe, die in Rom zur Zeit des Kaisers

Auguſtus für ein Kilogramm mit Purpur gefärbter Wolle aus Tyrus bis auf 1200 Mark ſtiegen, ſehr genau unterrichtet ſind, wußte man doch bis vor verhältnis= mäßig kurzer Zeit nicht, wie denn eigentlich die Purpurfärbung ausſah, noch wie die Technik ihrer Herſtellung gehandhabt wurde. Durch neue und ſehr ſorgfältige For= ſchungen hat ſich nun herausgeſtellt, daß es verſchiedene Arten der Purpurfärbung gab, bei denen man je nach dem angewendeten Verfahren und den verwendeten Zuſätzen verſchiedene Farbabſtufungen erhielt. Im allgemeinen war der Purpur um ſo teurer, je dunkler er war. Der dunkelſte und teuerſte Purpur, der mit dem ein= gekochten Saft der Schneden ohne weitere Zuſätze hergeſtellt wurde, und bei dem, um die nötige Dunkelheit zu erzeugen, jedenfalls eine Doppelfärbung (dibapha, δίβαφον) angewendet wurde, war ſo dunkel, daß bei der Betrachtung der damit gefärbten Stoffe das Gefühl für die Farbe gegenüber dem für die Dunkelheit vollkommen zurücktrat So erklären ſich auch die Bezeichnungen des Homer, „purpurne Nacht", „purpurner Tod", uſw. uſw. Die Doppelfärbung erfolgte in der Weiſe, „daß der zu färbende Stoff zuerſt in pelagium, d. h. in dem zubereiteten Safte der Purpurſchnede (πορφύρα, pur- pura), und zwar in deſſen halbausgekochtem Zuſtande, darauf in buccinium, d. h. dem Safte der Trompetenſchnede (κήρυξ, buccinum murex) gefärbt wurde." Hellere Färbungen erhielt man dann durch Verdünnen des Farbbads mit Waſſer oder Urin ſowie durch Zuſatz anderer roter Farbſtoffe, wie Orſeille, Kermes uſw. uſw. Auf dieſe Weiſe entſtanden dann violette bis rötliche Färbungen, für die man auch beſondere Bezeichnungen (Hyazinthpurpur uſw. uſw.) hatte.

Aus Beſchreibungen, die insbeſondere Plinius gibt (IX 132; XXI 45), ſowie durch die Schalen zerſchlagener Muſcheln, die wir an den Stätten antiker Purpur= färbereien finden, ſind wir über die Natur der Purpurſchneden nunmehr genau unterrichtet. Für die Purpur= färberei kamen verſchiedene Schnedenarten in Betracht, die von Plinius mit dem Sammel= namen „purpura" bezeichnet werden. Lieferanten des koſt= baren Stoffs waren nicht nur die eigentliche Purpurſchnede, Pur= pura lapillus, ſondern auch ei= nige Arten der Gattung Murex. Jedes dieſer Tiere lieferte eine beſondere Art von Purpur. In Tyrus wurde vorzugsweiſe mit dem Safte der Schnede Murex brandaris, in Sidon mit dem von Murex trunculus gefärbt. Die

a   b   c

Abb. 249. Purpurſchneden.
a Murex trunculus; b Murex brandaris; c Purpura haemostoma.

zweite Art wurde auch Amethyſtpurpur genannt. Die Schneden wurden, wenn ſie klein waren, ſamt den Schalen zerſtampft, die größeren hingegen wurden getötet, zerſchnitten, und dann holte man den Saft heraus. Nach dem Verſetzen mit Salz ließ man ihn drei Tage ſtehen. Die Maſſe wurde dann mit Waſſer gewaſchen und in einem Bleikeſſel bei mäßiger, durch Dampf erzeugter Hitze zehn Tage lang eingekocht. Aus einer Menge von 8000 Pfund Saft erhielt man auf dieſe Weiſe ungefähr 500 Pfund Ein= dampfrückſtand. Der ſich bildende, jedenfalls aus Fleiſchfaſern, Eiweißſubſtanz uſw. beſtehende Schaum wurde abgeſchöpft. Mit der klaren Flüſſigkeit nahm man Färbe=

proben vor. Fielen sie nicht günstig aus, so setzte man das Einkochen so lange fort, bis die notwendige Konzentration des Farbstoffs erreicht war. Später, und zwar seit dem 6. Jahrhundert n. Chr. ließ man die getöteten Schnecken noch sechs Monate lang liegen, wahrscheinlich um sie eintrocknen zu lassen. Dann nahm man die getrocknete Masse wieder in Wasser auf und verfuhr nun weiter, wie eben angegeben.

Der eigentliche Farbstoff der Purpurschnecken befindet sich nach den Mitteilungen der alten Schriftsteller hinter einem weißen, zwischen Leber und Hals befindlichen Häutchen. Plinius nennt dieses schon von Aristoteles beschriebene Organ „vena" (Ader) und behauptet, daß der Farbstoff darin in „unreifer Form" als weißlicher schleimiger Saft etwa in der Menge eines kleinen Tröpfchens enthalten ist. Nach der eben geschilderten Behandlung soll die Färbung beim Liegen an der Luft, besonders schön aber in der Sonne hervortreten. In dieser Wirkung der Sonne erblickte man früher ein besonderes Wunder und einen göttlichen Ursprung des Stoffes. Die hier geschilderten Beobachtungen sind ziemlich richtig. Auch neuere Untersuchungen haben bestätigt, daß die schleimige Flüssigkeit von einem Organ im Mantel der Schnecke ausgeschieden wird. Man nimmt einerseits das Vorhandensein eines Gärstoffes, der „Purpurase" in der Purpurdrüse der Schnecke und in ihrer Ausscheidung an. In dem schleimigen Saft ist sie noch mit anderen Stoffen, den „Purpurinen" in Berührung, die bei verschiedenen Purpurschnecken verschieden sind, während die Purpurase bei allen die gleiche ist. Durch die Wirkung der Purpurase auf die Purpurine erscheinen die verschiedenen Farben, deren z. B. murex trunculus zwei liefert: eine rotviolette und einen dunkelblaue. Der Saft ist beim Austreten noch farblos. Er wird dann gelb, später grün und schließlich purpurrot. Diese Umwandlung vollzieht sich, wie man heute annehmen kann, durch drei verschiedene Arten von Einflüssen, einen chemischen, nämlich die Wirkung der Purpurase auf die Purpurine; dann aber auch durch die Wärme, bei manchen Arten hingegen durch das Licht, also durch photochemische Einwirkungen. Die Umwandlung erfolgt unter der Entwicklung eines starken und äußerst unangenehmen Geruches, der schon in der ältesten Literatur erwähnt wird. So heißt es in einem altägyptischen Gedicht von ca. 11400 v. Chr. vom Purpurfärber: „Seine Hände stinken, sie haben den Geruch fauler Fische". Plutarch aber sagt in seinem Perikles: „Oft schätzen wir ein Werk und verachten seinen Schöpfer, wie z. B. bei Salben und Purpur: Wir freuen uns ihrer, aber die Färber- und Salbenköche halten wir für gemeine Banausen". Die Verachtung der Pupurfärber dürfte wohl mit dem Geruch in Zusammenhang gestanden haben, der ihnen anhaftete. Die endgültig entstandene Farbe ist unlöslich in Wasser und in so hohem Maße unveränderlich, daß sich schon aus dieser Eigenschaft allein ihr im Altertume so hoher Wert erklärt.

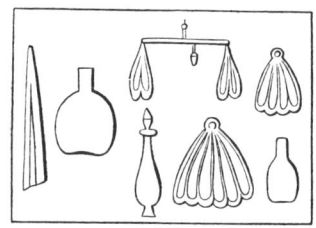

Abb. 250. Gerätschaften eines Purpurfärbers.

Römisches Grabrelief. Links Rührscheit zum Umrühren der Farbbrühe, verschieden geformte Flaschen, gefärbte Wollstränge (?) (Blümner hält sie für Muscheln, doch deutet die ganze Form auf Stränge, die oben über eine Stange gehängt werden, wie es die Färber beim Auswaschen zu tun pflegen), eine Wage zum Abwiegen der gefärbten Wolle.

Dieser Wert ergibt sich aber noch aus einem anderen Grunde: Friedländer, der eingehende Untersuchungen über den Purpurfarbstoff angestellt hat, erhielt aus 12 000 Stück Murex brandaris nur 1,5 Gramm Farbstoff. Angesichts dieser Tatsache darf es nicht wundernehmen, daß sich nach den Berechnungen Friedländers der Preis von einem Kilo Purpurfarbstoff im Altertum auf 40000—50000 Mark stellte, und daß die alten Purpurfärbereien ungeheure Mengen von Purpurschnecken verbrauchten. Am Strande von Saida, wo sich eine solche Färberei befand, bedecken die Reste von Murex trunculus das Gestade in einer Höhe von mehreren Metern und bei einer Breite von 25 m auf eine Länge von hunderten von Metern.

Die in neuerer Zeit vorgenommene eingehende Untersuchung des Purpurfarb= stoffes durch Friedländer zeigte, daß er ein bromhaltiger Abkömmling des Indigos und zwar 6=6=Dibromindigo von der chemischen Formel

$$\text{Br} \underset{6\;7}{\overset{4}{\underset{5}{}}} \text{CO} \quad \text{C=C} \quad \text{CO} \quad \text{Br}$$

ist, also ein Körper, den man schon länger kennt, und der zuerst von R. Sachs auf synthetischem Wege, d. h. durch chemischen Aufbau aus seinen Grundstoffen erhalten worden ist. Heute ließe sich dieser Farbstoff vielleicht zum Preise von 40—50 Mark pro Kilo von chemischen Fabriken synthetisch herstellen. Es wird aber niemand mehr einfallen, diesen antiken Purpur zu fabrizieren, da der für die Begriffe der Alten so prächtige Farbstoff, dessen Nuance ein trübes, rotstichiges und für unsere verwöhnten Augen keinen sonderlichen Eindruck mehr machendes Diolett ist, in viel schönerer Pracht und in derselben Echtheit durch weit billigere Kunstprodukte unserer chemischen In= dustrie, vor allem durch verschiedene Thioindigoderivate, ersetzt werden kann. Die neuesten Forschungen über den Indigo haben uns also um eine Illusion ärmer gemacht.

Sonstige Organische Farbstoffe.

Als weitere organische Farbstoffe des Altertums, wie sie insbesondere zur Stoff= färberei verwendet wurden, kommen die folgenden in Betracht, die wir teils aus den Angaben des Plinius, teils aus dem Stockholmer und Leydener Papyrus, teils aus anderen Beschreibungen, zum Teil aber auch aus Analysen altägyptischer (Hübner) und sonstiger Gewebe kennen: (nach Blümner, Hübner, v. Lippmann usw.).

Für Rot benutzte man hauptsächlich den Kermes oder die Scharlachbeere (Plinius IX 141; XV 8), eine der Cochenille ähnliche, auf Eichenlaub lebende Schild= laus. Der Name „Kermes" bzw. „Alkermes" kam erst im Mittelalter auf, im Alter= tume nannte man die Scharlachbeere „coccum" (bei den Griechen κόκκος). Sie diente zur Scharlachfärberei. Als weitere rote Farbe wurde die Färberöte oder der Krapp benutzt (Plinius IXX 4, XXIV 11) der unter dem Namen „rubia", ἐρυθρόδανον viel verwendet wurde und ebenso wie Kermes und Orseille als Zusatz zum Purpur Verwendung fand. Ein weiterer roter Farbstoff war die Anchusa, die aus der Wurzel des Ochsenzungenkrauts gewonnen wurde. Heute ist sie unter dem Namen „Alkanna" bekannt. Sie diente nicht nur zum Färben von Gewändern, sondern auch als rote Schminke (Plinius XXII 20). Unter Hyacinthus (Plinius XXI 26), der „Purpurblume", ist wohl eine Malvenart zu verstehen, die gleichfalls als unechter Purpur Verwendung fand. Auch die Heidelbeere („vaccinium") diente zum Färben, namentlich in Gallien und besonders von Sklavenkleidern (Plinius XIII 77), die damit wohl schmutzig (schwärzlich) rot wurden.

Gelb färbte man in der Hauptsache mit Safran, und zwar schon von alters her. Binden von ägyptischen Mumien aus der 12. Dynastie, also von etwa 2500 v. Chr., waren mit dem ägyptischen Safflor (Carthamus tinctorius) gefärbt (Hübner). In Rom verwendete man neben anderen Safflorarten auch „Genista", den Färbeginster (Plinius XVI 18), der ein schönes und vor allem echtes Gelb ergibt. Der Safran selbst wurde nicht selten mit Bleiglätte verfälscht (Dioscorides, Mat. med. I 25). Auch der Wau, „lutum", war ein in der römischen Färberei gebrauchter rotgelber Farbstoff. Ein weiterer gelber Farbstoff war die Wurzel des Lotosbaumes (Plinius XVI 124).

Zur Herstellung brauner Farben diente der Elsterbeerbaum (Lotos medicago arborea), von dem die Rinde und die Wurzel Verwendung fanden (Plinius XXVI 30). Ferner nahm man die Rinde und die grüne Fruchtschale des Nußbaumes.

Blaue Farben standen in reicher Auswahl zur Verfügung: Zunächst der Waid, „glastrum" oder „vitrum" (ἰσατις). Es scheint, daß man ihn gären ließ, daß man also eine „Küpe" ansetzte. Erzählt doch Plinius (XXXV 46) von zwei Arten „indicum", von denen das eine „einen purpurfarbigen Schaum bilde, der in den Färbekesseln obenauf schwimme, abgeschöpft und von den Künstlern getrocknet werde". Ob hier nun wirklicher Indigo vorlag, oder ob ein anderer Farbstoff gemeint war, läßt sich vom technischen Standpunkte aus nicht mit Sicherheit sagen. So viel scheint festzustehen, daß die Alten nicht verstanden, den Indigo in Lösung zu bringen, denn er scheint lediglich als Malerfarbe, nicht aber zum Färben der Stoffe verwendet worden zu sein.

Eine weitere blaue Farbe war der Lackmus, der in frischem Zustande auch zur Rotfärberei diente und nach Theophrast (h. pl. IV 6, 5) sogar schöner gewesen sein soll als Purpur. Der Lackmus (Orseille) behielt aber beim Waschen mit alkalischen Stoffen seine rötliche Farbe nicht, da diese nur bei Vorhandensein von Säuren bestehen kann. Die Farbe schlug in Blau um. Ob man hiervon mit Bewußtsein Gebrauch machte, ist zweifelhaft. Der Stockholmer Papyrus gibt eine ganze Anzahl von Vorschriften, um die Rosenfarbe des Orseillefarbstoffs und auch der Alkannafarben dauerhafter und fester zu machen. Als solche Mittel werden empfohlen die Anwendung von Schafhaaren, Zwiebelsaft, Abkochungen aus Bilsenkraut, solche von den Blättern des Zitronenbaumes usw. usw. Der Lackmus (fucus marinus) kam in verschiedener Güte zur Anwendung: manche Arten schätzte man höher, manche weniger. Besonders geschätzt waren die aus Kreta (Plinius XXVI 10, XXXII 6, XIII 136).

Die hauptsächlichste schwarze Farbe dürfte aus Eichenrinde bereitet worden sein (Plinius XIII 15).

Außer den vorstehend angeführten, am meisten gebrauchten Farbstoffen gab es noch eine ganze Anzahl weiterer, seltener erwähnter und daher auch wohl nur in besonderen Fällen gebrauchter, deren Natur sich obendrein nicht immer mit Sicherheit ermitteln läßt.

Anorganische Farbstoffe und Malerfarben.

Während die organischen Farbstoffe, wie schon hervorgehoben, hauptsächlich zu Gespinst- und Stofffärberei Verwendung fanden, wurden die anorganischen als Glasur und als Malerfarben verwendet. Soweit sie als Glasurfarben sowie zum

Färben des Glases dienten, ist über sie in den Abschnitten über Keramik und die Glas=
industrie schon das Nötige gesagt. Es seien deshalb nachstehend hauptsächlich die
Malerfarben betrachtet.

Die Geschichtschreiber des Altertums erzählen, daß die alten Maler lange Zeit
hindurch nur vier Farben gekannt und angewendet hätten, nämlich nur Weiß, Gelb,
Rot und Schwarz. Diese Angabe erscheint wenig glaubhaft, denn außer den verschie=
denen organischen Farbstoffen standen ja auch noch anorganische ohne weiteres zur Ver=
fügung, die sich fertig gebildet in der Natur vorfanden, und die man nur zu pulvern
und zu verwenden brauchte. Es sei daran erinnert, daß gerade die in der eben erwähn=
ten Skala fehlenden so wichtigen Farben Blau und Grün schon in alter Zeit in Form
der Kupfererze Malachit und Kupferlasur bekannt gewesen sein dürften. Die Freude an
der Farbe und Malerei zeigt sich bei allen Völkern des Altertums. Besonders die
Ägypter bemalten seit uralten Zeiten die Wände und Säulen ihrer Gebäude
Tempel und Paläste ebenso wie die Särge der Mumien, wobei sieben Farben zur
Verwendung kamen, und zwar:

Schwarz (Kopfhaar und Bart usw.),

Weiß (Eisen, Wasser, Berge usw.),

Blau (Eisen, Wasser, Berge usw.),

Gelb (Sand= und Kalkstein, rohes Holz, der Löwe usw.),

Grün (das Krokodil usw.),

Zinnoberrot (die Sonnenscheibe usw.),

Braunrot (Pferde, Hase, Antilopen usw.; Baumstämme, die Iris und die Trä=
nensäckchen in den Augen; Granit usw.).

Die am häufigsten angewandte Farbe war von braunroter Tönung, welche
dem sogenannten „pompejischen Rot" entspricht. Ihrer chemischen Zusammen=
setzung nach war sie ein Gemisch von Eisenoxyd, welches aus den Roteisenlagern
Ägyptens gewonnen wurde, mit Ton. Das Korn dieser Farbe ist ein so feines, daß
man fast versucht sein könnte, anzunehmen, sie sei durch Ausfällen aus Lösungen her=
gestellt worden. Es ist jedoch wahrscheinlich, daß das Eisenoxyd durch lange fortge=
setztes Zerreiben unter Wasser und Abschlämmen in die brauchbare Form gebracht
wurde. Als gelbe Farbe wurde außer Goldbronze und Blattgold ebenfalls Eisenoxyd
angewendet, dem durch Zusatz wechselnder Mengen von Tonerde, Kalk usw. verschie=
dene Abstufungen verliehen wurden. Durch Erhitzen stellte man daraus braune und
durch Mischen mit Rot die orangefarbenen Tönungen her. Die blauen Farben
bestanden aus Glasflüssen, in denen Kupfersalze aufgelöst waren. Die Feinheit
des Korns läßt es als wahrscheinlich erscheinen, daß die noch heißen Glasflüsse in
kaltes Wasser gegossen wurden, und daß die so erhaltene spröde, von unzähligen
feinen Rissen durchzogene Masse hierauf gepulvert und geschlämmt wurde. Da diese
Glasmasse wohl schwer an dem zu bemalenden Untergrunde gehaftet haben dürfte,
so wurde bei ihrer Anwendung wahrscheinlich Gummi oder ein anderes Bindemittel
zugesetzt. Als weiße Farbe diente Gips, der gleichzeitig auch nach Färbung mit einer
organischen Substanz als blaßrote Farbe angewendet wurde. Aus welchem Material
diese organische Substanz gewonnen wurde, läßt sich nur vermuten, doch ist anzuneh=
men, daß sie Krapp war, den die Ägypter aus der Krappwurzel darzustellen verstanden.

Interessant ist es, zu erfahren, daß sich die alten ägyptischen Baumeister der Be=
ständigkeit und Unvergänglichkeit ihrer Farben wohl bewußt waren. So findet sich
auf einem der Werke des Pyramidenerbauers Neh=Fermad (4000 v. Chr.) eine In=
schrift, welche über die Herstellungsweise der von ihm angewandten Farben Auf=

schlüsse gibt und die Worte enthält: „Farbenschmuck für die Tempel muß so ewig wie die Götter selbst sein".

Reichhaltiger als bei den Ägyptern war die Palette der Maler bei den Grie= chen. Bereits 2000 v. Chr. hatte man im allgemeinen dieselben Farben wie bei den Ägyptern, hierzu aber auch noch mangan= und quecksilberhaltige Farben. Im 6. Jahr= hundert v. Chr. taucht der Zinnober auf. Nach den Untersuchungen von Rhouso= poulos ergibt sich schon 2000 v. Chr. eine reiche Mannigfaltigkeit allein in bezug auf das Blau. Eine Vase aus jener Zeit enthielt einen blauen Farbstoff, der aus Kupfer, Eisen, Kieselsäure und Kohlensäure zusammengesetzt war, also vielleicht ein Gemenge von Kupfersilikat und Eisenspat darstellt. Ein anderer blauer Farbstoff aus derselben Zeit enthielt Kohlensäure, Kieselsäure, Kupfer, Eisen und Quecksilber. Ein dritter blauer Farbstoff aus der Zeit von 1600—1200 v. Chr. stellte sich als ein basisch kiesel= saures Kupferoxyd dar, dem noch der vierte Teil seines Gewichtes Tonerde beigemengt war. Man verfügte also schon damals über drei ganz verschiedene Blau, die man durch Versetzen mit Tonerde noch abzustufen verstand. Hierzu kam etwa im 9. Jahr= hundert als weiteres Blau noch ein basisches Kupferkarbonat, das unserem heutigen Bergblau bzw. unserer Kupferlasur entsprach. Eine ähnliche Reichhaltigkeit zeigt sich in bezug auf andere Farben. Man stellt im 5. Jahrhundert v. Chr. ein Schwarz aus Mangan= und Eisensalzen her, mischt ein Violett sowie ein Grün, letzteres aus Eisen=Kupfersalzen und Tonerde usw. usw.

Bei den Römern endlich erreichte die Mannigfaltigkeit der Farben ihren höchsten Grad. Man kennt fast für jede Farbe mehrere Vertreter.

Weiß gab es eine ganze Menge: Zunächst die Kreide von Selinus auf Sizilien, die ganz besonders geschätzt, fein geschlämmt und dann mit Milch angerührt wurde. Sie diente auch als Schminke. Dann benutzte man das „Melinun", eine weiße Ton= erde von der Insel Melos, die jedoch für Wandmalerei nicht brauchbar war. Beliebt war auch die Erde von Eretria an der Südwestküste von Euböa, ihrer chemischen Zu= sammensetzung nach eine Kreide, die besonders als Deckweiß verwendet worden sein soll. Das „Prätonium", ein aus Ägypten stammender Kreidemergel, war ziem= lich teuer und wurde deshalb außerordentlich häufig verfälscht. Hierzu gesellte sich dann noch das Bleiweiß, der einzige nicht natürlich vorkommende, sondern auf künst= lichem Wege gewonnene weiße Farbstoff der Römer. Es ist bereits im 4. Jahrhundert v. Chr. bekannt, wo Theophrast in seiner Schrift περὶ λίθων seine Zubereitung an= gibt, die auch von Dioscorides, Plinius und Vitruv beschrieben wird. Aus diesen Beschreibungen geht hervor, daß das ψιμύθιον, „cerussa", in folgender Weise hergestellt wurde: Man legte Blei auf ein mit starkem Essig gefülltes Gefäß und um= wickelte beide möglichst fest, so daß die Essigdämpfe das Blei angreifen mußten. Es entstand Bleiweiß, das man abkratzte, mahlte und siebte. Die Giftigkeit des Bleiweißes war schon im 2. Jahrhundert v. Chr. bekannt, wo sie Nikander in seinen Alexiphar= maka (Vers 74—76) erwähnt.

Als gelbe Farbe dient in der Hauptsache der Ocker, der in allen Abstufungen zwischen gelb, braun und rot gegraben und verwendet wurde. Als bester gelber Ocker galt der in der Nähe von Athen gewonnene. Ehe man in Italien Ockergruben ent= deckte, war der athenische Ocker so teuer, daß man ihn häufig verfälschte oder statt seiner billigere Ersatzstoffe verwendete. Diese wurden nach den Berichten des Vitruv von den alten Wandmalern und Anstreichern in der Weise hergestellt, daß sie getrock= nete gelbe Blumen in Wasser auskochten. Die erhaltene gelbe Brühe rührten sie mit Kreide an. Es entstand so eine in der Tönung dem athenischen Ocker ähnliche, je=

doch bedeutend weniger lichtbeständige Farbe, was ja auch nicht weiter wunderzu=
nehmen braucht, da die organischen Farbstoffe den mineralischen in bezug auf Licht=
beständigkeit im allgemeinen nachstehen. Außer dem Ocker kam als gelbe Farbe
noch das Auripigment, also Schwefelarsen von der chemischen Formel $As_2 S_3$, zur
Verwendung.

An roten Farben gab es eine große Auswahl und die mannigfachsten Schat=
tierungen. Zunächst einmal bot die Natur roten Ocker dar. Unter den verschiedenen
Sorten war besonders die wahrscheinlich von der Stadt Sinope aus in den Handel
gebrachte „sinopische Erde" beliebt, ein Rötel aus den Gruben von Kappadozien.
Nicht minder berühmt war der Rötel von den Inseln Lemnos und Keos, dessen Be=
zugsrecht sich die Stadt Athen durch einen Vertrag mit Keos sicherte. Außerdem ließ
sie für den Transport besondere Schiffe bauen. Man wußte auch, daß gelber Ocker
beim Erhitzen in roten übergeht, ein Oxydationsverfahren, das ja auch heute noch von
den Fabriken mineralischer Farbstoffe angewendet wird. Es soll vom Maler Ky=
dias um das Jahr 350 v. Chr erfunden worden sein. Des weiteren dienten zerstoßene
Ziegel als Malerfarbe, die ja auch beim Brennen ein lebhafteres Rot annehmen. Sie
wurden jedoch später, als man bessere Farben hatte, nur noch zum Tünchen verwendet.
Ebenso wie der Ocker, so ergaben auch die Schwefelarsenverbindungen mancherlei
Abstufungen zwischen Gelb und Rot, besonders wenn man den roten Realgar mit dem
gelben Auripigment mischte, die fast stets zusammen in der Natur vorkommen. Na=
türlich war die Gewinnung wie auch die Verwendung dieser Farben mit schweren
gesundheitlichen Gefahren verknüpft. Nicht minder gesundheitsschädlich waren die
Herstellung und der Gebrauch der Mennige, die man durch Erhitzen von Bleiweiß
darstellte. Diese rote Farbe (Pb_3O_4) soll dadurch entdeckt worden sein, daß beim Brande
einer Malerwerkstatt ein Gefäß mit Bleiweiß in die Flammen fiel, wodurch die weiße
Farbe in eine rote überging. Zu diesen zahlreichen roten Farben gesellte sich dann
noch der in den spanischen Gruben gewonnene Zinnober, den bereits Theophrast
um 300 v. Chr. erwähnt (περὶ λίθων 59). Außer aus Spanien wurde er auch aus
Kappadozien bezogen (Strabo III 144). Auch die Verwendung des Zinnobers
(Schwefelquecksilber, HgS) war in gesundheitlicher Hinsicht sehr gefährlich. Wenn daher
der Athener Kallias (um 748 v. Chr.) einen aus rotem, bei Ephesus vorkommenden
Sande bereiteten „künstlichen Zinnober" erfand, so bedeutete dies in bezug auf Farben=
pracht vielleicht einen Rück=, in hygienischer Hinsicht aber entschieden einen Fortschritt.
Der künstliche Zinnober soll aus dem eben erwähnten in der Nähe von Ephesus
vorkommenden Sand in der Weise bereitet worden sein, daß man ihn fein zerrieb,
in Wasser aufschwemmte und dann wieder absetzen ließ. Der Absatz wurde getrocknet
und als Farbe benutzt. Die Erfindung des künstlichen Zinnobers wird allerdings erst
ziemlich spät erwähnt. Die erste Mitteilung über ihn befindet sich in einer Handschrift
des 9. Jahrhunderts n. Chr., die sich in der Bibliothek der Kathedrale von Lucca
befindet.

Als blaue Farbe diente vor allem das „Ägyptischblau", das durch Erhitzen eines
Gemenges von Kupfererz, Sand, Kalk und Soda bereitet wurde. A. P. Laurie
hat neuerdings versucht, diese Farben aus ihren Bestandteilen wieder herzustellen, was
ihm auch gelungen ist. Nach den von ihm vorgenommenen Untersuchungen war das
Ägyptischblau ein kristallinischer Körper, der dem Lichte gegenüber Doppelbrechung
aufweist. Fouqué erhielt es durch Glühen einer Mischung von 24,4 Kupferoxyd,
50,0 Quarz, 21,0 Kreide und 4,6 Soda. Quarz mußte nach seinen Versuchen in
feinster Mahlung verwendet werden, da hiervon das Gelingen abhängig war, wie

überhaupt sehr feines Mahlen aller Bestandteile sich als notwendig erwies. Die Glühtemperatur betrug 900—950 Grad.

Außer diesem künstlichen Blau stand noch ein natürlicher blauer Farbstoff zur Verfügung, den die Griechen „kyanos", die Römer hingegen „caeruleum" nannten. Er wurde in Ägypten und Zypern gefunden und dürfte wahrscheinlich der Lasurstein gewesen sein, aus dem man durch Pulvern und Schlämmen eine blaue Farbe erhielt, die unserem Waschblau, also dem Ultramarin, entsprochen haben dürfte. Der Preis des Kilogramms betrug bis zu 900 Mark. Verfälscht wurde er durch Verwendung weißer Kreide, die mit einer Abkochung von Waid gefärbt war. Außerdem wurde, wie wir schon bei den organischen Farbstoffen bemerkten, auch der Indigo als Malerfarbe verwendet.

Die hauptsächlichste grüne Farbe war der Malachit (chrysokolla), der an zahl= reichen Fundstellen, vor allem in Mazedonien, Armenien, Zypern gewonnen wurde. Des weiteren verwendete man die aus Smyrna kommende Grünerde und endlich Grünspan. Seine Herstellung geschah dadurch, daß man Kupfer so lange in Weinhefe legte, bis sich ein grüner Überzug gebildet hatte, der dann abgekratzt wurde. Da sich auf diese Weise natürlich immer nur verhältnismäßig wenig Grünspan bilden kann, so war die Farbe ziemlich teuer, so daß man sie häufig verfälschte, was durch Zusatz von Marmorstaub oder Eisenvitriol geschah. Man kannte auch ein Verfahren, um die Fälschung herauszubringen, das im Glühen der verdächtigen Farbe bestand, wobei die stattfindende Verfärbung natürlich leicht erkennen ließ, ob eine reine Kupfer= verbindung vorlag. Ein in Kreta gefundenes Grün bestand aus Ägyptischblau gemischt mit Ocker. Die Römer benutzten grüne Erde.

Als schwarze Farbe endlich diente in der Hauptsache der Ruß. Er wurde, wie jetzt auch noch, in besonderen Betrieben hergestellt. Man verbrannte Pech, Harz, Kienspäne, Reisig, getrocknete Weintrester und sonstige Stoffe in Räumen, deren Wände möglichst glatt, vielfach auch aus poliertem Marmor hergestellt waren. Den sich hier absetzenden Ruß kratzte man ab. Außerdem war noch Beinschwarz im Gebrauch, das von dem gefeiertsten Maler Griechenlands, von Apelles (um 325 v. Chr.), erfunden worden sein soll, der zu seiner Herstellung Elfenbein verkohlte. Das Bein= schwarz war außerordentlich teuer und wurde nur selten verwendet. Dagegen be= nutzte man zuweilen Holzteer sowie ein aus Indien bezogenes Schwarz, das wahrschein= lich mit unserer heutigen chinesischen Tusche identisch gewesen sein, also gleichfalls ein Rußprodukt dargestellt haben dürfte.

Es sei noch erwähnt, daß bei den alten Schriftstellern bestimmte und kennzeich= nende Ausdrücke für die einzelnen Farben nicht immer zu finden sind. Man sprach von den Farben, in deren Schönheit man schwelgte, vielfach in blumenreichen Aus= drücken, also vom „Grün der Myrte", von der „Farbe der Eichel", von „Himmel= blau" usw. usw. Es läßt sich also oft schwer feststellen, welche Farbe in dem einen oder anderen Falle gemeint ist.

Literatur zum Abschnitt „Farbstoffe" siehe hinter dem nächsten Ab= schnitt: „Die Maltechnik".

Die Maltechnik.

Die Malerei bei den Ägyptern und Babyloniern.

Die antike Maltechnik hat zuerst wohl bei den Ägyptern und dann bei den Babyloniern den höchsten Grad ihrer Ausbildung erreicht. Allerdings ist die vielgerühmte Beständigkeit dieser Malereien ebenso wie die der Färbung von Gewändern weniger der vollkommenen Technik als vielmehr anderen begünstigenden Umständen zuzuschreiben, vor allem der trockenen Luft, die im Gegensatze zu der unserer Städte keinerlei schädliche Gase, insbesondere keine schweflige Säure enthält. Auch die vielfach vollkommene Abgeschlossenheit von der Luft, wie z. B. in den Königsgräbern, hat erhaltend auf die antiken Malereien gewirkt. Ihre Beständigkeit ist, wie Heaton, Immerheißer, Lessing usw. usw. mit Recht betonten, nur ein Verhältnisbegriff.

Die Herstellung der ägyptischen Wandmalereien geschah in der Weise, daß man die Oberfläche der rohen Steinwand zunächst durch eine Schicht von Schlamm oder Lehm glättete. Auf diesen Untergrund kam dann eine zweite Schicht von Stroh und Asphalt. Darauf kam der eigentliche Malgrund, der aber nur in sehr dünner Schicht von etwa einem Millimeter aufgetragen wurde. Er bestand aus Kreide, zuweilen Bolus; später in der Ptolemäerzeit (im 6. Jahrhundert v. Chr.) trat noch die Vergoldung hinzu, insbesondere an Umhüllungen der Mumien. Auf diesem Grunde hafteten die mit Gummi oder Leim angemachten Wasser= oder Temperfarben. Die eigentliche Natur des Malmittels festzustellen, gelang bisher noch nicht. Man weiß nur, daß es sich um Wasserfarben handelt. Macht man diese Malereien naß, so können sie samt dem Untergrund weggewischt werden.

Außer dieser Art der Wandmalerei war bei den Ägyptern noch eine andere gebräuchlich, ja sogar die häufigere. Man schnitt oder meißelte die Bilder und Inschriften in den Stein ein und füllte die vertieften Umrisse der Zeichnungen mit einer Farbpaste aus. Die beiden eben erwähnten Arten der Dekorationsmalerei bleiben bis zur ptolemäischen Zeit die vorherrschenden. Sie haben sich fast 3000 Jahre hindurch unverändert erhalten.

Die Malerei bei den Griechen und Römern.

In den Mittelmeerländern bildete sich inzwischen, und zwar hauptsächlich in Griechenland, eine neue Art der Maltechnik aus, deren Anfänge bis auf die Zeit des Königs Milos zurückgehen, finden sich doch Freskogemälde im Palaste von

Knossos. Wenn die Freskotechnik in Kreta ihre Heimat zu haben scheint, während sie in Ägypten unbekannt gewesen sein dürfte, so wird der Grund wohl darin liegen, daß in Kreta mit seinem teilweise naßkalten Wetter einfache Tünchgemälde ägyptischer Art wohl kaum von Bestand gewesen sind.

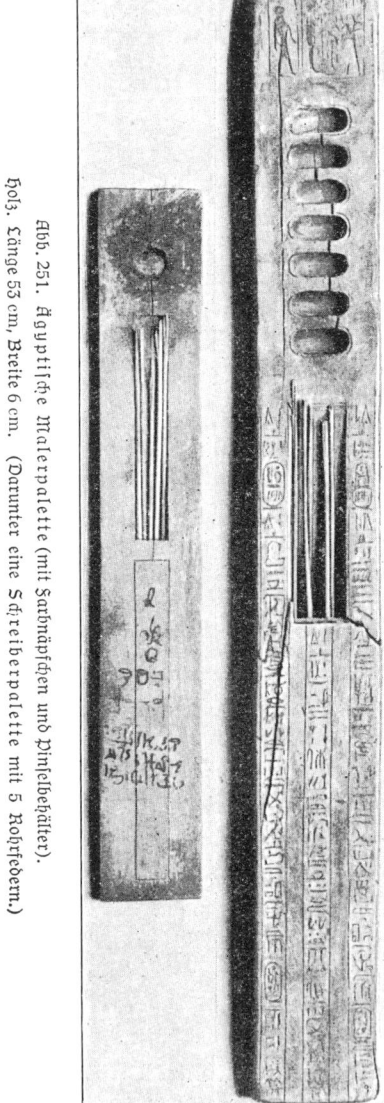

Abb. 251. Ägyptische Malerpalette (mit Farbnäpfchen und Pinselbehälter). Holz. Länge 55 cm, Breite 6 cm. (Darunter eine Schreiberpalette mit 5 Rohrfedern.) Berliner Museum, Ägyptische Abteilung.

Man suchte deshalb nach einer neueren Maltechnik, die Dauerhafteres schuf. Die Analysen des zu den kretischen Freskomalereien verwendeten Materials ergaben, daß der Kalk aus einem etwa ein bis zwei Meilen vom Palast von Knossos gelegenen unterirdischen Steinbruche stammte. Als Farben dienten für Weiß Kalkstein, für Gelb Ocker, für Rot gebrannter gelber Ocker einerseits und gemahlener Hämatit andererseits. Schwarz wurde aus kohlehaltigem

Abb. 252. Griechischer Maler.

Schiefer hergestellt, Blau war das schon oben (S. 197) erwähnte Ägyptischblau, also ein Kupfernatriumsilikat. Ein einheitliches Grün wird nicht verwendet; diese Farbe wird stets aus Ägyptischblau und Ocker gemischt. Der Kalk der früheren Fresken ist nicht so weiß und rauher als der späterer Perioden. Außerdem enthält er eine beträchtliche Menge von Aluminiumsilikat in Form von Zeolith. Durch Zusatz dieses Minerals wollte man wahrscheinlich die Erhärtung begünstigen, die merkwürdigerweise auch heute noch keine vollkommene ist. Die Erhärtung der Fresken erfolgt bekanntlich dadurch, daß der Kalk (Kalkhydrat, $Ca(OH)_2$) Kohlensäure aus der Luft aufnimmt und dadurch in kohlensauren Kalk ($CaCO_3$) übergeht. Auch heute noch, einige tausend Jahre nach der Herstellung, finden sich an den tiefsten Stellen der Fresken von Knossos Spuren von unverändertem Kalthydrat.

In ähnlicher Weise wie die griechischen wurden auch die römischen Fresko= gemälde hergestellt. Allerdings war die Technik hier schon nach mancherlei Richtung hin vervollkommnet. Insbesondere beschreibt Vitruv (VII 3) die Herstellung des Stuck= bewurfs, des „Tektoriums", eine Stelle, die trotz aller Erklärungsversuche von Wieg= mann, Donner, Blümner, Raehlmann, Keim, Berger usw. in mancher

Hinsicht nicht genügend ge= klärt erscheint. Vom tech= nischen Standpunkt aus hat die durch Versuche gestützte Er= klärung Bergers viel für sich, daß zuerst eine glänzend glatte, gefärbte oder weiße Stuckfläche hergestellt wurde, auf die dann nach mehreren Arten (Tem= pera, Stuccolustro usw.) gemalt werden konnte. Besonders sei noch erwähnt, daß die eine der von den Römern benutzten grünen Farben, der Malachit, auf dem Kalk an Schönheit ver= lor. Überall da, wo man ihn verwenden wollte, wurde daher auf den weißen Untergrund erst eine leichte Decke von Schwarz angebracht, auf die man dann das Grün aufmalte.

Die Tafelmalerei.

Außer der Wandmalerei kam dann auch die Tafel= malerei auf. Man malte Gemälde auf Holztafeln, die aus Zypressen=, Lärchen= oder Tannenholz hergestellt waren. Leinwand war als Mal= material fast nicht gebraucht, obschon vereinzelte Funde

Abb. 253. Gemälde auf Leinwand (spätägyptisch). Porträt eines Mädchens auf einer Mumie. Goldener Kranz im Haar, goldene Ohrringe und Halskette. Hawara. Berliner Museum, Ägyptische Abteilung.

(von Flinders Petrie in Hawara im Fajûm) existieren, bei denen Porträte auf Leinwand (Kanevas) gemalt sind. Das getrocknete Holz wurde weiß grundiert und dann bemalt. Außer auf Holz malte man auch auf Steintafeln, besonders auf Tafeln von geschliffenem Marmor. Derartige Gemälde wurden in Griechenland schon in alter Zeit als Grabdenkmäler benutzt. Ein Firnissen der Gemälde war nicht üblich, obschon von Apelles berichtet wird, daß er seine herrlichen Schöpfungen mit einem schützenden Überzuge versah, dessen Zusammensetzung er geheim hielt. Da alle

Farben Wasserfarben waren, so mußte man die Gemälde vor der Verderbnis schützen, was durch die Anbringung von Flügeltüren geschah. Die Ägypter sollen aber auch Glas zu diesem Zwecke verwendet haben. Die Ölmalerei war im ganzen Altertum unbekannt.

Die Enkaustik.

Außer den Wasserfarben bzw. der unter Verwendung von Ei, Gummi oder Leim durchgeführten Temperamalerei kannten die Alten aber noch eine besondere Art der Maltechnik, die „enkaustische Malerei", über die Plinius schreibt (XXXV 149):

„Wer zuerst auf den Gedanken gekommen ist, mit Wachsfarben zu malen und das Gemälde einzubrennen, ist nicht bekannt", und dann: „Enkaustisch zu malen hat es in alter Zeit (nur) zwei Arten gegeben, mit Wachs und auf Elfenbein, mit dem Cestrum, d. h. einem spießähnlichen Werkzeuge (vericulum), bis man anfing, die Kriegsschiffe zu bemalen. Dadurch kam als dritte Art hinzu, die Wachsfarben durch Feuer flüssig zu machen und den Pinsel zu gebrauchen: eine Malerei, die an Schiffen weder durch die Sonne noch durch das Salzwasser oder durch die Winde beschädigt wird."

Diese Stelle ist schon seit dem 16. Jahrhundert die Quelle lebhafter Erörterungen über die Technik der enkaustischen Malerei gewesen. Die hauptsächlich auf philo=logischen Grundlagen beruhenden Erklärungen begannen im Jahre 1585 durch Louis de Montjosieu und haben heute noch kein Ende gefunden. Wichtig ist eine von Mayhoff vorgenommene Textvergleichung, die die bedeutsame Tatsache ergab, daß die drei von Plinius erwähnten Arten („qui encausto cauterio vel cestro vel penicillo pinxerit") der Enkaustikmalerei die folgenden sind:

1. Die Cauterium=Enkaustik, d. h. Auftragen und Verarbeiten der Farben mit einem heißen Instrument.

2. Cestrum=Enkaustik; Arbeiten mit spitzem Griffel nur auf Elfenbein (Minia=turen).

3. Pinsel=Enkaustik; Auftragen der heißflüssigen Farben mit einem Pinsel.

Als erschwerend kam hinzu, daß man niemals enkaustische Malereien entdeckte, so daß man schon glaubte, die Enkaustikmalerei habe in Wirklichkeit nicht existiert. Auch hervorragenden Chemikern wie Chaptal (1809) und Davy (1815) gelang es nicht, Wachs oder Mischungen mit Harzen in antiken Wandfresken nachzuweisen. Am Ende des vorigen Jahrhunderts endlich wurden auf der alten ägyptischen Gräberstätte von Rubayât im Fajûm enkaustische Malereien aufgedeckt, von denen nach dem Urteile von Ebers die ältesten etwa aus dem 2. Jahrhundert vor, die jüngsten aus dem 4. Jahrhundert nach unserer Zeitrechnung stammen dürften. Bei ihnen ergab die chemische Analyse das Vorhandensein von Wachs.

Da man schon vorher bei St. Médard des Prés ein römisches Malergrab auf=gedeckt hatte, in dem sich eine vollständige Ausstattung fand, so ist es durch diese bei=den Funde nunmehr gelungen, Klarheit über die antike Enkaustikmalerei zu erhalten.

In dem Grabe der Malerin lagen, und zwar in einem kleinen eisenbeschlagenen Kästchen: (Abb. 254 u. 255.)

1. ein Bronzekästchen mit Schiebedeckel (darin lagen Farbstoffe unregelmäßiger Form);

2. eine Basalttafel;

3. ein Mörser aus Bronze;

4. zwei kleine zierlich gearbeitete Löffelchen aus Bronze im Etui aus gleichem Metall;

5. zwei Pinſelſtiele.

Ferner fanden ſich in dem Grab Amphoren, die teils mit Bienenwachs, teils mit einer Miſchung von Harz und Wachs gefüllt waren, ſowie Klappmeſſer, Farben= reiber, ein Alabaſtermörſer mit Ausguß uſw. uſw.

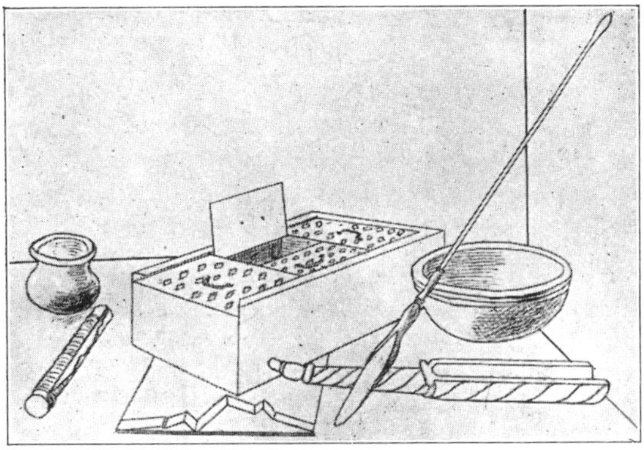

Ergibt ſchon das Vor= handenſein von Wachs, das durch den hervorragendſten Vertreter der Chemie auf dem Gebiete der Öl= und Fettindu= ſtrie, durch Chevreul, unter= ſucht worden war, die Mög= lichkeit, daß hier die Gerät= ſchaften eines Enkauſtikmalers vorliegen, ſo wird dieſe Mög= lichkeit durch einen Vergleich mit den Angaben des Plinius und der Art, wie die ägyptiſchen Enkauſtikmalereien ausgeführt wurden, zur Gewißheit. Das kleine Käſtchen mit den durch= brochenen Silberdeckeln dient zur Aufnahme glühender Koh=

Abb. 254. Geräte zur Enkauſtik=Malerei aus dem Grab einer Malerin.

Von links nach rechts: Glaskrüglein, Meſſer mit Zedernholzgriff, Bronzekäſtchen mit Farbe in 4 Abteilungen geteilt, die mit einer durchbohrten Silberplatte bedeckt wurden; darunter eine Baſalt= tafel, ein Bronzelöffel, ein Mörſer, davor Schaufel aus Bergkriſtall.

len. Die aus den Öffnungen entſtrömende Hitze erweicht die daraufgeſtellten Wachsfarben. Die beiden langſtieligen Löffelchen mit den verdickten Enden, die abwechſlungsweiſe erwärmt werden konnten, hatten den Zweck, das auf die Malfläche aufgetragene Wachs zu ebnen, zu verteilen und ineinander zu verarbeiten. Nach den vom Maler Ernſt Berger mit für das deutſche Muſeum in München nachgebildeten gleich= artigen Inſtrumenten angeſtell= ten Verſuchen ließ ſich tatſäch= lich ein enkauſtiſches Gemälde in antiker Manier herſtellen. Nach den Forſchungen von Berger diente zur erſten Anlage wohl das löffelartige Ende des Inſtrumentes — in dem wir das Cauterium wiedererken= nen dürfen —, indem die

Abb. 255. Geräte zur Enkauſtik=Malerei aus dem Grab einer Malerin.

Von links nach rechts: Reibſtein aus Kriſtall, Bronzelöffelchen, großer Mörſer, dahinter noch ein Reibſtein, Futteral mit 2 kleinen Bronzelöffeln, rechts vorne 2 Stückchen Farbe.

heißflüſſige Wachsfarbe damit aufgefaßt und ſofort auf der Fläche ausgebreitet wurde (erſte Art des Plinius); die Vollendung geſchah mit dem anderen, erwärmten

Ende des Cauteriums. Oder man begann nach der dritten Art des Plinius mit dem
Pinsel und heißflüssiger Farbe und vollendete mit dem Cauterium. Auch die enkausti=
schen altägyptischen Gemälde lassen zwei Arten der Ausführung unterscheiden:
Bei der einen kam ausschließlich ein vom Pinsel verschiedenes Instrument zur An=
wendung, dessen Spuren deutlich sichtbar sind, während beim anderen dieses Instrument
nur zur Ausführung der Gesichtspartien diente; der Hintergrund aber sowie Gewand
Schmuckstücke usw. sind mit dem Pinsel und zwar zumeist ganz flüchtig mit erweichten
Wachsfarben gemacht.

Aus der Enkaustik ist dann später die Ölmalerei hervorgegangen. Man mischte
Harze zur Wachsmasse und später wohl auch, um sie länger flüssig zu erhalten, Öle.
So entstand zunächst eine Ölharztechnik und daraus schließlich eine reine Öltechnik,
die der griechische Arzt Antius im 6. Jahrhundert n. Chr. zum erstenmal erwähnt, der
schreibt, „daß das trocknende Nußöl den Enkaustikern wegen seiner Trockenkraft diene".

Literatur zu den Abschnitten: „Die Farbstoffe" und „Die Maltechnik".

Berger, Die Technik der römisch=pompejani=
schen Wandmalerei nach dem heutigen
Stand der Frage. Mitt. zur Geschichte der
Medizin und der Naturwissenschaften
1906, S. 249.
— Über Maltechnik im Altertum. Bayer.
Industrie= und Gewerbeblatt 1909, S. 191.
Berthelot, Archéologie et Histoire des
Sciences. Paris 1906.
— Die Chemie im Altertum und Mittelalter.
Leipzig und Wien 1909.
Blümner, Die Maltechnik des Altertums.
Neues Jahrbuch für das klassische Alter=
tum 1905, S. 202.
— Technologie und Terminologie der Ge=
webe und Künste bei Griechen und Rö=
mern. 1. Band. Leipzig und Berlin 1912
und Band 4, Leipzig 1887.
Bock, Über Ägyptischblau. Zeitschr. für an=
gewandte Chemie 1916, I, S. 228.
Büchenschütz, Die Hauptstätten des Ge=
werbefleißes im klassischen Altertum.
Leipzig 1869.
Dedekind, Ein Beitrag zur Purpurkunde.
Berlin 1906.
Dépierre, Die Waschmaschinen. Wien 1884
Diels, Antike Chemie. In: Diels, Antike
Technik. Leipzig und Berlin 1914.
Donner. Über Technisches in der Malerei
der Alten, insbesondere in deren Enkau=
stik. (Keims Praktische und chemisch=
technische Mitteilungen für Malerei
1885.)

Duisberg, Die Wissenschaft und Technik in
der chemischen Industrie. Zeitschr. für
angewandte Chemie 1912, S. 3.
Ehrenfeld, Farbenbezeichnungen in der
Naturgeschichte des Plinius. Sonderab=
druck aus dem Jahresberichte des k. k.
deutschen Staatsgymnasiums in Prag
1907/1908 u. 1909. Prag 1909.
Faymonville, Die Purpurfärberei der
verschiedenen Kulturvölker des klassi=
schen Altertums und der frühchristlichen
Zeit. Heidelberg 1900.
Ferber, Herstellung von Enkaustikfarben
D. R. P. 288 006 vom 31. Mai 1914.
Fouqué, Bleu égyptien. Séance de l'Aca=
demie des Sciences du 18. févr. 1889.
(Comptes rendus de l'Ac. d. Sc. 1889.)
Friedländer, L., Darstellungen aus der
Sittengeschichte Roms. Leipzig 1888 bis
1890.
Friedländer, P., Über antiken Purpur.
Zeitschr. f. angew. Chemie 1909, S. 2321.
— Zur Kenntnis des Farbstoffes des antiken
Purpurs aus murex brandaris. Öster=
reichische Chemiker=Zeitung 1909, S. 86.
Hackert, Enkaustik: bei Goethe: Philipp
Hackert (in Goethes Werken).
Heaton, Malerei in alten Zeiten. Paint and
Varnish Society, London, Sitzung vom
6. April 1911.
Hübner, Die Untersuchung einiger alter
ägyptischer Gewebe. Zeitschr. für ange=
wandte Chemie 1909, S. 2107.

Keim, Zur Frage der römisch=pompejani=
schen Wandmalerei. Technische Mitt. für
Malerei 1905, Nr. 10.

Kobert, Chronische Bleivergiftung im klassi=
schen Altertum. In: Diergart, Beiträge
aus der Geschichte der Chemie. Leipzig
und Wien 1909.

Lagercrantz, Papyrus graecus Holmiensis.
Rezepte für Silber, Steine, Purpur.
Leipzig 1913.

Laurie, Uber von den früheren Malern an=
gewandte Farben und einige Methoden
zu ihrer Erkennung. Chemiker=Zeitung
1911, S. 488 und ebenda 1913, S. 364.

Lewin=Dorsch, Die Technik der Urzeit.
Stuttgart 1912.

v. Lippmann, Chemische Papyri des 3. Jahr=
hunderts. Chemiker=Zeitung 1913, S.933.

— Chemisches aus dem Papyrus Ebers. Ab=
handlungen und Vorträge zur Geschichte
der Naturwissenschaften. Leipzig 1913.

— Chemisches und Alchemisches aus Aristo=
teles. Abhandlungen und Vorträge zur
Geschichte der Naturwissenschaften. Leip=
zig 1913.

— Die chemischen Kenntnisse des Diosco=
rides. Abhandlungen und Vorträge zur
Geschichte der Naturwissenschaften. Leip=
zig 1906.

— Die chemischen Kenntnisse des Plinius.
Abhandlungen u. Vorträge zur Geschichte
der Naturwissenschaften. Leipzig 1906.

Marquart=Mau, Das Privatleben der
Römer. Leipzig 1886.

Mau=Overbeck, Pompeji in seinen Gebäu=
den, Altertümern und Kunstwerken.
Leipzig 1884.

Medicus, Kurzes Lehrbuch der chemischen
Technologie. Tübingen 1897.

Neuburger, Die Farben der alten Ägypter.
Prometheus 1892.

Meyer, Geschichte der Chemie von den äl=
testen Zeiten bis zur Gegenwart. Leipzig
1914.

Pinner, Chemisches aus der Bibel. In:
Diergart, Beiträge aus der Geschichte
der Chemie. Leipzig und Wien 1909.

Rhousopoulos, Beitrag über die chemi=
schen Kenntnisse der alten Griechen. In:
Diergart, Beiträge aus der Geschichte
der Chemie. Leipzig und Wien 1909.

Raehlmann, Römische Malerfarben.
Mitteilungen des Kaiserl. Deutschen
Archäologischen Instituts, Römische Ab=
teilung, Bd. XXIX 1914.

Rose, Die Mineralfarben und die durch
Mineralstoffe erzeugten Färbungen.
Leipzig 1916.

— Noch ein kleiner Beitrag zum Thema über
die chemischen Kenntnisse der alten Grie=
chen. Archiv für Geschichte der Natur=
wissenschaften und Technik 1909, S. 287.

Schmidt, W. A., Die Purpurfärberei und
der Purpurhandel im Altertum. In:
Forschungen auf dem Gebiete des Alter=
tums. Berlin 18 2, S. 96.

Strunz, Die Chemie im klassischen Altertum.
Sonderausgabe aus der Zeitschrift Die
Kultur 1905, S. 474.

Wilkinson, The manners and customs of
the ancient Egypteans. London 1878.

Witt und Lehmann, Chemische Technologie
der Gespinstfasern. Braunschweig 1910.

Wolff, Die Farbe im Altertum. Farbe und
Lack 1913, S. 6.

Technische Mechanik und Maschinen.

Viele der technischen Leistungen des Altertums erregen durch ihre Größe, durch das Gigantische der ihnen zugrunde liegenden Ideen und die Art ihrer Ausführung unsere höchste Bewunderung. Diese Bewunderung muß aber noch steigen, wenn wir uns bewußt werden, daß alle diese Leistungen nur mit verhältnismäßig einfachen Maschinen, mit Vorrichtungen vollbracht werden, die sich durchweg aus der Aus= nützung einiger weniger und leicht zu erkennender Naturgesetze ergeben. Die „Lei= stung" ist das Produkt aus Zeit und Kraft. Sie wird uns angesichts der Einfachheit der im Altertume benützten Maschinen verständlicher, wenn wir bedenken, daß man damals an beiden Überfluß hatte. Die Zeit besaß keinen oder nur geringen Wert; man konnte also, um eine bestimmte Leistung zu vollbringen, ein beträchtliches Maß davon aufwenden. An Kräften war aber gleichfalls kein Mangel: Die Sklaverei lieferte Menschenmaterial in Hülle und Fülle, das aufs höchste ausgenutzt werden konnte. Angesichts dieses Überschusses an Kraft und Zeit konnten die Maschinen einen einfachen Bau aufweisen.

Die einfachen Maschinen.

Aristoteles (384—322 v. Chr.) gibt uns in seinen „Mechanischen Problemen" eine Aufzählung der von den Alten gebrauchten Hilfsmittel. Er nennt als solche den Hebel mit Gegengewicht am Ziehbrunnen, die gleicharmige Wage, die Schnellwage, die Zange, den Keil, die Axt, die Kurbel, die Walze, das Wagenrad, die Rolle, den Flaschenzug, die Töpferscheibe, die Schleuder, das Ruder sowie auch die Drehräder von Erz oder Eisen mit verschiedener Drehrichtung, worunter wahrscheinlich Zahnräder zu verstehen sind. (Siehe S. 219.) Betrachten wir uns diese Aufzählung sowie die Defini= tion, die Vitruv (1. Jahrhundert v. Chr.) von der „Maschine" gibt: „Eine Maschine ist eine zusammenhängende Verbindung von Holz, die zur Hebung von Lasten die größten Vorteile gewährt; sie wird auf künstliche Weise in Tätigkeit versetzt, nämlich durch Kreisumdrehung", so erkennen wir sofort, daß es sich bei den Alten hauptsächlich um die Ausnützung jener einfachen Vorrichtungen handelt, die die Mechanik unter dem Begriffe der „einfachen Maschinen" zusammenzufassen pflegt. Sie haben ihren Namen daher, daß sie keine Zergliederung in noch einfachere Maschinen zulassen, und man versteht darunter den Hebel, die schiefe Ebene, den Keil, die Rolle und das Zahnrad. Durch ihre Vereinigung entsteht die zusammengesetzte Maschine. Sehen wir nun zu, in welcher Weise das Altertum aus den „einfachen Maschinen" und aus ihrer Vereinigung Nutzen zog!

Nach vielfacher Annahme, der sich auch Michelhaus anschließt, hätten die Ägypter nur Hebel, Keil und Flaschenzug gekannt. Diese Ansicht findet darin eine

Stütze, daß es zweifelhaft ist, ob beim Bau der Pyramiden, wie von mancher Seite angenommen wird, die schiefe Ebene zur Anwendung kam. Wenn wir daher vom Zahnrad, auf das noch später zurückzukommen sein wird, absehen und uns die technischen Leistungen der alten Völker sowie ihr Zustandekommen eingehender betrachten, so finden wir als Grundlagen der antiken maschinellen Technik den Hebel, die schiefe Ebene, den Keil und die Rolle.

Der Hebel und seine Anwendung.

Von ihnen bot sich der Hebel ganz von selbst dar, er ist sicherlich von allen Völkern schon während ihrer vorgeschichtlichen Zeit benutzt worden. Die Angabe des Plinius (VII 195), daß er von Kinyras von Zypern erfunden worden sei, kann daher höchstens als ein Beitrag zur Sagengeschichte, nicht aber zu der der Technik gewertet werden. Mit der Theorie des Hebels haben sich von den großen Geistern des Altertums vor allem Aristoteles und Archimedes (287—212 v. Chr.) beschäftigt, von denen der erstere die Hebelwirkung auf den Kreisbogen zurückführt, während Archimedes auf rechnerischem Wege das Hebelgesetz entdeckt, das aussagt, daß das Produkt aus Kraft mal Hebelarm auf beiden Seiten vom Drehpunkte denselben Wert haben muß, damit Gleichgewicht bestehe. Um also mit der Kraft des Armes ein 1000mal stärkeres Gewicht zu heben, genügt es, den Hebelarm, an dem man drückt, 1000mal länger als den anderen zu machen. „Gib mir einen Standpunkt außerhalb der Erde, und ich will sie bewegen", lautete des Archimedes stolzer Ausspruch. Ob die von ihm geschaffene Erkenntnis die mechanische Entwicklung der Folgezeit beeinflußt hat, mag dahingestellt bleiben. Jedenfalls verstand man es schon lange zuvor, den Hebel teils für sich, teils in Verbindung mit anderen Einrichtungen auszunutzen. Er tritt uns bereits bei den alten Ägyptern in Form zahlreicher Werkzeuge entgegen, und Vergleiche mit den Leistungen anderer Völker lassen uns erkennen, daß auch diese von ihm entsprechenden Gebrauch zu machen verstanden. So finden wir mannigfache Vorrichtungen zum Heben des Wassers, die auf der Verwendung des Hebels beruhen, wie den Schaduff bei den Ägyptern, Babyloniern und Assyrern und die Picota bei den Indern. Der Schaduff oder „Schwingeimer", wie man ihn nennen

Abb. 256. Schaduff. Schöpfwerk mit Schwingeimern in Babylon. Nach einem Relief aus dem 7. Jahrh. v. Chr. am Palast zu Ninive.

könnte, wurde, wie uns z. B. die aus dem 7. Jahrh. v. Chr. stammenden Reliefs am Palast zu Ninive und andere Darstellungen erkennen lassen, im Altertume bereits ebenso gehandhabt wie auch heute noch im Nildelta: Ein zweiarmiger, an seinem hinteren, kürzeren Arme beschwerter Hebel trägt am vorderen längeren Arm das Schöpfgefäß. (Abb. 256.) Die Arbeiter wirken am längeren Hebelarm. Im Gegensatz dazu beschreibt Philon von Byzanz (um 230 v. Chr.) eine dem Schaduff ähnliche Einrichtung zum Schöpfen des Wassers, bei der am hinteren, gleichfalls kürzeren Hebelarm eine Tretvorrichtung angelenkt ist. Dadurch, daß der Arbeiter auf sie (ein ein=

faches Brett) hinauftritt, hebt sich der Eimer. (Abb. 259.) In gleicher Weise arbeitet die alte „Picota" oder „Kupila" der Inder, bei der der kürzere Hebelarm eine kurze

Abb. 257. Schaduff
zum Heben des Nilwassers auf Bewässerungs=
gräben.
Die Einrichtung zeigt heute noch dieselbe Gestalt
wie bei den alten Ägyptern.

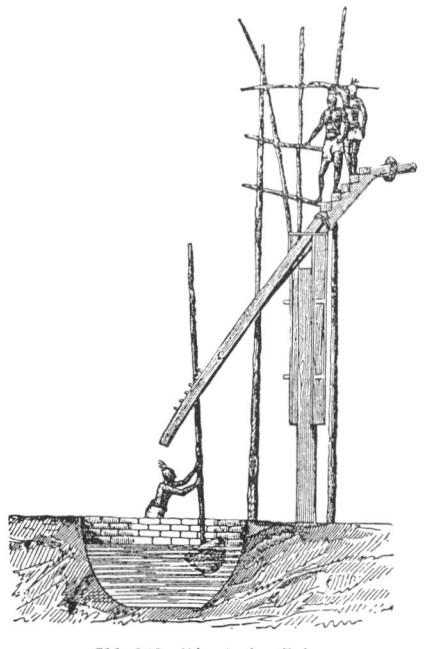

Abb. 258. Picota der Inder.

Treppe trägt, auf der die Arbeiter bald nieder=, bald emporsteigen, wodurch der Eimer gesenkt bzw. gehoben wird. (Abb. 258.) Angesichts des lebhaften Handelsverkehrs, den die alten Ägypter nach den verschiedensten Ländern hin unterhielten, konnte man weder in diesen noch in Ägypten selbst die Wage (Abb. 260 bis 263) entbeh= ren, von deren Einrichtung, die der heutigen glich, uns zahlreiche alte Darstellungen Kunde geben. (Siehe auch Abb. 48 S. 44 u. Abb. 49 S. 45.)

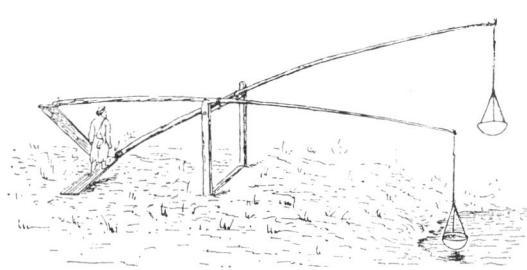

Abb. 259. Schöpfwerk mit Tretvorrichtung.
Nach Angaben des Philon von Byzanz.

Eine zielbewußte Aus= nützung des Hebels, vielleicht auf Grund der Archimedischen Gesetze, schuf Heron von Alexandria (1. Jahrhun= dert n. Chr.). Er konstruierte zahlreiche Automaten, die zum großen Teil auf der Verwendung des Hebels be= ruhen. Als typisches Beispiel sei der von Heron konstruierte Weihwasserautomat (Abb. 264) hier angeführt, den er folgendermaßen beschreibt (nach Wilh. Schmidt):

„Manche Opfergefäße sind so eingerichtet, daß Weihwasser zum Besprengen herausfließt, wenn man ein Fünfdrachmenstück hineinwirft.

Man nehme ein Opfer= gefäß (σπονδεῖον Abb. 264) oder eine Sparbüchse (θησαυ- ρός)αβγδ, deren Mündung α nicht geschlossen sei. In der Sparbüchse (bzw. der Opfer= kanne) befinde sich ein (kleines) Gefäß ζηθκ mit Wasser und einer Büchse λ, von welcher eine Ausflußröhre λμ nach außen gehe. Neben dem Ge= fäße stehe ein senkrechter Stab νξ, um den ein anderer οπ sich wie ein Wagebalken drehe. Dieser erweitere sich bei ο zu einem Plättchen ρ, das (im Zustande der Ruhe) dem Boden des Gefäßes parallel liegt. Bei π hänge an dem Querstabe ein Stiel πσ, an welchem bei σ ein (genau) auf die Büchse λ passender Deckel sitzt, so daß er den Ausfluß durch die Röhre λμ zu unterbrechen vermag. Der Büchsendeckel sei schwerer als das Plättchen ρ, da=

Abb. 260. Römische oder Schnellwage.
Zweiarmiger ungleicharmiger Hebel. Am kürzeren Hebelarme die zu wägende Last; am längeren ein verschiebbares Gewicht, der „Läufer" (hier in Gestalt einer weiblichen sitzenden Bronzefigur). Durch Verschieben des Läufers wird Gleichgewicht mit der Last hergestellt und dann an der am längeren Hebelarm angebrachten Teilung an der Stelle, wo der Läufer hängt, das Gewicht ab= gelesen. Aus Griechenland stammendes Exemplar.
Berlin, Altes Museum, Antiquarium.

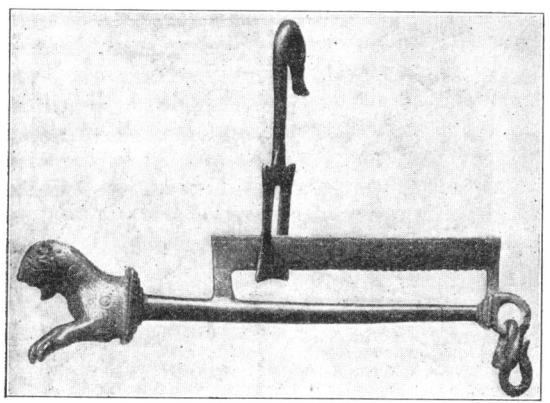

Abb. 261. Römische oder Schnellwage.
Andere Art der Ausführung. Gewicht (in Gestalt eines Löwenkopfes) und Last sind fest. Das Gleichgewicht wird durch Verschieben der ganzen Wage in der Aufhängevorrichtung hergestellt. Das Gewicht wird dann am Aufhängepunkt an der am Wagebalken befindlichen feinen Teilung abgelesen.
Berlin, Altes Museum, Antiquarium.

Abb. 262.
Schnellwage im Gebrauch.
Von einem römischen Grabdenkmal zu Neumagen. Provinzialmuseum Trier.

gegen leichter als Münze und Plättchen zusammen. Wenn nun durch die Mündung α das

Geldſtück hineingeworfen iſt, fällt es auf das Plättchen ρ, drückt den Querſtab οπ nieder und bringt ihn in eine ſchiefe Lage, während es den Büchſendeckel emporzieht, ſo daß das Waſſer ausfließen kann. Wenn das Geldſtück heruntergefallen iſt, legt ſich der Deckel wieder auf die Büchſe und verſchließt ſie, ſo daß der Ausfluß aufhört."

Wichtiger als dieſe und noch viele andere Automaten

Abb. 263. Gleicharmige Hebelwage.
Griechiſche Darſtellung auf der „Arkeſilasſchale".

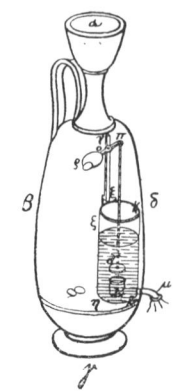

Abb. 264. Der Weihwaſſer=
automat des Heron von
Alexandria.

des in derartigen Erfindungen äußerſt geſchickten Heron waren die mannigfachen tech= niſchen Anwendungsformen, die man insbeſondere in römiſcher Zeit vom Hebel machte. Unter dieſen iſt das Drehrad zu erwähnen, das am Schleifſtein[1]) und wohl auch an der Drehbank zur Anwendung kam. Ferner die zahlreichen und oft ſehr komplizierten Hebelvorrichtungen, die man in den Theatern anwendete, um Verſenkungen auf= und niederſteigen zu laſſen uſw. uſw., und von denen uns noch einzelne Balken ſowie Aus= ſparungen im Mauerwerke der römiſchen Theater Kunde geben. Endlich beruhen ſehr wichtige Kriegsmaſchinen auf der Anwendung des Hebels, die nach der An= gabe des Diodor (1. Jahrhundert v. Chr.) von Perikles (493—429 v. Chr.) er= funden worden ſein ſollen, der ſie von einem Mechaniker Artemon ausführen ließ, um ſie bei der Belagerung von Samos (439 v. Chr.) zu verwenden. Wir werden auf dieſe Maſchinen weiter unten noch ausführlicher eingehen.

Die ſchiefe Ebene.

Die ſchiefe Ebene war auch ſchon im Altertum ein willkommenes Mittel, um Laſten in die Höhe zu ſchaffen. Ob ſie freilich, wie vielfach vermutet wird, beim Bau der Pyramiden (um 2800 v. Chr.) eine Rolle geſpielt hat, iſt zweifelhaft.

---

[1]) Siehe Seite 54 Abb. 65.

Nach Herodot (II 125) vollzog sich der Pyramidenbau unter Verwendung von Hebe=
zeugen, deren nähere Natur er nicht beschreibt, in folgender Weise:

„Und dieselbe Pyramide ist gebaut worden wie eine Treppe mit lauter Stufen
oder Tritten oder Absätzen. Und nachdem sie den ersten Absatz gemacht, hoben sie
die übrigen Steine hinauf auf einem Gerüst von kurzen Stangen. Von der Erde also
hoben sie auf der Stufen ersten Absatz, und wenn der Stein oben war, legten sie ihn
auf ein anderes Gerüst, das da stand auf dem ersten Absatz, und von diesem wurde er
gewunden auf den zweiten Absatz, auf einem anderen Gerüst, denn soviele Absätze
von Stufen waren, so viele Gerüste waren auch. Oder auch, sie hatten nur ein Gerüst,
und weil es leicht zu heben war, so nahmen sie es mit auf einen jeglichen Absatz,
sobald sie den Stein abgenommen. Ich erzähle es auf beide Arten, wie man mir
es erzählt hat. Vollendet ward nun das oberste zuerst; sodann vollendeten sie, was
darauf folgte, zuletzt aber vollendeten sie, was an der Erde und ganz unten war."

Sieht man von dem letzten Satz ab, dessen Bedeutung Lepsius dahin erklärt,
„daß man erst die oberste Stufe der Pyramide vollständig herstellte, ehe die darunter=
liegende beendet war. Die Vollendungsarbeit der Stufe geschah hierbei von unten
nach oben", so geht aus den Ausführungen Herodots zunächst nur die Verwendung
von Hebezeugen unbekannter Art beim Pyramidenbau hervor. Daß aber Anrampungen
in Form schiefer Ebenen vorhanden gewesen sein dürften, um die Steine bis zu
diesen Hebezeugen heranzubringen, erscheint nicht unwahrscheinlich, wenn man sich
die ganze Art und Weise überlegt, wie die Ägypter und die Assyrer, wahrscheinlich
aber auch noch andere Völker des Orients, ihre schweren Lasten transportierten,
die sie stets auf kufenförmige Untersätze (Schleifen) stellten. Ein derartiger Untersatz
läßt sich leicht auf eine schiefe Ebene hinaufziehen. Freilich darf man sich nicht vor=
stellen, daß diese schiefe Ebene, wie Diodor schreibt, bis zur Spitze der Pyramide
emporgereicht hätte, sie diente wahrscheinlich nur dazu, den aufgestellten Hebe=
maschinen Baumaterial zuzuführen. Im übrigen ist über die Verwendung schiefer
Ebenen beim Pyramidenbau eine ganze Literatur entstanden, aus der wir nur hervor=
heben wollen, daß Hirt die Verwendung der schiefen Ebene nicht für wahrscheinlich
hält, während Erman überhaupt die Verwendung einer höher entwickelten Mechanik
leugnet und behauptet, daß „diese Wunder nur durch eine Kraft vollbracht sind,
durch ungezählte und rücksichtslos ausgenutzte Menschenhände".

Eine besondere Bedeutung erlangte die schiefe Ebene durch ihre Anwendung in
Gestalt der Schraube, die von Archimedes auf einer ägyptischen Reise erfunden
worden sein soll. Es ist jedoch anzunehmen, daß sie dort schon lange und zwar bei
der Wasserhaltung in Bergwerken, in Gebrauch stand
(„ägyptische" oder „archimedische" Schraube). Die
Art ihrer Herstellung wird von Vitruv (X 6) ein=
gehend beschrieben. Wir sehen aus dieser Beschrei=
bung, daß die Schraube oder Schnecke aus Holz her=
gestellt war und zunächst ausschließlich zum Wasser=
schöpfen diente. Sie hatte die Gestalt eines langen

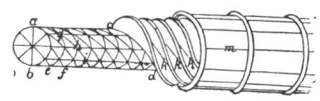

Abb. 265.
Konstruktion der Wasserschnecke
(nach der Beschreibung des Vitruv [X 6]).

Schraubengewindes k, k, k (Abb. 265), dessen
Schraubengänge oben durch eine in Reifen gebundene und mit Teer bestrichene Ver=
schalung m geschlossen waren; der untere Teil der schräg aufgestellten, in einem
Balkengerüst befestigten Schnecke, die durch ein Tretrad bewegt wurde, tauchte ins
Wasser; durch ständiges Drehen wurde die Flüssigkeit gehoben. Später verwendete
man die Schraube an den einschraubigen Olivenpressen (Plinius XVIII 317),

14*

an den zweischraubigen Tuchpressen (siehe den Abschnitt „Gespinste und Gewebe") usw. usw. Auch an mechanischen Vorrichtungen kam sie in Form der „Schnecke" oder „Schraube ohne Ende" zur Verwendung. (Abb. 266 u. 267.) An Fibeln findet man kleine Schrauben von Gold; eiserne Schrauben aus dem Altertume sind bis jetzt nicht bekannt.

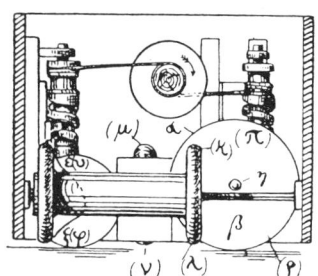
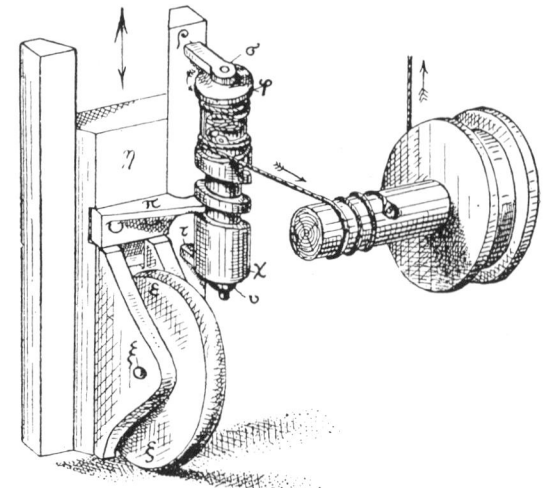

Abb. 266 u. 267. „Schrauben ohne Ende".
Schnecken in Verbindung mit Rollen und Schnurlauf bei Automaten des Heron von Alexandria. Die Einrichtung dient dazu, das Rad automatisch zu heben und zu senken.

Rolle und Keil.

Die Rolle stand bereits bei den Assyrern im Gebrauch und wurde wahrscheinlich auch von den Ägyptern verwendet. Heron von Alexandria (1. Jahrh. n. Chr.) nutzte die Verbindung mehrerer Rollen ungleicher Größe zur Änderung der

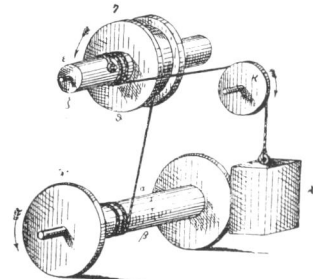
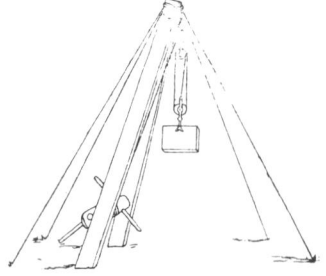

Abb. 268. Verwendung der Rolle
(bei den Assyrern zum Wasserschöpfen in einer belagerten Stadt).

Abb. 269. „Übersetzung" (n. Heron von Alexandria).
Durch Verwendung verschieden großer Rollen wird eine Änderung der Geschwindigkeit erzielt.

Abb. 270.
Römischer Flaschenzug
(nach der Beschreibung des Vitruv [X 2]).

Geschwindigkeit tanzender Figuren aus, verwendete also damit jene Einrichtung, die wir heute „Übersetzung" nennen. (Abb. 269.) Aus ihr ist der gleichfalls viel gebrauchte Flaschenzug hervorgegangen, der insbesondere bei den Römern häufig benutzt wird. (Abb. 270.) Vermutlich haben ihn auch schon die Ägypter gekannt, wenigstens nimmt Arnondeau seine Verwendung bei der Aufrichtung der Obelisten an, in Übereinstimmung mit Kruseman, der der Ansicht ist, daß die Aufrichtung dieser Riesensteine mit Hilfe eines Flaschenzuges erfolgte, der an der Spitze eines Pylons angebracht war und dessen Seil um die Spitze des von einer hohen Böschung auf eine Sandschüttung hinabgelassenen Obelisten herumgeschlungen war. Wäre die Ansicht Krusemanns zutreffend, so würde das Hinaufbringen des Obelisten auf diese Bö= schung wiederum die Verwendung einer schiefen Ebene von seiten der Ägypter bedeuten. In römischer Zeit steht der Flaschenzug an Ölpressen, an den Maschinerien der Theater, in der Takelage der Schiffe usw. vielfach in Verwendung, ja man benützt ihn in den römischen Kaiserpalästen sogar dazu, Aufzüge und Fahrstühle zu be= treiben. In dem auf dem Palatin ausgegrabenen 20 m tief liegenden sogenannten „Maschinensaal" fanden sich die Nischen, in denen sich die Aufzüge bewegten, und die Röhren und Rinnen, durch die die Rollen gingen. Je nach der Anzahl der am Flaschen= zuge verwendeten Rollen unterscheidet Vitruv (X 2) Hebemaschinen (Flaschenzüge), die mit drei Rollen arbeiten, also „dreizügige" (Trispastos) und solche mit fünf Rollen, "fünfzügige" (Pentaspastos). Für große Lasten dient der „vielzügige" Flaschen= zug (Polyspastos). Dieser letztere bietet den Vorteil dar, daß er nur an einem ein= zigen Baum befestigt zu werden braucht, da er infolge seiner vielen Rollen sehr leicht geht und rasch arbeitet. Er wird daher als Kran benützt: „Der Umstand aber, daß nur ein Baum dabei aufgestellt ist, hat den Vorteil, daß man vorher, ehe man eine Last versetzt, die Maschine nach Belieben auf die rechte und linke Seite neigen kann" (Vitruv a. o. O. nach Reber). Die Hebemaschine ist dabei „bald aufrecht stehend, bald wagrecht auf Krandrehscheiben angebracht". Sie dient auch dazu, um Schiffe ans Land zu ziehen.

Eine besondere Abart der Rolle ist die durch Hebelwirkung in Bewegung gesetzte Winde, die gleichfalls eine viel benützte Maschine darstellt, und an der, wie vielleicht am Flaschenzug, auch bereits zu römischer Zeit Drahtseile zur Verwendung kamen. In Pompeji hat man ein derartiges aus Bronzedraht hergestelltes Drahtseil auf= gefunden.

In der Anwendung des Keils war man gleichfalls bei allen alten Völkern er= fahren. Er diente zunächst schon in der Form zahlreicher Werkzeuge wie Meißel, Beil, Axt usw. usw. seit Urzeiten den mannigfachsten Zwecken. Dann sprengte man damit auch große Steine auseinander und erleichterte durch untergeschobene Keile den Transport sowie das Anheben von Lasten.

Die Überwindung der Reibung (Kufen, Räder u. Wagen).

Schon frühe verstand man es, die gleitende Reibung in eine rollende umzuwan= deln. Bei den Ägyptern werden, wie schon erwähnt, die größten Kolosse auf einer Art von Schlittenkufen fortbewegt. Ob man hier Rundhölzer unterlegte, um die Reibung zu vermindern, mag dahingestellt bleiben, ebenso wie es zweifelhaft ist, ob die auf assyrischen Darstellungen sichtbaren unter ähnliche Kufen gelegten Hölzer als Rundhölzer aufzufassen sind (s. Abb. 271 u. 272, S. 214). Bei manchen spricht die Richtung, in der sie liegen, dafür, bei manchen aber dagegen. Sicher ist jedoch, daß einstmals aus dem zur Hervorbringung der rollenden Reibung, die den Transport so sehr erleichtert, benützten Rundholz das Rad hervorgegangen ist. Mit dem Rade zugleich mußte aber auch der Wagen entstehen, dessen Gebrauch sich gleich dem des

A.

Abb. 271. Transport auf Kufen bei den Assyrern. Basrelief zu Kujundschik.

Die auf Kufen gestellte Last wird vorn gezogen, während hinten mittelst eines Hebebaums nachgewuchtet wird, dessen unteres Ende auf der einen Seite durch einen dagegen gestemmten Kloß am Abgleiten ver- hindert wird. Unter den Kufen Hölzer, wahrscheinlich Rundhölzer, die vermutlich dazu dienten, die gleitende Reibung in eine rollende zu verwandeln. Hierfür und für ihre Querlage spricht die Art, wie der Mann das Holz, das er unterlegen will, hält, und die perspektivische Verkürzung des hinter seinem Kopfe liegenden Holzes. Dagegen spricht die Lage der Hölzer dicht vor dem Hebelarm, bei denen jedoch auch Verdrehung und seit- liches herausgleiten angenommen werden kann. (Unten links das Schaduff [Abb. 257 S. 208].)

B.

Abb. 272. Transport eines auf Kufen gestellten Riesen-Bildwerkes bei den Assyrern.
Basrelief zu Kujundschik.

Hinten Hebebaum, vor, hinter und unter den Kufen Hölzer (Rundhölzer), teils in Längs-, teils in Querlage.

Rades im Dunkel der Zeiten verliert. Die Wagen der Assyrer und Ägypter hatten Räder mit 6, 8 und mehr Speichen, während die besser gebauten Räder der Griechen nur mit 4 Speichen versehen waren. Das ursprünglichste Rad dürfte wohl

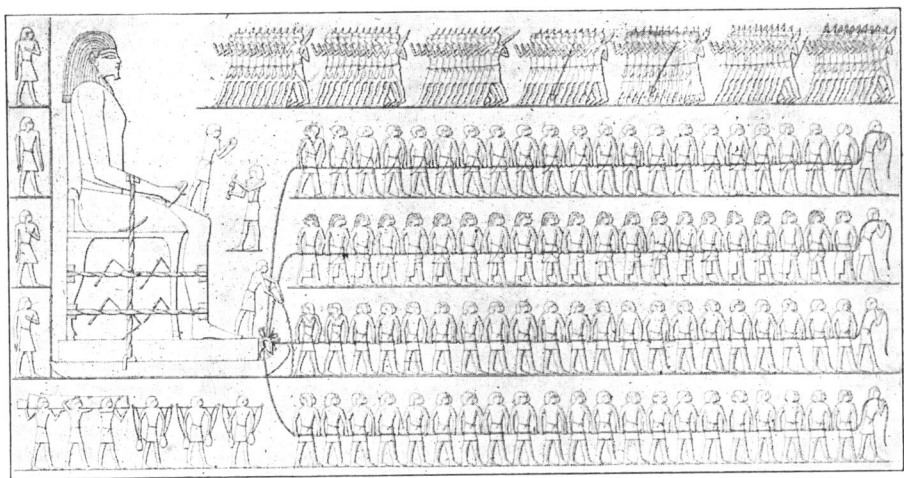

Abb. 273. Transport eines Denkmals auf Kufen bei den Ägyptern.

Hier fehlen die Rundhölzer, dagegen steht vorne ein Mann, der über das vordere Ende hinweg aus einem Gefäß Wasser auf den Weg (oder die künstlich hergestellte Gleitbahn?) gießt, um so die Reibung zu verringern. Altes Reich, 12. Dynastie. Um 2000 v. Chr. — Aus einem Felsengrab zu Berscheh.

eine einfache runde, ziemlich dicke Holzscheibe gewesen sein. Auch das Speichenrad war im Anfang aus Holz, dann aus Holz mit Metallbeschlag, bis es zuletzt vollkommen aus Bronze hergestellt wurde. Derartige erhalten gebliebene Bronzeräder haben

Abb. 274. Transport von Denkmälern auf Kufen bei den Ägyptern.

Bei den beiden Denkmälern links wird die scheinbar künstlich hergestellte Fahrbahn(?) mit Wasser begossen. Grabrelief. Leichenzug des Maia. — Berliner Museum, Ägyptische Abteilung.

runde Speichen und eine Felge, die mit tiefer Auskehlung versehen ist. In dieser wurden die Segmente des hölzernen Felgenkranzes mit Nieten befestigt. Der Radreifen, durch den der hölzerne Felgenkranz gebunden und gesichert wurde, befähigte das Rad erst, alle Hindernisse des Weges zu überwinden. Homer erwähnt bereits derartige bronzene Radreifen. Sie bestanden zuerst aus dicht eingeschlagenen Nägeln, deren aneinander anschließende Köpfe die hölzernen Radfelgen schuppenartig bedeckten. Erst später wird der Radreifen aus einem Stück hergestellt und mit Hilfe einzelner Nägel eingeschlagen. Der Radreifen wird erst aus Bronze, später aus Eisen hergestellt.

Abb. 275. Transport eines Behälters auf Kufen.
Aus dem Grabe des Zez=em=och. Abusir.
Berliner Museum, Ägyptische Abteilung.

Der Wagenkasten ruhte bei den altägyptischen Streitwagen unmittelbar auf der Achse, die mit der beweglichen Deichsel verbunden war. (Abb. 277.) Der Radkranz war in der Regel aus 6 Felgenstücken zusammengesetzt, gewiß das einfachste Verfahren zu seiner Herstellung; wußte man doch damals bereits, daß sich der Halbmesser des Kreises 6 mal auf seinem Umfang abtragen läßt. Meist war jedes Felgenstück durch eine Speiche mit der Nabe verbunden, doch kamen, wie schon erwähnt, auch Räder mit mehr Speichen vor. Die Nabe war drehbar auf den runden Endzapfen der Achse aufgeschoben. Der Zapfen war durchbohrt und mit einem Durchstecker versehen, um das Abgleiten des Rades zu verhindern. Die Radachse war viereckig und gerade. An ihr war die Deichsel schief nach oben gehend befestigt. Sie trug zwei Jochsättel, an die die Pferde angeschirrt wurden. Außer diesen Wagen gab es für landwirtschaftliche und ähnliche Zwecke auch noch solche mit Scheibenrädern, die von Rindern gezogen wurden. Auch vierräderige Wagen, die jedoch in erster Linie für religiöse Zwecke Anwendung fanden, waren bekannt.

Die Wagen der Griechen gleichen denen der Ägypter, doch gab es, ebenso wie bei den Persern und Römern, auch vierräderige Lastwagen; die von 64 Mauleseln gezogene „Harmamaxa", in der

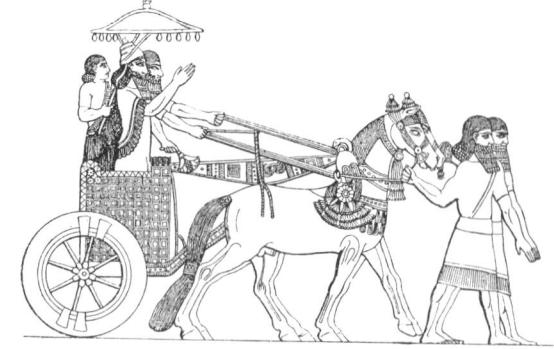

Abb. 276. Assyrischer Wagen mit achtspeichigem Rad.

der Leichnam Alexanders des Großen (gest. 323 v. Chr.) von Babylon nach Alexandria geschafft wurde, war gleichfalls ein vierräderiger Wagen. Von den persischen Wagen ist besonders der als Kampfwagen benutzte Sichel=

wagen zu erwähnen, der jedoch ebenso wie andere Arten der Streit=
wagen von den Römern nicht gebraucht wurde. In römischer Zeit bedienten sich nur
noch die unzivilisierten Völker, die Gallier, die Belgier, die Briten usw., der Streit=

Abb. 277. Ägyptischer Wagen (Streitwagen). Länge 2,45 m. — Museum Kairo.

wagen. Die Zahl der römischen Wagenarten war eine sehr große. Sie wurden bald
von zwei, bald von drei, bald von vier Pferden gezogen (Biga, Triga, Quadriga),
die stets nebeneinander gespannt wurden. Man kannte auch die Hemmkette, das

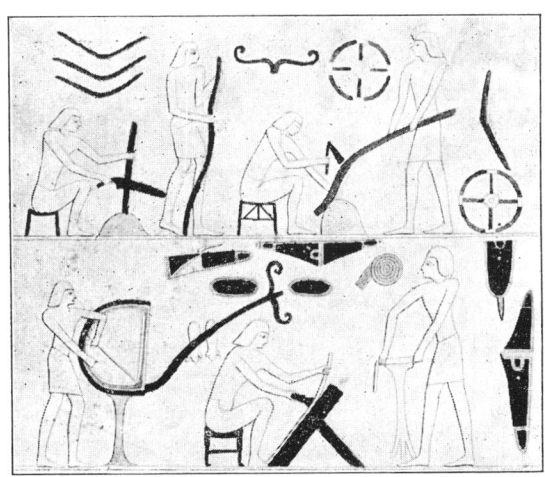

Abb. 278. Wagenbau bei den Ägyptern.
Obere Reihe: Sägen des Holzes, Zuhauen der Deichsel, Rad (hier vierspeichig, was bei den älteren ägyptischen
Wagen sehr selten ist). Untere Reihe: Befestigung der Deichsel am Wagenkasten, Biegen und Zurichten von
Holzteilen, Strecken von Zubehörteilen aus Leder über dem Bock.

„plaustrum", die durch das Hinterrad geschlungen wurde, das man durch sie an das
Wagengestell ankettete und dadurch an der Drehung verhinderte. Gewöhnlich verfuhr
man dabei so, daß man die Kette zwischen zwei Speichen um die Felge legte. Die
Felge wurde nicht immer gebogen ausgeschnitten, sondern künstlich gekrümmt, wobei

Abb. 279. Griechifcher Wagen mit vierfpeichigem Rad. Vafenbild.
Berlin, Altes Mufeum, Antiquarium.

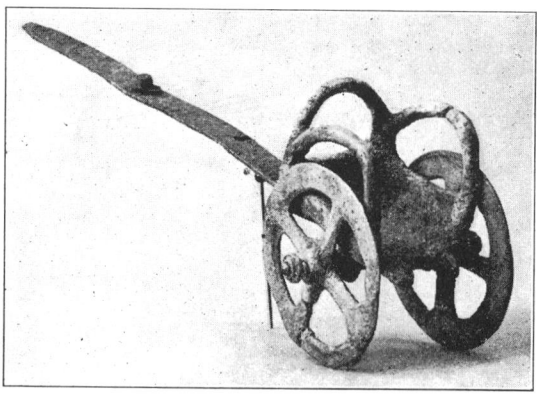

Abb. 280. Zweirädriger bronzener griechifcher Wagen mit vierfpeichigem Rad
(Modell oder Kinderfpielzeug.) — Berlin, Altes Mufeum, Antiquarium.

man das Holz, um feine Fafern zu erweichen, in heißes Waffer legte, ein Verfahren, das
aus fehr alter griechifcher Zeit zu ftammen fcheint, wenigftens läßt die Stelle im Homer
(Ilias IV 486) darauf fchließen:

„Daß er (der Wagen) zum Kranz des Rades fie (die Pappel) beug'
am zierlichen Wagen.“

3ahnräder und ihre Anwendung.

Aus dem Rad ift dann auch eine der wichtigften einfachen Mafchinen, das 3ahn= rad hervorgegangen. Greifen zwei 3ahnräder mit ihren 3ähnen ineinander ein, fo erfolgt beim zweiten die Drehung ftets im entgegengefetzten Sinne wie beim erften. Wann man von diefer Dorrichtung zuerft Gebrauch gemacht hat, hat fich bis jetzt ebenfowenig ermitteln laffen, wie ob Ariftoteles (384—422 v. Chr.). 3ahnräder meint (wie Beck und Pregél vermuten), wenn er in feinen „Mechanifchen Problemen" von „Werkzeugen" fpricht, „die viele Kreife zu gleicher 3eit in Be= wegung fetzen, mittels eines einzigen, wie jene Weihgefchenke in den Tempeln, Drehräder von Erz oder Eifen, wo wenn der Kreis A B vorwärts gedreht wird und den C D berührt, diefer rückwärts, und zugleich aus gleicher Urfache der E F wieder nach der erften Richtung bewegt wird, und fo weiter fort, wenn noch mehrere dergleichen vorhanden find" (Pofelger). Sehr viele Gründe fprechen dafür, daß es fich hier wirklich um 3ahnräder handelt.

Ditruv hingegen erwähnt des öfteren das 3ahnrad, das von Heron von Alexandria in fehr hübfcher Weife dazu ausgenutzt wird, einen Regiftrierapparat für Taxameter= wagen zu bauen, der dazu dienen foll, die zurück= gelegte Wegftrecke zu meffen. Bei diefem Regiftrier= apparat (Abb. 281) greift ein an der Radachfe an= gebrachter 3apfen (auf der 3eichnung ganz unten rechts) bei den Drehungen der Achfe in die 3apfen bei E Z und bewegt diefe. Die Drehung überträgt fich durch Schrauben ohne Ende und 3ahnräder bis an den 3eiger oben bei T Δ. Je mehr man 3ahnräder anbringt, eine defto größere durchlaufende Strecke gibt der 3eiger bei einer feiner Umdrehungen an. Bei jedem völligen Umlauf des 3eigers wird eine beftimmte vom Wagen zurückgelegte Strecke angezeigt. Die kleinen 3eiger an der linken Seitenwand dienen dazu, noch Unterteile diefer Strecke meffen zu können. Im übrigen

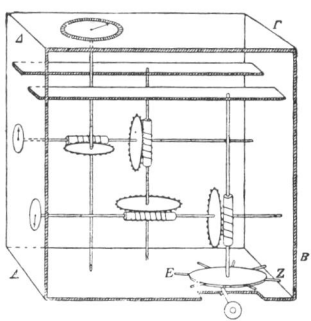

Abb. 281. Taxametereinrichtung (nach Heron von Alexandria). Mit 3ahnrädern und „Schnecken" (Schrauben ohne Ende).

macht Hero von den 3ahnrädern auch bei feinen Automaten bzw. Automatentheatern mannigfachen Gebrauch, wo er z. B. die Arme von Figuren durch fie und Hebel= einrichtungen in Bewegung fetzt. (Abb. 282 S. 220.) Des weiteren finden wir fie in feinen Schriften zufammen mit der Winde an einer für den Gebrauch in Tempeln beftimmten Dorrichtung (Abb. 283 S. 220), bei der ein Dogel fich dreht und dabei fingt ufw. ufw.

Im übrigen befchreibt auch Ditruv einen 3ählapparat zur Meffung des zurück= gelegten Weges, bei dem anftatt des von Hero angewendeten 3eigers Steine dazu dienen, die Länge der durchfahrenen Wegftrecke feftzuftellen: „An die Nabe eines Wa= genrades wird ein kleines einzähniges Rädchen befeftigt, welches in ein 400zähniges Rad eingreift. An diefes ift ein Daumen oder Finger feftgemacht, welcher in einer wage= rechten Scheibe einfetzt, die ebenfoviel Löcher als 3ähne befitzt. Diefe Scheibe dreht fich auf dem Deckel eines Gehäufes, in welchem ein einziges Loch vorhanden ift, durch welches Steinchen fallen können, fobald die im Kreife angeordneten Löcher der dreh= baren Scheibe über diefes Loch treffen. Je nach der Länge der vorausfichtlichen Reife richtet sich die Anzahl der mit Steinkugeln zu belegenden Löcher. Haben nun die Wagenräder 4,0 Fuß Durchmesser, so daß dieses Rad bei jeder Umdrehung 12,5 Fuß

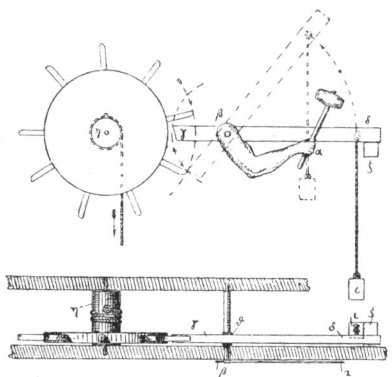

Abb. 282. Ein durch ein Zahnrad bewegter Arm für Automatentheater (nach Heron von Alexandria).

Das Zahnrad ist hier auf eine Welle aufgeteilt (sog. „Daumenrad"). Bei der durch ein Gewicht bewirkten Umdrehung der Welle drückt es das Hebelende γ nieder. Nachdem der Zapfen (Daumen des Rades) an γ vorbeigeglitten, wird γ durch das am längeren Hebelarm β ε eingreifende Gewicht ι wieder in die alte Stellung gebracht, worauf der nächste Daumen γ wieder niederdrückt usw. Dadurch macht der Arm β α eine hämmernde Bewegung. (Unten Skizze von oben gesehen.)

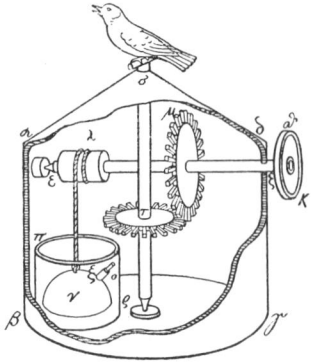

Abb. 283. Zahnräder und Winde (nach Heron von Alexandria).

Die Vorrichtung ist ein Vogel, der sich dreht und pfeift, sobald man am Rade ϑ ϰ dreht. Das Pfeifen kommt dadurch zustande, daß der durch die Drehung an ϑ ϰ in die Höhe gezogene Windkessel ν beim Loslassen von ϑ ϰ vermöge seiner Schwere in das mit Wasser gefüllte Gefäß πϱ fällt. Dadurch wird die in ihm enthaltene Luft durch die Pfeife ξ ο herausgepreßt.

zurücklegt, so wird dieses Rad bei 400 Umdrehungen 12,5 . 400 = 5000 Fuß oder eine römische Meile Weg zurücklegen, wobei allemal eine Steinkugel ins Zählgefäß fallen wird."

Göpelrad und Tretrad.

Besondere und maschinell sehr wichtige Anwendungsformen des Rades waren das Göpelrad und das Tretrad. Das Göpelrad wird von Vitruv erwähnt, der

Abb. 284. Göpelwerk. Bestehend aus zwei Zahnrädern, in deren Umfang Zapfen hineingesteckt sind. An einem Schöpfwerk am Nil — eine Ausführung, wie sie in genau gleicher Art bei den alten Ägyptern im Gebrauch war.

den Göpel oder die Erdwinde (ergata) sehr wohl von der Haspel (cula) zu unterscheiden weiß, von denen die erstere einen senkrecht gestellten, die letztere einen wagerecht liegenden Wellbaum hat. Der Göpel findet besonders in den römischen Mühlen Anwendung, wo er entweder von Menschen oder von Tieren, insbesondere Eseln gedreht wird. Bei den altägyptischen Göpeln findet sich die älteste Form des Zahnrads, ein Holzrad, in dessen Umfang man Pflöcke hineinsteckte.

Abb. 285. Göpelrad
(Zahnrad: wagerechtes Rad mit Zapfen am Umfang) und Becherwerk nach Art der bei den alten Ägyptern gebräuchlichen.

Abb. 286.
Tretrad in Verbindung mit Becherwerk
(Paternosterwerk).

Das Tretrad diente zur Wasserhaltung, zum Bewegen von Lasten, dann aber auch zum Aufrichten von Säulen und Gegenständen ähnlicher Form. Im Amphitheater von Capua befindet sich heute noch ein Relief, das ein Tretrad darstellt, in dem zwei nackte Jünglinge laufen. Durch die Bewegung des Rades wird ein Seil emporgewunden, das über eine Rolle geht, die in einem Balkengerüst hängt. An dem Seil ist oben eine schwere Säule befestigt. Ein Jüngling meißelt daneben ein Kapitell aus, Minerva hält schützend ihre Hand über das Ganze. Im übrigen erwähnt auch Philon von Byzanz (um 250 v. Chr.) die Verwendung des Tretrades zum Wasserschöpfen.

Die Elastizität und ihre Ausnützung. Bogen, Armbrust und Geschütze.

Die Eigenschaft der Elastizität der Körper nützte man im Altertume vor allem bei mechanischen Vorrichtungen aus, die für Kriegszwecke dienten. Der einfache Bogen ist fast überall auf Erden die älteste aller Schußwaffen. Bei ihm wird die Elastizität des Holzes dazu benutzt, den Pfeil in die Ferne zu senden. Zu Homers Zeiten spielt der Bogen freilich eine noch verhältnismäßig untergeordnete Rolle. Er tritt in den trojanischen Kämpfen gegen die anderen Waffen zurück. Der Holzbogen wurde im Altertume für gewöhnlich aus Eibenholz, taxus, hergestellt (nach H. Menges Vermutungen sind τόξον und taxus stammverwandt). Neben dem ge=

wöhnlichen Holzbogen (Abb. 287) gab es aber noch leistungsfähigere Bogen, die in besonderer Weise zusammengesetzt waren. Einen solchen zusammengesetzten Bogen führte — allerdings nicht immer — Odysseus. Sein Bogen, den er einst als Gast= geschenk von Iphitos (Homer Odyssee XXI 13) erhalten hatte, war aus Horn her= gestellt, sorgfältig geglättet, von „zierlicher Krümmung" und so groß, daß er nicht irgendwo niedergelegt, sondern auf die Erde gestellt und an die Pforte gelehnt wird. Bei

Nichtgebrauch kommt er in eine glänzende Scheide, in der er an einem Pflock aufgehängt wird. Da er bespannt werden soll, reibt man ihn mit Talg ein und erwärmt ihn über dem Feuer. Aus den Ausführungen Homers geht des weiteren hervor, daß der Bogen in ent= spanntem Zustand aufbewahrt wird und daß er erst vor dem Schuß mit der Sehne zu be= spannen ist. Dies geschieht dadurch, daß man die am unteren Ende des Bogens befestigte Sehne in das obere Ende einhängt (ἐντανύ= ειν). Hierzu muß der Bogen gespannt werden (τιταίνειν). Dann erst, wenn die Sehne ein= gehängt ist, folgt das Ansetzen des Pfeiles und das abermalige Spannen zum Schuß. Aus einer anderen Stelle des Homer (Ilias IV 105) geht hervor, daß als Horn „des üppigen

Abb. 287. Altgriechischer gewöhnlicher Holzbogen, der „eigentlich griechische Bogen". In der Sonder= zeichnung sind die Enden zu stark aufgebogen.

Steinbocks schönes Gehörn" verwendet wurde. Nach den Berechnungen von Heil= born über die Größe dieses Gehörns und des Abfalls geht hervor, daß ein solcher, aus zwei in der Bogenmitte verbundenen Hornstücken zusammengesetzter Bogen die beträchtliche Länge von etwa 2 m gehabt haben dürfte. War der gewöhnliche Holz= bogen die einfache Waffe, so war der zusammengesetzte die bessere, leistungsfähigere, deren Handhabung allerdings auch eine größere Fertigkeit erforderte. Schon die Ägypter benutzten lange vor Homer derartige zusammengesetzte Bogen. (Abb. 288.) Ein solcher ist z. B. aus der Zeit Ramses II., also aus dem 13. Jahrhundert v. Chr. erhalten; ein anderer stammt aus einem ägyptischen Grabe aus dem 7. Jahrhundert v. Chr., also aus nachhomerischer Zeit. Die größte Schwierigkeit bei der Handhabung derartiger zusammengesetzter Bogen machte nun das Bespannen, weshalb die schlaue Penelope gerade diese Arbeit von den Freiern verlangte. Der zusammengesetzte Bogen, der aus Asien stammt und von einzelnen der dortigen Völker auch jetzt noch

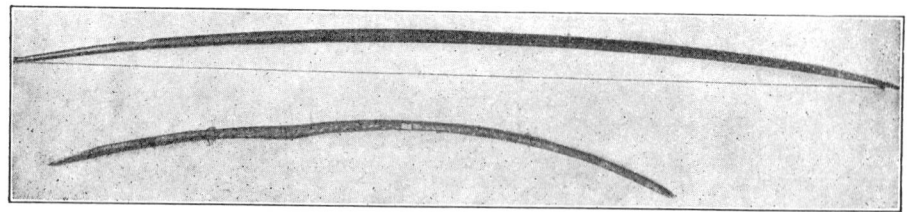

Abb. 288. Ägyptische Bogen.
Oben einfacher (Sehnenlänge 1,49 m), unten kunstvoll zusammengesetzter Bogen (Sehnenlänge 1,05 m). Aus Gräbern in Theben. Berliner Museum, ägyptische Abteilung.

geführt wird (Abb. 289), die ihn gleichfalls aus Horn herstellen, ist nämlich „reflex",
d. h. er biegt sich beim Entspannen gerade nach der entgegengesetzten Seite um. Beim
Spannen muß er aus dieser
Krümmung zunächst gestreckt
und dann über die Wage=
rechte hinaus wieder im
entgegengesetzten Sinne ge=
krümmt werden. Hierzu ge=
hört zwar Kraft; vor allem
muß man aber auch mit dem
dabei anzuwendenden Trick
Bescheid wissen, den die
Freier nicht kannten, wäh=
rend Odysseus als Eigen=
tümer des Bogens wohl
damit vertraut war. Wie
ein solcher Bogen zu be=
spannen ist, beschreibt Buch=
ner: „Man hängt dabei zu=
nächst die eine Sehnenöse in
den oberen, dafür bestimm=
ten Einschnitt des Bogens
und hält mit der Rechten
die Sehne dort fest. Der
Rücken des Bogens sieht
nach unten. Dann steigt
man mit dem rechten Bein

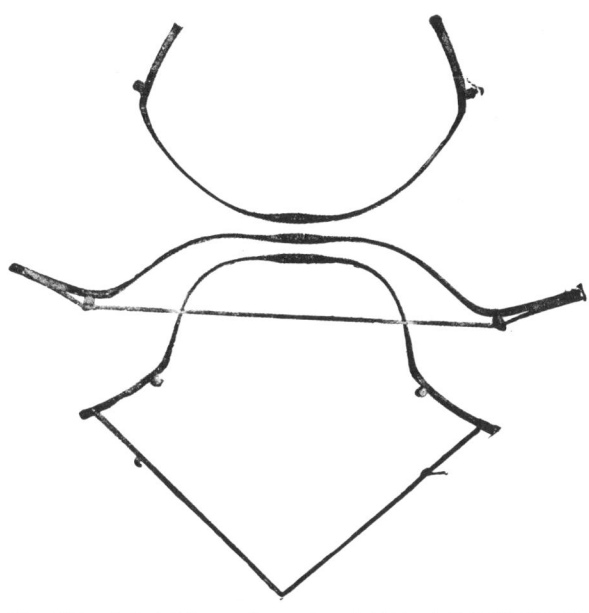

Abb. 289. Griechischer zusammengesetzter „reflexer" Bogen.
Oben entspannt, in der Mitte bespannt, unten zum Schusse gespannt.

zwischen den Bogen und die Sehne, legt die untere Bogenhälfte über das linke Knie,
das jetzt den Gegendruck übernimmt, und führt mit der freigewordenen Linken die
untere Öse in den unteren, dafür bestimmten
Einschnitt am Bogenende". Wahrscheinlich war
diese Art, zu bespannen, sagt Buchner, „die
zugleich die türkische sein muß, auch bei den
alten Griechen üblich, die (in späterer Zeit)
ähnliche Bogen hatten". Die eben erwähnte
Bespannungsweise kann man, wie Buchner
hervorhebt, auch im Sitzen anwenden, wie es
Odysseus getan haben dürfte. In Überein=
stimmung mit diesen Ausführungen gehen die
eines Anonymus in der „Täglichen Rundschau"
vom 22. 6. 1914, bei denen es sich um das
Spannen eines derartigen zusammengesetzten
Bogens, der aus Holländisch=Indien stammte,
handelt. Die Sehne war dick und fest, aus Tier=
darm gedreht. „Gefertigt war der Bogen aus
schwarzem Horn, etwa 5—6 cm breit und etwa

Abb 290. Griechischer Bogenspanner,
den reflexen Bogen spannend. — Vasenbild.

1 cm dick (bei einer Länge von 150 cm). In der Mitte war ein 10—12 cm langes
und 4—5 cm dickes rundes Holz als Griff, an diesem Holze waren die beiden langen

Hornstücke mit zwei Eisenringen befestigt. Außerdem war der Griff mit feinen Fäden kunstvoll umschlungen." Die Sehne hatte an beiden Enden je eine Schlinge. Der Versuch, den Bogen zu spannen, mißlang zuerst vollständig. Er glitt unter den Händen durch, drehte sich und nahm dabei wieder die alte Form an. Erst wenn man ihn auf Ober= und Unterschenkel fest auflegte, ließ sich die Sehne leicht in die Kerbe einhängen. Nur wer diesen Kunstgriff kannte, vermochte den Bogen zu spannen, wozu weniger Kraft gehörte als zum Schießen. Zur Hervorbringung der hierzu nötigen Spannung war eine volle Manneskraft erforderlich, und dann flog der Pfeil über 30 m weit. Da die treibende Kraft schon bei geringer Mehrspannung des Bogens beträchtlich wächst, so vermochten geübte und starke Bogenschützen mit derartigen zusammen= gesetzten Bogen, die allmählich in Griechenland die Holzbogen vollständig verdrängten ganz beträchtliche Schußleistungen zu erzielen. Der Pfeil des zusammengesetzten Bogens fliegt 900 m weit und vermag, wie aus Untersuchungen über den gleichfalls aus Horn zusammengesetzten Bogen der Siouxindianer bekannt ist, einen Bison voll= kommen zu durchbohren, eine Leistung, gegen die der schwere Coltrevolver der amerikanischen Armee nicht aufzukommen vermochte.

Darstellungen einfacher und zusammengesetzter Bogen sind uns aus assyrischen, babylonischen, ägyptischen und griechischen Bildern in Menge erhalten, darunter auch solche, die das Spannen des zusammengesetzten Bogens zeigen.

Aus dem Bogen hat sich dann in folgerichtiger Entwicklung die Armbrust herausgebildet, die bereits den alten Griechen bekannt war, und zwar in Form der „Windenarmbrust", in späterer Zeit auch „Bauchspanner" genannt, weil man sie beim Spannen mit dem Vorderende des Laufes gegen den Boden stemmt, während man mit dem Bauche gegen das hintere drückt, um die Waffe während des Spannens in ihrer Stellung zu fixieren. Eine Beschreibung dieser auch im Mittelalter so viel gebrauchten Armbrust erübrigt sich wohl, da die Einzelheiten ihres Baues und ihrer Handhabung ja als bekannt vorausgesetzt werden können. Auch hier ist es die Elastizität des in ein Gestell eingespannten Bogens, die das Geschoß, einen Pfeil, gegen das Ziel treibt.

Noch gewaltiger als die auch vom Standpunkt unserer heutigen Ballistik geradezu staunenswerten Leistungen der antiken Bogen sind die der alten Geschütze, deren Wirkung gleichfalls auf der Ausnützung der Elastizität beruht, wobei die Spannung in der Regel durch Verdrehen eines mehrfach geschlungenen Seiles hervorgebracht wird. Die gleiche Art der Verdrehung nützen wir auch jetzt noch an den Sägen aus. Auch im Altertume wurden ja die Sägen bereits in der gleichen Weise gespannt. Beim Entspan= nen einer solchen Säge schlägt das in das verdrehte Seil eingeklemmte Holzstück mit gewaltiger Kraft gegen den mittleren Sägebalken. Eine einzige Verdrehung mehr steigert diese Kraft um ein beträchtliches. In den antiken Geschützen, die man unter der Bezeichnung „tormenta"[1]) zusammenzufassen pflegt, wurde diese Spannung durch die Anwendung von Hebeln und Winden ganz außerordentlich gesteigert.

Wenn auch die Ausnützung derartiger Geschütze bei den Römern ihren Höhe= punkt erreichte, so sind sie doch zweifellos schon von den Völkern des Orients ver= wendet worden. Im 2. Buch Chronik 26, 15 heißt es von Usia, König von Juda (779—740 v. Chr.): „Und machte zu Jerusalem Geschütze künstlich, die auf den Türmen und Ecken sein sollten, zu schießen mit Pfeilen und großen Steinen".

---

[1]) Ballisten, Katapulte usw. usw. sind vielgebrauchte Bezeichnungen für der= artige Geschütze, die jedoch nichts Kennzeichnendes enthalten.

Der wichtigste Bestandteil aller dieser alten Geschütze ist der zusammengedrehte Strick, das „Nervenbündel". Man kann nach der Zahl dieser Nervenbündel Geschütze mit einem Arm und einem Nervenbündel und solche mit zwei Armen und zwei Nervenbündeln unterscheiden. Da Hanf und Flachs, das gewöhnliche Material zur Herstellung der Stricke, aus der Luft Feuchtigkeit anziehen und bei Regen große Mengen davon aufsaugen, wodurch sich ihre Länge und damit auch die Torsionsfähigkeit ändert, so nahm man zur Herstellung des Nervenbündels in der Regel Material, dessen Empfindlichkeit gegen die Nässe weniger störte. Als solches kamen vor allem Tiersehnen in Betracht, dann aber Roßhaare und Frauenhaare. Die Spannung kann durch Verdrehen allein herbeigeführt werden. Um jedoch nicht erst mit längerem Verdrehen Zeit und Kraft zu vergeuden, spannte man das Nervenbündel schon von vornherein durch Anziehen der Stricke möglichst stark. Man verfuhr dabei wahrscheinlich in der Weise, die auch bei den Rekonstruktionen auf der Saalburg angewendet wurde, daß man den Strick innerhalb eines entsprechenden Rahmens mit dem einen Ende an einem Bolzen festband. Dann zog man ihn über Bolzen und durch Öffnungen so lange hin und her, wobei man stets mit aller Kraft spannte, bis der Strick zu Ende war, worauf man auch das zweite Ende festband.

Unter den antiken Geschützen ist vor allem der Einarm (μονάγκων, onager, d. h. „Waldesel", ein Soldatenwitz, da der Waldesel mit den Hinterhufen ausschlägt und dabei Erde und Steine schleudert, auch scorpio wegen des nach oben gebogenen, dem Schleuderarm des Geschützes ähnlichen Stachelteils dieses Tieres) in der Beschreibung von Ammianus Marcellinus (gest. etwa 400 n. Chr.; XXIII 4, 4 ff.) in allen seinen Einzelheiten genau überliefert. Es bestand nach den sorgfältigen und klassischen Untersuchungen von Schneider, denen wir in den nachstehenden Ausführungen folgen, aus einem Untergestell, das aus zwei starken wagerechten Balken aus Eichenholz hergestellt war, die durch Querhölzer fest miteinander verbunden wurden „wie die Kufen an einem Dreschschlitten" (hique in modum serratoriae machinae connectuntur), die Balken sind in der Mitte buckelartig erhöht. An diesen Stellen werden die Löcher durchgebohrt, um den wagerechten Spannerven aufzunehmen, der über die außen vorgelegten Spann=

Abb. 291.
„Onager" (Einarm, Riesenschleuder).
Beim Spannen des Schleuderarms.
Rekonstruktion von Schramm.

bolzen in der schon geschilderten Weise straff hin= und hergezogen wird. Mitten in diesem Spannervenbündel steckt ein hölzerner Arm, der für gewöhnlich schräg emporsteht und sich sowohl rückwärts nach unten wie vorwärts nach oben bewegen läßt. An ihm sitzt oben die Schleuder, eine aus Stricken gebildete Schlinge, in welcher der als Geschoß dienende Stein liegt. Der Schleuderarm kann durch eine Winde nach rückwärts bewegt und in dieser Stellung durch einen Riegel festgehalten werden. Beim Zurückwinden wird das bereits auf das höchste gespannte Nervenbündel noch weiter gespannt. Schlägt man nun den Riegel heraus, so reißt das Nervenbündel den Schleuderarm nach vorne, der an ein durch ein Kissen vor dem starken Anprall geschütztes Wider=

lager schlägt. Infolge des physikalischen Gesetzes der Trägheit behält die Schleuder auch nach dieser plötzlichen Hemmung des Schleuderarms die einmal angenommene Bewegung bei: der Stein fliegt in hohem Bogen gegen das Ziel. Die plötzlich gehemmte Bewegung aber führt zu einem Rückstoß, der es notwendig machte, das Geschütz auf eine gegen Druck nachgiebige Unterlage zu stellen, also auf eine Bettung aus Rasenstücken oder Luft=

Abb. 292. Onager. Rekonstruktion von Schramm.
Gespannt und zum Schuße fertig.

ziegeln. Eine Bettung aus festem Stein wäre durch den Rückstoß zer= sprengt worden. Der

Einarm ist neben anderen Geschützen von Schramm rekonstruiert worden. Die Torsion des Spannervenbündels, die bei den sogleich zu besprechenden zweiarmigen Geschützen einen Anfangsdruck von 12 000 kg hat, wurde bei dem großen Onager auf der Saalburg auf 60 000 kg gesteigert, so daß sie der Zugkraft einer besonders starken Lokomotive gleichkommt. Mit diesem Anfangsdruck gelang es bei Schieß= versuchen, eine Steinkugel von 2 kg Gewicht auf 350 m zu schießen.

Aus dem Einarm ging dann, indem man statt der Elastizität eines einzigen Spannervenbündels die von zweien ausnützte, der „Zweiarm", das zweiarmige Geschütz, hervor, das entweder Pfeile (ὄργανα ὀξυβελῆ) oder Steine (λιθοβόλα) schießen kann. Es gibt also zwei Arten von zweiarmigen Geschützen, die leichteren, die Pfeilgeschütze oder „Euthytona" (εὐθύτονα), und die schweren, die Steingeschütze oder „Palintona" (παλίντονα), so daß man also auch im Altertum bereits eine leich= tere und eine schwere Artillerie kannte. Die Pfeil= geschütze der leichten Artillerie sind leichter gebaut, sie brauchten weniger Kraft zum Spannen. Die Steingeschütze haben kräftigeren Bau, sind hinten nochmals besonders gestützt und werden nicht durch Menschenkraft, sondern mit Hilfe von Winden oder Flaschenzügen gespannt.

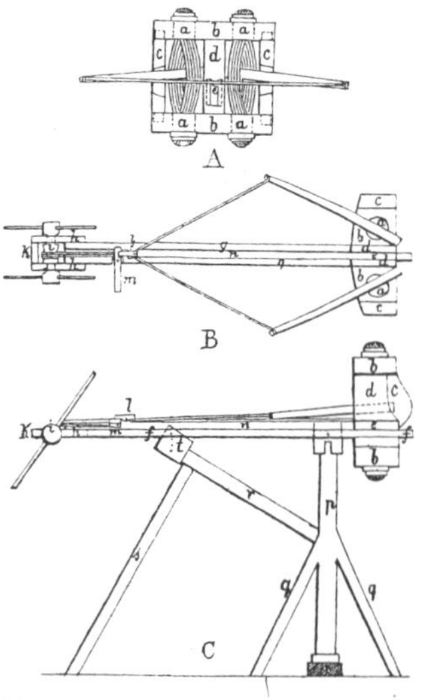

Die zweiarmigen Geschütze sind keine Arm= brüste, obschon ihr Aussehen dazu verführen

Abb. 293. „Zweiarm" (nach der Be= schreibung des Vitruv X [10])

f Läuferbahn mit Leisten g zu beiden Seiten; h i k Haspel zum Spannen; m l Abzugsvorrichtung; n Läufer, auf den der Pfeil gelegt wurde; b c d Spann= rahmen; a a die beiden Nervenbündel; p q Gestell (Lafette); r s t Gegenstütze (wenn beweglich event. Richtmaschine).

kann, sie für solche zu halten. Der Unterschied zwischen Armbrust und zweiarmigem Geschütz besteht darin, daß die Armbrust einen verbesserten Bogen darstellt. Bei ihr wird das Geschoß durch die Elastizität des Bogens geschleudert. Das zweiarmige Geschütz, der „Zweiarm", ist hingegen ein verbesserter Einarm: das Geschoß wird durch die Spannkraft des Nervenbündels vorwärts getrieben. Es ist überhaupt kein zu= sammenhängender Bogen vorhanden, die zwei Bogenhälften stehen in keinerlei Zusammenhang miteinander, jeder wirkt für sich. Die Bogenhälften haben nur den Zweck, die Kraft der beiden Nervenbündel auf die Sehne zu übertragen. Während beim Spannen der Armbrust der Bogen gespannt wird, wirken beim Spannen des zweiarmigen Geschützes die beiden Bogenhälften lediglich als Hebel, die die Spannkraft auf die Nervenbündel übertragen.

Die zweiarmigen Geschütze sind mit Einrichtung zum Visieren, zum Höher= und Tieferstellen, zum Schwenken in wagerechter Richtung ausgestattet, so daß sie also leicht, bequem und genau gerichtet werden konnten. Infolgedessen war auch, wie z. B. Scipio (Bellum afric. XXIX 4) bezeugt, ihre Treffsicherheit eine große. Bei den von Schramm rekonstruierten Geschützen betrug die Schußweite bei Verwendung einer einpfündigen Bleikugel 300 m. Vier Pfeile, die wie die alten griechischen „4 Spitha= men" (88 cm) lang waren, durchschlugen „einen eisenbeschlagenen 30 mm starken Schild so, daß der Pfeil auf seine halbe Länge (44 cm) den Schild durchdrang, also den Schildträger außer Gefecht gesetzt haben würde" (Schramm).

Trotz dieser vorzüglichen Leistungen hatten die alten Geschütze ihre Mängel, deren größter darin bestand, daß die Spannkraft des Nervenbündels infolge der Dehnung, der es ständig ausgesetzt wurde, nachließ. Philon von Byzanz (um 230 v. Chr.) verbesserte deshalb die Konstruktion. Seine im 4. Buche der „Mechanica syntaxis" beschriebenen Neukonstruktionen bestehen zunächst im sogenannten „Keil= spanner", bei dem die Spannerven durch eingetriebene Keile die nötige Spannung erhalten. Es leuchtet ohne weiteres ein, daß auf diese Weise ein Nachlassen der Spann= kraft sehr gut kompensiert werden kann. Noch besser erscheint der Erzspanner, „Chalkotonon" (χαλκότονον), bei dem anstatt der so mangelhaften Spann= nerven „Erz", also Metall, Verwendung findet. Trotz dieser guten Gedanken scheint es sich hier doch um Erfindungen zu handeln, die lediglich auf dem Papier stehen, denn keine Quelle des Altertums sagt uns, daß der „Keilspanner" und der „Erz= spanner" jemals praktische Verwendung gefunden hätten. Sie wurden von Schramm rekonstruiert, ergaben aber gegen die alten Geschütze keine besseren Resultate. Wenn sie überhaupt jemals ausgeführt und benutzt wurden, so dürfte ihr Wert wohl mehr in der gleichmäßigeren von der Witterung unabhängigen und länger in gleichmäßiger Weise vorhaltenden Leistung gelegen haben als in ballistischen Erfolgen. Eine wei= tere Erfindung auf dem Gebiete des antiken Geschützwesens rührt von Ktesibios (wahrscheinlich 2. Jahrhundert v. Chr.) her. Es ist der Luftspanner (ὁ κληθεὶς ἀεροτόνος) (siehe Abb. 294 S. 228 oben), bei dem die Bogensehne durch Büchsen gespannt wurde, in denen sich ein Kolben auf und nieder bewegte, der die Luft kom= primierte. Philon lobt diesen Luftspanner, eingeführt hat er sich scheinbar gleich= falls nicht. Die Rekonstruktion Schramms ergab keine besonderen Leistungen.

Wichtiger als diese Geschütze erscheint der Mehrlader, „Polybolos" (πολυ= βόλος), erfunden von Dionysios von Alexandria, also gewissermaßen ein Maschinen= gewehr, bei dem das Spannen durch Drehen an einer Kurbel geschieht. Die Kurbel= drehung legt außerdem automatisch für jeden Schuß einen Pfeil auf. Die Pfeile kommen aus einem über der Pfeilrinne liegenden Trichter und gleiten von hier aus auf eine Walze, die durch die Kurbel gedreht wird. Die Walze hat oben einen Aus= schnitt, der den Pfeil aufnimmt. Beim Drehen kommt dieser Ausschnitt nach unten, wodurch dann der Pfeil auf die Pfeilrinne aufgelegt wird. Der Mehrlader wurde von einem einzigen Manne bedient. Philon lobt ihn; wieweit er sich einführte, ist unbekannt. Die Rekonstruktionen ergeben eine überraschende Treffsicherheit. Der

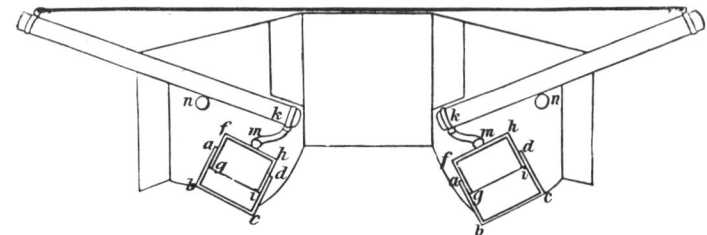

Abb. 294. Der „Luftspanner" des Ktesibios.

In den Zylindern a b c d können sich die Kolben f g h i luftdicht auf= und abwärts bewegen. Werden sie in die Zylinder hineinbewegt, so pressen sie die in diesen eingeschlossene Luft zusammen. An den Kolben sind mittelst der Verbindungsstücke k m Arme angelenkt, die um die Achsen n drehbar und an ihrem oberen Ende durch die zum Fortschleudern der Geschosse dienende Sehne verbunden sind. Beim Anziehen der Sehne schoben sich die Kolben in die Zylinder hinein, beim Loslassen schnellten sie durch den Druck der gepreßten Luft nach außen und schnellten die Sehne mit großer Gewalt gegen das Geschoß, das infolgedessen in weitem Bogen dahinflog.

Fehler liegt darin, daß alle Pfeile nach derselben Stelle geschossen werden, so daß kein „Streuen" stattfindet. Unter Umständen kann dies jedoch von Nutzen sein, z. B. wenn es sich darum handelt, den Feind am Betreten von Sturmleitern, Dämmen, am Herausdringen aus Toren usw. usw. zu verhindern.

Für die Kenntnis der antiken Konstruktionstechnik ist es wichtig, daß Vitruv (X 10) bei der Beschreibung der Geschütze bereits das Konstruktionsverfahren mit den Verhältniszahlen anwendet; alle Maßverhältnisse des Pfeilgeschützes sind auf die angegebene Länge des Pfeilschaftes = 1 bezogen; daraus ergibt sich die Bezugseinheit

$$d = (1 : 9)\, l,$$

die zugleich die Bohrung der Spannlöcher ist.

Hydraulik.

Auf dem Gebiete der Hydraulik ist es vor allem der Heber, dessen man sich im Altertum, und zwar sowohl in der Form des Saug=, des Stech= wie des Druckhebers zu den mannigfachsten Zwecken bediente. Vor allem waren es die Ägypter, die den Saugheber als Gerät des täglichen Lebens verwendeten; pflegten sie doch ihre Getränke durch ihn nicht nur abzufüllen, sondern auch zu genießen, ein Verfahren, von dem uns zahlreiche alte Darstellungen Kunde geben. Im Saugrohr (Abb. 295), das nicht als eigentlicher Heber anzusprechen ist, bei dem aber die Wirkung des Luftdruckes auf Flüssigkeiten ausgenutzt wird, um sie aus der Tiefe des Gefäßes bis in Mundhöhe emporzufördern, haben wir vielleicht den Vorläufer des Saug= hebers zu sehen. Läßt man nach dem Saugen bezw. Trinken den längeren Schenkel des Hebers schnell genug fallen und lag das unterste Ende der in ihm enthaltenen Flüssigkeit zufällig tiefer als der Flüssigkeitsspiegel im Gefäß, dann trat von selbst Heberwirkung, d. h. Ausfließen der Flüssigkeit ein. Vielleicht handelt es sich bei der

Darstellung in Abb. 295 auch nur um Ansaugen eines Hebers; darauf lassen die
Länge des einen Schenkels, die (um ein Abknicken zu verhüten scheinbar unter=
stützte) Biegungsstelle, sowie das Gefäß schließen, das der Knabe in der Hand hält
und das wahrscheinlich gefüllt
werden soll, um dann der
wartenden Frau angeboten zu
werden.

Außerordentlich zahlreich
sind die Anwendungsformen
des Saughebers, die Heron
von Alexandria gibt, der sich
auch mit der Theorie dieser Ein=
richtung beschäftigt, wobei er
sich allerdings vielfach auf sei=
nen Lehrer Ktesibios stützt.

Auch der Stechheber wird
zur Entnahme und zum Ab=
füllen von Getränken benutzt.
Eine Theorie seiner Wirkung
ebenso wie der des Saughebers
gibt Philon von Byzanz. Er
hat vielfach die Form einer
Mohnkapsel („Sieb des Aristo=
teles"), in der er auch als älteste
Art der Wasseruhr, als Klepsy=
dra bereits um 522 v. Chr. Ver=
wendung fand. Die Klepsydra
bestand aus einer engen, oben
offenen Röhre, die unten in
eine mohnkopfförmige Erweite=
rung endigte. Am Boden waren
in ziemlich engem Kreise kleine
Löcher angebracht. Man füllte

Abb. 295. Gebrauch des Saugrohrs.
Sitzender Syrer, mit dem Saugrohr Flüssigkeit aus einem Krug an=
saugend. Bemalter Grabstein in Türform. Kalkstein.
Höhe 29,5 cm, Breite 24 cm.
Berliner Museum, ägyptische Abteilung.

die Klepsydra dadurch, daß man den Apparat, der weiter nichts darstellte als einen
Stechheber, in Wasser tauchte und wartete, bis er sich gefüllt hatte. Dann hielt
man die obere Öffnung zu, so daß der Luftdruck das Ausfließen des Wassers
aus den engen Öffnungen verhinderte. Sobald man die obere Öffnung freigab,
floß das Wasser aus den unteren Öffnungen aus. Die Dauer des Ausfließens gab
einen Maßstab für die verflossene Zeit. Das Ausfließen konnte natürlich kein gleich=
mäßiges sein, es erfolgte am Anfang schneller als gegen das Ende. Die Klepsydra
stand bis zum Jahre 422 v. Chr. hauptsächlich bei physikalischen Versuchen (Empe=
dokles usw. usw.), dann aber auch als Küchenuhr zum Eierkochen im Gebrauch. Von
422 ab wurde sie allgemeiner Zeitmesser, z. B. in der Gerichtspraxis, wo den Rednern
die Sprechzeit nach Klepsydren zugemessen wurde. Auch die Ärzte benutzten sie als
Pulszähler. Die berühmte Wasseruhr des Ktesibios (Abb. 296 S. 230) beruht auf der
Wirkung eines Stechhebers; schreibt doch Philon von Byzanz, daß Ktesibios eine
Öffnung aus Gold oder aus einem durchbohrten Edelsteine hergestellt habe, durch die
das Wasser gleichmäßig ausfloß und einen Schwimmer in einem untergestellten Becken

hob. Darauf ist eine Stange gesetzt, die mit kleinen Zähnen versehen ist, und durch die die Drehungen und Bewegungen hervorgebracht werden, die zum Anzeigen der Zeit nötig sind. Eine Rekonstruktion dieser Wasseruhr des Ktesibios besitzt das Deutsche Museum in München. Die Inneneinrichtung ist die eben beschriebene; Zahnstange und Räderwerk stehen mit einer $1\frac{1}{4}$ m hohen Säule in Verbindung, auf deren Umfang, und zwar senkrecht von unten nach oben, die 2 × 12 Stunden angeschrieben sind. Am Fuße der Säule rechts steht eine weibliche Figur, aus deren Augen fortwährend Tränen tropfen. Diese sammeln sich in einer senkrecht stehenden Röhre und treiben einen Schwimmer, der eine links der Säule angebrachte zweite weibliche Figur trägt, langsam in die Höhe. Diese Figur weist mittels eines Stabes die Stunden im Emporsteigen an der Säule an. Hat die Figur die 2 × 12 Tag- und Nachtstunden durchlaufen, so öffnet sich an der Schwimmerröhre ein Ventil, wodurch das Wasser in ein Wasserrad abfließt, welches nun das Räderwerk zwingt, sich um einen gewissen Betrag zu drehen und die Säule um einen Tag weiterzurücken. Die Säule bewegt sich also in 365 Tagen einmal um ihre Achse. Während dieses Vorgangs entleert sich die Schwimmerröhre gänzlich, die

Abb. 296.
Rekonstruktion der Wasseruhr
des Ktesibios.
Deutsches Museum München.

Figur sinkt mit dem Schwimmer rasch auf ihren alten Stand herab, schließt das Ventil und beginnt wiederum Stunde um Stunde des neuen Tages anzuzeigen. Jeder neue Tag wird an der Säule mittels der Zunge einer sich emporrichtenden Schlange markiert. Ähnliche Wasseruhren waren im übrigen um 300 v. Chr. in Ägypten schon im Gebrauch.

Der Druckheber dient im Altertume dazu, um Wasser über Berge hinwegzuführen, wobei oft ansehnliche Höhen (bei Pergamon z. B. 332 m) überwunden werden. Näheres hierüber findet sich im Abschnitt über die Wasserversorgung im Altertume. (Siehe Seite 427 ff.)

Der Druck des Wassers. Das Wasserrad.

Zur Ausnützung des Wasserdruckes dient das Wasserrad, das jedoch nur in der Form des unterschlächtigen Wasserrades bekannt ist. Es wird in römischer Zeit sowohl in den am Lande stehenden Wassermühlen wie auf Schiffsmühlen angewendet. Für die Verwendung von oberschlächtigen Wasserrädern in der Technik, die mehrfach behauptet wurde, gibt es keine zuverlässigen Angaben. Eine wichtige Verwendungsart des unterschlächtigen Wasserrades, die im Altertum allüberall im Gebrauche stand, ist seine Ausbildung zum Schöpfrad. Vitruv schreibt hierüber (X 5, 1 nach Reber): „Man macht in Flüssen Schöpfräder auf dieselbe Weise, wie dies oben beschrieben ist (d. h. als Treträder, s. oben). Nur befestigt man außen an den Schöpfrädern Schaufeln, welche, von dem Andrange des Wassers gefaßt, durch ihr Vorwärtsgehen die Räder zwingen, sich zu drehen, und so in dem Kästchen das Wasser schöpfend und nach oben bringend leisten sie ohne die Arbeit des Tretens, durch die Strömung des Flusses selbst umgedreht, die nötigen Dienste. Auf dieselbe Weise werden auch die Wassermühlen getrieben." (s. S. 97 Abb. 157.) Im übrigen hat sich der Gebrauch des unterschlächtigen Wasserrades auch da, wo aus technischen Gründen

Abb. 297. Verwendung des unterschlächtigen Wasserrades nach altrömischer Art bei Wolkenstein im Grödner Tal.

mittel- oder oberschlächtige Verwendung finden könnten, bis auf den heutigen Tag in manchen Tälern der Alpen erhalten, deren Kultur auf römische Zeiten zurückgeht, z. B. im Grödner Tal in Tirol (Abb. 297).

Die Ausnützung des Druckes der Gase.

Die Ausnützung des Druckes der Gase finden wir im Altertume nur in vereinzelten Fällen, doch werden sowohl der Druck der Luft wie der des Dampfes verwendet. Wie man sich im Erzspanner des Ktesibios des Luftdrucks bediente, wurde bereits ausgeführt. Eine wichtigere Anwendung ist die der Feuerspritze, einer Erfindung des Ktesibios, die uns in mehrfachen Beschreibungen erhalten ist. Wir geben als die beste dieser Beschreibungen die des Vitruv (X 7) wieder: „Diese Maschine

wird aus Bronze hergestellt. Sie besteht aus zwei gleichen bis unten reichen=
den Pumpenzylindern (Stiefeln), die nicht voneinander abstehen (a a) und gabel=
förmig abzweigende Verbindungsröhren (b b) haben, welche, in ähnlicher Weise
sich vereinigend (c), in den mitten liegenden
Windkessel (d) münden; in diesem Windkessel
bringt man Ventilklappen (e) (Druckventile) an
der oberen Mündung der Verbindungsröhren an,
welche exakt sitzen und, die Mündungslöcher
schließend, das, was durch den Luftdruck in den
Windkessel gepreßt ist, nicht mehr zurücktreten
lassen. Auf den Windkessel ist eine Kappe, einem
umgestürzten Trichter ähnlich, aufgepaßt und
durch eine Verröhrung mit durchgetriebenem Keil
mit demselben zusammengeschlossen, damit nicht
die Gewalt des hier eingepumpten Wassers sie
aufzuheben vermöge. Darüber wird eine Röhre (f),
welche Steigröhre genannt wird, senkrecht in die
Höhe führend angenietet. Die Pumpenzylinder
aber haben unterhalb der unteren Mündung der
Verbindungsröhren (g) Ventilklappen über die
am unteren Ende befindlichen Einmündungen ge=
setzt (h). Von oben herab aber werden massive,

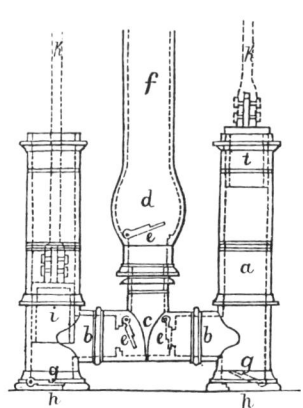

Abb. 298. Feuerspritze
Rekonstruktion nach den Angaben
des Vitruv.

abgedrehte, geschliffene und mit Öl geschmierte Kolben (i), welche in die Pumpen=
zylinder eingeschlossen sind, vermittelst Kolbenstangen (k) und Hebeln in Bewegung
gesetzt, und diese drücken in rascher Bewegung in beiden Pumpenzylindern abwech=
selnd auf die mit dem Wasser dort eingeschlossene Luft, schließen die Ventilklappen
an den unteren Öffnungen (g) und drängen durch die Luftpressung das Wasser durch
die Mündungen der Verbindungsröhren in den Windkessel, von welchem sie in die
Kappe steigt und durch den Luftdruck durch das Steigrohr in die Höhe getrieben wird.
So wird von einer tiefliegenden Stelle aus, nachdem man einen Sammelraum an=
gelegt hat, das Wasser zu einem Brunnenstrahl geliefert." Der Feuerspritze fehlten
die Schläuche. Der unter Trajan lebende Baumeister Apollodor suchte diesem Mangel
dadurch abzuhelfen, daß er statt der Schläuche Ochsendärme verwendete, an deren
einem Ende mit Wasser gefüllte, zusammengenähte Häute befestigt waren. Das Wasser
wurde durch Zusammendrücken an diesen Syphones, wie man derartige Apparate nannte
hinausgetrieben. Den Löschdienst in Rom besorgten die „syphonarii".
    In den Ruinen von Castrum novum wurde eine Feuerspritze gefunden, die
im allgemeinen dieser Beschreibung entspricht, nur sind die beiden Verbindungs=
röhren nicht schräg, sondern in wagerechter Richtung in den Windkessel ein=
geführt. Dieser selbst ist schwach ausgebildet und besteht mit der Kappe zu=
sammen aus einem einzigen Stück, während Vitruv hier die Anfertigung von
zwei Stücken vorschreibt.
    Gleichfalls auf der Wirkung des Luftdrucks beruht die Wasserorgel des
Ktesibios, die dadurch in Bewegung gesetzt wird, daß durch einen Kolben Luft
zusammengepreßt und in einen Kessel gedrückt wird. Sie verdrängt dadurch das
Wasser aus diesem Kessel. Das verdrängte Wasser steigt außerhalb des Kessels in
einem Behälter in die Höhe. Es übt einen Druck auf das im Innern des Kessels be=
findliche Wasser und damit auch auf die darin befindliche Luft aus. Öffnet man ein

an diesem Kessel angebrachtes Ventil, so strömt die Luft aus und in die darüber stehen=
den Orgelpfeifen. In dem Maße, wie sie ausströmt, wird durch den äußeren Wasser=
druck Wasser in den inneren Kessel
nachgedrückt, so daß dieser zum Schluß
wieder vollkommen mit Wasser ge=
füllt ist. (Abb. 299.)

Der Druck der Luft wird des
weiteren in dem von Heron von
Alexandria erfundenen und nach
ihm benannten Heronsball aus=
genützt, dessen Einrichtung wir als
bekannt voraussetzen dürfen, dem
aber eine besondere Bedeutung für
die Technik des Altertums wohl nicht
zukam. Hingegen setzte Archytas von
Tarent (um 400—365 v. Chr.) einen
Flugapparat in Gestalt einer hölzernen
Taube durch komprimierte Luft in Be=
wegung (Gellius, N.A. X 12, 9 ff.).

Eine Ausnützung des Dampfes fin=
den wir in der Aeolipile des Heron,
die als die erste Turbine bezeich=
net werden kann. Von ihr gibt Heron
selbst folgende Beschreibung: „Über
einem geheizten Kessel soll eine Kugel
sich um einen Zapfen bewegen. Es
sei αβ (Abb. 300) ein mit Wasser ge=
füllter, geheizter Kessel. Seine Mün=

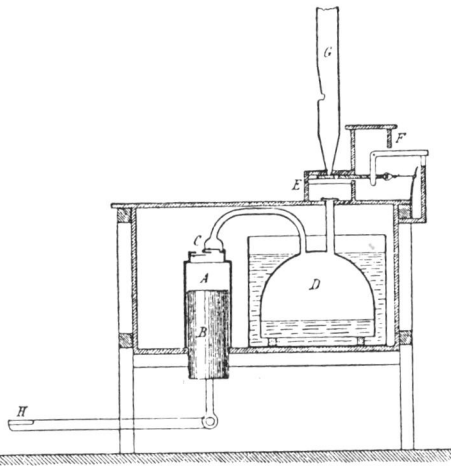

Abb. 299. Die Wasserorgel des Ktesibios.

Beim Niedertreten des Hebels H wird der Kolben B im
Zylinder A emporgedrückt. Die in diesem enthaltene Luft
wird dabei durch das Saug= und Druckventil C nach D ge=
drückt; sinkt der Kolben durch sein eigenes Gewicht, so wird
dadurch wieder Luft nach A eingesaugt, die abermals nach D
herübergedrückt wird. Die Luft in Glocke D drückt das darin
befindliche Wasser nach unten und außen empor. Der Druck
dieses Wassers bewirkt, daß die in D und E befindliche Luft
durch die Orgelpfeife E strömt und diese zum Tönen bringt,
sobald man durch Anschlagen der Taste F die Verbindung
zwischen E und G herstellt.

dung sei mit dem Deckel γδ verschlossen; durch diesen sei eine gebogene Röhre εζη
getrieben, deren Ende luftdicht in eine Hohlkugel ϑ eingepaßt ist. Dem Ende η
liege ein auf dem Deckel γδ feststehender
Zapfen λμ diametral gegenüber. Die Kugel
sei mit zwei gebogenen, einander diametral
gegenüberstehenden Röhrchen versehen, die

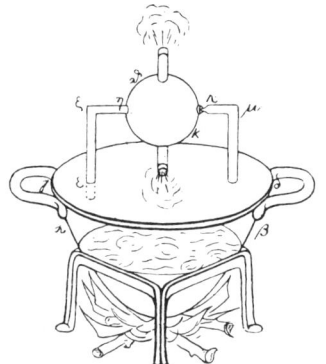

Abb. 300 u. 301. Die „Aeolipile" des Heron von Alexandria.

in sie münden und nach entgegengesetzten Richtungen gebogen sind (Abb. 301).
Die Biegungen muß man sich rechtwinklig und quer durch die Linien η und λ denken.

Wird nun der Kessel geheizt, so ist die Folge, daß der Dampf durch εζη in die Kugel dringt, durch die umgebogenen Röhren nach dem Deckel hin ausströmt und die Kugel zur Drehung bringt, ähnlich wie schon bei den tanzenden Figuren." (Bei diesen wird die Bewegung nicht durch Dampf, sondern durch erwärmte Luft hervorgebracht.)

Im übrigen wurde der Druck des Dampfes nicht nur in Form des Rückstoßes ausgenutzt, sondern auch in einer ähnlichen Weise, wie wir dies heute im Papinschen Topfe zu tun pflegen, nämlich zum Kochen des Fleisches. Hierüber berichtet der griechische Arzt Philumenos um das Jahr 250 n. Chr.: „Man bringt ihn nebst Regenwasser in einen neuen Topf, setzt den Topf, nachdem man ihn verschlossen und verschmiert hat (clausam ollam illiniri), abends in einen Ofen, der mit glühenden Kohlen gefüllt ist, und läßt ihn, von diesen umgeben, dort die ganze Nacht über stehen; durch den Dampf geht nämlich der Schleim in Lösung und macht die Brühe dick und kleisterartig". An späterer Stelle wird über die Herstellung einer Art von Aspik noch bemerkt: „Manche kochen in der Tisane auch Kalbsfüße (ungulas vitulinas) die ganze Nacht hindurch, bis sie sich lösen, wodurch der Schleimsaft steif wird und gelatiniert" (spissus fit et glutinosus).

Literatur zum Abschnitt: „Technische Mechanik und Maschinen".

Anonymus, Antike Röhrenkessel. Prometheus 1897, S. 501.
— Unser Bogen des Odysseus. Unterhaltungsblatt der Täglichen Rundschau vom 22. Juni 1914.
Baumeister, Denkmäler des klassischen Altertums. München 1885, S. 545.
Bauna, Fund einer Pumpe aus dem römischen Altertum. Die Umschau 1907, S. 62—66.
Beck, Die Geschichte des Eisens. Erste Abteilung. Braunschweig 1891.
Beck-Darmstadt, Der altgriechische und altrömische Geschützbau nach Heron dem Älteren, Philon, Vitruv und Ammanius Marcellinus. Jahrbuch des Vereins Deutscher Ingenieure 1911, S. 163.
— Herons des Älteren Mechanik. Herons des Älteren Automatentheater. Jahrbuch des Vereins Deutscher Ingenieure 1909.
— Historische Notizen. Der Zivilingenieur 1886.
Blümlein, Römische Artillerie. Frankfurter Zeitung 1909, Nr. 122.
Borchardt, Automatisches Öffnen und Schließen von Tempeltüren. Mutter Erde 1899, S. 216.
— Der älteste Automat. Mutter Erde 1899, S. 35.
Buchner, Das Bogenschießen. Globus, Bd. XC, 1906.
Carra de Vaux, A propos des merveilles de la mécanique ancienne. Mitt. zur Geschichte der Medizin und der Naturwissenschaften 1914, S. 478.
Cramer, Das römische Trier. Gütersloh 1911.
Diels, Dampfmaschine, Automat und Taxameter. In: Diels, Antike Technik. Leipzig und Berlin 1914.
— Die antike Artillerie. In: Diels, Antike Technik. Leipzig und Berlin 1914.
— Platons Nachtuhr. Sitzungsberichte d. kgl. preuß. Akademie der Wissenschaften 1915. 2. Halbbd., S. 824.
Dietrich, Entwicklung der Massenförderungsanlagen. Die Umschau 1916, Nr. 21.
Droysen, Heerwesen und Kriegführung der Griechen. In: Hermann, Lehrbuch der griechischen Antiquitäten. Freiburg i. Br. 1889, II, 2, S. 187.
Geitel, Geschichte der Dampfmaschine bis James Watt. Leipzig 1913.
Heilborn, Der Bogen des Odysseus. Die Naturwissenschaften 1914, S. 525.
Herodot, Geschichten. 7. Buch, 24.
Holzer, Entwicklungsgeschichte der Maschine. Der Zivilingenieur 1888, S. 194.

Jacobi, Das Römerkastell Saalburg. 1897.
— Führer durch das Römerkastell Saalburg. Homburg 1908.
Kammerer, Die Entwicklung der Zahnräder. Jahrbuch des Vereins Deutscher Ingenieure 1912, S. 242.
Keune, Saug= und Druckpumpen im Altertum. Beilage zur Allgemeinen Zeitung 1905, Nr. 276, S. 399.
Köchly und Rüstow, Geschichte des griechischen Kriegswesens von den ältesten Zeiten bis auf Pyrrhos. Aarau 1852.
Krusemann, La Construction moderne. Haarlem 1898.
Layard, Ninive und Babylon. Leipzig 1856.
Lepsius, Über den Bau der Pyramiden. Berlin 1834.
— Denkmäler aus Ägypten und Äthiopien, Berlin 1849—1860.
v. Lippmann, ein Vorläufer des Papinschen Dampftopfes. Abhandlungen und Vorträge zur Geschichte der Naturwissenschaften. 2. Band, S. 201. Leipzig 1913.
Merckel, Die Ingenieurkunst im Altertum. Berlin 1899.
M. K. Drahtseile aus altrömischer Zeit. Mitt. zur Geschichte der Medizin und der Naturwissenschaften 1906, S. 132.
Neuburger, Das Wasser als Hilfsmittel in Haus u. Gewerbe. In: Kraemer, Der Mensch und die Erde. Band 9, S. 149 bis 348.
Öchelhäuser, Technische Arbeit einst und jetzt. Deutsche Techniker=Zeitung 1906, S. 443.
Öhler, Einiges über Tracht, Ausrüstung und Bewaffnung des römischen Heeres am Ende der Republik und zu Beginn der Kaiserzeit. Vortrag im Königl. Museum für Völkerkunde zu Berlin, Februar 1910.
Poselger, Über Aristoteles Mechanische Probleme. Abhandlungen der Kgl. Akademie d. Wissenschaften. Berlin 1829. (Gelesen 9. April 1829.)
Pregél, Die Technik im Altertum. Sonderabdruck aus dem Jahresbericht der technischen Staatslehranstalten zu Chemnitz. Chemnitz 1896.
Quilling, Die Saalburg. Frankfurter Nachrichten 1913, 8. und 10. Juni.
Reber, Des Vitruvius Zehn Bücher über die Architektur. Stuttgart 1865.

Rehm, Horologium. Realenzyklopädie des klassischen Altertums von Pauly=Wissowa=Kroll. Stuttgart 1909. Bd. VIII, Sp. 2416.
Reuleaux, Theoretische Kinematik. Braunschweig 1875.
— Über das Wasser. Berlin 1871.
— Über das Wasser in seiner Bedeutung für die Völkerwohlfahrt. Berlin 1871.
Schmidt, Aus der antiken Mechanik. Neue Jahrbücher für das klassische Altertum. 1904, S. 329—351.
— Heronis Alexandrini Opera Quae Supersunt Omnia. Leipzig 1899.
— Heron von Alexandria. Leipzig 1899.
— Über die ältesten Uhren der Griechen und Römer. Vortrag im Königl. Museum für Völkerkunde. Mai 1908. Referat: Welt der Technik 1908, S. 219.
Schneider, Geschütze nach handschriftlichen Bildern. Metz 1907.
— Antike Geschütze auf der Saalburg. Homburg 1908.
— Geschütze. Sonderabdruck aus Pauly=Wissowas Realenzyklopädie der klassischen Altertumswissenschaft, Bd. VII.
— Geschütze auf antiken Reliefs. Mitt. des Deutschen Archäologischen Instituts in Rom, Band 20, S. 166.
— Herons Cheiroballistra. Mitt. des Deutschen Archäologischen Instituts in Rom, Band 21, S. 142.
Schramm, Bemerkungen zur Rekonstruktion griechisch=römischer Geschütze. Jahrbuch der Gesellschaft für lothringische Geschichte 1904, S. 1—20, 1906, S. 276—283.
Schultz, Angewandte Mathematik im hellenischen Altertum. Österreichische Polytechnische Zeitschr. 1910, Nr. 1.
Speckhart, Das Räderwerk der wiedererstandenen Wasseruhr des Ktesibios. Deutsche Uhrmacherzeitung 1915, S. 167.
Spieß, Archimed von Syrakus. Mitt. zur Geschichte der Medizin und Naturwissenschaften. 1904, S. 224.
Tittel, Heron. Sonderabdruck aus Pauly=Wissowas Realenzyklopädie. Stuttgart 1909.
Wilkinson, The customs and manners of the ancient Egyptians. London 1878.
Würschmidt, Kriegsinstrumente im Altertum und Mittelalter. Monatshefte für den mathematischen und naturwissenschaftlichen Unterricht, Bd. VIII, S. 256.

Feuerzeuge, Beleuchtung und Heizung.

Die Feuerzeuge.

Beleuchtungs- und Heizungstechnik konnten erst dann sich zu entwickeln beginnen, als die Entzündung und Unterhaltung des Feuers nicht mehr vom Zufall abhingen, sondern als man bereits über eine gewisse Technik des Feueranmachens verfügte, als man somit jene Einrichtungen besaß, die man unter dem Begriffe der „Feuerzeuge" zusammenfassen kann. Wann und wo diese zuerst aufkamen, verliert sich im Dunkel der Vorzeit. Während manche Prähistoriker die Ansicht vertreten, die Kunst der willkürlichen Feuergewinnung sei „aus dem Gedanken geboren", sind andere der jedenfalls viel berechtigteren Meinung, daß diese Kunst der Beobachtung und Erfahrung ihr Dasein verdankt. Wahrscheinlich hat man bei der Herstellung primitiver Werkzeuge und Waffen so und so oft bemerkt, daß sich das Holzstück, das man durch Bohren mit einem anderen Stück Holz durchlöchern wollte, von selbst entzündete, falls beide Hölzer genügend trocken und mit Bohrmehl bedeckt waren. Jedenfalls finden sich derartige durch Reiben von Hölzern betätigte Feuerzeuge bei allen Völkern des Altertums, und zwar schon in ihrer vorgeschichtlichen Zeit. Homer berichtet in seinem Hymnus auf Hermes:

> „Er doch sammelte Holz und sann, wie er Feuer bereite.
> Nehmend den stattlichen Ast von dem Lorbeer, rieb er mit Eisen
> Ihn mit der Hand recht haltend, und glühender Hauch entdampfte.
> Drauf noch nahm er und legte getrockneten Holzes die Fülle
> Auf in ein Loch, in den Boden gemacht, und es loderte Flamme,
> Weithin sengend das Blasen des hochaufflammenden Feuers."

Aus dieser Stelle läßt sich, ihre richtige Erhaltung und Deutung vorausgesetzt, sogar schließen, daß man anstatt des einen Holzes Eisen benutzte, was in technischer Hinsicht allerdings keinerlei Fortschritt bedeuten würde, da das Eisen infolge der bei seinem Gebrauch stattfindenden stärkeren Wärmeableitung schlechter wirkt als Holz. Der Lorbeer stand bei den Griechen und den Römern lange Zeit hindurch zum Zwecke des Feueranmachens im Gebrauch. Man nahm ein größeres Stück weichen Holzes, in erster Linie Efeu und Waldrebe, und höhlte darin mehrere Löcher aus. In eines dieser Löcher stellte man einen Stab aus hartem Holze, das oben — ähnlich den in gleicher Weise gehandhabten Bohrern — mit einem Griffe von halbkugeliger Form versehen war. Auf diesen legte man die eine Hand und drückte den harten zuge-spitzten Stab gegen die Unterlage. Dann wurde er mit Bogen und Sehne in rasche Um-

drehungen versetzt, bis sich die in die Vertiefung eingebrachte leicht brennbare Masse, der „Zunder", entzündete. Als derartiger Zunder wurden verkohlte Leinewand, Holzmehl, getrocknetes Gras, dürre Schwämme und Blätter, Schwefel usw. usw. verwendet. Plinius schildert uns (XVI 207)
diese Art des Feueranmachens mit den
Worten: „Holz wird mit Holz gerieben,
und durch das Reiben entsteht Feuer,
welches in trockenen Zunder aufgenommen
wird. Nichts eignet sich dazu besser als Efeu
und Lorbeer, der erste um gerieben zu
werden, der zweite um zu reiben. Bewährt
ist auch der wilde Weinstock und andere
Schlinggewächse." Außer diesem Feuerzeug
waren im Altertum aber auch noch weitere
bekannt. In Griechenland und Rom ver=
wendete man Stahl, Stein und Zunder,
wobei als Steine · nicht nur der gewöhn=
liche Feuerstein, sondern auch Schwefelkies
und sonstige geeignete Steinarten benutzt
wurden. Als „Stahl" diente entweder

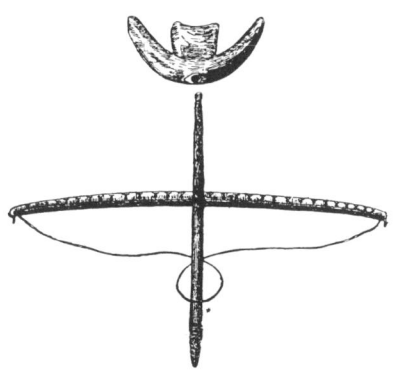

Abb. 302. Bogen und Sehne zum An=
machen des Feuers
(sog. „Feuerbohrer" der Eskimos).

ein besonderes längliches Stahlstück, ein Nagel, ein Schlüssel oder ein anderes
Stück desselben Steins (Plinius XXXVI 30). Des weiteren entzündete man
Feuer mit Hilfe von Brennspiegeln, die aus Bronze hergestellt und mit
Blattsilber überzogen waren, sowie auch mit Brenngläsern, die, wie Funde
Layards im Palast des Assurnasirpal zu Ninive beweisen, bereits um 640
v. Chr. bekannt waren und aus Bergkristall oder Glas hergestellt wurden. Schon
Aristophanes (450—385 v. Chr.) spricht in seinem Lustspiel „Die Wolken" (Akt 2,
Szene 1) davon, daß ein Brennglas, wie es Strepsiades verwendet, um sich einer
Schuld von 5 Talenten durch Schmelzen einer Wachstafel zu entledigen, auch zum
Entzünden von Feuer dient. Erlosch in Rom ein heiliges Feuer, so wurde es, wie
Plutarch berichtet, gewöhnlich mit Hilfe bronzener oder silberner Brennspiegel
oder mit Hilfe von Brenngläsern wieder entzündet. Die Brenngläser wurden
zum Teil auch aus Bergkristall hergestellt (Plinius XXVIII; Isidorus XVI 13).
Die Behauptung, daß Archimedes bei der Belagerung von Syrakus die athenische
Flotte durch Brennspiegel entzündet habe, ist eine erst in späterer Zeit aufgetauchte
falsche Behauptung, deren technische Unmöglichkeit keinem Zweifel unterliegen kann.

Die Beleuchtung.

Die ältesten Arten der Beleuchtung.

Die ursprünglichste Art der Beleuchtung war das Herdfeuer, an dem z. B. nach
Homer Hermes die Nymphe Kalypso mit Weben beschäftigt vorfindet. Ihm folgte
dann wohl der qualmende Kienspan, der während des ganzen Altertums im
Gebrauche stand, wie er ja auch jetzt noch nicht vollkommen aus der Welt verschwunden
ist. An seiner Stelle scheint nur bei den Bewohnern der Ostseeküsten der Bernstein
verwendet worden zu sein, wenigstens berichtet Plinius, daß sie ihn „pro ligno

ad ignem", d. h. statt des Kienspans zum Leuchten oder zum Feueranzünden be=
nützten. In dem Maße jedoch, wie Kultur und Schönheitsgefühl sich entwickelten,
konnte der Kienspan allein nicht mehr genügen. Man suchte nach besseren und dann
auch nach schöneren Beleuchtungsmitteln. Verbessert wurde der Kienspan zunächst
dadurch, daß man aus ihm die Fackel schuf, die vielleicht, wie altassyrische Darstel=
lungen aus dem 9. Jahrhundert v. Chr. zeigen, zunächst als Feuerbrand, als „Kriegs=
fackel" gedient haben dürfte. Man umkleidete einen oder mehrere zusammenge=
bundene derartige Späne mit Pech, Asphalt oder Harz. Später flocht man Weinreben
zusammen, die man in gleicher
Weise tränkte. An die Stelle der
Weinreben traten dann in wei=
terer Entwicklung Stricke, die,
besonders wenn sie alt und
morsch waren, sehr viel von dem
Brennmaterial aufzunehmen ver=
mochten. Um die Fackel besser

Abb. 303. Vase mit Fackelträgerin.
Böotische rotfigurige Vase aus der Mitte oder zweiten Hälfte
des 5. Jahrh. v. Chr. — Berliner Altes Museum, Antiquarium.

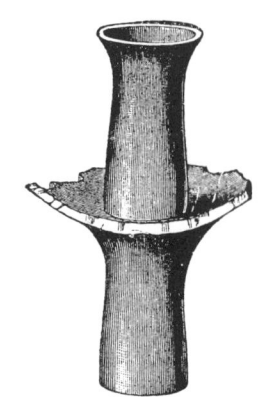

Abb. 304. Fackelhalter aus
Tiryns.

handhaben zu können, bediente man sich verschiedenartig geformter Vorrichtungen.
Zu Homers Zeit benutzte man große Pfannen aus Ton oder Kupfer (Odyssee XVIII
306), die wahrscheinlich auf Postamenten standen, und in denen sehr trockenes Holz
verbrannt wurde, das mit harzigem Holze (δαΐς) vermischt war. Von der Bezeich=
nung δαΐς für das harzige Holz entsteht die für die Fackel: δᾷς, die Thukydides,
Plutarch usw. usw. gebrauchen. (Schliemann.) Später benutzte man als Fackel=
halter Hülsen (φανός; lateinisch zuweilen funale), um die herum eine flache Schale an=
gebracht war. Ein derartiger Fackelhalter wurde von Schliemann in der im Jahre 468
v. Chr. zerstörten Stadt Tiryns in Argos ausgegraben. Er war aus rotbraunem Ton
hergestellt. (Abb. 304.)

Lampen und Kerzen.

Auch die Fackel konnte den Ansprüchen nicht genügen, die das schönheitsliebende
Altertum an eine mit der übrigen Lebenshaltung im Einklang stehende Beleuchtung

stellte. Es entwickelten sich als weitere Beleuchtungsmittel die Lampe und die Kerze, von denen die Lampe das ältere ist. Die Kerze scheint in Griechenland erst zur Zeit der römischen Kaiser bekannt geworden zu sein. Lampe sowohl wie Kerze sind aber zweifellos aus der Fackel hervorgegangen. Die Lampe dadurch, daß man die eben erwähnten homerischen Fackelpfannen anstatt mit harzigem Holze mit Öl füllte; die Kerzen hingegen dadurch, daß man in den Fackeln den eigentlichen Brennstoff vermehrte und sie zugleich aus einem immer weniger rauchenden Material herstellte, und daß man gegenüber seiner Menge die Menge des verwendeten Fasermaterials immer mehr verringerte.

Die Lampen waren zu Homers Zeiten noch unbekannt und tauchen in Griechenland und Kleinasien erst im 6. Jahrhundert v. Chr. auf. Vorher benutzte man dort für Beleuchtung der Häuser Fackeln oder Feuerpfannen und Becken, in denen man harziges Holz brannte. Auch im alten Ägypten ist in vorrömischer Zeit der Gebrauch von Lampen nicht verbürgt. Überhaupt findet sich auf den altägyptischen Gemälden nirgends eine Spur, die auf den Gebrauch einer Lampe hindeutet. Hingegen zeigen diese Gemälde auf Leichenzügen manchmal eine Person, die eine Art von Kerze oder Fackel, wahrscheinlich das letztere, trägt. Herodot erwähnt zwar (II 62) ein ägyptisches Lampenfest, wobei er die Lampen genau beschreibt: „Diese Lampen sind Gefäße voll Salz und Öl, und obendrauf schwimmt der Docht", man hat aber in vorrömischer Zeit niemals eine ägyptische Tonlampe gefunden, so daß angesichts des häufigen Gebrauches von Glas bei den Ägyptern die Vermutung nicht von der Hand zu weisen ist, es habe sich hier um gläserne Lampen gehandelt, soweit diese Bezeichnung überhaupt zutrifft. In Illahun, Hawara usw. in Ägypten fand man Tonschalen von etwa 7 cm Höhe zum Teil von ovaler Form, ähnlich den jetzigen mit Talg ausgegossenen Illuminationslämpchen. Eine Vorrichtung zur Aufnahme des Dochtes zeigen sie nicht. Obschon die Hieroglyphe ⚱ wahrscheinlich eine solche Lampe vorstellt, erscheint es doch zweifelhaft, ob man hier von einer solchen sprechen kann. Als Festbeleuchtung verwendeten die Ägypter Kalksteinständer von etwa einem Meter Höhe, die oben eine flache granitene Schale tragen, und an denen jede Vorrichtung zur Aufnahme eines Dochtes fehlt. Man kann sie, ebenso wie die gleichartigen aus der mykenischen Zeit Kretas (Abb. 305), wohl nicht gut als „Lampen" bezeichnen. Erst durch die vielseitige Verwendung bei den Römern wird die Lampe bei allen Völkern des Altertums verbreitet und häufig benutztes Gemeingut. Ganz außerordentlich groß ist die Zahl der auf uns gekommenen antiken Lampen, unter denen sich solche von hohem Kunstwerte befinden. Die Lampe, im Anfang weiter nichts als eine flache, roh geformte Schale, wird mit der Zeit ein Gegenstand des höchsten Luxus.

Abb. 305. Steinlampen aus der mykenischen Zeit Kretas.
Nach einer Nachbildung im Deutschen Museum zu München.

So sehr sie sich aber auch nach der künstlerischen Seite hin entwickelt, so gering ist — von einigen wenig bedeutsamen Verbesserungen abgesehen — ihr Fortschritt in technischer Hinsicht.

Abb. 306.
Modellschüssel zur Her=
stellung von Lampen.
Am Rande vier Buckel, um
ein genaues Aufeinander=
passen mit der Gegenform
zu gewährleisten. Fund aus
Pergamon. — Berlin, Altes
Museum, Antiquarium.

Die bronzenen Lampen entstehen durch Guß= und
Treibarbeit, über deren Ausführung in dem Abschnitt
„Metallbearbeitung" alles Nähere gesagt ist. Von
den tönernen Lampen hingegen werden die gewöhn=
licheren vielfach auf der Töpferscheibe gedreht, die besseren
hingegen in Modellschüsseln in folgender Weise her=
gestellt: Man fertigte zunächst durch Modellieren mit
der Hand eine Modellampe an. Um diese herum legte
man Ton, der dann durch einen wagrechten Schnitt
so auseinandergeschnitten wurde, daß zwei Formen, eine
für das Lampengefäß und eine für den Deckel, entstanden.
Manchmal scheint man aber auch Deckel und Gefäß jedes
für sich geformt zu haben. Um das gute Zusammen=
passen der beiden Lampenteile zu gewährleisten, werden
die Formen mit entsprechenden Zeichen, oft auch mit
Buchstaben des Alphabetes bezeichnet. Häufiger noch
hat die Form des Gefäßteils am Rande Buckel, die

Abb. 307. Römische geschlossene Tonlampen mit zwei und mehr Öffnungen.
(Hinten links eine Schale, vorne rechts Fibeln.) Die Lampen zeigen verschiedene Formen (Fuß usw.) und haben
eine verschiedene Zahl von Öffnungen. An der Lampe hinten links sollen die neben der größeren mittleren
Öffnung befindlichen drei kleinen Löcher ein schnelleres Füllen des Ölgefäßes ermöglichen, da durch sie, während
in die mittlere Öffnung in raschem Str hl Öl gegossen wird, die Luft entweichen kann. Die Lampe hat einen
Rand, damit übergegossenes Öl die Unterlage nicht beschmutzt und zurücklaufen kann. Ein solcher Rand auch
bei den Lampen hinten rechts und vorne links. Die Lampe vorne links hat ein Ölgefäß und zwei Dochtführungen.
Die Schlitze hinter den Dochtöffnungen dienen teils zum Rücklauf übergegossenen Öles (da dieses infolge des
Randes nicht in die große Öffnung fließen kann), teils zum Vor= oder Zurückstochern der Dochte.
Fundort Nidda. — Städtisches historisches Museum Frankfurt a. M.

in entsprechende Aussparungen der Form des Deckelteils eingreifen. Die beiden Formen wurden, jede für sich, mit dem fest hineingedrückten Lampenton ausgekleidet und dann, ehe er zu sehr austrocknete, aufeinandergelegt und wahrscheinlich zusammengebunden. Deckel und Gefäß kommen dadurch in richtiger Lage aufeinander und haften zu einem einheitlichen Ganzen zusammen. Nach dem Öffnen der Form wird die Lampe herausgenommen. Der in der Form bereits ziemlich getrocknete und daher auch geschwundene Ton wird an der Luft noch weiter getrocknet und zuletzt

Abb. 308. Bronzelampe mit offener Schale u. kanalförmiger Dochtschnauze (Dochtführung).

Berlin, Altes Museum, Antiquarium.

bei niederer Temperatur gebrannt. Vorher werden manchmal noch Einzelteile, vor allem Henkel, Verzierungen (Delphine u. dgl.) daran angebracht, die für sich mit der Hand geformt oder durch Einpressen in Formen in Massen hergestellt werden.

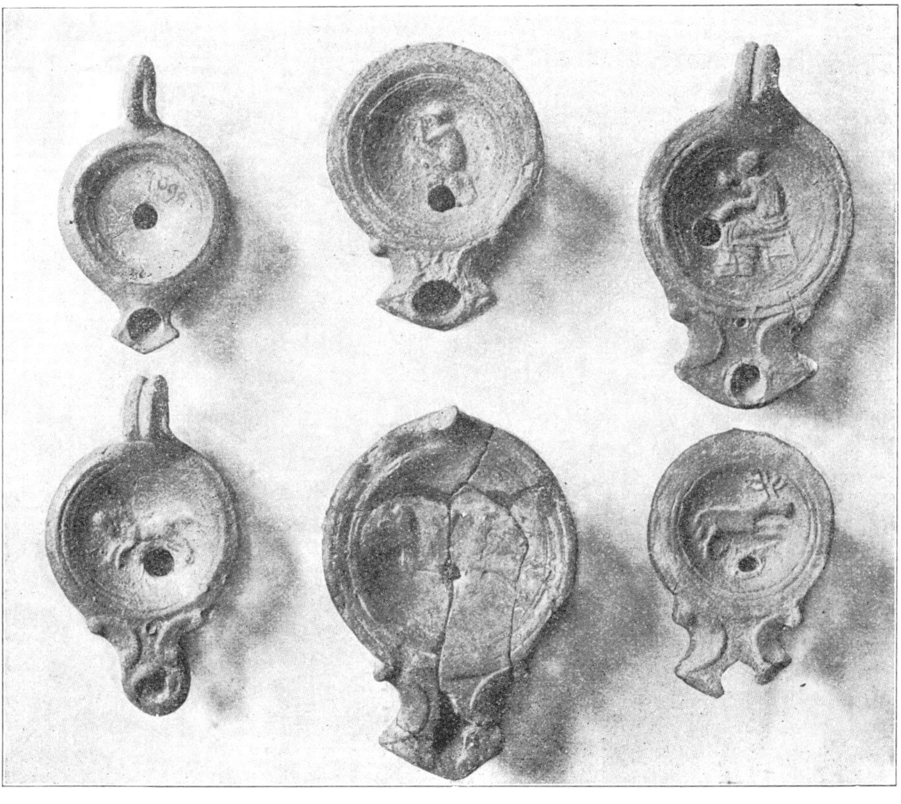

Abb. 309. Römische geschlossene Lampen (Sicherheitslampen).
Bei den vollständig geschlossenen Lampen ist die Einfüllöffnung sehr klein, stets sogar kleiner als die Docht=
öffnung, wodurch eine Entflammung des Öls verhütet wird. — Provinzialmuseum Trier.

Die technischen Verbesserungen der Lampe sind, wie schon erwähnt, nur gering.
Zuerst verwendete man offene Schalen, die mit Öl gefüllt wurden, und auf denen der
Docht schwamm. Dann wird die Lampe mit einem Deckel versehen, der das Verschüt=
ten des Öls beim Herumtragen und vor allem auch die zuweilen wohl auftretende
Entflammung der Öloberfläche vom Docht her verhüten soll. Er läßt vorn eine
Öffnung frei, die sowohl zum Füllen wie
zur Aufnahme des Dochtes dient. Später

Abb. 310. Römische Ringlampe.
Mit 8 Dochtöffnungen und einer Einfüll=
öffnung (rechts oben) aus rötlichem Glimmer=
ton. Fundort: Rottweil (Württemberg).
Museum Rottweil.

Abb. 311.
Römische Ringlampe mit Kreuzbügel
als Kronleuchter benutzt.
Römisch=germanisches Zentralmuseum Mainz.

werden Einfüllöffnung und Dochtschnauze getrennt. Die Dochtschnauze wird dann
kanalförmig und so zur Dochtführung. Manche Lampen haben mehrere, oft bis zu
zwölf Dochtführungen. ($\delta(\mu\nu\xi o\iota$, $\tau\rho(\mu\nu\xi o\iota$, $\pi o\lambda\acute{\nu}\mu\nu\xi o\iota$); der Dichter Kallimachus
(310—238 v. Chr.) erwähnt sogar eine
Lampe mit 20 Dochten. Derartige viel=

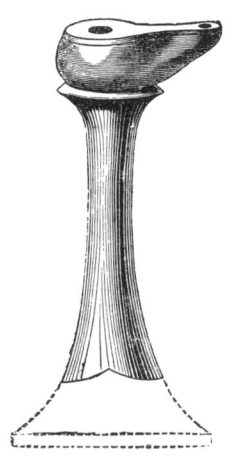

Abb. 312.
Griechische Lampe, auf
einem Fuße angebracht.
¼ der natürlichen Größe.
Fundort: Novum Ilium.

Abb. 313.
Bronzegestell zum Abstellen einer
Lampe dienend.
Berlin, Altes Museum, Antiquarium.

dochtige, oft als Kranz oder runde flache Schale ausgestaltete Lampen hängte man
häufig nach Art unserer Kronleuchter auf. (Abb. 310 und 311.) Zum Aufstellen der

Lampen dienten besondere Lampengestelle, die, vielfach von hoher künstlerischer Vollendung, oft so ausgestaltet werden, daß man auf ihnen mehrere Lampen auf= stellen kann. (Abb. 313 und 314.) An anderen derartigen Gestellen werden die

Abb. 314. Lampenfüße zum Aufstellen von Lampen (aus Bronze).
Fundort: Pompeji.

Lampen an Kettchen angehängt. (Abb. 315 und 316.) Schließlich bekommt die Lampe einen durch ihre ganze Höhe und noch darüber hinaus senkrecht hindurchführenden Kanal, mittelst dessen sie an einem senkrechten Stabe des Gestells verschoben werden kann. Durch Höher= oder Niedriger= schieben der Lampe kann man die Flamme in eine bequeme und passende Stellung bringen. Es bedeutet dies neben dem Verschieben des Dochtes,

Abb. 315. Stehendes Lampengestell
(griechisch) zum Aufhängen von vier Lampen.
Fundort: Priene.
Berlin, Altes Museum, Antiquarium.

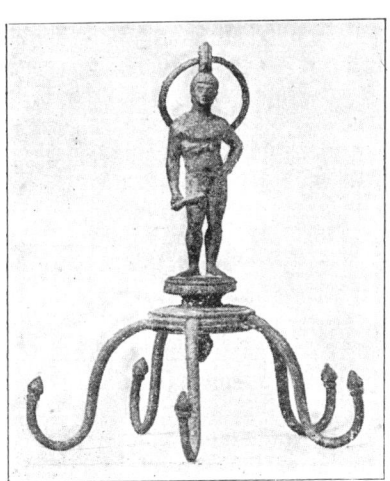

Abb. 316. Hängendes Lampengestell
(Kronleuchter) (griechisch) zum Aufhängen
von fünf Lampen.
Fundort: Priene.
Berlin, Altes Museum, Antiquarium.

das mit Hilfe kleiner an Kettchen hängender Zangen oder spitzer Dorne vorgenommen wird, ein primitives Verfahren zur Veränderung der Lichtstärke, die allerdings nicht als solche, sondern nur relativ geändert wird, d. h. die Lichtstärke der Lampe bleibt die gleiche, durch Veränderung der Entfernung von Lampe und Arbeits= platz empfängt dieser aber bald einen größeren, bald einen geringeren Teil der ge= samten Lichtmenge.

16*

Das Einfüllen des Öls ist eine lästige Arbeit. Man sucht daher durch die An=
bringung von Vorratsbehältern eine längere Speisung der Lampe zu ermöglichen.
Philon von Byzanz (um 230 v. Chr.) verbessert diesen Ölbehälter, indem er
ihn so ausgestaltet, daß das Nachfließen des Öls in selbsttätig geregelter Weise bis
zu konstantem Niveau erfolgt. (Abb. 317.) In seiner Öllampe steht inmitten des mit

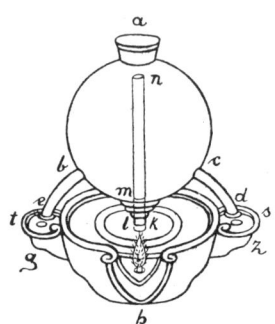

Öl gefüllten Lampengefäßes ein senkrecht nach oben
führendes und an der Seite mit einem Loche ver=
sehenes Rohr. k l m n. Das Öl reicht bis über dieses
Loch. Der obere Teil des Rohres ist von dem Vorrats=
behälter a bedeckt, der in der Nähe seines unteren
Endes zwei seitliche Ausflußöffnungen be und cd
besitzt. Aus diesen Öffnungen kann nach einer ein=
fachen physikalischen Regel nur dann Öl ausfließen,
wenn der äußere Luftdruck auf die Oberfläche des
im Vorratsbehälter befindlichen Flüssigkeitsspiegels
wirkt. Solange die seitliche Öffnung des Rohrs
von Öl bedeckt ist, ist dieser Flüssigkeitsspiegel von
der Außenluft abgeschlossen. Hat die Flamme ge=
nügend Öl verzehrt, so daß das Niveau des Öls im
Lampengefäße so weit sinkt, daß die Seitenöffnung

Abb. 317. Die Lampe des Philon
von Byzanz.

des Rohrs frei wird, so wirkt der äußere Luftdruck durch diese Öffnung und das
Rohr hindurch auf die Flüssigkeitsoberfläche des Vorratsbehälters: Es fließt so lange
Öl aus, bis das seitliche Loch wieder davon bedeckt ist. Dann ist die Verbindung zwischen
Vorratsbehälter und Außenluft wieder unterbrochen: der Vorratsbehälter spendet kein
Öl mehr, bis die Öffnung wieder frei wird. Das Spiel wiederholt sich, solange der
Ölvorrat reicht. Die Lampe Philons zeigt eine gute Beherrschung der physikalischen
Gesetze über den Luftdruck und stellt eine vorzügliche Lösung der gestellten Auf=
gabe dar.

Ebenso wie das Einfüllen ist aber auch das fortwährende Vorschieben des Dochtes
eine unangenehme Beigabe beim Gebrauch dieser Lampen. Deshalb konstruiert
Heron von Alexandria eine andere Art von selbsttätigen Lampen, bei denen
dieses Vorschieben durch einen Schwimmer und Zahn=
radübersetzungen bewirkt wird. Heron (I 34) be=
schreibt seine Lampe folgendermaßen (nach Wilhelm
Schmidt): „Die Lampe sei αβγ. Durch ihre Mündung
(Tülle) stecke man eine eiserne Stange δε, die am
Punkte ε leicht vorwärts gleitet. Um die Stange
schlinge man lose den Docht und stelle auch eine
gezahnte Welle (Zahnrad) ζ daneben, die sich leicht
um eine kleine Achse bewegt, und deren Zähne in
die Stange fassen sollen, damit durch eine Drehung

Abb. 318. Lampe des Heron
von Alexandria
mit selbsttätiger Dochtregelung.

der Welle der Docht mit Hilfe der Zähne vorgeschoben wird. Die Lampe habe in
der Mitte (des Bauches) eine weitere Öffnung. Ist das Öl hineingetan, so lasse man
ein Kesselchen η darauf schwimmen. Mit diesem sei ein senkrechtes, gezahntes Stäb=
chen ϑ verbunden, das in die Zähne der kleinen Welle fasse. Je nachdem nun das Öl
verbraucht wird, erfolgt ein Sinken des Kesselchens und mit Hilfe der Zähne des
Stäbchens eine Drehung des Zahnrades ζ. Die Folge davon ist, daß sich der Docht
vorschiebt.“

Der eben geschilderte Entwicklungsgang sowie die an der Lampe angebrachten mechanischen Vorrichtungen können als Verbesserungen im Sinne der Beleuchtungs= technik nicht bezeichnet werden: Durch sie wird die Lichtstärke nicht vergrößert. Auch die Herstellung großer Lampen sowie die Verwendung dicker geflochtener Dochte bedeuten keine Verbesserung in bezug auf die Umwertung der im Brennstoff ent= haltenen Energie in Licht. Die antike Lampe gibt bei verhältnismäßig großem Öl= verbrauch nur ein schwaches, in seiner Farbtönung allerdings warmes Licht. Infolge ungenügender Luftzufuhr zu dem verhältnismäßig schwer verbrennlichen Öl raucht und qualmt sie stark. Juvenal (60—140 n. Chr.) erzählt (VII 222), daß der Dunst der von den Knaben mitgebrachten Lampen die Büsten des Horaz und Virgil in der Schulstube schwarz räucherte. Die Lampe bedarf auch ständiger Wartung. Die Dochte setzten sich infolge mangelhafter Luftzufuhr vorne „Schnuppen" von Ölruß an, die durch „Schneuzen" entfernt werden mußten, wozu die schon erwähnte kleine Zange diente. Das in den Lampen verwendete Öl war Olivenöl, Rizinusöl, Rüböl oder Leinöl, von denen das Rizinusöl nur eine schwache Flamme gab. In Babylonien soll auch Erdöl (Naphtha) gebraucht worden sein. Auch Talg wird benutzt, der flüssig in den Lampenbehälter eingegossen wird und darin erstarrt. Herodot (II 62) er= wähnt, daß dem Öle Salz zugesetzt wurde. Dieser Salzzusatz hatte wohl den Zweck, der Gefahr des Entflammens der ganzen Öl= oder Talgmasse vorzubeugen, die bei offenen Lampen überhaupt, bei mit Deckeln versehenen aber in Anbetracht der Größe mancher Deckel= und Dochtöffnungen nicht ausgeschlossen war.[1] Das Salz sollte zu weit gehender Erhitzung der Talg= und Ölmassen entgegenwirken. Da man im frühen Mittelalter dem Talge zum gleichen Zweck auch Sand beimengte, so erscheint es nicht ausgeschlossen, daß dieser Brauch schon im Altertum bestand und sich bis in das Mittel= alter hinein erhielt. Da man die Lampen aus Aberglauben nicht auslöschte, sondern sie verglimmen ließ, so wurde der Ölvorrat der Brennzeit entsprechend genau ab= gemessen und diente daher gleichzeitig als Maß für die Zeit, nach dem man z. B. auch die Arbeitszeit der Arbeiter in den Bergwerken bestimmte. Der Lampendocht wird aus Papyrus, Binsenmark, Flachs, Hanf, den Blättern des Wollkrauts (verbascum L.), aus Teilen der Rizinuspflanze, die angeblich ein besonders gutes Licht geben, und aus dem unverbrennlichen „Karpasischen Flachs" (Asbest?) hergestellt.

Die Kerzen verwendete man in zwei Formen: solchen, die mehr an die Fackeln erinnerten, bei denen also die Faserstoffe überwogen, und solchen, die unserer heutigen Kerze ähnelten, bei denen also die Masse des Dochtes eine im Verhältnis zu der des Brennstoffs geringe war. Der Docht der letzteren Art bestand nach Niemann, dessen Angaben wir bei unseren Ausführungen folgen, aus dem Mark einer Papyrusart (scirpus); der der fackelähnlichen Kerzen wurde aus den Fasern der Papyrusstaude oder aus Stricken zusammengedreht. Als Brennmaterial verwendete man Wachs oder Talg. Die Kerzen wurden nicht, wie bei uns, gegossen, sondern in der Weise hergestellt, daß man den Docht (θρυαλλίς, filum) zunächst mit Schwefel imprägnierte. Dann tauchte man ihn wiederholt in den flüssigen Talg oder das Wachs, eine Tätigkeit, die mit dem besonderen technischen Ausdrucke „candelas sebare" = „Kerzen eintalgen" bezeichnet wurde. Das zur Kerzenbereitung dienende Wachs stellte man mit be= sonderer Sorgfalt in der Weise her, daß man die Waben zunächst in Wasser reinigte und dann drei Tage lang trocknete. Hierauf wurde das Wachs ausgepreßt und in einem Gefäß aus Ton oder Bronze mit Wasser gekocht. Dann seihte man es durch

[1] „Sicherheitslampen" siehe Abb. 309.

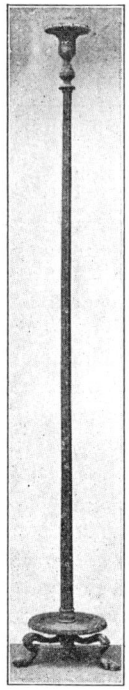

Abb. 319.
Großer Bronze=
leuchter (griech.).
Berlin, Altes Museum,
Antiquarium.

Abb. 320. Oberer Teil (Tülle)
des griechischen Leuchters
Abb. 319.

Binsengeflechte und kochte es mit demselben Wasser unter Zusatz von neuem kalten Wasser noch= mals. Endlich bleichte man es durch wiederholtes Kochen mit Seewasser und Trocknen an der freien Luft. Man unterschied Talg= und Wachskerzen (candelae sebaceae und candelae cereae) sowie als besondere, allerdings am meisten gebrauchte Sorte die Kerzen mit nur einem Docht (candelae simplices). Die Kerzen wurden in Leuchtern oder La= ternen gebrannt. Die Leuchter glichen vielfach den heute noch gebräuchlichen; sie waren Dorn= oder Tüllenleuchter und wurden aus Ton, Bronze oder Holz her= gestellt. (Abb. 319 bis 323.) Die Tülle hat vielfach eine Durch= brechung, um den Lichtstumpf leicht herausnehmen zu können. Besonders praktisch ausgestaltet sind einige auf der Saalburg ge= fundene Leuchter, die auf beiden Seiten gebraucht werden können. Auf diesen ist je eine Tülle von

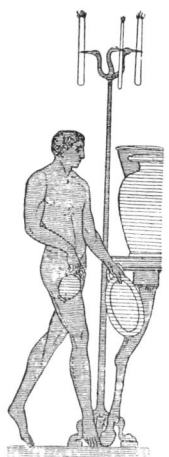

Abb. 321.
Etruskischer
Kerzenständer
(Dornenleuchter mit wagrechten Dornen, an die die Kerzen an= gesteckt werden).

Abb. 322.
Knabe mit Fackel
als Kerzenträger
(Tüllenleuchter) aus
Bronze.
Pompeji.

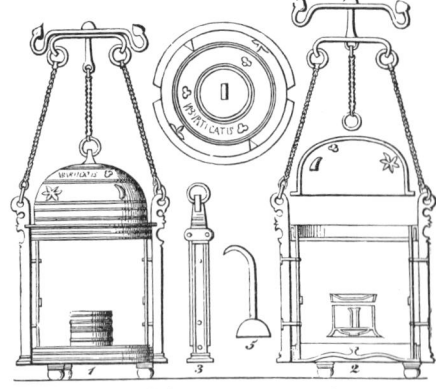

Abb. 323. Laterne aus Herculanum.
Links (1) Ansicht bei geschlossener, rechts (2) Durch= schnitt bei aufgezogener Haube. 3 Ansicht einer der beiden Stützen, auf denen die Haube ruht und in deren Ring die tragenden Ketten befestigt sind. 4 Aufblick auf die Haube mit ihren Luftlöchern, durch die der Rauch der Öllampe abzog. Die Lampe hatte (s. bei 2) einen ab= nehmbaren Deckel, der das Verschütten des Öls verhin= derte. 5 der „Löscher", der auf die Lampe aufgesetzt wurde, um sie auszulöschen.

verschiedenem Durchmesser angebracht, so daß sie sich für Kerzen verschiedener Dicke verwenden lassen. Die Scheiben der Laternen (Abb. 323) bestanden entweder aus geölter Leinwand oder aus tierischer Blase, meist aber aus Horn, das man so lange geschabt hatte, bis der nötige Grad der Durchsichtigkeit erreicht war. Erst um 400 n. Chr. kamen Laternenscheiben aus Glas auf. Die Laterne ist aus dem geflochtenen Korbe hervorgegangen, in den man zuerst die Lampe hineinstellte, um die Flamme vor Regen und Wind zu schützen, was Aristophanes (450—385 v. Chr.) in seiner Komödie „Die Acharner" erwähnt.

Die Straßenbeleuchtung.

Alle die eben erwähnten Beleuchtungsmittel wurden fast ausschließlich im Hause gebraucht, denn eine Straßenbeleuchtung gab es im Altertume nicht. Sie war auch nicht nötig, da man sich sehr frühe legte und sich in der Regel beim Morgengrauen wieder vom Lager erhob. Wer bei Dunkelheit über die Straßen ging, der mußte sich von einem Diener eine Fackel oder Laterne vorantragen lassen oder eine solche bei sich führen, wie z. B. die Schüler Roms, die noch bei Finsternis aufbrachen, um mit den ersten Strahlen der Sonne in der Schule zu sein. Die Straßen oder einzelne Plätze wurden nur bei großen Festlichkeiten erleuchtet, was durch Feuerbrände geschah, die man in aufgestellten Becken entzündete. Man verbrannte darin Pech, Harz, Asphalt, Kien oder Gemenge aus diesen Stoffen. Außerdem wurden Fackeln in die verschiedenen Fackelhalter oder Kandelaber gesteckt. Diese Verhältnisse änderten sich auch dann nicht, als während der römischen Kaiserzeit das Nachtleben Roms beträchtliche Fortschritte machte: Die Straßen blieben nach wie vor unbeleuchtet. Hingegen scheint gegen Ende des 4. Jahrhunderts n. Chr. in verschiedenen Städten Vorderasiens eine nächtliche Straßenbeleuchtung aufgekommen zu sein. Libanius (314—393 n. Chr.) sowohl wie der Kirchenvater Hieronymus (um 345—420 n. Chr.) berichten übereinstimmend, daß in Antiochia in Syrien die Straßen bei Nacht beleuchtet waren. Die Beleuchtung Antiochias geschah durch Öllampen, die an Stricken über die Straße hingen. Auch in Cäsarea in Kappadozien muß eine derartige Straßenbeleuchtung bestanden haben, wie aus Äußerungen Basilius' des Großen aus dem Jahre 371 n. Chr. hervorgeht.

Leuchttürme.

Besser ausgebildet als die Straßenbeleuchtung war die der Leuchttürme, von denen während des Altertums eine ganze Anzahl errichtet wurden. Schon zu Homers Zeiten waren vielfacher Annahme zufolge an den Küsten Feuerwachen errichtet (Odyssee X 30 und Ilias XVIII 207 bis 213, XIX 375, 377), die das zur Sicherung der Schiffahrt dienende Licht dadurch erzeugten, daß man auf besonderen Warten Reisigbündel verbrannte. Nach neueren Untersuchungen von Hennig handelte es sich dabei aber um Signalfeuer zur Heranholung von Hilfskräften oder um zufällig brennende Feuer. Die Frage, ob es zu Homers Zeiten Leuchtfeuer gab, die sich nur auf sprachlicher Unterlage lösen läßt, erscheint augenblicklich noch nicht hinreichend geklärt. Immerhin erscheint die Annahme von Feuerwarten für die Schiffahrt in sehr alter Zeit schon deshalb berechtigt, weil der Gedanke, dem vom Einbruch der Nacht überraschten Schiffer die Stelle der Landung bekannt zu geben, ja ein außerordentlich naheliegender ist. Allmählich wurden diese Warten immer höher und prachtvoller. Einzelne davon, wie z. B. der mit einem Kostenaufwand von 800 Talenten = 3 600 000 Mark (299 bis 280 v. Chr.) erbaute Leuchtturm von Alexandria (Plinius XXXVI 12, 83. Cäsar, De bell. civ. III 112, Lucanus, Pharsalia IX 1004, Strabo, Geographica XVII 1,6), der aus weißem Marmor errichtet war und mehrere Stockwerke besaß, auf deren Terrassen man umhergehen konnte, erlangten Weltberühmtheit. Nach Hennigs gründlichen Unter-

Abb. 324. Der Leuchtturm von Alexandria nach einer alexandrinischen Medaille.

Diese Darstellung wird von Geitel u. a. als wahrscheinlich richtig, wenigstens inbezug auf die äußere Form des Turmes gehalten. Oben Götterbilder.

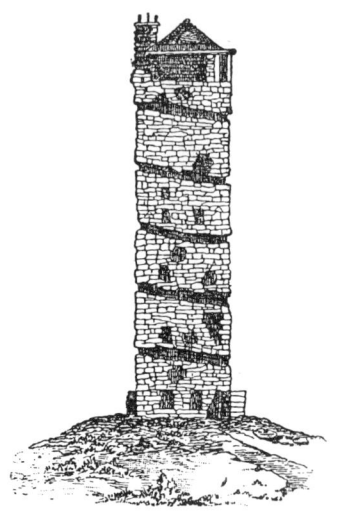

Abb. 325. Der römische Leuchtturm „Torre di Hercules" von Coruna (Brigantium).

Der Leuchtturm steht heute noch im Gebrauch. Er hatte früher eine Außentreppe (Wendeltreppe), deren Spuren noch im Mauerwerk zu sehen sind. Er dürfte unter Kaiser Trajan ums Jahr 100 n. Chr. errichtet worden sein.

suchungen war der Leuchtturm von Alexandria zunächst ein Tageszeichen für die Schiffahrt, das erst nach dem Jahre 41 und vor dem Jahre 65 n. Chr. von den Römern in einen Leuchtturm verwandelt worden ist. Nach dem gleichen Verfasser dürfte der aus dem Jahre 42 n. Chr. stammende Leuchtturm von Ostia als der älteste echte Leuchtturm der Welt anzusprechen sein. Wie freilich die Beleuchtungseinrichtung dieser alten Leuchttürme ausgestaltet war, darüber sind uns nur spärliche Nachrichten erhalten. Wahrscheinlich aber handelt es sich meist um offene Feuer, die in freier Luft ohne Laterne brannten. So erwähnt z. B. der jüdische Schriftsteller Josephus (37 bis nach 95 n. Chr.) (βίος VI 10,5), daß auf dem Pharus von Alexandria ein offenes Holzfeuer von eigens dazu angestellten Wächtern unterhalten wurde. Dieses Feuer leuchtete — gleichfalls dem Berichte des Josephus zufolge — 300 Stadien (also etwa 57 km) weit. Die Abbildung eines solchen Feuers ist uns auf einem Relief erhalten, das den von Kaiser Claudius an der Tibermündung bei Ostia errichteten Hafen nebst seinem Leuchtturme darstellt. Hier brennt auf dem obersten Absatze des in mehreren Terrassen sich aufbauenden Turms eine hohe, offene Flamme. Vermutlich erzeugte man sie durch Entzünden von Holz, das mit Teer, Harz und Asphalt gemischt oder getränkt war. Die Leuchtkraft solcher offener Feuer, deren Licht weder durch Hohlspiegel noch durch Linsen gesammelt wurde, dürfte aber kaum so stark gewesen sein, wie Josephus oben angibt. Derartige

Abb. 326. Der Leuchtturm von Alexandria (Rekonstruktion).

Sichtweiten lassen sich nur mit neuzeitlichen Hilfsmitteln erreichen und auch hier nur bei großen Leuchtfeuern, wobei eben dann in der angegebenen Entfernung auch nicht das Feuer selbst, sondern nur der Schein der Blitze zu sehen ist.

Die Heizung.

Die Brennmaterialien.

Die Brennmaterialien des Altertums waren das Holz, die Holzkohle, die Steinkohle, eine Art von Preßkohle, sowie der Torf. Von diesen spielten die letzten drei, ebenso wie das zuweilen gebrauchte getrocknete Schilf, nur eine sehr untergeordnete Rolle. Die Preßkohle, die Theophrast (De ign. 37) erwähnt, wurde nur für gewisse technische Zwecke, insbesondere bei Erzarbeiten verwendet und durch Zusammenpressen von Holzkohle mit Pech oder Teer als Bindemittel hergestellt. Die Steinkohle kam in den Mittelmeerländern überhaupt nicht zur Anwendung. Man brannte sie, ebenso wie die mit ihr so nahe verwandte Braunkohle, nur an ganz vereinzelten Orten, wo sie sich eben gerade vorfand, vor allem in Gebieten der Ruhr und Saar sowie in Großbritannien. Ebenso ist es mit dem Torf. Er war allen südlicheren Völkern als Brennmaterial vollkommen unbekannt, und die Römer sahen diese Verwendung wohl zum erstenmal, als sie mit den Germanen in Berührung kamen. So berichtet Plinius von den an der Nordseeküste wohnenden Chauken: „Zum Fischfange flechten sie Netze aus den Binsen ihrer Sümpfe, deren Schlamm sie mit den Händen formen und unter dem trüben Himmel im Winde trocknen. Mit dem Brande dieser Erde kochen sie ihre Speisen und erwärmen die vom Eise des Nordens erstarrten Glieder." Wir werden uns deshalb bei unserer Betrachtung lediglich mit den beiden wichtigsten Brennmaterialien des Altertums, dem Holze und der Holzkohle zu beschäftigen haben.

Über das erstere ist nicht viel zu sagen: Man nahm es, wo man es gerade fand und scheute sich nicht, für Brenn= sowie für technische Zwecke ganze Wälder einfach abzuholzen, ohne durch Aufforsten für einen entsprechenden Nachwuchs zu sorgen. Noch heute finden wir Spuren dieser unter den Römern gebräuchlichen Mißwirtschaft. Als Beispiel sei das große Gebiet des Karstgebirges erwähnt, das zur Römerzeit dicht bewaldet war, und das man abholzte, um Brennmaterial, sowie Holz für Schiff= und Häuserbau zu gewinnen. Da nach dem Abholzen der Waldboden nicht mehr durch das Wurzelwerk der Bäume zusammengehalten wurde, so wurde er vom Wind und Regen fortgeführt und weggewaschen. Noch heute besteht dies große, einst so waldreiche Land aus nackten, bloßen Felsbergen. Wie man die Bäume fällte und das Holz zerkleinerte, wurde bereits an anderer Stelle behandelt (siehe den Abschnitt „Die Bearbeitung des Holzes" S. 71).

In vielleicht noch weiterem Umfang als das Holz benutzte man im Altertume die Holzkohle als Feuerungsmaterial. Sie war schon zu Homers Zeiten im Gebrauche, wie aus einer Stelle der Ilias (IX 212) hervorgeht:

„Als nun die Loh ausbrannt und des Feuers Blume verwelkt war,
Breitet er hin die Kohlen und richtete drüber die Spieße".

Ihre Herstellung bildete ein wichtiges technisches Gewerbe, der Stand der Köhler war ein zahlreicher und weit verbreiteter. Zum Brennen des Holzes ver=

wendete man alle möglichen Holzarten, von denen einige Eichen sowie der Buchsbaum weniger beliebt waren, da sie keine sehr gute Kohle lieferten. Das Brennen geschah, genau so wie heute noch, in Meilern. Der Meiler wurde, um in seinem Innern die Luft möglichst auszuschließen, aus glatten Hölzern aufgeschichtet, die sich dicht aneinanderschmiegten und wenig Luftraum zwischen sich ließen. Dann bedeckte man den halbkugelförmigen Meiler mit Erde und zündete ihn an. Während des Brennens stieß man mit langen Stangen hinein, um dem Rauch und den Schwelgasen hinreichenden Abzug zu verschaffen. Ob der Kohlenmeiler in der Mitte einen senkrechten Kanal hatte, wie dies später vielfach üblich war, ist nicht bekannt. Manche Meiler wurden in besonderer Weise aufgeschichtet und am Boden mit einer Abzugsrinne versehen, um durch trockene Destillation der oberen Holzschichten Teer zu gewinnen. Man verfuhr dabei derart, daß man, insbesondere in den oberen Schichten, die Luftzufuhr noch mehr beschränkte als bei gewöhnlichen Meilern, so daß hier überhaupt keine Oxydation mehr stattfinden konnte. Wo nur eine Spur einer solchen, also eine aus dem Meiler schlagende Flamme zu bemerken war, warf man sofort Erde auf, um sie zu ersticken. Am Meiler standen zu diesem Zwecke sowie zur Beobachtung Leitern bereit. Der Teer, der nach oben nicht entweichen konnte, floß nach unten ab und wurde in einer Grube gesammelt. Dann wurde er in kupfernen Kesseln, unter Zusatz von Essig gekocht, um das zum Auspichen der Fässer dienende „bruttische Pech" zu gewinnen (Plinius XVI 52). Dieses Pech diente auch zum Auskleiden der Innenseite von Weinamphoren, zum Teeren der Schiffe, zum Anstreichen der Dächer, um sie wasserdicht zu machen — kurzum zu so ziemlich denselben Zwecken, zu denen wir es auch heute noch in seiner ursprünglichen Form zu verwenden pflegen. Im übrigen aber bereitete man es nicht nur in Meilern, sondern auch in besonderen Öfen, wohl in einer Art von Muffelöfen, die jedoch — im Gegensatze zu den heutigen — nicht mit einem nach oben gehenden Abzugsrohr für die Produkte der trockenen Destillation, sondern mit einer im Boden befindlichen Rinne versehen gewesen sein dürften, in die der Teer abfloß.

Die Feuerstätten: die Formen der Herde.

Unter den verschiedenen Feuerstätten, auf und in denen man das Brennmaterial verbrannte, ist der Herd die älteste und während des ganzen Altertums verbreitetste. Wie vorgeschichtliche Funde zeigen, hat er sich in folgender Weise entwickelt. Das Feuer war ein kostbares Gut, das streng gehütet werden mußte, machte seine Wiederentzündung doch große Schwierigkeiten. Um es daher vor dem Regen und insbesondere dem Winde zu schützen, grub man ein Loch in die Erde und zündete es darin an. Dieses Loch ist die älteste Herdform (Abb. 327, 328 u. 329 S. 352), wenn man eine solche nicht darin erblicken will, daß man sich oft auch nur damit begnügte, um das Feuer herum Steine aufzustellen, die gleichfalls einen Schutz sowie die Möglichkeit darboten, gewisse Nahrungsmittel, insbesondere Fleisch, in bequemer Weise über dem Feuer zu rösten. (Abb. 330 S. 352.) Der am Boden befindliche Herd, der heute noch bei vielen wilden Völkerschaften im Gebrauch steht, wurde in dem Maße erhöht, wie der Mensch vom Hocken zum Stehen und Sitzen überging. Man türmte Steine übereinander und zündete auf ihnen das Feuer an. (Abb. 331 u. 332 S. 353.) In dieser Grundform tritt uns nun der Herd im Altertume mit zahlreichen Abänderungen entgegen. Bald ist er ein einfaches Mauerwerk mit ebener Oberfläche, auf der das Feuer brennt, bald wieder wird der Rand erhöht, bald schichtet man nur Feldsteine

Abb. 327 u. 328. Älteste Herdformen.

Links Herdstelle, aus einem in die Erde gegrabenen Loche bestehend ohne Steinauskleidung (gefunden bei
Lobositz an der Elbe); rechts Herdstelle gleicher Art, jedoch mit Steinauskleidung (gefunden bei Plattow an
der Oder). Beide Herdstellen etwa 1 m tief. Nach Modellen im Deutschen Museum zu München.

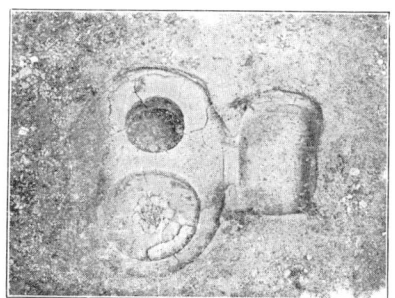

Abb. 329. Wohngrube mit Herd.

Durch Erweiterung des in die Erde gegrabenen Herdes (auf dem Bilde unten) entsteht die Wohngrube die
Grundlage der Wohnstätte. — Fundort: Großgartach. — Deutsches Museum München.

Abb. 330. Herdstelle, älteste Herdform, aus Steinen bestehend, die um das Feuer herumgestellt sind.
Original im Landesmuseum Zürich.

auf und hält sie durch einen aus Balkenwerk gebildeten Holzrahmen zusammen usw. usw. (Abb. 333.)

Ebenso mannigfach wie die Formen des Herdes sind die der Vorrichtungen, die dazu dienten, die Kochkessel und sonstigen Kochgeschirre über dem Feuer anzu=

Abb. 331. Steinherd, aus zusammen= und übereinander gestellten Steinen bestehend.
Fundort Buch (Mark Brandenburg). — Märkisches Museum Berlin.

Abb. 332. Steinherd aus übereinandergelegten Steinen. Fundort: Buch (Mark Brandenburg).
Märkisches Museum Berlin.

bringen. Bald hat die Herdplatte eine tiefe Rinne, die das Feuer aufnimmt, und deren Ränder die Gefäße stützen, bald wieder stellt man diese auf Dreifüße, bald hängt man sie an Haken auf, bald aber verwendet man eigentümlich geformte Steine von Würfel= oder polygoner Form, die innen hohl und an den Seiten sowie oben mit Öff= nungen versehen sind. Der Kochtopf wird auf die obere Öffnung gestellt, die Flammen schlagen von der Seite her in die Seiten= öffnungen hinein und dann durch den Kanal nach oben gegen den Boden des Topfes. Bei allen Ausgrabungen findet man bald die

Abb. 333. Herd aus Feldsteinen die durch ein Balkenwerk zusammengehalten sind.

eine, bald die andere, bald wieder mehrere, oft sogar, wie z. B. auf der Saalburg, zahlreiche Formen derartiger Herde. Alle diese Herde verräucherten die Räume, in denen sie standen; das Hauptzimmer des römischen Hauses, ursprünglich der einzige Raum, in dem auch der Herd stand, erhielt seinen Namen „atrium" vom Rauche (ater = schwarz). Schornsteine gab es nicht, auch nicht in Pompeji, wie mehrfach irrtümlicherweise behauptet wurde. Nur an Backöfen finden sich dort Röhren, um den Dunst abzuführen. Erst an den eigentlichen Heizungen werden Abzugsröhren für den Rauch angebracht. Wollte man das Verräuchern der Wohnung bei Herden ver= meiden, so verwendete man als Heizmaterial kein Holz, sondern Holzkohle.

Kohlenbecken und ihre Abarten.

Der Herd hatte, eine so wichtige Rolle er auch spielte, einen großen Nachteil: Er war unbeweglich. Sobald er daher nicht nur zur Bereitung der Speisen, sondern auch zur Erwärmung der Räume dienen sollte, mußte er in dem Augenblicke versagen, wo man mehr als einen Raum bewohnte. Dann ersetzt man ihn durch eine andere Vorrichtung, die nicht mehr, wie er, zwei Zwecken — der Bereitung der Speisen und der Heizung — sondern nur noch als Heizung diente. Diese Vorrichtung ist die Kohlen= pfanne. Die Kohlenpfanne stellt ein im Altertume weit verbreitetes Heizgerät dar, das uns in den mannigfachsten Ausführungsformen, oft ein wahres Kunstwerk von wunderbarer Schönheit, entgegentritt, das aber gleich dem Herde den Nachteil aufweist, daß die Verbrennungsprodukte auch dann, wenn man besondere Kamine anbringt, zum Teil ins Zimmer gelangen. Im übrigen aber muß das Kohlenbecken als eine gute Art der Heizung bezeichnet werden, obschon allgemein die Ansicht verbreitet ist, daß es nur eine ungenügende Heizkraft besessen haben könne. Gegen diese Annahme sprechen verschiedene Umstände: Zunächst einmal die Angaben von Leuten, die, wie z. B. vor allem Winckelmann, die noch jetzt in südlichen Ländern im Gebrauch stehenden Kohlenbecken kennen lernten und ihre vorzügliche Wirkung rühmten. Dann aber beweisen Funde wie z. B. das Tepidarium der Männerab= teilung der Bäder des Forums zu Pompeji, daß man mit solchen Kohlenbecken auch sehr große Räume zu heizen vermochte. Endlich aber haben eingehende Unter= suchungen von Krell ergeben, daß mit einem verhältnismäßig kleinen Kohlenbecken ganz beträchtliche Räume geheizt werden können. Krell schreibt: „Das in Pompeji in dem Tepidarium der Forumsbäder aufgefundene, an dem Orte seiner ehemaligen Verwendung stehende bronzene Kohlenbecken von

$$2,33 \text{ m} \times 0,8 \text{ m} = 1,88 \text{ qm Brennfläche}$$

ist allein schon hinreichend, um eine größere Kirche, wie z. B. die Egidienkirche in Nürnberg, in welcher mehr als 2000 Zuhörer Platz haben, mit Sicherheit bei größter Winterkälte zu beheizen". Auch die Frage, ob durch den Gebrauch solcher antiker Kohlen= becken die Luft eines Raumes derart verschlechtert werden kann, daß Gefahren für die Gesundheit entstehen, bildete den Gegenstand eingehender Forschungen, deren Ergebnis man dahin zusammenfassen kann, daß bei niederer Temperatur im Verbren= nungsraum ausschließlich Kohlensäure entsteht. Kohlenoxydgas bildet sich nur bei hohen Temperaturen und in um so größerem Verhältnis, als die Temperatur im Verbrennungsraume steigt. Unter Zugrundelegung dieser Tatsachen war zunächst zu untersuchen, ob der Kohlensäuregehalt bis zu einer gefährlichen Grenze ansteigen kann. Diese Frage ist nach Krell zu verneinen: Selbst wenn man einen Baderaum

von 357 cbm Inhalt von Null Grad auf 60 Grad erwärmen will, wobei stündlich
36 860 Wärmeeinheiten zuzuführen sind, enthält bei einmaligem stündlichen Luft=
wechsel bei stündlicher Verbrennung von 5,14 kg Holzkohle mit einem Heizwert
von 7180 Wärmeeinheiten pro kg die Luft nur 2,3% Kohlensäure. Wenn auch Pet=
tenkofer früher den zulässigen Kohlensäuregehalt der Atemluft weit geringer an=
gegeben hat (1 Raumteil Kohlensäure auf 1000 Raumteile Luft), so zeigen doch
neuere Untersuchungen von Emmerich sowohl wie von Lehmann, daß auch bei
2% Kohlensäure selbst dann keine schädlichen Folgen eintreten, wenn dieser Gehalt
zuweilen auf 6—12% ansteigt. Im übrigen aber ist der oben angenommene Tem=
peraturunterschied von 60 Grad ein viel zu hoher. Legt man normale Verhältnisse
zugrunde, so ergibt sich, daß z. B. bei einem Raume von 266 cbm Inhalt ein Kohlen=
säuregehalt der Luft von 0,47% vorliegt, der niemals nachteilig wirken kann. Nur
in sehr kleinen und sehr dicht verschlossenen Räumen hält Krell eine Gefahr für nicht
ausgeschlossen. Anders liegt die Frage bezüglich der Schädlichkeit des entwickelten
Kohlenoxyds. Wenn auch Eckardt bei Versuchen mit einem 0,25 m breiten und
0,35 m langen Kohlenbecken sowie bei einer Schichthöhe der Holzkohle von 10—15 cm
nur eine ganz geringe Entwicklung von Kohlenoxyd feststellen konnte, die er als
„Spur" bezeichnete, so vermochte doch Verfasser bei seinen Forschungen über die Ge=
schichte der Kohlenoxydgasvergiftungen zahlreiche Berichte gerade aus dem Alter=
tume zusammenzustellen, die die Gefährlichkeit derartiger Kohlenbecken infolge der
Möglichkeit von Kohlenoxydgasvergiftungen beweisen. Unter den Berichten aus dem
Altertume seien vor allem die von Titus Lucretius Carus (96—55 v. Chr., De
rerum natura VI 803 und 792), ferner die von Galen (131—200 n. Chr.), Erasi=
stratus (um 300 v. Chr.), Kaiser Julianus Apostata (regierte 361—363 n. Chr.)
usw. usw. erwähnt. Im allgemeinen hat sich gezeigt, daß bei der Verwendung von
Schichthöhen von nicht mehr als 0,15 m das Kohlenbecken der Alten bei Innehaltung
einer niedrigen Verbrennungstemperatur als ungefährlich gelten kann. Bei dem viel=
fachen Gebrauche dieser Kohlenbecken kann man wohl den Schluß ziehen, daß man
im Altertume die Kunst, mit ihnen richtig, d. h. bei niedriger Schichthöhe und niedriger
Temperatur zu heizen, wohl verstand, daß aber andererseits die mannigfachen Be=
richte von Kohlenoxydgasvergiftungen beim Gebrauche derartiger Becken den Beweis
für ihre Gefährlichkeit bei unrichtiger Behandlung erbringen.

Das Kohlenbecken bot gegenüber dem Herde den Vorteil, daß man es in jedem
beliebigen Raume verwenden konnte. Es hatte gegen ihn den Nachteil, daß sich darauf
keine Speisen bereiten ließen. Man suchte nun beide Annehmlichkeiten zu vereinen
und schuf Kohlenbecken, die, wenn auch nicht direkt zur Speisenbereitung, so doch zur
Herstellung warmer Getränke, insbesondere des vielbeliebten Glühweins, der „calda",
sowie zum Warmhalten der Speisen dienten. Über derartige Becken, die in sehr schöner
Ausführung in Pompeji gefunden wurden, und bei denen die Erwärmung von Speisen
mit Hilfe von warmem Wasser bewirkt wurde, schreibt Overbeck: „Sie bestehen wie
die Feuerbecken aus einer Feuerplatte mit umgebendem Rande, der jedoch doppelt
und oben verschlossen eine rundumlaufende Rinne für Wasser bildet. Wird nun
das Innere des Feuerbeckens mit glühenden Kohlen gefüllt, so mußte, wie leicht ein=
zusehen, das umgebende Wasser schnell erwärmt werden, und die obere Fläche der
erhitzten Röhre oder Rinne konnte zum Aufstellen heiß zu haltender Schüsseln dienen,
während immerhin auch die aufsteigende Glut des Feuerbeckens zu gleichem Zwecke
verwendet worden sein mag. Zu gleicher Zeit konnte man das kochende Wasser be=
nutzen, welches durch einen Hahn abgezapft wurde. In aller Einfachheit zeigt der nied=

lich verzierte Herd rechts in Abb. 334 u. 335 diese Einrichtung, während derjenige links noch um ein geringes vervollkommnet erscheint. Er gleicht im ganzen einem kleinen Befestigungswerke mit einem Zinnenkranze, welcher als Ornament für derlei Herde

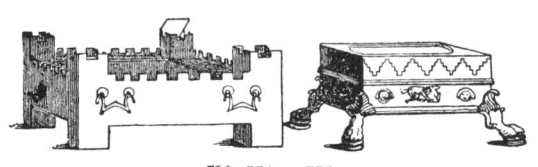

Abb. 334 u. 335.
Tischherde aus Bronze (Pompeji) zum Warmhalten der Speisen und zur Bereitung von heißem Wasser.

und Feuerbecken ganz beson= ders beliebt war. An den vier Ecken dieses Herdchens erheben sich kleine, ebenfalls zinnen= bekränzte Türme, welche mit einem Klappdeckel verschlossen sind; wurde dieser zurückge= schlagen, wie es bei dem einen Türmchen in der Abbildung

ersichtlich ist, so konnte man ein Gefäß etwa mit zu erwärmender Brühe un= mittelbar in das heiße Wasser stellen, welches zu anderweitigem Gebrauche durch den an der linken Fläche erkennbaren Hahn abgezapft wurde."

Noch bemerkenswerter ist der in der nächsten Abbildung in Ansicht und Durch= schnitt dargestellte Kohlenbeckenherd. (Abb. 336.) Auf seiner Platte befindet sich ein halbrundes nach vorne offenes Feuerbecken, dessen Doppelwände zur Aufnahme von

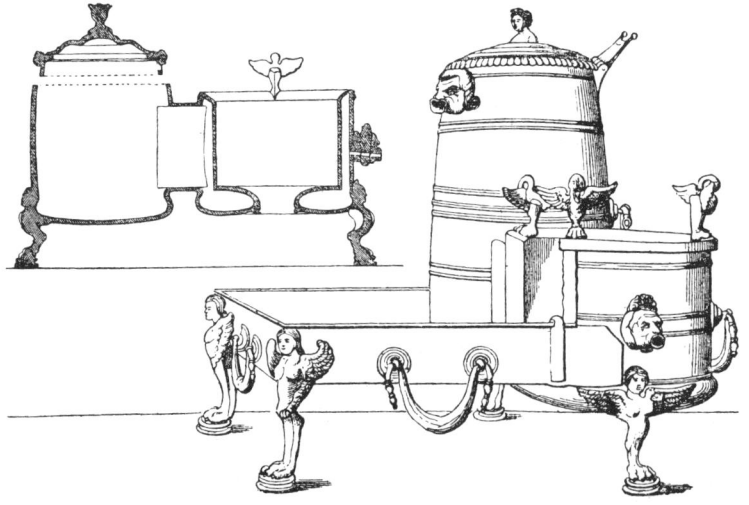

Abb. 336. Kohlenbeckenherd aus Pompeji. Ansicht und Durchschnitt.

heißem Wasser dienen. Auf seinem Rande sitzen drei Schwäne, auf die der zu erhitzende Kessel gestellt wird. Das entzündete Kohlenfeuer erhitzt also gleichzeitig das Wasser und den Inhalt des auf den Schwänen stehenden Gefäßes. Seine Hitze wird durch die Form der Feuerstelle, die von vorne her durch die senkrechte Öffnung im Halbrund leicht zugängig ist, zusammengehalten. Mit dem Wassergefäße, dessen heißes Wasser durch einen Hahn abgezapft werden kann, steht ein tonnenförmiger Behälter in Zu= sammenhang, der mit einem Klappdeckel verschlossen und in der Nähe des oberen Randes mit einer Öffnung in Maskenform versehen ist. Durch diese Anordnung er= reicht man, daß durch das Kohlenfeuer ein noch größerer Vorrat von heißem Wasser als der zwischen den Hohlwänden des Halbrunds befindliche geschaffen wird. Die am oberen Rande befindliche Öffnung gewährt dem Dampfe die Möglichkeit zu entweichen. Bei den zur Bereitung der „calda" dienenden Gefäßen (Abb. 337) ist im Innern des Raumes, der das zu erhitzende Gemenge aus Wein, Honig und Wasser aufnimmt, ein von außen her oder nach dem Öffnen des Deckels leicht zugängiges Bronzerohr angebracht, das mit glühenden Kohlen gefüllt wird, eine Einrichtung, die wir uns jetzt wieder, jedoch für die Kältetechnik zu eigen gemacht haben, gibt es doch Gefäße aus Glas, die genau den altpompejanischen gleichen, deren Röhre man aber mit Eis füllt.

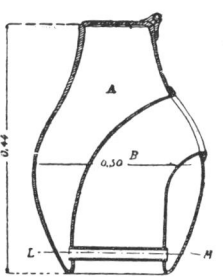

Abb. 337.
Gefäß zur Bereitung der „calda".
Raum A nimmt das Getränk auf. B Rohr, das mit glühenden Kohlen gefüllt wird; L M Metallröhren des Rostes, durch welche die in A befindliche Flüssigkeit zirkuliert. (Siehe auch Abb. 340 S. 258.)
Fundort: Pompeji.

Öfen.

Feststehende Öfen kannte man im Altertume nicht. Hingegen gestaltete man das Kohlenbecken dadurch, daß man den Feuerraum allseitig schloß, zu einer Art von tragbarem Ofen aus. Ein solcher in Pompeji gefundener Ofen besteht aus einem mit Feuertür versehenen Metallzylinder, der auf drei Löwenfüßen steht. (Abb. 338.) Der Metallzylinder ist etwas oberhalb der Hälfte seiner Höhe mit einem Paar durch Löwenköpfe verkleideten Löchern versehen. Sie dienen zur Erzeugung des im Feuerraume nötigen Zuges. Oben ist ein kupferner Kessel eingelassen, so daß der Ofen sowohl zur Heizung wie zum Erhitzen von Wasser bestimmt gewesen sein dürfte. Die im Deutschen Museum zu München befindliche Rekonstruktion eines altgriechischen tragbaren Ofens, dessen Trümmer auf dem Meeresgrunde gefunden wurden, enthält eine durchlöcherte Feuerstelle, also einen Rost. (Abb. 339 S. 258). Die Feuerstelle befindet sich im oberen Teile des Ofens, der darunter liegende Zylinder ist mehrfach durchlöchert, so daß von unten her genügend Luft in die Kohlen strömen kann. Er dient zugleich als Aschenkasten für die durch die Öffnung des Rostes hindurchfallende Asche. Technisch betrachtet liegt hier eigentlich ein Mittelding zwischen Kohlenbecken und Ofen vor. Der Rost tritt uns auch in einem pompejanischen Kessel entgegen (Abb. 340 S. 258), der gleichfalls zur Heizung und gleichzeitig zur Bereitung von heißem Wasser gedient haben dürfte, das allerdings, da am Wassergefäß kein Hahn angebracht ist, mit dem Schöpflöffel entnommen werden mußte. Hier ist der Heizraum kuppelförmig ausgebildet, so

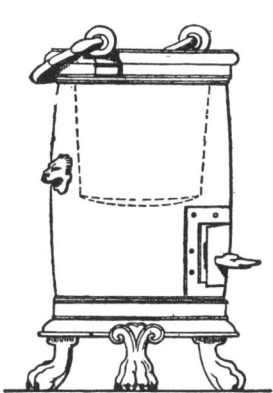

Abb. 338. Tragbarer Ofen aus Pompeji.

daß eine große Heizfläche gewonnen wird. Vorn ist die Feuertür, hinten eine kleine Öffnung, durch die die Feuergase entweichen. Sehr bemerkenswert ist, daß die Roststäbe hohl und röhrenförmig ausgestaltet wurden, so daß eine Kühlung durch das in ihnen befindliche Wasser stattfindet, das von beiden Seiten heraus dem unten ringförmigen Wasserraume zutritt. Hierdurch wird das bei festen Roststäben sehr häufige Durchbrennen verhütet. Derartige röhrenförmige Roststäbe finden sich noch an dem oben

erwähnten pompejanischen, zur Bereitung der „calda" dienenden Gefäße, dessen Feuer=
röhre nach hinten gekrümmt ist, so daß die „calda" nach vorne zu ausgegossen werden
kann, ohne daß Kohlen herausfallen.
Die Asche gleitet zwischen den Rost=
stäben hindurch auf den Untersatz,
über dem das Gefäß auf einem künst=
lerisch ausgestatteten Dreifuß stand.
Im übrigen aber scheint der Rost bei
den Germanen schon früher als bei
den Römern bekannt gewesen zu sein.
Wenigstens hat sich bei Oberlahnstein
ein aus der La=Tène=Zeit (400 v. Chr.
bis Chr. Geburt) stammender, in den

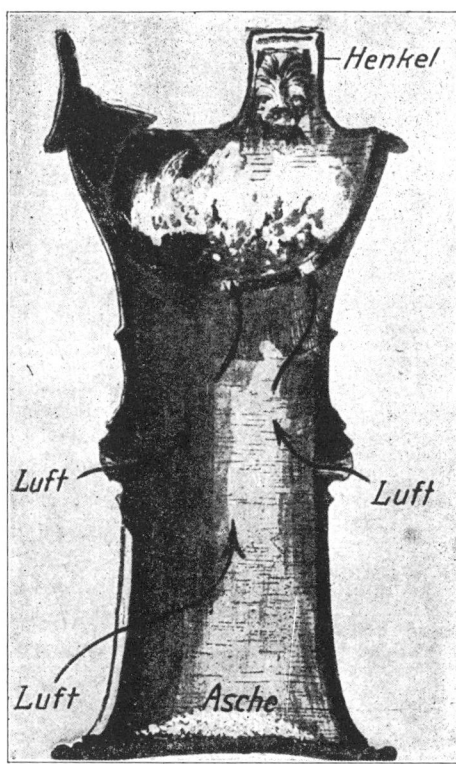

Abb. 339. Durchschnitt eines altgriechischen
tragbaren Ofens (Rekonstruktion).
München, Deutsches Museum.

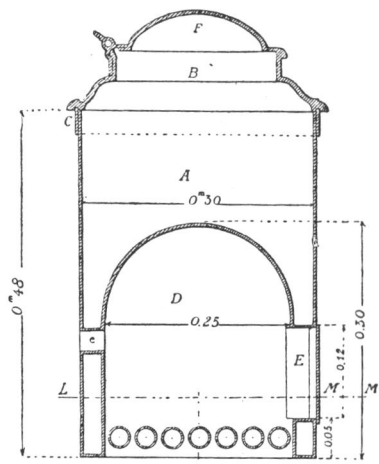

Abb. 340. Kessel mit röhrenförmigen
Roststäben (Pompeji).

gewachsenen Lehm eingeschnitte=
ner Ofen gefunden (Abb. 341),
„dessen aus ziegelhart gebrannter
Masse bestehende Wände anfangs
senkrecht in die Höhe gehen, nach
oben sich aber kelchartig erwei=
tern. In der Mitte desselben
steht ein 34—40 cm dicker und
55 cm hoher Pfeiler, an den sich
oben etwa zehn, eine Art Rost
bildende Arme anschließen. Die
Feueröffnung ist nach Art der
römischen praefurnia (siehe
unten) gebildet. Die zahlreich
gefundenen Scherben stammen
aus der Spät=La=Tène=Zeit.

Abb. 341. Germanischer Ofen mit Rost (La Tène=Zeit).
Fundort: Oberlahnstein.

Auf der großen Kreisfläche konnte eine Anzahl von Gefäßen gleichzeitig aufgestellt werden, so daß der Ofen den Dienst eines größeren Wirtschaftsherdes versah. Gegen= über den bis jetzt gefundenen Feuerstellen und den Resten kunstlos zusammengesetzter Steinherde bedeutet er jedenfalls einen großen Fortschritt" (Dragendorff und Bodewig).

Die Erhitzung größerer Wassermassen.

Handelte es sich um die Erhitzung größerer Wassermassen, wie z. B. für Bäder, so wendete man eigenartige Einrichtungen an, von denen besonders die in Pom= peji gut erhalten sind. Die Art und Weise ihrer Behandlung und Wirkung ist strittig. Wir lassen deshalb zunächst die gegenüberstehenden Meinungen folgen, um dann unsere auf Grund an Ort und Stelle gemachter Studien gewonnene Ansicht zu äußern. Es handelt sich um die Kesselkonstruktion zur Erwärmung des Wassers in den Bade= wannen im Caldarium des Frauenbades der Stabianerthermen zu Pompeji, worüber Jacobi schreibt (Abb. 342):

„Der horizontal liegende Kessel, aus 7—8 mm starken Bronzeblechen vernietet, ist oben halbkreisförmig, unten über dem Feuerraume flach. Höhe im Querschnitt 0,53 m, Breite 0,76 m, bei einer Länge von 1,76 m. Das eine Ende des Kessels ist ge= schlossen, das andere offene Ende ist in die Stirnwand der 4,68 m langen, 1,96 m

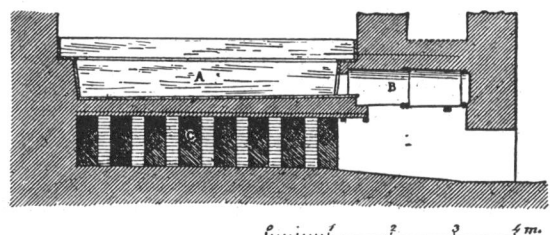

Abb. 342. Kessel zur Erwärmung des Wassers
(im Caldarium des Frauenbads der Stabianerthermen zu Pompeji).
A Wanne, B Kessel, D Feuerraum.

breiten und 0,62 m tiefen Wanne so eingeschlossen, daß der flache Boden des Kessels 0,17 m tiefer liegt als der Boden der Wanne. Auf diese Weise kann das Wasser der Wanne frei in dem Heizkessel zirkulieren."

„Overbeck=Mau und mit diesem auch Jacobi sind der Meinung, daß die unter diesem Kessel streichenden Verbrennungsprodukte weiterhin unter der stei= nernen Wanne durchziehen, um sodann auch noch den hohlen Fußboden und die hohlen Wände und Decken des Caldariums und Tepidariums des Frauenbades zu behei= zen" (Krell).

Gegen diese Ansicht macht nun Krell geltend, daß eine derartige Einrichtung das heute noch wie neu aussehende, mit weißem Marmor ausgefütterte Bassin der Wanne hätte zerstören müssen. Dann aber weist Krell bei anderer Gelegenheit darauf hin, daß eine Feuerung unter dem Fußboden in Pompeji überhaupt nicht statthatte, sondern daß es sich bei derartigen angeblichen Feuerungsanlagen ledig= lich um Einrichtungen zur Trockenlegung der Räume handelte. Endlich aber hätte die Heizung, um warmes Wasser zu bekommen, mindestens 24 Stunden vor der Badezeit einsetzen müssen. Krell ist der Ansicht, daß der Kessel durch einfaches Ein= schieben von glühenden Holzkohlen in den darunter befindlichen Feuerraum geheizt wird. Die Luft strömte vom Raum unter der Wanne und von dem Zwischenraum in den Wänden her gegen den Feuerraum zu. Sie wurde also zur besseren Trocknung

abgesaugt. Von hier aus strömte sie in die Feuerung des dicht danebenliegenden
Hauptkessels, der wahrscheinlich mit Holz geheizt wurde.

Wir übergehen nun eine Anzahl weiterer strittiger Heizungen für Bäder, wie
z. B. die Heizung für ein Einzelbad in der Villa Rustica von Boscoreale bei Pompeji,
über die die Untersuchungen noch nicht abgeschlossen sind, so daß eine vollkommene
Klarheit über die Art und Weise der Heizung bis jetzt nicht geschaffen werden konnte.
Die Anführung der verschiedenen Hypothesen hat hier um so weniger Zweck, als auch
das Studium an der Hand von Abbildungen keine endgültige Lösung zu bringen
vermag, falls die Frage überhaupt noch lösbar ist, nachdem man bei den Ausgrabun=
gen oft gar zu sorgfältig aufgeräumt hat (siehe unten). Ist eine solche Lösung möglich,
so kann sie, wie wir sogleich ausführen werden, nur durch genaue chemische und
mikroskopische Untersuchungen geschaffen werden, die vorerst noch nicht in genügen=
dem Umfange vorgenommen werden konnten.

Über die Frage der Zentralheizungen.

Wir wenden uns also nunmehr den Zentralheizungen des Altertums zu,
d. h. jener Art von Einrichtungen, bei denen von einer Feuerstelle aus mehrere Räume
geheizt wurden, oder bei denen ihrer ganzen Ausgestaltung nach die Möglichkeit
vorlag, von einer solchen Feuerstelle aus mehrere von ihr getrennte Räume zu be=
heizen. Wir werden diese Heizungen von dem Gesichtspunkt aus besprechen,
unter dem man sie bisher betrachtete, bemerken jedoch, daß es sich auch hier um eine
noch ungeklärte Frage handelt. Die Sachlage ist folgende: Bei vielen solchen Heizun=
gen sind die angeblich zu heizenden Räume auf einem Hohlraum angebracht, der sich
unter ihrem Fußboden hindurchzieht. Der Fußboden selbst wird von Säulen getragen,
die aus Ziegeln hergestellt sind. Auch die Wände des Raums sind von Hohlräumen
umgeben, die durch Verwendung von Hohlziegeln entstehen, aus denen man Kanäle
herstellte. Überall stehen mit diesen Hohlräumen und Kanälen Feuerungen in Ver=
bindung. Während nun die nicht technisch gebildeten Archäologen durchweg der An=
sicht sind, daß es sich hier allüberall um Zentralheizungen handelt, hat neuerdings
der Heizungstechniker Otto Krell sen. in sehr bemerkenswerten Ausführungen
darauf hingewiesen, daß es sich bei derartigen Anlagen durchaus nicht immer um
Heizungen handelt, wenigstens nicht bei Badeanlagen. Freilich gibt es solche Heizun=
gen, sogenannte „Hypokaustenheizungen", und darunter gut erhaltene, die zweifel=
los als Zentralheizungen angesprochen werden müssen. Andere dieser Heizungen
aber können nicht durch eine unterhalb des Fußbodens angebrachte Feuerung erhitzt
worden sein. Vielfach sind nämlich die kleinen den Boden tragenden Säulen aus einem
Material (Kalkstein und Kalkputz) hergestellt, das durchaus nicht feuerbeständig ist.
Der auf diesen Säulen ruhende Boden ist oft so dick, daß er für das unter ihm ange=
fachte Feuer ganz undurchdringlich wäre. Endlich müßten Spuren von Asche, Ruß
usw. usw. vorhanden sein. Krell ist daher der Ansicht, daß es sich hier nicht um Heizun=
gen, sondern um Einrichtungen handelt, die nur zur Trockenlegung der betreffenden
Räumlichkeiten dienten. Der Verfasser hat selbst eine ganze Anzahl derartiger An=
lagen zu Rom, Pompeji, Herculanum, Fiesole, auf der Saalburg, zu Trier, Baden=
weiler usw. usw. besucht und Einzelteile von ihnen in verschiedenen Museen sorgfältig
in Berücksichtigung gezogen. Auf Grund dieser Studien möchte er noch darauf auf=
merksam machen, daß ein unter den dicken Fußböden angezündetes Feuer wohl

vielfach auch das Springen dieser Böden hätte zur Folge haben müssen. Bei manchen
derartig dicken Böden mit ihrer langsamen Wärmeübertragung läßt sich die Annahme
nicht von der Hand weisen, daß durch die hohe Erhitzung auf der einen und die Ab=
kühlung auf der anderen Seite unbedingt Spannungen von so hoher Intensität im
Mauerwerk auftreten mußten oder konnten, daß ein Springen oder Zerreißen er=
folgen mußte. Außerdem aber hätten sich, wie Krell richtig bemerkt, Spuren von
Kohle, Ruß u. dgl. finden müssen. Auch der Verfasser konnte solche nicht entdecken,
doch ist diesem Punkte seiner Ansicht nach wenig Bedeutung beizulegen. Man hat
sich allgemein bemüht, die Anlage möglichst „sauber" wieder herzustellen, und hat
deshalb nur allzu gründlich ausgeräumt. Waren also Spuren der bezeichneten Art
vorhanden, so sind sie sicher auf Nimmerwiedersehen entfernt und abgeputzt worden,
ja, vielfach hat man die Ziegel usw., um ja eine recht schöne saubere Anlage zu er=
halten, sogar abgekratzt oder auseinandergenommen, abgebeizt und dann wieder
eingemauert.   Auf Grund aller dieser Tatsachen möchte der Verfasser sein Urteil
dahin zusammenfassen, daß es sich hier tatsächlich um eine Trockenlegung nach dem=
selben System handeln kann, das man jetzt in Form von Isoliermauern anwendet,
um Gebäude gegen die von außen kommende Feuchtigkeit zu schützen. Es wird eine
doppelte Wandung hergestellt. Dadurch bzw. durch die in ihr befindliche oder durch
sie hindurchstreichende Luft wird die Feuchtigkeit am Durchdringen der Grundmauern
verhindert bzw. abgeführt. Zum Zwecke des Abführens kann, wie dies an dem obigen
Beispiele der Stabianerthermen gezeigt wurde, eine Feuerung dienen, gegen die die
Luft zuströmt. Keinesfalls sind die Ansichten Krells so ohne weiteres abzulehnen,
wie dies von mancher Seite (Anthes, Brauweiler usw.) geschehen ist. Fusch,
der die Frage gleichfalls aufs genaueste untersuchte, ist der Ansicht, daß die ursprüng=
lich nur zum Heizen von Wannen dienende Hypokaustenheizung als Zentralheizung
für Bäder und Villen angewandt wurde. Um völlige Gewißheit zu erlangen, müßte
man nach Ansicht des Verfassers jedoch noch chemische und mikroskopische Unter=
suchungen darüber anstellen, ob sich im Innern der Poren der so glänzend gesäuberten
Ziegel und Steine Reste finden, die von einem Holzkohlenfeuer herrühren. Als solche
Reste kämen Kohlenteilchen und gewisse, der Umwandlung nicht ausgesetzte Destil=
lationsprodukte des Holzes, wie z. B. Kreosot in Betracht. Über eingehende Unter=
suchungen dieser Art hofft der Verfasser bald berichten zu können.

Hypokaustenheizung.

Betrachten wir nun, von der vorstehenden Streitfrage abgesehen, die einzelnen
Arten der römischen Zentralheizungen — außer bei den Römern finden sich derartige
Heizungen nicht —, so ist als älteste von ihnen ohne Zweifel die eben erwähnte
Hypokaustenheizung anzusehen, als deren Erfinder C. Sergius Orata bezeich=
net wird. Der Name„Hypocaustum" rührt von Vitruv her, der diese Art von
Heizungen eingehend, allerdings in Verbindung mit Bäderanlagen, beschreibt (V 10),
eine Beschreibung, auf deren angebliche Mängel Krell ausführlich eingeht. Die
Hypokaustenheizung besteht aus einem unter dem Fußboden des zu heizenden Rau=
mes befindlichen Hohlraume, der sich meist unter dessen ganzer Länge und Breite
hinzieht. Der Fußboden liegt 80—100 cm über dem Grundboden und wird von Säu=
len getragen, die aus Ziegeln aufgemauert sind. Die Säulen tragen oben ein Kapitell

aus breiteren, oft sich berührenden Ziegeln, auf denen dann der eigentliche Fußboden aufruht. (Abb. 343 u. 344.) Außerhalb des Gebäudes liegt die Heizkammer, die durch einen Kanal mit dem unter dem Fußboden befindlichen Hohlraume verbunden ist.

Abb. 343.
Hypolaustenheizung (vom römischen Theater n Siesole).
Man beachte die Dicke des Fußbodens, die es zweifelhaft erscheinen läßt, ob hier überhaupt eine Heizung vorliegt. (Siehe S. 260.)

Dieser Kanal entspricht dem bei den heutigen technischen Heizungen angebrachten „Fuchs". Vor der Heizkammer befindet sich ein gleich ihr meist in die Erde eingelassener kleiner, oben offener Vorraum, zu dem oft einige Stufen niederführen, das „praefurnium", von dem aus das Anheizen und die Unterhaltung des Feuers erfolgen, und in oder um den herum der Tagesvorrat von Brennmaterial aufgeschichtet werden kann. (Abb. 345.) Auf der anderen Seite des Hohlraums sind Rohre, durch die Rauch und Heizgase abziehen. In vielen Fällen sind auch die Wände als Hohlräume ausgebildet, so daß sie gewissermaßen eine Fortsetzung des hohlen Fußbodens bilden. In diesem Falle befinden sich in ihnen Hohlziegel (tubuli) von rechteckigem Querschnitt, die entweder etwa 1,5 m über dem Fußboden aufhören oder die ganze Wand bis über das Dach durchsetzen und dann als Abzug für den Rauch dienen. (Abb. 346.) Anstatt der Hohlziegel kamen auch Warzenziegel

Abb. 344. Hypolaustenheizung.
Sehr dicker Fußboden, auf Ziegeln mit kapitellartiger Verbreiterung ruhend.
Trier.

Abb. 345. Präfurnium einer altrömischen Heizung.
Das Präfurnium befindet sich im Freien außerhalb des Gebäudes. Rechts und links von der Ofentüre, zum Heizen und Ausräumen des Feuerraums dienende Gerätschaften. Saalburg.

(tegula mammata) zur Verwendung, die mit eisernen Klammern an der Wand angebracht wurden. Zuweilen findet sich im Fußboden eine mit einer Platte verschließbare Öffnung, durch die man nach dem Erlöschen des Feuers und Schließen des Rauchrohres die in der Hypolaustenanlage befindliche heiße Luft in den zu erwärmenden Raum einströmen lassen konnte. Ob sie auch, wie Jacobi (s. unten bei der

Beschreibung der Hypofauftenheizung der Saalburg) annimmt, dazu diente, Reinigungen, vielleicht auch Reparaturen vorzunehmen, muß vielleicht zweifelhaft erscheinen. Jedenfalls mußte sich jemand, der zu diesem Zwecke hinabstieg, infolge der geringen Höhe des Raumes (74 cm) zwischen den Pfeilern kriechend in sehr unbequemer Stellung fortbewegen. An dem Kanal zwischen dem Heizraum und dem

Abb. 346. Einzelheiten von der Konstruktion der Hypofauften und der tubulierten Wände.

A. Pfeiler in Hauftein, die in der Mitte verjüngt sind, um eine weitere Durchzugsöffnung für die Verbrennungsgase zu schaffen. Als unterfter Teil des Fußbodens eine doppelte Lage von Plattenziegeln. B. Runde Ziegelpfeiler. Als unterfter Teil des Fußbodens eine doppelte Lage von Plattenziegeln. C. Pfeiler aus Ziegeln, darüber als unterfter Teil des Fußbodens eine einfache Schicht großer Plattenziegel. In den Wänden tegulae mammatae (Warzenziegel). D. Ziegelpfeiler, die oben mit einer größeren Platte bedeckt sind, um eine gleichmäßigere Aufnahme und Verteilung des Druckes des darüberliegenden Fußbodens herbeizuführen. Die Pfeiler haben ein Kapitell, hergestellt durch mittels Platten gewonnener Austragung, auf dem der Fußboden aufruht. Als unterfter Teil des Fußbodens eine einfache Schicht großer Plattenziegel. In den Wänden tegulae hamatae (Hakenziegel). E. Pfeiler hergestellt aus je zwei Hohl- oder Firftziegeln. Darüber eine Platte, um eine größere Auflagefläche des Fußbodens zu erzielen. F. Unterfter Teil des Fußbodens umgekehrte Dachziegel mit der flachen Seite nach unten gelegt. Oben rechts von der zu D gehörigen tegula hamata ein Nagel, wie sie zur Befestigung der tegulae benutzt wurden. Unter dem Fußboden an der Wand entlang ein in die senkrecht nach

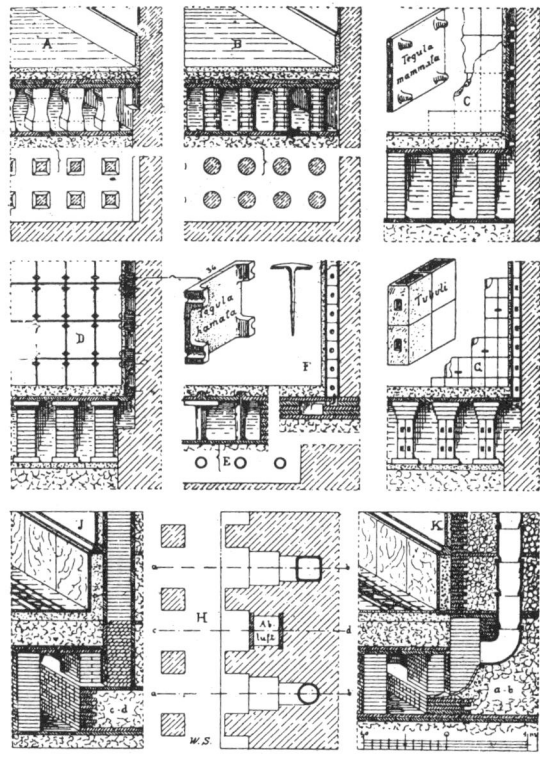

oben führenden tubuli-Kanäle der Wand mündender horizontaler Heizkanal, um eine beffere Ausnützung der Wärme der Heizgase zu erzielen. G. „Tubuli"-Pfeiler. Als unterfter Teil des Fußbodens eine einfache Schicht großer Plattenziegel. In den Wänden tubuli, durch deren Seitenlöcher die Ausbreitung der Hiße stattfindet. H I K. Anordnung von Abluftkanälen und Schornfteinen: Abluftkanäle sind von den Schornfteinen in der Regel dadurch zu unterscheiden, daß sie keine Rußspuren aufweisen. Bei I und J als unterfter Teil des Fußbodens eine doppelte Lage von Plattenziegeln.

unter dem Fußboden liegenden Hohlraum befinden sich zuweilen Seitenkanäle, die dazu dienten, die oft zu heiße Luft mit von außen her zuftrömender Frischluft zu vermischen, ehe sie durch die Öffnungen im Fußboden in den Raum eintrat.

Es ift unmöglich, die zahlreichen Hypofauftenheizungen einzeln zu beschreiben, die im Laufe der Zeiten in allen Teilen der Welt, in denen sich römische Niederlaffungen befanden, sowie im alten römischen Reiche selbst aufgedeckt wurden. An manchen Orten, wie z. B. auf der Saalburg und in Trier, in Pompeji und Herculanum, fand sich sogar eine ganze Anzahl von derartigen Hypofauftenheizungen. Die von allen am besten erhaltene ift wohl jene, die auf der Saalburg, und zwar in der vor der porta decumana befindlichen sogenannten „bürgerlichen Niederlassung" ausgegraben wurde. Wir geben beistehend die vom Verfasser aufgenommenen Abbildungen (Abb. 347 bis 348) dieser Heizung sowie den Plan (Abb. 349) und Teile der Beschreibung nach Jacobi wieder, aus deren Zusammenhalt sich eine gute Vorstellung von der ganzen Anlage gewinnen läßt.

Abb. 347. Die Hypokaustenheizung der „bürgerlichen Niederlassung" auf der Saalburg.
Der Fußboden ist im Gegensatz zu den auf Abb .343 und 344 dargestellten Fußböden sehr dünn. Im Hintergrunde in die Wand eingelassene senkrechte Rohre von viereckigem Querschnitt, durch die die Heizgase abziehen.

„Von dem Bau 1,50 m abgerückt, liegt der 1,30 m auf 1,40 m große und 0,80 m tief in den Bau versenkte Vorraum (praefurnium), zu dem zwei 27 cm hohe Stufen hinabführen. Gegenüber öffnet sich das Feuerloch, 36 cm hoch und 18—20 cm breit. (Abb. 349.)

Nach diesem Feuerloche folgen zwei elliptisch ausgebauchte backofenförmige Erweiterungen, deren eine noch außerhalb des Gebäudes liegt und mit großen Basaltsteinen und Erde überdeckt ist. In diesem Raume, den der Hand-

werker auch „Wolf" (lies „Fuchs" d. V.) nennt, waren die Holzkohlen aufgeschüttet und entzündet. Man erkennt aus dieser Vorrichtung das Bemühen der Römer, die strahlende Glut der Kohlen von den Ziegelpfeilern, die dadurch gelitten hätten, entfernt zu halten und nur die heißen Gase sich zwischen ihnen verbreiten zu lassen.

(Diese Ansicht Jacobis ist in technischer Beziehung nicht ganz richtig. Der „Fuchs" dient bei den Feuerungen zur Erhöhung und Regelung des Zugs. Der Verf.)

Der untere Boden des Heizraumes steigt vom Schürloche bis zu den gegenüber

Abb. 348. Ein Präfurnium an der Hypokaustenheizung der „bürgerlichen Niederlassung" auf der Saalburg.
Die dunkelste Stelle des Bildes ist das Heizloch.

liegenden Rauchabzügen. Das eigentliche Hypokaustum besteht aus 6 × 8 Pfeilern von 74 cm Höhe. Die merkwürdigsten Pfeiler sind die, welche am nördlichen Ende (mit m bezeichnet) in einer Gruppe von neun Stück stehen. Sie wurden scheinbar als Ersatz für regelrechte Ziegelpfeiler aus aufrecht stehenden Heizröhren zusammengestellt. Sie sind mit Backsteinbrocken und Mörtel ausgefüllt und außer durch Fuß- und Kopfplatte noch durch einige Ziegel erhöht, um das gleiche Niveau mit den anderen zu bekommen. Von Pfeiler zu Pfeiler, die etwa 25—35 cm weit auseinander-

Abb. 349. Plan der Hypokaustenheizung auf der Saalburg.
A Präfurnium, a b c Feuerloch, K l Heizraum, r Ausströmöffnungen für die heißen Gase, f g Ventilations-
schacht, n Rauchabzug, u B d e Ventilation.

stehen, liegen 50—60 cm große und 5 cm dicke Ziegelplatten. Ihre Oberfläche ist meist mit Riefelungen versehen, um dem Estrich, der hier 15 cm stark ist, einen festen Halt zu geben. Er überzieht den ganzen Boden und hat nur bei hi ein 50 × 50 cm großes Einsteigeloch, in dem eine ebenso große Sandsteinplatte lag, welche in der Mitte mit einem Loche für einen Knebel mit Seil zum Aufheben versehen war. Diese Einsteigeöffnung hatte sicherlich nur den Zweck, Reinigungen, vielleicht auch Reparaturen, bequemer vornehmen zu können. Die Platte wurde nach Beendigung derselben wieder eingesetzt und mit Lehm oder Mörtel verschmiert.

Rings um den Heizraum zieht ein Kanal, der wegen des Vorsprungs am Mauersockel einen anderen Querschnitt hat als die Zwischenräume der Pfeiler. Aus ihm steigen sieben mit Ziegeln umkleidete Röhren auf, von denen fünf einen Querschnitt von 14 × 14 cm und die zwei in den hintern Ecken einen solchen von 14 × 24 cm haben. Diese Kacheln standen nur wenig über der Estrichoberfläche hervor, und die heißen Gase konnten durch deren Öffnungen unmittelbar in den Wohnraum ein= strömen. Der in die Wand eingebaute, oben schon als Kamin erwähnte Schacht ist durch eine Zunge in zwei Abteilungen getrennt und noch einen Meter hoch in der Mauer erhalten; er scheint durch diese bis nach dem Dach oder über dasselbe hinaus= geführt gewesen zu sein. Als Rauchabzugskanal kann dieser Kamin kaum gedient haben; dazu waren die vor der hinteren Wand nebeneinander aufgesetzten sechs Ka= cheln bestimmt, die auch folgerichtig der Einfeuerung gegenüberstehen. Der be= sagte aufsteigende, gekuppelte Kamin aber, der direkt über dem Boden eine Öffnung hat, kann meines Erachtens nur den Zweck gehabt haben, einerseits die am Boden niedergegangene schlechte, andererseits bei einer etwaigen Überheizung des Bodens die verbrauchte Luft aufzusaugen und den Raum zu ventilieren."

Wie verschiedenartig in bezug auf die Größe derartige Heizungen waren, er= gibt sich aus einem Vergleiche der eben beschriebenen Hypokaustenheizung der Saal= burg mit der Heizung der Thermen zu Trier, wo das praefurnium allein eine Höhe von 2,50 m hat und einen langen Gang darstellt, in dem die verschiedenen Heiz= kammern lagen. Inwieweit sich die Hypokaustenheizung bewährte, läßt sich trotz der eingehenden mathematischen Berechnungen, die Krell auf Grund der heutigen Theorie der Feuerungsanlagen über ihre Leistung macht, doch nicht sagen, da diese Berechnungen sich nur auf einen speziellen Fall beziehen, und da sich ein Überblick nur bei vergleichenden Berechnungen über verschiedene Typen derartiger Heizungen ergeben könnte. Aber auch hier hätte die Berechnung mit Schwierigkeiten zu kämpfen. Es sind zu wenig derartiger Heizanlagen so vollkommen erhalten, daß sich alle Be= rechnungsfehler ausscheiden lassen. Es ist nicht bekannt, ob nicht Beziehungen zwi= schen dem jeweils verwendeten Heizmaterial und der Größe der Anlage bestanden, des weiteren weiß man im Falle des Bestehens solcher Beziehungen nicht, welches Heizmaterial jeweils verwendet wurde, wie groß sein Wärmewert war usw. usw. Den Römern scheinen derartige Heizungen großes Behagen bereitet zu haben, sonst hätten sie sie nicht allüberall, insbesondere nicht in den besseren Wohnhäusern und Villen der Reichen, verwendet. Andererseits müssen mit dem Gebrauche der Hypo= kaustenheizungen doch auch wieder gewisse Unannehmlichkeiten verbunden ge= wesen sein. Darauf läßt der Umstand schließen, daß sie, die schon vor Beginn unserer Zeitrechnung bei den Römern in so ausgedehntem Gebrauche standen, etwa im 9. Jahr= hundert n. Chr. vollkommen verschwinden. Sie wurden vom Mittelalter nicht über= nommen, trotzdem dieses eigentlich über keine sehr guten Heizeinrichtungen verfügte. Die Frage nach dem Werte der Hypokaustenheizung muß also vorerst eine offene blei= ben, und es erscheint nach den eben gemachten Darlegungen überhaupt zweifelhaft, ob sie, falls nicht neue Ausgrabungen neues Material zutage fördern, überhaupt jemals ihre Lösung finden wird.

Die Kanalheizung.

Eine zweite Art der bei den Römern gebrauchten Heizungen ist die Kanal= heizung. Bei ihr führt unter dem Fußboden des zu heizenden Raumes ein Kanal entlang, an dem sich vorne der Heizraum befindet. Der Kanal, der bei manchen Hei=

zungen schwach ansteigt, wendet sich am Ende des Fußbodens senkrecht nach oben und führt in der Wand als Rauchrohr nach außen. (Abb. 350.) Sehr oft, wie z. B. im Grenzturme der Saalburg, sind mehrere Kanäle angebracht, die den Fußboden in diagonaler Richtung durchziehen, und deren Schnittpunkt mit der Heizung durch einen Zuführungskanal verbunden ist. Die heißen aus der Heizung kommenden Gase strömen also zunächst durch diesen Kanal nach der Mitte des Fußbodens und verteilen sich von hier aus in diagonaler Richtung nach den vier Ecken. (Abb. 351 u. 352.) In

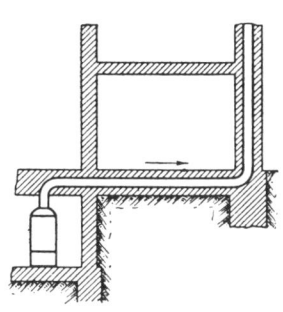

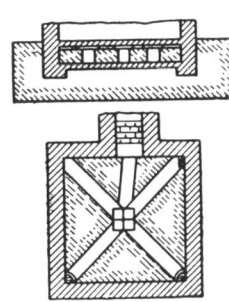

Abb. 350. Kanalheizung.

Abb. 351 u. 352. Die Kanalheizung
im Grenzturm der Saalburg.
(Querschnitt und Grundriß.)

den beiden, dem praefurnium entgegengesetzten Ecken der Heizung des Grenzturms auf der Saalburg sind jetzt noch Öffnungen vorhanden, vermutlich waren auch in den beiden anderen Ecken derartige Schornsteine angebracht. Die Kanalheizung muß in der Weise, wie sie die Römer ausführten, als eine vom technischen Standpunkt aus wenig wirtschaftliche und auch unpraktische Heizung bezeichnet werden, da die Wärme nur von der Decke des Kanals aus in den zu beheizenden Raum gelangte. Alle Wärme, die von den Boden= und Seitenflächen dieses Kanals ausgestrahlt oder abgeleitet wurde, ging für den Heizzweck vollkommen verloren, so daß also der Brennwert des Brennmaterials nur in sehr geringem Maße ausgenützt wurde. Welches Heizmaterial man hier verwendete, ist ebenso unbekannt wie bei den Hypokaustenheizungen. Während Jacobi eine Feuerung mit Holzkohlen annimmt, behauptet Krell, daß auch mit Holz geheizt werden konnte. Dem Verfasser gelang es nicht, sich durch Berechnungen, die unter Zugrundelegung des Heizwertes ver= schiedener Holzsorten und der Holzkohle sowie der Größe der Feuerung usw. usw. ausgeführt wurden, Klarheit über diesen Punkt zu schaffen.

Auf der Saalburg finden sich dann noch Einrichtungen der Bodenheizung, die als eine Kombination von Hypokausten= mit Kanalheizung angesprochen werden müssen. Jacobi beschreibt sie folgendermaßen (Abb. 353 S. 268):

„In der Mitte des heizbaren Zimmers liegt ein 2 m im Quadrat großer und 70 cm tiefer Raum (Pfeilerhypokaustum), in welchen der Feuerzug M mündet, und von dem sieben Heizkanäle (n—t) strahlenförmig ausgehen. Die fünf vorwärts= laufenden Züge enden jeder in einer in die Mauer eingelassenen Heizröhre (e—i), während die beiden rückläufigen in den Ecken rechts und links mit senkrecht stehenden Heizkacheln (K 1) verbunden sind, welche vor die Mauern hervorragen und mit dem Fußboden aufhören. Die fünf Röhren waren zweifellos in den Wänden nach oben fortgesetzt und führten den Rauch ab; sie dienten aber zugleich auch zur Heizung des

Zimmers, das sie vermöge ihrer dünnen Wandungen rasch erwärmten. Die Ein=
feuerung geschah durch das Schürloch (S), das mit Basalt eingefaßt ist. Die Boden=
kanäle sind nur mit Ziegelplatten und dünnem Estrich bedeckt. Nachdem das Feuer
erloschen war, konnten die beiden nach dem Zimmer hin sich öffnenden und mit Schie=
bern verschlossenen Kacheln (K 1) in Tätigkeit treten und die im Pfeilerhypo=
kaustum (a—d) und in den Bodenkanälen angesammelte Wärme direkt nach dem
Gemache führen. Kalte frische Luft konnte dazu von dem zu öffnenden Schürloch
oder selbst durch die mittlerweile vom Rauche befreiten Kamine eintreten."

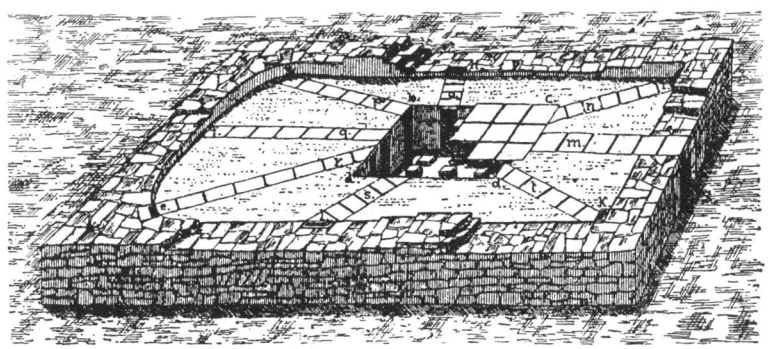

Abb. 353. Kombinierte Hypokausten= und Kanalheizung. Saalburg.

Derartige aus Hypokausten und Kanalheizung zusammengesetzte Heizungen
finden sich übrigens außer auf der Saalburg auch noch an verschiedenen anderen römi=
schen Niederlassungen. Sie gewähren gegenüber den Kanalheizungen den Vorteil,
daß infolge der in ihnen herrschenden Luftzirkulation die Wärme des Bodens und der
Seitenwände der Heizkanäle nicht vollständig verloren geht. Sie wird zum Teil von
der an diesen entlangsteigenden Luft aufgenommen und durch sie an den zu beheizen=
den Raum abgegeben. Ein wesentlicher Fehler, der gewiß auch den Kanalheizungen
anhaftete, besteht darin, daß die über den Kanälen befindlichen Stellen des Fußbo=
dens sicherlich sehr heiß gewesen sind, so daß man sie unter Umständen überhaupt
nicht betreten konnte. Soweit es sich bis jetzt überblicken läßt, wurden deshalb auch alle
besseren Häuser mit der beträchtlich kostspieligeren Hypokaustenheizung ausgestattet,
die den großen Vorteil einer gleichmäßigen Erwärmung des ganzen Fußbodens und
einer Regelung seiner Temperatur darbot.

Literatur zum Abschnitt: „Feuerzeuge, Beleuchtung und Heizung"

Adler, Der Pharos von Alexandria. Berlin 1901.

Allard, Les Phares; histoire, construction, éclairage. Paris 1889.

Anonymus, Antike Röhrenkessel. Prometheus 1897. S. 501.

Anthes, Zum Kapitel von den römischen Heizungen. Korrespondenzblatt des Gesamtvereins der deutschen Geschichts- und Altertumsvereine. 1903, Nr. 5.

Badermann, Die Schornsteinheizungen der alten Römer. Prometheus 1916, S. 532.

Baumeister, Denkmäler des klassischen Altertums. München 1884—1888.

Beck, Die Geschichte des Eisens. Braunschweig 1891.

Berger, Moderne und antike Heizungs- und Ventilationsmethoden. Hamburg 1870.

Berthelot, Sur une lampe préhistorique trouvée dans la grotte de la Mouthe. Comptes Rendus 1901, S. 166.

Blümner, Technologie und Terminologie der Gewerbe und Künste bei Griechen und Römern. Band III. Leipzig 1884, Band II, Leipzig 1879.

Bodewig, Ein Ofen der La-Tène-Zeit. Mitt. d. Ver. für nassauische Altertumskunde und Geschichtsforschung 1904/05, S. 114 ff.

Böhm, Die Entwicklung der Feuerzeuge. Zeitschr. d. Ver. der Gas- und Wasserfachmänner in Österreich-Ungarn 1911, S. 15—20 und S. 40—47.

Brauweiler, Die Thermen zu Trier und ihre Heizung. 1904.

Buchner, Acht Vorträge aus der Gesundheitslehre. Leipzig 1903.

Cohausen, Der römische Grenzwall in Deutschland. Wiesbaden 1884.

Cramer, Das römische Trier. Gütersloh 1911.

Dragendorff, Okkupation Germaniens durch die Römer. Bericht über die Fortschritte der Römisch-germanischen Forschung im Jahre 1905. Frankfurt a. M. 1906.

Engelmann, Pompeji. Leipzig 1898.

Sanderlik, Elemente der Lüftung und Heizung. Wien 1898.

Siala, Beiträge zur römischen Archäologie der Herzegowina. Sonderabdruck aus Wissenschaftliche Mitt. aus Bosnien und der Herzegowina. 1897. Wien 1897.

Fischer, Die chemische Technologie der Brennstoffe Bd. I, S. 456. Braunschweig 1897.

Friedländer, Darstellungen aus der Sittengeschichte Roms. Leipzig 1888 bis 1890.

Fusch, Über Hypokaustenheizungen und mittelalterliche Heizungsanlagen. Hannover 1910.

Gärtner, Leitfaden der Hygiene. Berlin 1899.

Geitel, Die Entwicklung der Leuchtfeuer. Polytechn. Zentralblatt 1899/1900, S. 235 ff.

Heiberg, Studien über Euklid. Leipzig 1882.

Hennig, Zur Geschichte der Leuchttürme im frühen Mittelalter. Prometheus 1915, S. 241.

— Beiträge zur älteren Geschichte der Leuchttürme. Jahrbuch des Vereins deutscher Ingenieure 1914/15, S. 35 ff.

Herding, Beleuchtung und Heizung. Leipzig 1908.

Herodot, 2. Buch, 62.

Jacobi, Das Römerkastell Saalburg. Homburg 1897.

— Führer durch das Römerkastell Saalburg. Homburg 1908.

— Über Schornsteinanlagen und eine Badeeinrichtung der Stabianerthermen in Pompeji. Nachtrag zu Duhn und Jacobi zu den griechische Tempel zu Pompeji. Heidelberg 1890.

Kellner, Römische Baureste in Ilidze bei Sarajevo. Sonderabdruck aus Wissenschaftliche Mitteilungen aus Bosnien und der Herzegowina 1897. Wien 1897.

Krell, Altrömische Heizungen. München und Berlin 1901.

Kurzer Führer durch das Provinzialmuseum in Trier. 1911.

Layard, Niniveh und Babylon. Übersetzt von Zenker. Leipzig.

Lewin-Dorsch, Die Technik in der Urzeit und auf primitiven Kulturstufen. Das Feuer. Der Wohnungsbau. Stuttgart 1912.

v. Lippmann, Kohlenoxydgasvergiftungen bei den alten Römern. Chemiker-Zeitung 1909, S. 633.

Mansch, Das Feuerzeug. Welt der Technik 1906, S. 386.

Marquardt-Mau, Das Privatleben der Römer. Leipzig 1886.

Merckel, Die Ingenieurkunst im Altertum. Berlin 1899.

Miller, Die Beleuchtung im Altertum. Würzburg 1886.

Motz, Über den Metallarbeiter der heroischen Zeit. Meiningen 1868.

Milone, Due caldaie pompejane. 1896.

Neuburger, Das Feuer als Hilfsmittel in Haus und Gewerbe. In Kraemer, Der Mensch und die Erde. Band VII, S. 181 ff.

— Die Römerschanze. Zu den Ausgrabungen in Nedlitz. Berliner Morgenpost, 22. Oktober 1911.

— Über das Kohlenoxydgas (Friedrich Hoffmann über das Kohlenoxydgas). Leipzig 1912.

Niemann, Die Anfänge der Straßenbeleuchtung. Licht und Lampe 1913. (Nummer vom 27. Februar.)

— Die Entwicklung der Beleuchtung. In Kraemer, Der Mensch und die Erde. Band VII, S. 385 ff.

— und Du Bois, Feuererfindung u. Feuererzeugung. In Kraemer, Der Mensch und die Erde. Band VII, S. 157 ff.

— — Zur Entwicklung des Beleuchtungswesens. Journal f. Gasbeleuchtung 1907, S. 1123 ff.

Nissen, Pompejanische Studien zur Städtekunde des Altertums. Leipzig 1877.

Noack, Die Baukunst des Altertums. Berlin.

Orschiedt, Die Heizung im Altertum. Blätter für das bayerische Realschulwesen. 1885. S. 221.

Overbeck, Pompeji in seinen Gebäuden, Altertümern und Kunstwerken. Leipzig 1884.

Overbeck-Mau, Pompeji. Leipzig 1884.

Patsch, Archäologisch-epigraphische Untersuchungen zur Geschichte der römischen Provinz Dalmatien. Sonderabdruck aus Wissenschaftliche Mitteilungen aus Bosnien und der Herzegowina 1897. Wien 1897.

Planck, Die Feuerzeuge der Griechen und Römer. Stuttgart 1884.

Prausnitz, Grundzüge der Hygiene. München 1897.

Pregél, Die Technik im Altertum. Sonderabdruck aus dem Jahresbericht der technischen Staatslehranstalten in Chemnitz. Chemnitz 1896.

Radimsky, Die Nekropole von Jezerine. Sonderabdruck aus Wissenschaftliche Mitt. aus Bosnien und der Herzegowina 1901. Wien 1901.

— Die vorgeschichtlichen und römischen Altertümer des Bezirkes Zpanjak in Bosnien. Sonderabdruck aus Wissenschaftliche Mitteilungen aus Bosnien und der Herzegowina 1901. Wien 1901.

Reber, Des Vitruvius zehn Bücher über die Architektur. Stuttgart 1865.

Rößler, Die Bäder der Grenzkastelle. Westdeutsche Zeitschr., Jahrg. IX, S. 260.

Schleyer, Bäder und Badeanstalten. Leipzig 1909.

Schliemann, Ilios, Stadt und Land der Trojaner. Leipzig 1818.

— Tiryns. Der prähistorische Palast der Könige von Tiryns. Leipzig 1886.

Schmidt, Wilhelm, Herons von Alexandria Druckwerke und Automatentheater. Leipzig 1899.

Schröder, Die geschichtliche Entwicklung der Zentralheizung vom Altertume bis zur Gegenwart. Technisches Gemeindeblatt 1910, S. 249 ff.

Schultze, Die römischen Grenzanlagen in Deutschland und das Limeskastell Saalburg. Gütersloh 1906.

Söllner, Die hygienischen Anschauungen des römischen Architekten Vitruvius. Jenaer medizinisch-historische Beiträge 1913, Heft 4.

Stephani, Der älteste deutsche Wohnbau und seine Einrichtung. Band I. Leipzig 1902.

Thiersch, Pharos, Antike, Islam und Okzident. Leipzig und Berlin 1909.

Veitmeyer, Leuchtfeuer und Leuchtapparate. München 1900.

Vetter, Über die Zentralheizungen älterer Zeit. Vortrag, geh. auf dem 8. Kongreß für Heizung und Lüftung zu Dresden im Juni 1911.

— Zur Geschichte der Zentralheizungen bis zum Übergang in die Neuzeit. Jahrb. des Vereins Deutscher Ingenieure 1911, S. 276 ff.

Wilkinson, The manners and customs of the ancient Egyptians. London 1878.

Windelmann, Sämtliche Werke. Band II. Dresden und Stuttgart 1830—1847.

Wolff, Römische Villa in Praunheim (bei Heddernheim). Mitt. über römische Funde in Heddernheim. Heft IV. Frankfurt a. M. 1907.

Städtebau.

Gründe der Notwendigkeit und Zweckmäßigkeit waren es, die den Menschen
veranlaßten, größere Gemeinwesen, Städte, zu gründen. Wie uralt der Städtebau
ist, mag man daraus erkennen, daß es bereits vier Jahrtausende vor unserer Zeit=
rechnung Städte von riesiger Größe gab: Die Mauern Babylons umschlossen eine
Grundfläche, die doppelt so groß war als die des heutigen London. Auch die übrigen
Städte des Altertums erreichten eine zum Teil beträchtliche Ausdehnung. Wenn auch
ihre Bevölkerungszahl die der heutigen Weltstädte im allgemeinen nicht erreichte, so
kam sie doch der unserer jetzigen größeren Städte gleich oder nahe. So hatte Athen
zu seiner Blütezeit etwa 250 000 Einwohner, Jerusalem etwa 500 000, Karthago
und Alexandria zählten während ihres höchsten Aufschwungs ungefähr 750 000
und Rom mindestens ein und einhalb Millionen Einwohner. Wie man sieht, gibt
es auch gegenwärtig nur verhältnismäßig wenige Städte, die das auf der höchsten
Blüte seiner Entwicklung stehende Rom in bezug auf Bevölkerungszahl übertreffen.
Mit Recht kann man auch im Altertume von „Großstädten" sprechen, die sich nur
auf der Grundlage einer gründlich durchgebildeten Technik des Städtebaues ent=
wickeln konnten.

Die Anlage der Städte.

Ihrer technischen Anlage nach lassen sich die Städte des Altertums in zwei große
Gruppen einteilen: in die bodenwüchsigen und in die nach einem bestimmten Plane
gebauten Städte. Die bodenwüchsigen Städte sind durch den natürlichen Zusammen=
schluß der einheimischen Bevölkerung entstanden.   Um Feinde besser abwehren zu
können, oder um den Austausch von Gütern zu vereinfachen, baute man sich in zunächst
kleineren, dann aber immer mehr wachsenden Gemeinwesen an. Jeder errichtete
sein Haus da, wo es ihm gut dünkte oder zweckmäßig erschien. Infolgedessen fehlt
den bodenwüchsigen Städten jede planmäßige Anlage; ihre Straßen sind eng und krumm
und laufen regellos durcheinander. Den Gegensatz zu ihnen bildet die nach einem
Plan angelegte Stadt, die in der Regel dem Willen eines Herrschers ihr Dasein
verdankt. Dieser bestimmt, daß an der einen oder anderen ihm günstig erscheinenden
Stelle eine neue Stadt erstehen soll. Dann kommt der Stadtbaumeister und macht
einen Plan, nach dem die Stadt angelegt wird. Wie alt derartige Stadtpläne sind,
mag man daraus ersehen, daß sich auf einer angeblichen Gudeastatue ein wahrschein=
lich aus der Zeit um 3100 v. Chr. stammender Plan einer Befestigungsanlage befin=
det.[1] Die nach Plänen erstehende Stadt zeigt breite und gerade, meist im rechten Winkel
sich schneidende Straßen, sie läßt eine zielbewußte Anlage der Märkte und öffentlichen

[1] Siehe Abb. 365 S. 287.

Plätze erkennen. Manchmal geht die bodenwüchſige Stadt bei ihrer im Laufe der
Zeiten ſtattfindenden Erweiterung in eine planmäßig angelegte über. Dann zeigen
die älteren inneren Viertel alle Merkmale des bodenwüchſigen Urſprungs, während
die neueren, äußeren, die Geſtalt der nach einem Plan erbauten aufweiſen. Athen
und Rom gehören zu den autochthonen Städten, während die Ägypter bereits
1400 v. Chr. die Stadt Heliopolis nach einem beſtimmten Plan anlegten. Schon
vorher aber, etwa 2000 v. Chr., ſcheinen ſie bei Kahun in der Nähe des Möriſſees
eine nach einem ähnlichen Plan angelegte Stadt gegründet zu haben, deren Reſte
vor einiger Zeit ausgegraben wurden. In Italien dürfte der Bau von Planſtädten
etwa im 6. Jahrhundert v. Chr. begonnen haben, wo die Etrusker beim heutigen
Marzabotto in der Nähe von Bologna eine regelmäßig angelegte Stadt erbauten.

Die älteſten planmäßig angelegten Städte finden wir, wie ſchon angedeutet,
in Meſopotamien. Ob nun der urſprünglichen Stadtanlage Babylons ein Plan zu=
grunde lag, mag dahingeſtellt bleiben. Jedenfalls aber erfolgte der ſpätere Ausbau
nach ſtreng planmäßigen Grundlagen, wie die Beſchreibung Herodots (I 178—181 ff.)
deutlich erkennen läßt.

„Und dieſe Stadt iſt alſo beſchaffen: Sie liegt in einer großen Ebene und iſt ein
Viereck, und jeglicheSeite desſelben beträgt 120 Stadien (22,5 km), das macht im gan=
zen einen Umkreis von 480 Stadien (90 km). Erſtlich läuft ein Graben herum, der
iſt tief und breit und voll Waſſer; dann eine Mauer, die iſt 50 königliche Ellen breit
und 200 Ellen hoch ... Auf
dieſe Weiſe bauten ſie erſt den
Grabenrand und ſodann die
Mauer auf dieſelbe Weiſe. Und
oben auf der Mauer an dem
Rande bauten ſie Türme, aus
einem einzigen Raume, einen
gegen den andern, und zwiſchen
den Türmen bleibt ein Raum,
daß ein Wagen mit vier Pferden
konnte herumfahren. Und rund
umher in der Mauer ¦ waren
hundert Tore, ganz von Erz,
Pfoſten und Sims von gleicher
Geſtalt. Die Stadt aber be=
ſteht aus zwei Teilen, denn
mittendurch fließt ein Waſſer,
das Euphrates heißt. Die
Mauer macht nun von beiden
Seiten einen Winkel an dem
Fluß, und dann kommt eine
Mauer von Backſteinen, an
beiden Ufern des Fluſſes ent=

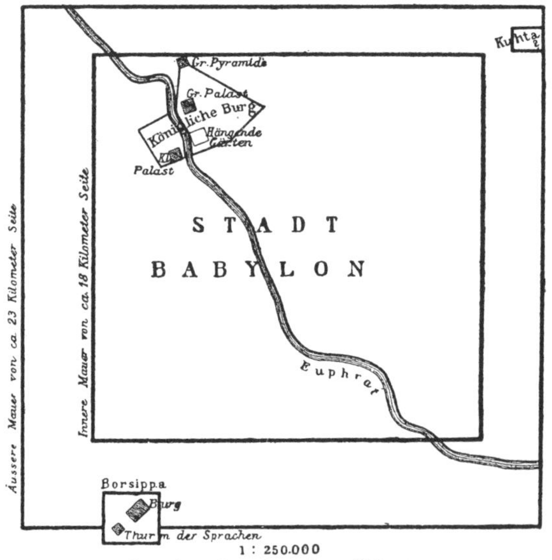

Abb. 354. Plan von Babylon.

lang. Aber die Stadt ſelber beſteht aus lauter Häuſern von drei bis vier Stock=
werken und iſt durchſchnitten von geraden Straßen, die da entlang gehen oder quer
durch nach dem Fluſſe zu. Und am Ende einer jeglichen Straße waren Pforten in
der Mauer an dem Fluſſe, ſoviel Straßen, ſoviel Pforten. Die erſte Mauer nun iſt
gleichſam der Stadt Panzer, innerhalb läuft aber noch eine zweite umher, die iſt

nicht viel kleiner als die erste, jedoch etwas schmaler. Und in der Mitte einer jeglichen Hälfte der Stadt steht ein Gebäude, nämlich in der einen die königliche Burg, die ist umgeben von einer großen und festen Mauer, und in der andern des Zeus=Belos Heilig= tum mit ehernen Toren. Das war noch zu meiner Zeit zu sehen und ist ein Viereck, jede Seite zwei Stadien lang."

Eine Ergänzung zu dieser Beschreibung Herodots stellt die anschauliche Schil= derung dar, die Delitzsch von der Anlage des alten Babylon gibt:

„Durch ein Tor, nicht allzu ferne von der Südostecke der Mauer, betreten wir die eigentliche Stadt. Wir folgen einer breiten, augenscheinlich sorgfältigst gepflegten, aber feierlich einsamen Straße eine kurze Strecke nach links, überschreiten auf einer prachtvolle Brücke den Ostkanal Babylons, Bibil-chegalla (oder chigalli), und bie= gen dann rechts ab in der Richtung nach dem Euphrat zu, in das eigentliche Häuser= meer Babylons. Ein Labyrinth von Straßen und Gassen nimmt uns auf, nicht als wäre es ein Labyrinth durch die unregelmäßige Anlage der Gassen, im Gegenteil sind alle gerade, sowohl die, welche zum Euphrat führen, als auch die übrigen, aber gerade diese Regelmäßigkeit ist verwirrend und läßt den Fremden sich in den langen Zeilen von 3—4stöckigen Häusern nur schwer zurechtfinden .... Alle Straßen sind voll regst pulsierenden Lebens, geräuschvollsten Treibens. Das rege Leben erhält sich nicht nur, sondern steigert sich noch, je weiter wir die eingeschlagene gerade Straße verfolgen, bis wir durch eines der jede Straße abschließenden ehernen Pförtchen hindurch die längs des Flusses sich hinziehende Backsteinmauer passieren und mit dem Euphrat, der in erhabener Ruhe dahinfließt, ein neues lebendiges Bild vor unsern Augen sich auftut. Seine Ufer sind an sich flach, aber Nebukadnezar hatte zu beiden Seiten des Stromes durch Höhe und Größe bewunderungswürdige Quais aufführen lassen."

Die zuletzt erwähnten „Quais", d. h. Ufermauern, sind bei den von Ker Porter ausgeführten Ausgrabungen wieder aufgefunden worden. Die Höhe ihrer Mauern beläuft sich auf 20 m, die Länge auf nahezu 30 km. Die von Herodot erwähnte Burg stand auf einer künstlich angelegten Terrasse. Derartige Terrassenbauten waren in Mesopotamien ganz besonders beliebt und wurden von den prachtliebenden Köni= gen gerne ausgeführt. Welche Arbeit dabei zu leisten war, geht aus Berechnungen von Jones hervor, die sich auf zwei bei Kujundschik befindliche Hügel beziehen. Von diesen enthält der eine 6½, der andere 14½ Millionen Tonnen Erde. Zieht man die Leistung eines Arbeiters in Betracht, so waren zu der Aufhäufung dieser Hügel 1000 Arbeiter beim einen Hügel 54, beim andern 120 Jahre lang nötig. Da man kaum so lange daran gebaut haben dürfte, und da Menschenmaterial zu jener Zeit wenig wert war, so dürfte die Bauzeit ganz erheblich kürzer gewesen sein. Nimmt man sie auf nur 10 Jahre an, so hätten während dieser Zeit an dem einen Hügel 5400, an dem anderen aber 12 000 Arbeiter zu karren gehabt.

Daß die Ägypter schon frühe regelmäßige Stadtanlagen besaßen, wurde oben bereits erwähnt. Es ist sogar wahrscheinlich, daß die Griechen in bezug auf den Städtebau Schüler der Ägypter und der Assyrer gewesen sind. Im Anfange gründeten sie mit Rücksicht auf Sicherheit gegen feindliche Überfälle die Städte auf Hügeln. Dann besiedelten sie die Küsten. In beiden Fällen trugen ihre Städte bodenwüchsigen Charakter: Die Anlage ist eine vollkommen willkürliche. Erst unter Perikles (493—429 v. Chr.) tritt in Griechenland zum erstenmal die planmäßig vorher bestimmte Teilung des Geländes auf. Der Städtebauer Hippodamos aus Milet ist es, der sie zuerst in der Hafenstadt Piräus zur Anwendung bringt. Allerdings kann er kaum als

Erfinder des neuen Verfahrens gelten: Er stützt sich vielmehr, wie bereits angedeutet, auf ägyptische und vor allem wohl assyrische Vorbilder. Will man die Vorteile der neuen Städtebautechnik so recht erkennen, so braucht man nur eine der älteren grie= chischen Städte, z. B. Gurnia auf Kreta, mit einer der neueren, gleichfalls auf einem

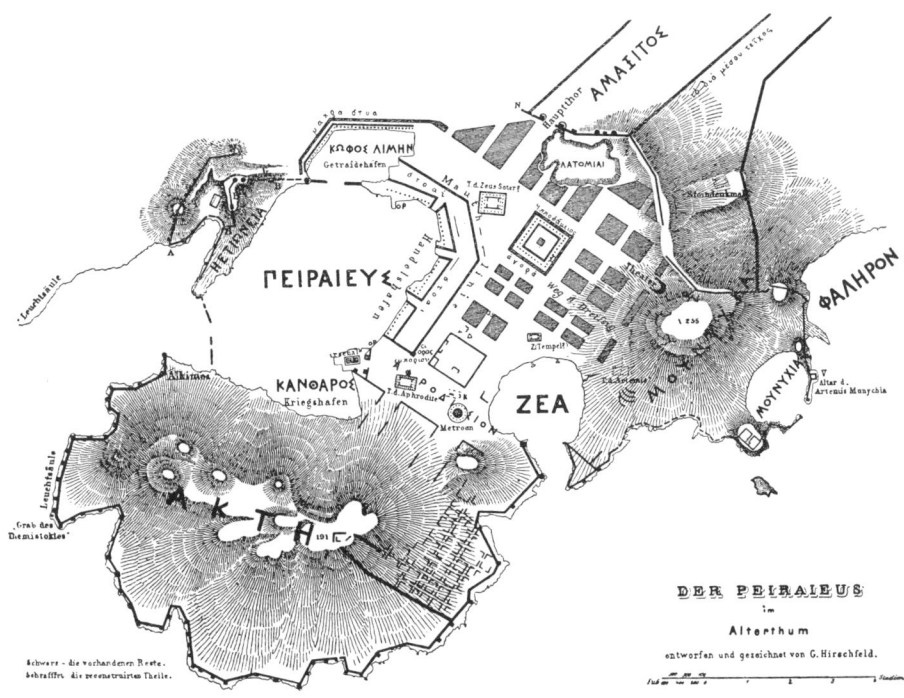

Abb. 355. Plan der Hafenstadt Piräus.

Die Anlage schmiegt sich auf das Genaueste dem hügeligen Gelände an; die Hauptstraßen laufen senkrecht auf einen der beiden Haupthügel zu, so daß dieser den Abschluß des Straßenbildes darstellt. Ebenso verlaufen sie senkrecht oder parallel zum Hafenquai; Theater und Tempel und sonstige öffentliche Gebäude lehnen sich an die Hügel an oder bilden den Abschluß des Straßenbildes wie z. B. der Tempel der Aphrodite. Kriegshafen und Arsenal sind gegen die Stadt abgeschlossen, die Hügel in die Befestigungsmauern einbezogen usw.

Hügel gelegenen, z. B. mit Solunt auf Sizilien, zu vergleichen. Während sich in Gurnia das unregelmäßige Straßennetz über den ganzen Stadthügel hinzieht und auf die gewundenen Hauptwege kleine Nebengäßchen münden, während ferner größere Steigungen durch Treppenstufen überwunden werden, finden wir an dem ein Jahr= tausend später gebauten Solunt Parallelstraßen, die am Hügel hinaufführen und von einer breiten Horizontalstraße rechtwinklig geschnitten werden. Diese Wandlung ist dem maßgebenden Beispiele zu verdanken, das Hippodamos mit seiner vorbildlichen Anlage von Piräus gegeben hat. Die Straßen zerfallen in breite Haupt= und Neben= straßen, sie schneiden sich alle rechtwinklig und schließen Häuserblocks ein. Dabei ist jede Langweiligkeit vermieden. Tempel, Theater und Kastell sind so angeordnet, daß sie bei der Einfahrt in den Hafen der Stadt zum Schmucke gereichen: Die Tempel des Zeus und der Aphrodite flankieren den Quai, der Tempel der Athene fügt sich in das Bild. Das Theater erhebt sich über der Stadt, etwa in der halben Höhe des vom Kaftell gekrönten Hügels. Die Tempel ftehen fo, daß fie die Straßenzüge abfchließen. Von den Straßen aus ift ftets die Front und eine Seite des Tempels zu fehen, was dem Abfchluß das Starre nimmt, das eine quer vorgelagerte Front ja faft ftets im Gefolge hat. (Abb. 355.)

Daß der Bebauungsplan auch unter fchwierigen Verhältniffen kraft einer weit vorgefchrittenen Städtebautechnik durchgefetzt wird, zeigt die Anlage von Priene,

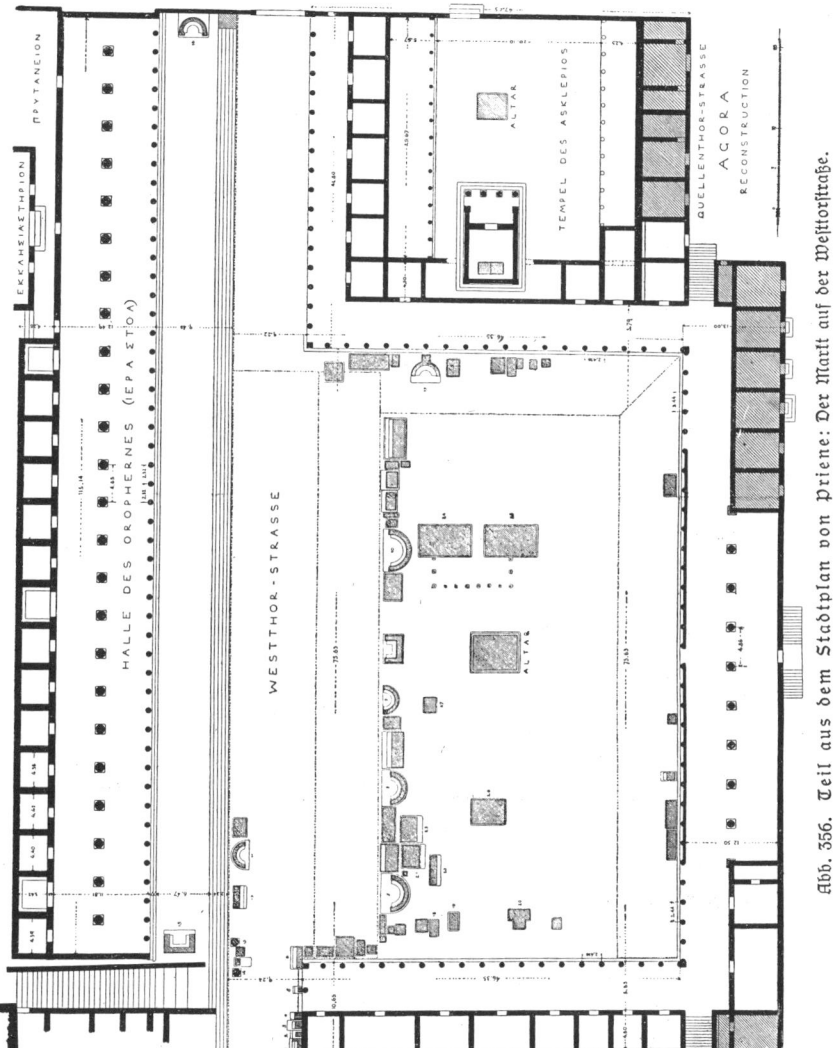

Abb. 356. Teil aus dem Stadtplan von Priene: Der Markt auf der Weſttorſtraße.

die aus dem 4. Jahrhundert v. Chr. ftammt. Hier find die Verhältniffe derart fchwie= rig, daß auch ein Städtebaumeifter der Jetztzeit große Mühe hätte, eine Stadt gerade an diefer Stelle anzulegen. Über der Ebene des Mäander fteigt 365 m hoch

18*

der Felſen der Akropolis empor. Von ſeinem Fuße zieht ſich mit ziemlich ſtarkem Ge=
fälle ein weit ausgedehnter Abhang in die Ebene des Mäander nieder. Auf ſolchem
Boden ſoll nun eine Stadt erſtehen! Man hat Teile des Abhangs eingeebnet und
darauf Terraſſen geſchaffen, die die Straßenzüge und Häuſer aufnahmen. Auf der
entſtandenen hochgelegenen künſtlichen Ebene werden ſechs Längsſtraßen gebaut,
von denen eine, die Hauptſtraße, in einer Breite von ſieben Metern angelegt wird. Sie
führt, ein helleuchtender Streifen, von dem Weſttor der Stadtmauer aus in gerader
Linie oſtwärts in das Herz der Stadt, wo ſie den Markt (ἡ ἀγορά) ſchneidet. (Abb. 356.)
Dicht an der Stadtmauer befinden ſich Gymnaſium und Stadion ſowie das Heilig=
tum der Demeter. Über dieſer unterſten, den Hauptteil der Stadt tragenden Terraſſe
iſt eine zweite kleinere eingeebnet, auf der der Athenetempel des Pythos ſteht,
der das Stadtbild krönt und beherrſcht. Die ſchwierigen Verhältniſſe des Untergrunds
nötigen dazu, ihm eine hohe Stützmauer zu geben. Er wird von dem Theater flan=
kiert und iſt von den gleichfalls rechtwinklig ſich ſchneidenden Straßen der oberen
Stadt, die einen eigenen Marktplatz hat, umgeben. Nur da, wo die Steilheit eine zu
große wird, gehen die geraden Straßenzüge in Treppen über, die man aber nach
Möglichkeit vermeidet. Lieber gibt man der Straße, um die Höhe zu gewinnen,
einen Abſatz. Auf den hohen, faſt ſenkrecht emporſteigenden Akropolisfelſen endlich
führt mehrere hundert Meter hoch eine Felſentreppe hinauf. Man muß zugeben,
daß gerade bei dieſer Stadtanlage die Städtebautechnik des Altertums einen ihrer
höchſten Triumphe gefeiert hat; verſtand man es doch, alle Schwierigkeiten des Bo=
dens zu überwinden, ohne auch nur um ein Haar von dem nach hippodamiſchem
Vorbild entworfenen Plan abzuweichen.

In Küſtenſtädten richtet man die Straßen meiſt ſo ein, daß ſie der Küſte parallel
laufen. So hat das nach dem Plane von Deinokrates im Jahre 331 v. Chr. begon=
nene und ausgebaute Alexandria ſieben der Küſte parallel laufende und elf ſie recht=

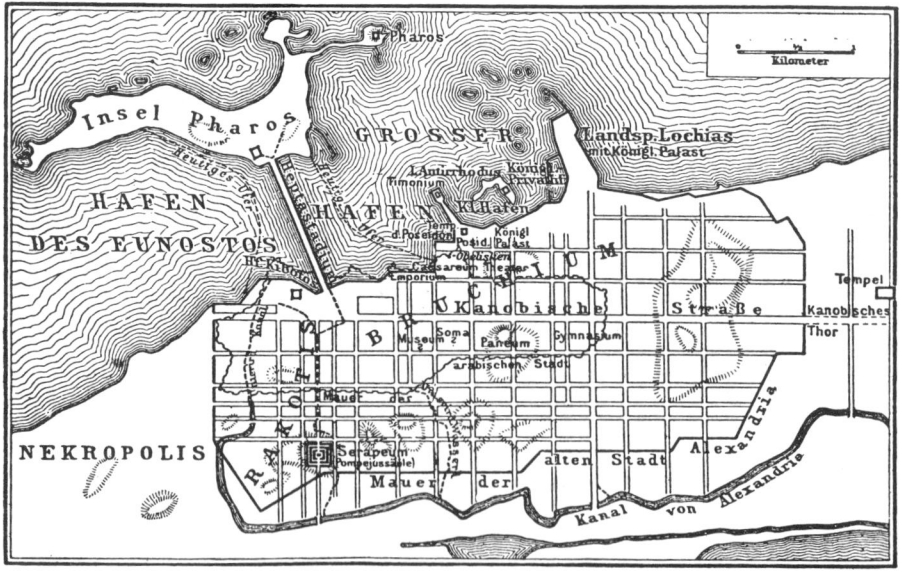

Abb. 357. Plan von Alexandria.

winklig schneidende Straßen von je sieben Meter Breite. Die beiden Hauptstraßen waren in einer Breite von vierzehn Metern angelegt. Die davor liegende Insel Pharos, die den berühmten Leuchtturm (siehe Seite 249) trug, war mit der Stadt durch einen mächtigen, sieben Stadien (1290 m) langen Damm (Heptastadion) verbunden. Die längste Straße, die Kanobische, hatte eine Länge von nicht weniger als 5½ km.

Wie bei den Mesopotamiern, so waren auch bei den Griechen Terrassierungen gebräuchlich, wobei die einzelnen Terrassen teils durch Aufschüttungen, teils durch Abtragungen gewonnen wurden. Wo es nottat, brachte man zur Festigung mächtige Mauern an, die dem Drucke der dahinterliegenden Erdmassen nebst dem der darauf stehenden Gebäude trefflich widerstanden. Das glänzendste Beispiel altgriechischer Terrassierungstechnik ist wohl die Stadt Pergamon, deren Entwicklung sich in der Hauptsache unter Eumenes II. (197—159 v. Chr.) vollzog. Die Steilhänge des Burgberges zeigen nichts vom Einflusse des Hippodamos, weisen hingegen Terrassen von so gewaltiger Größe und so vollendeter technischer Ausgestaltung auf, daß sie auch heute noch unser Erstaunen erregen. Die unterste der drei langgestreckten Terrassenstufen hatte eine Höhe von 12—14 m und war durch eine Mauer gestützt. Sie trug das Gymnasium und dicke Rundtürme, die sich bereits wieder an die Stützmauern und Strebepfeiler der nächsthöheren Terrasse anlegen. Eine überwölbte Wendeltreppe führt mit vierzig Stufen zu dem mittleren „Gymnasium der Epheten", das sich auf der imposanten zweiten Terrasse erhebt. Hier sind lange Hallen, Zimmer, Tempel usw. usw. erbaut. Das oberste Gymnasium auf der dritten Terrasse endlich schließt eine Art von Theater, Säle, Baderäume usw. usw. ein. Die Last aller dieser auf drei Terrassen übereinander aufsteigenden Gebäude muß eine ganz gewaltige gewesen sein, und doch hat sich das Gefüge der Stützmauern, solange die Stadt bestand, weder unter dieser Last noch unter der der Erd- und Felsmassen, die gleichfalls auf diese Mauern drückten, irgendwie gelockert. (Eine Darstellung dieser Terrassierung gibt der linke Teil des Planes der Wasserleitung von Pergamon Seite 427 Abb. 573).

Die Technik des römischen Städtebaues.

Die Technik des römischen Städtebaus fußte teils auf alten Überlieferungen, teils wurde sie durch das hippodamische Beispiel beeinflußt, zum Teil aber wurde die Anlage der Städte dadurch bestimmt, daß sie aus römischen Befestigungsanlagen, aus Kastellen, hervorgegangen sind. Die alte Überlieferung zeigte sich hauptsächlich bei der Wahl des Platzes, auf dem man eine Stadt zu errichten pflegte. Man wählte Hügel oder den Vereinigungspunkt zweier Täler, wo dann die Stadt auf der durch sie gebildeten Landzunge erstand. Die Zahl der altrömischen Hügelstädte ist eine sehr große. Als Beispiele für die an zwei Tälern gelegenen Städte seien Tarquinii, Dolaterrae usw. usw. erwähnt. Auch Koblenz ist hierher zu zählen. Die aus einem römischen Kastell hervorgegangenen Städte zeigen zum Teil auch heute noch in der Anordnung des inneren Stadtkerns und der darin gelegenen sowie der von ihm ausgehenden Straßen die alte Einteilung des Kastells. Solche Städte sind z. B. Aosta, Turin, Trier, Cöln, Spalato, Timgad, Lambaesis usw. (Abb. 358 bis 360 S. 278 bis 280). Aber auch bei den Städten, die nicht unmittelbar aus einem römischen Kastell hervorgegangen waren, zeigt sich nicht allzu selten die bei diesen übliche Anordnung der Straßenzüge usw., die man somit als ein kennzeichnendes Merkmal des römischen

Städtebildes anſprechen kann. Sowohl in der Stadt wie beim Kaſtell findet man in der Regel zwei Hauptſtraßen, die ſich im Stadtinnern ſenkrecht ſchneiden und die Stadt in vier Stadtviertel einteilen. Eine dieſer Hauptſtraßen war die eigentliche

„Hauptſtraße“ der Stadt, die via principalis. Die an ihren Enden liegenden Tore waren die „porta principalis dextra“ und die „porta principalis sinistra“. Die ſie ſenkrecht ſchneidende Straße, die „via decumana“ oder der „decumanus“, war nach der einen Seite durch die „porta decumana“, nach der anderen durch ein zweites Tor abgeſchloſſen, das bei den Kaſtellen als „porta praetoria“ bezeichnet wurde. Die Hauptſtraßen waren gewöhnlich mit mehr oder minder großer Genauig= keit nach den Himmelsrich= tungen eingeſtellt, wobei man ſich jedoch meiſt mit einer minder großen Genauigkeit be= gnügte, da man die Stelle des Auf= und Untergangs der Sonne nur ſo ungefähr be= ſtimmte. Im übrigen bewirkten auch abergläubiſche Vorſtellun= gen, daß man im Laufe der Zeiten eine Drehung vornahm, ſo daß die alte Südnord=Straße, die via principalis, vielfach zu einer Oſtweſt=Straße wird. Dann wirken aber auch noch

Abb. 358. Stadtanlage von Timgad.
Als typiſches Beiſpiel einer aus einem Kaſtell hervcrgegangenen römiſchen Stadt.

ſtrategiſche Erwägungen ein, die dazu führen, daß man bei den Kaſtellen die porta praetoria gegen den Feind zu richtet. Derartige Einzelheiten ändern ſich von Fall zu Fall, im allgemeinen aber beſteht der Grundriß der römiſchen Stadt aus einem meiſt länglichen, von zwei ſenkrechten Straßenzügen durchſchnittenen Viereck.

Die Stadtgründung ſtellt ſich nach Merckel als ein Gemenge von techniſchen Maßregeln, abergläubiſchen und alten von den Etruskern übernommenen Über= lieferungen dar. Sollte eine Stadt oder ein feſtes Lager gegründet werden, ſo wurde zunächſt die Stadtumwallung feſtgelegt. Ein mit zwei weißen Tieren verſchiedenen Geſchlechts beſpannter Pflug wurde auf der Spur des zukünftigen Stadtgrabens derart herumgeführt, daß die Schollen nach innen lagen. Sie bildeten den Anfang der Befeſtigung, des Walls. Die Väter der zukünftigen Stadt, die den Pflug führten und geleiteten, ſchritten dabei immer nach links herum: Ein Umgang nach rechts hätte der Stadt Unglück gebracht. Am Platz der Stadttore zog man keine Furche, fondern hob den Pflug aus der Erde und trug ihn über die Breite des zukünftigen Tores hinweg. Manche Ansiedlungen haben nicht scharfe, sondern etwas abgerundete Ecken an ihrer Umwallung, was sich vielleicht dadurch erklären läßt, daß man mit

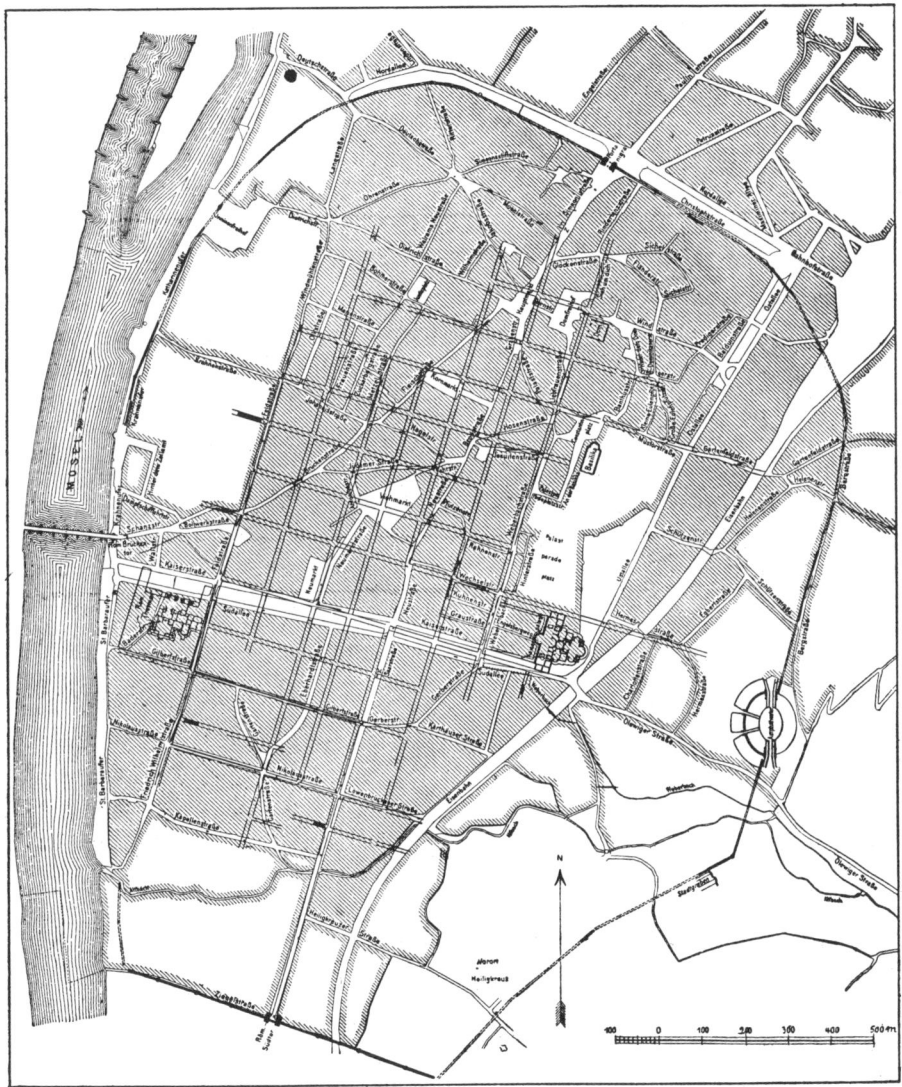

Abb. 359. Plan des römischen Trier.

dem Pfluge kein scharfes Eck machen konnte. Man führte ihn am Eck in einer Kurve aus der einen Richtung in die andere über. Dann wurden, nachdem so die Umwallung festgelegt war, die inneren Stadtteile in gleicher Weise abgegrenzt. Daß man dabei gewisse Himmelsrichtungen innehielt, wurde bereits oben erwähnt. Nachdem unter

Abb. 360. Modell des römischen Cöln. In der Mitte sind die alte Kastellanlage und ihr Umfang deutlich erkennbar. Dorn und zu beiden Seiten neuere Stadtteile mit Theater, Tempeln usw. Diesseits der Rheinbrücke der kastellartige Brückenkopf.

mancherlei Zeremonien, die mit der Technik des Städtebaus nichts zu tun haben und deshalb übergangen werden können, alle Grenzlinien gezogen und die Grenzsteine gesetzt waren, wurde eine Karte der zukünftigen Stadt aufgenommen. Man vermaß die Länge und Breite der einzelnen Straßenzüge, zeichnete auch das außerhalb der Mauer liegende Gebiet, das zu der Stadt gehörte, genau auf und grub dann den Stadtplan in Erz oder Marmor. Die Tafel wurde an einem öffentlichen Ort angeschlagen, so daß man jederzeit Einsicht nehmen konnte. Eine zweite Zeichnung auf Leinwand wurde nach Rom gesandt und dort in einem besonderen Archiv aufbewahrt, das also unserem heutigen Katasteramt entsprach. Zu den Karten gab es noch schriftliche Erläuterungen auf Wachstafeln, auf denen die Namen der einzelnen Grundbesitzer, die Nummern ihres Besitzes, der oft durch das Los verteilt wurde, usw. usw. zu ersehen waren.

Die derart angelegten Städte lassen noch heute, wie z. B. Cöln, Trier usw., das Planmäßige ihrer Gründung erkennen. (Abb. 359 und 360.) Während so die römische Provinzstadt meist als eine im gewissen Sinne „moderne" Stadt bezeichnet werden kann, sieht es in den autochthonen Städten, vor allem in Rom, noch in später Zeit sehr übel aus. Eine anschauliche Schilderung hiervon gibt Friedländer:

„Noch gegen Ende der Königszeit glich Rom, trotz seiner bereits beträchtlichen Ausdehnung, welche durch den Gang der Servianischen Mauer bezeichnet ist, einer jetzigen Landstadt. Noch wurden im Innern der Stadt Landwirtschaft und Viehzucht getrieben. Die Häuser waren mindestens zum großen Teil aus Holz und Lehm gebaut und hatten Strohdächer. Auf den ungepflasterten Straßen wandelte man im Sommer in Staubwolken, im Winter in Kot.

Die Mängel der spätern Anlage der Stadt werden von den Alten auf den nach dem gallischen Brande (390 v. Chr.) planlos und tumultuarisch betriebenen Neubau zurückgeführt. Die Quartiere waren unregelmäßig, die Gassen eng und gewunden, die Häuser standen vielfach in gedrängten Massen. Ziegeldächer wurden nur sehr allmählich allgemein, die Deckung mit Holzschindeln erhielt sich bis zum Kriege mit König Pyrrhus (284 v. Chr.): ein Beweis für den damaligen Waldreichtum Italiens, in dem Rom in der Folgezeit mit seinen aus Fachwerk hoch aufgetürmten, so oft abbrennenden Miethäusern gewaltig aufräumte. Noch viel später wurde ein Anfang zur Pflasterung der städtischen Straßen gemacht. Begann nun Rom auch nach und nach seinen dorfartigen Charakter abzulegen (wie z. B. schon vor 310 v. Chr. die hölzernen Buden der Fleischer am Forum den Geschäftslokalen der Geldwechsler gewichen waren), so erfolgten doch die Verschönerungen so langsam und vereinzelt, daß noch am Hofe Philipps von Mazedonien (174) die römerfeindliche Partei über das unschöne Aussehen der weder durch öffentliche noch Privatbauten glänzenden Hauptstadt Italiens spotten konnte. Die Ausstattung derselben mit ansehnlichen Bauwerken war damals erst seit kurzem in Angriff genommen worden."

Trotzdem man in Rom seit den Zeiten Sullas die großartigsten Prachtbauten aufführte, blieben die Straßenzüge doch unverändert, und auch Augustus, der die architektonische Neugestaltung der römischen Hauptstadt in die Wege leitete, vermochte daran nichts zu ändern. Die Nachteile einer derartigen Stadtanlage erkannte man sehr wohl. Unter Tiberius klagte man, „daß die Höhe der Häuser sehr groß und die Straßen so eng seien, daß es weder einen Schutz gegen Feuersgefahr noch eine Möglichkeit gebe, bei einem Einsturze nach irgendeiner Seite hin zu entkommen". Der neronische Brand (64 n. Chr.) gewann seine große Verbreitung lediglich durch die eben geschilderten Übelstände. Als man die durch ihn zerstörten Stadtteile wieder aufbaute und

die Häuser bis zu einer gewissen Höhe aus feuerfestem Material, aus gabinischem und
balanischem Stein aufführte, blieben die alten Mißstände doch zum Teil bestehen.
Die Fehler des bodenständigen Städtebaus machten sich in einer ungeheuren Wert=
steigerung des Bodens geltend. Man mußte also, wie dies in heutigen Großstädten
ja auch noch geschieht, in die Höhe bauen. Nach Juvenal gab es in Rom Fenster,
von denen man Gegenstände auf der Straße nur wie im Nebel sah. „Füge man zu
der Ausdehnung und dem Umfange Roms", sagt Plinius, „die Höhe der Häuser
hinzu, so könne sich keine andere Stadt in der Welt an Größe vergleichen." Dabei
hatte Rom, wie Friedländer in einer guten Zusammenstellung zeigt, höhere Häuser
als die modernen Großstädte: „Während die Berliner Bauordnung von 1860 als
Maximalhöhe der Straßenfronten nur 36 Fuß (12 m) bei der gleichen Straßenbreite
und eine größere Höhe nur bei einer entsprechend größern, die Wiener nur 45 Fuß
(15 m) (bei höchstens 4 Stockwerken), die Pariser höchstens 63,6 Fuß (21 m) (bei
einer gleichen Straßenbreite) gestattet, bestimmte August die Maximalhöhe der Vorder=
häuser in Rom auf 70 römische (etwa 66 preußische) Fuß (22 m), was 6—7 Stockwerke,
Trajan angeblich auf 60 römische (etwa 56 preußische) Fuß (18 m), was 5—6 Stock=
werke zuläßt. Beide schwerlich streng aufrecht erhaltenen Bestimmungen erstreckten
sich gar nicht auf Hofgebäude und Hinterhäuser, welche also ohne Zweifel vielfach
höher gebaut wurden: Bei Martial hat ein armer Schlucker „zweihundert Stiegen"
zu seiner Kammer zu steigen. Außerdem waren die Maximalhöhen bei jeder Straßen=
breite zulässig, und in bezug auf diese stand Rom hinter den modernen Großstädten sehr
zurück. Während in Berlin die Durchschnittsbreite sämtlicher Straßen 22 m beträgt,
scheint in Rom die der größeren Hauptstraßen nur 5—6,50 m betragen zu haben,
also geringer gewesen zu sein als die unterste der Pariser Skala von 7,80 m, bei welcher
dort nur eine Häuserhöhe von 11,90 m zulässig ist. Eine durch ihre Läden so lebhafte
Straße wie der Vicus Tuscus in Rom hatte eine Pflasterbreite von nur 4,48 m,
der Vicus Jugarius von nur 5,50 m. Hatte Tyrus (nach Strabo) in der Tat noch
höhere Häuser als Rom, so war dies durch seine Lage auf einem engen Inselfelsen
bedingt."

Die neueren Straßen Roms wurden dann planmäßig angelegt und sind infolge=
dessen lang und gerade. Betrachtet man den in den Sammlungen des Kapitols
befindlichen, auf einer Marmortafel eingegrabenen, aus dem dritten Jahrhundert
n. Chr. stammenden Plan Roms, der allerdings nur in Bruchstücken vorhanden ist,
so erkennt man hier die so verschiedenartige Ausgestaltung der einzelnen Quartiere:
winklige und mannigfach zerschnittene wechseln mit neueren geradlinigen ab.

Wie oben bereits ausgeführt wurde, waren für die Anlage von Städten zunächst
strategische Gesichtspunkte, dann solche des Handels sowie auch Überlieferungen
usw. maßgebend. Wenn auch diese Grundsätze im ganzen und großen erhalten blie=
ben, so erkannte man später doch, daß auch noch andere Dinge zu berücksichtigen waren.
Maßgebend wurden auch hier die Lehren des Hippodamos, die von Aristoteles
(384—322 v. Chr.) zusammengefaßt, wohl auch erweitert und uns überliefert wur=
den. Nach Aristoteles war eine bei der Gründung einer Stadt unter allen Umständen
zu fordernde Bedingung, daß der Ort, wo sie erstehen sollte, frische Luft und genü=
gende Mengen guten Wassers habe. Der Platz sollte möglichst offen nach Westen
und Norden sein, damit er den von dorther wehenden Winden ausgesetzt war, da
diese erfrischend wirken. Dann sollte die Lage allen strategischen Anforderungen ent=
sprechen, außerdem sollte sie die Anlage von schützenden Mauern erleichtern. Des
weiteren sollte es möglich sein, den Feind von der Stadt her leicht zu schädigen. Auch

die Regierungsform ist zu berücksichtigen. Städte mit Burgen eignen sich für Monar=
chien und Oligarchien, eben gelegene Städte für Demokratien, Städte mit mehreren
festen Burgen für Aristokratien.

Zu ähnlichen Leitsätzen wie Aristoteles kommt Vitruv (I 4): „Zunächst han=
delt es sich um die Wahl eines sehr gesunden Ortes. So aber wird er sein, wenn er
hochgelegen, weder dem Nebel noch dem Reife ausgesetzt und weder den heißen
noch den kalten, sondern den gemäßigten Himmelsgegenden zugewendet ist. Er wird
ferner gesund sein, wenn die Nähe eines Sumpfes vermieden wird, denn wenn mit
Sonnenaufgang die Morgenlüfte zur Stadt gelangen und die aufsteigenden Nebel
sich mit diesen verbinden und die mit dem Nebel vermischte giftige Ausdünstung
der Sumpftiere den Körpern der Bewohner durch das Wehen der Morgenlüfte ein=
gehaucht wird, werden sie den Ort ungesund machen. Ferner wird, wenn die Mauern
längs des Meeres und in der Richtung gegen Süden oder Westen errichtet werden,
die Stadt nicht gesund sein, weil während des Sommers die südliche Himmelsgegend
bei Sonnenaufgang warm und um Mittag heiß wird; ebenso wird die gegen Westen
gerichtete Seite nach Sonnenaufgang ein wenig erwärmt, um Mittag warm, am
Abend glühend." Des weiteren mahnt Vitruv, sich bei der Anlegung von Stadtmauern
vor jenen Gegenden zu hüten, die durch die Wärme schädliche Ausdünstungen erzeu=
gen. Ebenso werden aber auch durch die Abkühlung der Feuchtigkeit, der Winde und
Lüfte den Körpern krankhafte Zustände zugeführt. Liegen die Stadtmauern in
längs des Meeres befindlichen Sümpfen, und sind sie gegen Norden oder zwischen
Norden und Osten gerichtet, und jene Sümpfe liegen höher als die Meeresküste, so
scheinen sie mit Überlegung angelegt. Man kann dann durch Ziehen von Gräben
einen Wasserabfluß an die Küste bewerkstelligen. Außerdem wird bei hochgehender
See die Brandung in die Sümpfe geworfen und tötet mit ihrem Salzgehalt die Sumpf=
tiere. Darum sind die Munizipalstädte Altinum (beim heutigen Venedig), Ravenna,
Aquileja so „unglaublich gesund". Wo die Sümpfe jedoch stillestehen und weder durch
Flüsse noch durch Gräben Abfluß haben, wie die pontinischen, da geraten sie in Fäulnis
und erzeugen ungesunde Dünste. Aus diesem Grunde wurde in Apulien die alte Stadt
Salapia durch M. Hostilius verlegt, der mit Erlaubnis des römischen Senates
und Volkes an einem gesunden Orte eine neue Stadt Salapia gründete. Er gab sogar
dem benachbarten See eine Verbindung mit dem Meere, so daß der See als Hafen
für die Neugründung diente. „So wohnen jetzt die Salapiner viertausend Schritt
von ihrer alten Stadt entfernt an einem gesunden Orte." Die Ausführungen Vitruvs,
die im übrigen von unendlicher Weitschweifigkeit sind, so daß wir nur das Wesent=
lichste daraus wiedergeben können, lassen erkennen, daß Technik und Hygiene zu seiner
Zeit schon bei der Wahl des Ortes für die Neuanlage einer Stadt eine hervorragende
Rolle spielten.

Ehe man nun im Altertume die Anlage der Stadt selbst in Angriff nahm, war es
nötig, sich vor feindlichen Überfällen zu schützen, damit man in Ruhe bauen konnte.
Nachdem man in der oben bereits beschriebenen Weise das Areal abgesteckt hatte,
ging man zunächst an die Ausführung der Befestigung, an die Herstellung der Mauern
und Türme.

Literatur zum Abschnitte: „Der Städtebau" siehe hinter dem Abschnitte „Bau=
arten, Bauausführung und Baustoffe".

Befeſtigungen.

Die Wälle.

Offene Siedelungen waren im Altertume bei weitem ſeltener als heute, ja ſie waren, wie man wohl behaupten kann, zu manchen Zeiten und bei manchen Völkern die Ausnahme. Freilich hat man auch ſpäter Bauten außerhalb der Mauern und Wälle errichtet, wie z. B. in Pompeji, auf der Saalburg uſw. uſw., aber immerhin lehnten ſich auch dieſe Siedelungen derart an die Befeſtigung an, daß man ſich raſch in deren Schutz zurückziehen konnte. Um ſich gegen Feinde zu ſichern, wählte man zur Niederlaſſung mit Vorliebe einen hochgelegenen Ort, von dem aus man das Heran= nahen feindlicher Scharen beſſer erkennen konnte, und der es ermöglichte, ſie von oben her zu bekämpfen. Dann aber umgab man die neue Anſiedlung, und zwar, wie bereits am Schluße des vorigen Abſchnittes angeführt wurde, meiſt noch vor Errichtung der Wohnſtätten mit der eigentlichen Befeſtigung. Dieſe war in ihrer älteſten und ein= fachſten Form ein Wall. Zunächſt begnügte man ſich damit, einen einfachen Erd= wall aufzuwerfen. Derartige Erdwälle haben, ebenſo wie die aus ihnen ſpäter hervor= gegangenen kunſtvolleren Befeſtigungen, die verſchiedenartigſte Form, die durch die Natur des Geländes beſtimmt wurde. Die Befeſtigungstechnik weiß ſich ſchon auf den niedrigſten Stufen ihrer Entwicklung der Geländeform anzupaſſen. Man erſparte z. B. Arbeit, indem man Flußläufe, Flußwindungen und Einmündungen von Flüſſen als natürliche Befeſtigungen benutzte und nur noch auf einer Seite einen Wall von meiſt geradliniger oder ſchwach gebogener Form aufſchüttete. Dann aber legte man auch Ringwälle an, die die ganze Siedelung ein= ſchloſſen, oder die ſich in der Nähe der Siedelung befanden und dann nur als Zufluchtsſtätte, als „Re= fugium" dienten. Dieſe Ringwälle haben bald runde, bald längliche, bald auch rechteckige Form. Die Tech= nik ihrer Herſtellung war eine einfache. Man rodete die Bäume in der Um= gebung aus und ebnete

Abb. 361. Wendiſcher Ring=Wall aus Erde aufgeſchüttet
Länglich=runde Form.
Im Zootzenwald bei Friefack (Mark Brandenburg)

die innerhalb des Walls liegende Fläche ein. Der Wall ſelbſt wurde aus Erd= reich aufgeſchüttet, dem man, um ihn haltbarer zu machen, ſchon ſehr frühe

Steine beimengte. Beim Ausheben des Erdreichs ergab sich von selbst der Graben, der sich aber nicht bei allen Ringwällen findet. Manchmal wird die Umwallung ohne die Anlage eines Grabens von innen und außen her aufgeworfen, so daß sich innen ein vertieftes Plateau, außen ein natürlicher Übergang in die Umgebung bildet. (Abb. 361.) Manche Siedelungen haben zwei Gräben. Wo das Aufführen von Wällen mit den damaligen primitiven Hilfsmitteln, die oft nur aus einer einfachen Hacke bestanden, gar zu mühselig erscheint, oder wo nicht genügend Erdreich vorhanden ist, da türmt man einfach Steine übereinander. Derartige ursprünglich wohl mit Balken zusammengehaltene Steinwälle von beträchtlichem Umfang umziehen z. B. in mehrfacher Reihe den Altkönig im Taunus. (Abb. 362 und 363.) Es sind hier solche Massen von Steinen in derartiger Breite und Höhe und in kilometerweitem Umfang übereinandergetürmt, daß man noch heute über die damals geleistete ungeheure Arbeit staunen muß. Schon frühzeitig findet sich bei der Anlage der Ringwälle die Verwendung von Palisaden.

Abb. 362. Ringwall am Altkönig (Taunus).
Oberer Wall des Doppelwalles.

Das Pfahlwerk war ja aus den gefällten und beiseitegeschleppten Bäumen leicht zu beschaffen. So war es nur natürlich, daß man es zur Befestigung benutzte. Zur Keltenzeit wird dann das Holz noch in anderer Weise verwendet. Man errichtet mächtige Trockenmauern mit reichlichem

Abb. 363. Ringwall am Altkönig (Taunus). Unterer Wall.

Holzriegelwerk (murus gallicus alternis trabibus ac saxis), eine Befestigungsart, die später auch von den Römern übernommen und an ihrem gegen Germanien gerichteten Grenzwall (limes) besonders in Obergermanien angewendet wurde.

Manche Anlagen zeigen technische Besonderheiten. So bestehen sowohl die „Heiden=
mauer" auf dem Odilienberg wie die Frankenburg bei Schlettstadt, die beide der
La=Tène=Zeit (400 v. Chr. bis Chr. Geburt) angehören, aus mächtigen Sandstein=
quadern mit hölzernen Schwalbenschwanzdübeln, die zur Verbindung der Steine
dienten. Sie besitzen jedoch keine Holzeinlage mehr. Eine besondere Eigenart weisen
noch die sogenannten „Glasburgen" auf, die hauptsächlich in Böhmen und Schottland
vorkommen. Während bei den sogenannten „Brandwällen" infolge starker Brand=

einwirkung eine stellenweise
Verschlackung eingetreten ist, ist
bei den Glasburgen der ganze
Wall verschlackt und dadurch
zu einer zusammenhängenden
Masse geworden. (Abb. 364.)
Über die Technik der Errichtung
derartiger Glasburgen sind
mancherlei Erklärungen ge=
geben worden. Es erscheint
zweifelhaft, ob die Verschlackung
absichtlich herbeigeführt wurde.
Wahrscheinlicher ist es, daß sie
beim zufälligen Brand einer
aus Steinen, Holz und Erde
bestehenden Mauer eintrat. Da=
für spricht, daß man bei vielen

Abb. 364. „Schlackenwall" bei Plauen im Vogtland.

Glasburgen Reste von Holzkohlen und Asche findet, die auf das Vorhandensein reich=
licher Holzmengen in der ursprünglichen Mauer schließen lassen. Des weiteren stim=
men Bauart und Anlage derartiger Schlackenwälle, wie z. B. des von Plauen im
Vogtlande vollkommen mit den Keltenwällen überein, wie sie Cäsar (de bell. gall.
VII 23) beschreibt.

Mauern, Türme und Gräben.

Aus den Ringwällen sind dann die Befestigungsmauern hervorgegangen, bei
manchen Völkern, wie z. B. den kleinasiatischen Griechen, ziemlich spät. Noch im
6. Jahrhundert v. Chr. treffen wir dort verhältnismäßig selten auf Mauern, wenigstens
nicht auf senkrechte. So war z. B. die Mauer des Herakles (Jlias VII 327—347,
435—411) wahrscheinlich nur ein durch eine Mauer gestützter Wall. Wir werden
auf die übrigen Mauern im Gebiete Trojas weiter unten noch eingehender zurück=
kommen. Allerdings gab es in Mesopotamien schon früher nach sehr gut durch=
gearbeiteten Plänen hergestellte Befestigungen, wie uns dies der wahrscheinlich
aus der Zeit von 3100 v. Chr. stammende Plan einer altbabylonischen Festung be=
weist. (Abb. 365.) Wir sehen hier, daß die in der Mauer befindlichen Tore durch vor=
springende Türme geschützt sind, und daß sich der Eingang zu ihnen allmählich ver=
engt, so daß der gegen die Tore anstürmende Feind sich vor dem Tore zusammendrängen
muß. Hier bietet er den Verteidigern, die auf den in staffelförmigem Grund=
risse vorspringenden Flankierungstürmen stehen, ein gutes Ziel. Ebenso zeigen
auch die Ausbildung der Ecken, die Anbringung von Türmen in einer langen Mauer=

front neben vielen anderen Einzelheiten den hohen Stand der damaligen Befestigungs=
technik. Daß man um jene Zeit in Mesopotamien bereits vom Erdwall zur richtigen
Mauer übergegangen war, beweisen im übrigen die Ausgrabungen in Nippur,
südöstlich von Babylon. Hier wurde die erste Mauer bereits in der frühesten vorsemiti=
schen Zeit (vor 4000 v. Chr.) gebaut. Auf dieser führte Naram=Sin (um 3750 v. Chr.)
seine Mauer bis zu einer beträchtlichen Höhe in den charakteristischen breiten Ziegeln
dieses Zeitabschnittes auf. Auf der Innenseite der Mauer, die später nochmalige
Aufbauten aufnahm, waren Lä=
den für Händler eingebaut. In
der Mauer befand sich das große
Stadttor mit drei Eingängen,
einem mittleren großen, tiefer=
liegenden für Tiere und auf
beiden Seiten kleinere, zu de=
nen Stufen hinaufführten, für
die Menschen. Eine ganz beson=
ders sorgfältige Ausnützung der
durch die Umgebung dargebote=
nen Verhältnisse zeigten die Be=
festigungen von Kujundschik.
Sie waren mit einer Art von
Forts versehen, die in Form von
Türmen auf Hügeln vor der
eigentlichen Stadtmauer errich=

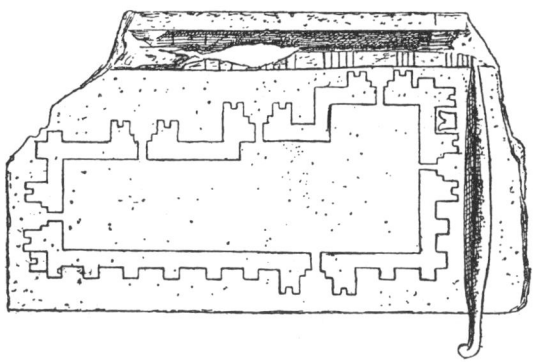

Abb. 365. Plan einer altbabylonischen Festung
(auf einer Statue des Herrschers Gudia) um 3100 v. Chr.
(siehe auch S. 271).

tet waren. Dann kam die Mauer selbst, hierauf zwei tiefe Gräben und
dann noch zwei weitere Mauern, von denen die eine so hoch war wie die
äußere Hauptmauer. Diodor erzählt, daß die Mauern eine Höhe von über 30 m
gehabt hätten, und daß sie so hoch und breit waren, daß drei Wagen nebeneinander
fahren konnten. Die inneren Mauern waren aus Steinen und Ziegeln erbaut, während
die äußeren ihrer Natur nach mehr zu den Wällen zu rechnen sein dürften. Sie schei=
nen nur aus Erde, lockeren Kieseln und Steinen bestanden zu haben. Die letzteren
wurden aus den Gräben gewonnen, die man mit ungeheurer Arbeit in den festen
Konglomeratfelsen einhaute. Die Ausgrabungen haben gezeigt, daß der Unterbau der
eigentlichen Mauern aus Stein hergestellt war, und daß sie einen Oberbau aus un=
gebrannten Backsteinen trugen. Der obere Rand der Steinmauer war mit Stufen=
absätzen verziert. Die Mauer lehnte sich teilweise so an den Fluß an, daß dieser
einen natürlichen mit Wasser gefüllten Graben vor ihr bildete. Da, wo eine
Anlehnung an den Fluß nicht möglich war, war sie durch einen von ihm ab=
zweigenden Kanal geschützt. Wo dieser endigte, schloß sich dann (an der Nordseite)
ein tiefer Graben an.

In ganz besonders hohem Maße entwickelte sich die Befestigungskunst in Ägyp=
ten; handelt es sich doch hier um ein vollkommen flaches Land, in dem die Natur
die Verteidigung gegen feindliche Einfälle in keiner Weise unterstützte. Infolgedessen
befestigte man nicht nur einzelne Städte, sondern man errichtete an den Grenzen
entlang eine ganze Anzahl von Festungen, von denen einzelne die Bezeichnung „Mauer
des Herrschers" führen, während die Hieroglyphen von anderen berichten, daß sie
an den „Toren der Barbaren" lagen. Soweit es anging, nutzte man bei der Anlage
die Geländeverhältnisse aus. Im Osten des Nildeltas zieht sich ein langes Tal bis tief

in die Mitte der Deltaformation hinein. Durch dieses Tal konnten feindliche Horden leicht ins Innere des Landes vordringen. Dem beugte man durch die Anlage starker Festungswerke vor, denen ein breiter Kanal vorgelagert war, der sein Wasser aus einer Anzahl benachbarter Seen empfing. Über diesen Kanal führte eine Brücke, die mit einem richtigen Brückenkopf versehen und von einer Anzahl von Forts um= geben war. Die Forts waren ständig militärisch besetzt. Auch im Süden des Rei= ches legte man an einzelnen strategisch wichtigen Punkten die Befestigungen mit weit= gehender Berücksichtigung der Eigenart des Landes an. So errichtete ein ägyptischer König, und zwar (nach Lepsius), wahrscheinlich Usertesen III. (um 2300 v. Chr.), am Durchbruche des Nils durch einen bei Semneh in Nubien gelegenen Felsendamm eine gewaltige Festungsanlage. Sie war aus Ziegeln hergestellt und mit Gräben, Wällen sowie Mauern ausgestattet. Dem Flusse gegenüber stand eine hohe Mauer, die wegen ihrer Lage am Ufer und ihrer Höhe als uneinnehmbar gelten konnte. Die Mauer setzte sich nach der Landseite zu fort, wobei sie sich den Geländeverhältnissen derart anschmiegte, daß ihre Höhe zwischen 25 m an Einschnitten und 15 m auf Bodenwellen wechselte. Unten ist sie 8—9 m, oben hingegen 4 m breit. Ihr oberer Teil ist stark abgeschrägt. Dies hat den Zweck, das Erklettern mit Hilfe von Leitern zu verhindern. An dem oberen Teile der Abschrägung läßt sich keine Leiter anlehnen. Legt man sie aber gegen den unteren Rand, so kommt man von der obersten Leitersprosse aus auf der von hier steil emporführenden Abschrägung nicht weiter. An der Mauer befinden sich 12 bis 13 turmartig vorspringende Widerlager von etwa 2 m Dicke. An allen Winkeln befinden sich Doppeltürme, von denen aus die der Mauer sich nähernden Feinde mit Pfeilen beschossen werden können. Der Graben vor der Mauer hat die gewaltige Breite von 30—40 m, seine Böschungen sind mit sorgsam geglätteten Steinen belegt, so daß jeder Feind, der die Außen= oder Innenböschung betritt, den Halt verliert und auf der glatten Steinbahn in den Graben hinabrutscht. Auch die Bekrönung des Grabens ist mit Steinen belegt. Vor dem Graben zieht sich ein gleichfalls mit Steinen bedecktes Glacis entlang, auf dem wie auch jetzt noch bei modernen Festungen die Verteidiger den Ansturm des Feindes erwarteten. Die Mauern wurden im Fall eines Krieges noch besonders „armiert". Man versah dann ihre Zinnen mit Balkenverbänden, auf denen man hölzerne Türme und vorstehende Gerüste errichtete. Hier stellten sich dann die Verteidiger auf, die den Feind mit Pfeilen, Steinen, Wurf= geschossen und, wenn er nahe genug kam, mit siedendem Öl übergossen. In ähnlicher Weise dürften auch die syrischen Befestigungen ausgestaltet gewesen sein; wenigstens lassen die Wandgemälde im Ramesseum, die ihre um 13 v. Chr. erfolgte Eroberung durch Ramses II. darstellen, darauf schließen. Allerdings läßt sich nicht sagen, ob der ägyptische Schlachtenmaler diese Festungen wirklich gesehen hat, oder ob er sich bei seiner Darstellung die ägyptischen Befestigungen zum Vorbilde nahm. Daß im übrigen auch die Skythen ähnliche Befestigungen gehabt zu haben scheinen, beweisen die Wandgemälde in Theben, die von ihrer Eroberung durch Ramses II. und zugleich davon Kunde geben, daß man auch hier die Geländeverhältnisse gut ausnützte. Die Skythenfestung ist von einem doppelten Graben umgeben, der von einem benach= barten Flusse gespeist wird. Über den Doppelgraben führen zwei Brücken. Die Ver= teidiger stehen vor dem Graben und vor den Brücken scheinbar auf einer Art von Glacis, das obendrein noch von den Türmen aus mit Pfeilschüssen bestrichen werden kann. Die Türme sind höher als die Mauern, um den Feind, der sich dieser bereits bemächtigt hat, von hier aus weiter bekämpfen und ihn von den Mauerzinnen ver= treiben zu können.

Befestigungstechnik bei den Griechen.

Eine besonders hohe Stufe erlangte die Befestigungstechnik bei den Griechen. Im Anfange freilich war auch hier der Wall die fast allgemein übliche Art der Befestigung. So war die nahe am Strande von den Griechen errichtete Mauer des Lagers zu Troja aus Erde hergestellt, in die zu größerer Festigkeit Baumstämme und Steine eingerammt waren (Ilias XII 28, 29). Vor ihr befand sich ein tiefer Graben (Ilias VII 327—347; 435—441). Sie besaß hölzerne Türme, in oder neben denen Tore ins Innere führten (Ilias XII 35, 36; VII 338, 339). Auf der Mauer und den Türmen waren Brustwehren (ἐπάλξεις), die wie Stufen (κρόσσαι) aus der Mauer herausragten. Die Mauer war durch Widerlager (στῆλαι προβλῆτες) geschützt, also wahrscheinlich durch Balken mit dagegen gestemmten Streben oder vielleicht auch durch eine Bretterverschalung mit Balkenstützen, die das Rutschen des Erdwalls hindern sollten. Zwischen der Mauer und dem Graben war der in der Ilias viel erwähnte Gang, auf dem sich die Griechen lagerten, auf dem sie ihr Abendmahl kochten usw. usw. (Ilias IX 67, 87; XII 64—66, 145; XVIII 215, 228; XX 49). Dieser Gang und mit ihm die Mauer waren gegen den Graben zu durch eine Reihe von Palisaden abgegrenzt, die in den erhöhten Grabenrand eingetrieben waren und die dem Gang sowohl wie der Mauer zum Schutze dienten. (Schliemann.)

Außer über diese griechische Mauer gibt die Ilias aber auch über die trojanische ausführliche Auskunft, deren technische Einzelheiten außerdem noch durch Schliemanns Ausgrabungen zu unserer Kenntnis gelangt sind. Die Mauer (Ilias XXII 3, 145; XVI 700 usw. usw.) hatte Brustwehren und Türme und scheint nach den Angaben des Homer (Ilias VI 435—437) nur an einer einzigen Stelle leicht zugänglich gewesen zu sein. Wenn sich nun auch bei den Schliemannschen Ausgrabungen herausgestellt hat, daß bei Trojas verschiedenen Städten auch verschiedene Mauern zu unterscheiden sind, so gibt uns doch in der Hauptsache die Mauer der dritten Stadt ein eingehendes Bild von der Befestigungstechnik der Trojaner. Es sei nur erwähnt, daß die kyklopische Mauer der zweiten Stadt auf einer Futtermauer aus kleineren Steinen der ersten Stadt ruht. Diese diente wahrscheinlich auch als Stützmauer des Hügels. Die Mauer der ersten Stadt (A in Abb. 366) ist genau in derselben Art gebaut wie die Hausmauer der ersten und untersten Stadt, d. h. so, daß die Fuge zwischen je zwei Steinen durch einen dritten Stein gedeckt wird. Die Mauer der zweiten Stadt, die

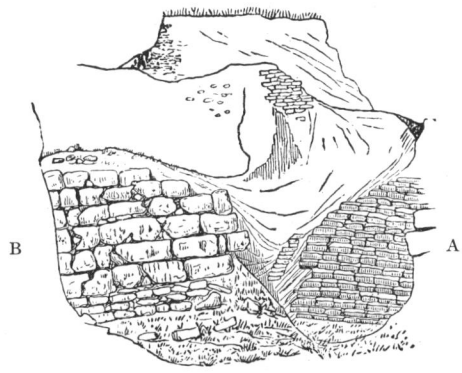

Abb. 366. Die Mauern Trojas (Vorderansicht).
Die Mauer B ist die der zweiten Stadt. Die schiefe Lage ihrer Steinschichten scheint eine Folge der Bodensenkung zu sein. Die Mauer A ist älter, sie ist Stützmauer zur Befestigung des Berghanges und gleichzeitig Mauer der ersten Stadt, sowie Futtermauer für die Mauer B.

Kyklopenmauer (B Abb. 367), beſteht aus großen, mit kleinen Steinen verbundenen Blöcken. Des weiteren wurde noch eine andere Mauer aus großen mit Lehm ver=

Abb. 367. Die Mauern Trojas. a Straße nach Troja; b äußere Mauer; c innere Mauer; d vorſpringende äußere Mauer; e irdene Krüge; f Ruinen des Marmortempels der Athene; gg helleniſche Mauern; hh Schuttmaſſen außerhalb Trojas; k Eingang zu den Ausgrabungen.

bundenen Blöcken aufgedeckt. Auf Grund aller Ausgrabungen und Forſchungen gibt Schliemann über die zweite Mauer B folgendes an: „Sie iſt 10 Fuß (3,30 m) hoch, 6½ Fuß (2,17 m) dick und in der ſogenannten kyklopiſchen Bauart, in regel=

mäßigen Lagen großer, aber nur wenig bearbeiteter viereckiger Kalksteinblöcke, die durch kleine verbunden sind, errichtet. Ihr Scheitel liegt gerade 34 Fuß (11,30 m) unter der Oberfläche des Bodens. Wie die Schuttlagen, die sich in schräger Richtung unter ihr hinziehen, zeigen, war sie ursprünglich auf dem steilen Abhange des Hügels erbaut. Die Menge ähnlicher Blöcke, die neben dieser Mauer liegen, scheint dafür zu sprechen, daß sie einst viel höher war. Als ich sie zuerst Ende Juli 1872 bloßlegte, war sie viel länger. Im Februar 1873 räumte ich sie teilweise fort, um die schon beschriebene merkwürdige Futtermauer A freizulegen. Diese erhebt sich unter einem Winkel von 45 Grad 6 Fuß (2 m) unter ihr und diente einem isolierten Sandhügel, der 20 Fuß (6,70 m) hoch zu sein scheint und dessen Kamm 20 Fuß (6,70 m) unter der jetzigen Bergfläche liegt, als Stütze. Diese Futtermauer können wir, wie ich oben darlegte, aller Wahrscheinlichkeit nach der ersten Stadt zuschreiben.

Auf diese Bewohner der zweiten Stadt müssen wir ferner mit hoher Wahrscheinlichkeit die große innere Mauer beziehen, die auf der nebenstehenden Abbildung Nr. 367 mit c, auf der kleinen Skizze Nr. 368 mit a bezeichnet ist. Diese Mauer besteht gleichfalls aus großen Steinblöcken und fällt unter einem Winkel von 45 Grad nach Süden ab. Aber nur auf der Südseite besteht sie aus solidem Mauerwerk, auf der Nordseite ist sie nur vier oder fünf Lagen tief aus Stein erbaut und wird hier durch einen breiten Wall (r) aus losen Steinen und Schutt gestützt, woraus auch ihr Inneres größtenteils besteht. Unmittelbar südlich von dieser großen Mauer steht eine andere von gleicher Größe (b auf der nebenstehenden Abbildung Nr. 367 und c d auf der Skizze Nr. 368), die offenbar von den dritten Ansiedlern erbaut wurde, und von der ich weiter unten sprechen werde. Nachdem die große innere Mauer eine Strecke weit in östlicher Richtung verlaufen ist, verengt sie sich und wird zu einer 11¾ Fuß (3,90 m) hohen, oben 6 Fuß (2 m), unten 12 Fuß (4 m) dicken Mauer aus soliden Steinen; diese Mauer wendet sich dann plötzlich nach Nord-nordwest. Die Erbauer dieser letzteren Mauer gaben sich nicht die Mühe, die Erde vom Felsboden wegzuräumen, denn die Mauer steht auf einer den Fels bedeckenden 1 Fuß 9 Zoll bis 2 Fuß tiefen Erdschicht. Den Bewohnern dieser zweiten Stadt gehört offenbar auch die Errichtung des Tores mit seiner gepflasterten Straße an, die in südwestlicher Richtung zur Ebene hinabläuft; denn sowohl der untere Teil dieses Torweges als die Mauern, die ich durch Wegräumung einiger Steine des Straßenpflasters bloßlegte, zeigen genau die gleiche Bauart aus großen Blöcken von weißem Kalkstein.

Abb. 368. Die Mauern Trojas.
Die größere äußere und innere Mauer.

Wie das scharfe Auge meines Freundes Professor Sayce sofort entdeckte, wurde diese Straße von den zweiten Ansiedlern dadurch angelegt, daß sie gegen das, was bis dahin ein steiler Abhang gewesen war, einen Wall aus Schutt aufhäuften. Die Mauern, welche die Straße unter ihrem Pflaster kreuzen, können nur der Befestigung dieses Schuttdammes gedient haben."

Die Mauer der dritten Stadt endlich zeigt höchst eigenartige konstruktive Eigenheiten. Den neuen Ansiedlern schien die auf Abbildung 367 mit c bezeichnete Mauer kein genügender Schutz zu sein, war sie doch, da sie unter einem Winkel von 45 Grad abfiel, leicht zu ersteigen. Sie errichteten deshalb gerade vor ihr die große mit b bezeichnete Mauer, die nach Süden zu unter einem Winkel von 15 Grad steht während sie auf der Nordseite gegenüber der alten Mauer c senkrecht ist. Den dadurch zwischen beiden Mauern entstehenden großen, dreieckigen hohlen Raum füllte man mit Erde

19*

aus, die, wie die Ausgrabungen ergaben, vollfommen frei von Schutt war. Aber ebenso
wie die Mauer c befteht auch die zweite Mauer b nicht aus folidem Mauerwerf, fon=
dern aus zwei Mauern, die etwa 2 m voneinander entfernt ftehen, und von denen die
auf der Südfeite fich unter einem Winkel von 75 Grad hebt. Der Raum zwifchen
beiden Mauern wurde mit lofen Steinen ausgefüllt. Diefe Ausfüllung erflärt auch,
warum die füdliche Mauer einen Neigungswinfel von 75 Grad hat. Bei gerader Stel=
lung hätte fie, da fie als Futtermauer für die lofen Steine dient, deren gewaltigen
Drud wahrfcheinlich nicht ausgehalten. Beide Mauern find aus fleinen mit Ton ver=
bundenen Steinen hergeftellt und enthalten dem Anfcheine nach nicht einen einzigen
bearbeiteten Blod. Man legte die platte Seite der Steine nach außen und erzielte
fo eine leidlich glatte Mauerfläche. Die Mauerfrone war wie die der Mauer c mit
größeren Steinen gepflaftert. Da beide Mauern c und b gleiche Höhe hatten, und da
der zwifchen ihnen befindliche Zwifchenraum bis oben hin mit Erde ausgefüllt war,
fo gewann man eine breite Plattform. Die Fortfetzung der Mauer b befteht nur aus
wenigen über dem Schutt der zweiten Stadt errichteten Lagen großer Steinblöcke.
Auf diefen Steinblöden wurden Ziegelmauern errichtet, die man aber nicht unmittel=
bar daraufbaute, man legte vielmehr, da fie wohl zu fchwach erfchienen, um die Ziegel=
mauer zu tragen, erft Tonfuchen darauf, auf denen fich dann die Ziegelmauern
erhoben. Diefe Verwendung von Tonfuchen zur Herftellung von Mauern ift eine
Eigentümlichfeit der Erbauer der dritten trojanifchen Stadt. Sie fommen zwar auch
fchon in den erften beiden Städten vor, doch bilden fie hier nicht einen Teil des Bau=
fyftems felbft. Über den Grund, der zur Verwendung diefer Tonfuchen führte,
fchreibt Burnouf: „Die neuen Anfiedler begannen damit, den Schutt über den Ruinen
der zweiten Stadt zu ebnen: fie füllten die Löcher und Höhlungen mit Steinen und anderen

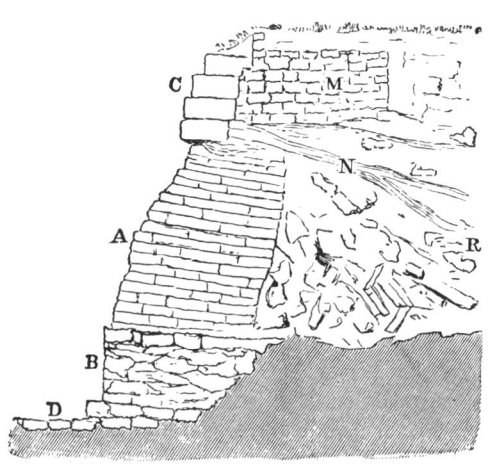

Material, an manchen Stellen bloß
mit Afche oder Ton aus und legten
zur Konfolidierung des Bodens Ton=
fuchen (galettes) dazwifchen.“ Über
die auf den Tonfuchen ftehende Zie=
gelmauer macht Burnouf folgende
Mitteilung: „Bei A (Abb. 369) find
16 Ziegellagen, die mit einer aus zer=
ftoßenen Ziegeln bereiteten Maffe
miteinander verbunden find. Diefe
Ziegellagen reichen faft bis zur helle=
nifchen Mauer c hinauf. Nach außen
find fie geneigt; die Tonfuchen=
maffe B, auf welcher fie aufliegen,
ift 1,70 m dic; fie find von ihr
durch eine Schicht von Kalfftein=
blöcken getrennt. Die Tonfuchen=
maffe B ruht auf der großen
Mauer D, der Ringmauer, der
Zitadelle. Später wurde dann die

Abb. 369. Die auf den Tonfuchen ftehende
Ziegelmauer zu Troja.

Stadt durch die über die Mauern geworfenen Schuttmaffen erweitert. R be=
zeichne eine diefer Schuttmaffen, die eine Lage fchwarzer Afche N enthält. M ift die
Mauer eines Haufes, das fich an die hellenifche Mauer C anlehnt.“ Auf der Nordfeite
ruht die Ziegelmauer dann anftatt auf der Steinmauer auf einer Lage großer Platten.

die Ziegelmauer selbst besteht aus zwei parallelen Mauern, deren Zwischenraum mit zerbrochenen Ziegeln ausgefüllt ist. Außerdem zeigt sie teilweise einen weißen Bewurf.

In der Ilias werden sowohl ein Wachtturm (XXII 145) wie auch ein anderer (XVI 700) erwähnt. Dies beweist, daß die Befestigungstechnik schon sehr früh zwischen reinen Wachttürmen und den für die eigentliche Verteidigung gehörenden Türmen unterschied. Gewöhnlich sprangen, wie dies ja auch bei den mittelalterlichen Befestigungen noch der Fall ist, die Wachttürme nicht aus der Mauer vor, während die Befestigungstürme durch ein solches Vorspringen ein Überschütten der zwischen ihnen liegenden Mauerfront und des dazugehörigen Grabenteils mit Pfeilen oder Geschossen ermöglichten. Die Entfernung der Türme voneinander beträgt entsprechend der Tragweite der damaligen Waffen und Geschütze zwischen 50 und 100 m. Die Türme springen manchmal senkrecht zu dem dazwischenliegenden Mauerstück der „Kurtine" vor, manchmal bilden ihre Seiten einen Winkel damit, so daß sie also dem Feinde eine Mauerkante zukehren. Diese Stellung erschwert das Beschreiten der Kurtine, weshalb man bei manchen Befestigungsanlagen den Turm in einen Winkel der Kurtine hineinstellt oder die Kurtine zwischen den Türmen bricht. Anstatt des, wie oben erwähnt wurde, schon in Mesopotamien üblichen trichterförmig sich verengenden, durch Türme flankierten Toreingangs kommen später sechseckige Türme als Torflankierung zur Anwendung, wodurch dieselbe Wirkung erzielt wird. Rundtürme sind im allgemeinen selten, doch kommen sie in einzelnen Fällen wie z. B. zu Messene zur Anwendung.

Die Tore.

Ganz besondere Sorgfalt wurde der Bewehrung der Eingangstore zugewendet. Außer den festen Türmen, die das Tor flankieren (Abb. 370), bringt man noch besondere Mauervorsprünge an, hinter denen das Tor verborgen liegt. Zu dem Tor aber führt der vielfach geschützte Weg, der unter Umständen im Winkel umbiegt, so daß hier Stockungen entstehen oder Wegstrecken geschaffen werden, die entweder gut bestrichen werden können oder die bei Ausfällen den Verteidiger in den Stand setzen, das Vorgelände unverwundet zu erreichen. Hinter dem Tor ist oft ein Hof, der stadtwärts durch ein zweites Tor abgeschlossen wird und dazu dient, die Truppen aufzustellen, zu

Abb. 370. Tor mit flankierenden vorspringenden Türmen.
Rekonstruktion des Tores zum Sargon-Palast.

mustern, abzulösen oder vor Ausfällen zu versammeln. Auch kann der bereits durch das Außentor eingedrungene Feind hier durch Schließen des nach der Stadt führenden

Tores am weiteren Vordringen verhindert, feſtgehalten und unter Umſtänden ver=
nichtet werden.

Beiſpiele für beſonders gut angelegte Tore bieten vor allem die
Burgen von Tiryns und Mykenä. Die Mauern von Tiryns enthalten Steinblöcke
von 2—3 m Länge, 1 m Breite und 1—2 m Dicke. Das Gewicht einzelner Stücke
beläuft ſich auf 20 000 kg. Die Mauern zeigen keine Böſchungen, ſondern ſteigen ſenk=
recht in gewaltiger Größe empor. Die Hauptmauer von Tiryns umzieht einen Hügel
von etwa 100 m Länge und
300 m Breite, der in drei Ab=
teilungen zerfällt. Auf der höch=
ſten lag die alte Königsburg, die
mittlere enthielt die Wohnungen
von Vaſallen und Dienerſchaft,
die untere war die eigentliche
Stadt. Die Mauern der einzelnen
Abteilungen zeigten ſehr verſchie=
dene Dicke. Während manche
nur etwa 7—8 m dick ſind,

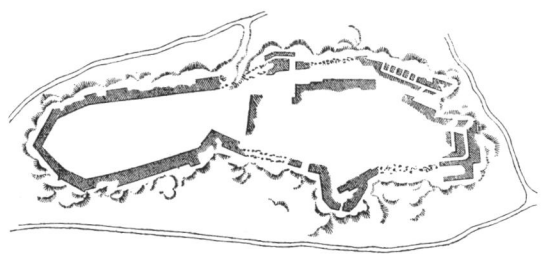

Abb. 371. Befeſtigung der Burg zu Tiryns.

beläuft ſich die Dicke anderer auf nicht weniger als 16 m. Die den Aufgang der
Burg bildende Rampe iſt nun ſo angelegt, daß der gegen das Tor zu Schreitende die
linke, den Schild tragende Hand nach außen hielt; die rechte Hand war der Umfaſſungs=
mauer der Burg zugewendet. Dadurch war er ſchon infolge ſeiner Stellung ziemlich
wehrlos, konnte er ſich doch gegen die Mauern zu nicht mit dem Schilde decken und auch
keine Speere uſw. nach oben ſchleudern. Das Tor hatte eine Breite von 2—3 m und
war durch Schieberiegel zu verſchließen, für die die Ausſparungen noch in der Tormauer
vorhanden ſind. Die Türe war keine Flügeltür, ſondern, wie die Spuren in der noch
erhaltenen Schwelle und dem zertrümmerten Türſturz zeigen, eine Drehtür. Sie
hatte in der Verlängerung ihrer Längsachſe Zapfen, die ſich in den in der Mitte von
Schwelle und Sturz befindlichen Zapfenlagern drehten. Beim Öffnen der Tür ragte
alſo die eine Hälfte nach innen, die andere nach außen. Der mit dieſer Eigenart
nicht vertraute Feind, der gegen beide Türhälften drückte, hielt ſie dadurch ſelbſt eine
Zeitlang im Gleichgewicht und wurde ſo aufgehalten, was es ermöglichte, ihn von der
Mauer her länger zu beſchießen. Hinter dem Tore ſchloß ſich ein weiteres Verteidigungs=
werk, ein durch Mauern geſchützter Gang an. Ein ſtark befeſtigter Turm enthielt die
zur Verſorgung der Beſatzung mit Trinkwaſſer ſo notwendige Ziſterne, die überhaupt
in vielen alten Befeſtigungsanlagen noch ganz beſonders geſchützt wird. Dann
kommt ein Doppeltor, hinter dem der Weg immer noch zwiſchen hohen Mauern weiter=
geht. An den Eingang ſchließen ſich ſeitwärts Kaſematten an, die die älteſten Spitz=
bogengewölbe tragen. Wir werden auf die Konſtruktion dieſer Spitzbogen weiter
unten eingehender zurückkommen.[1]) Wie zielbewußt der Baumeiſter dieſer Anlage
vorging, mag man daraus erſehen, daß nur die Umfaſſungsmauern und einige Funda=
mente aus den ſchon erwähnten gewaltigen Steinblöcken hergeſtellt wurden. Alle
im Innern der Anlage befindlichen Bauten und Mauern beſtehen aus Ziegeln, Lehm
und Holz.

In ähnlicher Weiſe iſt die Burg von Mykenä ausgeſtaltet, bei der vor und
hinter dem Eingange, dem berühmten Löwentor, der Weg zwiſchen gewaltigen

---

[1]) Siehe Seite 296 u. 297.

Mauern hinführt, von denen aus der gegen das Tor vordringende oder bereits ein=
gedrungene Feind erfolgreich bekämpft werden kann. Während die Befestigungs=
mauern von Tiryns ausschließlich aus nicht weiter bearbeitetem Kyklopenmauer=
werk bestehen, enthalten die von Mykenä außer diesem auch kunstvoll behauene und
sorgfältig aneinandergefügte Quadersteine. Aber auch hier beschränkt sich, ebenso
wie bei der Anlage der Burg
von Knossos auf der Insel Kreta,
die Verwendung derartig wider=
standsfähigen und gewaltigen
Steinmauerwerks nur auf die
Befestigungsanlage sowie auf
Unterbauten. Die übrigen
Gebäude mit Ausnahme der
gleichfalls aus festem Stein
hergestellten Grabkammern sind
aus leichtem vergänglichen Ma=
terial, aus Ziegeln oder Lehm
hergestellt. Mußten derartige
Befestigungen in der Eile her=
gestellt werden, so ging man
von dem Grundsatze, für sie
das beste Steinmaterial zu

Abb. 372. Ein Teil der unter Themistokles 479 v. Chr
errichteten Stadtmauer von Athen.

verwenden, nicht ab. Im Jahre 479 v. Chr. baute Themistokles in aller Eile
Athen zu einer Festung aus und verband sie trotz Widerspruchs der Spartaner mit
dem ebenfalls befestigten Piräus. Wie uns verschiedene Autoren berichten (Thuky=
dides I 90; Cornelius Nepos: Themistokles 6), verwendete man zum Bau
dieser in Eile hergestellten Mauer als
Steine Grabplatten, die heute noch an
den Resten dieser Mauer am Dipylon zu
sehen sind. Da ihre Menge nicht genügte
und die Beschaffung weiteren Stein=
materials zu viel Zeit erfordert hätte, so
wurde der Oberbau der themistokleischen
Mauer aus Lehmziegeln hergestellt.

Auch die Tore verraten durch
ihre Konstruktion, daß sie mit großer
Überlegung und zum Teil unter Auf=
wand eines ziemlichen Maßes tech=
nischer Kenntnisse hergestellt sind. Sie
haben sich in den Befestigungen des=
halb technisch ganz besonders gut ent=

Abb. 373. Die von Themistokles errichtete
Stadtmauer von Athen. Teilansicht.

wickelt, weil hier infolge des verwendeten Materials einzelne ihrer Teile stets
sehr schwere Lasten zu tragen hatten. Zunächst, bei den einfachsten Toren, legte
man den Sturzblock einfach oben quer über die beiden Pfosten und fügte das durch diese
Teile sowie die Schwellenlinie gebildete Rechteck ohne weiteres in die Mauer ein.
Um ein geräumiges Tor zu schaffen, mußte man den Sturzblock verbreitern. Dadurch
wurde er schwerer und stellte höhere Anforderungen an die Tragfähigkeit der Pfosten.
Man half sich dadurch, daß man diese schief stellte, so daß sich die Toröffnung nach oben

zu verjüngte. Dadurch blieben bei größerer unterer Öffnung die obere und mit ihr
der Sturzblock klein. Er war der Gefahr des Berstens unter dem auf ihm lastenden
Drucke weniger ausgesetzt als ein langer über gerade stehende Pfosten gelegter Block.

Dann aber verfiel man noch auf ein weiteres
Hilfsmittel, um den Sturzblock zu entlasten
und sein Zerbrechen zu verhüten. Das Löwen=
tor von Mykenä ist nach Reber, dessen An=
gaben wir diesen Ausführungen zu Grunde
legen, ein klassisches Beispiel dafür, wie man
dabei vorging. Man schuf über dem Sturz=
block eine Öffnung, eine Art von zweitem
Tor, ein Entlastungsloch, indem man von
der Seite her die Mauer allmählich vorkragte
und abschrägte. So bildete sich über dem Sturz=
block, der nun nicht mehr durch die darauf
liegende Mauer belastet war, eine freie Öffnung
von dreieckigem, trapezoidischem oder poly=
gonem Querschnitt, die dann entweder, wie
z. B. beim Tor von Messene, frei gelassen
oder durch leichteres Mauerwerk ausgefüllt

Abb. 374. Löwentor von Mykenä.

wurde, auf dem man, wie beim Löwentor von Mykenä, noch plastischen Schmuck
anbringen konnte. Denkt man sich bei einem Tore, das über dem Sturzblock das eben
beschriebene Entlastungsloch trägt, den Sturzblock und die ihn tragenden Pfosten
weg, so kommt man zu einer Torkonstruktion, wie wir sie an antiken Befestigungen
gleichfalls antreffen und z. B. an einer Mauerpforte in Messene vorfinden. (Abb. 375.)

Abb. 375. Tor von Messene (restauriert).

Die Mauer selbst bildet die senkrechte Begrenzung des Toreingangs und schließt sich
über diesem infolge Vorkragung und Abschrägung in Form einer dreieckigen Öffnung
zusammen. Wird die Abschrägung etwas geschweift gehalten, so entsteht das spitzbogige
Tor (Tor von Ephesus). Beginnt man mit Vorkragung und Abschrägung unter Weg=
lassung aller senkrechten Begrenzungsflächen des Toreingangs sofort unten an der

Schwelle, so entsteht eine dreieckige Toröffnung (Tor von Misolunghi, Abb. 376) bzw. wenn die Abschrägung geschweift gehalten wird, eine spitzbogige (Tor von Thorikos, Abb. 377). Bei senkrechter Eingangsbegrenzung gibt die Vorkragung der oberen Mauerteile aber auch ein Mittel an die Hand, den Sturzblock zwar anzubringen,

Abb. 376. Tor von Misolunghi.

Abb. 377. Tor von Thorikos.

ihn aber sehr klein zu halten (Tore von Phigalia, Abb. 378, und Amphissa). Diese Vorkragung kann aber auch wieder mit Abschrägung verbunden werden (Tore von Samos, Abb. 379, Abä und Samothrake). Ein praktisches Mittel, das im übrigen

Abb. 378. Tor von Phigalia.

Abb. 379. Tor von Samos.

auch bei ägyptischen Bauten, z. B. den Pyramiden angewendet wurde, um den Sturzblock zu entlasten, besteht darin, daß man ihn von vornherein teilt. Die beiden Teile werden schräg gegeneinandergestellt und ruhen mit ihren unteren Flächen auf dem das Tor begrenzenden Mauerwerk oder auf Stützpfeilern auf. Dann wird der Druck des auf diesem Dache ruhenden Mauerwerks in ähnlicher Weise wie bei vielen Brückenkonstruktionen auf die Seitenpfeiler bzw. die Seitenmauern übertragen und dadurch der (geteilte) Sturzblock entlastet. Ein Beispiel für diese Konstruktion bildet das Tor von Delos.

Befeſtigungsanlagen der Römer.

Die Befeſtigungsanlagen der Römer ähneln denen der Griechen im allgemeinen ſehr, ja ſie weiſen zuweilen mit ſolcher Deutlichkeit gewiſſe altgriechiſche Eigentüm= lichkeiten auf, daß der Urſprung der Überlieferung unverkennbar iſt. Als Beiſpiel ſei das befeſtigte Lager von Dintian an der Bucht von Verudella bei Pola erwähnt, das in bezug auf ſeine Ausgeſtaltung und die Anlage des Zugangs an die oben be= ſchriebenen Befeſtigungen von Tiryns und Mykenä erinnert. (Abb. 380.) Anthes macht da= rüber folgende Angaben: „Das geſicherte Plateau (Durchmeſſer 100 Schritte, Meereshöhe 50 m) iſt durch Aufführung einer aus trockengelegten Blöcken und Bruch= ſteinen beſtehenden Futtermauer

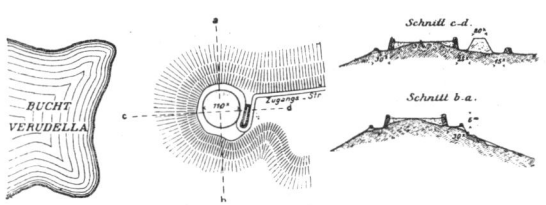

Abb. 380.   Das befeſtigte Lager von Dintian.

und Ausfüllung des zwiſchen ihr und dem höchſten Teile des Hügels liegenden Raumes geſchaffen. 3—6 m unterhalb der Mauer läuft in wechſelnder Breite von 20—60 Schritt ein Wallgang, der ſich gegen die weitere Abdachung des Hügels abermals durch eine wallartige Mauer aus Stein abſchließt. Der Zugang zur Anlage läuft am Nordrand eines Höhenrückens, der die Burg gegen das Land zu mit anderen Höhenzügen verbindet. Die Straße wird, ſobald ſie ſich nähert, ununterbrochen von Mauerzügen flankiert, wo= durch ein Defilée geſchaffen iſt, in dem allein der Angreifer den ſchwächſten Teilen der Anlage ſich nähern kann. Sobald dieſe Zugangsſtraße den Wall tangential getroffen hat, läuft ſie mehr als 100 Schritt am Fuß eines wallartigen Bollwerks ſo hin, daß der Angreifer im Vordringen dem Verteidiger ſeine rechte Seite preisgeben muß."

Auch die eingehende Beſchreibung, die Vitruv (I 5) über die Anlage der Mauern und Türme gibt, enthält faſt nichts, was nicht ſchon eine Eigenart der meſopotami= ſchen, ägyptiſchen und der griechiſchen Befeſtigungen geweſen wäre. Auch er weiſt darauf hin, daß der Eingang eine Lage haben müſſe, die den Feind zwingt, die mit dem Schilde gedeckte Seite nach außen zu wenden. Er gibt des weiteren die Lehre, daß die Städte nicht im Viereck, noch mit vorſpringenden Ecken, ſondern in kreisförmigen Biegungen anzulegen ſeien, „ſo, daß der Feind von mehreren Plätzen aus geſehen werden könne; denn bei den Städten, wo die Ecken vorſpringen, iſt die Verteidigung ſchwierig, weil die Ecke mehr den Feind ſchützt als den Bürger". Vitruv ſcheint hier für eine alte Eigenart der römiſchen Befeſtigung, deren Entſtehung wir oben bereits (ſiehe Seite 279) zu erläutern verſuchten, eine Erklärung geſucht zu haben, die aber wenig ſtichhaltig erſcheint, denn einerſeits findet ſich die Ecke noch an ſpäteren Befeſtigungen des Mittelalters und der folgenden Jahrhunderte, andererſeits erſcheint es praktiſcher, die Ecke durch einen Turm als durch Abrundung zu vermeiden. Außerdem aber wird bei manchen römiſchen Befeſtigungsanlagen die gerundete Ecke durch davorgeſtellte An= bauten oder Bauteile gekantet bzw. abgeſchrägt (z. B. Kaſtell von Niederbieber; Ecken= bildung im „Novus vicus" bei Heddernheim). Als Türme empfiehlt Vitruv runde oder vieleckige; denn die viereckigen werden von den Belagerungswerken leichter zer= trümmert, weil die Widder durch ihren Stoß die Ecken brechen —, „bei Rundungen aber können ſie, da ſie die keilförmigen Steine nach dem Mittelpunkte treiben, nicht verletzen".

Römiſche Mauern, die uns zeigen, daß man die Lehren Vitruvs bzw. ſchon vor ihm die alten aus dem Orient ſtammenden Überlieferungen Griechenlands genau befolgte, sind uns in zahlreicher Menge erhalten. Vitruv gibt an, daß man die stärksten Mauern erhält, wenn man außerhalb der zu errichtenden Werke einen möglichst tiefen und breiten Graben zieht und die daraus gewonnene Erde als Wall zwischen zwei innen und außen aufzuführenden Mauern aufhäuft. Wenn dieser Wall fest genug gestampft ist, um auch dann für sich zu stehen, wenn in die äußere Mauer Bresche gelegt ist, so hat man die stärksten Mauern, gegen die weder mit Widdern noch mit anderen Maschinen noch endlich durch Minen erfolgreich vorgegangen werden kann. Sieht man vom äußeren Wallgraben ab, der bei den Werken Pompejis fehlt, weil er wahrscheinlich in späterer Zeit, als die Stadt zu einer offenen wurde, planiert worden ist, so finden wir hier alle Merkmale der Vitruvschen Angaben. Overbeck sagt über die Mauern Pompejis: „Betrachten wir den Grundriß der Mauer (Abb. 381), so finden wir zwischen der äußeren Mauer (Escarpe) a

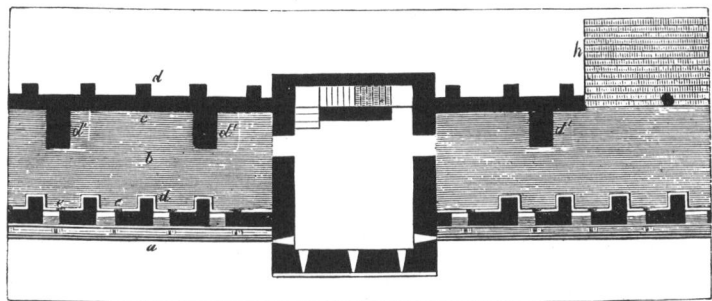

Abb. 381. Grundriß der Stadtmauer Pompejis.

und der innern (Contrescarpe) c, welche beide durch nach innen gelegte Strebepfeiler d verstärkt sind, den aufgeschütteten Wall (agger) b. Die Contrescarpe hat außer den nach der innern Seite des Agger vorspringenden Strebepfeilern d in größeren Intervallen auch noch solche, welche in den Agger eingreifen (d'), und welche auch diesem einen größeren Halt gegeben haben mögen.

Die äußere Mauer steht nach außen hin nicht ganz senkrecht, sondern ist nach oben um ein geringes (etwa 0,50 m) eingezogen. Diese äußere Mauer und der Erdwall in der Mitte ist, einige Abweichungen durch Unebenheiten des Terrains abgerechnet, im Mittel etwa 8—8,50 m hoch, letzterer zwischen der Brustwehr der vordern und der höhern hintern Mauer gemessen 5,20 m dick. Der Wall ist auf seiner obern Fläche ein wenig nach vorn geneigt, um dem Regenwasser einen Abfluß durch unter dem Zinnenkranz in Abständen von etwa 2,70 m angebrachte Ausgußrohre von Stein zu gewähren. Über diese Platten des Walles steigen die Brustwehren der vordern Mauer um 1,30 m empor, indem sie zwischen sich 0,80 m breite und ebenso tiefe Schießscharten zum Abschleudern der Wurfgeschosse lassen, von welchen aber mehrere vermauert oder nicht geöffnet sind. Sie springen, wie die Abbildung einer Innenansicht und der kleine Grundriß zeigt, auf der Höhe der Brustwehr im rechten Winkel nach innen um 0,95 m vor und bilden auf diese Weise von zwei Seiten einen festen steineren Schild des hinter ihnen stehenden Postens, der zum Wurfe seines Speeres sich nur auf einen Augenblick nach rechts vor die Öffnung (Schießscharte) zu bewegen hatte und gleich darauf wieder seinen Platz hinter der schützenden Wehr einnehmen konnte, die ihm gerade einen freien Blick auf die Angreifer gestattete. Über das Plateau des Walles erhebt sich nun die innere Mauer noch um 5,30 m, so daß diese die Gesamthöhe von im Mittel 13 m erreichte, genügend, um jeden Wurf aus Balliſten oder anderen Maſchinen abzuwehren." Über die Ausgeſtaltung der in der Mauer befindlichen

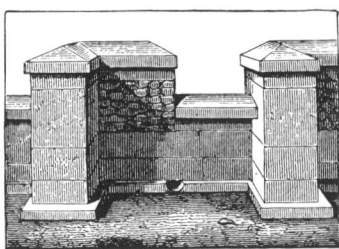

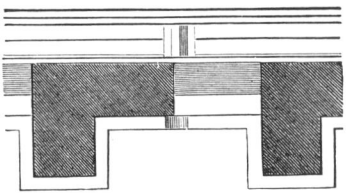

Abb. 383 u. 384. Die Bruſtwehr der Mauern von Pompeji.

Abb. 382. Durchſchnitt der Stadtmauer von Pompeji.

Türme geben die Abb. 385—389 hinreichend Aufſchluß; ſie bedürfen wohl keiner weiteren Ausführungen.

Beſondere Sorgfalt wendeten die Römer auf die Ausgeſtaltung der Tore, deren Oberteil insbeſondere in ſpäterer Zeit faſt ſtets bogenförmig ausgeſtaltet wird, und

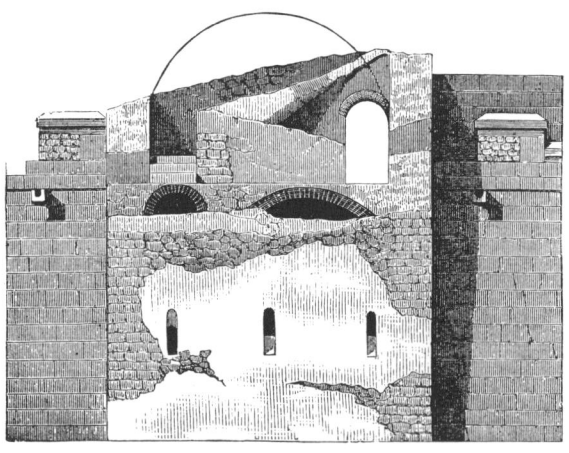

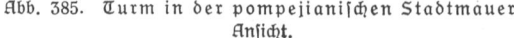

Abb. 385. Turm in der pompejianiſchen Stadtmauer Anſicht.

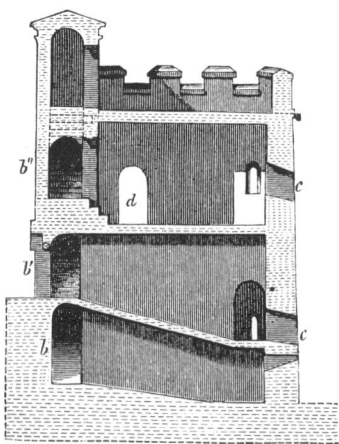

Abb. 386. Durchſchnitt durch einen Turm der Stadtmauer von Pompeji (ſ. auch Abb. 387—389).

die oft mehrere Durchgänge erhalten, ſowie teilweiſe zu monumentalen Bauwerken werden. Der Bogen ſelbſt ſcheint ebenfalls aus dem Orient übernommen zu ſein, wo er in Form bogenartiger Überdachungen von Straßenkreuzungen (tetrapyla) ſchon im Altertum vorkam. Viele dieſer Bogen geſtatten ein Durchſchreiten in allen vier Richtungen (quadrifons).

Seine höchſte Ausbildung er= hält aber das Befeſtigungstor bei den Römern dadurch, daß es zu einer Art von Befeſtigungsburg wird. Eines der typiſchſten Bei= ſpiele für eine derartige alt= römiſche Torburg iſt wohl die „Porta nigra" in Trier. (Abb. 390 u. 391.) Ebenſo wie bei den kleinen viereckigen, in gleicher

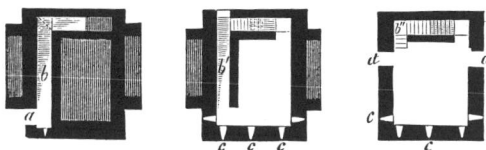

Abb. 387—389. Die drei Geſchoſſe eines pompejianiſchen Mauerturms.

a Ausfalltor (durch Fallgatter verſchließbar); b ſchief nach dem erſten Geſchoß führende Gänge; b' und b'' Treppe zum zweiten Geſchoß bzw. zur Plattform; cc Schießſcharten; d Türen nach der Mauer bzw. dem Wall (ſ. auch Abb. 386).

Entfernung von einander ſtehenden Wachttürmen am Limes (Abb. 392, S. 302), die in ihrem un= teren Teile dem Feinde gleichfalls nur die nack= tenSteinwände darboten, ſo daß er keinen Angriffs= punkt fand, iſt auch hier das Erdgeſchoß ganz ohne Fenſter. Über den davor= liegenden, jetzt nicht mehr vorhandenen Graben führte eine Brücke gegen die beiden wiederum

Abb. 390. Die Porta nigra in Trier. Anſicht von innen.

rundbogigen Tore. Der Angreifer, der ſich ihnen näherte, konnte aus den darüberliegenden Doppel= reihen von Fenſteröffnun= gen ſowie von den drei= geſchoſſigen Flankierungs= türmen aus kräftig be= ſchoſſen werden. War es ihm aber gelungen, die Brücke zu nehmen, die durch ſtarke Riegel ver= wahrten Tore ſowie das dahinter befindliche Fall= gatter zu ſprengen, und ſtürmte er hierauf in dem Wahne, ſich nun der Stadt bemächtigen zu können,

Abb. 391. Die Porta nigra in Trier. Anſicht von außen.

Abb. 392.   Römiſcher Wachturm vom Limes
Modell auf der Saalburg.

in die Toröffnung hinein, ſo lauerte hier das Verderben. Die Angreifer kamen in einen Hof, deſſen nach der Stadt führende Durchgänge geſchloſſen und verrammelt waren. Auf dieſen Hof mündeten aber die Fenſter der Torburg, aus denen der Verteidiger den Wurfſpeer (pilum) in Maſſen auf ſie ſchleudern konnte. Noch eine an= dere Eigenart römiſcher Befeſtigungs= technik zeigt uns Trier. Man hat hier das Amphitheater, alſo eine Stätte der Luſt und der Vergnügungen, der= art in den Ring der Mauern hinein= gebaut, daß es gleichfalls zu einem Mittel der Verteidigung wird. Dabei ging man in der Weiſe vor, daß man die Mauer nicht um das Amphi= theater herumführte. Sie überbrückt vielmehr ſeine nördlichen Eingänge und zieht ſich dann in einem gleich= laufenden Bogen um die der Stadt zu= gewandte Langſeite der Arena herum. Ihre Grundmauern ſtehen in dem zur

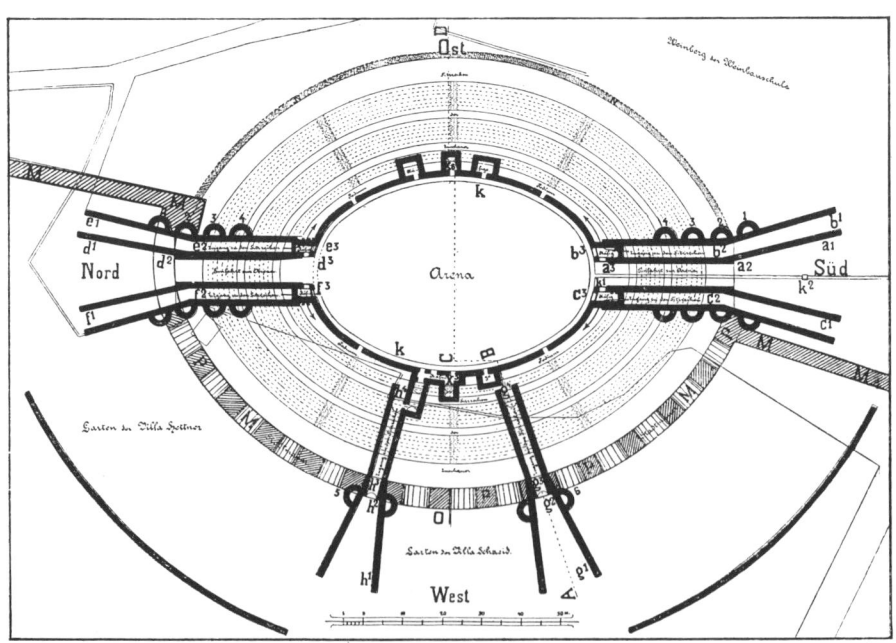

Abb. 393. Plan des Amphitheaters zu Trier. M M P P: Römiſche Stadtmauer. (P Pfeiler, M Bogen.)

Aufnahme der Sitzreihen künst=
lich aufgeschütteten Hügel. Ehe
die Mauer an die Südseite der
Arena kommt, biegt sie wieder in
ihre alte Nordrichtung um. Der
Zweck dieser Anlage ist klar. Die
stark vertiefte Arena lag vor der
Mauer, sie bildete einen gewal=
tigen Wallgraben, eine riesige
Sallgrube, in der der Feind, wenn
er in sie eingedrungen war, wirk=
sam beschossen werden konnte.
(Abb. 393.)

An verschiedenen Toren
Pompejis, vor allem am Her=
kulaner = Tor, tritt uns die
Gestalt der Torburg gleichfalls
entgegen, wie aus der beistehen=
den Abb. 394 zu ersehen ist.

Abb. 394. Plan des Herkulaner Tors zu Pompeji.

Der mittlere Torweg ist als Doppeltor ausgebildet, dessen innerer
Hof, wenn die Feinde eingedrungen waren, durch Sallgatter und
gegen die für Sußgänger bestimmten Nebenwege durch Türen
abgeschlossen und von den Wällen aus bestrichen werden konnte.

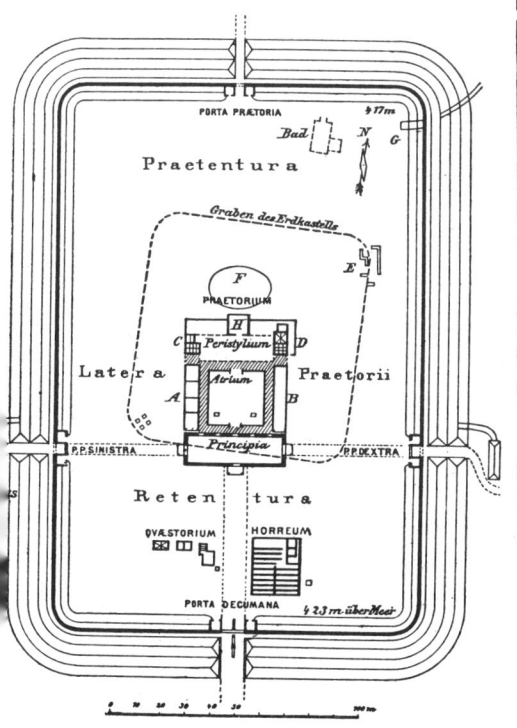

Abb. 395. Grundriß des Kastells Saalburg.

f dieser Abbildung der Graben des alten Erdkastells sowie die
1 Mauern vorgelagerten Doppelgräben, die Via sagularis usw.

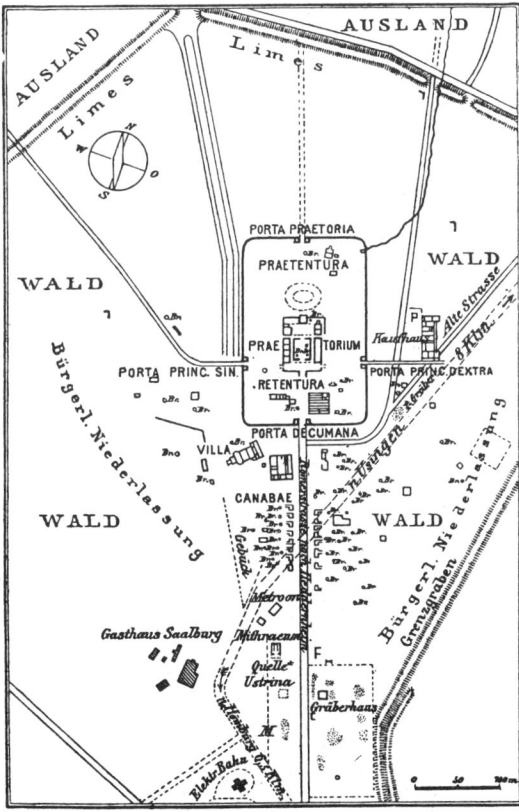

Abb. 396. Lageplan des Kastells Saalburg.

Auch die Feldlager, die Kaſtelle, zeigen bei ſehr wechſelnder Größe und bei der faſt ſtändigen ſchematiſchen Form des Rechtecks mit abgerundeten Ecken alle die vorſtehend behandelten Merkmale altrömiſcher Befeſtigungstechnik. (Abb. 395—400.) Die Umfaſſung beſteht, wie vor allem die Saalburg ſehr gut erkennen läßt, aus einer ſtarken, mit Zinnen verſehenen Mauer. Die Zinnen ſind ebenſo wie in Pompeji als Niſchen ausgebildet. Innen am Wehrgang entlang zog ſich eine gepflaſterte Um=

Abb. 397. Tor der Saalburg (Porta sinistra).
Innenanſicht und links davon Zinnenniſche mit via sagularis.

Abb. 398 u. 399. Die Porta decumana der Saalburg.
Außenanſicht mit Brücke, Doppelgraben, Mauer mit Zinnen uſw.
Innenanſicht mit Doppeltor uſw.

gangsſtraße, die via sagularis hin. (Abb. 397.) Vor der Wallmauer befindet ſich, ebenſo wie bei den Befeſtigungen Trojas, ein Umgang von etwa einem Meter Breite, vor dem zwei Gräben liegen, die den charakteriſtiſchen Querſchnitt der römiſchen Spitzgräben zeigen. Gegen den Feind zu liegt dann noch ein Damm. Das Kaſtell hatte die bekannten zwei ſich kreuzenden Hauptſtraßen der römiſchen Anſiedlungen, vier rundbogige Tore, von denen die porta decumana als Doppeltor ausgebildet war. (Abb. 398 und 399.) Die Tore ſind von niederen Türmen flankiert. Die Gräben ſind an der Stelle der Tore teils unterbrochen, teils überbrückt. Seitentürme und Ecktürme ſind nicht vorhanden. Der Doppelgraben war, ebenſo wie der 540 km lange Limes, als Pfahlgraben ausgebildet. Seine Herſtellung erfolgte in der Weiſe, daß man jeden Pfoſten einzeln mit dem Schlägel eintrieb,

nachdem man ihn zugeſpitzt und ſeine Spitze, um ſie vor Fäulnis zu hüten, angekohlt, vielleicht auch mit Eiſen beſchlagen hatte. Die Pfähle hatten etwa Arm=

dicke, wurden ungefähr 1 m tief eingeschlagen und durch ein Geflecht aus fingerdicken Holzruten faschinenartig durchschlungen. Auf der Innenseite wurden starke Streben angebracht, die die Faschinenwand stützten. Dann wurde in etwa einem halben Meter Abstand ein ungefähr 1 m tiefer Graben ausgehoben, wobei die Erde gegen die Faschinen= wand geworfen wurde, die da= durch große Widerstandskraft ge= wann. Um die dicht an der feindlichen Grenze am Graben arbeitenden Soldaten zu schützen, wurden im innern Umkreise des Werkes durch Anschüttungen Auf= tritte für die Pfeilschützen sowie Schutzhütten für diese selbst her= gestellt. Erst nach der Herstellung

Abb. 400. Doppelgraben (Spitzgräben) auf der Saalburg mit Mauer

Abb. 401. Der Limes und die an ihm liegenden Kastelle.

des Grabens begann man dann mit der Aufführung der Mauer, die wie bei der Saal= burg erst ein aus Erde, Rasen und Steinen bestehender Damm war, der durch drei Reihen unbearbeiteter, durch Querbalken verankerter Pfosten zusammengehalten wurde.

Dann errichtete man eine Holzmauer, bestehend aus Holzpfosten, deren Zwischen=
räume mit Flechtwerk und Holz geschlossen waren. Erst dann erfolgte der Bau einer
Steinmauer in Form zweier Parallelmauern von je 80 cm Stärke, deren Zwischenraum
mit Erde ausgefüllt wurde. Um sie gegen den Erddruck zu festigen, wurde sie mit
Balken zusammengehalten. Auf der Brüstung war ein Wehrgang aus Flechtwerk
angebracht. Zuletzt ging man an die Aufführung der jetzt wieder hergestellten Stein=
mauer sowie an die Verdoppelung des Grabens, der aber nicht mit Wasser gefüllt
wurde. Er sollte nur den anstürmenden Feind aufhalten und seinen Zusammenhalt
lockern.

Literatur zum Abschnitt „Befestigungen" siehe hinter dem Abschnitte: „Bau=
arten, Bauausführung und Baustoffe".

Städtische Straßen und Plätze.

Die Städte des Altertums wiesen in bezug auf die Anlage ihrer Straßen und Plätze so ziemlich genau dieselben Züge auf. Meist hatte man eine oder auch mehrere Pracht=straßen, die gewöhnlich auch gepflastert waren, und an die sich dann die Nebenstraßen anreihten, die entweder schlechteres oder gar kein Pflaster hatten. Der Anfang der Pflasterung verliert sich im Dunkel der Vorzeit. Wo wir überhaupt auf Städte treffen, sei es nun bei den Babyloniern, bei den Ägyptern oder den Griechen, finden wir bereits Pflaster vor. Außer dem Pflaster wurde aber auch noch eine Art von Maka=dam verwendet, d. h. man stampfte kleingeschlagene Steine, den sogenannten „Klein=schlag", im Untergrunde fest. War dieser Schotter durch den Verkehr zu Staub zer=mahlen, so wurde von neuem aufgeschüttet. Man kann also wohl behaupten, daß so ziemlich alle Arten des Pflasters, die wir jetzt kennen, mit Ausnahme vielleicht des Holzpflasters, schon im Altertume Verwendung fanden, denn sogar Asphalt findet sich auf den Bürgersteigen Pompejis als Pflasterdecke. Das Steinpflaster war sowohl Kopfpflaster wie Plattenpflaster.

Auch das Einebnen eines ungleichmäßigen Straßenprofils durch Einfüllen von Schutt und Sand in die Unebenheiten und unter Umständen Feststampfen darin war bekannt. Ebenso kannte man auch die Wölbung der Straßendecke zu dem Zwecke, dem Regenwasser den Ablauf zu gestatten.

Die hohe Kultur des städtischen Straßenausbaues und der Straßenbautechnik scheint sich ebenso wie die Befestigungstechnik vom Orient oder von Kleinasien aus über die Welt verbreitet zu haben. Außer den Ausgrabungen zu Babylon, Ninive usw. usw. beweisen dies vor allem die Forschungen in Palmyra, der der Sage nach von König Salomo gegründeten Hauptstadt der syrischen Landschaft Palmyrene. Hier beweist das Prachttor (Abb. 402 S. 308), das den heutigen Anfang der Säulenstraße bildet, durch seinen dreieckigen Grundriß, daß man damals schon Knicke in den Straßenzügen monumental zu betonen verstand. An das Tor schließen sich die vier Säulenreihen der berühmten Säulenstraße an — eine Straßenart, die im Altertume häufig auftritt, und die wir in Alexandria, Antiochia, Seleukia, Ephesus, Gerasa usw. usw. wiederfinden. Von den Griechen ging die Säulenstraße auf die Römer über (Timgad, Lambaesis, Dugga, Tebessa). Die Säulenstraße Palmyras (Abb. 403 S. 309) bestand aus einem Fahrdamm von 11 m Breite und hatte zwei überdeckte Bürgersteige von 5½ m Breite. Ihre Länge betrug 1½ km, auf die 1500 Säulen verteilt waren, deren Höhe meist 17 m betrug. Noch heute zeigt eine aus einem einzigen Blocke bestehende Säule aus blaugesprenkeltem Granit von 11 m Länge die hohe Kunst der damaligen Steinbearbeitung. Von dem über den Bürger=

20*

steigen befindlichen Umgang, dessen Vorhandensein übrigens von mancher Seite an=
gezweifelt wird, konnte man auf das Leben und Treiben in der Straße hinabschauen.

Abb. 402. Prachttor in Palmyra.

Ein derartiges Vorbild mußte natürlich befruchtend wirken. Freilich gilt dies nur für
die Prachtstraßen. (Abb. 405 S. 310.) Die Nebenstraßen sahen, weil die Privatgebäude

keine oder nur wenige Fenster nach der Straße zu hatten und auch in architektonischer
Hinsicht fast überall keinerlei Ausgestaltung zeigten, öde aus. Wir wissen von ihnen im
allgemeinen nicht viel. Die besten Beispiele der gewöhnlichen städtischen Verkehrs=
straße des Altertums sind uns in Pompeji erhalten. Hier zeigten auch die Neben=
straßen einigen Schmuck der Häuserfronten und werden durch die im Erdgeschoß an=

Abb. 403. Säulenstraße in Palmyra.

gebrachten Läden sowie durch Brunnen, kleine Kunstwerke, Malerei usw. usw. belebt.
Die Straßen sind im allgemeinen eng, da man enge Straßen ihres Schattens wegen
für gesunder hält (Tacitus Annal. XV 43). Die breiteste Straße Pompejis mißt
von Haus zu Haus, also mit Einschluß des Bürgersteigs 7,70 m, viele Straßen sind
nur 4 m, manche nur 2,50—3 m breit. Da sie mit Bürgersteigen versehen sind, so

wird die Fahrbahn oft so eng, daß man sich darin nicht ausweichen konnte. War ein Wagen in der Straße, so mußte der entgegenkommende warten, bis er wieder heraus=

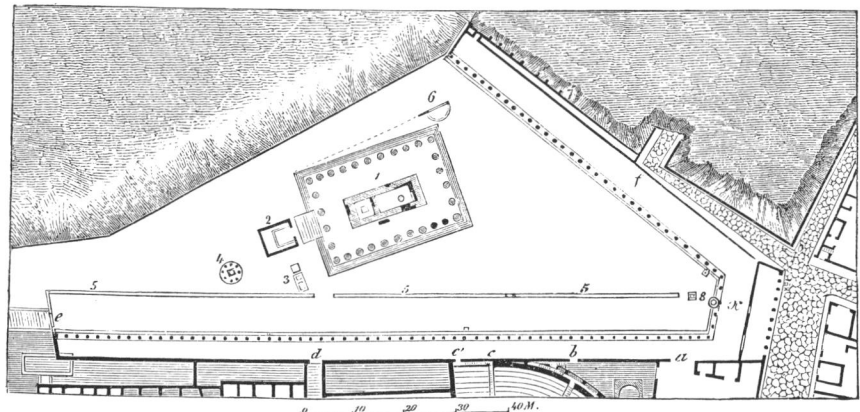

Abb. 404. Plan eines römischen Prachtplatzes: Forum triangulare zu Pompeji.
Man betrat den Platz durch Türen bei x und befand sich dann unter einem Säulengang von 5 m Breite und 200 m Länge, der drei Seiten des Platzes umschloß und von 100 Säulen gebildet wurde. Auf der vierten Seite ist die Aussicht frei.
1 griechischer Tempel, 2 Mauer des Brandaltars (?), 3 Altäre, 4 Brunnen (?), 5 niedrige Mauerschranken, die den Tempel abschlossen, ohne die Aussicht zu behindern, 6 Sitzplatz mit Sonnenuhr, 7 Abflußrinnen für das Regenwasser.

Abb. 405. Ansicht einer römischen Prachtstraße: Das Forum civile in Pompeji.

gefahren war. Viele Straßen waren für den Wagenverkehr überhaupt gesperrt. In diesem Falle standen an ihrem Eingange quer über den Fahrdamm einige höhere

Abb. 406. Ansicht einer pompejanischen Straße.
In der Mitte das Pflaster aus polygonen Lavaplatten, rechts und links erhöhte Bürgersteige mit Randsteinen
(Hausteinen). In den Häusern Läden mit Ladentischen (links).

Steine oder es wurden höhere Blöcke in ihrer Längsrichtung ins Pflaster ein=
gelassen. (Abb. 407.)

Die Straßen sind leicht gewölbt, das Pflasterungsmaterial besteht aus Lavablöcken.
Da es sehr weich ist, so schleifen die Wagenräder allmählich Spuren hinein, die heute

Abb. 407. Für den Fuhrverkehr gesperrte Straße (Strada del tempio di Augusto in Pompeji).
Das alte tief ausgefahrene Gleis a ist wahrscheinlich vor Anlage der Randsteine entstanden, die die Stelle der
zweiten Wagenspur decken; gewisse Unregelmäßigkeiten der Spur lassen auch vermuten, daß die Steine früher
an den Seiten lagen. Dann entstanden die Gleisspuren bb; schließlich wurde die Straße durch die in a liegenden
höheren Steine für den Wagenverkehr gesperrt.

noch zu sehen sind. (Abb. 408 S. 312.) (Die Annahme, daß diese Spuren nach der
Pflasterung künstlich hergestellt wurden, erscheint nicht berechtigt.) Man erkennt daraus,
daß der damalige Abstand der Radkränze der Wagen 0,90 m betrug. Die zur Pflasterung
dienenden Lavaplatten werden so aneinandergefügt, daß sie möglichst dicht zusammen=
schlossen. Der Pflastersetzer arbeitete sie zu diesem Zweck an den Kanten entsprechend

ab. Der Anschluß der Platten aneinander ist ein vorzüglicher, doch treten mit der Zeit Lockerungen ein, es brechen Ecken und Kanten ab. In diesem Falle wird das Pflaster durch Einfügen kleiner Steine und Eintreiben von kleinen Eisenkeilen wieder ausgebessert. (Abb. 409.) Die Bürgersteige sind mit Randsteinen eingefaßt. (Abb. 406, 408 und 411.) Zu ihrer Herstellung dienen Hausteine, die oft Durchbohrungen zeigen. In diesen Durchbohrungen wurden die Zeltbahnen festgebunden, durch die die Ladenbesitzer ihren Laden und die davor ausgelegten Waren vor den Strahlen der Sonne und dem Regen schützten. Größere Blöcke ragen auch — meist drei in einer Linie — aus dem Pflaster des Fahrdammes hervor. Sie sollen es den Fußgängern ermöglichen, bei heftigen Regengüssen trockenen Fußes über den Fahrdamm hinwegzukommen. (Abb. 408 und 410.) Der Bürgersteig wechselt in seiner Zusammensetzung, was daher kommt, daß ihn jeder Hausbesitzer, dem die Herstellung und Unterhaltung obliegt, ganz nach Belieben ausführen läßt.

Abb. 408. Straße in Pompeji.
Im Vordergrund Wagenspuren, dahinter drei Blöcke im Pflaster, die Fußgängern das Überschreiten der Fahrbahn bei Regenwetter ermöglichen.

Auf festgestampfter Erde liegt eine Decke von Ziegeln oder von Ziegelmosaik (opus signinum), von Steinplatten, Marmor oder Asphalt. An den Straßenecken befinden sich Prellsteine, neben den Bürgersteigen sind Rinnsteine angebracht, in denen das

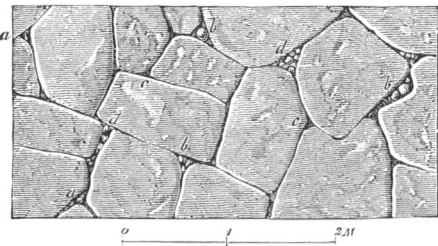

Abb. 409. Ausgebessertes Pflaster in Pompeji.
a Eisen; b Granit; ; c Marmor; d Kies.

Abb. 410. Pflaster mit Trittsteinen für Fußgänger.

Regenwasser sich sammelt und in die Einlaßöffnungen der Kanäle strömt, die es aus der Stadt wegführen. (Abb. 412 S. 313, 413, 414 und 415 S. 314.)

Die Ausstattung der Stra=
ßen war also eine in tech=
nischer Hinsicht vorzügliche
und genügte den damaligen
Verkehrsbedürfnissen voll=
kommen. Man muß immer
bedenken, daß sich der Ver=
kehr hauptsächlich zu Fuß ab=
wickelte. Schwere Lastwagen
durften außer in den ersten
Morgenstunden überhaupt
nicht durch die Straßen, ja
sogar das Fahren war un=
gewöhnlich. Darum finden
sich auch in keinem Hause
Pompejis Stallungen, und
es ist nur ein einziger Tor=

Abb. 411. Bürgersteig einer pompejanischen Straße.
Unregelmäßige Randsteine, dahinter Laden mit Ladentisch, die
Öffnungen zum Einstellen von Gefäßen enthält.

weg mit Einfahrt aufgefunden worden. Sonst hindern überall die erhöhten Bürger=
steige und die steinernen Stufen und Türschwellen eine Einfahrt von Wagen. Dies

Abb. 412. Straße in Pompeji mit Bürgersteig und Rinnstein zur Aufnahme des Regenwassers.

erklärt sich daraus, daß das Fahren als unbürgerlich galt. Sueton (Claud. 25) be=
richtet beiläufig vom Kaiser Claudius, daß er die Reisenden durch eine Verordnung
erinnerte, sie dürften durch die Städte
Italiens nicht anders passieren als zu Fuß
oder in einer Sänfte oder einem Tragsessel.

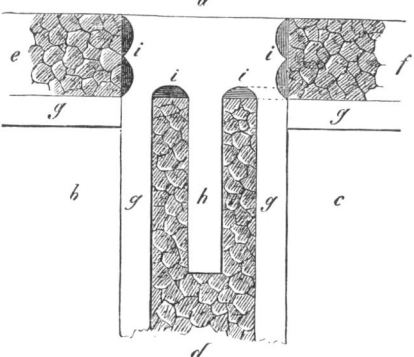

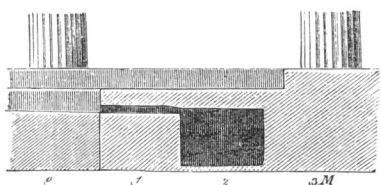

Abb. 413. Kanal am Forum zu Pompeji,
durch den das Wasser vom Pflaster her abfloß.

Der Zufluß zum Hauptkanal geschah durch kleine Seiten=
kanäle (links)

Abb. 414. Gossenanlage zur Abführung des
Regenwassers in Pompeji.

a, b, c Häuser, d, e und f Straßen (d Straße der For=
tuna), gg Bürgersteige, h ansteigende Rampe, unter
der der Abflußkanal liegt; iiii sechs Einlaßöffnungen
für das aus den drei Straßen kommende Regenwasser;
diese Öffnungen stehen senkrecht zum Pflaster, über
das sie sich erheben. (S. auch Abb. 415.)

Capitolinus (Marc. 23) sagt dasselbe
von Mark Aurel: Er verbot in Städten
zu fahren oder zu reiten, d. h. zu Pferde,
denn zu Esel war es erlaubt. Man fuhr zum Vergnügen nur auf den Landstraßen,
oder ritt außerhalb der Stadt.

Ebenso wie man für einen Abfluß des Regenwassers sorgte, so mußte auch der
Unrat des Hauses, der Müll, sowie der Abfall aus den Werkstätten vor die Stadt nach
den besonders dazu bestimmten Plätzen geschafft werden. Man hat derartige κοπρίαι
oder κοπρῶνες sowohl bei Alexandria wie bei Arsinoe, Altkairo usw. gefunden. Auch
sonst trug man der Hygiene nach besten Kräften Rechnung, wobei unter „Hygiene" aller=
dings eine im damaligen Sinne
zu verstehen ist. So fordert z. B.
Vitruv (16), daß man bei der An=
lage von Städten die Winde mög=
lichst ausschließen solle, da diese,
wenn sie kalt sind, unangenehm
berühren und, wenn sie warm
sind, krank machen. Er gibt dann
für den inneren Ausbau der Stadt
des weiteren an, daß man nach
dem Verteilen der Gassen und Ab=
stecken der Straßen die Auswahl
der Bauplätze für die Tempel,

Abb. 415. Abflußöffnungen für das Regenwasser
in einer pompejanischen Straße.

den Marktplatz und die übrigen gemeinsamen Zwecken gewidmeten Orte vorzunehmen
habe. Für die verschiedenen Gottheiten sind Tempel zu errichten, ebenso Gymnasium,
Amphitheater usw. usw. Die Größe der Plätze muß der Volksmenge entsprechen;
der Hauptplatz, das forum civile, soll ein Verhältnis der Länge zur Breite von 3 zu 2
aufweisen. Die Basiliken sind an einen warmen Platz zu stellen, damit die im Winter
darin verkehrenden Kaufleute nicht frieren. Gärtnerischen Schmuck der Plätze scheint

man im Altertum nur wenig gekannt zu haben, wie er ja auch jetzt noch in südlicheren Ländern nicht üblich ist. Für die Schöpfungen der dortigen Architektur passen auch keine grünen Rasenplätze und Gebüsche, die die Platzwirkung nur stören.

———

Literatur zum Abschnitt: „Städtische Straßen und Plätze" siehe hinter dem Abschnitte „Bauarten, Bauausführung und Baustoffe".

Die Häuser.

Das Haus im Orient.

Über das Aussehen, den Grundriß und die innere Ausgestaltung des Wohnhauses der alten Völker des Orients sind wir in keiner Weise unterrichtet. Die vielfachen Ausgrabungen, die uns über die Monumentalbauten, die Kunst sowie über viele Zweige der Technik dieser Völkerschaften so wertvolle Aufschlüsse gebracht haben, vermochten nicht, uns über die Technik der Hausanlage aufzuklären. Daran mag vielleicht auch der Umstand schuld sein, daß man die Ergebnisse aller Forschungen und Ausgrabungen in erster Linie nach ihrer Bedeutung für die Kunstgeschichte würdigte. Der Technik erschließt sich gerade hier noch ein sehr großes und ausgedehntes Forschungsgebiet, dessen überhaupt noch nicht in Angriff genommene Bearbeitung sicherlich viele Jahr= zehnte in Anspruch nehmen dürfte. Soweit sich bis jetzt überhaupt ein Urteil abgeben läßt, ist auch im Orient, insbesondere in Mesopotamien, das Wohnhaus aus dem Nomadenzelte hervorgegangen. Es dürfte in seiner ursprünglichsten Form vielleicht ein viereckiger oder runder Raum gewesen sein, der von einem Fell oder einer Matte überdeckt war. In der Mitte dieser primitiven Bedachung befand sich eine Öffnung, durch die Licht ins Innere drang und der Rauch des Herdfeuers abzog. Dann hat sich allmählich eine Einteilung herausgebildet, indem man zunächst wahrscheinlich das Vieh, mit dem man zusammen hauste, von dem eigentlichen Wohnraum abtrennte. Gewisse Anzeichen sprechen auch dafür, daß man ursprünglich Behausungen an Fels= wände anlehnte. Alles dies sind aber nur Vermutungen, die sich auf die ersten und pri= mitivsten Wohnstätten beziehen. Wie das aus ihnen entstandene Wohnhaus der orien= talischen Völker aussah, wissen wir nicht.

Das ägyptische Haus.

Etwas besser sind wir über die Wohnhäuser im alten Ägypten unterrichtet, obschon auch hier unsere Kenntnisse noch ziemliche Mängel aufweisen. In Form von Grabbeigaben sind uns einige Modelle altägyptischer Wohnhäuser erhalten geblieben. Dann gibt es auf Gemälden Darstellungen von Wohnbauten, und endlich geben noch einzelne Funde weitere Aufschlüsse. Die eben erwähnten Darstellungen von Wohn= bauten sind eine Vereinigung von technischem Grundplan mit Zeichnungen des In= halts der einzelnen Räume, wobei dieser letztere in besonders eingehender Weise betont ist. Infolge dieser merkwürdigen Art der Schilderung und der eigenartigen Wiedergabe von Türen und sonstigen Bauteilen ist es ziemlich schwer, sich ein Bild vom Grundplan eines derartigen altägyptischen Hauses zu machen. Aber immerhin hat man versucht, solche altägyptische Darstellungen in die Form eines unserer heutigen technischen Hauspläne umzuzeichnen, die uns dann Schlüsse auf die vermutliche Raumeinteilung größerer Häuser ermöglichen. Es handelt sich bei diesen Bildern immer nur um die großen Wohngebäude der Reichen oder hohen Würdenträger. Das Haus des kleineren Mannes müssen wir nach den erhaltenen Modellen und sonstigen Anhaltspunkten zu beurteilen suchen.

Die in den verschiedenen Museen erhaltenen Modelle lassen einen viereckigen Hof erkennen, der von einer Mauer umschlossen ist, und an dessen einer Längsseite sich das Haus erhebt, dessen Grundriß ein langes schmales Rechteck darstellt. Es zeigt also bei ziemlicher Breite eine nur geringe Tiefe. Vom Hofe her führt eine Treppe auf das flache Hausdach, das sich scheinbar direkt über dem einzigen Geschosse des Hauses, also dem Erdgeschoß, ausbreitet. Das Dach ist von einer Brüstung umgeben, die nach außen zu höher ist als gegen den Hof, so daß man also von hier aus bequem die verschiedenartigsten Dinge in den Hof hinabreichen oder hinabwerfen konnte. An der einen Seite des Daches erhebt sich eine schmale, nach der Dachterrasse zu offene Kabine, die vielleicht als eine Art von Laube oder Dachhäuschen diente, wo man geschützt vor den Strahlen der Sonne sitzen, auf die Landschaft hinaussehen oder auch die Arbeit im Hofe überwachen konnte. Im Erdgeschosse sind drei Räume zu erkennen, die wohl die eigentlichen Wohnräume darstellen. Wenn sie bei dem Modell des Britischen Museums mit Getreidekörnern gefüllt waren, so berechtigt dies noch nicht zu dem Schlusse, daß sie auch bei den ägyptischen Häusern vollkommen mit Getreide angefüllt wurden. Das Modell ist eben eine spielzeugartige Nachahmung im Kleinen, wie wir sie ja auch als Sparbüchsen und als Nippsachen zum Aufbewahren aller möglichen Dinge verwenden.

In Abydos hat man dann Grundrisse von Häusern aufgedeckt, die sehr weitgehende Verschiedenheiten aufweisen. Bei manchen zieht sich durch das Haus ein langer schmaler Korridor, an den sich zu beiden Seiten Zimmer anschließen. Bei einem andern Hause liegen die Zimmer um die vier Seiten eines offenen Hofes herum, in den ihre Türen münden. Einzelne Zimmer waren als Säulensäle ausgebildet. Sehr weitgehende Schlüsse lassen sich aus diesen Grundrissen jedoch nicht ziehen, da nicht zweifelsfrei feststeht, ob nicht einzelne ihrer Teile aus späterer Zeit stammen. Größere Häuser, deren Darstellung wir auf den Gräberreliefs finden, zeigen eine oft beträchtliche Anzahl von Zimmern. Vom Eingang aus, neben dem sich das Gelaß des Türhüters befindet, führt in der Regel ein längerer Gang nach einem Hofe, der entweder an einer oder an mehreren Seiten als Säulenhalle ausgebildet ist. Manche Häuser haben eine Anzahl von Höfen und sehr große saalartige Gemächer, die vielleicht Säulenhallen waren. Eine besondere Eigenart des ägyptischen Wohnhauses, dessen Grundriß stets ein viereckiger gewesen zu sein scheint, dürfte darin bestanden haben, daß der Grundriß ein Quadrat oder ein fast quadratisches Rechteck darstellt. Langgestreckte Wohnhäuser scheint man, wenigstens bei größeren Gebäuden, nicht angelegt zu haben. Hierdurch unterscheidet sich das altägyptische Wohnhaus in weitgehendem Maße vom griechischen, das sich fast stets beträchtlich nach der Längsrichtung erstreckt. Im übrigen aber war es auch damals in Ägypten scheinbar schon so wie jetzt bei uns: Jeder ließ sich eben sein Haus so bauen, wie es seinen Vermögensverhältnissen, seinen Bedürfnissen und seinem Geschmack entsprach. Einen einheitlichen Grundzug werden deshalb die altägyptischen Wohnstätten wohl ebensowenig gehabt haben wie die unsrigen, wenigstens nicht, soweit die Raumeinteilung in Betracht kommt. Ebenso war natürlich auch die Anlage von Gärten, die sich an manche altägyptischen Häuser anschlossen, Sache der Liebhaberei. Anders bei der Außenseite! Diese ähnelte sich wohl bei fast allen Häusern, ganz gleich, ob sie armen oder reichen Leuten gehörten. Die Häuser waren meist niedrig und zeigen nur ein Erdgeschoß, über dem sich wohl, und zwar auf dem flachen Dache, einzelne erhöhte Aufbauten erheben mochten. Fenster waren nur sehr wenige vorhanden. Meist wird wohl auch nur eine ins Freie führende Tür vorgesehen gewesen sein, die von einer mehr oder minder reichen Einfassung gegen die Mauer abgegrenzt war. Diese Einfassung sowie die der Fenster bildeten im Verein mit dem bekannten Hohlkehlenhauptgesims den einzigen Schmuck der im übrigen schmucklosen Häuserfront. Die kleineren Häuser waren gewöhnlich zusammengebaut, so daß die Straßen fortlaufende Reihen bildeten. Größere Häuser dürften häufig allein oder in Gärten gestanden haben. Der Hof war wahrscheinlich gepflastert. Er enthielt wohl einige Räume, einen Brunnen oder einen Springbrunnen. Kleinere Anwesen standen um einen gemeinsamen Hof herum. Vor dem Haupteingange größerer Häuser war zuweilen ein Vorbau angebracht, dessen Dach von Säulen getragen wurde, bei Palästen befanden sich neben dem Haustore, das als Einfahrt für Wagen diente, kleinere Tore für Fußgänger. Die Tore waren mit Türen verschlossen, die sämtlich mit Drehzapfen versehen waren. Die Zapfen liefen in den in der Ober= und Unterschwelle der Tür angebrachten Lagern. Die Drehzapfen wurden bei Bronzetüren mit der Tür zusammen durch Guß hergestellt. (Siehe S. 57 Abb. 62.) Sonst wurde an der Tür ein Bronzeschuh angenagelt, der in den Zapfen auslief. Der Verschluß der Tür geschah durch Verriegelung sowie auch durch Schlösser, die mit Schlüsseln verschlossen wurden und auf deren technische Entwicklung wir noch weiter unten eingehend zurückkommen werden.

Das griechische Haus.

Auch das griechische Haus ist aus den Hütten hervorgegangen, in denen sich das vorher nomadisierende Volk am Fuße der Hügel ansiedelte, die die Burg trugen. Es ist anzunehmen, daß diese Hütten zunächst rund waren. Aber schon in sehr früher Zeit machte sich der Einfluß der Palastbauten auf den Grundriß geltend. Dieser, der insbesondere von den mykenischen Palastbauten übernommen worden zu sein scheint, wird viereckig und langgestreckt. Im fünften Jahrhundert v. Chr. war das athenische Bürgerhaus, das sich aus diesem Grundriß aufbaute, äußerst einfach. Es bestand aus einem kleinen Hof, an den der Hauptraum anstieß, und um den sich wieder einige kleinere Gemächer herumlegten. Daß das Haus so lange diese weitgehende Einfachheit aufweist, liegt daran, daß sich das Leben im alten Griechenland in der Öffentlichkeit abspielte. Man arbeitete auf den Straßen und besuchte den Markt oder die Gerichtssäle: das Haus betrat man nur verhältnismäßig selten. Es diente zum Schlafen, zur Bereitung der Speisen und zur Aufbewahrung der Vorräte. Eine Stätte des Behagens, der Arbeit, der Geschäfte und der Geselligkeit war es nicht. Infolgedessen war auch der Hausrat nur sehr dürftig und beschränkte sich auf das Notwendigste. Dies ändert sich im vierten Jahrhundert v. Chr., wo sich bereits Demosthenes (383—322 v. Chr.) darüber beklagt, daß die gute alte Zeit vorbei sei, in der nur die Tempel und Staatsgebäude prächtig waren, während sich die Wohnhäuser eines Themistokles, Miltiades und Aristides in keiner Weise von den Nachbarhäusern unterschieden. Die zu der genannten Zeit einsetzende Entwicklung läßt sich deutlich ver-

folgen. Im älteren Wohnhause zu Priene aus dem 4. Jahrhundert v. Chr. treffen
wir noch dieselben Teile wie im Palast von Tiryns, von dem es sich ableitet. Wie dort,
treten wir durch die Türe der den Hausbau umschließenden Mauer nicht in das Haus
selbst, sondern in den großen Hof. Wir stehen dann gegenüber dem Hauptgebäude,
dem Megaron, das in seinem vorderen Teile durch eine Vorhalle und die sie stützenden

Abb. 416. Altgriechisches Haus in Priene aus dem 2. Jahrhundert v. Chr.
Rekonstruktion von Thiersch nach den Ausgrabungen von H. Schrader und Th. Wiegand.
Modell im Deutschen Museum zu München.

Säulen ein tempelartiges Aussehen erhält. Die Tempelfassade wird durch zwei Anten,
zwei dazwischenstehende Säulen, den darüberliegenden Fries und Giebel gebildet.
Durch diese Vorhalle gelangt man zu dem größten Gemache des Hauses, in dem sich —
ebenso wie in dem Palaste von Tiryns — der Herd, der Mittelpunkt des häuslichen
Lebens, befindet. Auf der einen Seite des Megarons und des Hofes zieht sich ein

Korridor entlang, der, ſoweit er dem Hofe zugewendet iſt, von einem durch Säulen getragenen Dache beſchattet wird. Ihm gegenüber, an der anderen Hoffeite, befinden

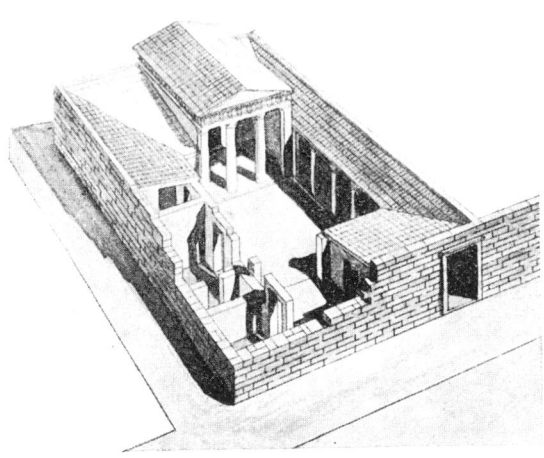

ſich Zimmer, die als Schlaf=
räume, Geſindeſtuben uſw.
dienen. Auch neben der Tür,
die von der Straße her in den
Hof führt, befindet ſich noch
ein überdachtes Gebäude, in
dem wohl Gerätſchaften, Wagen
uſw. aufbewahrt wurden.

Im Laufe der Entwicklung
wird dann aus dieſem Haus
ein luxuriöſeres, das Periſtyl=
haus. Es iſt dadurch gekenn=
zeichnet, daß die nach dem Hofe
zu geöffnete Halle, die Prostas,
wegfällt, und daß nunmehr um
den ganzen Hof eine Säulen=
halle herumläuft . Zwiſchen dem
reinen Prostashaus und dem
reinen Periſtylhauſe gibt es na=
türlich Übergänge, alſo Häuſer,

Abb. 417. Altgriechiſches Wohnhaus in Priene aus dem
4. Jahrhundert v. Chr.
Nach einer Darſtellung im Deutſchen Muſeum zu München.

bei denen die Prostas noch eingehalten iſt, während der Hof bereits die Begrenzung durch eine Säulenhalle zeigt. (Abb. 418.) Da in Griechenland die Sonne um die Mittagszeit ziemlich hoch ſteht und ihre Strahlen, wenn auch nicht ſenkrecht, ſo doch mit einer dem ſenkrechten Sonnenſtande nahezu entſprechenden Wirkung hinab= ſendet, ſo trug man dieſem Umſtande bei der Anlage des Prostashauſes ſowohl wie des Periſtylhauſes Rechnung. Die Prostas öffnet ſich immer nach Süden, eben= ſo wie die ſpäter an ihre Stelle tretende Säulenhalle. Beide ſchieben ſich zwiſchen den heißen ſonnigen Hof und den Hauptraum des Hauſes, den Oikos, ein, der weit

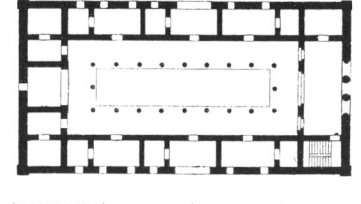

Abb. 418. Sogen. „Haus der Hyrkanos"
mit Säulenhof.

zurück im Schatten liegt und gegen die Glut noch durch eine Tür abgeſperrt werden kann. Das Innere des Oikos war mit Marmorplatten getäfelt oder mit Marmorſtuck belegt, der oben durch ein Bort abgeſchloſſen war. Auf dieſem Bort wurden Hausrat, Götterbilder, kleine Kunſtwerke uſw. aufgeſtellt. Der obere Teil der Wand, insbeſon= dere der Fries, war bemalt, der Hof war gepflaſtert oder mit Moſaik ausgelegt. Die Malerei ahmte entweder Verkleidung der Wand mit farbigem Marmor nach, oder man malte Architekturteile darauf, die perſpektiviſch ſo gehalten waren, daß ſie Kon= ſolen uſw. vortäuſchten. Später kommt dann figürlicher Schmuck auf.

Aber ebenſo wie in bezug auf die Malerei wird man auch in bezug auf die Aus= geſtaltung des Hauſes immer luxuriöſer. Man baut auf das Megaron und ſpäter auch auf andere, den Hof umkleidende Teile des Hauſes weitere Stockwerke auf. Ver= einzelt ſcheint dies auch ſchon in ſehr früher Zeit der Fall geweſen zu ſein, wenigſtens

hat man bei den Ausgrabungen im Palast des Minos zu Knossos auf Kreta im Saale
der oberen Terrasse ein großes Mosaik gefunden, auf dem etwa vierzig Häuser
dargestellt sind, die, wie man deutlich erkennen kann, teils aus Holz, teils aus Stein
bestehen. Darunter sind solche von drei Stockwerken, an denen Fenster mit vier Schei=
ben zu erkennen sind. Vielleicht handelt es sich um Paläste, vielleicht um Ausnahmen,
denn im allgemeinen taucht das mehrstöckige Haus erst später auf. Im 2. Jahrh. v. Chr.
kommt es jedoch schon ziemlich häufig vor. Hier liegt dann über der Prostas bzw.
dem an ihre Stelle getretenen Teile des Peristyls eine Loggia, die sich zwischen Säulen
gegen den Hof zu öffnet. (Abb. 416 S. 319.) Der obere Stock diente als Frauengemach.
Dann aber verband man auch, als man die Häuser überhaupt vergrößerte, zwei Häuser
zu einem einzigen und erhielt so einen großen Gebäudekomplex mit Läden, die gegen
die Straße zu gelegen waren, Nutzräumen, die sich an den beiden Längsseiten des
Hofes hinzogen, und den eigentlichen, gegenüber dem Eingang in den Hof gelegenen
Wohnräumen. Bei diesen sind ein gemeinsamer Familienraum, ferner das Männer=
gemach, die Andronitis, die meist nach rückwärts oder im Obergeschosse gelegene Frauen=
wohnung, die Gynäkotis, Arbeitsräume für die Mägde usw. usw. zu unterscheiden. Im
übrigen geht schon aus den Angaben der Odyssee (XXI 381) über das homerische Haus,
dessen Ausgestaltung und Einrichtung im Laufe der Zeiten Gegenstand einer umfang=
reichen Literatur geworden ist, hervor, daß schon damals hinter dem Megaron der
Arbeitsraum für die Mägde sich anschloß. Auch damals schon war, wie sich aus den
Angaben Homers des weiteren schließen läßt, über dem Erdgeschoß ein Obergeschoß,
das als Frauenwohnung diente. Diese Tatsachen sowie der Umstand, daß das Me=
garon durch zwei Fenster (ὀπαί) erleuchtet wurde (Odyssee I 320), stehen fest.
Ob nun, wie vielfach angenommen wird, die Hintergemächer in drei Teile oder nur
in zwei zerfielen, oder ob das Megaron eine oder zwei nach diesen Gemächern
führende Türen hatte, ist ein für die technische Ausbildung der wesentlichen Grund=
rißteile des altgriechischen Hauses so nebensächlicher Punkt, daß er hier außer Be=
tracht bleiben kann.

Das römische Haus.

Wenn auch die Häuser Pompejis vielfach Anklänge an die eben beschriebenen
altgriechischen Häuser aufweisen und wenn auch zwischen den Häusern von Priene,
Thera, Delos und Pergamon einerseits und den pompejanischen andererseits man=
cherlei Beziehungen nachweisbar sind, so handelt es sich bei den letzteren doch ledig=
lich um eine in späterer Zeit stattgehabte Beeinflussung des italienischen Hausbaus
durch den griechischen. Das ursprüngliche italienische Haus hat mit dem ursprüng=
lichen griechischen nichts gemein. Es unterscheidet sich von ihm sogar in wesentlichen
Grundzügen. Schon das homerische Haus zeigt eine ganz besondere Eigenart des
griechischen: das Haus war eine Art von Festung. Seine Gebäude legten sich um einen
Hof herum und waren zusammen mit diesem durch eine gemeinsame Mauer um=
schlossen, die das ganze Anwesen umzog und schützte. War der Grieche zu Haus, so
war er von der Außenwelt vollkommen abgeschlossen. Die Fenster waren Licht=
und nicht Schauöffnungen. Anders beim italienischen Hause. Wie sich das griechische
entwickelt hat, wissen wir nicht. Soweit wir uns nicht auf Homer usw. stützen können,
sind uns die Häuser selbst erst aus der Zeit nach Alexander dem Großen bekannt.
Beim italienischen Hause können wir die Entwicklung zwar gleichfalls nicht bis an

ihre Uranfänge zurück verfolgen, wir wissen jedoch, daß man dort in alten Zeiten schon anders wohnte als bei den Griechen. Das griechische Haus stand für sich, die römischen Häuser hatten schon in sehr früher Zeit parietes communes, d. h. sie waren zusammengebaut. Da nun der Regen, der sich an den Zwischenwänden ansammelte, diese und das zu ihrer Herstellung verwendete Gebälk verdarb, so hatte jedes Haus für einen Ablauf des Regenwassers zu sorgen. Dies führte dazu, daß

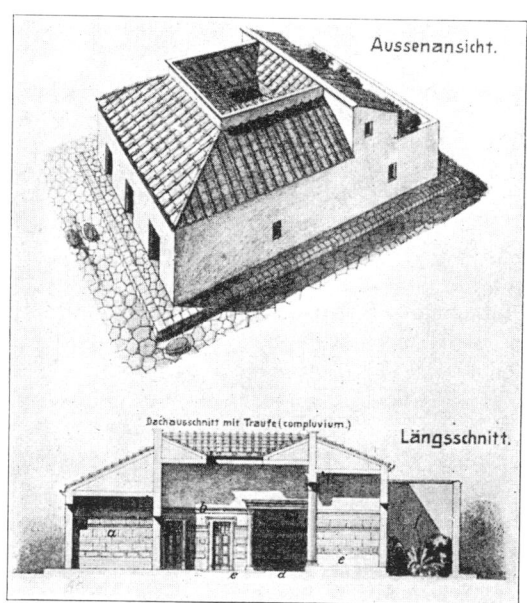

Aussenansicht.

Dachausschnitt mit Traufe (compluvium.)

Längsschnitt.

Grundriss.

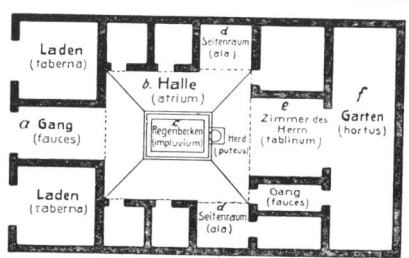

Abb. 419. Älteste bekannte Form des römischen Hauses.
Nach einer Darstellung im Deutschen Museum zu München.

man schon früher auf dem Dach eine Art von Trichter anbrachte, durch den das Regenwasser in das Innere des Hauses hineinlief, wo man es in einem gesonderten Bassin auffing. Diese Maßregel hat dem römischen Hause, das seine Entstehung den Etruskern verdankt, seine charakteristische Form gegeben. Die Diele, das Atrium, um die herum sich die verschiedenen Räume gruppieren, ist vollkommen überdacht. Das Dach hat oben eine trichterförmige Öffnung (compluvium), durch die das Regenwasser in das Atrium hineinläuft. Hier wird es in einem Bassin (impluvium) aufgefangen und von da aus meist nach einer Zisterne geleitet, von wo man es zum häuslichen Gebrauch entnahm. Während also beim griechischen Hause sich alle Räume um den Hof gruppieren, der nicht überdacht ist, zeigt das ursprüngliche römische Haus eine überdachte und mit einem Regentrichter versehene Diele, um die die übrigen Räume herumliegen. Unter diesen Räumen ist der wichtigste das Zimmer des Herrn, das Tablinum, das direkt an das Atrium grenzt. Die Vorhalle, die für das wichtigste Gemach des griechischen Hauses, das Megaron, charakteristisch ist, fehlt vollkommen. Die dem Tablinum gegenüberliegende Haustür (ianua) führt den von außen kommenden Besucher zunächst in einen Gang, der wieder direkt an die Diele grenzt. Da die parietes communes schon frühe die Straßenbildung begünstigten, und da man die Straße zum Abschlusse von Handelsgeschäften zu benutzen pflegte, so entstehen — gleichfalls sehr früh — zu beiden Seiten der Haustür und des hinter ihr liegenden

Ganges Läden. Sie haben in der Regel weiter keine Verbindung mit dem Haus und sind nur von der Straße aus zugänglich. Um das Atrium herum gruppieren sich dann noch die anderen Räume. Im Atrium selbst steht hinter dem Impluvium der Herd (puteus), der dem Atrium seinen Namen gegeben hat. Er verräucherte nämlich die ganze Diele und bewirkte dadurch ihr schwarzes Aussehen. „Ater" aber bedeutet im Lateinischen schwarz, dunkel. (Abb. 419.)

Aus dieser ursprünglichen Form des römischen Hauses hat sich dann durch Ein= flüsse der verschiedensten Art, insbesondere griechische, im Laufe der Zeiten ein neuer Haustyp herausgebildet, der eine Kombination von italischem und griechischem Hause darstellt. Eigentlich sind es zwei Häuser, vorn ein römisches mit Complu= vium, Atrium und Tablinum, bei dem der hinter der Haustüre be= findliche Gang durch Einrücken der Tür verkleinert wird. Infolgedessen entsteht vor der ·Tür noch ein äußerer Hausflur, ein Vorflur, das Vestibulum. An dieses römische Haus schließt sich hinten das grie= chische an, gekennzeichnet vor allem durch den Säulenhof. Da man auch hier wie in Griechenland zwei Häuser zu einem vereinigte, so er= gibt sich die Einteilung in Männer= gemächer und Frauengemächer von selbst. Im griechischen Haus, im Säulenhaus, befinden sich die Ge= mächer der Frau. Beide Häuser werden dann von einer gemein= samen Mauer umschlossen, die nach außen hin nur sehr wenige und kleine Fensteröffnungen zeigt. Die Innenräume erhalten ihr Licht vom Hofe her; der Abschluß nach außen ist wie beim griechischen Hause vollkommen durch die Mauer

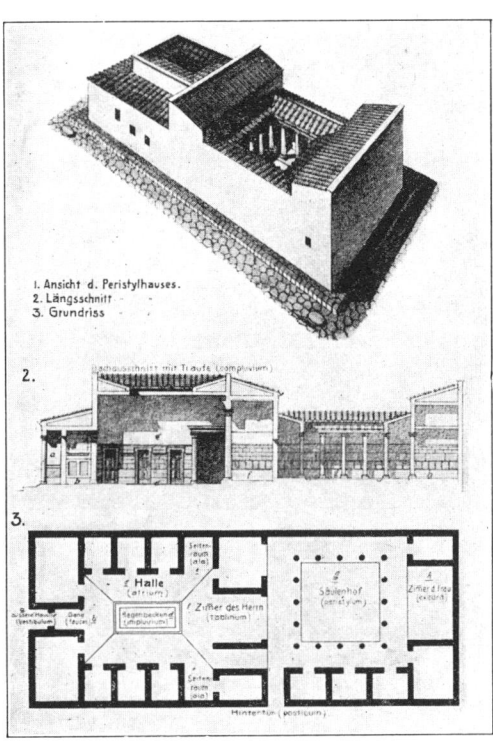

I. Ansicht d. Peristylhauses.
2. Längsschnitt
3. Grundriss

Abb. 420. Römisches Haus mit Säulenhof (Peristylhaus). Nach einer Darstellung im Deutschen Museum zu München.

erreicht; die Läden stören diesen Abschluß nicht, fallen aber trotzdem oft weg. (Abb. 420.)

Der Umstand, daß das Licht nicht durch Fenster, sondern vom Hofe her oder durch das Compluvium kommt, bedingt, daß man die Wandmalereien (Abb. 421 S. 324) in grellen Farben ausführen muß, um sie besser erkennen zu können. Die Dächer des Peristyls halten gerade das beste von oben kommende Licht ab. Das Licht, das auf die Bilder trifft, ist zum großen Teil von den Platten des Hofraums oder des Atriums reflektiert. Die Malereien, die in den höheren, durch Fenster beleuchteten Stockwerken unserer Häuser zu grell wirken würden, sind für die eigenartigen Beleuchtungsverhältnisse des römischen Hauses richtig abgetönt. Man greift noch zu besonderen bautechnischen Mitteln, um den Gemälden besseres Licht zu geben. So findet sich z. B. in dem so=

genannten „Haufe der filbernen Hochzeit" zu Pompeji ein Periftyl, wie man folche
auch auf Rhodos noch gefunden hat. Die Säulenwand der Südfeite ist höher als die

Abb. 421. Wandbild in Mofaittechnik (Nillandschaft, Rom).

der drei übrigen Seiten. Man kommt also aus dem hohen Atrium durch das Tablinum
in den niedrigeren Säulenhof. Durch diese bauliche Eigenart des Periftyls wird be=
wirkt, daß an Wintertagen die Sonnenstrahlen beffer einfallen können. Außerdem hat

man noch die Farben den Helligkeitsverhältnissen angepaßt und je nach der Be=
leuchtung hellere oder dunklere Töne gewählt.

Mit der Zeit vollziehen sich an diesem Typ des römischen Hauses, das schon in
seiner ursprünglichsten Form häufig einen kleinen, an das Tablinum sich anschließen=

Abb. 422. Römischer Fußboden aus großen Platten. Trier.

den Garten besaß, die mannigfachsten Veränderungen, die teils dem zunehmenden
Luxus, teils dem in den Städten eintretenden Raumbedarf (Vitruv II 8. 17.)
und der damit Hand in Hand
gehenden Steigerung des Bo=
denwertes zuzuschreiben sind.
Wie der letztere 3. B. auf
den Ausbau Roms einwirkte,
schildert Friedländer, der
sich dabei zum Teil auf
Seneca usw. stützt, sehr an=
schaulich: „Die Unternehmer
beuteten den Baugrund nicht
bloß durch die Aufführung
möglichst zahlreicher Stock=
werke, sondern auch durch die
möglichste Verengerung und
Verkleinerung der Räume der
Einzelwohnungen bis aufs

Abb. 423. Römischer Fußboden (restauriert).

Abb 424. Fußboden in mehrfarbigen **Steinen.**

äußerste aus und waren vorzugsweise darauf bedacht, die Herstellungskosten
auf das niedrigste Maß herabzusetzen: eine Bauweise, die auch ihrerseits die

Abb. 425. Das Haus der Vettier zu Pompeji (Ansicht).

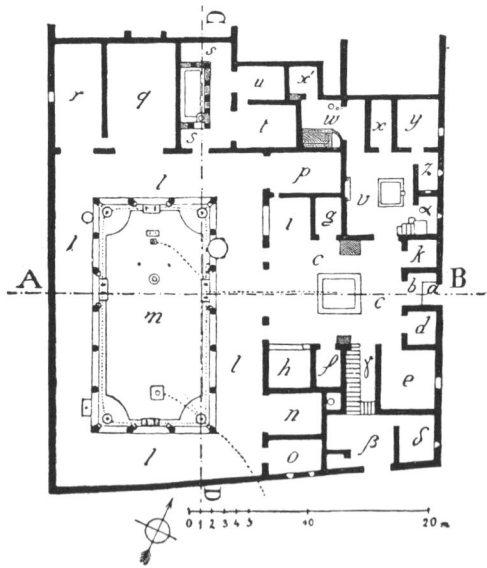

Abb. 426. Das Haus der Vettier.
Grundriß.

B Tür; a Vestibulum, gegen b durch die Haustür abgeschlossen; b kurzer Korridor (fauces);
c Atrium; h i Alae; l großes Peristylum;
m Garten; s zweites, kleines Peristylum;
n o p q r Zimmer; v zweites Atrium mit
Larenaltar; u Schlafzimmer; w Küche;
x Zimmer des Kochs.

Feuergefährlichkeit sehr steigerte. Die dünnen Mauern und Wände der über-
einandergetürmten Mietwohnungen, welche weder gegen die Hitze noch gegen
die Kälte genügenden Schutz gewähren konnten, bestanden aus Holz oder Fachwerk;

und mit besonderer Vorliebe bediente man sich des sogenannten Netzwerks (s. im Ab=
schnitt „Steinbau" S. 391), welches um seines schönen Aussehens willen den Zwecken
der vor allem auf äußeren Schein gerichteten Spekulation besonders entsprach, aber
freilich auch der Solidität des Hausbaus wesentlichen Abbruch tat, da die Mauern
bei dieser Bauweise sehr leicht Sprünge und Risse bekamen. „Ein Teil unserer Furcht",
sagt Seneca, „sind unsere Dächer; selbst aus den mit Gemälden geschmückten Sälen
der großen Paläste floh man entsetzt, wenn man ein Knistern hörte. Ein großer Teil
der Miethäuser war baufällig, die notwendigsten Ausbesserungen wurden vernach=
lässigt oder ungenügend ausgeführt; wenn der Hausverwalter die wankende Mauer

Abb. 427 Säulenhalle und Garten (l und m in Abb. 426) im Hause der Vettier in Pompeji.

gestützt und einen alten klaffenden Riß durch Überstreichen verdeckt hatte, versicherte
er den Mietern, sie könnten ruhig schlafen, während der Einsturz bereits über ihnen
schwebte. Einstürze gehörten daher neben den Bränden schon in der letzten Zeit
der Republik zu den eigentümlichen Übeln Roms." Daß bei derartigen Zuständen
natürlich von der Innehaltung irgendeines bestimmten Häusertyps keine Rede mehr
sein konnte, versteht sich von selbst.

Der einheitliche Typ ging aber auch bei den Luxusbauten allmählich verloren,
die mit dem Ende der Republik immer häufiger werden. Schon lange vorher hatten
sich einzelne Veränderungen vollzogen, die dadurch entstanden, daß das Haus eben
immer weitläufiger wurde. So ließ man das Tablinum, das, wie erwähnt, ur=

sprünglich das Zimmer des Hausherrn war, nach beiden Seiten, nach dem Atrium
und dem Peristyl oder, falls ein solches nicht vorhanden war, nach dem Garten zu
offen und schuf so einen Raum, der einen angenehmen kühlen Aufenthalt gewährte,
aber keinen bestimmten innerhalb der Anforderungen des häuslichen Lebens liegenden
Zweck hatte. Des weiteren ließ man die beiden letzten Gemächer der beiden Längs=
seiten des Hauses ihrer ganzen Breite nach offen. Es entstanden so die beiden Flügel
(alae), (s. Abb. 426 S. 326, 437 S. 333 u. 443 S. 336), deren Begrenzung gegen das Atrium
mit zunehmenden Luxus zwischen Mauerpfeilern eingefaßt oder mit Säulen zwischen
den Anten verziert wurde. Die Alae selbst stattete man mit einem besonders hübschen

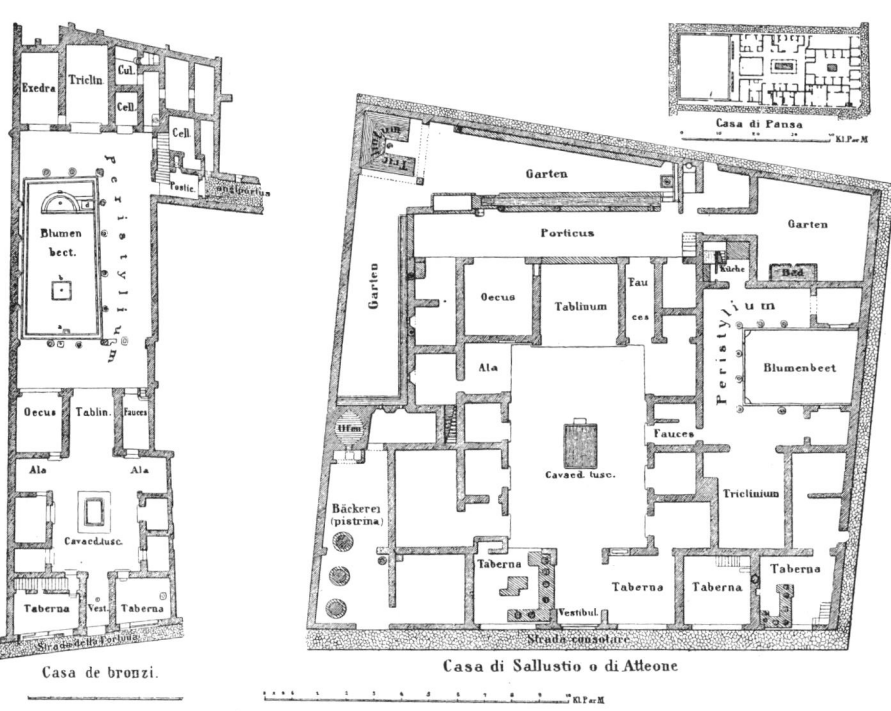

Abb. 428—430. Pläne pompejanischer Häuser.

Fußboden aus (Abb. 422, 423 u. 424 S. 325) und verzierte sie in sonstiger Weise. In
ihnen bewahrte man die Ahnenbilder auf, hier empfing der Hausherr seine Be=
suche. Des weiteren brachte man, wie z. B. im Hause der Vettier in Pompeji, noch
ein zweites kleineres Atrium an, das das Larenheiligtum enthielt, und ebenso schuf
man ein zweites Peristylum. (Abb. 425 u. 426 S. 326.) Auch das Atrium verlor allmählich
seinen ursprünglichen Charakter. Ursprünglich war es der Sammelplatz der Familie,
der auch den Geldkasten, in frühesten Zeiten sogar das Bett des Hausherrn und sonstige
Gebrauchsgegenstände aufnahm, und wo die Frau spinnend und webend saß. Spä=
ter wird auch das Atrium vielfach Repräsentationsraum. Damit man nun von hier
nach dem Garten nicht durch den anderen, der Annehmlichkeit dienenden Raum,

das Tablinum, gehen und stören muß, werden neben dem Tablinum ein oder zwei Durchgänge, die fauces, angebracht. So wandelt sich der Grundriß des rö=

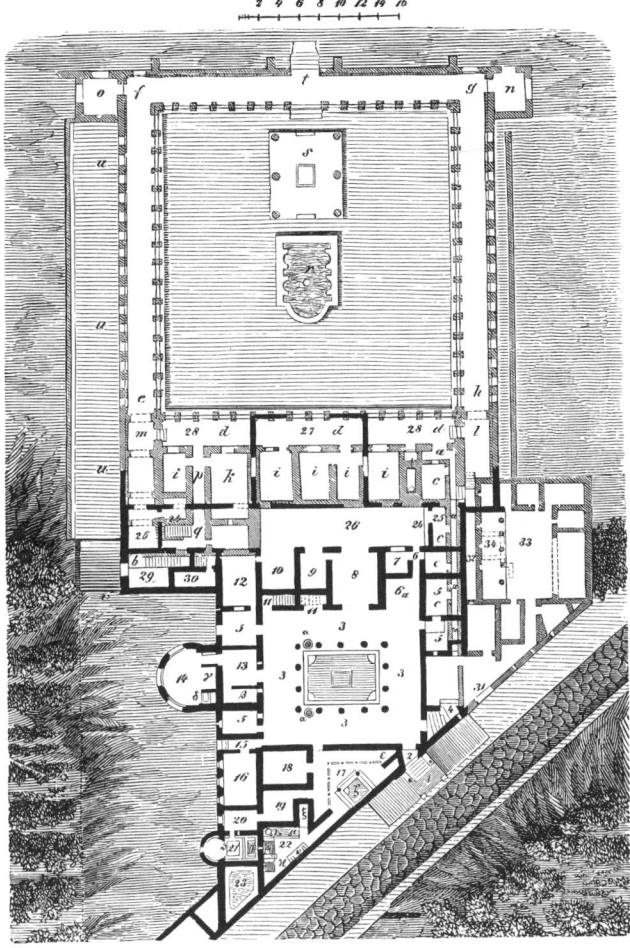

Abb. 431. Plan eines pompejanischen Landhauses (sogen. Villa des M. Arrius Diomedes).

Das Landhaus, an ansteigender Straße gelegen, ist mehrstöckig. Die in Straßenhöhe liegenden Teile sind schwarz und mit Ziffern, die tiefer liegenden hell und mit kleinen Buchstaben bezeichnet·
1 Treppe zur Haustür; 2 kleines Vestibulum; 3 Peristyl mit Impluvium, an dessen Seite zwei Brunnentröge a; 4 Raum mit Treppe zu den tiefer gelegenen Teilen des Hauses; aaa Gang in Hof und Garten; 5 Schlafzimmer mit gemauerten Bettstellen; 6 a Vorplatz; 6 Gang; 7 Zimmer; 8 Tablinum; 9 Zimmer; 10 Exedra; 11 Treppen= räume mit Treppe nach oben; 12 Triclinium; 13 Vorraum; 14 großes Schlafzimmer (s. Seite 331); β u. γ Al= koven, δ Waschtisch; 15 Gang zum Garten; 16 Garderobezimmer (?); 17 Hofraum; ε Herd; ξ kaltes Bad; 18, 19 Zimmer; 20 Tepidarium; 21 Caldarium; η Wanne für heißes Wasser; ϑ Wannennische; 22 Hypocaustum; 23 Wasserbehälter; 26 Galerie; 25, 27 Zimmer; 28 Terrassen; 29, 30 kleine Zimmer; 31 Wirtschaftseingang; 32 Gang zu den Wirtschaftsräumen, die wegen der Feuersgefahr getrennt liegen; 33 atriumartiger Hof; 34 Porticus; b Treppe; c Vorratsräume; d d d Gang; e—f—g—h Garten (33 qm groß); i i Zimmer; k Sommertriclinium (?); l m n o Kabinette; p Gang; q Treppe zum Keller; r Fischbassin mit Springbrunnen; s Säulenhalle; t Hintertür; u Gang; v Treppe zum Garten.

mischen Hauses immer mehr um, doch sind seine ursprünglichen Züge auch in den späteren Luxusbauten noch zu erkennen. (Abb. 428—431.)

Er fällt jedoch vollkommen auseinander, als man beginnt, weitläufige Landhäuſer in der Umgebung der größeren Städte in immer reicherem Maße auszuſtatten. Schon Plinius der Jüngere erzählt von ſeinen beiden Landſitzen, daß der eine davon mit einem offenen Schwimmbaſſin ausgeſtattet war, und daß große zweifenſtrige Zimmer ſowie Gärten, Brunnen uſw. uſw. den Aufenthalt angenehm machten. Was

VILLA DES HADRIAN BEI TIVOLI

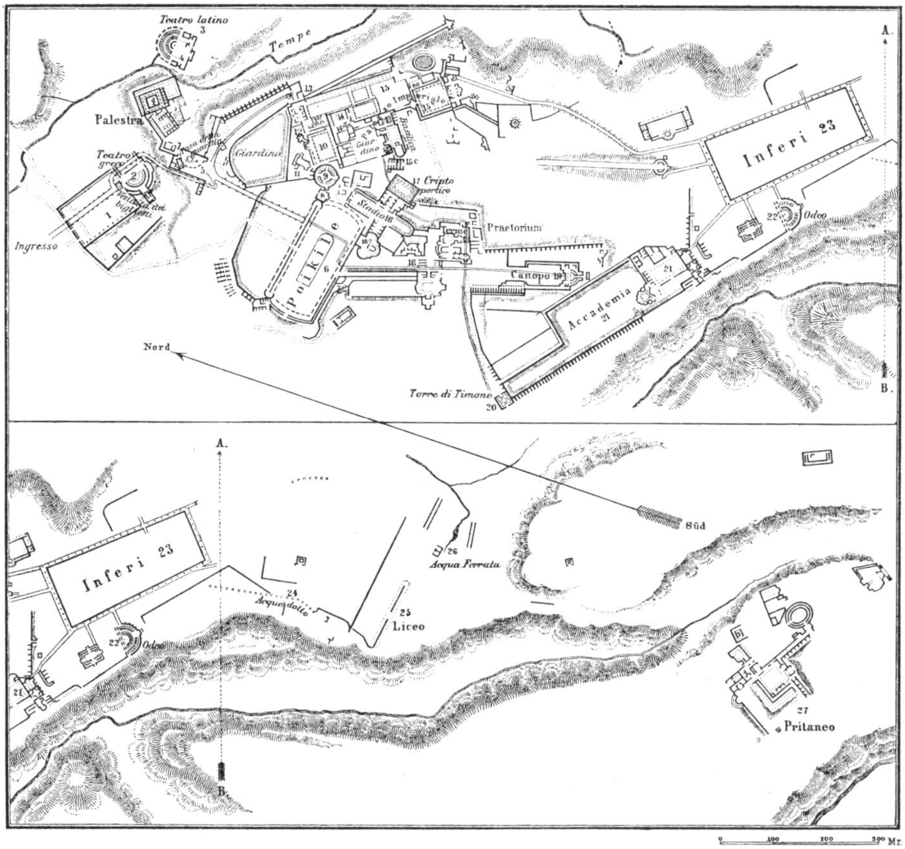

Abb 432. Villa des Hadrian bei Tivoli.

1 Freiplatz; 2 griechiſches Theater; 3 lateiniſches Theater; 4 Platz für Leibesübungen; 5 Nymphäum. Frauenbad; 6 Säulenhalle; 7 Kammern der Leibwache; 8 Schule; 9 Schwimmbad; 10 Hof der Bibliothek; 11 lateiniſche Bibliothek; 12 griechiſche Bibliothek; 13 Triclinium; 14 doriſcher Periſtyl; 15 Kaiſerpalaſt; 16 Stadium; 17 unterirdiſcher Gang; 18 Thermen; 19 Tal des Canopus (künſtliches Tal); 20 Turm des Timon; 21 ſogen. „Akademie" (Wohnpalaſt); 22 Odeon (Theater).

bedeutet aber eine derartige Villa gegen den Komplex gewaltiger Luxusbauten, wie ſie in der Kaiſerzeit entſtehen und von denen z. B. die heute noch erhaltenen Reſte der Villa des Hadrian in der Nähe von Tivoli Zeugnis ablegen! Hier handelt es ſich nicht mehr um ein Haus, ſondern um viele, über eine weite Strecke Landes verſtreute Gebäude (Abb. 432), deren Anlage nicht mehr nach beſtimmten techniſchen Überlieferungen über den Entwurf eines Grundriſſes geſchieht, ſondern die man der Landſchaft, den Bodenverhältnissen und der Laune des Erbauers angepaßt. Hatte schon Plinius in seinem Laurentinum das Ruhebett so gestellt, daß er das Meer zu seinen Füßen hatte, so hatte sich Diomedes in Pompeji ein mit drei Riesenfenstern versehenes halbkreisförmiges Schlafzimmer erbauen lassen, von dessen in einer Nische stehendem Bett aus der Blick die Umgebung erfassen konnte. (S. Abb. 431 S. 329, Nr. 14.) Hadrian aber ließ eine gewaltige über 200 Meter lange Mauer in der Ost = Westrichtung aufführen,

Abb. 433. Aus der Villa des Hadrian zu Tivoli.
Im Hintergrunde die 200 Meter lange Mauer.

Abb. 434. Die 200 Meter lange „Spaziermauer"
in der Villa des Hadrian bei Tivoli.

die wegen ihrer Stellung zur Sonne auf der einen Seite warmen Sonnenschein, auf der anderen aber kühlen Schatten darbot, sodaß man zu jeder Tageszeit ganz nach Belieben in der Sonne oder im Schatten spazieren gehen konnte. (Abb. 433, 434 u. 435 S. 332.)

Gehen wir nun auf die Technik der Inneneinrichtung der römischen Häuser etwas näher ein, so fällt uns hier zunächst auf, daß die einzelnen Räume im Verhältnis zu den unsrigen äußerst klein waren. Das Haus des Pansa in Pompeji hat eine Breite von 33 Metern und eine Tiefe von 6 Metern. (Abb. 429 S. 328.) Ein moderner Baumeister würde auf dieser Grundfläche vielleicht 15—20 Wohnräume anlegen. Das alte Haus enthält aber nicht weniger als 60 verschiedene Räumlichkeiten. So ist es fast überall: Was uns am römischen Hause zunächst auffällt, ist die Kleinheit der Räume. Selbst in der so weitläufig gebauten und so luxuriös ausgestatteten Villa des Hadrian sind die „Gast=

zimmer" weiter nichts als kleine, ziemlich enge Kammern. Abb. 525 S. 391. Auch dieſe
Eigenart erklärt ſich aus der Vorliebe des Südländers, ſeine Zeit möglichſt im Freien
zu verbringen. Aus dieſer Vorliebe heraus ergab ſich auch eine eigenartige Ausgeſtal=

Abb. 435. Teil der Spaziermauer des Hadrian
bei Tivoli.

tung des Daches. Man machte
es vielfach flach, um dort luſt=
wandeln und in kühleren Stun=
den oder Tagen den Sonnen=
ſchein genießen zu können. Dar=
um hieß es auch „solarium". Da
man auf dem Solarium aber
unter Umſtänden auch den
Schatten ſowie einen kühlen
Aufenthalt wünſchte, ſo brachte
man Laubengänge oder luftige
Aufenthaltsräume, die „per=
gulae" darauf an. In dieſen
nahm man auch gerne die
Mahlzeiten ein. Als man dann
zweigeſchoſſig baute, dienten
die oberen Gemächer zum Teil

dieſem Zweck und wurden deshalb „cenacula" genannt. Das Veſtibulum iſt gegen die
Straße zu unverſchloſſen (ſ. Abb. 426 S. 326, 428 u. 430 S. 328 u. 431 S. 329). In ärmeren
Stadtvierteln fehlt es ganz, oder es iſt ſehr klein. Je nach dem Reichtum des Beſitzers
wächſt ſeine Größe und in manchen Häuſern wird es zu einer Art von Saal, in
dem Säulenhallen, Statuen und ſonſtige Kunſtwerke ſtehen. Bei Miethäuſern führt
von hier aus vielfach die Treppe in das Obergeſchoß. Gegen das Haus zu iſt das

Abb. 436. Reſte eines römiſchen Hauſes. Das „Haus des Salluſt".
Modell nach den Ausgrabungen in Pompeji. — Deutſches Muſeum.

Veſtibulum durch die Haustür abgeſchloſſen, die ſich wohl meiſt nach innen öffnete.
Nur bei ſehr angeſehener Stellung des Beſitzers wurde ihm geſtattet, eine nach
außen ſich öffnende Tür anbringen zu laſſen. (Über die Türe ſelbſt ſiehe S. 337.)
Hinter der Tür, auf dem inneren Hausflur, dem „ostium", befindet ſich häufig eine
kleine Kammer für den Türhüter (vergleiche Abb. 442 S. 335), der hier zuſammen
mit dem Hunde die Wache hielt. Darum ſteht an dieſer Stelle ſo manchmal im

Fußboden, entweder aufgemalt oder in Mosaikarbeit hergestellt, die Warnung: „cave canem!"

An das Ostium, das manchmal auch fehlt, schließt sich das Atrium an. Vitruv (VI 3) unterscheidet fünf Arten von Atrien, die nach ihrer Gestalt tuskisch, korinthisch, viersäulig (tetrastylum), trauflos (displuviatum) und überdeckt (testudinatum) genannt werden. Von diesen fünf Arten war nur das atrium testudinatum ganz bedeckt, die übrigen waren teilweise offen.

Das tuskische Atrium ist ein einfacher viereckiger Hof mit einem nach innen geneig= ten Dache. Das Dach wurde von zwei Hauptbalken getragen, deren Enden in den Wän=
den lagen, sowie von zwei in die Hauptbalken eingebundene Neben= balken. Mazois hat dieses Atri= um rekonstruiert (Abb. 438 u. 439 S. 334): „a sind die Mauern, b die Hauptbalken (trabes), c die in die Hauptbalken eingefügten Neben= balken (tigilli oder trabeculae), durch welche die viereckige innere Öffnung hergestellt wird, d die Zwischenbalken (interpensivae), durch welche die gleiche Höhe dieses ganzen Balkenwerks hergestellt wird, e die geneigten Streben (tigni colliciarum), f die Latten (capreoli). Gedeckt wurde das Dach durch zweierlei Ziegel, Plattziegel (imbrices) 1 und Hohlziegel (te= gulae) 2, welche über die zusam= menstoßenden Plattziegel gelegt wurden, um die Fugen zu schließen; von ihnen unterscheidet man noch die Hohlziegel, welche den Zu= sammenstoß der Dachseiten be= decken, 3, unter dem Namen der tegulae colliciarum." Bei dem in Pompeji ausgegrabenen, aber in= folge Zusammenbruchs leider ver= schwundenen Dach des Peristyls in der 1852 aufgedeckten Casa di Sirico finden sich die erwähnten Ziegel sämtlich vor: „A sind die Plattziegel, B die über ihre Fugen gestürzten Hohlziegel, C sind die eigentümlichen Flachziegel, mit

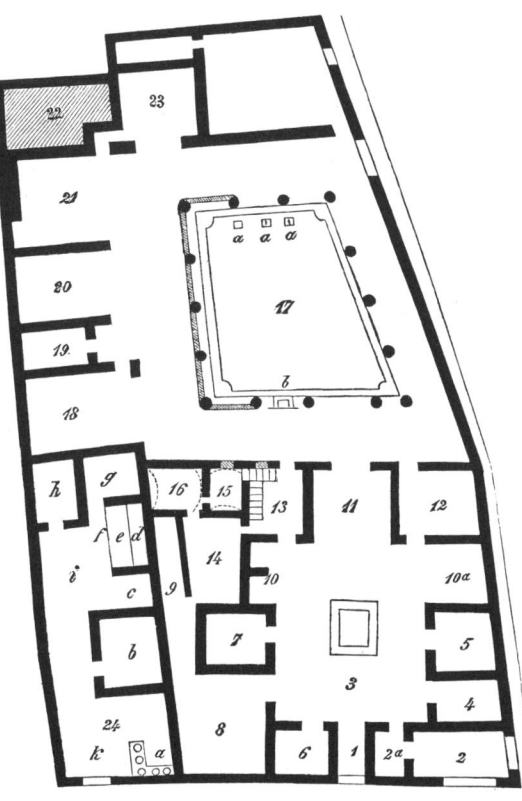

Abb. 437. Haus mit tuskischem Atrium
(Haus des M. Nonius in Pompeji).
1 Ostium; 2, 2a Laden mit Hinterzimmer; 3 Atrium; 4, 5, 6, 7 Schlafzimmer, 8 Vorplatz; 9 Gang; 10, 10a Alae; 11 Tablinum; 12 Oecus; 13 Vorplatz; 14 Küche; 15 Tepidarium; 16 Cal= darium; 17 Säulengang; 18 Exedra (Gesellschaftszimmer mit Ruhebänken an den Wänden); 19 Schlafzimmer; 20 Oecus; 21 Sommertriclinium; 22 u. 23 (? verschüttet); 24 Laden.

denen die zusammenstoßenden Kanten zweier nach innen gegeneinander geneigten Dachschrägen gedeckt wurden, eine offenbar vortreffliche Erfindung, um sowohl den raschen Ablauf des Wassers wie auch die Dichtigkeit der Bedachung an dem Punkte zu sichern, welchem das Wasser von beiden Dachschrägen zulief. Einige der gewöhn=

lichen Plattziegel 1', 2, 3 sind mit eigenen Lichtöffnungen von etwas verschiedener
Gestalt versehen, die möglicherweise, obgleich nichts dergleichen aufgefunden
worden, mit irgendeinem durchsichtigen Material geschlossen gewesen sind, um ihren

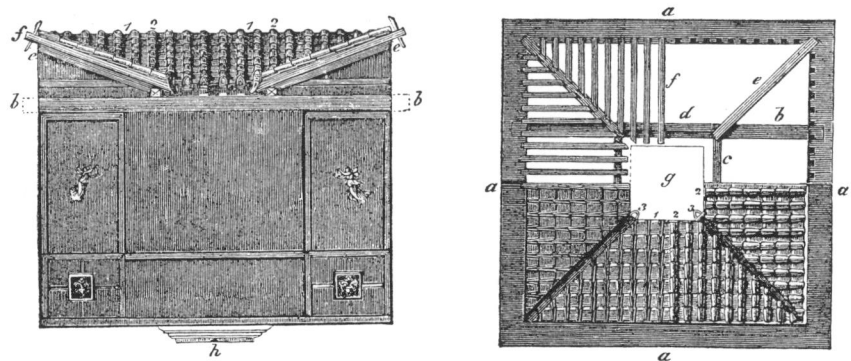

Abb. 438 u. 439. Tuskisches Atrium (Plan und Durchschnitt.

Zweck, den Regen abzuhalten, zu erfüllen und dennoch Licht in den unter ihnen be=
legenen Raum zu lassen. Ganz sicher sind wir übrigens über diese Einzelheit noch
nicht. Beigegeben sind der Figur (440) Abbildungen der einzelnen Ziegel in größerem

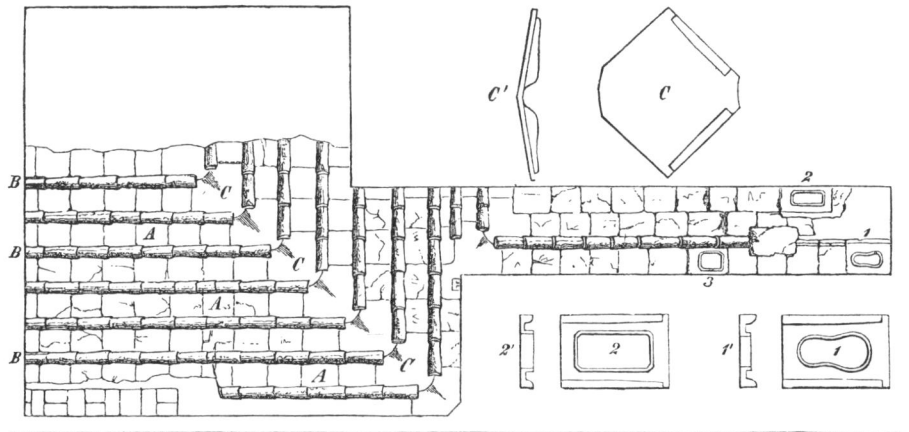

Abb. 440. Ziegeldach der Casa di Sirico in Pompeji.

Maßstabe, mit denselben Buchstaben und Zahlen wie in der Gesamtzeichnung ver=
sehen; C' ist eine Profilansicht der neuentdeckten Eckziegel, welche deren Biegung und
aufstehende Ränder zeigt, über welche die Hohlziegel gelegt wurden." (Overbeck.)
    Das korinthische Atrium und das viersäulige Atrium gleichen in ihren
Grundzügen dem tuskischen, nur liegen beim viersäuligen die Hauptbalken an den
vier Punkten, wo die Nebenbalken eingebunden sind, auf Säulen auf. Das korinthische
Atrium hat mehr Säulen als das viersäulige und, um sie anbringen zu können, eine

größere Öffnung des compluvium. Die Balken reichen nur von der Wand bis zum
Epistyl der Säulen. Beim Atrium displuviatum ist das Dach nach außen geneigt.
Der Regen fließt also nicht in das Impluvium, sondern wird in den an der äußeren
Dachkante befindlichen Rinnen gesammelt, von
wo aus er in die Zisterne fließt. Nach Ditruv
gewährt diese Art des Atriums bei Winter=
wohnungen sehr große Vorteile, weil die auf=
wärts gerichteten Dächer der Beleuchtung der
Speisesäle nicht hinderlich sind. Sie hat
aber den Nachteil, daß sie viel Reparaturen
erfordert, da die Traufen oft überlaufen,
wodurch die Wände und das Holzwerk des
Gebäudes zerstört werden. Das Atrium
displuviatum hatte aber noch eine innere
Öffnung, die beim Atrium testudinatum
fehlt. Dieses hatte mit der Schildkröte (testu-
do), von der es seinen Namen ableitete, keine
Ähnlichkeit; es hatte kein gewölbtes, sondern
ein pyramidenförmiges Dach. Ditruv empfiehlt
es überall da, wo man geräumige Woh=
nungen im oberen Stockwerk anbringen will.

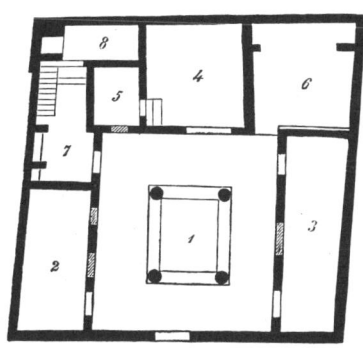

Abb. 441. Tetrastyles Atrium in einem
kleinen Hause in Pompeji.

Die Haustür führt ohne Ostium unmittelbar
ins Atrium (1); 2, 3 Arbeitsräume (?); 4 Ta=
blinum; 5 Schlafzimmer; 6 (?); 7 Küche mit
Herd, Ausguß und Treppe zum Obergeschoß.

Keller (hypogaeae oder apogaeae) fin=
den sich in den Häusern des Altertums
gleichfalls, jedoch nicht so häufig wie bei uns. Sie erhalten ihr Licht vom Hof oder
vom Peristyl aus und zeigen zuweilen eine gewölbte Decke. Die Fenster sind im

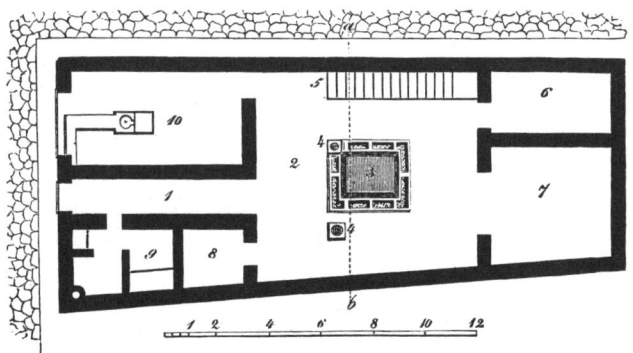

Abb. 442. Haus mit Atrium displuviatum (sog. Casa di Modesto).

Bei 3 fehlt das vertiefte Impluvium, hingegen läßt die Doppelmauer darauf schließen, daß hier Blumen an=
gepflanzt waren. Neben diesem „Pseudoimpluvium" sind bei 4 die Mündungen der Zisterne, in die das von
dem nach außen geneigten Dache abfließende und in Rinnen gesammelte Regenwasser hineingeleitet wurde.
1 Ostium; 2 Atrium; 3 Pseudoimpluvium; 4 Zisternenmündungen; 5 Treppe zu 2 Gemächern im Obergeschoß;
6 u. 7 Gemächer; 8 Zimmer des Türhüters; 9 Küche; 10 Laden mit Ladentisch, der hier mit dem Innern
des Hauses in Verbindung steht.

Verhältnis zur Hausfläche in der Regel kleiner als bei uns. Die Läden enthalten, an
den Verkaufsraum anschließend, zuweilen noch einige Zimmer. (Abb. 437 S. 333 u. 444
S. 336.) Unter Umständen sind sie auch mit im oberen Stocke gelegenen Schlafzimmern

verbunden. Vorn an der Straße stand der Verkaufstisch, an dem vorbei man ins Innere
des Ladens gelangen konnte. In den Verkaufstisch waren oft Öffnungen zur Auf-

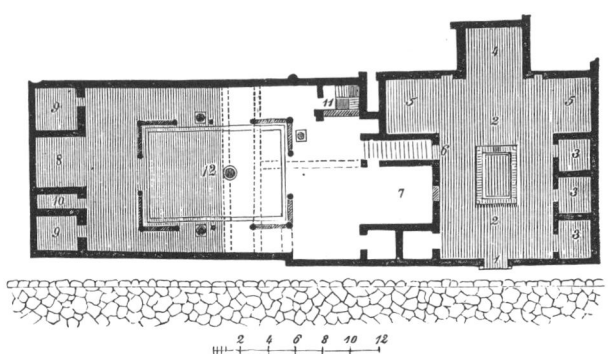

Abb. 443. Unterkellertes Haus in Pompeji.
(Der nicht schraffierte Teil des Hauses ist unterkellert.)

1 Tür ohne Vestibulum; 2 Atrium; 3 u. 9 Schlafzimmer; 4 Tablinum; 5 Alae; 6 Treppe; 7 Triclinium; 8 Excedra;
10 Treppe zum Obergeschoß; 11 Kellertreppe.

nahme von Waren u. dgl. eingelassen. (S. Abb. 444, 445 und 411 S. 313.) Die
zum Laden führende Schwelle war auf drei Viertel bis vier Fünftel ihrer Breite mit
einer schmalen Rille versehen. In diese schmale Rille wurden, um den Laden zu ver-

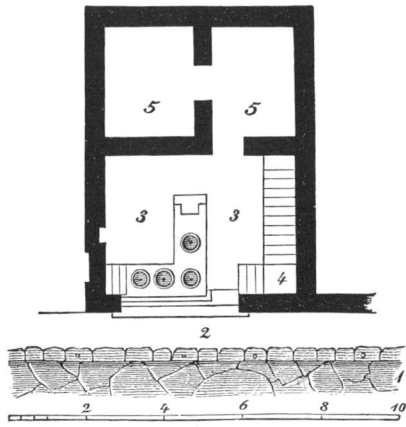

Abb. 444. Plan eines Ladens.

3 Ladenraum mit rechtwinklig gebrochenem Ladentisch. Der Tisch enthält Höhlungen zur Aufnahme
von Gefäßen. Auf seinem Ende ein kleiner Ofen
(es handelt sich um Verkauf von Lebensmitteln,
Garküche o. dergl.), an den Wänden Gestelle;
4 Treppe zu den oberen Räumen; 5 Hinterzimmer;
1 Fahrdamm; 2 Bürgersteig.

Abb. 445. Ansicht eines Ladens in Pompeji
(Rekonstruktion).

schließen, schmale Bretter eingestellt, die mit ihren Enden übereinandergriffen, und
die sich von der Seite her einschieben ließen. Da, wo die Rille in der Schwelle auf-
hörte, stand eine Art beweglicher Türflügel, der sich, wie die übrigen Türen, in Angeln

drehte. Er wurde bei Nacht zurückgeklappt, bei Tage vorgeſchoben und dann durch
ein Schloß mit dem anſchließenden Brette des Ladenverſchluſſes feſt verbunden.

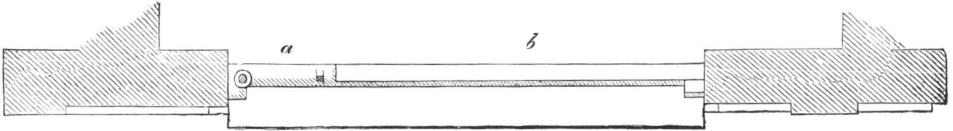

Abb. 446. Römiſcher Ladeneingang.
a Einrichtung zum Verſchluß der Tür; b in die Schwelle eingehauene Rille.

Abb. 447 u. 448. Ladenverſchluß.
a Einrichtung zum Verſchluß der Tür; b Bretter, mit ihren Enden übereinandergreifend.

Damit war dann der Laden vollkommen abgeſchloſſen, gingen doch, wie Rillen auch
am oberen Querbalken derartiger Ladenöffnungen zeigen, die Bretter für gewöhnlich
wohl bis dort hinauf. (Abb. 446, 447 und 448.)

Die Türen.

Die einzelnen Räume im Innern des Hauſes wurden entweder durch Türen oder
vielfach auch lediglich durch Vorhänge von einander abgeſchloſſen. Dieſe Türen waren
ebenſo wie die Haustüren aus Holz, und zwar verwendete man mit Vorliebe das Holz
der Zypreſſe, der Eiche und der Tanne. Für die Türzapfen nahm man hartes Holz,
Buchsbaum, Eiche, Olive, Ulme, ebenſo für die Türriegel. Man verwendete ſehr
gut ausgetrocknetes Holz, das man nach dem Leimen oft noch jahrelang in der Ver=
klammerung liegen ließ, um das Werfen zu verhüten. Bei den Häuſern Reicher waren
die Türen furniert und mit Zieraten von Bronze, Elfenbein uſw. verziert. Um dem
Werfen des Holzes entgegenzuwirken, waren die Türen nicht einfach aus Brettern
zuſammengeſchlagen, ſondern mit Füllungen (paginae: Plinius XVI 225) verſehen.
Die Füllungen waren vertieft, der Winkel zwiſchen Rahmen und Füllung wurde
mit einer profilierten Leiſte verkleidet. Die antike Tür hing nicht, wie die unſrige, in

Angeln, sondern war mit Zapfen (στρόφιγγες, cardines, scapi cardinales) in die Unter=
und Oberschwelle eingelassen. Die Zapfen waren, wie schon erwähnt, aus hartem
Holz hergestellt, häufiger jedoch bestanden sie aus Bronzeguß. Manchmal waren an
den Türen auch besondere, oben und unten als Zapfen hervorragende, Balken
(ἄξονες d. i. Achsen) angebracht. Die Zapfen drehten sich in den in der Ober= und
Unterschwelle ausgehöhlten Lagern, in denen gleichfalls häufig entsprechende
Bronzeschuhe eingelassen waren. Meist jedoch saßen die Bronzeschuhe an den Zapfen,
oder Zapfen und Lager sind mit Schuhen versehen. Später bekommt der Schuh unten
noch eine Spitze, um einen festeren Sitz der Tür und eine sicherere Führung zu er=
zielen. Der Verschluß der Tür geschah mit Hilfe von Riegeln (pessuli), die sich in die
Ober= oder Unterschwelle einschoben, oder mit Hilfe von Querbalken, die über die ganze
Breite der Tür gelegt wurden und für die entsprechende Aussparungen in die Pfosten
eingehauen waren. Ein besonders eigenartiger Verschluß bestand auch darin, daß
man von hinten her einen Balken schräg gegen die Tür stemmte, dessen unterer Teil
sich an einen eigens zu diesem Zweck in den Fußboden eingelassenen erhöhten Stein
anlegte. Außerdem aber standen im ganzen Altertume zum Verschlusse der Türen noch
Schlösser im Gebrauche.

Schlösser und Schlüssel.

Das Schloß und der Schlüssel werden schon von Homer erwähnt (Odyssee
XXI 5, 42). Der Schlüssel ist dadurch entstanden, daß man die Tür zunächst durch einen
Riegel verschloß, der in ein Loch der Türfassung oder bei zweiflüglichen Türen in
eine auf den einen Flügel aufgenagelte Klammer eingriff. Da ein derartiger Ver=
schluß leicht geöffnet werden konnte, so schuf man dadurch ein Hemmnis, daß man
am Riegel einen Ausschnitt anbrachte, in den man einen oder mehrere Zapfen oder
Bolzen einfallen ließ. Wollte man den Riegel öffnen, so mußte man zuerst den oder
die Bolzen aus diesen Einschnitten herausheben. Das ließ sich von innen her leicht
bewerkstelligen. Wollte man jedoch die Tür von außen öffnen, so mußte man dazu
ein besonderes Instrument haben. So kam man zur Erfindung des Schlüssels, der in
seiner ursprünglichsten Form aus einem geraden Stabe mit zinnenartigen Erhebungen
bestand. Der Teil des Stabes, auf dem sich die Zinnen befanden, wurde, wenn not=
wendig, so umgebogen, daß man durch ein Loch in der Tür, das Schlüsselloch, bequem
nach den Riegeln langen konnte. In dieser Form tritt uns der Schlüssel im alten Ägyp=
ten entgegen. Die eben beschriebenen Teile des Schlosses waren ursprünglich aus Holz
hergestellt, der Schlüssel, mit dem man imstande sein mußte, einen entsprechenden
Druck auszuüben, war ursprünglich wohl auch aus Holz, dann aus Bein und schließlich
aus Metall. Vereinzelt wurden dann schon in Ägypten auch die Schlösser aus Metall
hergestellt. Die Konstruktion dieser altägyptischen Schlösser, die schon aus der Zeit
Ramses II. (1292—1225) bekannt sind, und die sowohl bei den alten Griechen wie
bei den Römern im Gebrauch standen und sogar heute noch im Orient Verwendung
finden, ist in ihrer einfachsten Form die folgende, wobei wir uns auf die Erläuterun=
gen von Diels zu den Jacobischen Rekonstruktionen stützen. Wir nehmen dabei an,
daß das Schloß so liegt, daß man einen geraden Schlüssel verwenden kann. Macht
seine Lage die Verwendung eines gebogenen Schlüssels notwendig, wie uns solche
aus altägyptischen Funden erhalten sind, so ändert dies an der Sache selbst nichts.
Der Schlüssel kann eine beliebige Anzahl von Zinnen oder Zinken haben. Man kann
ihn nun entweder in den zu diesem Zwecke mit einer Höhlung versehenen Riegel R

oder in das darüber befindliche Gehäuse einstecken (Abb. 449—451). Steckt er im Riegel,
so wird er etwas emporgedrückt, wodurch die von oben her in den Riegel herabgefal=
lenen Klötzchen B gehoben werden. Die Zinken stehen dann da, wo vorher die Klötzchen

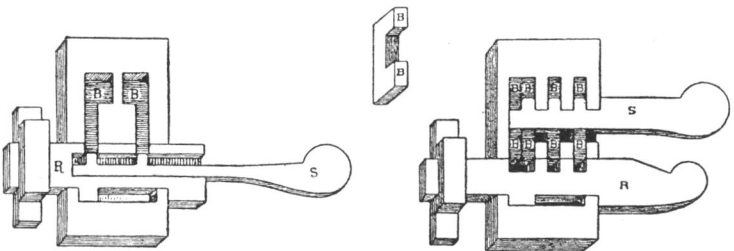

Abb. 449, 450 u. 451. Modelle römischer Schlösser.

waren, nämlich in den im oberen Teile des Riegels befindlichen Öffnungen, die bis
zu der Rinne niederführen, durch die man den Schlüssel eingesteckt hat. Es gelingt
dann leicht, den Riegel nach der Gegend, aus der man den Schlüssel einstecte,
herauszuziehen. Für dieses Schloß braucht man nur eine Hand. Wird aber der Schlüs=
sel bei dem eben schon erwähnten zweiten System in das Gehäuse eingeführt, so
werden durch den von unten nach oben auf ihn ausgeübten Druck die Klötzchen so weit
gehoben, daß sie nicht mehr in den im Riegel befindlichen Aussparungen sitzen.
Man kann dann den Riegel mit der anderen Hand erfassen und ihn nach der Seite
zu, auf der man steht, herausziehen. Da die Klötzchen als βάλανοι d. i. „Eicheln"
bezeichnet werden, so wird dieses Schloß „Balanosschloß" genannt. (Also die Grund=
lage, auf dem sich das heutige Schloß vieler Kassenschränke, das „Yaleschloß", auf=
baut, bei dem die Zinken des Schlüssels verschiedene Länge haben, die aufs genaueste

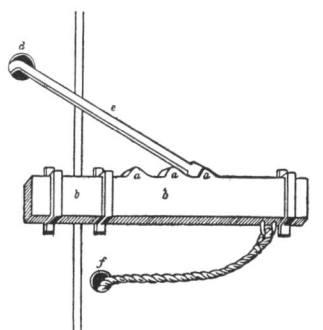

Abb. 452. Das homerische Schloß.
Das homerische Schloß hatte einen Höcker a;
die obenstehende Anordnung Brinkmanns,
die als naheliegend im Altertum wohl gleich=
falls gebraucht wurde, ist mit 3 Höckern ver=
sehen, wodurch ein weiterer Spielraum des
Riegels gewonnen wird.

Abb. 453. Das Öffnen des homerischen Schlosses.
Griechisches Vasenbild.

Berlin, Altes Museum, Antiquarium.
(Erläuterung siehe im beistehenden auf Diels An=
gaben beruhenden Text.)

mit Ausfeilungen in den lamellenförmigen Klötzchen übereinstimmen müssen, sonst
lassen sich diese nicht soweit heben, daß ein Sperren des Schlosses möglich ist.) Das
altgriechische Schloß, von dem uns Homer erzählt, bestand in der Hauptsache aus einem
Holzriegel, der an der inneren Türseite angebracht war. (Abb. 452 und 453.) Durch

22*

einen ſchmalen Riemen zog man ihn von außen in die Schließſtellung. Der Riemen wurde dann verknotet. Mußte man die Tür von außen öffnen, ſo löſte man zuerſt den Knoten und ſtieß dann den Riegel mit einem langen hakenförmigen Schlüſſel

zurück. Wie der Schlüſſel aus= ſah, zeigen uns Abbildungen (Abb. 453 und 454) und zeigt uns vor allem ein Fund, der des Schlüſſels vom Artemis= tempel in Luſoi in Arkadien. Der Riegel ſelbſt hatte nach Brinkmann oben wohl einige Höcker a, durch die man mittels des von außen her in das Schlüſſelloch d geſteck= ten Schlüſſels e den Riegel b zurückſchob. (Abb. 452 S. 339.) Wollte man die Tür von außen ſchließen, ſo brauchte man nur an dem Stricke f zu ziehen. Sehr ſicher war dieſer Verſchluß ja nicht, weshalb auch die ſchlaue Penelope den Riemen in einer beſonderen Art verknotete. In nachhomeri=

Abb. 454. Dienerin mit Schlüſſel. Attiſches Grabrelief.

ſcher Zeit wird auch dieſes griechiſche Schloß immer mehr vervollkommnet, und Schliemann findet bei ſeinen Ausgrabungen in Mykenä ſowohl wie zu Ilios eiſerne Schlüſſel mit Bart oder drei Zähnen ſowie einen Ring zum Aufhängen. (Abb. 455.)

Seine hauptſächlichſte Ausbildung erfährt das metallene und insbeſondere das eiſerne Schloß jedoch erſt bei den Römern. Das römiſche Schloß zeigt durch ſeine ganze Anordnung, daß es aus dem alten Holzſchloſſe hervorgegangen iſt. Seine

Abb. 455. Schlüſſel aus Ilios.

Abb. 456. Römiſcher Schlüſſel.

wichtigſte Verbeſſerung dieſem gegenüber beſteht in der Anwendung der Feder, die die Klötzchen in die Ausſparungen des Riegels niederdrückt und ihrem Empor= heben einen gewiſſen Widerſtand entgegenſetzt. Man muß alſo einen ſtärkeren Druck ausüben, wenn man die Klötzchen heben will, einen Druck, der die Anwendung eines metallenen Schlüſſels erfordert. Außerdem wird aber auch noch die Stellung dieſer Klötzchen derart verändert, daß ſie nur durch Anwendung eines ganz beſtimmten Schlüſſels gehoben werden können. Dadurch erhält der Schlüſſelbart eine für jeden Fall andere, oft ſehr komplizierte Geſtalt. (Abb. 456.) Er greift in die zellenartigen Öffnungen des Riegels ein, verdrängt die eingeklemmten Klötzchen, die jetzt zu

geraden oft in Führungen gleitenden Zapfen geworden sind, und die mittels einer
Feder niedergedrückt werden, worauf der Riegel vor= und rückwärtsgeschoben

Abb. 457 u. 458 Römisches Stechschloß
mit Feder und mehreren in Führungen gleitenden Zapfen sowie Schlüssel. (System des Yale=Schlosses.)
Modell im Deutschen Museum, München.

werden kann. Es liegt also hier schon dasselbe System vor wie bei den Stech=
schlössern der feuerfesten Kassen. (Abb. 457 und 458.) Das Schlüsselloch der
römischen Schlösser (Abb. 459) war
so gestaltet, daß man den Schlüssel
nicht direkt hineinsteckte, sondern
daß man ihn erst schräg nach links
einhakte. Dann wurde er recht=
winklig gestellt und ein wenig ge=
hoben, um den Bart in die zellen=
artigen Öffnungen des Riegels zu
bringen. Der Bart verdrängte die
in diese Öffnungen eingeklemmten
und durch die Feder festgedrückten
Sperrstifte, die den Riegel fest=
hielten. Der Riegel wird nun durch
den Schlüssel nach rechts geschoben,
wodurch das Schloß geöffnet wird.
Bei den älteren Schlössern konnte
man den Schlüssel, solange das

Abb. 459. Römisches Schlüsselloch und Schlüssel.
Modell im Deutschen Museum, München.

Schloß geöffnet war, nicht herausnehmen. Erst die spätrömischen Schlösser haben
an der Schloßplatte eine Vorrichtung, um den Schlüssel entfernen zu können. Eine

häufig vorkommende Gestalt des Schlüssels ist die des Fingerringschlüssels, der, zuerst aus Bronze, später aus Silber und Gold hergestellt, vom Familienoberhaupt als

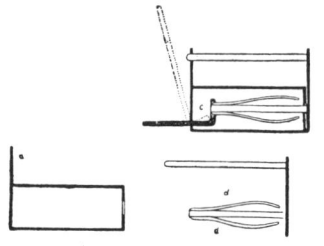

Zeichen seiner Autorität am Mittelfinger der linken Hand getragen wurde. Später bildet der Fingerring= schlüssel einen Schmuck der eleganten Römerin.

Auch Vorlegeschlösser kannte man bei den Römern. Sie bestanden aus zwei Teilen, die ein= fach ineinandergesteckt wurden. Eine Doppelfeder, die sich gegen die Öffnung spreizte, verhinderte das Öffnen. Sollte das Schloß geöffnet werden, so mußte sie durch einen eingesteckten Schlüssel c

Abb. 460. Römisches Vorlegeschloß.   zusammengedrückt werden. (Abb. 460.)

Literatur zum Abschnitte „Die Häuser" siehe hinter dem Abschnitte „Bau= arten, Bauausführung und Baustoffe".

Monumental= und öffentliche Bauten.

Das Altertum brachte eine große Menge monumentaler und öffentlicher Bauten von oft gewaltiger Größe und riesenhaften Abmessungen hervor. Vielen dieser Bauten vermag unsere heutige auf so hoher Stufe der Entwicklung stehende Technik nichts Ähnliches an die Seite zu stellen. Die ungeheuren Massen des zu ihrer Herstellung verwendeten Materials haben vielfach zu der Ansicht geführt, daß man im Altertum über besondere technische Hilfsmittel verfügt haben müsse, die mehr leisteten als unsere jetzigen, und deren Kenntnis verloren gegangen ist. Nichts falscher als dies! Die technischen Hilfsmittel des Altertums waren, wie im Abschnitte „Technische Mechanik und Maschinen" nachgewiesen ist, durchweg äußerst einfache. Die gewaltigen Leistungen kamen nur dadurch zustande, daß im Altertum sowohl das Menschenmaterial wie auch die Zeit wenig Wert hatten, so daß man mit beiden in einer Weise verschwenderisch umgehen konnte, die uns heute vollkommen fremd geworden ist.

Auch sonst lassen sich an den monumentalen und öffentlichen Bauten des Altertums nur verhältnismäßig wenige allgemeine technische Merkmale erkennen, die nicht schon in diesem Werke bei anderer Gelegenheit wie z. B. im Abschnitte „Bauausführung" usw. usw. ihre eingehende Würdigung gefunden hätten. Man baute eben nach den damals üblichen Grundsätzen, wie sie auch bei der Herstellung von Häusern, Befestigungen usw. usw. zur Anwendung kamen. Trotzdem weisen aber einzelne dieser Bauwerke noch besondere technische Merkmale auf, die nur ihnen eigentümlich sind. Es wird daher unsere Aufgabe sein, in den nachstehenden Ausführungen auf diese technischen Einzelheiten näher einzugehen. Wenn eine besondere Art eines Monumentalbaues nicht erwähnt ist, so beweist das, daß ihm derartige technische Besonderlichkeiten fehlen und daß bei seiner Errichtung lediglich die allgemeinen, in diesem Werk ausführlich erörterten Grundsätze der Bauausführung sowie die üblichen Handwerkszeuge, Hilfsmittel usw. zur Anwendung kamen. Die Größe allein verleiht einem Bauwerke noch keine technische Eigenart.

Die Pyramiden.

Unter den Monumentalbauten, die sich durch solche technische Eigenarten auszeichnen, stehen die Pyramiden obenan. In Ägypten sind ganz oder in Spuren alles in allem etwa 80 Königsgräber erhalten, die die Form einer Pyramide haben. Die größte und bedeutendste von allen ist die Cheopspyramide. Den unteren Teil dieser Pyramide samt der unterirdischen, in natürlichen Felsen ausgehauenen Grabkammer baute Cheops der Zweite (um 2600 v. Chr.); das große Werk vollendete dann Chabryes (Schafra), der fünfte und letzte König der IV. Dynastie, der sich in dem oberirdischen Teile der Pyramide eine prachtvolle Grabkammer errichten ließ. Die unterirdische Grabkammer ist eine rohe unfertige Höhle geblieben. Die Länge der Grundlinien beträgt 232,16 m, die Höhe der Pyramide beläuft sich auf 147,80 m.

Zum Bau des Werkes waren über 2½ Millionen Kubikmeter Mauerwerk nötig. Das Material war Nummuliten=Kalkstein, den man aus den großen Brüchen des Mokattam=Gebirges bei Kairo gewonnen hatte. Ganz besonders bemerkenswert sind nun die Beziehungen zwischen Mathematik und Technik, die sich gerade an der Pyramide ergeben und mit denen sich schon im 17. Jahrhundert der englische Phy= siker und Mathematiker Isaac Newton beschäftigt hatte, die aber erst im Laufe des vorigen Jahrhunderts in weiterem Umfange gelöst worden sind. Sie beweisen, daß die alten Ägypter erstaunliche mathematische und astronomische Kenntnisse hatten, die sie mit ihren hervorragendsten Monumentalbauten in die engsten Beziehun= gen zu bringen verstanden. Die vier Seiten der Pyramide sind genau nach den vier Himmelsrichtungen gestellt, was nach der Meinung Biots und anderer den Zweck hatte, die Zeit der Tag= und Nachtgleichen zu bestimmen. Dies geschah in der Weise, daß man den Tag beobachtete, an dem die Mitte der auf= und untergehenden Sonnen= scheibe mit der nördlichen oder südlichen Grundlinie zusammenfiel. In ähnlicher Weise hat man die Morgen= und Abendweite der Sonne mit Hilfe der Pyramide bestimmt, und zwar für jeden beliebigen Tag des Jahres, indem man den Winkel T gemessen hat, der dort im Maximum den Wert von 27 Grad erreicht. (Abb. 461 und 462.) Auch noch anderweitige astronomische Beobachtungen konnte man mit Hilfe der Pyramide durchführen, da die von Nord nach Süd und von Ost nach West durch die Spitze der Pyramide geführten Schnitte mit den Ebenen des Meridians bzw. des ersten Vertikalkreises zusammenfallen. Der Pharao war nach der Auffassung der Ägypter der leuchtende Pol, um den sich die Welt drehte. Dies kommt in den technischen Verhältnissen der Pyramide dadurch zum Ausdruck, daß der Eingangsstollen in die unterirdische Grabkammer eine Neigung von genau 27 Grad hat. Da die Weltpole am Himmel nicht unveränderlich sind, sondern infolge der Präzession in ungefähr 26 000 Jahren (siehe unten) Kreise von 23½ Grad um die Pole der Ekliptik beschreiben, so wird jeder in der Nähe eines dieser Kreise gelegene Stern einmal Polarstern. Der gegenwärtige Polarstern ist der Stern α im Kleinen Bären. Zu Zeiten des Cheops war nach den Berechnungen von Flammarion und Ule der Stern α im Sternbilde des Drachen der Polarstern, der damals nahezu 3 Grad vom Nordpol entfernt stand. Die Höhe seiner oberen Kulmination war demnach 30 + 3 = 33 Grad, die der unteren 30 − 3 = 27 Grad (genau 26⁰ 18' 10"). Da auch der Eingangsstollen in die Grabkammer diese Neigung aufwies, so fielen die Strahlen des Polarsterns bei seiner unteren Kulmination direkt auf den toten Pharao, den dahingeschiedenen Pol der damaligen Welt! Die untere Kulmination des damaligen Polarsterns wurde, wie Herschel vermutet, der sich ebenfalls mit der Astronomie der Cheopspyramide beschäftigte, wahrscheinlich des= halb gewählt, weil im Jahre 2160 v. Chr. Alkyone im Sternbild der den Alten so wohl vertrauten Plejaden, heute der Stern η im Stier, zur gleichen Stunde den Meridian oberhalb des Pols kreuzte, wo der Stern α im Drachen seine untere Kulmination hatte, ein Zusammentreffen zweier astronomischer Vorgänge, das sich in 25 827 Jahren nicht wiederholt. Herschel schreibt deshalb dem Jahre 2160 v. Chr. eine hohe Bedeutung für den Pyramidenbau zu. Der 25 827 Jahre dauernde Kreislauf der Präzession der Tag= und Nachtgleichen scheint nach vielfacher Annahme in der Pyra=

mide gleichfalls feftgelegt, beträgt doch der Umfang der Pyramide in der Höhe des Sußbodens der Königskammer 25 827 Pyramidenzoll! (Siehe unten).

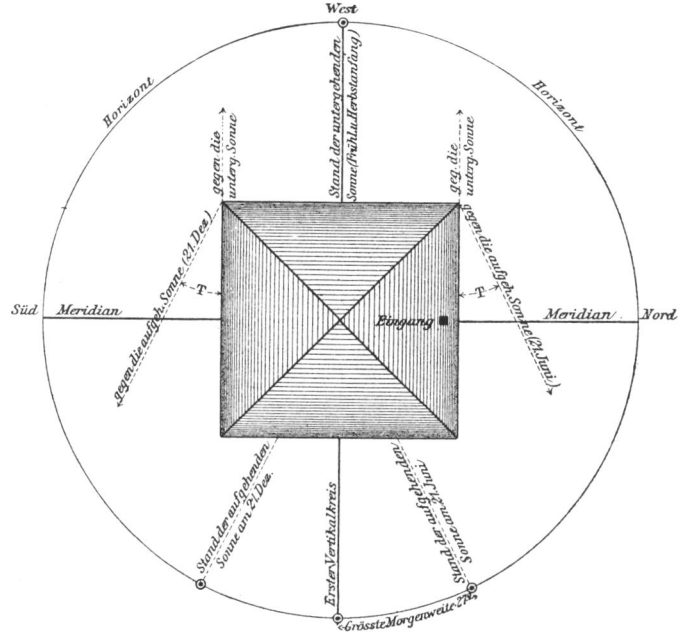

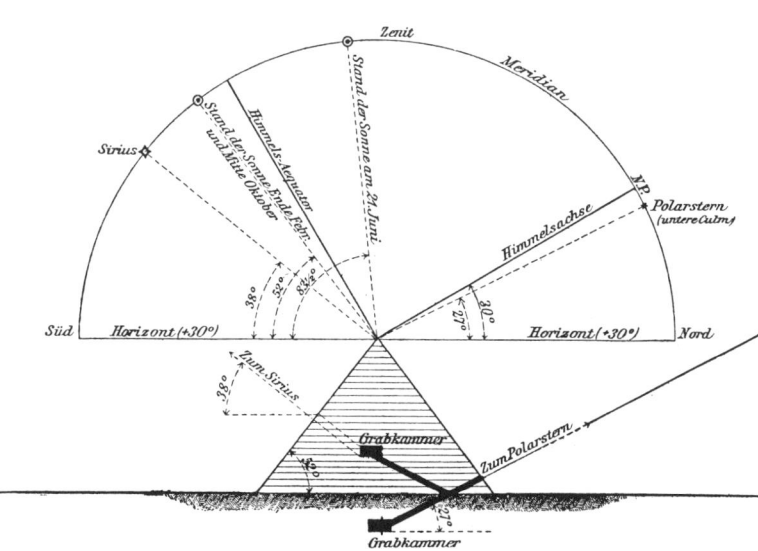

Abb. 461 u. 462. Darftellung der aftronomifchen Beziehungen der Cheopspyramide.

Aber noch mehr! Der helle Stern Sirius des südlichen Himmels war den Ägyptern, die ihn Sothis nannten, ein Gegenstand ganz besonderer Verehrung, er war für sie die Verkörperung der Göttin Isis. Nach ihm bestimmten sie ihre Jahre und einzelne wichtige Tage. Von der Grabkammer der Pyramide gehen Lüftungsstollen nach außen. Man hat nun den Seiten der Pyramide eine derartige Neigung gegeben, daß die auf die südliche Pyramidenseite fallenden Strahlen des kulminierenden Sirius diese genau im rechten Winkel treffen und dann durch den im gleichen Winkel auftreffenden Lüftungsstollen in die obere Grabkammer und damit auf den Sarg des toten Pharao gelangen. Zur Zeit des Cheops kulminierte der Sirius in Ägypten in einer Höhe von nahezu 38 Grad. Man mußte somit den Seiten die Neigung von 90 — 38 = 52 Grad (genau 51⁰ 51' 14,3") geben. Auf eine weitere Beziehung dieser Zahl zum Pyramidenbau werden wir sogleich zurückkommen, vorher sei noch erwähnt, daß man durch die Neigung der Seiten von 52 Grad zugleich erreichte, daß die Mittagssonne die Pyramide von Ende Februar bis Mitte Oktober derart beleuchtete, daß sie überhaupt keinen Schatten wirft. Auch dies hat seine symbolische Bedeutung: Vom Erwachen der Natur bis zum Beginne des herbstlichen Welkens gießt der Sonnengott (Ra) jeden Mittag den vollen Glanz seiner Strahlen auf die Ruhestätte des Pharao!

Der Winkel von 51⁰ 51' 14,3" findet sich auch an den vor Jahrhunderten entfernten und zum Häuserbau in Kairo benutzten Verschalungssteinen der Pyramide, die dem ganzen, jetzt nur in Form des inneren Kerns erhaltenen und stufenförmig aufsteigenden Bau eine außerordentliche Glätte verliehen, so daß eine Besteigung vollkommen unmöglich war. Im Jahre 1837 wurden zwei dieser Verschalungssteine von Howard-Dyse entdeckt. Unterdessen hat Dow Covington an der nördlichen Grundlinie weitere Reste der Verschalung aufgefunden. Die Verschalungssteine erregen durch die äußerst genaue Arbeit ihrer Flächen, Winkel und Kanten Staunen. Sie müssen wunderbar aneinander gepaßt haben. Berechnet man nun unter Zugrundelegung der mathematischen Verhältnisse dieser Verschalungssteine die ursprüngliche Höhe und ursprüngliche Seitenlänge der Grundfläche der Pyramide, so ergibt sich nach Piazzi Smyth die erstaunliche Tatsache, daß der Umfang der quadratischen Grundfläche (928,64 m) gleich dem Umfang eines Kreises ist, dessen Halbmesser der Höhe (147,80 m) gleich ist.

$$u = 2 \cdot 147,80 \cdot \pi = 928,64.$$

Da dies wohl kaum ein Spiel des Zufalls zu sein scheint, so mußten die Erbauer der Pyramide das Verhältnis zwischen dem Umfang und dem Durchmesser eines Kreises, die berühmte Zahl π (= 3,1415926535 usw.), die von dem holländischen Mathematiker Ludolf van Ceulen erst im 16. Jahrhundert berechnet wurde, bereits vor Jahrtausenden nicht nur gekannt, sondern auch in der Technik verwendet haben.

Das Sonnenjahr unserer Erde hat 365,2422 Tage. Teilt man die Seitenlänge der Pyramide durch diese Zahl, so ergibt sich eine Länge, die sich in allen Maßen der Gänge und Kammern des Innern in auffallender Wiederholung zeigt und die Smyth deshalb das „Pyramidenmeter" (= 0,635 m) genannt hat. Dieses Pyramidenmeter ist nun merkwürdigerweise genau der zehnmillionste Teil der halben Polarachse der Erde. Teilt man das Pyramidenmeter in 25 gleiche Teile ein, so erhält man den „Pyramidenzoll", ein von den Erbauern der Pyramide wahrscheinlich gebrauchtes Maß, das vermutlich auf einer vor dem Eingang in die Königskammer befindlichen Granittafel dargestellt ist. Der Umfang der Grundfläche der Pyramide beträgt 36524,2 Pyramidenzoll, so daß man hier wieder dieselben Zahlen wie für das Sonnenjahr unserer Erde bekommt. Die Erdachse hat eine Länge von 5.10⁷ Pyramidenzoll. Die Entfernung der Sonne von der Erde beträgt 10⁹ mal die Höhe der Pyramide — wiederum eine ganz erstaunliche Tatsache, die unmöglich ein Zufall sein kann und uns neue Einblicke in das staunenswerte astronomische Wissen der Ägypter oder doch wenigstens ihrer Priester eröffnet. Im übrigen finden sich die sicherlich nicht nur zufällig auf die Beziehungen zur Sonne hinweisenden Zahlen 10 und 9 auch in der äußeren Gestalt der Pyramide: die Höhe der Pyramide zur halben Diagonale der Grundfläche verhält sich wie 9 : 10.

Ersehen wir aus diesen Ausführungen, auf welch staunenswerten mathematischen Berechnungen und astronomischen Beziehungen die Linien, Flächen und Winkel

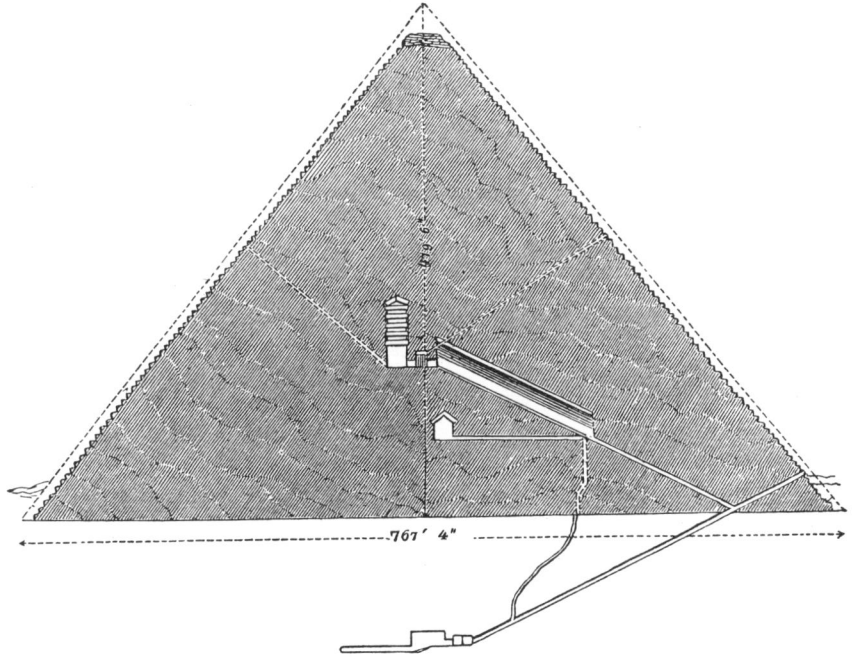

Abb. 463. Durchschnitt durch die Cheopspyramide.

der Pyramide beruhen, und welche Geheimnisse und Rätsel, die wahrscheinlich noch gar nicht alle gelöst sind, sie uns aufgibt, so zeigen uns die Forschungen von D o w C o v i n g t o n das Großartige der bei der Ausführung dieses Wunderwerks vollbrachten technischen Leistung. 100 000 Arbeiter haben 20 Jahre lang die Steine aufeinander= geschichtet (Herodot II 124) und nicht weniger als 2 300 000 einzelne Blöcke in 210 Schichten aufeinandergelegt. Die Verkleidung bestand aus weißem Kalkstein, so daß die Pyramide früher im hellen Lichte der dortigen Sonne einen blendenden, ja geradezu leuchtenden Anblick dargeboten haben muß. Nachdem der oben erwähnte südliche Luftstollen und ebenso ein zweiter nördlicher ausgeräumt waren, zeigte es sich, daß die durch diese Stollen dringenden Luftströme musikalische Klänge erzeugten, die denen einer Äolsharfe ähnelten, für jeden Stollen verschieden waren und einen guten Zusammenklang gaben. Die Königskammer ist aus poliertem Granit, und zwar aus genau 100 Blöcken aufgeführt. Über ihr erheben sich noch fünf andere Kammern, von denen die Decke der einen immer den Boden der anderen bildet. Die Granit= platten der Decken sind sorgfältig poliert, die des Fußbodens sind rauh und uneben gelassen. Welchem Zwecke diese bereits 1763 von Davidson entdeckten Kammern dienten, ist bis heute Geheimnis geblieben. Wie man den im übrigen leeren und deckellosen Königssarg in die Grabkammer brachte, ist gleichfalls unerklärlich; sind doch alle Gänge, Stollen und Schächte viel zu eng, um ihn hindurchzulassen. Der Rätsel der großen Pyramide sind so viele, daß man sogar schon daran zweifelte, ob sie überhaupt ein Königsgrab darstellt. Vereinzelt tauchte die Annahme auf, sie hätte dazu gedient, das Normalmaß der Ägypter, das Pyramidenmeter, für ewig festzulegen; verwahrt man doch auch jetzt das Normalmaß für das metrische Maß= system in Form eines nach menschlichem Ermessen für alle Ewigkeiten unveränderlichen, aus der Legierung Platiniridium gefertigten Maßstabes in einem besonderen feuer=, diebes= und erschütterungssicheren Gewölbe des Internationalen Büros für Maß und Gewicht zu St. Cloud bei Paris auf. Außerdem hat man, von der — falschen! — Annahme ausgehend, die Größe der Erdachse sei unveränderlich, die Größe des Me= ters auf die Größenverhältnisse der Erde bezogen, so daß man das Normalmeter, falls es je verloren gehen sollte, jederzeit wieder rekonstruieren kann. Vielleicht wollten die Ägypter ein Gleiches? Aber dies sind, wie erwähnt, nur Vermutungen, die allerdings von technischer Seite ausgehen. Jedenfalls ist es auffällig, daß nur die Cheopspyramide die vorstehend geschilderten technisch=mathematisch=astronomi= schen Verhältnisse aufweist, die bei allen übrigen Pyramiden fehlen. Diese sind nicht einmal nach den Himmelsrichtungen orientiert. Trotzdem muß man vorerst immer noch an der Annahme festhalten, daß auch die große Pyramide des Cheops eine Begräbnisstätte des ägyptischen Königs war.

Sphinxe.

Gleichfalls zu den Meisterleistungen altägyptischer Monumentaltechnik gehören die Sphinxe, die uns nicht nur durch ihre Größe, sondern auch durch die Art ihrer Ausführung in Erstaunen setzen. Wir bewundern in Luzern den aus dem Felsen herausgehauenen sterbenden Löwen Thorwaldsens. Was bedeutet er aber — sofern wir den künstlerischen Wert nicht berücksichtigen und nur die Abmessungen in Betracht ziehen — gegen den vor den Pyramiden von Gizeh gelegenen Sphinx, der gleichfalls aus einem einzigen Steinstück besteht, und dessen Höhe sich auf 23 m beläuft, während die Länge nicht weniger als 57 m beträgt! Wie groß muß der Steinblock gewesen sein, aus dem eine uns heute die höchste Bewunderung abnötigende Technik dieses gewaltige Wunderwerk schuf! Außer dem erwähnten Sphinx gibt es deren noch eine ganze Anzahl. Aber alle sind sie aus einem einzigen Steine zube= hauen, niemals zusammengesetzt, und dabei war das Material, aus dem sie bestehen, wahrlich nicht immer leicht zu bearbeiten. Manchmal arbeitete man in Sandstein, öfters in Porphyr, meist aber in Granit, einem derartig harten Gestein, daß an ihm auch die aus vorzüglichem Stahl hergestellten Meißel unserer heutigen Zeit rasch stumpf werden. Manche der Sphinxe dürften wohl spiegelglatt poliert gewesen sein. Auf welche Weise wurde diese Politur dann hergestellt, welche Mittel verwendete man dazu, und vor allem, wie lange mag es gedauert haben, bis die Oberfläche des Kolosses geglättet war? Es sind dies alles Rätsel, deren Lösung vielleicht niemals vollkommen gelingen dürfte. Die Sphinxe liegen in der Regel vor Tempeln, wobei sich vor den kleineren oft 30 bis 40 finden, während an den größeren manchmal hunderte gelagert sind. Trotz dieser großen Zahl ist nicht ein einziger wohlerhaltener Sphinx mehr zu finden. Sie sind alle im Laufe der Zeiten durch den Wüstensand abgeschliffen oder auch von Menschenhand zerstört worden. Wir wissen jetzt, daß die Sphinxe, auch wenn sie Tiergestalt haben, meist Darstellungen der ägyptischen Könige sind. Der größte aller bekannten Sphinxe befindet sich vor den Pyramiden von Gizeh. Im Jahre 1817 wurde er, der im Wüstensande vergraben lag, auf Veranlassung der europäischen Konsuln ausgegraben. Damals schon entdeckte man, daß das Riesen= bild aus dem Felsen des Untergrundes herausgehauen war. Man fand einen groß= artigen Treppenaufgang, und zwischen den Vorderbeinen zeigte sich ein sorgfältig gepflasterter Boden, der zu einer Tempelanlage führte, die sich an die Brust des Kolosses anschloß und deren Eingang neben der rechten Vordertatze gelegen war. Das Antlitz ist genau nach Osten gerichtet. Die Ausgrabung hatte gewaltige Summen ver= schlungen. Aber schon nach zwanzig Jahren war alles, was man zutage gefördert hatte, durch den von Winden aufgewirbelten Wüstensand wieder zugedeckt. Im Jahre 1843 erfolgte die zweite Ausgrabung durch den deutschen Ägyptologen Lepsius, an die sich im Jahre 1853 die dritte durch Mariette anschloß. Man gewann bei diesen sowie bei der 1886 von Maspero vorgenommenen Ausgrabung die Überzeugung, daß das Riesenbildnis bereits vor 3400 Jahren vom Sande zugeweht worden war, und daß es schon König Tutmes IV. im Jahre 1533 v. Chr. hatte ausgraben lassen. Zu irgendeiner Zeit mußte übrigens eine absichtliche Vergrabung stattgehabt haben, denn an gewissen Stellen zeigte sich, daß Sandschichten mit 30 cm hohen Schichten von kleinen Steinen abwechselten, die ringsherum aufgeschichtet, und die so fest ver= kittet waren, daß man in ihnen Stufen anbringen konnte. Neuerdings hat nun eine abermalige Bloßlegung des Sphinx stattgefunden, und man hat trotz aller Zerstörungen durch vielfache Forschungen ein richtiges Bild von ihrem ursprünglichen Aussehen er= halten. Mit großem Geschick scheinen die alten ägyptischen Steinmetzen einen Fels= block ausgewählt zu haben, dessen einer Teil so hoch in die Lüfte ragte, daß er mit Vor= teil zur Herstellung des Kopfes verwendet werden konnte. Unsere Abb. 464 S. 350 zeigt nun, wie der Sphinx einst ausgesehen hatte, der wahrscheinlich vor etwa 6000 Jahren geschaffen wurde. Sicher ist, daß er über 5600 Jahre alt sein muß. Das Gesicht trägt die Züge eines Königs, wahrscheinlich die des Königs Amenemhet III. aus der zwölften Dynastie. Es ist jedoch auch möglich, daß es das Antlitz des Sonnengottes wiedergeben soll. Daß es sich hier um das Bild eines Königs handelt, zeigt das in eigenartige Falten gelegte Kopftuch, das in dieser Form zu den Symbolen königlicher Würde gehörte. Es geht dies des weiteren aber noch aus der an der Stirn angebrachten Uräusschlange hervor, die ein königliches Abzeichen darstellte. Unter dem Kinn sehen wir den Bart, wie ihn die alten Ägypter trugen. Freilich gingen sie eigentlich bartlos, sie pflegten jedoch bei festlichen Gelegenheiten mit Hilfe einer Schnur unter dem Kinn einen künstlichen Knebelbart zu befestigen. Vor der Brust, zwischen den Vordertatzen, ist eine große Tafel, die uns in Form eines Zwiegespräches meldet, daß der bereits oben erwähnte König Tutmes IV. sogleich nach seinem im Jahre 1533 v. Chr. erfolgten Regierungsantritt, den Sphinx aus dem Wüstensande ausgra= ben ließ. Daneben an der rechten Vorderpfote ist der gleichfalls schon erwähnte Tempeleingang zu sehen, während sich gegenüber eine gewaltige Treppenanlage

erhebt, die zum Tempel herabführt. Als ganz besonders bemerkenswert sei noch er=
wähnt, daß die Verfertiger dieser Sphinxe wohl kaum ein Modell gehabt haben

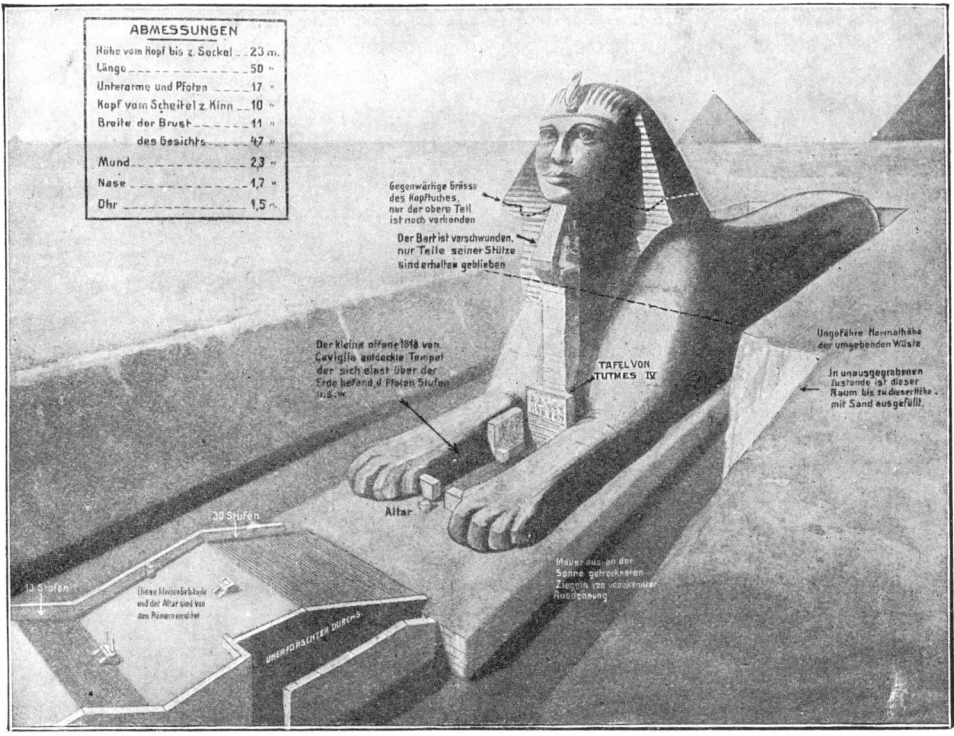

Abb. 464. Rekonstruktion des Sphinx.

dürften; war doch bei der Größe der Abmessungen jeder Vergleich zwischen einem
kleinen Modell und der im Entstehen begriffenen Figur unmöglich.

Tempelbauten.

Unter den Tempelbauten des Altertums ist zwar der seit etwa 990 v. Chr.
von König Salomo errichtete Tempel in der Bibel (1. Buch Könige 5—7; 2. Buch
Könige 25; Jeremias 52; 2. Buch Chronik 2—4) ziemlich genau beschrieben; doch
enthalten die dort angegebenen Einzelheiten keine technischen Merkmale besonderer
Art, die hier zu erwähnen wären. Es sei nur darauf hingewiesen, daß das Tempel=
gebäude mit Seitenzimmern umgeben war, die in drei Stockwerken übereinander
lagen. Die babylonischen Tempel zeichneten sich durch ihre Stufentürme aus, die
in sieben Stockwerken, der Heiligkeit der Zahl Sieben entsprechend, aufstiegen. Diese
Stufentürme, die „Zikkurat", waren im Altertum weithin berühmt. Ihre Außen=
mauern waren emailliert und zwar von unten nach oben aufsteigend in folgenden
Farben: weiß, schwarz, purpurrot, blau, zinnoberrot, silbern und golden. Der noch
ziemlich gut erhaltene Stufenturm aus Chorsabad bei Ninive weist eine Seitenlänge

der untersten Stufe von 43 m bei 6 m Höhe auf. Um den ganzen Turm herum wand sich eine Rampe von 2½ m Breite, die auch schon von Herodot (I 181) erwähnte "Wendeltreppe". Sie führte in einer Gesamtlänge von 800 m zum Gipfel.

Die Tempel der alten Ägypter waren ebenso wie die der Babylonier mit gewaltigen Umfassungsmauern versehen, die stets die Gestalt eines langgestreckten Rechtecks hatten und keinerlei Fensteröffnung oder Säulen aufwiesen. Innerhalb dieser Umfassungsmauern stand der eigentliche Tempel, dessen Decke stets wagerecht lag, und dessen äußere Fassade durch die mächtige Hohlkehle ihr charakteristisches Aussehen erhielt, die unterhalb des Daches sich entlangzog und ebenso wie die Tempelwände und die Wände der Umfassungsmauer mit zahlreichen farbigen Darstellungen bedeckt war. Zum Tempel selbst führte eine Allee von Sphinxen oder Widdern. Der Eingang war eng und schmal und befand sich zwischen zwei Pylonen, auf die wir sogleich eingehender zurückkommen werden. Hinter dem Eingange schließen sich ein oder mehrere Vorhöfe, an und dann kommt der Hauptsaal, in dem dicht gestellte Säulen die Steinbalkendecke tragen. Unter den übrigen Räumen findet sich die wie diese kleine und enge Cella, die das Götterbild beherbergt. Die Säulen des ägyptischen Tempels zeichnen sich durch ihre Form sowie durch die der Kapitelle aus, bieten jedoch in technischer Hinsicht nichts besonders Bemerkenswertes dar. Um so mehr haben die eben erwähnten Pylonen die Aufmerksamkeit der Techniker erregt. Bereits im 15. Jahrhundert v. Chr. pflegten die Ägypter ihre Tempelbauten in der Weise anzulegen, daß der Eingang des Tempels durch ein großes Tor, den sogenannten "Pylon" dargestellt wurde, das von Obelisken, Götter- und Königsbildern usw. flankiert und durch zwei hohe, festungsartige Türme beschützt wurde. Betrachtet man diese Türme genauer, so findet man, daß jeder mit zwei von oben bis unten gehenden Rinnen versehen ist. Alte, noch vorhandene Zeichnungen lassen erkennen, daß diese Rinnen zur Aufnahme hoher Mastbäume dienten, die an ihrer Spitze bunte Flaggen trugen. Diese Masten erreichten oft eine beträchtliche Höhe, so z. B. am Tempel von Edfu 30 m. Es erscheint auf den ersten Anblick, als ob sie lediglich ein Zierat gewesen wären. Man hat nun Gründe zur Annahme, daß diese Masten als Blitzableiter gedient hätten. So beschreibt eine alte Inschrift aus der ersten Zeit der Ptolemäer (323—30 v. Chr.) diese Mastbäume vor dem Tempel von Edfu auf das genaueste und erwähnt, daß sie den Blitz ableiten sollten. Diese Inschrift lautet in der Übersetzung nach Brugsch: "Dies ist der hohe Pylonbau des Gottes von Edfu, am Hauptsitze des leuchtenden Horns, Mastbäume befinden sich paarweise an ihrem Platze, um das Ungewitter an der Himmelshöhe zu schneiden" usw. Eine andere Inschrift tut kund, daß diese Mastbäume, um ihren Zweck besser zu erfüllen, oft "mit dem Kupfer des Landes beschlagen sind". Hohe, mit Kupfer beschlagene Masten müßten allerdings gute Blitzableiter gewesen sein. Die oben angeführte Inschrift erwähnt gleichzeitig die Obelisken als Blitzableiter und berichtet von ihnen folgendes: "Zwei große Obelisken prangen vor ihnen (den Mastbäumen), um das Ungewitter in der Himmelshöhe zu schneiden". Andere Inschriften teilen mit, daß die Obelisken, um als Blitzableiter zu dienen, an der kleinen ihnen aufgesetzten Pyramide, dem sogenannten "Pyramidion", mit einer Kappe aus reinem Kupfer oder aus vergoldetem Kupfer überzogen wurden.

Auch die Juden scheinen bereits Vorrichtungen angebracht zu haben, die die Ansicht nahelegen, daß es sich hier um Blitzschutzvorrichtungen gehandelt haben könnte. Die Spieße am Tempeldache waren mit Ketten verbunden, und diese mündeten in die Knäufe von zwei ehernen Säulen am Eingange der Halle. Die beiden Knäufe endeten in einem Wasserbehälter (1. Buch Könige 7, 17; 2. Buch Chronik 3, 17). Ein

weiteres wahrscheinliches Dokument über die Kenntnis des Blitzableiters gibt die Bibel
im 4. Buch Mose 21, 6—9: „Sie zogen an den Berg Hor in der Edamiter Land.
Der Herr sandte feurige Schlangen unter das Volk, daß ein großer Teil starb. Nun
richtete Moses eine eherne Schlange auf." (1. Buch Könige 7, 13 usw.): „Und der König
Salomo sandte hin und ließ holen Hiram von Tyrus ....., der war ein Meister im
Erz, voll Weisheit, Verstand und Kunst, zu arbeiten allerlei Erzwerf. Da der zum König
Salomo kam, machte er alle seine Werke. Und machte zwo eherne Säulen, eine
jegliche 18 Ellen hoch, und ein Faden von 12 Ellen war das Maß um jegliche Säule
her. Und machte zween Knäufe von Erz gegossen, oben auf die Säulen zu setzen,
und ein jeglicher Knauf war 5 Ellen hoch ..... Und es stund also oben auf den
Säulen wie Lilien." Der Ausdruck „und es stund oben auf den Säulen wie Lilien"
läßt die Vermutung zu, daß damit Auffangspitzen am oberen Ende der Säulen ge=
meint waren. Im zweiten Buche der Chronik sind diese Säulen ebenfalls erwähnt,
nur ist ihre Höhe um nahezu das Doppelte größer angegeben als oben (2. Buch Chronik
3, 15): „Und er machte vor dem Hause zwo Säulen, 35 Ellen lang; und der Knauf
obendrauf 5 Ellen ...." — Daß vermittels so hoher Säulen eine gute Blitzableiter=
wirkung erzielt wurde, ist wohl einleuchtend. An diesen beiden Bibelstellen ist auch
eine genaue Beschreibung der als Erdleitung dienenden Wasserbehälter gegeben.
Ferner lautet eine Vorschrift (2. Buch Mose 27, 17): „Alle Säulen um den Hof her
sollen silberne Querstäbe und silberne Haken und eherne Füße haben."

Vergleicht man hiermit verschiedene andere Bibelstellen (3. Buch Mose 10,
5. 2.; 4. Buch Moses 4.; 1. Buch Chronik 13, 9 u. 10 usw. usw.), so wird es wahr=
scheinlich, daß man im Altertum durch zufällige Beobachtungen die Erfahrung machte,
daß der Blitz durch metallene Stangen abgeleitet bzw. daß durch metallene Vorrichtun=
gen die Gefahr des Blitzschlages verhütet wird. Es ist durchaus nicht nötig, die elektri=
sche Natur des Blitzes zu kennen, um derartige Erfahrungen zu sammeln.   Martin
und v. Urbanitzky sowie Hennig wenden sich allerdings gegen die Möglichkeit
des Vorhandenseins von Blitzschutzvorrichtungen vor Franklin und schreiben ihre
Annahme falschen Textauslegungen zu. Aber auch Hennig muß zugeben, daß
„die alten Tatsachen, Sitten und Literaturstellen, aus denen man das Vorhandensein
antiker Blitzableiter folgern zu können glaubte" (soweit sie nicht in das Gebiet des
Wetteraberglaubens gehören oder auf falscher Textinterpretation beruhen), „schließlich
auf eine zufällige und unbewußte richtige Anwendung der Franklinschen Blitzableiter=
gesetze (Tempel in Jerusalem) zurückzuführen sind". Nach Ansicht des Verfassers kann
es nicht zweifelhaft sein, daß man im Altertum — ohne die elektrische Natur des Blitzes
zu kennen — auf Wegen der Erfahrung gefundene Blitzschutzvorrichtungen benutzte.

Die griechischen und dann auch die römischen Tempel sind in technischer Hin=
sicht sowohl durch die Entwicklung der Säulen wie auch durch die infolge der Säulen=
stellung bedingte Grundrißentwicklung bemerkenswert. Der älteste bekannte Tempel
in Olympia und in Hellas überhaupt ist das Heraion, das Heiligtum der Hera. Seine
Säulen weisen derartige Verschiedenheiten auf, daß man daraus schließen kann, sie
hätten zuerst aus Holz bestanden und seien erst später nach und nach durch Steinsäulen
ersetzt worden, was auch Pausanias (V 16) bestätigt, der sogar noch im 2. Jahrhun=
dert n. Chr. alte Holzsäulen an Tempeln sowie auch Holztempel (VIII 10) sah. Auch
Plinius erwähnt (XIV 1, 2, 9) Tempel mit Holzsäulen. In der Tat ist die Stein=
säule aus dem vor ihrer Verwendung zur Stütze des Daches benutzten senkrecht
gestellten Holzbalken hervorgegangen und zwar wahrscheinlich zunächst in Form der
dorischen Säule. Der eben erwähnte Tempel der Hera erscheint als ein wichtiger

Beweis für die Ableitung des dorischen Stils aus dem Holzbau. Sehen wir von der Weiterentwicklung der Säulen in kunstgeschichtlicher Hinsicht ab, und würdigen wir ihre technische Rolle als tragen=
des Element an Bauten, ins=
besondere Tempelbauten, so zeigt
sich, daß die älteste Tempelform
der Säule ganz entbehren konnte.
Sie bestand aus der einfachen
Cella, die nichts enthielt als das
Kultusbild und den Opfertisch
oder den Räucheraltar. (Abb. 465,
466 und 467.) Dann wurden die
beiden Seitenwände der Cella
vorgeschoben und durch einen

Abb. 465 u. 466. Ursprüngliche griechische Tempelformen.

Stirnpfeiler (Ante, Parastas) abgeschlossen. Über diese vorgeschobenen Seitenwände wurde ein Dach gelegt, das noch durch zwei zwischen den Anten stehende Säulen

Abb. 467. Grundriß der ursprünglichen grie= chischen Tempelform.

a Cella, b Kultusbild, c Opfertisch.

Abb. 468. Antentempel.

a Cella (Naos), b Vor= halle (Pronaos), c Säulen, d Anten.

Abb. 469. Antentempel mit Hinterhaus.

e Opisthodomos.

Abb. 470. Grundriß des „Prostylos".

getragen wurde. Es entstand also vor dem Tempel eine offene Vorhalle (Pronaos). (Abb. 468.) Der Tempel selbst erhielt dadurch eine neue charakteristische Form des Grund=

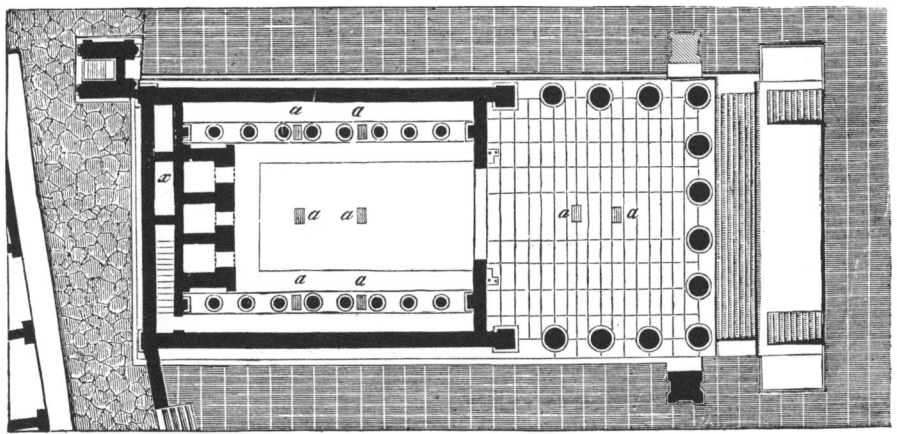

Abb. 471. Plan eines „Prostylostempels". Jupitertempel zu Pompeji.
a a Öffnungen, um dem unter dem Tempel befindlichen Kellerraum Licht zuzuführen.

risses (Antentempel, „templum in antis"). Um nun die Cella auch von hinten her zugänglich zu machen, brachte man auf der Rückseite gleichfalls eine solche Vorhalle an. Es entsteht ein neuer technischer Grundriß, gekennzeichnet durch das Hinterhaus (Opis-thodomos). (Abb. 469.) In weiterer Entwicklung entsteht dann als nächste Tempelform der „Proſtylos", bei dem die Vorhalle des Tempels durch Säulen, aber nicht mehr durch Wände und Anten getragen wird. (Abb. 470 und 471, S. 353.) Der Proſtylos kann mit einer einfachen recht= eckigen Cella oder mit einem templum in antis verbun= ^en ſein. Wird auch hinten am Tempel ein Proſtylos an= gebracht, ſo entſteht der „Amphiproſtylos". Wird die Säulenhalle rings um die ganze Cella herumgeführt, ſo daß um alle vier Seiten des Tempels herum ein freier Umgang beſteht, ſo ergibt ſich der „Peri= pteros" (Abb. 472, 473, 474 und 475), ein Name,

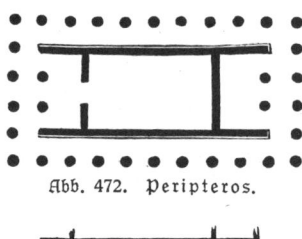

Abb. 472. Peripteros.

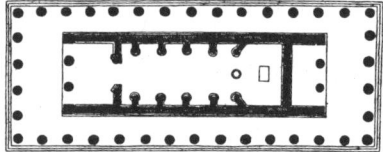

Abb. 475. Beſondere Abart des Peripteros, wobei die Säulen durch niedrige Mauern mit der Längswand der Cella verbunden ſind, ſo daß zur Aufnahme von Weihgeſchenken die= nende Kapellen entſtehen.

Abb. 473. Beiſpiel eines Peripteros= Tempels (Plan des Apollo=Tempels zu Baſſae).

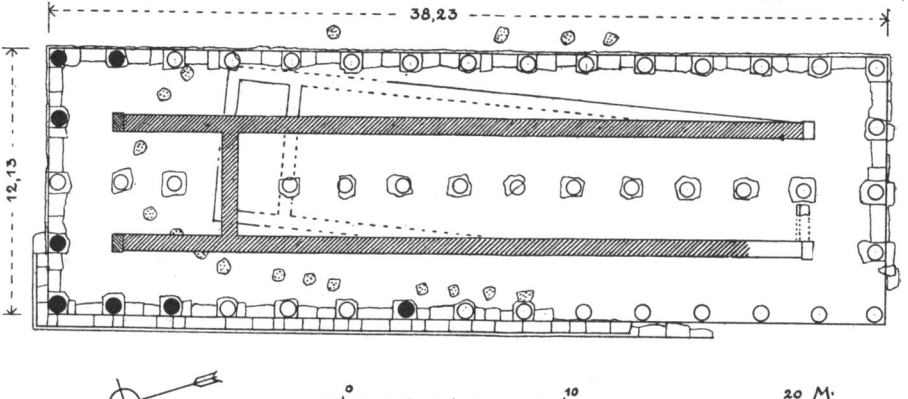

Abb. 474. Peripteros=Tempel mit 5 Frontſäulen (Tempel in Thermos in Äitolien).
Die Peripteros=Tempel haben meiſt 6 Frontſäulen, an den Langſeiten meiſt die doppelte Anzahl der Frontſäulen. (die Eckſäulen ſtets mitgezählt). Abb. 473 und 474 zeigen Ausnahmen von dieſer Regel.

der ſich von der Benennung der ſeitlichen Säulenhallen als „Flügel" (πτερόν) her= leitet (Parthenon). Die Römer bildeten aus dem Peripteros noch eine beſondere Abart, den „Pſeudoperi= pteros". Bei ihm ſind die Säulen nicht mehr dazu da, das Dach des Umgangs zu tragen, ſie

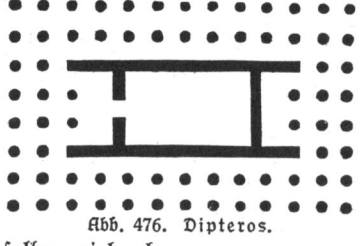

Abb. 476. Dipteros.

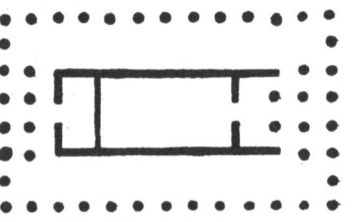

Abb. 477. Pſeudodipteros.

ſollen vielmehr nur von vorne einen Peripteros vortäuſchen. Zu dieſem Zwecke ſind ſie als Halbſäulen an die Seitenwände angefügt. Wird die Säulenreihe des

Abb. 478. Reste eines Pseudodipteros.

Tempel auf dem Forum triangulare zu Pompeji, bei dem sich aus den vorhandenen Säulenresten und ihrer gegenseitigen Entfernung der Tempeltyp genau bestimmen ließ. Der Unterbau ist von der die griechischen Tempel kennzeichnenden Stufenreihe umgeben.

Peripteros verdoppelt, so daß also zwei Umgänge entstehen, so entsteht der „Dipteros" (Abb. 476, S. 354) aus dem sich wieder der „Pseudodipteros" (Abb. 477, S. 354) herausbildet, bei dem die innere Säulenreihe fehlt. Der Zwischenraum zwischen Cellawand und Säulenreihe ist aber ein so großer, als ob zwei Säulenreihen vorhanden wären (Tempel auf dem Forum triangulare zu Pompeji). (Abb. 478.) Der griechische Tempel war stets von West nach Ost derart eingestellt, daß man ihn vom Osten her betrat, während das Tempelbild im Westen stand. Die römischen Tempel zeigen keinerlei Orientierung und stehen so, wie man sie eben gerade hinstellte. Die griechische Tempelcella hat stets den Grundriß eines langgestreckten Vierecks, die römische bildet zunächst die Hälfte eines Quadrats, dessen andere Hälfte durch die Vorhalle gebildet wird. Als später aus dem Quadrat des Grund-

Abb. 479. Römischer Tempel (Rundtempel) auf stufenlosem Unterbau.

(Sog. „Tempel der Sibylle" zu Tivoli.)

23*

riſſes durch Vergrößerung ein Rechteck wird, bleibt dieſe Halbierung beſtehen. Die
Schwelle der Cella halbiert beim römiſchen Tempel ſtets den Grundriß der Tempel=
anlage. Des weiteren zeigen die griechiſchen Tempel eine ringsumlaufende Stufen=
reihe, während die römiſchen auf einem Unterbau ſtehen, zu dem nur von der
Vorderſeite her die Treppenanlage emporführt. (Abb. 478 und 479.)

Die Theater.

Eine große Rolle ſpielten im Altertume die Theater, von denen wir, wenn wir
von den in techniſcher Hinſicht nichts Intereſſantes darbietenden Zirkuſſen und Stadien
abſehen, in der Hauptſache zwei Arten zu unterſcheiden haben: die eigentlichen Theater
oder Schauſpielhäuſer und die Amphitheater, wo neben Schauſpielen auch alle mög=

Abb. 480. Das Theater in Pergamon.
Dieſes Theater zeigt alle Teile des griechiſchen Theaters in überſichtlicher Weiſe: die Bergwand dient als Unterbau
für den Zuſchauerraum; auf der davor liegenden Terraſſe die Orcheſtra, hinter dieſer das Szenenhaus.
(Siehe Abb. 481.)

lichen ſonſtigen Aufführungen, Gladiatoren= und Tierkämpfe, Seegefechte uſw. uſw.
ſtattfanden. Von ihnen erfreuten ſich in Griechenland die eigentlichen Theater,
die Schauſpielhäuſer, einer hohen Verehrung; ſie waren nach den Tempeln die vor=
nehmſten Gebäude, kam dem Schauſpiele doch eine gottesdienſtliche Bedeutung zu,

die insbesondere in dem Kultus des Dionysos gipfelte. In seiner ältesten Form wird das Theater wohl nichts anderes gewesen sein als das, was wir heute als „Fest= wiese" zu bezeichnen pflegen, ein abgegrenzter Rasenplatz, in dem die Aufführungen

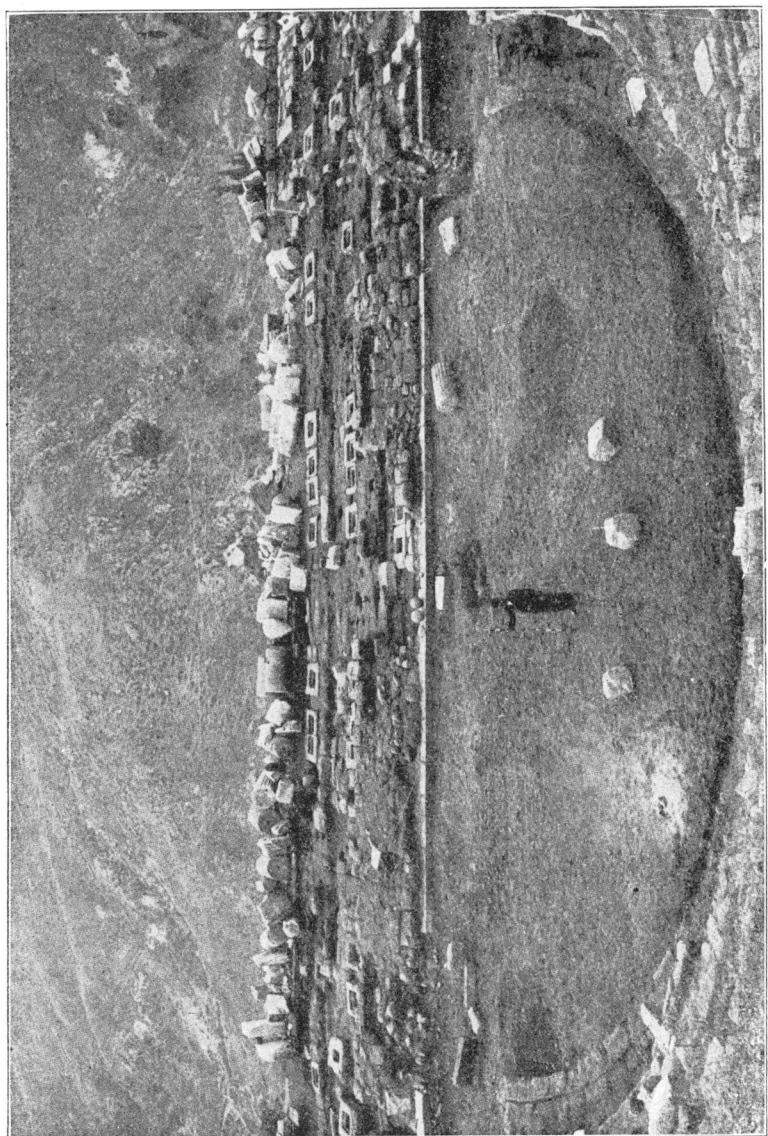

Abb. 481. Die Orchestra des Theaters von Pergamon, vom Zuschauerraum aus gesehen.

Die Dertiefung im Mittelgrunde trug die Thymele, dahinter war das Stenenhaus, dessen Pfostenlöcher noch sehr gut erhalten sind. Rechts und links vor dem Stenenhaus die Parodoi. An ihrer Mündung in die Orchestra ausgebrochene Stellen an der vorderen Steinfassung des Stenenhauses, an denen Zugänge in dieses führten. Rechts und links vorne im Stenenhaus erhöhte Teile, die überreste der parallelen

stattfanden und um den die Zuschauer herumstanden. Dann schlug man bretterne Gerüste auf, auf denen sich die Handlung abspielte. Um den Besuchern das Verfolgen der Dorgänge auf der runden Bretterbühne, der „Orchestra", zu erleichtern, errichtete

man diese am Fuße eines Hügels, auf dessen Hängen sich die Zuschauer aufstellten.
Da das Stehen unbequem war, und um Ordnung in die Zuschauerräume zu bringen,
hat man dann auf diesem Hügel kleine übereinanderliegende Terrassen ausgeschaufelt,
auf denen je eine Reihe von Zuschauern Platz fand. Von hier bis zum Bau richtiger
steinerner Zuschauerräume war nur noch ein Schritt. Schon die ältesten uns erhaltenen
Theaterreste von Knossos lassen diese Zweiteilung des Theaters in Spielraum (Orchestra) und Zuschauerraum (Theatron) erkennen. Dann kam noch ein weiterer,
dritter Teil hinzu, die „Skene", ein Holzbau, aus dem die Schauspieler herauskamen,
und in dem sie, nachdem sie gesprochen hatten, wieder verschwanden. Das im 4. Jahr=
hundert v. Chr. gebaute Theater zu Athen war bereits aus Stein gebaut mit Ausnahme
der Skene, deren Boden nach wie vor auf Holzgerüsten lag. Die Orchestra hatte man
aber schon früher vereinzelt aus Steinkonstruktion hergestellt. Das Theater lag am
Fuße der Akropolis und benützte einen Teil des Felsens als Hinterwand und Unter=
bau. Auch sonst liebte man es in Griechenland, die Theater in Felsen oder derart in
Hügel hineinzubauen, daß diese eine natürliche Rückwand und zugleich einen ebensolchen
Unterbau darstellten. (Abb. 480.) Die allgemeine Anlage des griechischen Theaters ist
die folgende: (Abb. 482, S. 359) Um die kreisförmige Orchestra gruppieren sich alle
anderen Teile herum. Die Orchestra hat um 400 v. Chr. einen Fußboden aus Erde
und trägt in der Mitte einen Altar, die „Thymele", um den herum sich der Chor
bewegte. Sie wird von dem amphitheatralisch aufsteigenden Zuschauerraum um=
grenzt, der sich an einen Hügel anlehnt oder auf einem künstlichen Untergrunde
steht, der aus Mauern und Erdfüllungen geschaffen wird. Ihm gegenüber liegt
die Skene, die ihren Namen von der anfänglichen Dürftigkeit ihres Aussehens
herleitet (σκηνή = Hütte, Zelt) und eine meist wohl ungerade Zahl von Türen
hat, von denen die mittlere als die des Königs bezeichnet wurde. Später wird
der Bühnenraum, auf dem die Haupthandlung des Dramas vor sich ging (das
Logeion), gewöhnlich nicht nur im Hintergrunde, sondern auch auf seinen beiden
Seiten von dem manchmal sogar dreistöckigen Gebäude der Skene eingeschlossen.
Die Skene hat an beiden Seiten Vorsprünge (Paraskenien), die dazu dienen, eine
bemalte Wand, das Proskenion, zwischen sich aufzunehmen. Der Hintergrund
der Bühne konnte später mittels einer eigenen Vorrichtung (der Exostra oder
des Ekkyklema) auseinandergeschoben werden, wodurch man dann ins Innere
des Gebäudes und die dort sich abspielenden Vorgänge blicken konnte. Das
Theater wurde von den beiden Zwischenräumen zwischen Skene und Zuschauerraum
her betreten. Diese Zugänge, die Paradoi, dienen auch dazu, das Betreten der
Orchestra zu ermöglichen. Die Bühne hat von hinten her Zugänge. Solche sind
auch an den Seiten der Skene, den Paraskenien angebracht. Die Bühne kann aber
außerdem von vorn bestiegen werden, jedoch nicht, wie man früher annahm, über
eine Treppe, sie liegt vielmehr auf gleicher Höhe mit der Orchestra (Dörpfeld und
Reisch). Das Theater war mit mancherlei Maschinerien ausgestattet, durch die nicht
nur, wie eben erwähnt, der Hintergrund der Bühne geöffnet, sondern auch Ver=
senkungen vorgenommen, verschiedene Dekorationsstücke gezeigt werden konnten usw.
usw. Die Theater hatten auch eine unseren Kulissen ähnelnde Dekorationsvor=
richtung, die Periacten. Es waren dies dreiseitige am Paraskenion stehende Pris=
men, wohl aus Holz, die sich auf Pfosten drehten. Ihre Seiten boten verschiedene
Ansichten dar und wurden immer so gegen die Zuschauer gedreht, wie es das Stück
gerade erforderte. Wahrscheinlich konnten die Dekorationen an den Seiten dieser
Periacten sogar abgenommen und dadurch noch weiter gewechselt werden. Der

Zuſchauerraum war durch einen breiten, parallel den kreisförmigen Begrenzungs=
mauern laufenden Gang (Diazoma), oft auch durch mehrere ſolche Gänge ſowie
durch von oben herabführende Treppen in einzelne Sitzblocks (Kerkis) eingeteilt.
Die Reihen unten dicht an der Orcheſtra oder auf dem Diazoma waren die vornehmſten
Plätze, wo die Prieſter und Standesperſonen ſowie ſolche ſaßen, denen dieſes Ehren=
recht, die „Proedrie“, verliehen war.

    Auch die römiſche Bühne war im Anfang ein Brettergerüſt, vor dem die Zu=
ſchauer ſtanden. Erſt nach 145 v. Chr. erbaute man hölzerne Zuſchauerreihen. Das
erſte ſteinerne Theater ließ Pompejus im Jahre 55 v. Chr. aufführen. 13 v. Chr.
entſtand das Theater des Marcellus, von dem heute noch Reſte erhalten ſind.
Auch das römiſche Theater hatte dieſelben drei Teile wie das griechiſche, nämlich den

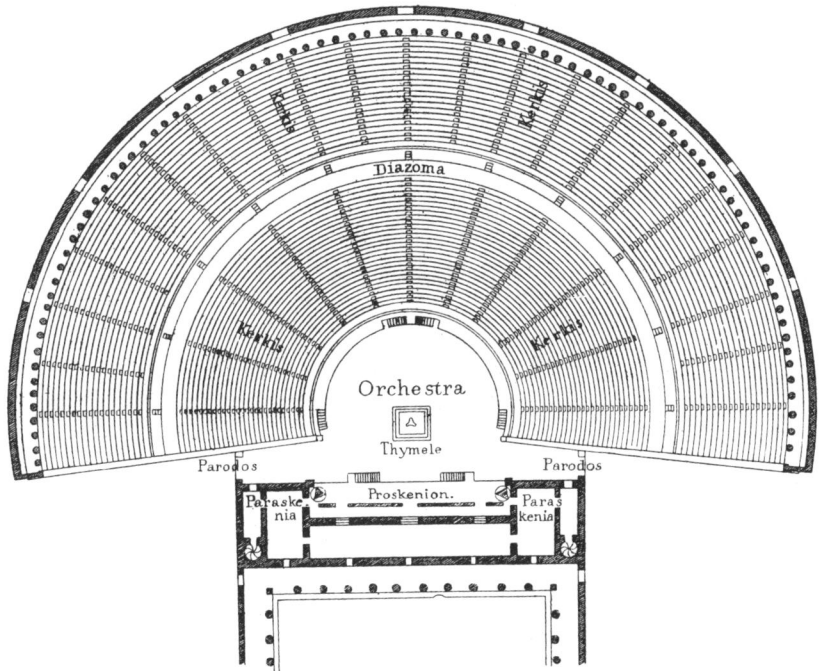

Abb. 482. Grundriß des griechiſchen Theaters.

Zuſchauerraum, bei den Römern „cavea“ genannt, die Orcheſtra und die Bühne,
die „scena“. Es unterſcheidet ſich vom griechiſchen Theater in bezug auf bauliche
Anordnung faſt in keiner Weiſe. Die Gleichartigkeit geht ſo weit, daß der Bühnenraum
auch hier bei einer verhältnismäßig ſehr großen Breitenausdehnung eine nur ſehr
geringe Tiefe zeigt, ſo daß er in den Grundriſſen der Ruinen nur als langes ſchmales
Rechteck erſcheint. Es unterſcheidet ſich vom griechiſchen Theater zunächſt durch das
Fehlen des Altars auf der Orcheſtra, was ſich daraus erklärt, daß dem römiſchen
Theater eine gottesdienſtliche Bedeutung nicht mehr zukommt. Die Orcheſtra wird
mit Zuſchauerreihen ausgebaut, auf denen die vornehmen Gäſte Platz nehmen (Podium). Sie wird dadurch ſehr klein. Da Orcheſtra und Bühne beim griechiſchen Theater
auf gleicher Höhe liegen, ſo kann man von den auf der Orcheſtra befindlichen Plätzen

aus die Skene bzw. den Platz, auf dem die Schauspieler sprechen, das „Pulpitum",
schlecht übersehen. Diese wird daher vertieft. Außerdem bekommt die römische
Bühne einen Dorhang (aulaeum), und dann spannte man über dem Zuschauerraum,
um die Gäste vor der Sonne zu schützen, Decken aus, eine Sitte, die im griechischen

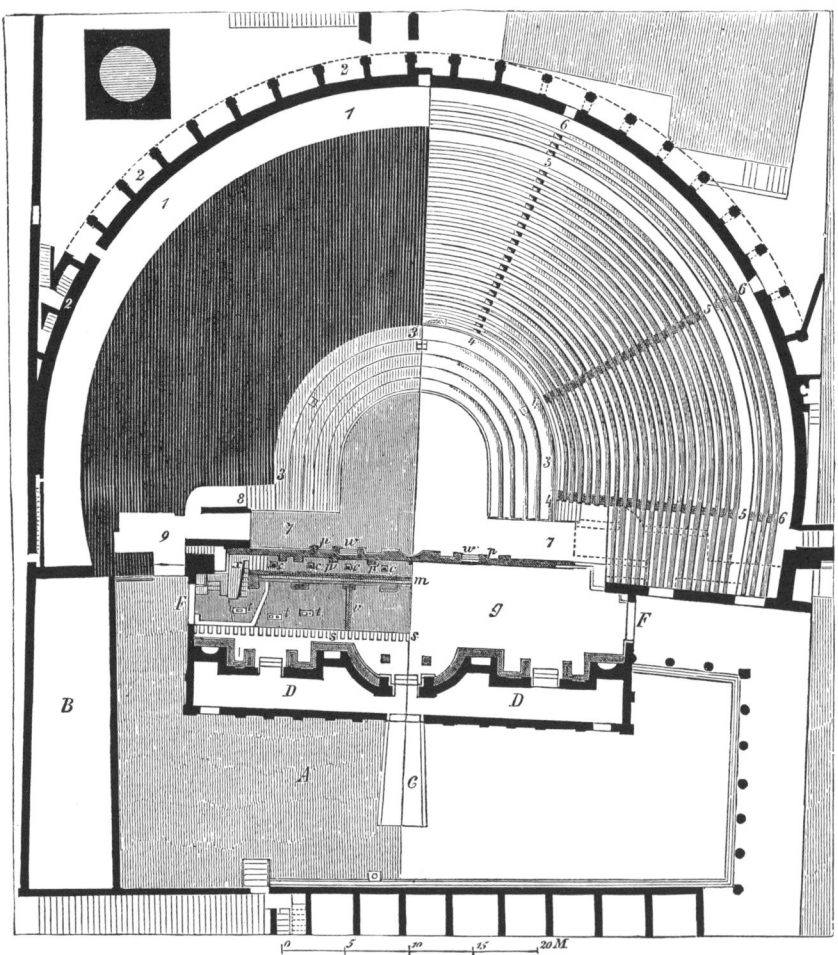

Abb. 483. Plan eines offenen römischen Theaters (das große Theater zu Pompeji).
Rechts: Sitzreihen und Bühne mit dem Fußboden; links ist durch Wegnahme von Teilen und des Fußbodens
ein Einblick in die Gänge, Treppen und in den Unterbau der Bühne ermöglicht. 1 Gewölbter Umgang; 2 Korridor;
3 Umgang; 4 Treppen; 5 Ausgangstür; 7 Ausgänge in die Orchestra; 8 Türen. A Hof, in dem sich der Chor
aufstellte; B Garderobe; C Rampe; D Aufenthaltsräume für die Schauspieler; d Steinringe zum Befestigen des
Sonnensegels; p Raum, worin sich der Dorhang zusammenlegte; x Treppe zu den unteren Räumen.

Theater noch nicht eingeführt gewesen zu sein scheint. Hier war höchstens die Skene
mit einem Dache versehen, auch hatte wohl der oberste, von Säulen getragene Umgang ein solches. Alle übrigen Teile des Theaters befanden sich unter freiem Himmel.
(Abb. 483—485 und 486 S. 362.)

Die antiken Theater waren außerordentlich groß, manche faßten bis zu 20 000 Personen. Infolgedessen mußte man für eine gute Akustik sorgen. Abgesehen davon, daß man schon bei der Anlage der Theater eine befriedigende Schallwirkung zu erzielen suchte, brachte man in den Nischen noch besondere Schallgefäße (Echeia, Vitruv V 5) an. Außerdem aber verstand man es, durch die Ausgestaltung der Masken, die die Schauspieler trugen, noch eine be-

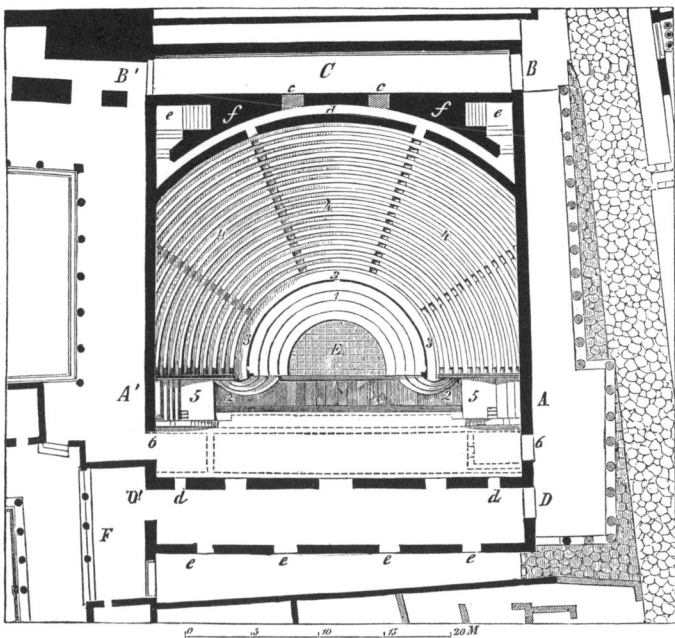

Abb. 484. Plan eines bedeckten römischen Theaters (das „kleine Theater" zu Pompeji). Das Theater ist ringsum von Mauern umschlossen, auf denen wahrscheinlich ein von Säulen getragenes Holzdach derart aufruhte, daß zwischen Mauern, Säulen und Dach Licht ins Innere fiel. — AA' Eingang zur Orchestra; BB' Eingang zum gewölbten Gang; C, D Eingang über die Bühne zu den „Logen" 5,5; D' Eingang zur Gladiatorenkaserne; F Vorhalle 1 Sitzreihen für die Honoratioren; 2 Treppen; 3 kleiner Umgang, 44 Sitzplätze.

sondere Schallverstärkung zu erzielen. Schon mehrfach ist die Frage aufgetaucht, warum man denn eigentlich diese Masken so lange Zeit beibehalten hat, die doch für die Schauspieler eine Belästigung darstellten, und warum man nicht an ihre Stelle die natürliche Mimik setzte. An die Stimme wurden in Anbetracht der Größe und mangels jeglicher Geschlossenheit der antiken Theater beträchtliche Anforderungen gestellt. Kein Schauspieler wäre imstande gewesen, bei einer größeren Rolle die notwendige lange Zeit hindurch so zu schreien, daß man ihn überall verstanden hätte. Da hatte man bald heraus, daß sich der geöffnete Mund der Maske

Abb. 485. Römisches Theater zu Fiesole.
Blick von der Bühne gegen den an einen Hügel eingebauten Zuschauerraum. Links Zugänge zur Orchestra und zur Bühne.

ſehr leicht zu einer Art von Sprachrohr ausbilden ließ. Der Mund aller antiken Theatermasken iſt in ganz eigenartiger Weiſe zugeſchnitzt. Auf Veranlaſſung von Caſtex ſind derartige Masken nachgebildet und zu beſonderen akuſtiſchen Verſuchen

Abb. 486. Rekonſtruktion eines römiſchen Theaters (Theater von Oſtia).

verwendet worden, bei denen ſowohl Schauſpieler wie auch Sänger der verſchie= denſten Tonlage, alſo Bäſſe, Soprane uſw. ihre Unterſtützung liehen. Zu den Ver= ſuchen wurden auch Zuſchauer herangezogen, ſo daß man ein nach den mannigfachſten

Richtungen hin vollständiges Bild von der Wirkung der Maske erhielt. Da zeigte sich nun schon bei den ersten Versuchen die geradezu auffallende Wirkung des Maskentragens. Den Zuhörern gegenüber gewann die Stimme an Stärke: leise, nicht mehr verständliche Deklamationen konnten von ihnen, wenn mitten in der Rede ohne Steigerung der Stimme die Maske vorgehalten wurde, sofort deutlich vernommen werden. Des weiteren gewann die Stimme an Klarheit, und zwar war diese Wirkung bei den hohen Tönen bedeutend größer als bei den tiefen. Eine Verschleierung des Tons durch die Maske trat nicht ein, ebenso war ein Nasalwerden nicht festzustellen. Die eigenartige Gestalt der Mundöffnung bewirkt, daß die Stimme nicht nur gerade nach vorne zu, sondern auch nach den Seiten des Zuschauerraums hin in verstärktem Maße hörbar wird. Der Künstler hat sofort das Gefühl, daß seine Stimme nunmehr weiter trägt. Für ihn sind die einfachsten Gesichtsmasken besser jedoch als jene, wie sie gleichfalls z. B. für Tierfiguren verwendet wurden, die auch noch den Kopf bedecken. In diesen wirkt die Stimme summend. Das Ergebnis aller dieser Untersuchungen läßt sich dahin zusammenfassen, daß die alten Schauspieler sehr wohl wußten, was sie taten, wenn sie die Maske beibehielten.

Amphitheater.

Das Amphitheater besteht aus zwei zusammengerückten Theatern oder, wie man es auch auffassen kann, aus einer ringsum von Zuschauerplätzen umge-

Abb. 487. Das Kolosseum Rom (Außenansicht)

gebenen Orchestra. Da aber eine solche Orchestra ähnlich der Manege unserer heutigen Zirkusse infolge ihrer runden Form nur wenig Bewegungsfreiheit darbot,

Abb. 488. Das Kolosseum zu Rom. Blick ins Innere mit teilweisem Einblick in die Unterkellerungen.

Abb. 489. Blick in das Amphitheater Trier. Links teilweiser Einbau in einen Hügel.

so machte man sie oval und dehnte das Oval möglichst in die Länge. (Abb. 488, 489 und 491.) Damit war dann der Grundriß des Amphitheaters gegeben, das man wegen seiner Form nicht immer an einen Berg anlehnen konnte. (Abb. 393 S. 302, sowie Abb. 489 und 490.) Man stützte daher den Zuschauerraum durch Pfeiler und

Abb. 490. Teilweise Anlehnung des Amphitheaters Trier an einen Hügel.

Mauern und erhielt so unter ihm weit ausgedehnte rund herumlaufende Gänge von oft sehr beträchtlicher Höhe. (Abb. 487 S. 365, 492 u. 493 S. 366.) Unter den niedriger ge=

Abb. 491. Blick in das Amphitheater zu Verona

legenen Sitzplätzen oder in Nebengebäuden brachte man Käfige für die wilden Tiere an. Eine für diese unübersteigliche Mauer, auf der unter Umständen noch ein Gitter

angebracht war, schloß meist die unterste Reihe des Zuschauerraums gegen den
Spielplatz ab. Dieser selbst ist bei vielen Amphitheatern unterkellert und so einge=

Abb. 492. Ummauerung des Zuschauerraums am Amphi=
theater Verona.

Abb. 493. Gang und Stützpfeiler
unter dem Zuschauerraum am
Amphitheater Verona.

richtet, daß die Arena oder Teile von ihr zwecks Ausführung von Wasserschauspielen
unter Wasser gesetzt werden können (Kolosseum Rom). Die Unterkellerungen sind

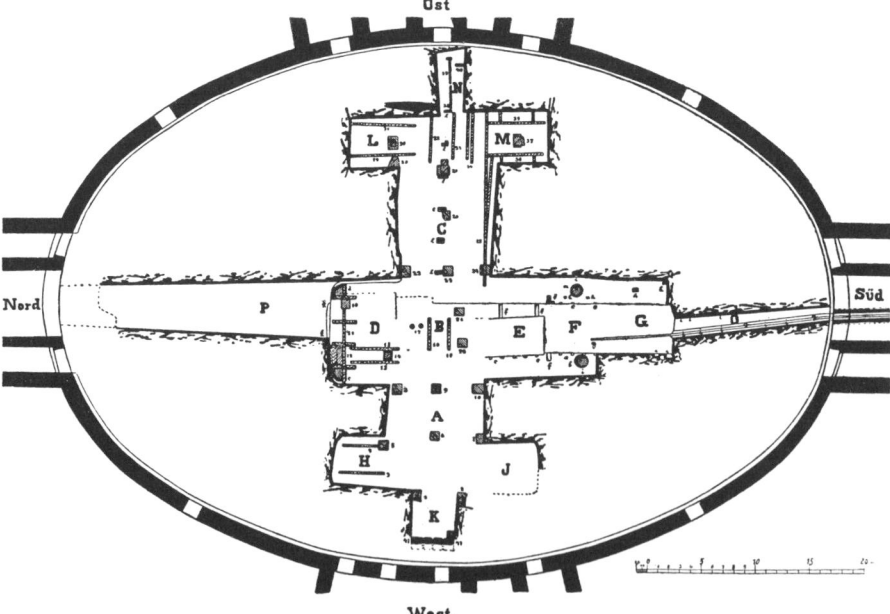

Abb. 494. Die Unterkellerungen und Maschinenanlagen im Amphitheater Trier.

D, B, E, F, G Hauptmaschinenraum; bei D und F große runde Pfostenlöcher; bei D aus Balken und Quer=
hölzern bestehende Reste der Maschinerie, davor Reste einer hölzernen Aufzugsvorrichtung; im Korridor O
Entwässerungsräume für den Keller.

teilweise im Erdreich ausgeschachtet (Metz) oder mit großer Mühe aus dem festen gewachsenen Felsen herausgearbeitet. Dies ist z. B. in Trier der Fall, wo die Keller=

Abb. 495. Unterkellerung (Käfig?). Amphitheater Trier.

räume bis zu 4½ m Tiefe hinabgehen. (Abb. 495 und 496.) Die Decke, auf deren Oberseite sich die Arena befand, wurde durch starke Holzpfosten getragen. Um das

Abb. 496. Einzelheiten der Ummauerung. Amphitheater Verona.

für die Schauspiele gebrauchte Wasser wieder abzuführen, sind besondere Be= wässerungsanlagen vorgesehen. In Trier führt ein Kanal von 100 m Länge und

zwei Meter höhe in den Olewiger Bach. Die Amphitheater besaßen meist noch
besondere Maschinenräume, die unter der Arena lagen, und die zum heben und Senken
der Versenkungen, zum Öffnen der Wasserbassins und zu sonstigen heute nicht
mehr vollkommen bekannten Zwecken dienten. (Abb. 494 S. 366.) Die gewaltige
Größe mancher derartiger Amphitheater ist ja weltbekannt. Das Kolosseum Rom faßte
über 80 000 Zuschauer.

Bäder.

Nicht minder ausgedehnt, in bezug auf ihre Anlage und an Großartigkeit der
Abmessungen den Amphitheatern oft kaum nachstehend, waren die Bäder, die sich
gleichfalls fast in allen römischen Niederlassungen finden. Diese Bäder, die Thermen,
stellen zur Zeit des höchsten Luxus weitläufige Gebäudekomplexe dar, die eine Unzahl
von Räumen enthalten, deren Bestimmung sich im einzelnen Fall oft kaum mehr

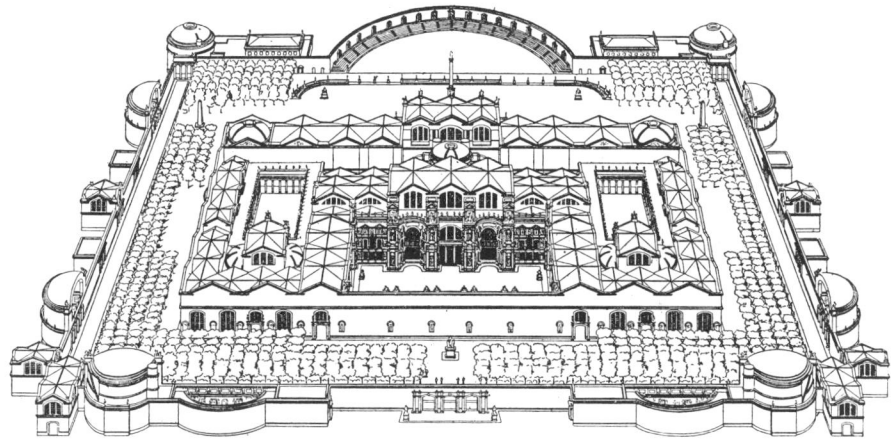

Abb. 497. Die Thermen des Diotletian. Rekonstruktion.

feststellen läßt. (Abb. 497 bis 511.) Aber ebenso wie bei den kleineren älteren und
den in den Provinzstädten befindlichen Bädern enthält eine solche Badeanlage in der
hauptsache folgende Teile: den Auskleideraum (Apodyterium), das kalte Bad (Frigidarium), das Schwitzbad (Caldarium, Sudatorium) und einen halbwarmen Raum, in
dem man sich nach dem Schwitzbad aufhielt, das „Tepidarium“. hierzu kommen dann
noch die zur heizung usw. dienenden Einrichtungen, die im Abschnitte „heizung und
Beleuchtung“ eingehend geschildert sind. Alle diese Räume bieten in technischer hinsicht
nichts besonders Bemerkenswertes dar, es sei denn, daß sich das Auge des Technikers
an einzelnen besonders praktischen Einrichtungen erfreut.   So kann man sich beim
Gebrauche der Bäder sehr leicht erkälten, wenn Zugluft entsteht. In den Thermen
zu Pompeji sind daher die Türpfosten geneigt, so daß sich die an ihnen hängenden
Türflügel durch ihr eigenes Gewicht von selbst schließen mußten, sobald man sie offen
ließ. Dadurch konnte weder Zug entstehen, noch konnte die hitze aus dem Caldarium
entweichen. Die Sitze des Schwitzbades waren aus holz, da Stein zu viel Wärme
abgeleitet hätte. Die Malerei fehlt hier ganz, was beweist, daß man — und mit

Recht — der Beständigkeit der Farben und ihrem Haften auf dem Untergrunde bei der feuchten Hitze nicht recht traute. Über die gleichmäßige Verteilung des Dampfes im Schwitzbad und die Regulierung der Hitze macht Vitruv folgende Angaben (V 10): „Die Schwitzbäder müssen mit dem lauen Bad in Verbindung gebracht werden, und diese sollen so breit sein, als sie in der Höhe messen bis zum Scheitel der halbkugel= förmigen Wölbung, und in der Mitte dieses Halbkugelgewölbes lasse man eine Licht= öffnung, von welcher an Ketten eine eherne Scheibe herabhängen soll, durch deren Zurückziehen und Herablassen der Hitzegrad des Schwitzbades bestimmt werden kann;

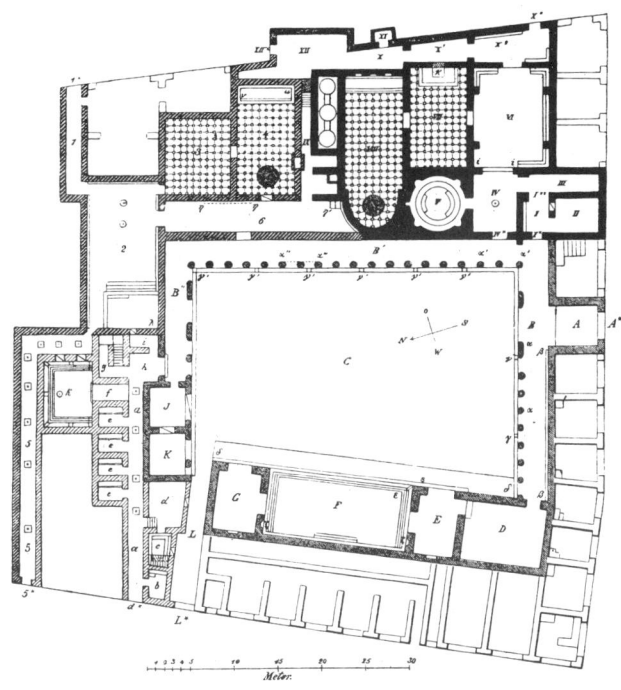

Abb. 498. Plan der größeren Thermen (Stabianerthermen) zu Pompeji.

A" Haupteingang; A Vestibulum; B B' B" Umgang; C großer Hof für Leibesübungen (Palaestra); D Apo= dyterium; E Zimmer; F Frigidarium; G Zimmer; VI Apodyterium; VII Tepidarium; VIII Caldarium; IX Heizeinrichtung.

Die Einrichtung ist eine noch verhältnismäßig einfache, ebenso bei den „kleinen Thermen". Man vergleiche sie mit den großen römischen Thermen (Agrippa=, Diokletian=, Caracalla= und Titusthermen (Abb. 497 S. 368, 504 S. 373, 506 S. 374, 507 S. 375, 508 S. 376, 509 und 510 S. 377, 511 S. 378), die die Großartigkeit und technische Gliederung der Anlagen und Reste zeigen.

die lakonische Halle selbst aber scheint kreisförmig gemacht werden zu müssen, daß die Hitze der Flamme und des Dampfes von der Mitte aus gleichmäßig die ganze Rundung des kreisförmigen Raumes durchstreiche."

Literatur zum Abschnitte: „Monumentale und öffentliche Bauten" siehe hinter dem Abschnitte: „Bauarten, Bauausführung und Baustoffe".

Abb. 499. Apodyterium der Stabianerthermen.

Abb. 500. Die „Palaestra" der Stabianerthermen zu Pompeji.

24*

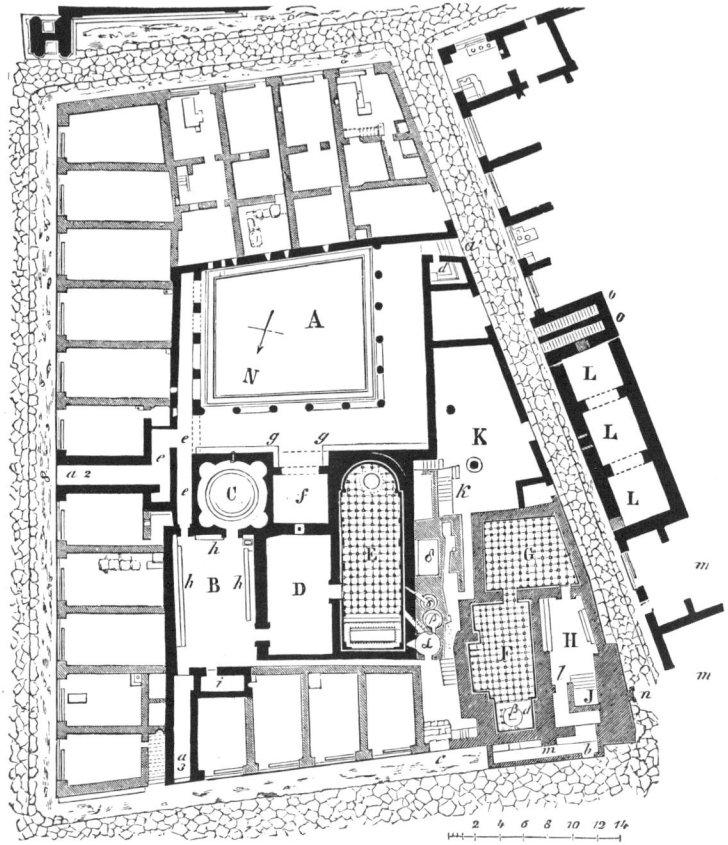

Abb. 501. Plan der „kleinen Thermen" zu Pompeji.

A bis E Männerbad; F bis I Frauenabteilung; a 1, 2, 3 Eingänge zum Männerbad; A innerer Hofraum; d Abtritt; e Korridor; B Auskleidezimmer (Apodyterium); f Exedra (Zimmer mit Ruhebänken); C kaltes Bad; D Tepidarium; E Caldarium; F Caldarium; G Tepidarium; H Apodyterium; I Frigidarium; K Hof; L Zisterne.

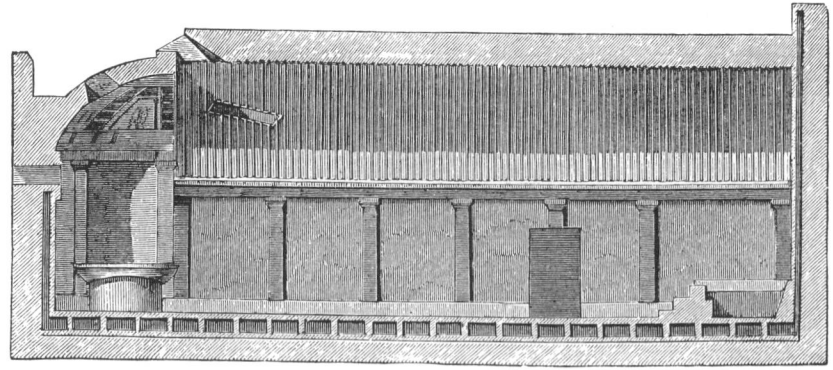

Abb. 502. Durchschnitt durch das Caldarium der Männerabteilung in den kleinen Thermen zu Pompeji.

Abb. 503. Das Caldarium
der Männerabteilung in den kleinen Thermen zu Pompeji.

Abb. 504. Das Frigidarium
der Männerabteilung in den kleinen Thermen zu Pompeji.

Abb. 505. Das Tepidarium der Männerabteilung in den kleinen Thermen zu Pompeji.

Abb. 506. Ruinen der Titusthermen.

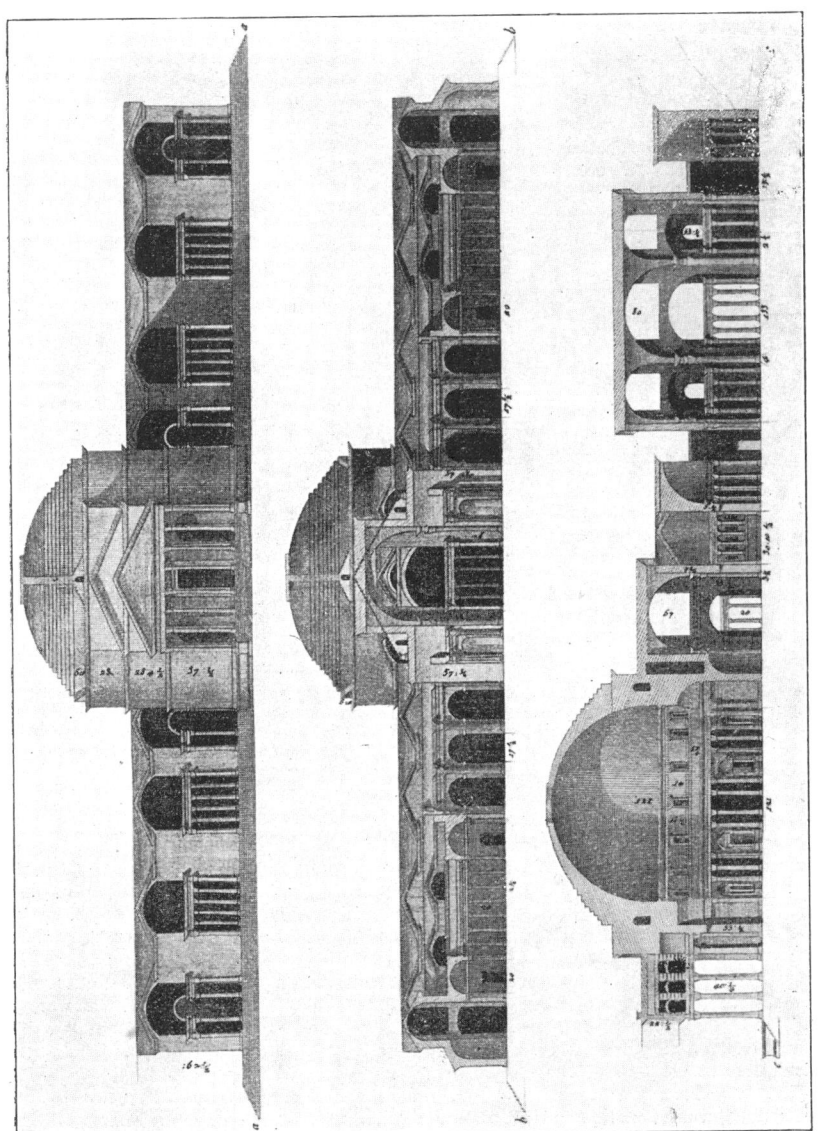

Abb. 507. Rekonstruktion der Thermen der Agrippa in Rom.
Grundriß und Rekonstruktion zeigen die klare Übersichtlichkeit und Großzügigkeit der Anlage.
(Grundriß siehe Seite 378.)

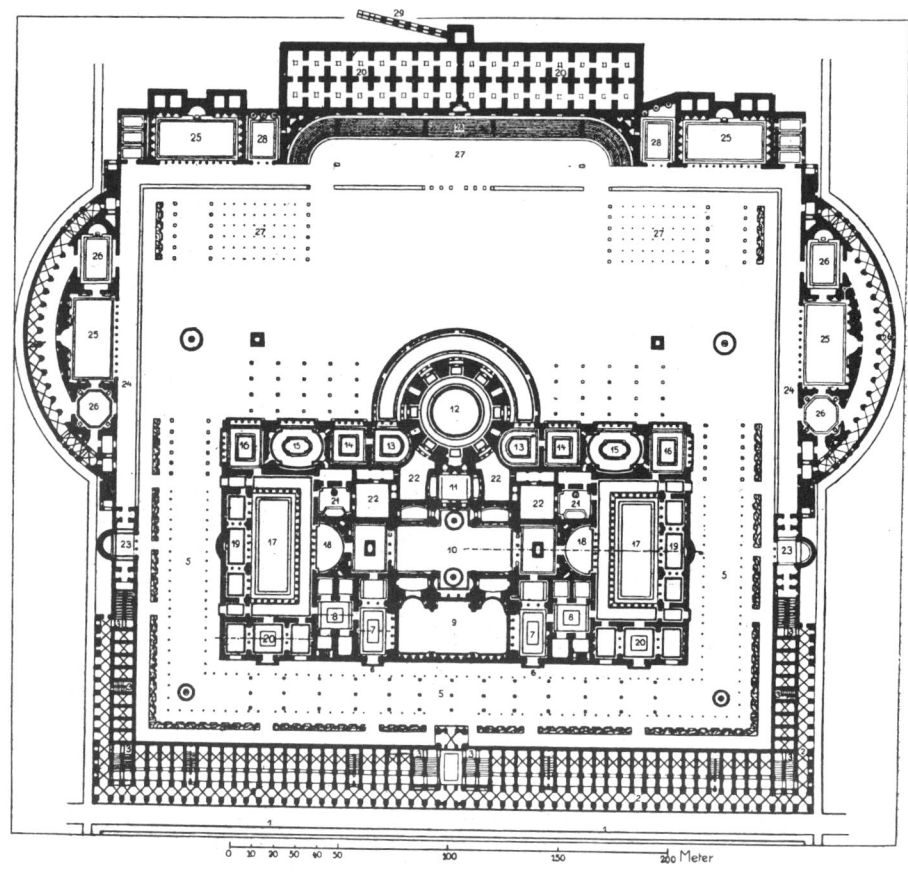

Abb. 508. Grundriß der Hauptgebäude der Thermen der Caracalla zu Rom.

Der Grundriß zeigt die reiche Gliederung der Anlage des Hauptgebäudes. Die Thermen stellten in ihrer Gesamtanlage fast allein eine Stadt dar. Die von der Anlage bedeckte Fläche belief sich auf ungefähr 330 qm. Die Bestimmung der einzelnen Räume hat sich nur teilweise mit Sicherheit wieder feststellen lassen. Wir finden aber auch hier die hauptsächlichsten und für die Thermen kennzeichnenden Abteilungen, nämlich: gegenüber den auf beiden Seiten (etwa bei 23) befindlichen Eingängen je eine P a l a e s t r a (47) (Ringschule), ferner ein großes C a l d a r i u m (12) und ein gleichfalls durch seine Größe ausgezeichnetes F r i g i d a r i u m (9), außerdem zahlreiche Ankleidezimmer, ferner ein großes T e p i d a r i u m (wahr= scheinlich, jedoch angezweifelt, 10). Die Bestimmung aller übrigen Teile der großen Anlage ist ver= schiedentlich erörtert, aber nirgends mit derartiger Sicherheit festgestellt worden, daß wir sie als einwand= frei wiedergeben möchten. Die Thermen gewährten 1600 Badenden Raum und waren mit höchstem Luxus ausgestattet Ihre Überreste (siehe Abbildung 509 und 510 S. 377) machen heute noch einen gewaltigen Eindruck und lassen insbesondere das reiche Vorhandensein von Kuppelwölbungen, Bogen, die Verwendung von Marmor und sonstiger wertvoller Baustoffe erkennen. Zahlreiche Kunstwerte wurden hier gefunden. Rings herum zog sich eine Mauer, die selbst wieder zahlreiche Gebäude, eine Rennbahn, Schwimm= bassins usw. enthielt. Der Bau der Thermen des Caracalla wurde im Jahre 212 n. Chr. begonnen.

Abb. 509. Ruinen der Caracalla=Thermen.

Abb. 510. Ruinen der Caracalla=Thermen.

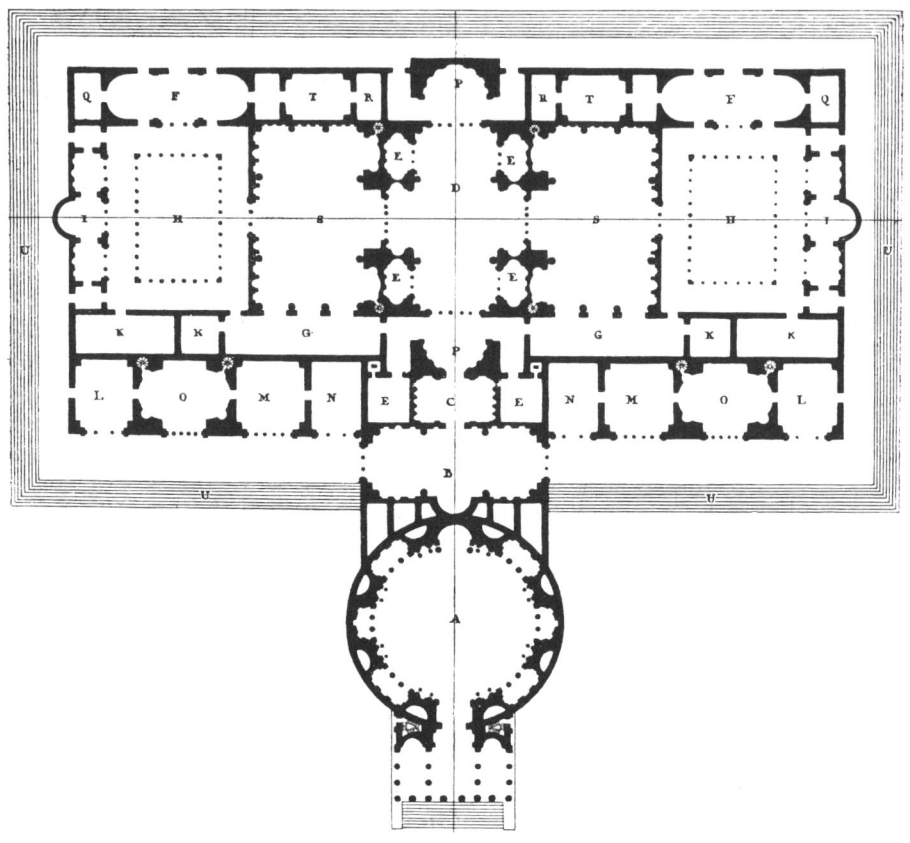

Abb. 511. Grundriß der Thermen des Agrippa in Rom.
(Rekonstruktion siehe Seite 375.)

Basiliken.

Zu den öffentlichen Bauten gehörten auch die Basiliken, deren Namen sich von βασιλεύς = König ableitet und in Griechenland ursprünglich „königliche Halle" bedeutete. In Rom kamen die Basiliken erst später auf. Die erste Basilika wurde dort von M. Porcius Cato im Jahre 184 v. Chr. gebaut. Die Bestimmung dieser Gebäude wechselte. Ursprünglich wohl eine einfache Art von Markthalle oder Börse, wurde die Basilika später Versammlungsort und Gerichtsstelle. Für das Gericht war ein besonderer Teil abgetrennt oder erhöht oder in Form einer Apsis angebaut. Man scheint sich viel in der Basilika aufgehalten oder in ihrer Nähe herumgetrieben zu haben, dafür sprechen unter anderen auch die auf den Stufen römischer Basiliken eingekratzten und mit großer Wahrscheinlichkeit noch aus römischer Zeit stammenden Figuren für eine Art von Brettspiel, ferner die Forderung Vitruvs (f. unten), daß die Basilika am wärmsten Ort des Forum stehen solle. Viele Städte, darunter Rom und Pompeji, besaßen mehrere Basiliken, doch sind uns von allen nur ver= hältnismäßig spärliche Reste erhalten und dann steht es noch nicht einmal fest, daß

alle heute als Basiliken angesprochenen Gebäude wirklich solche waren. In bezug
auf den Bau von Basiliken sind wir daher auf diese Reste sowie vor allem auf eine

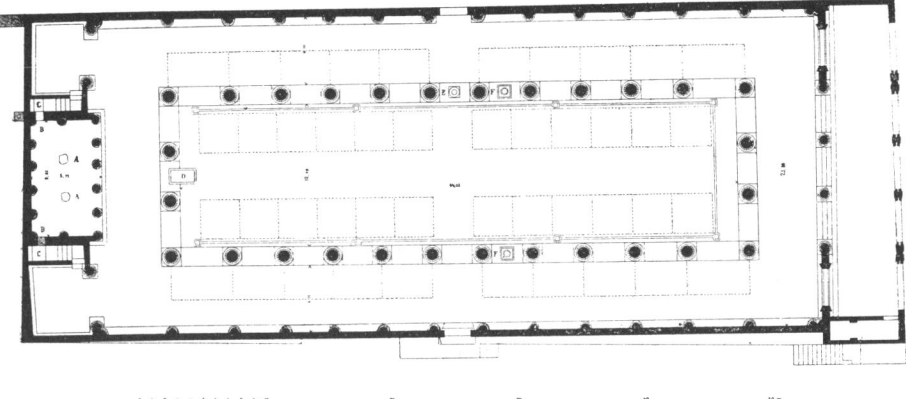

Abb. 512. Die Basilika von Pompeji, Grundriß.
A Erhöhtes (2 m hohes) Podium für das Tribunal; B Türen; c Treppen in den darunter befindlichen Raum,
der durch 2 Lichtöffnungen im Fußboden des Podiums bei AA erleuchtet wird; D Unterbau für ein Denkmal.

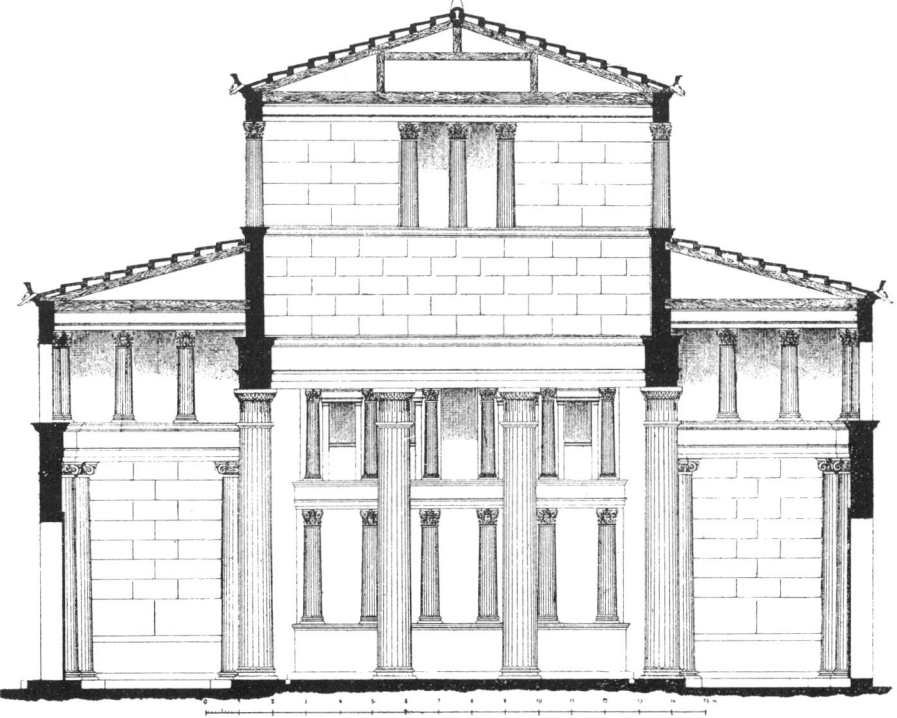

Abb. 513. Die Basilika von Pompeji, Querschnitt.

Beschreibung des Vitruv (V, 1) angewiesen. Danach soll die Basilika an den wärmsten
Stellen des Forums stehen und ein längliches Viereck von bestimmten Abmessungen

darstellen, „die Breite soll nicht weniger als ein Drittel, nicht mehr als die Hälfte der Länge betragen". Im Innern sollen 2 Säulenreihen übereinander sein, deren untere die Galerien der Seitenschiffe trägt. Die oberen Säulen sollen kleiner sein

Abb. 514. Die Basilika von Pompeji.
Wahrscheinliche, aber auch bestrittene Außenansicht.

als die unteren. Die auf den Galerien befindlichen Personen sollen von unten nicht gesehen werden können. Das Tribunal befindet sich an der einen Schmalseite. Die dort befind= lichen sollen die im übrigen Raum Anwesenden nicht stö= ren usw. Diese und weitere Bedingungen sind bei der Basi= lika von Pompeji erfüllt, deren Rekonstruktion nach Lange in Verbindung mit dem Grundriß alles weitere erkennen läßt. (Abb.512,513 S.379; 514,515.)

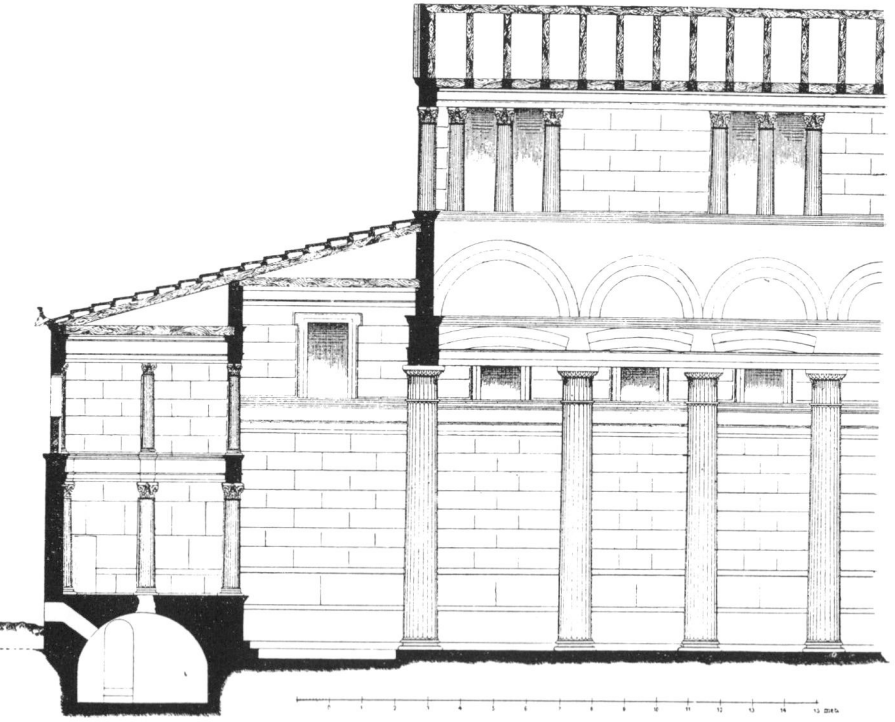

Abb. 515. Die Basilika von Pompeji, Längsschnitt.

Literatur zum Abschnitte: „Monumental= und öffentliche Bauten" siehe hinter dem Abschnitte: „Bauarten und Bauausführungen".

Bauarten und Bau-Ausführungen.

Ursprüngliche Bauarten.

Die verschiedenen im Altertume gebräuchlichen Arten, Bauwerke aufzuführen, sind im Anfang mit der Entwicklung des Wohnbaus aufs innigste verknüpft und machen sich erst später, als bereits eine gewisse Stufe der Entwicklung erreicht ist, davon frei. Der ursprünglichste Wohnbau war wohl das aus Tierfellen gebildete runde Zelt. Aus ihm ist dann der erste — gleichfalls runde — feste Wohnsitz, die Hütte, hervorgegangen. Um eine Einteilung in Innenräume zu ermöglichen, wird bei der weiteren Entwicklung des Hüttenbaus der Grundriß der Hütte immer länger, er wird zum Oval. Aus der ovalen Hütte entsteht dann die viereckige. Diesem Entwicklungsgange schmiegen sich Art und Ausführung der Bauten an. Man baut zuerst derart und mit solchen Materialien, wie es der Rundbau erforderte: Reisig, Stroh, Binsen, sowie auch einfach übereinander getürmte Feldsteine schmiegen sich der Rundform gut an. Ebenso ermöglicht der Lehm entweder für sich oder in Verbindung mit den eben genannten Stoffen die Herstellung runder und ovaler Wohnstätten. Als dann die Kulturstufe der viereckigen Hütte erreicht ist, treten auch neue Bauarten auf: der Blockbau und der Fachwerkbau beginnen sich zu entwickeln; aus ihnen geht dann der Steinbau mit seinen so verschiedenen Abarten hervor.

Über die primitivsten und meist der Vorzeit angehörenden Bauarten, den Schilf-, Stroh- und Binsenbau, sind wir durch unmittelbare Überlieferung nicht mehr unterrichtet. Wir können nur aus der Betrachtung derartiger Bauten bei primitiven Völkern der Jetztzeit schließen, daß man die genannten langhalmigen Baustoffe verflocht, das Geflecht durch Pfähle versteifte, und daß man es, um die Wand gegen Wind und Regen undurchdringlicher zu machen, mit Lehm bewarf. Anstelle langer Halme hat man dann auch Weidenruten, Reisig und ähnliche Stoffe verwendet. Um dem Lehm mehr Festigkeit zu geben, vermengte man ihn mit Häcksel, Getreidespelzen oder Fichtennadeln. War kein Lehm zu beschaffen, so stopfte man auch Moos in das Geflecht. Fundamente kannte man nicht, die stützenden Pfähle steckten direkt im Boden.

Holzarchitektur.

In dem Maße, wie sich die Form der Wohnstätte ändert, treten Bestrebungen auf, sie zu einer immer festeren und dauerhafteren zu machen. Dies geschieht durch Verminderung des Flechtwerkes und Vermehrung des Stützwerkes: Die Pfähle werden immer zahlreicher, die Fläche der geflochtenen Wände wird im Verhältnis zur Gesamtfläche des Hauses immer geringer, und so bildet sich allmählich das Holzhaus, das Blockhaus, heraus. Die Art seiner Ausführung bringt es mit sich, daß man auch den Eingang besser festigen kann, was durch Anbringung der Schwelle und des Türrahmens geschieht. Die im Boden steckenden Pfähle verfaulen mit der Zeit, wodurch der Zusammenhalt des ganzen Hausbaus gelockert wird. So vermeidet man denn, sie direkt in den Boden zu stecken oder den Bau auf diesem oft feuchten Untergrund aufzuführen. Man bringt zwischen ihm und dem Boden eine trockene, feste Zwischenlage aus Steinen, das Fundament, an. Auf diese Weise entsteht allmäh=lich das Blockhaus, das bereits alle wesentlichen Bestandteile des späteren Hauses zeigt, das mit Fenstern versehen ist und sogar einen Dachstuhl besitzt, auf dem das aus Stroh, Schilf, Rasen oder kleinen dünnen Brettern (Schindeln) hergestellte Dach aufruht. Im Anfang sind die Balken rund und nur an den Stellen, wo sie aufeinander aufliegen, entsprechend ausgehöhlt, „ausgeklinkt"; später werden sie viereckig zu=behauen, wodurch der Bau befestigt und Unregelmäßigkeiten in den Fugen verhütet werden. Die Verbindung der einzelnen Bauteile erfolgt entweder durch ihre eigene Schwere oder durch die Ausklinkungen an den Auflagestellen der Balken, oder durch Zusammenbinden, beim Dache wohl auch durch Beschweren mit Steinen. Der Nagel, zunächst der Holznagel, tritt später auf und kommt vielleicht erst zur Zeit des Fach=werkbaus zur allgemeinen Anwendung.

Wenn wir noch heute, im Zeitalter unserer hochentwickelten Technik, in Ober=bayern, in Tirol und in der Schweiz gewaltige Blockhäuser mit einem durch Steine beschwerten Schindeldache sehen, so kann es keinem Zweifel unterliegen, daß sie auch bei vielen Völkern des Altertums während ihrer ganzen geschichtlichen Zeit vorhanden gewesen sind. Ihre Spuren sind verschwunden, da das Holz im Laufe der Zeiten ver=faulte. Aber noch geben uns bei Ausgrabungen die mit dem vermoderten Holze gefüllten oder durch dieses braungefärbten Pfostenlöcher im gewachsenen Boden so=wie sonstige Überreste Kunde von dem einstigen Vorhandensein primitiver oder höher entwickelter Holzbauten.

Auch aus sonstigen Angaben läßt sich in vereinzelten Fällen ein Bild von antiker Holzarchitektur gewinnen. So scheinen vor allem die Juden ein Volk gewesen zu sein, das viele und kunstvolle Holzbauten auszuführen verstand. Die Bibel nennt den Zimmermann den Mann „der das Haus baut". Viele ihrer Gleichnisse beziehen sich auf die Zimmermannstechnik. Sehen wir vom Bau der Arche Noah ab, die vollkommen aus Tannenholz hergestellt war, so müssen wir nach der ganzen Beschreibung, die die Bibel (1. Buch Könige 5—7; 2. Buch Chronik 2—4; Jeremias 25 usw. usw.) vom Tempelbau des Königs Salomo gibt, annehmen, daß es sich hier um einen Holz=bau handelte, zu dem die edelsten Hölzer genommen wurden, und der mit einem Steinfundament versehen war. Auf das Steinfundament deutet die Stelle (1. Buch Könige 5, 31): „Und der König gebot, daß sie große und köstliche Steine ausbrächen, gehauene Steine zum Grunde des Hauses". Ebenso scheint auch der innere Hof ein Steinfundament gehabt zu haben (1. Buch Könige 6, 36): „Und er baute auch den inneren Hof von drei Reihen behauener Steine und von einer Reihe zederner Balken." Die Wände freilich waren innen noch einmal besonders mit Brettern verkleidet, also getäfelt. Das Dach bestand aus Balken (1. Buch Könige 6, 9; 15): „Und er deckete das Haus mit Balken und Tafelwerk von Zedern ..... Er baute die Wände des Hauses inwendig mit Brettern von Zedern; von des Hauses Boden an bis an die Decke täfelte er es mit Holz inwendig, und den Boden des Hauses täfelte er mit Tannen=brettern."

Alles in allem gehen wir wohl nicht fehl, wenn wir uns nach der Beschreibung

der Bibel den Tempel Salomos als ein hervorragendes Werk altjüdischer Holzarchitek=
tur vorstellen, zu dem Unmassen von Holz verbraucht wurden. Wahrscheinlich han=
delte es sich um einen auf einem Steinfundament stehenden, mit vielem Schnitzwerk
verzierten, und innen mit Holz vertäfelten Blockbau, zu dessen Herstellung behauene
Balken dienten. Ebenso dürften auch die Säulen aus Holz gewesen sein. Auch die
Stiftshütte, die wir als ein Abbild des jüdischen Hausbaus betrachten können, war ein
Holzbau, der zugleich an die Wanderzeit und das während dieser gebrauchte Zelt
erinnerte. Die Wände des heiligen Zeltes wurden in der Ausdehnung von 15 m
Länge, 5 m Breite und 5 m Höhe durch aufrecht stehende Bretter gebildet, die mit
Nuten ineinandergefügt waren, und von denen jedes auf zwei silbernen Füßen stand.
Sie waren ¾ m breit, so daß zur Herstellung der beiden Seiten des Heiligtums 20
und für die Rückwand 6 solcher Bretter nötig waren. Um sie zu befestigen, wurden
an den Ecken noch Eckpfosten aufgestellt, von denen je zwei oben und unten mitein=
ander verklammert wurden. In diese Eckpfosten waren fünf wagerecht laufende
Holzbalken, sogenannte „Riegel", eingezapft, die gleichfalls zur Befestigung der Bretter=
wände dienten. Die Befestigung geschah dadurch, daß an den einzelnen Brettern
goldene Ringe angeschraubt waren, durch die die Riegel hindurchgingen. Das Holz
war Akazienholz, das man vergoldet hatte. Im übrigen scheint der in Palästina
eintretende Mangel an Holz dem altjüdischen Holzbau schon verhältnismäßig früh
ein Ende bereitet zu haben, mußte doch schon Salomo das Holz zum Tempel, in dem
er die alte Überlieferung nochmals in ihrer vollsten Entfaltung zusammenfaßte,
von weither holen. Seinen eigenen Palast aber baute er dann aus Steinen (1. Buch
Könige 7).

Der Fachwerkbau.

Ob es nun gleichfalls Holzmangel war oder ob einfache technische Überlegungen
dazu führten, vom Blockbau zum Rahmenbau, also zum Fachwerk überzugehen,
mag dahingestellt bleiben. Vielleicht haben beide Ursachen zusammengewirkt.
Aber jedenfalls mochte man die Beobachtung gemacht haben, daß die Festigkeit
eines Baus nicht durch die Zahl der verwendeten Balken bestimmt wird, sondern daß
es darauf ankommt, wie man sie zusammenfügt, und daß — wie ja der Türrahmen
lehrte — durch eine wagerechte Schwelle, durch aufrechte Pfosten und wagerecht
darübergelegte „Rähme" ein festes „Gespärre" gebildet wird, das den verschiedensten
darauf einwirkenden Beanspruchungen wohl zu widerstehen vermag. Ob nun die
Ausfüllung dieses Rahmens durch Lehm, Flechtwerk, Holz, Ziegel oder Stein erfolgt,
ist im übrigen belanglos. So entstand aus dieser einfachen technischen Beobachtung
heraus, die, wie wir eben andeuteten, vielleicht durch einen Mangel an Holz und
das dadurch entstandene Bestreben, an diesem Material zu sparen, veranlaßt wurde,
der Fachwerkbau, der schon im Altertume dieselben Merkmale zeigt wie auch heute
noch. Bei ihm ist die Schwelle, also die unterste Balkenlage des gesamten Baus, zu=
nächst gleichzeitig Fundament. Auf dieser Grundschwelle erheben sich senkrechte Holz=
balken, die „Ständer" oder „Säulen". Sie sind durch wagerechte Balken („Riegel")
und durch schräg verlaufende Stützen, die „Streben", miteinander verbunden. Da=
durch entstehen einzelne „Felder" oder „Fächer" von viereckiger Grundform, die dann
mit schwächerem Material beliebiger Art ausgefüllt werden. Hierzu kommt noch
ein weiteres wichtiges Merkmal: Dach und Wand werden vollkommen von einander

getrennt. Sie werden selbständige Bauglieder. Das Dach wird von der den Raum umschließenden Wand vollkommen unabhängig.

Sehen wir von Monumentalbauten, öffentlichen Gebäuden und den großen Häusern der Reichen, und sehen wir ferner von einzelnen Gegenden ab, in denen ein leicht zu bearbeitender Stein das gegebene Baumaterial bildet oder in denen Holz= mangel zur Verwendung von reinem Steinbau zwingt, so ist der Fachwerkbau viel= leicht die verbreitetste Bauart des Altertums. Wir finden ihn noch zur Kaiserzeit in Massen in Rom vertreten (Friedländer), und wenn auch im Süden der Steinbau ziemlich verbreitet ist, so herrscht er gegenüber dem Fachwerkbau doch im allgemeinen wohl kaum vor. Im Norden hingegen ist dieser das Gegebene, bietet doch die Natur alles dazu Nötige, nämlich Holz und Lehm in reicher Fülle. Die Bauten der römischen Kastelle bestehen größtenteils aus Fachwerk, zum Teil mit Steinfundamentierung, und Städte wie Trier oder Köln sind, von den eben angeführten Ausnahmen abge= sehen, als durchweg aus Fachwerk gebaut zu denken. Aber auch die Prachtbauten, die Tempel, bestanden ursprünglich, nachdem der reine Holzbau überwunden war, aus Fachwerk. Der schon erwähnte älteste griechische Tempel, das Heraion zu Olympia, war, soweit er nicht aus Holz bestand, ein mit Lehmziegeln hergestellter Fachwerkbau. In Tiryns bestehen nur die Umfassungsmauern und Fundamente aus Stein. Im Innern der Burganlage, wo die Gebäude stehen, die nicht dem direkten Ansturm der Feinde zu trotzen brauchen, zieht man den Fachwerkbau und daneben auch den Ziegel= bau vor. Freilich sucht man bereits in dieser frühen Periode dem Fachwerk den An= schein einer Steinfläche zu geben, weshalb man es mit Lehm und Kalk bewirft und es außen noch mit reichlichem Schmuck versieht. Solcher Schmuck an Fachwerkbauten wird besonders in Griechenland sehr beliebt. Der alte Tempel von Thermos in Ätolien läßt erkennen, auf welche Weise man den aus Holz und Lehmziegeln her= gestellten Bau mit bemalten Tonplatten zu stützen und zu schmücken verstand:

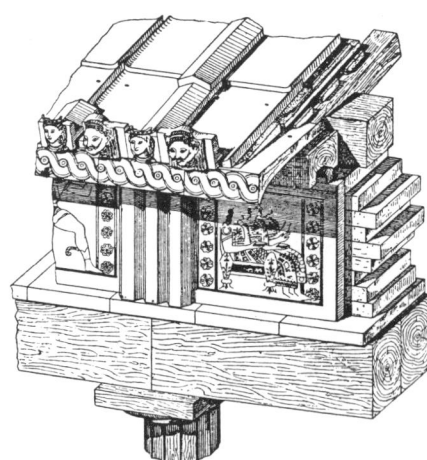

"Über dem Balken, der auf den Säulen liegt, dem Epistylion, sind Tonplatten, Metopen, eingesetzt, die durch Triglyphen, senkrecht geschlitzte Architekturteile, ge= trennt werden; darüber liegt die Traufe. Auf unserer Abb. 516 stellt die Metope links in altertümlicher Malerei den Per= seus mit Flügelschuhen, die rechts thro= nende Göttinnen dar" (Lamer). Daß sich auch die Säule, und zwar zunächst die dorische Säule aus dem Holzbau herleitet, wurde bereits an anderer Stelle (siehe Seite 352) erwähnt. Aber nicht nur der dort angeführte Tempel am Heraion von Olympia gibt uns hiervon Kunde, auch die ägyptischen Säulen lassen in der Form ihrer Kapitelle erkennen, daß sie aus ge= schnitzten Holzbalken in allmählicher Ent= wicklung entstanden sind.

Abb. 516. Mit Tonplatten verkleidete Holz= architektur am Tempel von Thermos in Ätolien.

Das Dach.

Ebenso hat sich auch die Form des späteren Daches aus dem Holzbau entwickelt. Das ursprüngliche Dach hatte wie das Zeltdach, von dem es sich ableitet, Kegelform. Seine Teile ruhten auf einem Stangen= oder Balkengerüst, das mit seinen unteren Teilen auf der runden Hauswand auflag, und dessen einzelne Stangen oben in der Mitte, über dem Mittelpunkt der Grundfläche, zusammengebunden waren. Als der Grundriß des Hauses dann viereckig wurde, entstand das viereckige, aber immer noch zeltförmige Dach. Es hatte die Form einer Pyramide und trug einen Firstbalken, in dem sich die Latten des Dachgerüstes allesamt vereinigten. Endlich ermöglicht es insbesondere der Fachwerkbau, zum Giebeldach überzugehen, kann man doch die nunmehr vollkommen voneinander unabhängigen Wände, ohne auf irgendwelche technischen Schwierigkeiten zu stoßen, an den Frontseiten kurz halten, an den Giebelseiten hingegen bis unter den Giebel hinaufführen. Das Dreieck des Giebels, das zum Träger des Daches wird, fügt sich gut an die Fachwerkskonstruktion der Giebelwand an. Das Giebeldach wird aber trotz alledem im Altertume nicht so allgemein, wie man es nach der außerordentlichen Einfachheit seiner Konstruktion erwarten sollte. Wenn

Abb. 517. Griechisches Giebeldach
auf einem Weihrelief an Dionysos (sog. „Einkehr des Gottes im Hause des Ikarios").
Museo nazionale zu Neapel.

wir sowohl in Griechenland wie in Rom hauptsächlich flache Dächer oder Pyramiden= bzw. Zeltdächer finden, so liegt dies daran, daß das Giebeldach gewissermaßen zu den Vorrechten der Götterbehausungen gehört. Assyrische Tempel sowohl wie der Tempel Salomos sind mit dem Giebeldache gekrönt, und ebenso bildet es bei den Griechen und Römern die Zierde des Tempels. Die Strenge der Vorschriften geht so weit, daß noch in den letzten Zeiten der römischen Republik ein besonderer Senatsbeschluß nötig ist, um Cäsar der Ehre eines Giebeldaches teilhaftig werden zu lassen. Die Konstruktion des griechischen Giebeldachs, dessen Gebälk ja heute nirgends mehr erhalten ist, tritt uns sehr schön auf einem Weihrelief an Dionysos auf der sogenannten „Einkehr des Gottes im Hause des Ikarios" entgegen, das sich im Museo Nazionale zu Neapel befindet. Die Giebelseiten des einfachen Dachstuhls sind durch Gesimse abgeschlossen. An den Langseiten sind die Enden der über die Giebelwand hervorragenden vierkantigen Dachsparren sichtbar, die eine Verschalung tragen, auf der die Ziegel aufliegen. (Abb. 517.)

Derartiger Ziegel sind, um gleich hier auch auf diesen Punkt einzugehen, zwei Arten zu unterscheiden: die Flachziegel, ebenso Platten, die nur an den beiden

Seitenrändern aufgebogen sind, und die Deckziegel, die die Form eines Halbzylin=
ders aufweisen, manchmal jedoch auch giebelförmig ausgestaltet sind. Legt man

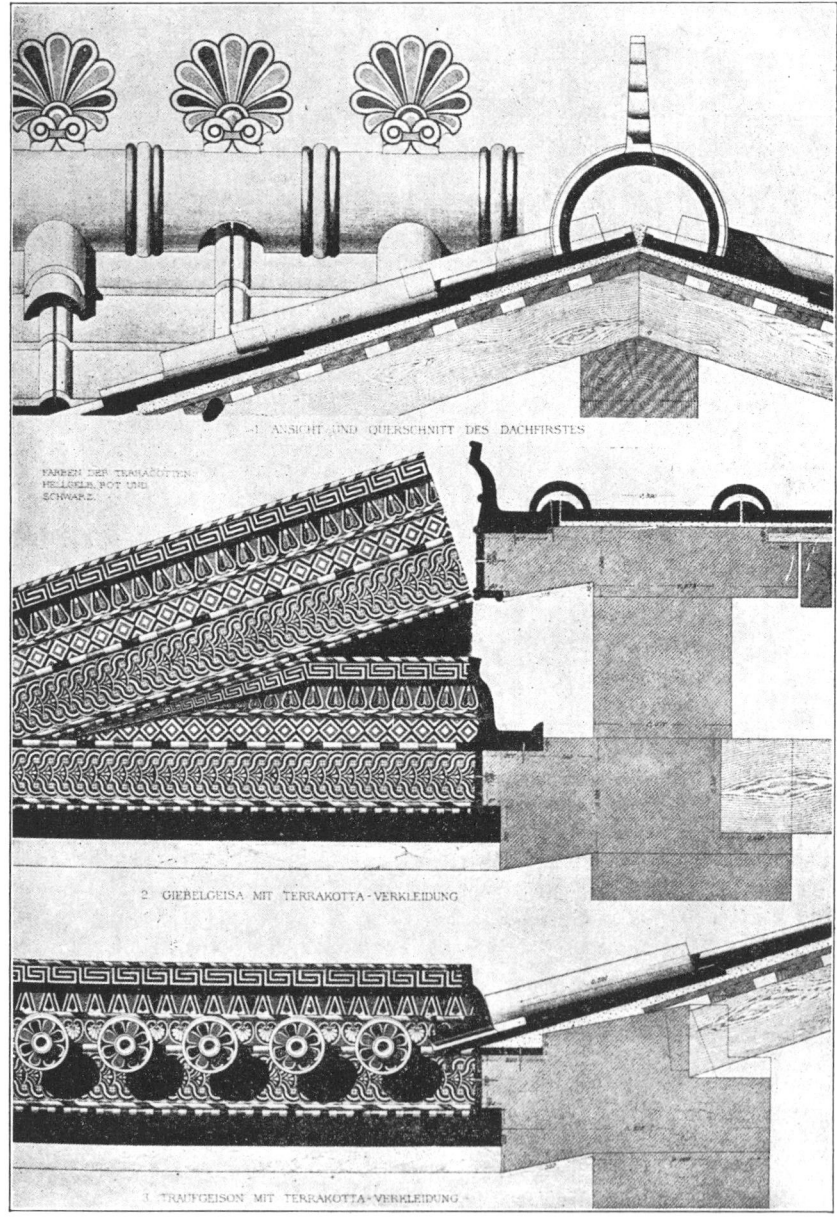

Abb. 518. Gesims und First des Schatzhauses von Gela.

die Flachziegel dicht aneinander bzw. hängt man sie, falls an ihnen „Nasen" an=
gebracht sind, mit diesen in die Querlatten des Dachgebälkes ein und legt man über
die durch ihre aufgebogenen Kanten gebildeten Fugen die Deckziegel, so hat man ein
Dach, in das nirgends Regenwasser eindringen kann. Es läuft in den zwischen den Deck=
ziegeln gebildeten Rinnen auf den Flachziegeln ab. Anstatt die Ziegel mit den Nasen
in die Querlatten des Dachgebälkes einzuhängen, brachte man auf diesen unter Um=
ständen noch eine Bretterlage an, die mit einer Lehmschicht bedeckt wurde, auf der dann
die Flachziegel auflagen.[1]) Erwähnt sei, daß der älteste bekannte Fachwerkbau der
Griechen, das Heraion zu Olympia, bereits ein Ziegeldach trug. Nicht immer ragte
das Dachgebälk über die Wand hervor. Die erhaltenen Blöcke des Dachgesimses am
Schatzhause von Gela in Olympia lassen uns erkennen, daß die Dachbalken unter
Umständen auch in einem entsprechend ausgearbeiteten Gesims endigten, das dann
verziert oder durch Terrakotten abgeschlossen war. (Abb. 518, S. 386.)   Der Dach=
first wurde durch einen großen starken Querbalken gestützt. Um ihn und die dar=
überliegenden Sparren zu schützen, bringt man dann in der ganzen Länge des
Firstes einen besonderen Schutz in Form einer Deckziegellage an, die oft künstlerisch
ausgestaltet wird.

In gleicher Weise wie dieses griechische war auch das römische Giebeldach aus=
gestaltet, über das uns, wenn wir von einigem Stützwerk für das Gebälk absehen,
somit auch Vitruv in seiner ausführlichen Darstellung (IV 2) nichts Neues mehr zu
sagen weiß.

Der Steinbau.

Während sich der Holzbau in ständiger Vervollkommnung vom Binsengeflecht
bis zum Fachwerkbau entwickelt hat, läßt sich eine derartige Entwicklung beim Stein=
bau nicht mit Sicherheit nachweisen. Man hat früher angenommen, daß die sogleich
zu besprechenden Kyklopenmauern älter seien als die Mauern mit wagerechten Stein=
lagen, doch hat sich für diese Annahme kein schlüssiger Beweis erbringen lassen.
Ebensowenig sind die Abstufungen stichhaltig, die man auf die Genauigkeit der Fü=
gung, die Abmessungen der Blöcke und auf das Hineinspielen der Wagerechten grün=
dete. Wo eben gerade parallel brechendes Gestein zur Hand war, da führte man
keinen Kyklopenbau, sondern Mauern mit wagerechten Steinlagen auf. Ebenso wer=
den Polygonbau und Quaderbau an vielen Stellen gleichzeitig ausgeführt. So fin=
den sich z. B. in den Ruinen von Mykenä kyklopische Burgmauern, während die an
das Löwentor anstoßenden Mauerteile andere Bauarten aufweisen. Die Ecken der
Ummauerung sind abermals anders ausgeführt.

Immerhin gehört die Kyklopenmauer zu den ältesten Mauerarten. Sie
entstand dadurch, daß man rohe, unbehauene Steine ohne jegliches Verbindungsmittel
übereinanderlegte. Die Zwischenräume zwischen ihnen füllte man dann durch
hineingestopfte kleinere Steine aus. Diese oft aus riesigen Blöcken hergestellten
Mauern erregten schon im Altertum, als man die Technik ihrer Herstellung nicht mehr
ausübte, Bewunderung. So haben die Mauern von Tiryns, die aufgetürmten Felsen
glichen, und die schon von Homer und Hesiod erwähnt werden, auch Pausanias
(2. Jahrh. n. Chr.) zum höchsten Erstaunen hingerissen, der (n. Reber) schreibt
(II 25): „Die Mauer, die von den Trümmern der Stadt allein noch übriggeblieben,

---

[1]) Vergleiche Abb. 419, S. 322 und 440. S. 334.

ist ein Werk der Kyklopen und aus unbearbeiteten Steinen erbaut. Ein jeder derselben hat die Größe, daß ein Joch Maulesel auch nicht den kleinsten aus seiner Lage ver= rücken könnte. Kleine Steine sind schon vor alters in die Lücken eingefügt worden, um die Verbindung tunlichst herzustellen." Darüber, wie man solche Mauern aus= führte, lassen sich nur Vermutungen äußern. Wahrscheinlich ist es, daß auch bei ihrer Herstellung die schiefe Ebene eine Rolle spielte. Man wird die Steine auf einer sol= chen Ebene, einer Anrampung, unter Aufwand eines ungeheuren Menschenmaterials und vielleicht unter Verwendung von Schleifen hinaufgezogen und auf der Mauer übereinandergetürmt haben. Verschiedene Forscher, die das Rätsel dieser Bauten zu lösen suchten, haben die wunderbarsten Konstruktionen, Hebezeuge und Aus= führungsverfahren für derartige Mauern ersonnen, die aber nicht hinreichend be= legt erscheinen und keinerlei Vermutung der Wahrscheinlichkeit für sich haben. Überblickt man den Umfang der antiken Technik, soweit sich unsere Kenntnis von ihr auf Tatsachen aufbaut, so muß man zu der Überzeugung kommen, die im Ab= schnitte „Technische Mechanik und Maschinen" ausgesprochen ist, daß nämlich der= artige Riesenleistungen mit äußerst einfachen mechanischen Hilfsmitteln, jedoch unter Aufwand von viel Menschenmaterial und viel Zeit ausgeführt worden sind.

Die polygonen Mauern entstanden dadurch, daß man den rohen Stein nahm und seine Seiten unter ungefährer Beibehaltung der ursprünglichen Form so bearbeitete, daß sich Vielecke von allerdings ungleichmäßiger Seitenlänge und dadurch ungleichmäßiger Form ergaben. Diese Blöcke legte man dann so aneinander, daß sie sich mit möglichst dichten Fugen zusammenschlossen. Derartige Mauern werden gleichfalls noch meist ohne Mörtel hergestellt, ihr Gefüge hält durch die Schwere der Steine fest. Polygone Mauern sind uns gleichfalls und zwar in ziemlicher Menge erhalten. Wir finden sie in den Überresten von Korinth, zu Mykenä, zu Ostia, in Epirus, zu Oiniadae in Akarnien usw. usw. Manche dieser Mauern scheinen mit allem Fleiß so ausgeführt, daß sich nirgends eine Spur von wagerechter Schichtung zeigt. Bei anderen wieder, wie z. B. bei den gewaltigen Mauern von Norba, sind zwar poly= gone Steine verwendet, doch sind sie so gelegt, daß wagerechte Schichtungen entstehen, oder daß das Polygonnetz von einzelnen wagerechten Schichtlinien unterbrochen wird.

Der Quaderbau endlich setzt sich aus rechteckig behauenen Blöcken zusammen und bietet den Vorteil, auch bei Verwendung kleinerer Blöcke die größte Standfestig= keit zu gewähren, da ja die Auflagefläche eine große ist und voll ausgenützt wird. Wenn wir heute zahlreiche Quaderbauten des Altertums nur noch als Ruinen vor uns sehen, so kommt dies nicht etwa daher, daß sie der Zeit nicht standzuhalten ver= mochten. In allen nicht gerade von Erdbeben heimgesuchten Gegenden würden sich diese Bauten wohl auch jetzt noch ziemlich unverändert erhalten haben, wenn man nicht ihre Steine weggenommen und zur Ausführung neuer Bauten benutzt hätte. In den meisten Gegenden, vor allem aber in Rom, bildeten die antiken Quader= bauten geradezu die Steinbrüche, aus denen das Mittelalter sein Baumaterial bezog. Die Ausführung der Quaderbauten geschah entweder gleichfalls in Form von Trocken= mauern, d. h. man türmte die Steine ohne irgendein Bindemittel übereinander oder aber man verklammerte sie mit Eisen. Zu diesem Zwecke wurden in entsprechende Stellen der sich berührenden Flächen Vertiefungen eingehauen, in die man einen Eisen= stab einsetzte. Die Vertiefung wurde dann mit Blei ausgegossen. Die griechischen Bauten erhalten außer den wagerechten auch noch senkrechte eiserne Dübel. Durch diese wird ein seitliches Ausweichen der Schichten gegeneinander verhütet. Die Dübel sind in der Mitte der oberen Fläche des unteren Steins in eine dort eingemeißelte

Höhlung mit Blei eingegossen. Sie ragen aus dieser Fläche senkrecht empor und greifen mit etwas Spielraum in das entsprechende Loch der Unterfläche des oberen Steins ein. Ein Vergießen mit Blei wird in dieser nicht vorgenommen. Die wagerechte Verklammerung zweier benachbarter Steine erfolgt dadurch, daß über die Grenzkanten hinweg eine Bettung in die obere Fläche eingemeißelt wird. Dann wird die die Form eines doppelten T aufweisende Eisenklammer eingelegt. Hierauf wird um den oberen Rand der Bettung herum ein Tonrand aufgesetzt. Die so gebildete tiefe Wanne wird mit Blei ausgegossen, das die Eisenklammer vollkommen bedeckt. Nach Abnahme des Tonrandes wird von dem über den unteren Stein emporragenden Bleiklotz so viel weggenommen, daß er in die Bettungen an den unteren Flächen der oberen Steine paßt. Diese Art der Verbindung überdauerte, wie uns zahlreiche antike Bauten lehren, Jahrtausende. In ähnlicher Weise — mit Blei und Eisen — fügte man auch, wie hier sogleich erwähnt sei, die einzelnen Trommeln großer Säulen zusammen. Bei manchen attischen Bauwerken sind die Säulen durch einen Holzdübel verbunden, der in zwei in die obere und untere Trommelfläche eingelassene Pflöcke aus Zedernholz eingreift. Manchmal ist der Dübel so schwach, daß er weniger als Verbindungsmittel wie vielmehr als Hilfsmittel, die Säulen genau zusammenzusetzen, angesehen werden muß. Die Säulentrommel läßt sich oft um derartige Holzdübel drehen. Sonst verwendete man zur Verbindung von Säulentrommeln meist Eisendollen von eigenartiger Form, die mit Blei in die Vertiefungen der Säulentrommeln eingelassen wurden. Der benutzte Eisendübel ist in der Mitte verjüngt, so daß er keilförmig von beiden Seiten her in den Bleiausguß hineinragt. Er wurde erst in die obere Trommel eingegossen. Dann wurde diese auf die untere aufgesetzt, die in der Mitte eine Höhlung hatte, in die der Dübel hineinragte. Die obere Fläche der unteren Trommel war mit einem ausgemeißelten

Abb. 519. „Pseudoisodomum".
Mauerwerk am Keller eines Hauses der Saalburg (äußere Ansiedlung).

Kanal versehen worden, der sich gegen die Höhlung zu erweiterte. In diesen ließ man dann von außen her, nachdem man einen Eingußtrichter aus Ton auf die Berührungskante bei den Trommeln aufgesetzt hatte, Blei einlaufen, das die Höhlung füllte und den Dübel umschloß. Eine gut erhaltene derartige Verdollung weist z. B. die Jupitersäule des Römisch=Germanischen Museums in Mainz auf. Zur Verbindung der Quadern kommt aber ebenso wie zu der von Ziegeln auch Mörtel zur Anwendung (siehe unter „Baumaterialien").
Die Ausführung der Quaderbauten erfolgte entweder unter Verwendung gleichgroßer Quadern mit regelmäßigem Fugenwechsel (isodomum; s. Abb. 520 S. 390 links und 539 S. 400 die beiden unteren Reihen sowie rechts) oder unter der von ungleich großen, wodurch natürlich auch Schichten ungleicher Höhe entstehen (pseudoisodomum). (Abb. 519, 521 u. 523 S. 390, 527 S. 392; s. auch Abb. 541 Seite 401 am Unter=

bau.) Bei stärkeren Mauern wird der Bau sehr häufig aus billigerem Material, vor allem aus Ziegeln, ausgeführt, die mit einer Verblendung aus Quadern versehen

Abb. 520. Ziegelhintermauerung mit Verblendung [diese „Isodomum" (links)] durch Binder verbunden.
(Casale rotondo in der Campagna an der Via Appia.)

werden. Verblendung und Hintermauerung werden durch Binder zu einem Ganzen vereinigt, d. h. durch Stoffe, die mit der kurzen Seite in der Mauerflucht liegen und mit der langen in die Mauer hineinragen. (Abb. 520.) Außerdem werden Quadern aber auch noch zur Herstellung der Häuserkanten (Abb. 521 und 522) sowie als Einfügungen in einzelne Architekturteile usw. usw. verwendet.

Eine besondere Bauart, die sich vor allem an römischen Bauten häufig findet und für diese geradezu kennzeichnend ist, ist das

Abb. 521. Quadern als Häuserkante.
Saalburg (äußere Ansiedlung).

Abb. 523. „Gegossenes" Mauerwerk (am Forum civile in Pompeji).
An der Vorderwand Opus pseudoisodomum und reticulatum.

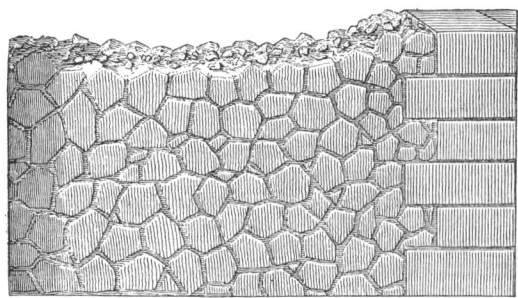

Abb. 522. „Opus incertum" („antiquum".)

„opus incertum", das, wie Vitruv mitteilt (II 8), auch „antiquum" hieß. (Abb. 522.) Es zeichnet sich durch Dauerhaftigkeit aus, nur bekommt es, wie Vitruv erwähnt, häufig Risse. Seine Herstellung ist eine sehr einfache. Man machte einen Kasten aus Brettern, dessen Spuren wir jetzt noch häufig da erkennen, wo an solchem opus incertum der Verputz abgefallen ist. Dieser Kasten hatte die Abmessungen der zu errichtenden Wand. In ihm stampfte man Mörtel und Bruchsteine der verschiedensten Größe hinein. Wenn dann das Ganze erhärtet war, so nahm man die Bretterwand ab und verkleidete die entstandene Wand, um ihr ein besseres Aussehen zu geben, mit einem Verputz. Das Verfahren gleicht also — abgesehen von dem Material — im ganzen und großen dem, das wir auch heute noch bei Herstellung von Betonmauern anzuwenden pflegen. Um das opus incertum dauerhafter zu machen, führte man anstatt der Bretterwände auch Dauerwände aus Quadersteinen oder Ziegeln, Marmor usw. auf. Diese Wände bilden die „Futtermauern", in deren Zwischenraum dann das Gemenge aus Steinen und Mörtel eingegossen

Abb. 524. „Opus reticulatum".

wird. (Abb. 523 S. 390.) Die Futtermauern werden noch durch Klammern verbunden, die dann nach dem Erhärten der Füllung alle drei Bestandteile der Mauer, nämlich die beiden Futtermauern und die Füllung, verbinden.

Da das opus incertum, sofern es nicht durch Futtermauern verkleidet war, nicht besonders schön aussah, führte man überall da, wo der Quaderbau zu teuer gewesen wäre, noch eine andere Art von billigerem Mauerwerk auf, das

Abb. 525. „Opus reticulatum".
(Die „Gastzimmer" in der Villa des Hadrian zu Tivoli.)

„opus reticulatum", das „Netzwerk". (Abb. 524 und 525.) Es entsteht dadurch, daß man kleine würfelförmige Steine so aneinanderlegt, daß sie nicht auf einer Fläche, sondern auf einer Kante als unterstem Teil aufliegen. Da hierdurch große Gleitflächen geschaffen werden, die unter dem von oben kommenden Drucke das Bestreben zeigen, auseinanderzuweichen,

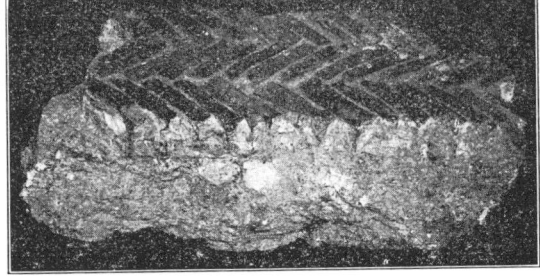

Abb. 526. „Opus spicatum"
(an einem römischen Ziegelboden). Deutsches Museum, München.

so sind die Bauten aus dem im übrigen hübsch und gefällig aussehenden opus

reticulatum nicht sehr dauerhaft. Als weitere Art des römischen Mauerwerks
wäre noch das als eine Abart des reticulatum anzusehende „opus spicatum" zu

Abb. 527. „Opus spicatum" (links) und „pseudoisodomum" (rechts). Saalburg (äußere Ansiedlung).

erwähnen, bei dem die einzelnen Schichten der Steine wie die Körner einer Ähre
zueinander liegen. (Abb. 526 S. 391 und Abb. 527.)

Der Ziegelbau.

Eine ganz besondere Rolle spielt in der antiken Bautechnik der Ziegelbau,
der sich bei fast allen Völkern des Altertums findet, und zwar entweder in Verbindung

Abb. 528 Steinmauerwerk mit
Ziegelbändern.
Im Hintergrund rechts ist das Mauerwerk
durch die dunkleren Ziegelbänder ersetzt.

mit andern Bauarten (Abb. 528) oder als reiner
Ziegelbau. Besonders hervorragende Leistungen
erzielten die Römer auf dem Gebiete des Ziegel=
baus; verstanden sie es doch, lediglich aus Zie=
geln gewaltige Gewölbe von schier unbegrenzter
Dauerhaftigkeit herzustellen. Noch heute geben
die Kuppel des Pantheons sowie die Riesen=
wölbungen der Basilika des Konstantin in Rom,
ferner die der Thermen des Diokletian usw.
usw. Kunde von der Fertigkeit der römischen
Baumeister, lediglich aus Ziegeln riesige Gewölbe=
bauten aufzuführen. Sie verwendeten dazu starke
Lehrgerüste aus Balken und Brettern, über denen
die Ziegelschichten aufgemauert wurden. Aber
nicht in der Verwendung dieser Lehrgerüste liegt
das Großartige der Technik ihrer Bauausführung,
sondern in der richtigen Berechnung der Wölbung und in der gleichmäßigen Verteilung
des Drucks auf diese und die sie tragenden Mauern.

Der Gewölbebau.

Der Gewölbebau war, wie die auf Veranlassung der Universität Chicago
vorgenommenen Ausgrabungen erkennen lassen, den Assyrern und Babyloniern

schon um 4000 v. Chr. bekannt. Wenn er sich von hier aus auch auf andere Völker verbreitete, so scheint seine Kenntnis doch im Laufe der Zeiten allmählich verloren gegangen zu sein. Bei den Griechen kannte man ihn anfänglich nicht, es wurden nur wagerechte Decken gebaut. Wollte man offene Weiten überspannen, so überdeckte man sie mit wagerechten Balken aus Stein oder Holz, auf die die Decke zu liegen kam. Natürlich waren infolge dieser primitiven Technik der Größe der Räume Grenzen gesetzt. Der Wunsch, größere Säle herzustellen, führte dann zu einer Vervielfältigung der die Deckenbalken stützenden Träger, die man so vermehrte, daß dadurch der Raum wieder eingeschränkt wurde. So enthielt der Mysterientempel zu Eleusis eine siebenfache Reihe von je sechs Säulen, das Gemeindehaus in Megalopolis war in radialen Richtungen mit Säulenreihen ausgestattet. Wo man dann zum Kuppelbau überging, da geschah dies zunächst mit Hilfe falscher Gewölbe.

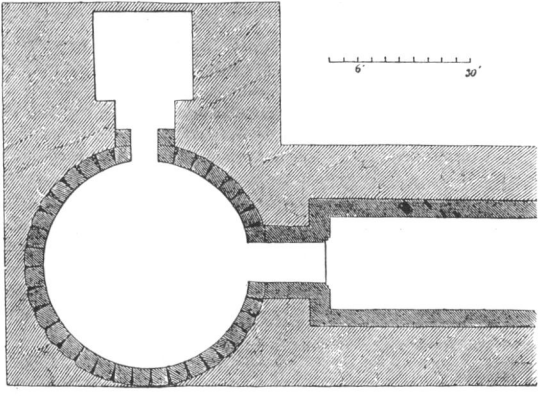

Abb. 529. Falsches Gewölbe. Das sog. „Schatzhaus des Atreus" bei Mykenä.

Ein typisches Beispiel hierfür ist das sogenannte „Schatzhaus des Atreus" bei Mykenä, augenscheinlich der Vorraum zum Grabe eines Königs. (Abb. 529.) Hier ist ein Kuppelraum von 15 m Höhe bei 15 m Durchmesser dadurch geschaffen, daß vom Kämpfer der Kuppel an ringförmig 33 wagerecht gelagerte Steinschichten sich übertragen, bis sie sich im obersten Mittelpunkte schließen. Ähnliche falsche Gewölbe finden sich im übrigen auch im Orient, z. B. in chaldäischen Gräbern, wie z. B. im Grabgewölbe von Mugeir, bei dem die Wände nach oben zu auseinanderweichen, worauf sich auf ihnen das falsche Gewölbe zusammenschließt, das an seiner engsten Stelle durch Ziegelplatten bedeckt ist. (Abb. 530.) Die eigentliche Wölbungskunst beginnt sich dann in Griechenland aus dem Bogenbau akarnanischer Stadttore zu entwickeln. Ein derartiges frühes Bogentor finden wir im „Tor der heiligen Straße" zu Palaeros. Es ist ein Keilschnittgewölbe, also durch keilförmig zugehauene Steine gebildet, die zwar noch nicht von vollkommener

Abb. 530. Chaldäisches falsches Gewölbe am Grabgewölbe von Mugeir.

Gleichmäßigkeit, aber von hinreichend festem Gefüge sind, um auch heute noch die Last der teilweise erhaltenen oberen Schicht zu tragen. Schwierigkeiten scheint der

Anschluß der Keilschnittsteine an die benachbarten Steine der Mauer gebildet zu haben. Man gewinnt ihn durch sehr unregelmäßigen Fugenschnitt sowie durch ein=gefügte Poly=gone. Einzelne der Keilsteine sind oben selbst polygonal. Das Bogentor von Palaeros dürfte etwa im 5. Jahr=hundert v. Chr. entstanden sein.

Abb. 531. Gewölbe aus keil=förmigen Steinen Heizkanal(?) im kleinen römischen Theater zu Verona.

Abb. 532. Aus mehrfachen Lagen ge=bildete Gewölbedecke. Kaiserpalast Trier.

Bei den Rö=mern finden wir die mannigfach=sten Arten von Bogen und Gewölben: neben solchen aus keilförmigen Steinen (Abb. 531) vor allem und sehr häufig solche mit aus mehrfachen Lagen gebildeten Gewölbedecken, deren Querschnitt dann Bogen über Bogen erkennen läßt (Abb. 532). Oft sind die verwendeten Steine und die gebildeten Schichten sehr unregelmäßig, insbesondere beim Anschluß an die seitlichen Mauern (Abb. 533). Sehr be=merkenswert sind die bei rö=mischen Bauten nicht selten auf=tretenden übereinandergestell=ten Bogen, wie wir sie bei Amphi=theatern (Abb. 487 S. 363; 492 S. 366) Aquädukten, ferner am Kaiserpalast zu Trier (Abb. 534 S. 395) usw. usw. finden, und die uns Kunde von weitgehen=den Kenntnissen über Tragkraft und Druckverteilung im Mauer=werk geben.

Durch allmähliche Verbreite=rung des Bogens entstand dann die einfachste Art von Gewölben, das Tonnengewölbe, das uns so=wohl in den griechischen wie vor allem in den römischen Bau=werken der Triumphbogen so vielfach entgegentritt. Das große Gewicht der aus Quadern hergestellten Tonnengewölbe erlaubte keine sehr große Spannung. Wollte man eine solche erzielen, so mußte man die vollen parallelen Widerlager sehr stark und dick machen, was große Kosten verursachte, plump aussah und

Abb. 533. Tonnengewölbe aus unregelmäßigen Steinen (besonders beachtenswert der Anschluß an die seitlichen Mauern). Kellergang in den Thermen zu Trier.

sich sehr oft nicht mit der Raumanordnung vereinen ließ. Hier trat nun der Backstein=
bau helfend ein. Durch ihn wurde das Gewölbe leichter, und infolgedessen konnten
auch die stützenden Mauern leichter gemacht werden. Der Backsteinbau ermöglichte
auch eine freiere architektonische Gestaltung des gesamten Gewölbebaus: es entstanden
das Kreuzgewölbe und das Kuppelgewölbe, deren Entwicklung jedoch mehr in archi=
tektonischer als in technischer Hinsicht zu würdigen ist, so daß sich ein näheres Eingehen
an dieser Stelle erübrigt.

In bezug auf die Technik der Ausführung von Gewölben wurde bereits oben
darauf hingewiesen, daß die Herstellung der Wölbung stets über einem Lehrgerüst
geschah. Während wir jedoch derartige Lehrgerüste jetzt im allgemeinen auf dem ge=
wachsenen Boden oder dem sonstigen gegebenen Fundament aufrichten, scheinen,
wenigstens bei den Römern, diese Gerüste zum Teil auf die Mauern der Widerlager
oder sonstige der Wölbung benachbarte Mauern gestützt worden zu sein. So zeigen
die Reste der alten Römer=
brücke von Narni in Um=
brien, ferner der römische
Aquädukt „Pont du Gard"
bei Nîmes sowie noch
zahlreiche andere Bau=
werke massenhaft Stein=
vorsprünge an der Fassade
sowie an den inneren
Seiten der Widerlager, die
als Träger und Auflager
des zur Herstellung der
Wölbung verwendeten
Lehrgerüstes dienten. An
den Bauwerken, an denen
wir solche Vorsprünge nicht
mehr finden, sind sie spä=
ter wohl meist durch Ab=
schlagen und Abmeißeln
entfernt worden. Zu=

Abb. 534.   Übereinandergestellte Bogen (Kaiserpalast Trier).

weilen gehen die Vorsprünge nur bis zu einer gewissen Grenze unter die Wölbung
hinein. In solchen Fällen sind die fehlenden Vorsprünge entweder abgemeißelt
worden oder man hat das Lehrgerüst teilweise auf Vorsprünge, zum andern Teil aber
auf den Boden gestützt. Daß man im übrigen vollkommen bodenständige Lehr=
gerüste verwendete, kann wohl keinem Zweifel unterliegen, sie dürften jedoch seltener
als die auf Vorsprünge des Mauerwerks aufliegenden gebraucht worden sein.

Bauausführung.

Über weitere Einzelheiten der Bauausführung, insbesondere über die dabei
gebrauchten Winden, Flaschenzüge usw. usw. findet sich Näheres in dem Abschnitte
„Technische Mechanik und Maschinen". In Ergänzung der dort gemachten Mitteilun=
gen seien hier noch eine Anzahl besonderer Einrichtungen und Werkzeuge beschrieben,
die bei der Herstellung der Bauten Verwendung fanden. Hierher gehören vor allem

die Nivellierinstrumente, die dazu dienten, die Wagerechte festzulegen, und die sowohl beim Bau von Häusern wie auch bei dem von Landstraßen, Wasserleitungen usw. usw. in gleicher Weise benutzt wurden wie jetzt bei uns.

Das einfachste aller antiken Nivellierinstrumente war die „Groma", die auch das Hauptinstrument der römischen Landmesser bildete. Reste einer derartigen altrömischen Groma wurden in Pfünz bei Eichstätt gefunden. Sie ist identisch mit dem von Heron von Alexandria beschriebenen Winkelkreuz, dem sogenannten „Stern", der aus zwei senkrecht aufeinanderstehenden und wagrecht gelegten Armen besteht, von deren Enden Lote herabhängen. Schon Heron macht auf die Fehler aufmerksam, die bei nicht wagerecht gelegten Armen des Sterns sowie bei Windstörungen entstehen. Als eine Verbesserung der Groma muß der Chorobat bezeichnet werden, den Vitruv (VIII 5) beschreibt: „Der Chorobat aber besteht aus einem etwas längeren Richtscheit von etwa zwanzig Fuß, welches an den äußersten Enden ganz gleichartig gefertigte Schenkel hat, die in die Enden des Richtscheites nach dem Winkelmaß eingefügt sind, und Streben[1]) zwischen dem Richtscheit und den Schenkeln, die durch Einzapfung festgemacht sind. Diese Streben haben lotrechte Linien aufgezeichnet, und diesen einzeln entsprechend hängen von dem Richtscheite Bleilote herab, welche, wenn das Richtscheit aufgestellt ist, und wenn sie genau auf die verzeichneten Linien einspielen, eine wagerechte Lage anzeigen.

Wenn aber der Wind störend einwirkt und die Linien durch die so hervorgebrachte Bewegung kein verlässiges Kennzeichen mehr darbieten können, dann soll das Instrument oben eine Rinne von sechs Fuß Länge, einem Zoll Breite und anderthalb Zoll Tiefe haben, in welche man Wasser hineinzugießen hat, und wenn nun das Wasser

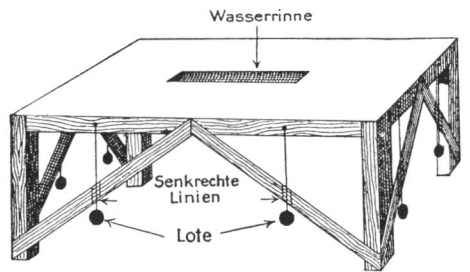

Abb. 535. Chorobat. Rekonstruktion nach Neuburger.

in durchaus gleicher Höhe den Rand der Rinne berührt, so wird man wissen, daß die Lage wagrecht sei. Hat man so mit jenem Chorobat das Niveau ermittelt, so ergibt sich auch das Verhältnis des Gefälls." (Die letztere Bemerkung des Vitruv bezieht sich darauf, daß er das Nivellieren einer Wasserleitung beschreibt.) Der Chorobat ist somit (Abb. 535) weiter nichts als ein Schemel, dessen Beine mit der Mitte des Oberteils durch Querspreizen verbunden sind. An diesen Spreizen sind Marken angebracht, die zeigen, ob die am Rande des Oberteils befestigten Lote genau senkrecht herabhängen. War dies der Fall, so stand die Oberfläche des Meßinstruments genau wagrecht. Abweichungen von der Wagrechten nach der einen oder anderen Richtung ließen sich leicht erkennen. Man konnte den Chorobaten aber auch noch als Wasserwage benutzen. Aus den weiteren Ausführungen des Vitruv geht jedoch hervor, daß man die gewöhnliche Wasserwage, also eine mit Wasser gefüllte Glasröhre, in der sich eine Luftblase befand, gleichfalls kannte und als Nivellierinstrument benutzte.

Außerdem war noch ein weiteres auch von Vitruv erwähntes Visierinstrument, das Diopter bekannt, das auch Heron von Alexandria beschreibt, und das neuerdings

---
[1]) transversaria, schräge Hölzer, die sich zu dem beiderseitigen rechten Winkel, welchen die Schenkel mit den Enden des Horizontalbalkens bilden, verhalten wie die Hypotenuse.

Abb. 536. Handwerkszeug römischer Maurer
(nach Grabsteinen und Wohnungsschildern).
a Bleilot (oben), Setzwage (links), Zirkel (rechts oben),
Winkelmaß (rechts unten), Maßstab (unten);
b Setzwage, Lot, Zirkel, Maßstab
c Richtscheit (oben rechts), Setzwage, Winkelmaß, Zirkel,
Meißel, Schlegel, Tasterzirkel.
Deutsches Museum München.

von H. Schöne unter Beihilfe des Ingenieurs J. Neumann rekonstruiert worden ist. Das Diopter von Heron war eine Kanalwage, also der bekannte, auch jetzt noch verwendete, auf dem Prinzip der kommunizierenden Röhren beruhende Apparat, der jedoch als Theodolith ausgebildet war, d. h. eine grobe und eine feinere Drehung um eine wagerechte und eine senkrechte Achse gestattete. Das Diopter oder Visierlineal war 4 Ellen = 1,85 m lang und an beiden Enden mit Objektiv und Okular sowie mit zwei Zeigern versehen. Zum Nivellieren wurde ein Lineal mit einer Kanalwage verbunden. Mit diesem Instrument löste Heron die Aufgabe, „einen Berg in gerader Linie zu durchstechen, wenn die Mündungspunkte des Tun-

nels an dem Berge gegeben sind" auf mathematischem Wege, wobei er eine Art rechtwinkliger Koordinaten benutzte. Wenn auch Heron siegesgewiß hinzusetzt, daß die Arbeiter einander treffen werden, so lehrt das Beispiel der Wasserleitung von Samos (siehe Seite 425), daß die Instrumente eben doch nicht genau genug waren, um das theoretisch errechnete Sichtreffen im Innern des Bergs zur Tatsache werden zu lassen. Allerdings steht nicht fest, ob Eupalinos, der Erbauer der Wasserleitung von Samos, die von Heron beschriebene Einrichtung benutzt hat.

Außer den Nivellierinstrumenten verwendete man bei der Ausführung von Bauten als Meßinstrumente noch das Senkblei und das Winkelmaß. Sie glichen den heute gebräuchlichen Vorrichtungen dieser Art,

Abb. 537. Maurer, den Verputz einer Wand glättend.
Wandgemälde in Pompeji.
Das Bild gibt Aufschluß über das Gerüst, das Handwerkszeug und seine Handhabung, die Gefäße, vielleicht auch die Arbeitskleidung

wie auch das ganze Maurerhandwerkszeug das gleiche war. Die Grabsteine und
Wohnungsschilder von Maurern des Altertums zeigen uns die Harke, die Maurer=

Abb. 538. Handwerkszeug eines Maurers
(von einer römischen Aschentiste: Kelle, Setzwage, Breitmeißel, darunter Harke).
Provinzialmuseum Trier.

kelle, die Maurerquaste, das Senkblei, den Tasterzirkel usw. usw. in der gleichen
Ausführung, wie wir sie auch jetzt noch benutzen. (Abb. 536 und 537 S. 397,
und Abb. 538.)

Die Baumaterialien.

Holz.

Unter den Baumaterialien des Altertums spielte, wie aus den im vorigen Ab=
schnitte gemachten Darlegungen hervorgeht, in den frühesten Zeiten das Holz
die wichtigste Rolle. Man verwendete so ziemlich alle Holzarten, die auch gegenwärtig
noch gebraucht werden, wobei man sich jedoch sehr oft von Gesichtspunkten der Be=
quemlichkeit leiten ließ. So benutzte man insbesondere in römischer Zeit zur Herstellung
des Fachwerks scheinbar lediglich deshalb Tannenholz, weil es sich in größerer Nähe
vorfand als das von weiter herzuschaffende Eichenholz. Fügen wir noch hinzu,
daß bei besseren Bauten sowie für Vertäfelungen edlere Hölzer verwendet wurden,
so bietet das Holz als Baumaterial weiter keine besonders bemerkenswerten Gesichts=
punkte dar. Über die Art und Weise der Fällung des Holzes und seine Bearbeitung
ist in einem besonderen Abschnitte (siehe Seite 71ff) alles Nähere mitgeteilt. Die Römer
verwendeten zu ihren Bauten bereits Holz, das flammensicher imprägniert war.
Aulus Gellius (etwa 150 v. Chr.) erzählt in seinen „Attischen Nächten" (XV),
daß er zusammen mit anderen Zuhörern eines Tages den Rhetor Antonius Julia=
nus nach Hause begleitete, wobei sie an einem brennenden Hause vorbeikamen.
Da weist im Gespräche Julianus auf eine Stelle in den Jahrbüchern des Claudius
Quadriagarius hin, wo dieser erzählt, daß Sulla im Jahre 86 v. Chr. im Kampfe
gegen Mithridates Athen hart bedrängte. Archelaos, der Feldherr des Mithri=
dates, ließ zum Schutze des Piräus einen hölzernen Turm erbauen, der trotz aller Ver=
suche der Römer, ihn anzuzünden, nicht brannte. Die Flammensicherheit wurde
dadurch herbeigeführt, daß Archelaos alles Holz mit Alaun getränkt hatte (ita Arche-
s omnem materiam obleverat alumine).

Auch den, wie wir jetzt wissen, durch eine Infektion des Holzes entstehenden
Hausschwamm mußte man im Altertume bereits zu bekämpfen, obschon man sich
über seinen Zusammenhang mit den Holzteilen der Bauten nicht klar gewesen zu sein
scheint. Bekämpfungsmaßregeln sind im 3. Buch Moses Kap. 14 enthalten. Da sie
auch nach dem Stande unserer heutigen Kenntnis als zweckmäßig erachtet werden
müssen, und da sie sich nur auf den Hausschwamm beziehen können, so sei die betreffende
Stelle hier wiedergegeben. Findet sich an einem Hause in dem Lande Kanaan ein
„Aussatzmal", so soll zunächst der Priester dieses Haus besichtigen. „Wenn er nun
das Mal besiehet und findet, daß an der Wand des Hauses gelbe oder rötliche Grüblein
sind, und ihr Ansehen tiefer denn sonst die Wand ist, so soll er zum Hause zur Tür
hinausgehen und das Haus sieben Tage verschließen. Und wenn er am siebenten Tage
wiederkommt und siehet, daß das Mal weitergefressen hat an der Hauses=Wand, so

soll er die Steine heißen ausbrechen, darin das Mal ist, und hinaus vor die Stadt an
einen unreinen Ort werfen. Und das Haus soll man inwendig rings herum schaben
und sollen den abgeschabten Leimen hinaus vor die Stadt an einen unreinen Ort
schütten, und andere Steine nehmen und an jener Statt tun und anderen Leim nehmen
und das Haus bewerfen.

Und wenn das Mal wiederkommt und ausbricht am Hause, nachdem man die
Steine ausgerissen und das Haus anders beworfen hat, so soll der Priester hineingehen
und wenn er siehet, daß das Mal weitergefressen hat am Hause, so ist's gewiß ein fressen-
der Aussatz am Hause und ist unrein. Darum soll man das Haus abbrechen, Stein und
Holz und allen Leimen am Hause und solls hinausführen vor die Stadt an einen
unreinen Ort . . . . . ."

Steine.

Das wichtigste Baumaterial des Altertums bildete der Stein, der zuerst wohl
nur in Form von Findlingen zusammengetragen, später jedoch nach den im Abschnitte
„Bergbau" geschilderten Ver-
fahren aus Steinbrüchen gewonnen wurde. Auch in bezug
auf die Steine galt der Grundsatz, daß man das Material im
allgemeinen daher nahm, wo
man es gerade am nächsten fand,
und daß man nur für besondere
Zwecke bestimmte Sorten aus
größerer Ferne herbeischaffte.
So ist Tiryns aus dem in der
Nähe befindlichen Kalkstein erbaut, in Rom finden sich Steine
von der ganzen italischen Halbinsel, vor allem aber solche aus
den in der Nähe gelegenen
Brüchen, an anderen Orten wieder verwendet man Sandstein.
Allüberall aber zeigt sich das
Bestreben, den Stein aus mö-
lichster Nähe zu beschaffen.
Schon in alten Zeiten sprengte

Abb. 539. Versetzter Riesenbaustein
(vom Sockel des Jupitertempels in Baalbeck).

man die Steine dadurch aus und trennte man größere Steine in kleinere, indem man
sie mit Reihen von Löchern versah. In diese Löcher wurden Holzkeile hineingesteckt,
die man dann durch Begießen mit Wasser zum Aufquellen brachte. Dörpfeld fand
in den Gesteinen bei Tiryns noch derartige Löcher. Diese primitive Technik genügte,
um die zum Bau der Mauern dieser Stadt verwendeten Steinblöcke von 2—3 m
Länge, 1—2 m Dicke und 1 m Breite herauszusprengen. Das Gewicht einzelner Riesen-
stücke erreicht 20 000 kg. Diese Blöcke sind jedoch noch lange nicht die größten, die
die Technik des Altertums schuf. Der Sockel des Jupitertempels in Baalbeck enthält
Steine von geradezu gigantischer Größe. Man hat in den in der Nähe belegenen
Steinbrüchen bearbeitete Bausteine aus dem 2. Jahrhundert n. Chr. gefunden, die

bei einer Breite von 4,26 m und einer Dicke von 4,60 m eine Länge von nicht weniger als 21 m aufweiſen. Ihr Gewicht beläuft ſich auf ungefähr eine Million Kilogramm. (Abb. 539 S. 400 und Abb. 540.) Faſt möchte es unerklärlich ſcheinen, wie man ſolche Steine fortſchaffte und ſie auf die Höhe der Bauten hinaufhob, wenn wir nicht eben wüßten, daß man damals mit Menſchenmaſſen arbeitete, die unſerer heutigen Technik und ihrem Be=
ſtreben, Menſchenarbeit durch Maſchinenarbeit zu erſetzen, vollkommen fremd geworden ſind. Unter Umſtänden wurden derartige Steinkoloſſe ſogar noch auf weiten Strecken Landes fortgeſchafft. In Ravenna ſteht das wahrſcheinlich um 520 nach Chr. errichtete Grabmal Theoderichs, das mit einer aus einem einzigen Steine her=
geſtellten Rieſenkuppel von nicht weniger als 11 m Durchmeſſer

Abb. 540. Bearbeiteter Bauſtein im Steinbruch von Baalbeck.
Länge 21 m, Breite 4,26 m, Dicke 4,60 m, Gewicht ca. 1 000 000 kg.
Nach einer Aufnahme im Deutſchen Muſeum zu München.

bedeckt iſt. (Abb. 541.) Der Stein iſt nicht in der Nähe gebrochen, ſondern aus Iſtrien, wahrſcheinlich auf dem Waſſerwege, herbeigeſchafft, hat alſo trotz ſeines Rieſengewichtes einen weiten Weg zurückgelegt, ehe er am Orte ſeiner Beſtimmung eintraf, wo es wiederum des Aufwands vieler Menſchen und gewaltiger Kräfte ſowie hoher An=
rampungen bedurfte, um ihn auf ſeinen jetzigen Platz hinaufzuziehen. Aus einem Blocke hergeſtellte Säulen von 11 m Höhe finden ſich in den Reſten der Säulenſtraße von Palmyra, und ſo treffen wir überall auf die Spuren einer an=
tiken Steinbearbeitungstechnik, die auch vor den gewaltigſten Aufgaben nicht zurückſchreckt.

Dieſe Technik läßt ſich bis in die Vorzeit zurückverfolgen und bediente ſich ſtets ſehr ein=
facher Werkzeuge. Außer durch Sprenglöcher und Holzklötze zer=
trennte man die Steine auch mit Hilfe von Meſſern oder Klingen, die im Anfang aus Holz, Knochen oder Horn her=
geſtellt waren. Sie allein ver=
mochten wegen ihrer Weichheit

Abb. 541. Das Grabmal des Theodorich zu Ravenna.

eine Durchtrennung des Steins freilich nicht zu bewirken, ſchliffen ſie ſich doch auf ihm glatt ab. Deshalb ſtreute man feuchten Sand zwiſchen ſie und die zu bearbeitende Stein=
fläche. Später benutzte man dann Werkzeuge aus Bronze, ferner ſolche aus gehärteter Bronze ſowie aus Eiſen und Stahl. Nach Flinders Petrie ſollen die alten Ägypter Sägeblätter verwendet haben, deren Schneiden mit Edelſteinen beſetzt

waren. Bei den Römern ist der Gebrauch derartiger Edelsteinsägen nicht nachge=
wiesen, doch läßt sich aus gewissen Anzeichen vermuten, daß sie zur Durchtrennung
sehr harter Gesteine, wie z. B. des Granits, nicht nur Sand, sondern vielleicht sogar
Stahlsand, d. h. ein Gemenge von Sand und Stahlfeile verwendeten, das unter die
Zähne des schwach gekrümmten Sägeblatts gestreut wurde. Gegen die Verwendung
von Edelsteinsägen spricht der sehr enge Schnitt an noch aufgefundenen halb be=
arbeiteten Steinen, der auf die Benutzung eines schmalen Sägeblattes schließen läßt.
Das Einstreuen von gewöhnlichem Sand erwähnen auch Vitruv (II 7, 1) und Pli=
nius (XXXVI 51). Während aus den Ausführungen Vitruvs hervorgeht, daß man
für härteres Gestein ungezahnte, für weicheres hingegen gezahnte Sägen verwendete,
weist Blümner anschließend auch auf
die im Plinius erwähnte Verwendung

Abb. 542. Das große Felsenmeer auf dem Fels=
berg im Odenwald (Granit)

Abb. 543. Römische Granitarbeit an der „Pyra=
mide" im Odenwald.

von Sand hin, wonach der beste Sand der von Äthiopien sei. Der indische sei, ebenso
wie der von Naxos und Koptos, zu weich und ergebe deshalb eine rauhere Schnittfläche.
Die Sägen wurden zunächst mit der Hand in Bewegung gesetzt, später verwendete
man besonders durch Wasserkraft angetriebene Sägemühlen. Der gallisch=römische
Dichter Decimus Magnus Ausonius (etwa 310—396 n. Chr.) besingt in seinem
Gedichte „Mosella" (Vers 359) die im Ruwertal stehenden Sägemühlen, in denen
die für die Bauten der Kaiserstadt Trier bestimmten Steinplatten zerschnitten wurden.

Einen besonders lehrreichen Einblick in die römische Steinbearbeitungstechnik
gewähren uns die Abhänge des Odenwalds, insbesondere die des 516 m hohen Fels=

berges. Sie sind mit Felstrümmern bedeckt, in denen die römischen Steinarbeiter das Material zu Bauten für die Städte Oppenheim, Mannheim, Mainz, Trier, Wiesbaden und Aachen losbrachen. Später wurde diese Stätte verlassen. Die heute noch dort herumliegenden mehr oder minder fertig bearbeiteten Steinblöcke (Abb. 542 bis 547) lassen uns wichtige Einzelheiten der altrömischen Technik der Stein=

Abb. 544. Der „Altarstein" von vorne.
Seitlich Keillöcher.

Abb 545. Der „Altarstein" von oben.
Sägeschnitte und Keillöcher im Granitstein.

bearbeitung erkennen. Die Blöcke liegen in allen Stadien der Bearbeitung vor. Da ist z. B. die „Pyramide", die durch zwei horizontale Reihen Keillöcher in drei mäch= tige Stücke gespalten wurde. Ferner der „Altarstein", von dem bereits zwei zu Säulen bestimmte Balken losgetrennt sind. Er ist technisch der interessanteste von allen. Seine Länge beträgt 3—5 m, seine

Abb. 546. Bearbeitete Granitkolosse
im Felsenmeer im Odenwald.

Abb. 547. „Riesensäule"
auf dem Felsberg im Odenwald. Römische Granitarbeit.

Höhe 1,80 m. Tiefe Sägeschnitte von bewundernswerter Exaktheit zeigen die Absicht, weitere Balken von 52 und 62 cm Dicke zu gewinnen. Den Sägeschnitten wurden Keillöcher hinzugefügt und durch Abkeilen das gewünschte Werkstück herausgesprengt. Dabei nahm die Bruchfläche von selbst eine etwas rundliche Form an, die bei der wei=

teren Abrundung mitverwendet werden konnte. Das hierzu verwendete Sägeblatt
muß eine Länge von mindestens 4½ m gehabt haben und erzeugte einen Schnitt
von nur 4 mm Weite, also nicht mehr wie die modernsten Gattersägen. Noch viele
andere Granitblöcke zeigen Bearbeitungsspuren. Großes Interesse beansprucht auch die
sogenannte „Riesensäule" (Abb. 547 S. 403), die am oberen Ende des großen Felsen=
meeres am Wege nach dem Dorfe Reichenbach liegt. In der Länge mißt sie 9,25 m, in
der Dicke am unteren Ende 1,29 m, am oberen 1,05 m, was einer Masse von unge=
fähr 9 cbm, d. h. rund 500 Ztr. Gewicht gleichkommt. Eine zweite Säule von fast
denselben Ausmessungen, nur weniger vollendet, liegt unweit davon. Beim Ausbre=
chen von Säulen verfuhr man in der Weise, daß man an einem Blocke die Länge der
Säule durch tiefe Einschnitte festlegte. Dann wurde eine Halbsäule fertig ausgearbeitet.
Nun meißelte man längs der Seiten dieser Halbsäule eine tiefe Furche in den Block
und in diese zahlreiche Keillöcher. Nach dem Einsetzen und Begießen der Keile mußte
infolge des halbkreisförmigen Verlaufs der beim Quellen der Keile entstehenden
Drucklinien die Rückseite der Säule konvex ausspringen. Dieses Verfahren wurde bei
den Ägyptern und später bei
den Römern geübt. Die Grie=
chen verwendeten in der Regel
keine monolithischen Säulen,
sondern setzten sie aus einzelnen
Säulentrommeln zusammen,
ein Verfahren, das übrigens
auch die Römer in manchen
Fällen (Jupitersäule Mainz
usw.) anwendeten.

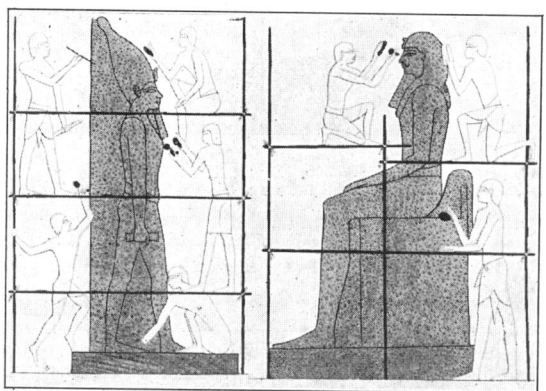

Abb. 548. Steinbearbeitung bei den Ägyptern.
Meißeln mit Meißeln und als Hammer dienendem Stein. Glätten
mit Poliersteinen usw.

Waren die Blöcke einmal
ausgebrochen und in der ge=
schilderten Weise vorbearbeitet,
so geschah die Feinbearbeitung,
d. h. das Zuhauen auf das
richtige Maß, das Abschleifen
und Polieren nach genau den=
selben Verfahren und mit genau
denselben Hilfsmitteln sowie dem gleichen Handwerkszeug, wie wir es im all=
gemeinen auch heute noch zu benützen pflegen. (Abb. 548.)

Ziegel, Kunststeine und Kunstmassen.

Die im Altertume verwendeten Ziegel waren vielfach nur an der Sonne getrocknet
oder schwach gebrannt. Stärkeren Brand wiesen in der Regel nur die glasierten Zie=
gel auf. Ihre Farbe schwankt je nach dem Eisengehalt des verwendeten Lehms inner=
halb weiter Grenzen, man kennt zwischen hellgelb und Dunkelrot fast alle Farbenab=
stufungen. Über ihre Herstellung ist in dem Abschnitte „Keramik" alles Nähere erwähnt.
Der Ziegel des Altertums hat in der Regel eine quadratische Form oder die eines läng=
lichen Rechtecks. Er gleicht also im allgemeinen dem unsrigen. Seine Größe ist sehr
verschieden. Da die Technik des Ziegelbaus besonders bei den Römern eine hohe
Stufe der Vervollkommnung erreichte, so wendete man dort auch der Anfertigung der

Ziegel weitgehende Aufmerksamkeit zu. Vitruv macht (II 3) nähere Mitteilungen über die Eigenschaften, die ein guter Ziegel haben soll, sowie über die Formen in denen man ihn am besten anfertigt. Er weist darauf hin, daß der zur Herstellung von Zie= geln dienende Lehm nicht sandig noch steinig noch griesig sein soll. Er soll sich leicht kneten lassen. Am besten sind festgelagerter Lehm oder weißliche Kreideerde. Die daraus hergestellten Ziegel sind leicht und gleichzeitig fest. Zur Anfertigung der Ziegel empfiehlt er die Frühlings= oder Herbstzeit, da dann ein langsames, gleichmäßiges Austrocknen stattfindet. Man muß sich davor hüten, daß die äußere Schicht ausdorrt, während das Innere noch naß bleibt. Ein guter Ziegel soll zwei Jahre lang aus= trocknen. Nimmt man unausgetrocknete Ziegel zum Bau, so schwinden sie in der Mauer, wodurch der Zusammenhang mit dem Verputz gelockert wird, der dann abfällt. Schon damals ließen sich die Uticenser amtlich bescheinigen, daß ihre Ziegel fünf Jahre lang getrocknet hatten. Vitruv kennt drei Arten von Ziegeln, von denen die eine, die „lydische", hauptsächlich in Rom gebraucht wird. Die andern beiden Formen sind in Griechenland gebräuchlich. Des weiteren erwähnt Vitruv noch Ziegel, die auf dem Wasser schwimmen, weil die Erde, aus der sie gestrichen werden, bimsstein= artig ist.

Der gewöhnliche römische Ziegel ist breiter und flacher als der unsrige. Seine Größe ist sehr verschieden und hält sich durchaus nicht in den von Vitruv angegebenen Grenzen von 45 cm Länge und 30 cm Breite. Die meisten altrömischen Ziegel sind kleiner. Sie sind jedoch dauerhafter als die Maschinenziegel unserer Zeit, was wohl an der Handarbeit einerseits und an der Fertigkeit der Ziegelstecher andererseits lag. Die römischen Ziegel tragen in der Regel einen Stempel, entweder den des Fabri= kanten oder die Nummer der Legion, deren Soldaten die Ziegel hergestellt hatten. (Abb. 194 S. 135.) Da man das römische Heer auch in Friedenszeiten beschäftigen mußte, damit der Müßiggang nicht zu Erhebungen und zur Auflehnung führte, so ließ man die nicht im Kampfe stehenden Soldaten Ziegel streichen oder Landstraßen bauen und sonstige Arbeiten verrichten.

(Weiteres über die Herstellung von Ziegeln siehe unter „Keramik" Seite 136ff.)

Neben den Quadersteinen und den Ziegeln wurden in einzelnen Fällen im Alter= tum auch Kunststeine und Kunstmassen als Baumaterial verwendet. Derartige Kunststeine fand man schon in den Ruinen des alten Babylon, sie bestehen nach der von Rathgen ausgeführten Analyse zu 94% aus Quarz und sind aus Quarz, Kalk und Magnesia zu einer Art Magma zusammengekittet. Eine weitere schon im Alter= tume bekannte Kunststeinmasse entspricht unserem heutigen Beton. Der Beton wurde hauptsächlich von den Römern verwendet. Die Grundlage zu seiner Herstellung bildete die bei Puteoli am Meerbusen von Neapel vorkommende Puzzolanerde, ein vulkanisches, ton= und kieselhaltiges Material, das durch Zusatz von gelöschtem Kalk widerstandsfähig gegen Wasser wurde. Man pflegte für Wasserbauten zwei Gewichtsteile von Puzzolanerde mit einem Teil gewöhnlichen Mörtels zu mischen. Die Herstellung der Bauten geschah nach dem heute üblichen Verfahren, indem man die Betonmasse — unter Umständen nach Zusatz von Sand und Steinbrocken — in aus Brettern hergestellte Formen eingoß oder einstampfte und sie darin erhärten ließ. Aus derartigem Beton stellte man hauptsächlich Kanalisationsröhren, Teile von Wasserleitungen und Hafenbauten usw. usw. her. Der Beton wurde sowohl in Form von Schüttungen verwendet wie auch in gehärteter Betonblöcke, die man dann zusammenfügte. Aus solchen Blöcken wurde unter der Regierung Caligulas ein Molenbau bei Neapel errichtet. Bei aus Quadern hergestellten Gewölbebauten ver=

wendete man den Beton anstatt des reinen Mörtels als Bindemittel, d. h. also, an=
statt des Mörtels. Man goß dann die zwischen den Steinen gelassenen Fugen da=
mit aus.

Mörtel und Bindemittel.

Die im Altertume verwendeten Mörtel und sonstigen Bindemittel waren sehr
verschiedenartiger Natur. Schon bei den alten Babyloniern kennt Herodot zwei
Arten von Bindemitteln, um die Steine der Bauten zusammenzuhalten. Das eine
(II 186) ist das schon mehrfach erwähnte und oben bereits (siehe Seite 388) aus=
führlich beschriebene Verfahren der Verbindung durch Eisen und Blei, das andere
(II 179) besteht in der Verwendung von heißem Erdharz, also Asphalt. Daß sich die
mit Asphalt verbundenen Steine Jahrtausende hindurch festgefügt erhalten haben,
beweisen die Ausgrabungen Layards in den Ruinen von Ninive und Babylon.
Die feste Bindung beruht darauf, daß sich der heiß aufgetragene Asphalt in die Steine
hineinzog, sie durchsetzte, wodurch gleichzeitig auch ein Schutz gegen Witterungsein=
flüsse erzielt wurde. Der von den Babyloniern verwendete Asphalt stammt von den
Erdölquellen am Is, einem Nebenflusse des Euphrat. Man ließ die leichter flüchtigen
Bestandteile des Erdöls verdunsten, wodurch das zu den babylonischen Bauten
benützte Erdharz zurückblieb. Die Kenntnis von der babylonischen Bauart mit
Asphalt war auch den Römern bekannt und wird z. B. von Plinius (XXXV 51)
erwähnt. Ebenso beschreibt Vitruv (VIII 3) den Asphalt, und auch Plinius geht an
anderer Stelle (V 16) auf ihn ein. Aber trotz dieser Kenntnis benutzte man ihn bei
den Römern nicht mehr als Bindemittel.

Hingegen stand er bei den Ägyptern in vereinzelten Fällen noch im Gebrauch,
die im übrigen aber bei fast allen ihren Bauten die hauptsächlichsten beiden Mörtel
des Altertums, den Gips und den Kalk, sowie Gemenge aus beiden verwendeten.
Wie aus der Besprechung der ägyptischen Kanalisationseinrichtungen hervorgeht
(siehe Seite 443), wurde dort zum Einkitten des Ablaufrohres ein Mörtel verwendet,
der aus 45,54% Gips und 41,36% kohlensaurem Kalk bestand. Außerdem enthielt
er noch 13,10 % unlösliche Bestandteile, meist scharfkantige durchsichtige Quarzteil=
chen und Teilchen von Silikatgestein. Lucas hat auf Grund der von ihm ausgeführten
Analysen die Frage aufgeworfen, ob die alten Ägypter einen Kalkmörtel mit Sandzusatz
kannten oder ob sie nur Gipsmörtel verwendeten, die mehr oder weniger stark mit
kohlensaurem Kalk verunreinigt waren. Analysen, die mit den heutigentags in
Heluan gewonnenen Gipsen vorgenommen wurden, legen die letztere Vermutung
nahe. Diese Vermutung wird dadurch verstärkt, daß Gips und Kalk in Ägypten all=
gemein nebeneinander vorkommen.

Weitere Analysen liegen über Mörtelproben vor, die Lepsius schon vor Jahr=
zehnten der Pyramide des Chefren entnommen hat. Über die Ergebnisse dieser
Analyse und die daraus zu ziehenden Schlüsse macht Rathgen folgende Mitteilungen:
„Mörtel Chefrenpyramide, Inv. Nr. 1334. Gipsmörtel mit weniger Kalk,
mit oft bis 1 cm großen Gipskristallstücken und wenigen meistens abgerundeten Quarz=
körnern.

Mörtel Chefrenpyramide, Inv. Nr. 1334. Kalkmörtel mit vielen Kalkstein=
stückchen, mit sehr wenigen scharfkantigen Quarz= und vereinzelten Gipskristallteilchen.

Mörtel Chefrenpyramide, Inv. Nr. 1342. Gemenge von Gips= und Kalkmörtel
mit Stücken von Gipskristallen und geringen Mengen von Kalksteinstückchen und meistens

abgerundeten Quarzteilchen. Die Zusammensetzung dieses Mörtels der Chefren=
pyramide ist ganz ähnlich wie die des Mörtels von der Wasserleitung des Sahurêgrab=
denkmals (s. S. 443) und wie die des Mörtels von der Sphinx." (Siehe S. 348.)

Nach allem kann man wohl sagen, daß die alten Ägypter im allgemeinen Gips
als Mörtel verwendeten, dessen Gehalt an kohlensaurem Kalk, wenn dieser aus Ätz=
kalk stammte, meistens vielleicht ein zufälliger war, daß aber die Verwendung des
kalkhaltigen Gipses sie veranlaßt haben mag, oft absichtlich vor dem Brennen dem
Gips Kalk zuzusetzen, und daß sie unter Umständen selbst Kalkstein allein brannten.
Als Magermittel haben sie zerkleinerten ungebrannten Gips und Kalksteinstücke
benutzt, meistens wohl derart, daß sie einfach den Grus ihrer Arbeitsstätte verwende=
ten, woraus sich auch der geringe und schwankende Betrag an Unlöslichem erklärt."

Über die Zusammensetzung der griechischen Mörtel sind wir gleichfalls durch
Analysen unterrichtet, die uns zeigen, daß man hauptsächlich Kalkmörtel verwendete.
So waren bereits die Steine der um 400 v. Chr. errichteten Rednertribüne auf der
Pnyx, dem Versammlungsplatze des Volkes in Athen, mit einem Kalkmörtel zu=
sammengefügt, dem Sand beigemengt war. Nach der Analyse bestand dieser Kalk=
mörtel aus:

45,7% gebranntem Kalk

37,0% Kohlensäure

12,0% Sand

und enthielt Beimischungen von Magnesia, Tonerde und Eisenoxyd, die von dem
verwendeten Kalk und Sand herrührten. Im Laufe der Zeiten steigt der Sandgehalt
des Mörtels immer mehr an (siehe z. B. unten die Vorschriften des Vitruv). Be=
sonders bemerkenswert sind die Untersuchungen Rathgens über Mörtel aus dem
alten Pergamon, der somit ein Alter von etwa 1700 Jahren aufweist. Dieser Mörtel
zeichnet sich dadurch aus, daß dem Kalk als Magermittel außer den gewöhnlich ver=
wendeten derartigen Stoffen, also Sand und Kies, auch noch Gehäuse von Meeres=
schnecken und zwar die einer Murexart zugesetzt waren. Da das Gehäuse der Schnecken
gleichfalls aus Kalk besteht, so lag die Frage nahe, ob nicht auch die Grundmasse des
Mörtels, der gebrannte Kalk, durch Brennen von Schneckengehäusen gewonnen wurde,
oder ob man ihn in gewöhnlicher Weise durch Brennen von Kalkstein erhielt. Da
die Schneckengehäuse noch Phosphorsäure enthalten, so konnte nur ein Gehalt des
Mörtels an dieser die Annahme der Verwendung von Schneckengehäusen beweisen.
Tatsächlich ließ sich ein Gehalt von Phosphorsäure im Mörtel nachweisen, der aber
etwas größer war als der der ebenfalls analysierten Schneckengehäuse. Dieses Mehr
an Phosphorsäure läßt sich nur dadurch erklären, daß es aus den Leibern lebender
Schnecken stammt. Auf Grund der Analysen läßt sich also der Schluß ziehen, daß
man zur Beschaffung des Kalks für den pergamenischen Mörtel Schneckengehäuse und
darunter auch solche, in denen sich noch lebende oder abgestorbene Tiere befanden,
vom Meeresstrand auflas und sie brannte. Dem gebrannten Kalk setzte man als Ma=
gerungsmittel dann außer Sand und Kies auch noch Gehäuse von Meeresschnecken zu,
die teilweise wiederum Tiere enthielten. Die in diesen Tierleibern enthaltene Phos=
phorsäure mengte sich dann gleichfalls dem Mörtel bei, so daß dessen Gehalt an Phos=
phorsäure ein höherer ist, als der der Schneckengehäuse, aus denen er hergestellt
wurde.

Die römischen Mörtel waren gleichfalls in der Hauptsache Kalkmörtel. Über
ihre Herstellung gibt Vitruv (II 5) an, daß man guten Kalk aus weißem Bruchstein
oder Geröll brennen solle. Der aus dichtem und härterem Stein gewonnene ist für

das Mauerwerk, der aus löcherigem aber für den Verputz vorteilhaft. Die Mi=
schung des Kalks mit dem Sande soll bei Grubensand im Verhältnis von drei
Teilen Sand zu einem Teile Kalk geschehen, bei Fluß= oder Meersand soll ein
Drittel gesiebtes Ziegelmehl beigegeben werden.

Abb. 549.

Abb. 550.

Abb. 551.

Abb. 549—551. Kalkofen im Grödener Tal (Abb. 549 von vorne, Abb. 550 von der Seite, Abb. 551
von oben).

Der Kalkofen ist (s. Abb. 551) am Fuß eines Hügels angebaut, besteht aus roh geschichteten Steinen und ist von
geringer Höhe. Er wird mit Holz oder Holzkohle und Kalksteinen gefüllt und entzündet. Die Flammen schlagen
oben heraus. Nach dem Brand wird der gebrannte Kalk durch die vordere Öffnung entnommen.

Das Brennen des Kalkes geschah in Kalköfen, die nach Cato (XXXVIII 1)
in unterirdischen, eigens gegrabenen Vertiefungen angelegt werden sollten, um
jeden Wind von ihnen abzuhalten. Wenn sich die Vertiefung nicht tief genug
herstellen läßt (der Ofen sollte 20 römische Fuß hoch, unten 10, oben 3 Fuß

breit fein; 1 römischer Fuß = 0,29574 m), so setze man oben einen Rand von
Ziegeln oder Bruchsteinen auf, der außen mit Lehm verstrichen wird. Man
kann ein oder zwei Heizlöcher anbringen. Es handelt sich also um einen jener
Öfen, wie sich in entlegenen, früher unter römischer Herrschaft gestanden haben=
den oder diesen benachbarten Gegenden heute noch in gleicher Ausführung fin=
den. Besonders typisch haben sie sich z. B. im Grödener Tal erhalten, wo wir
ja außer auf die Sprache auch sonst noch auf viele Überreste altrömischer Kul=
tur stoßen. (Abb. 549—551.)

Das Löschen des Kalks bzw. das Anrühren zu Mörtel geschah in besonde=
ren Gruben mit Hilfe einer Art von Harke (ascia), die der heute gebräuchlichen
ähnelte; zum Auftragen bediente man sich der Mauerkelle, deren Form gleich=
falls der jetzt benutzten entsprach. (Siehe die Abbildungen Seite 398 und 399.)

Neben dem Kalkmörtel verwandten die Römer aber auch hydraulische Mör=
tel, d. h. Mörtel, die unter Wasser erhärten. Ihr wichtigster hydraulischer Mör=
tel war die oben schon (siehe Seite 405) erwähnte Puzzolanerde. Dann
kannten sie aber auch den babylonischen Zement, aus der im Westen des
Euphrats sich ausbreitenden Ebene, den schon die Babylonier unter Zu=
mischung von Asche zum Bau ihrer Brunnen verwendet hatten. Aber
auch an anderen Stellen der Erde wußten ihre Baumeister mit richtigem Blicke
Gesteinsarten zu erkennen, aus denen sich hydraulische Mörtel herstellen ließen.
Eine solche Gesteinsart fanden sie z. B. in den Traßen der Eifel, des Mosel=,
Nette= und Brohltals sowie ferner im Ries bei Nördlingen. Die Eifel=
traßen haben beim Bau der unter den Kaisern Trajan (98—117 n. Chr.) und Ha=
drian (117—138 n. Chr.) erbauten großartigen Wasserleitung Kölns eine wichtige
Rolle gespielt, die an der Stelle des jetzigen Kölner Doms endigte und die außer Köln
(Colonia Agrippinensis) auch noch verschiedene römische Befestigungen mit Wasser
versorgte. Der Mörtel dieses Römerkanals ist von einer geradezu wunderbaren Härte
und Festigkeit. Wie Sprengarbeiten zeigten, ist er sogar fester als der natürliche Fels.
Seine Festigkeit hat zu allen möglichen Faseleien Veranlassung gegeben, wie z. B.
zu der Behauptung, daß die Römer besondere Geheimnisse der Mörtelbereitung
besessen hätten, daß sie weißen Zucker (!!) oder Wein oder Kochsalz u. dgl. zugesetzt
hätten. In neuerer Zeit sind nun zahlreiche Analysen vom Mörtel des Eifeler Römer=
kanals (durch das Preußische Materialprüfungsamt, ferner durch Lüttgen,
Hambloch, Kiepenheuer usw. usw.) ausgeführt worden. Der Traß wurde durch
einfaches Zermahlen der Tuffsteine der Eifel für die Herstellung des Mörtels vorbe=
reitet. An anderen Stellen der langen Leitung, wohin der Transport des Traßes
zu weit gewesen wäre, nahm man zur Bereitung des hydraulischen Mörtel einen
Kalkmergel, der als wasserbeständige Bestandteile Kieselsäure und Tonerde führt,
die mit der Kalkerde eine im Wasser in ähnlicher Weise wie der Traß erhärtende Ver=
bindung eingehen. Der aus dem Kalkmergel, dem sogenannten „Eifeler Wasserkalt"
gewonnene hydraulische Mörtel wurde aus 1 Teil dieses Wasserkalks mit 3—4½ Teilen
Sandkies zusammengemischt. Die rote Putzschicht besteht aus Eifeler Wasserkalt,
zugemischtem Ziegelmehl und Ziegelstücken. Sie wurde in einer Dicke aufgetragen,
die zwischen 2 mm und 1 cm schwankt.

Von einer Verwendung des Gipses als Mörtel scheinen die Römer im all=
gemeinen abgesehen zu haben.

Literatur zu den Abschnitten: „Der Städtebau", „Befestigungen", „Städtische Straßen und Plätze", „die Häuser", „Monumentale und Öffentliche Bauten, Bauarten, Bauausführung und Baustoffe".

Altmann, Palast und Wohnhaus im Altertum. Umschau 1907, S. 844 ff.
— Italische Rundbauten. Berlin 1906.
Anderson und Spiers, Architektur in Griechenland und Rom. Leipzig 1905.
Andrä, Ausgrabungen in Assur. Mitt. der deutschen Orientgesellschaft 1905, Nr. 28, S. 51.
Anonymus, Beton bei den Chinesen und im Altertum. Bauwelt 1912, Nr. 3, S. 34.
— Der größte von Menschenhand bearbeitete Stein. Welt der Technik 1913, Nr. 19, S. 373.
— Die Statue eines sumerischen Königs. Welt d. Technik 1905, Nr. 22, S. 434.
— Imprägnieren des Holzes im Altertum. Polytechn. Zentralblatt 1902/03, S. 171.
— Städtebauwesen in römischer Zeit. Welt der Technik 1904, S. 33.
Anthes, Der gegenwärtige Stand der Ringwallforschung. Bericht über die Fortschritte der römisch=germanischen Forschung 1905, S. 26. Frankfurt a. M. 1906.
Archenhold, über ein Nivellierinstrument und Tunnelbau im Altertum. Welt d. Technik 1904, Nr. 10, S. 173.
Arnold, Das altrömische Theatergebäude. Leipzig 1873.
Bäck, Aus dem Alten Babylon. Das Wissen. 4. Jahrg., Nr. 10 u. 11.
Ballu und Cagnat, Timgad, une cité africaine. Paris 1897.
Banks, Babylonian Excavations by the Germans. Scientific American 1913, S. 357 ff.
— Excavations at Nippur. Scientific American. 1901. S. 133.
Beckmann, Beiträge zur Geschichte der Erfindungen. Leipzig 1783—1805.

Behla, Die vorgeschichtlichen Rundwälle im östlichen Deutschland. Berlin 1888.
Blümner, Römische Privataltertümer. München 1911.
— Technologie und Terminologie der Gewerbe und Künste bei Griechen und Römern. Band II. Leipzig 1879.
Borchardt, Die Pyramiden. Berlin 1911.
— Das altägyptische Wohnhaus im 14. Jahrhundert v. Chr. Zeitschrift für Bauwesen 1916. 66. Jahrg. Heft 10, 11, 12. S. 510 bis 558.
Borrmann und Neuwirth, Geschichte der Baukunst. Leipzig 1904. Band I.
Brinkmann, Sitzungsberichte der Altertumsaesellschaft Prussia. 1900. Bd. 21.
Cäsar, De Bello Gallico IV, 16—19.
Caster, Der Nutzen der Masken in den alten Theatern. Referat im Prometheus 1898, S. 319.
Cohausen, Der römische Grenzwall in Deutschland. Wiesbaden 1884.
— Die Befestigungsweisen der Vorzeit und des Mittelalters. Herausg. v. Jähns. Wiesbaden 1898.
— Die Wallburgen, Landwehren und alten Schanzen des Regierungsbezirks Wiesbaden. Nassauische Annalen, XV, 343 ff. und XVII, 107 ff.
— Ringwälle. Braunschweig 1861.
Cramer, Das römische Trier. Gütersloh 1911.
Curtius, Adler und Hirschfeld, Die Ausgrabungen zu Olympia. Berlin 1877 bis 1881.
Delitzsch, Babel und Bibel, ein Rückblick und Ausblick, Stuttgart.
— Babel und Bibel. Leipzig.
— Ein Gang durch Babylon. Daheim 1884.

Diels, Antike Türen und Schlösser in „Antike Technik", S. 34 ff. Leipzig u. Berlin 1914.

Dörpfeld, Jakobsthal und Schazmann, Bericht über die Arbeiten zu Pergamon. Athen 1908.

— und Reisch, Das griechische Theater. Athen 1896.

Dow Covington, Forschungen über die Cheopspyramide von 1902—1911. Referat der Tägl. Rundschau v. 13. Juli 1911.

Durm, Die Baukunst der Griechen. Leipzig 1912.

— Die Baukunst der Etrusker und Römer. Leipzig 1912.

Emerson, The Mining of Herculaneum. Scientific American, 1912, S. 420.

Ewald, Die Cheopspyramide und ihre symbolische Bedeutung. Welt der Technik 1906, S. 269.

Eyth, Der Kampf um die Cheopspyramide. Heidelberg 1902.

Fabricius, Das römische Lager mit besonderer Rücksicht auf die Saalburg. „Die Saalburg," Mitt. d. Vereinigung der Saalburgfreunde. Nr. 22/23, 1910.

— Die Besitznahme Badens durch die Römer. 1905.

Fiechter, Das italienische Atriumhaus. Festschrift für Hugo Blümner. 1914.

Fink, Der Verschluß bei den Griechen und Römern. Regensburg 1890.

Forchhammer, Über die kyklopischen Mauern Griechenlands und die Schleswig-Holsteinischen Felsmauern. Kiel 1842.

Friedländer, Darstellungen aus der Sittengeschichte Roms. Leipzig 1888—1890.

Fuchs, Römische Granitarbeiten im Odenwald. Das Wissen 1913, Heft 7, S. 73 ff.

Führer durch die Skulpturen- und Antikensammlung des Museum Wallraf-Richartz der Stadt Köln. Köln 1911.

Führer, Kurzer, durch das Provinzialmuseum in Trier. Trier 1911.

Gell, Probestücke von Stadtmauern des alten Griechenlands. München 1831.

Gesell, Les Monuments antiques de Algérie. Paris 1901.

Giesenhagen, Die Kieselgur. Bayerisches Industrie- und Gewerbeblatt 1910, Nr. 19.

Göttling, Das Tor von Mykenä. Rheinisches Museum 1842, S. 161 ff.

Goudias, Lenormant et Babelon, Histoire ancienne de l'Orient jusqu'aux guerres médiques. Paris.

Gutscher, Vor- und frühgeschichtliche Beziehungen Istriens und Dalmatiens zu Italien und Griechenland. Graz 1903.

Hennig, Die angebliche Kenntnis des Blitzableiters vor Franklin. Archiv für die Geschichte der Naturwissenschaften und der Technik, Band II, S. 97 ff.

Herodot, Geschichten. I, 180—182; II, 37, 47, 124—127 u. s. w.

Herzog, Vorläufiger Bericht über die koische Expedition im Jahre 1904. Archäologischer Anzeiger, Bericht zum Jahrbuch des kaiserlich deutschen archäologischen Instituts 1905, S. 1 ff.

Heß, Ein russisches Pompeji. Universum 1910, 27. Jahrg., S. 89 ff.

Hesse-Wartegg, Benares. Monatshefte von Velhagen und Klasing. Jahrg. 1905.

Hettner, Zu den römischen Altertümern von Trier und Umgebung. Westd. Zeitschr. 1891, 10. Jahrg., S. 53 ff.

Heyne, Das deutsche Wohnungswesen von den ältesten Zeiten bis zum 16. Jahrhundert. Mitteilungen zur Geschichte der Medizin und der Naturwissenschaften. Bd. I S. 364.

Hirschfeld, Die Entwicklung des Städtebaus. Zeitschr. der Gesellschaft für Erdkunde zu Berlin 1890.

Holtzinger, Die altchristliche und byzantinische Baukunst. Leipzig 1912.

Hoops, Reallexikon der germanischen Altertumskunde (Ringwall am Altkönig) Bd. I. Straßburg 1911.

Hueisen, Die Thermen des Agrippa, ein Beitrag zur Topographie des Marsfeldes in Rom. Rom 1910.

Hülsen, Ägyptische Baukunst zur Zeit Mosis. Vortrag, gehalten im Verein für jüdische Geschichte und Literatur zu Frankfurt a. M., November 1912.

— Neue Ausgrabungen in Rom. Vossische Zeitung 1916, Nr. 54.

Jaeck, Industrie und Gewerbe im Altertum. Prometheus 1898, S. 434 ff.

Jacer, Mörtelbereitung bei den Römern. Tonindustrie-Zeitung 1916, S. 298.

— Römische Werkzeuge der Mörteltechnik. Tonindustrie-Zeitung 1916, S. 328.

Jacobi, Das Römerkastell Saalburg. Homburg 1897.

— Führer durch das Römerkastell Saalburg. Homburg 1908.

Jahn, Römisches Handwerkzeug. Abhandl. d. phil.-hist. Klasse der sächs. Gesellschaft d. Wissenschaften 1868, S. 275.

Jeep, Der Asphalt und seine Anwendung in der Technik. Leipzig 1899.

Jordan, Topographie Roms.

Joseph, Die Paläste des homerischen Epos. Berlin 1895.

Kiepenheuer, Der Eifeler Römerkanal, insbesondere die Zusammensetzung seines Mörtels. Baumaterialien-Markt 1910. Nr. 25.

Kiepenheuer, Dom Eifeler Römerkanal und seinem Mörtel. Umschau 1911, Heft 31, S. 645.

Kiepert, Neue Aufnahmen b. Engländer in Assyrien. Zeitschr. f. allg. Erdkunde 1856.

Kluge, Die ältesten Baupolizeigesetze der Welt. Welt der Technik 1908, S. 408.

Kluge, Die Pyramiden, ihre Entstehung und ihr Bau. Welt der Technik 1914, S. 61.

Koldewey, Ausgrabungen zu Sendschirli. Berlin 1893.

— Das wiedererstandene Babylon. Leipzig 1913.

Krause, Deinokrates oder Hütte, Haus und Palast, Dorf, Stadt und Residenz der alten Welt. Jena 1863.

Krüger, Der Arenakeller des Amphitheaters zu Trier. Röm.=germ. Korrespondenzblatt, Jahrg. II, 1909, S. 81.

— Die Trierer Römerbauten. Trier 1909.

Lange, Das antike griechisch=römische Wohnhaus. Leipzig 1872.

— Haus und Halle. Leipzig 1885.

Layard, Nin_eveh und Babylon (übersetzt von Zenker). Leipzig 1855.

— The Monuments of Ninive. London 1849 u. 1853.

Lehmann=Haupt, Armenien einst und jetzt. Berlin 1910.

— Die historische Semiramis und ihre Zeit. Tübingen 1910.

Lerour, Les origines de l'edifice hypostyle. Paris 1913.

Lesch, Römische Kalköfen. Tonindustrie=Zeitung 1916, S. 274.

Letarouilly, Les Edifices de Rome moderne. Paris 1860.

Lewin=Dorsch, Die Technik in der Urzeit. Der Wohnungsbau. Stuttgart 1912.

Loskay, Die astronomischen Beziehungen der Cheopspyramide. Budapest 1904.

Luchard, Das Privathaus im ptolomäischen und römischen Ägypten. Gießen 1914.

Mansch, Das Mysterium der Cheopspyramide. Welt der Technik 1907, S. 472.

— Die Cheopspyramide und ihre symbolische Bedeutung. Welt der Technik 1906, S.188

— Gab es schon vor Franklin Blitzableiter? Die Welt der Technik 1911, S. 437.

Marquart=Mau, Das Privatleben der Römer. Leipzig 1886.

Mayer, Bilder aus alter Holzbaukunst. Das Wissen 1914, Nr. 16, S. 237 f.

— Schloß und Schlüssel im Wandel der Zeiten. Das Wissen 1913, S. 193.

Mazois, Le Palais de Scaurus. Paris 1869.

Merckel, Die Ingenieurtechnik im Altertum. Berlin 1899.

Mörtel vom Palast des Diokletian in Spalato. Tonindustrie=Zeitung 1914, S. 995.

Müller, Das attische Bühnenwesen. Gütersloh 1902.

Näher, Der goldene Schnitt und die Geheimnisse der Cheopspyramide. Köln a. Rh. 1907.

Néroutsos=Bey, L'ancienne Alexandrie. Paris 1888.

Neuburger, Das Geheimnis des Sphinx von Gizeh. Reclams Universum 1914, 30. Jahrg., Heft 18.

— Die ältesten Blitzableiter. Prometheus 1892.

— Die Römerschanze. Zu den Ausgrabungen in Nedlitz. Berliner Morgenpost, 22. Oktober 1911.

Neumann, Verwendung leichter Ziegel im Altertum. Zeitschrift für angewandte Chemie. 1916. Heft 16, S. 97.

Niederstädt, Die altrömischen afrikanischen Städte. Vortrag, gehalten im Berliner Architektenverein, Dezember 1910.

Nielsen, Straßenhygiene im Altertum. Archiv für Hygiene 1902, Heft 2, S. 85 ff.

Niemann und Petersen, Die Städte Pamphiliens und Pisidiens. Wien 1892.

Nissen, Pompejanische Studien zur Städtekunde des Altertums. Leipzig 1877.

N. N., Blitzableiter im Altertum. Berliner Tageblatt am 25. August 1904.

Noack, Die Baukunst des Altertums. Berlin.

Öfele, Der älteste Stadtplan der Welt. Mitt. zur Geschichte der Medizin und der Naturwissenschaften 1903, S. 265.

Opitz, Das Theaterwesen der Griechen und Römer. Leipzig 1889.

Oppermann, Atlas vorgeschichtlicher Befestigungen in Niedersachsen. Hannover 1888—90, fortgesetzt von Schuchhardt.

Overbeck, Pompeji in seinen Gebäuden, Altertümern u. Kunstwerken. Leipzig 1884.

Palladio, Le terme dei Romani, giusta l'esemplare del Lord conte di Burlington impresso in Londra l'anno 1752. Dicenza 1797.

Pastor, Altgermanische Monumentalkunst. Leipzig 1910.

Pect, The Stone and bronze ages in Italy and Sizily. Oxford 1909.

Perrot und Chipiez, Geschichte der antiken Kunst, übers. von Pietschmann. Leipzig 1882—1883.

Peuker v., Das deutsche Kriegswesen der Urzeiten. Berlin 1860—64.

Pfretzschner, Die Grundrißentwicklung der römischen Thermen. Erlangen 1908.

Pfuhl, Dorgriechische und griechische Haustypen. Festschrift für Hugo Blümner 1914.

Pregél, Die Technik im Altertum. Sonderabdruck aus dem Jahresbericht der tech=

nischen Staatslehranstalten zu Chemnitz. Chemnitz 1896.

Prestel, Die Baugeschichte des jüdischen Heiligtums und der Tempel Salomons. Stuttgart 1902.

— Die Kalk= und Mörtelbereitung im alten Rom. Die Bauwelt 1917, Heft 23, S. 3.

Puchstein, Die griechische Bühne. Berlin 1900.

Quilling, Die Ausgrabungen für das historische Museum zu Frankfurt a. M. auf dem christlichen Heddernheimer Friedhofe im Winter 1891—92 und Sommer 1892. Mitt. über römische Funde in Heddernheim, Heft I, S. 1 ff. Frankfurt a. M. 1894.

— Die Saalburg. Frankfurter Nachrichten, 8. u. 10. Juni 1913.

Rathgen, Über einige antike Mörtel. Tonindustrie=Zeitung 1911, Nr. 46.

— Über Ton und Glas in alter und uralter Zeit. Vortrag, geh. auf der Hauptversammlung des deutschen Vereins für Ton=, Zement= und Kalkindustrie. Februar 1913. Referat, Chemiker=Zeitung 1913.

— Magnesit als Fußbodenbelag. Mitteilungen zur Geschichte der Medizin und der Naturwissenschaften. Bd. 6, S. 352.

Ravoth, Die Verwertung der Baustoffe durch den Menschen. In Krämer, Der Mensch und die Erde, Band VI, S. 1 ff.

Reber, Des Vitruvius Zehn Bücher über die Architektur. Stuttgart 1865.

— Geschichte der Baukunst im Altertum. Leipzig 1866.

Röder, Aus dem Leben vornehmer Ägypter. Leipzig 1912.

Rohland, Aus der Geschichte der Mörtelmaterialien. Archiv für die Geschichte der Naturwissenschaften und der Technik, Band II, S. 91 ff.

— Aus der Geschichte des Eisenbetons. Archiv für die Geschichte der Naturwissenschaften und der Technik, Band III, S. 423 ff.

— Erhärtungsvorgänge. Aus der Natur 1912, Heft 7, S. 197 ff.

Rosenzweig, Das Wohnhaus in der Mišnah. Berlin 1907.

Schleyer, Bäder und Badeanstalten. Leipzig 1909.

Schliemann, Ilios, Stadt und Land der Trojaner. Leipzig 1881.

— Mykenä. Bericht über meine Forschungen und Entdeckungen in Mykenä und Tiryns. Leipzig 1878.

— Tiryns. Der prähistorische Palast der Könige von Tiryns. Leipzig 1886.

Schmidt, Aus der antiken Mechanik. Neue Jahrbücher für das klassische Altertum 1904, S. 329—351.

— Die Jagdvilla zu Fließem. Trier 1843.

— Heronis Alexandrini Opera Quae supersunt Omnia. Leipzig 1899.

Schönborn, Die Skene der Hellenen. Leipzig 1858.

Schreiber und Sieglin, Die Nekropole von Kôm=esch=Schukâfa. Leipzig 1908.

Schubart, Ein Jahrtausend am Nil. Berlin 1912.

Schulz, Das germanische Haus in der vorgeschichtlichen Zeit. Würzburg 1914.

Schulze, Die römischen Grenzanlagen in Deutschland. Gütersloh 1906.

Schuster, Die alten Heidenschanzen Deutschlands. Österr. Militär=Zeitschr. IX, S. 145 ff.

Schütte, Städtebau im Altertum. Vortrag, gehalten im Berliner Architektenverein im Februar 1911.

Söllner, Die hygienischen Anschauungen des römischen Architekten Vitruvius. Jenaer Medizinisch=historische Beiträge 1913, Heft 4.

St.., Una Visita al Teatro Romano di Verona. Verona.

Staatsmann, Die Maße der Cheopspyramide. Welt der Technik 1911, S. 128.

Stadelmann, Die Elektrotechnik in der Bibel. Elektrotechnischer Anzeiger 1909, Nr. 59, S. 656.

Steindorff, Die Blütezeit des Pharaonenreiches. Bielefeld 1900.

Stephani, Der älteste deutsche Wohnbau und seine Einrichtung. Leipzig 1902.

Strack, Das altgriechische Theatergebäude. Potsdam 1834.

Stübben, Der Bau der Städte in Geschichte und Gegenwart. Berlin 1895.

— Die Stadt in der Wüste. Tägliche Rundschau. Beilage vom 9. 10. u. 11. Oktober 1911.

Tacitus, Annalen XV, 43.

— Germania Kap. 16.

Tubeuf, Maßregeln gegen Hausschwamm im Alten Testament. Naturwissenschaftliche Zeitschr. für Land= und Forstwirtschaft 1903, Heft 4, S. 168.

Untersuchungen mit altem Mörtel von der Insel Thera. Mitt. des königl. Materialprüfungsamt zu Groß=Lichterfelde 1905.

Urbanitzky, Elektrizität und Magnetismus im Altertum. Wien 1887.

Wagner, Fundstätten und Funde aus vorgeschichtlicher, römischer und alemannisch=fränkischer Zeit im Großherzogtum Baden. Tübingen 1911.

Wiegand und Schrader, Priene. Berlin 1903.

Wieseler, Theatergebäude und Denkmäler des Bühnenwesens bei den Griechen und Römern. Göttingen 1851.

Wilkinson, The manners and customs of the ancient. Egyptians. London 1878.

Wilmowski, Das römische Bad zu Wasserliesch. Jahresbericht der Gesellschaft für nützliche Forschungen. Trier 1858.

Winnefeld, Die Villa des Hadrian bei Tivoli. Jahrb. d. kaiserl. deutsch. archäol. Instituts. Ergänzungsheft III. Berlin 1895.

Wolff, Bericht über die Arbeiten der Ausgrabungskommission in den Jahren 1903 bis 1906. Mitt. über römische Funde in Heddernheim. Heft IV, S. 58. Frankfurt a. M. 1907.

Wolff, Römische Villa in Praunheim (bei Heddernheim). Mitt. üb. römische Funde in Heddernheim. Heft IV. Frankfurt a. M. 1907.

Wood. The ruins of Palmyra, otherwise Tedmor in the desert. London 1753.

Woyte, Antike Quellen zur Geschichte der Germanen. Leipzig 1913.

Wüstemann und Ernst, Palast des Scaurus oder Beschreibung eines römischen Stadthauses. Gotha und Erfurt 1820.

Zetzsche, Technik und Kunst. Welt der Technik 1904, S. 105 ff.

Zschiesche, Die vorgeschichtlichen Burgen und Wälle im Thüringer Zentralbecken. Halle 1889.

Zumpt, Über die bauliche Einrichtung des römischen Wohnhauses. Berlin 1852.

Die Wasserversorgung.

Wie das Tier, so hat auch der Mensch einst dem Wasser nachgespürt: er mußte darnach suchen, wenn er trinken wollte. Flußläufe, Seen und Quellen boten ihm hierzu Gelegenheit. Sie alle haben aber die Eigenschaft, unter Umständen zu versiegen. In diesem Falle tritt dann die primitivste Technik der Wasserversorgung auf: das Scharren nach dem versickerten köstlichen Naß. Haberlandt hat nachgewiesen, daß das Aufscharren des Sandes ein noch heute von den primitiven Völkern Australiens geübtes Verfahren zur künstlichen Erreichung von Wasser darstellt. Aus der Weiterbildung dieser Wasserscharrlöcher („soakages") im Untergrund ausgetrockneter Flußbetten sind dann die Brunnenlöcher im Sand oder weichen Gestein entstanden. Bei besonders wasserarmem Boden findet sich nach den Haberlandtschen Untersuchungen in Australien ein weiterer technischer Fortschritt: der Saugbrunnen, der hier allerdings in einer noch sehr einfachen Form auftritt: man stößt einen Speer tief in den Boden, steckt einen Büschel trockenen Grases, das dazu dient, die groben Verunreinigungen zurückzuhalten, in das Loch und führt mitten durch dieses einen Rohrhalm ein, durch den das Wasser aufgesogen wird. Da Haberlandt ähnliche Einrichtungen auch bei den Hottentotten und Buschmännern Südafrikas sowie bei den Feuerländern nachweist, und da nach einer allgemein anerkannten Theorie die Entwicklungsstufen der Menschheit in ihren Uranfängen denen der jetzigen primitiven Völker gleichen, so können wir auch in bezug auf die Technik der Wasserversorgung annehmen, daß man vom Scharrloche zum Brunnen und von da aus zum Saugbrunnen gelangt ist.

Wasserversorgung im Orient.

In dem Maße, wie der Mensch seßhaft wurde, konnte diese Art der Wasserversorgung nicht mehr genügen. Man erkennt die Wichtigkeit des Wassers und sucht es den Ansiedlungen, soweit sie nicht an genügend großen natürlichen Wasserläufen liegen, durch besondere Einrichtungen zuzuführen. Es entstehen die ersten Wasserleitungen, die in einem künstlich hergestellten Graben von größerer oder geringerer Neigung bestanden, der oben zunächst noch unbedeckt war und das Wasser der Ansiedlung zuleitete. Jeder, der Wasser brauchte, schöpfte einfach daraus. Um das Schöpfen zu erleichtern, brachte man an der Wasserrinne besondere Schöpfbecken an. Eine solche aus einer Rinne mit Schöpfbecken bestehende antike Wasserleitung entdeckte Layard bei seinen Forschungen über das alte Assyrien: Sie befindet sich in einer Schlucht zu Bavian. Layard schreibt darüber: „Höher hinauf in der Schlucht ließ ich ebenfalls den Boden wegräumen und fand eine Reihe in den Felsen gehauener Wasserbecken, die stufenweise in den Fluß hinabführten. Das Wasser war ursprünglich

durch kleine Rinnen aus einem Becken in das andere geleitet worden, und an der
Mündung des unterjten waren zwei jpringende Löwen im Relief als Derzierung an=
gebracht (Abb. 552). Wir reinigten die verjtopften Rinnen, gojjen Wajjer in das obere
Becken und jtellten jo die Wajjerkunjt wieder her, wie jie zur Zeit der Ajjyrer ge=
wejen war." Auch die Wajjerverjorgung von Ninive gejchah mit hilfe offener Kanäle,
die das Wajjer von vielen Orten her zunächjt jammelten und es dann der Stadt zu=
leiteten, wo jie jich wieder durch die verjchiedenen Straßen verzweigten. Don diejer
Anlage jind zwar jcheinbar keine zweifelsfrei als jolche fejtgejtellten Rejte mehr er=
halten, doch berichtet über jie eine in den Fiejenbildern zu Bavian befindliche und
von hincks überjetzte Injchrift, aus der hervorgeht, daß dieje Wajjerverjorgung von
Sennacherib, aljo um die Wende des 8. u. 7. Jahrhunderts v. Chr. angelegt wor=
den ijt. „Don achtzehn Dijtrikten oder Dörfern," jagt die Injchrift, „habe er achtzehn
Kanäle nach dem Ujjur oder Khujur geleitet, in welchem er deren Wajjer jammelte.
Auch grub er einen Kanal von den Grenzen der Stadt oder des Dijtriktes Kisri bis
nach Ninive, leitete das Wajjer durch denjelben und nannte ihn den Kanal des Sen=
nacherib." Ähnliche Anlagen finden wir im alten Orient noch öfter. Welche ausge=

dehnten Grabenjyjteme man dort herzujtellen
pflegte, darüber berichtet herodot (II 188 ff.),
der uns erzählt, daß Kyros auf jeinem Zuge
nach Babylon am Fiujje Gyndes 360 Gräben
herjtellen ließ, angeblich um Rache an diejem
Fiujje zu nehmen, der jein Pferd fortgeführt
hatte. Aus der ganzen Bejchreibung des herodot
geht jedoch hervor, daß Kyros nur die bejjere
Jahreszeit abwartete, um gegen Babylon vor=
zudringen, und daß er wahrjcheinlich eine
Wajjerleitungsanlage für jein, der Bejchrei=
bung nach, fajt ein Jahr lang lagerndes heer
herjtellen ließ. Auch ein altes Relief des Bri=
tijchen Mujeums aus dem Palajte von Kujund=
jchik zeigt uns die Verteilung des Wajjers durch
derartige Gräben. Es jcheint jich hier um eine

Abb. 552. Unterjtes Schöpfbecken der
alten ajjyrijchen Wajjerleitung in
der Schlucht zu Bavian.

Wajjerverjorgung zu handeln, die zur Deckung des Wajjerbedarfs im Palajte und dann,
nachdem das Wajjer an diejem vorbeigejtrömt ijt, zur Bewäjjerung der Gärten diente.
Die Seitenkanäle zweigen in mäßig jpitzem Winkel vom hauptkanal ab. Die Gräben
wurden nicht immer nur im Erdreich geführt, man legte jie auch in Stein an, wie z.B.
den des Fiujjes Zâb und jeines Nebenfiujjes Ghâzit. Der von diejen Wajjerverjorgungs=
jtellen abführende 45 km lange Kanal hat an einzelnen Stellen eine Tiefe von 14 m
und ijt aus hartem Mujchelkalk herausgehauen. Zuweilen jtellte man jedoch auch
gemauerte Rinnjale her. Ein jolches befindet jich z. B. bei Damaskus. Allerdings
läßt jich nicht genau jagen, ob es wirklich dem Altertum angehört. Bei der hohen Stufe,
auf dem die Keramik in Mejopotamien jtand (jiehe den Abjchnitt „Keramik"),
muß es eigentlich wundernehmen, daß dort nicht häufiger Tonröhren als Wajjer=
leitungen gefunden werden. Doch wurden, worauf Merckel hinweijt, vereinzelt
z. B. bei Sendjchirli jolche Rohre von 30 cm Länge und 11 cm Durchmejjer
bei 2 cm Wandjtärke entdeckt. Sie hatten auf der einen Seite einen Falz, auf der
andern eine 5 cm lange Naje, die in den Falz eingejteckt war, wodurch eine gegenjeitige
Lageveränderung verhütet wurde. An den Berührungsjtellen jind die Rohre mit Ton

gedichtet. Besonders bemerkenswert an dieser Wasserleitung ist der Umstand, daß sie an einer Stelle senkrecht in die Höhe geht, um dann wieder herabzusteigen. Man muß also bereits damals, als sie hergestellt wurde (wahrscheinlich im 6. oder 5. Jahrhundert), auch im heutigen Kurdistan gewußt haben, daß der Druck des Wassers imstande ist, Höhenunterschiede zu überwinden. Neben Wasserleitungen gibt es in Mesopotamien aber auch Brunnen von oft beträchtlicher Tiefe, die jedoch in technischer Hinsicht nichts Bemerkenswertes darbieten. Man schöpfte das Wasser aus ihnen mit Eimern unter Verwendung von Seil und Rolle. (Merckel.)

Weitgehendes Interesse bieten die eine hochentwickelte Technik zeigenden Wasserversorgungsanlagen der Juden dar, unter ihnen vor allem die des Königs Salomo (1018—978 v. Chr.), die jetzt zum Teil wieder hergestellt ist und, wie einst, einen Teil Jerusalems mit Wasser versorgt. Die großen Teiche, die König Salomo in den Hügeln Judas anlegen ließ, gehören zu den größten technischen Leistungen des Altertums überhaupt und setzen eine bestimmte Kenntnis von der Theorie des Wasserdrucks voraus. Sie dienen, ebenso wie die obenerwähnte altbabylonische Leitung, einem doppelten Zweck: dem der Wasserversorgung sowohl wie dem der Bewässerung. Es geht dies aus der Bibel hervor, wo es (Prediger II 6) heißt: „Ich machte mir Teiche, daraus zu wässern den Wald der grünenden Bäume". Das Quellgebiet der salomonischen Wasserleitung liegt südwestlich von Jerusalem und etwas höher als diese Stadt. Das hier gefaßte Wasser wurde drei übereinanderliegenden großen künstlichen Teichen zugeführt, die in einer Talsenkung angelegt waren. Der oberste hat rechteckige, nahezu quadratische Form. Der mittlere zeigt die Gestalt eines langgestreckten Trapezes, der untere, durch eine Quermauer in zwei Hälften geteilte, die eines länglichen Rechtecks. Die Teiche sind große, im Verhältnis zu ihrer zwischen 120—160 m betragenden Länge ziemlich flache Bassins, deren Tiefe aber immerhin noch zwischen 8 und 19 m schwankt. Das Wasser stammt teils aus dem eben erwähnten Quellgebiet, teils kommt es aus den an den Teichen selbst befindlichen vier Quellen, die sämtlich gefaßt waren. Zunächst scheinen nur die Quellen zur Wasserversorgung Jerusalems gedient zu haben, deren Wasser in den Teichen aufgespeichert wurde, aus denen man es nach Bedarf abließ. Als dann die Wassermenge nicht mehr zureichte, ging man weiter und führte den Teichen auch das aus dem südwestlich von Jerusalem liegenden Quellgebiet kommende Wasser zu. An der Seite des oberen Teiches steht ein „Wasserschloß" oder „Wasserkastell", d. h. ein zum Sammeln des Wassers dienender überbauter Behälter. Das darin befindliche Bassin wird von einer Quelle, der Kastellquelle, gespeist. Man kann es von hier aus entweder direkt in die nach der Stadt führende Wasserleitung ablassen oder den oberen Teich damit füllen. Zwischen diesem Teich und dem Kastell steht ein Bauwerk, das zur Regulierung des Wasserzuflusses diente. Hier sammelt sich das Wasser einer zweiten Quelle, das durch einen unterirdischen Kanal zugeleitet wird. Auch dies Wasser kann entweder direkt in die Leitung oder nach dem oberen Teich abgelassen werden. Von der eben erwähnten Quelle (Ain-es-Salih) fließt aber eine Ableitung nach dem unteren Teiche der von einer unter ihm gelegenen Quelle (Ain-Farudsche) gespeist wird. Das von, Ain-es Salih kommende Wasser nebst dem von Ain-Farudsche und endlich dem einer dritten Quelle (Aien-Atan) fließen zunächst in ein Bassin, das in den starken Damm eingebaut ist, der den unteren Teich abschließt. Von hier aus führte dann die „untere Wasserleitung" nach Jerusalem, Bethlehem und dem alten Herodium, die also sämtlich von den Teichen aus versorgt wurden. (Abb. 553 bis 565 S. 418.)

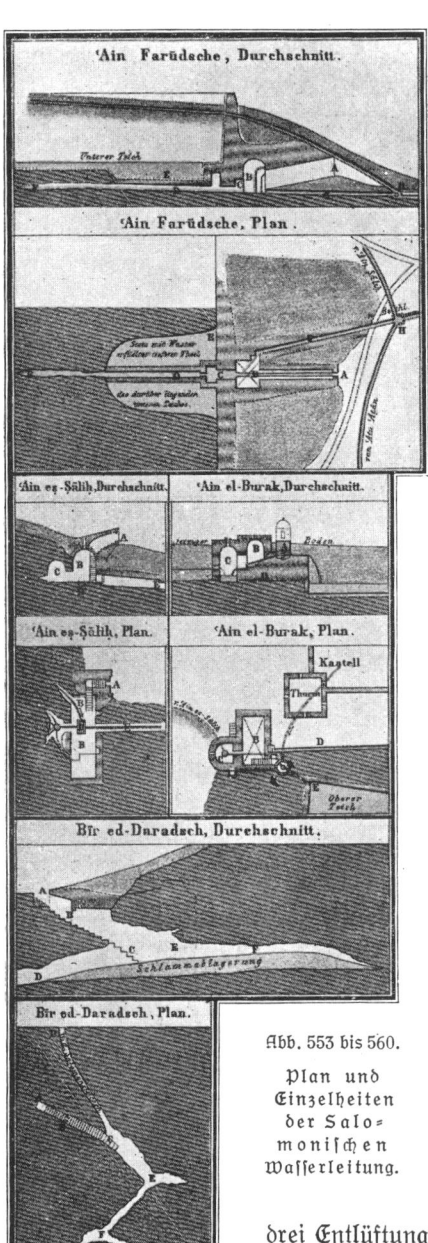

'Ain Farûdsche, Durchschnitt.

'Ain Farûdsche, Plan.

'Ain eṣ-Ṣâliḥ, Durchschnitt.   'Ain el-Burak, Durchschnitt.

'Ain eṣ-Ṣâliḥ, Plan.   'Ain el-Burak, Plan.

Bîr ed-Daradsch, Durchschnitt.

Bîr ed-Daradsch, Plan.

Abb. 553 bis 560.

Plan und Einzelheiten der Salomonischen Wasserleitung.

Während die Quellen ihr Wasser in die, wie man sieht, sehr benachbarten Teiche ergossen, wobei durchweg unterirdische Kanäle zur Anwendung kamen, mußten zur Herbeiführung des Wassers aus dem Quellgebiet besondere Leitungen angelegt werden. Es sind deren zwei vorhanden, von denen die eine aus dem Tale Wadi-Bijar kommt, während die andere die Gewässer des Tales Wadi-Arrub heranführt. Die erstere die ziemlich geradlinig verläuft, ist deshalb bemerkenswert, weil sie teilweise als Tunnel ausgebildet ist. Der bis 0,60 m breite und mäßig tiefe Kanal durchsetzt einen Bergrücken. Der hier hindurchgeführte Tunnel ist oben mit neun an die Oberfläche dieses Bergrückens führenden Luftschächten versehen. Dies beweist, daß man schon damals sehr richtig erkannt hatte, daß jedes Quellwasser lufthaltig ist. Die Luft sammelt sich im Innern der Leitungen in Form großer Blasen an und muß durch besondere Entlüftungseinrichtungen entfernt werden. Erfolgt diese Entlüftung nicht, so können sich mancherlei Störungen bei der Fortleitung sowohl wie bei der Entnahme des Wassers einstellen. Die hier an diesem Tunnel geschaffenen Entlüftungseinrichtungen dürften wohl die ältesten sein, die wir kennen. Im übrigen scheint man aber — wenigstens zu Zeiten des Königs Salomo, später unter Königs Hiskia wurde es anders — vor derartigen Tunnelbauten etwas zurückgeschreckt zu sein; wenigstens vermied man sie bei der aus dem Tale Wadi-Arrub herführenden Leitung sehr sorgfältig und führte sie lieber um alle Hügel und Vorsprünge des Tals herum, anstatt diese zu durchbohren. Die Leitung von Wadi-Arrub weist nur einen einzigen Tunnel mit drei Entlüftungsstollen auf, der durch den Hügel Sahl-Tekua hindurchführt. Im übrigen zeigt sie einen infolge der eben geschilderten Verhältnisse äußerst langen und außerordentlich gewundenen Lauf. Das Kanalbett ist teilweise gemauert, teilweise aus dem Felsen herausgehauen, an einer Stelle liegt es auf einer Brücke. Ebenso wie das Wasser der Quellen so konnte auch das dieser Leitungen ent=

weder direkt nach der Stadt oder den
Teichen zugeführt werden, wobei
die Einteilung so getroffen war, daß
die Leitung von Wadi-Bijar zu dem
oberen, die von Wadi-Arrub zu den
beiden unteren Teichen führte. Betrachtet man sich das ganze System,
so ersieht man, daß man das Wasser
entweder direkt den zu versorgenden
Städten zuleiten oder daß man damit
einen oder mehrere Teiche füllen und
es ebenso nach Belieben aus diesen
entnehmen konnte. Die ganze Anlage ließ also eine weitgehende Regelung des Wasserzuflusses und der
Wasserentnahme zu.

In zwischen wurde, wie Huntemüller berichtet, noch weitere Zuleitungen und zwar von der Ain
Kuweiziba in einer Länge von
3 Kilometern und aus dem Wadi
el Dor aufgedeckt, die römischen
Ursprungs sind und von denen die
erstere das Bild einer römischen
Quellstube zeigt. Auch diese Leitungen führten ihr Wasser, das unter-
wegs von einer gemeinsamen Leitung aufgenommen worden war,
den alten salomonischen Teichen zu.
Auch in den anderen Tälern finden
sich zahlreiche Spuren römischer Arbeiten, wie überhaupt mit der Zeit
immer weitere Quellgebiete zur
Wasserversorgung Jerusalems herangezogen wurden (Abb. 553—569).

Von den Teichen führten, wie
vor allem die Forschungen des „Pa-
lestine Exploration Fund" gezeigt
haben, drei massiv gebaute Wasserleitungen nach Jerusalem, Bethlehem
und Herodium, von denen die
eine vollkommen verborgen war.
Die eine dieser Wasserleitungen,
die sogenannte „untere", wurde
von Herodes (37—4 v. Chr.) an-

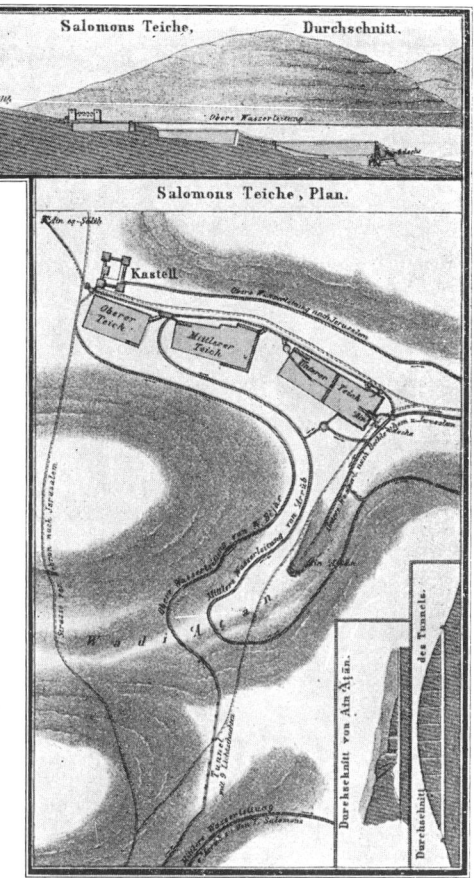

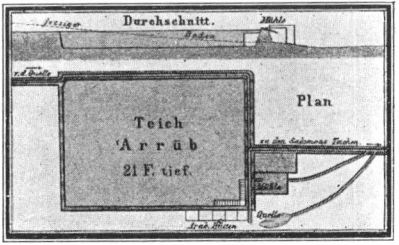

Abb. 561 bis 565. Plan und Einzelheiten der
Salomonischen Wasserleitung.

gelegt. Die sogenannte „hohe" ist deshalb besonders bemerkenswert, weil sie
auf einer Strecke aus Steinröhren hergestellt ist. Diese Röhren sind aus Steinblöcken angefertigt und mit einer Durchbohrung von 4—5 cm lichter Weite ver-

Abb. 566. Die Salomonifche Wafferleitung.
Stauweiher im Wadi el Arrub

Abb. 567. Die Wafferverforgung Jerufalems.
Wadi Artas, im Hintergrunde Bethlehem. Blick auf die Salomonifche Leitung und die Hochleitung.

fehen. An den Berührungsftellen hat der eine Blod immer eine Rille, der andere einen in diefe Rille eingreifenden Zapfen. Durch diefe Einrichtung werden die Rohre aneinandergefügt und in ihrer gegenfeitigen Lage festgehalten. Die Berührungsftellen wurden mit Ton verfchmiert. Da die Leitung über einen Bergrücken wegfteigt, fo hat man alfo auch hier bereits den Druck des Waffers zur Überwindung derartiger Hinderniffe auszunugen verftanden. Die „untere" Leitung ift an zwei Stellen durch Tunnels geführt. Sie wurde fpäter, bei Gelegenheit von Ausbefferungen, in Ton= röhren geführt.

Das in der Stadt ver= brauchte Waffer floß durch Kanäle ab, die jedoch in ihrem Verlaufe noch nicht völlig aufgedeckt find.

Die alte Salomonifche Wafferleitung ift durch den griechifchen Ingenieur Franghia wiederherge= ftellt worden, wobei noch wefentliche Teile der an= tiken Anlage, insbefondere die Rohrleitungen, benugt werden konnten. Sie endet in der Mofchee Omars, die heute an der Stelle des Salomonifchen Tempels fteht, in deffen Vorhof auch die beiden alten Leitungen führten. Außer dem Brun= nen der Omar = Mofchee, der nur von Mohamme= danern benugt werden darf, liefert diefe ältefte aller noch im Gebrauch befindlichen Wafferleitun= gen das Waffer noch für einen zweiten Brunnen, der zur Benugung für An= dersgläubige beftimmt ift.

Auch König Hiskia (727—669 v. Chr.) machte

Abb. 568. Die Wafferverforgung Jerufalems.
Wafferleitung im Wadi el Choch (daneben Beduinenzelte).

fich um die Wafferverforgung von Jerufalem fehr verdient und legte insbefondere einen Tunnel an, der noch heute das Waffer der Siloahquelle aufnimmt. Diefer Tunnel hat eine Länge von 533 m und die ungefähre gebogene Geftalt eines S. Im Jahre 1888 entdeckten dort badende Kinder eine althebräifche Infchrift, die in der Überfegung lautet: „Als noch drei Ellen zu durchftechen waren, fo vernahm man die Stimme des einen, der dem anderen zurief; denn es war ein Spalt im Felfen von der füdlichen Seite her. Und am Tage der Durchftechung fchlugen die Steinhauer einander entgegen, Hacke auf Hacke. Da floffen die Waffer vom Ausgang in den

Teich, 1200 Ellen weit.   Um 100 Ellen war die Höhe des Felfens über dem
Kopfe der Steinhauer."

Es ift nicht gelungen, alle Teile diefer Infchrift zu entziffern; außer dem vor=
ftehend angeführten Teile laffen fich nur noch einzelne Worte erkennen, aus denen
hervorzugehen fcheint, daß man beim Tunnelbau auch Meißel benußte. Der Tunnel
felbft ift 60—80 cm breit, feine Höhe beträgt am nördlichen Ausgang 1,80 m und nimmt
gegen die Mitte auf
46 cm ab. Nach der
füdlichen Seite fteigt fie
bis 3 m an. Das Gefäll
des Waffers ift ein fehr
geringes, es beträgt nur
30 cm. Aus dem eigen=
artigen Verlauf des Tun=
nels und fonftigen Spu=

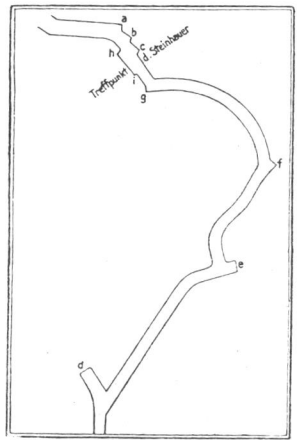

Abb. 570. Der Siloah=Kanal
mit dem „Treffpunkt".
Am Treffpunkt ift zu erkennen,
daß man verfchentlich von
der Richtung abwich, daß man
aber ftets durch baldiges Auf=
geben der falfchen Strecke den
Fehler verbefferte und fo fchließ=
lich, wahrfcheinlich geführt durch
den Schall, ganz genau aufein=
andertraf.

Abb. 569. Die Wafferleitung Jerufalems.
Altrömifche Wafferleitung kurz unterhalb des Stauteiches im Wadi Bijar.

ren läßt fich heute noch die Stelle genau feftftellen, an der die von den beiden
Seiten hervordringenden Arbeiter aufeinandergeftoßen fein müffen (Abb. 570).
Es muß zweifellos als eine Meifterleiftung der damaligen Technik bezeichnet werden,
einen derartig langen Tunnel, noch dazu gekrümmter Form, von zwei Seiten her
in Angriff zu nehmen und die Arbeiten fo zu führen, daß die beiden Stollen genau
aufeinandertreffen. Eine derartige Arbeit würde heute noch gewiffe Schwierigkeiten
darbieten. Mit welchen Hilfsmitteln die Aufgabe der richtigen Stollenführung da=
mals gelöft wurde, wiffen wir leider nicht.

Das Wasser dieser alten Wasserleitungen des Orients wurde in den Städten nicht in die Häuser verteilt, sondern öffentlichen Brunnen zugeleitet, aus denen man sich das nötige Wasser holte. Über die Einrichtungen dieser Brunnen ist Näheres und Sicheres nicht bekannt geworden.

Die Wasserversorgung bei den Ägyptern.

Die Ägypter waren infolge der natürlichen Beschaffenheit ihres Landes in erster Linie auf die Anlage von Brunnen angewiesen, da die Herstellung von Wasser= leitungen wegen der Armut an Quellen und Wasserläufen mit stärkerem Gefälle, sowie der Ebenheit des Bodens auf Schwierigkeiten stieß. Schon früh hat man deshalb, insbesondere in den Oasen der Wüsten, Brunnen gegraben, die man bis zum Wasser= spiegel niederführte, und deren Innenwandung man, um der Gefahr des Einstürzens vorzubeugen, so weit mit Holz verkleidete, als der Brunnenschacht durch den Wüsten=

Abb. 571. Ägyptische Satieh mit Göpelwerk.

sand hindurchging. Die Holzverkleidung reichte also bis zu einer Tiefe von 20—30 m. Dann arbeitete man den nunmehr enger ausgeführten Schacht durch das darunter liegende Felsgestein und trieb ihn darin oft bis zu 150—170 m in die Tiefe. Einzelne dieser Brunnen sind sehr alt und waren im Altertum so berühmt, daß manche Schrift= steller, wie z. B. Strabo, ihrer Erwähnung tun, ohne jedoch näher auf die technischen Einzelheiten einzugehen.

Mit der Zeit legte man auch Wasserleitungen an, bei denen man das Nilwasser den Städten zuführte. Eine derartige Wasserleitung wurde z. B. in Alexandria, jedoch nicht von den Ägyptern, sondern von den Griechen gebaut. Da der Wasserspiegel des Nils noch tiefer lag als die zu versorgenden Städte, so konnte das Wasser nur zur Zeit der Nilüberschwemmung nach den Städten geleitet werden. Man öffnete dann die Schleusen der dorthin führenden Kanäle, durch die das Wasser nach den im Stadtinnern befindlichen Zisternen floß und sie anfüllte. Alexandria hatte 360

derartiger Zisternen, die oft vier Stockwerke hatten. Von hier floß das Wasser nach
den Brunnen, aus denen man es schöpfte. Brauchte man zu anderen Zeiten, wo
der Nil tief stand, Wasser, so mußte man es künstlich heben, was mit Hilfe der
Satieh geschah und auch heute noch geschieht. Die auch von Vitruv (X 4) be=
schriebene Satieh besteht aus einem senkrechten Rad, über das Palmstricke laufen, an
denen Schöpfgefäße angebracht sind. Dreht man das Rad, so tauchen diese Schöpf=
gefäße auf der einen Seite leer in das Wasser hinab, auf der anderen steigen sie
gefüllt empor. Ihr Inhalt entleert sich dann jenseits des höchsten Punktes in
eine Abflußrinne. Das Drehen des Rades wird durch ein Göpelwerk (siehe
in Abschnitt „Technische Mechanik und Maschinen") besorgt, das durch einen
Ochsen oder ein Kamel in Bewegung gesetzt wird, die Tag und Nacht im
Kreise herumgehen. (Abb. 571 S. 423.)   Diese Schöpf= und Hebevorrichtung
stand schon im Altertum im Gebrauch und hat sich unverändert bis auf den
heutigen Tag erhalten, wo sie allerdings nur noch für Bewässerungszwecke dient,
da man die Wasserförderung für Wasserleitungen mit Hilfe von Dampfpumpen
bewerkstelligt.

(Über eine andere Wasserhebevorrichtung der Ägypter, den „Schaduff",
siehe Seite 207.)

Die Wasserversorgung bei den Griechen.

Die Griechen waren es, die von allen Völkern des Altertums den Wert einer
guten Wasserversorgung und vor allem den einer zentralen Versorgungsanlage, die
einem ganzen Gemeinwesen zugute kam, am frühesten und in weitestem Umfange
erkannt zu haben scheinen. Schon auf den ältesten Stätten ihrer Kultur, wie z. B.
in Mykenä, findet man Spuren von alten Wasserleitungen. In allen Städten be=
finden sich zahlreiche Brunnen, die oft eine geschmackvolle künstlerische Ausführung
zeigen, und die durch die Sorgfalt, mit der man sie herstellte, beweisen, welchen Kult
man im alten Griechenland mit dem Wasser trieb. Man hatte auch den hygienischen
Wert des Wassers richtig erkannt, und Aristoteles weist auf die große gesund=
heitliche Bedeutung einer guten Versorgung mit reinem Trinkwasser hin. Aus
alten Zeiten her hatte sich das Gefühl, daß ein zum Trinken bestimmtes Wasser
durch nichts verunreinigt sein und daher nicht für andere Zwecke gebraucht werden
dürfe, erhalten; die besondere Verehrung, die man den Quellen schon im all=
gemeinen bezeigte, bekam nach dieser Seite hin dadurch noch ihren besonderen Aus=
druck, daß das Reinigen von Gewändern in ihnen als ein schwerer Frevel betrachtet
wurde. Die Brunnen wurden besonders überwacht, und eigene Gesetze regelten
ihren Gebrauch.

Ehe man zur zentralen Wasserversorgung, also zur Anlage von Leitungen über=
ging, die ganzen Städten und Gemeinden das Wasser zuführten, war wohl die Einzel=
versorgung der verschiedenen Anwesen allgemein üblich. Sie ließ sich jedoch deshalb
nicht überall durchführen, weil man nicht auf jedem Grundstücke Wasser fand. Für
alle jene, die trotz grabens bis zu einer bestimmten Stufe nicht auf Wasser gestoßen
waren, wurde dann die Benutzung der öffentlichen Brunnen durch ein im
6. Jahrhundert v. Chr. von Solon gegebenes Gesetz gestattet. Diese Brunnen
waren zunächst entweder gegrabene Brunnen oder Zisternen oder aber gefaßte

Quellen. Bei vielen finden wir schon frühzeitig darüber aufgeführte Brunnen=
häuser, die den Zweck hatten, das Hineinfallen von Staub, Schmuß usw. in das
Wasser zu verhüten. Besondere technische Merkmale weisen diese in ihren
Grundzügen so primitiven Anlagen nicht auf.

Die älteste bekannte Wasserleitung Griechenlands ist die oben bereits er=
wähnte von Mykenä. Sie zeigt uns in ihrer ganzen Anlage, daß man es da=
mals in Griechenland noch nicht verstand, den Druck des Wassers auszunützen.
Die Leitung soll die Burg von Mykenä mit Wasser versorgen. Sie soll aber auch
gleichzeitig dem Feinde verborgen bleiben, der ja überhaupt bei vielen der=
artigen Anlagen des Altertums insofern bestimmend auf die Ausgestaltung ein=
wirkt, als man sich stets bemüht, ihm die Möglichkeit zu nehmen, das Wasser
abzuschneiden oder zu vergiften. Darum sind viele alte Wasserleitungen unter=
irdisch geführt. Auch die von Mykenä läuft außerhalb der Mauer unterirdisch
dahin und führt das Wasser einer Quelle in den Brunnen, der von der Burg
aus durch einen gleichfalls unterirdischen Gang erreichbar ist. Zur Burg selbst
versteht man das Wasser noch nicht hinanzuführen. Besonders berühmt war im
Altertume die Wasserleitung von Samos, die wohl zur Zeit des Polykrates
(535—522 v. Chr.) von Eupalinos von Megara errichtet wurde und sich da=
durch auszeichnete, daß das Wasser unterhalb der Sohle eines durch einen Berg
hindurchgetriebenen Tunnels von etwa 1 km Länge hindurchfloß. Von hier aus
führten es Röhren der Stadt zu. Man hat nun neuerdings diese alte Anlage ge=
nauer durchforscht, wobei sich gezeigt hat, wie äußerst zweckmäßig man bei der
Ausführung vorgegangen ist. Zwischen den antiken und den jetzigen Wasser=
leitungen besteht ein grundlegender Unterschied in bezug auf die Verteilung des
Wassers. Jetzt legt man einen Hauptbehälter an, von dem das Wasser durch
einen Hauptrohrstrang der Stadt zugeleitet wird. Vom Hauptrohrstrange zweigen
sich dann die Leitungen für die einzelnen Straßen und von diesen wieder die für
die einzelnen Häuser ab. Bei den antiken Wasserleitungen gab es zwar auch
Hauptbehälter, aber keinen Hauptrohrstrang. Das Wasser floß vielmehr von der
Sammelstelle, dem „Wasserschloß" (siehe unten, bei den Wasserleitungen der
Römer), in einzelnen, gewissermaßen strahlenförmig von ihr ausgehenden Lei=
tungen den verschiedenen Stadtteilen zu. Am Ende jeder dieser Leitungen be=
fand sich in der Regel wiederum je ein Behälter, von dem aus es abermals in
strahlenförmig ausgehenden Leitungen den Entnahmestellen, also den Brun=
nen usw. zugeleitet wurde. Wollte man daher in Samos sowie auch in anderen
Städten eine Wasserleitung anlegen, so mußte man als Knotenpunkt des Ver=
teilungsnetzes eine Stelle wählen, von der aus sich die Leitungen bequem nach
den einzelnen Stadtteilen verzweigen ließen. Eine solche Stelle lag in der Höhe
der Südseite eines die Stadt begrenzenden Berges. Durch sie war der Südpunkt
des Tunnels gegeben. Als Nordpunkt wählte man eine andere Stelle, die es er=
möglichte, die beim Tunnelbau geförderten Unmengen von Schutt bequem zu
beseitigen. Eine solche fand man an einem Steinhang, über den man den Schutt
und die Gesteinsbrocken leicht hinunterwerfen konnte. Damit waren die beiden Richt=
punkte für den Tunnel festgesetzt. Nun handelte es sich darum, diesen derart mit der
Quelle zu verbinden, daß ein die Stadt bedrohender Feind nichts von dem Vorhanden=
sein der Leitung merkte. Man führte die Leitung deshalb unterirdisch aus und ging
mit ihr sogar unter dem Bett eines Baches hindurch. Diese Leitung ist gekrümmt und
hat eine Länge von 835 m. Sie beginnt an der Quelle an einem Behälter, in dem

das Quellwasser gesammelt wurde. Dieser Behälter ist durch ein Gebäude mit einem von 15 Pfeilern getragenen Dach überdeckt. Die Verbindung zwischen dem Quellengebäude und dem Tunneleingange stellt der erwähnte unterirdische Gang her, der etwa 1,70 m hoch und ungefähr 0,50 m breit ist. Das Wasser fließt am Boden dieses Ganges in einer durch Steinplatten bedeckten Rinne. Im Tunnel selbst fand die Leitung wahrscheinlich in Tonrohren statt, wenigstens hat man solche darin gefunden. Allerdings steht nicht fest, ob sie bereits bei der Anlage des Tunnels Verwendung fanden oder ob man sie erst später verwendet hat. Die Rohre sind teils rund, teils von rechteckigem Querschnitt und dienten in letzterem Falle wahrscheinlich nur zur Auskleidung der Rinne. Sie dürften dann mit Stein= oder Tonplatten bedeckt gewesen sein. Von den runden Rohren ist jedes zweite oben durchlocht, was vielleicht geschah, um eine Entlüftungseinrichtung zu schaffen. (Abb. 572.)

Der Tunnel scheint, ähnlich wie der von Siloah, von zwei Seiten her in Angriff genommen worden zu sein. Darauf läßt eine sehr unebene Stelle in seinem Innern schließen, die zeigt, daß man hier zwar immer noch ziemlich genau, jedoch nicht so genau zusammentraf, wie beim Tunnel von Siloah. Man kam nämlich mit dem

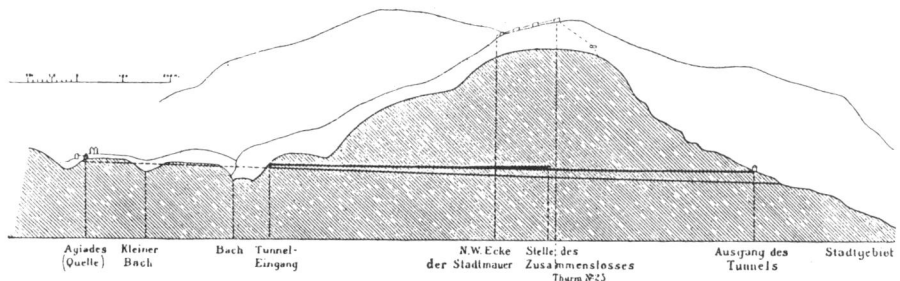

Abb. 572. Die Wasserleitung von Samos

Boden des Nordstollens zu weit in die Höhe, so daß er sich über die Decke des Süd= stollens schob. Der Höhenunterschied betrug über 1 m. Man senkte dann den Boden des Nordstollens und glich so die Unebenheit aus. Um mit den Arbeiten möglichst rasch vorwärts zu kommen, brachte man den Bauschutt und die Gesteinstrümmer nicht durch den Tunnel selbst heraus, sondern legte besondere Schächte hierfür an. Die Tunnelwandungen zeigen Nischen, in denen während der Arbeit die Öllampen der Arbeiter aufgestellt waren. Wo man der Festigkeit des natürlichen Gesteins nicht traute, mauerte man den Tunnel aus.

Im Tunnelinnern lief das Wasser in einem Graben, der unterhalb der Tunnel= sohle lag. Es trat unterirdisch in den Tunnel ein und wurde von ihm aus unter= irdisch weiter zur Stadt geleitet. Der Graben ist durch Schächte mit dem Tunnel verbunden. In gewissen Abständen ist er noch besonders mit Steinplatten bedeckt und dann bis zur Tunnelsohle mit Schutt aufgefüllt, so daß man durch eine derartige Auffüllung des Grabens die Entfernung des Tunnelschutts erspare. Dieser Graben hat nun die merkwürdige Eigenschaft, daß er am Anfange des Tunnels nur etwas über 2 m unter der Tunnelsohle liegt, während seine Tiefe unter der Sohle in der Nähe der der Stadt zugewendeten Tunnelöffnung 8,25 m beträgt. Der Graben fällt also gegen den Tunnel um etwa 6 m. Dies dürfte wohl daher rühren, daß man die Höhenlage der gewählten Endpunkte des Tunnels nicht genau genug festzustellen verstand. Als dann der Tunnel fertig war, hatte er zu wenig Gefälle. Man legte daher an seiner Sohle den Graben mit stärkerem Gefälle an, der dann als eigentliche Wasserleitung diente. Herodot gibt von dieser im Altertume so berühmten Wasserleitung von Samos folgende Beschreibung (III 60): „Ich habe mich bei den Samiern etwas länger verweilt, weil sie drei Werke gemacht, die größten in ganz Hellas. Erstlich durch einen Berg, der ist hundertfünfzig Klafter hoch, durch den haben sie unten am Fuß einen Graben durchgemacht mit zwei Mündungen. Die Länge dieses Grabens beträgt sieben Stadien, die Höhe und Breite aber acht Fuß (über das Stadion siehe Seite 505). In diesem Graben ist der ganzen Länge nach ein anderer Graben gemacht, zwanzig Ellen tief und drei Fuß breit; durch diesen wird das Wasser aus einem großen Born in Röhren geleitet, die führen es in die Stadt. Der Baumeister des Grabens war Eupalinos, des Naustrophos Sohn von Megara.“

Noch bemerkenswerter als die Wasserleitung von Samos ist die wohl etwa 200 v. Chr. hergestellte Leitung von Pergamon; stellt sie doch eine Druckwasserleitung dar, während es sich bei der von Samos nur um eine einfache Gefällswasserleitung handelt, so daß also hier schwierige technische Aufgaben zu lösen waren. Wie Gräber mit Recht bemerkt,

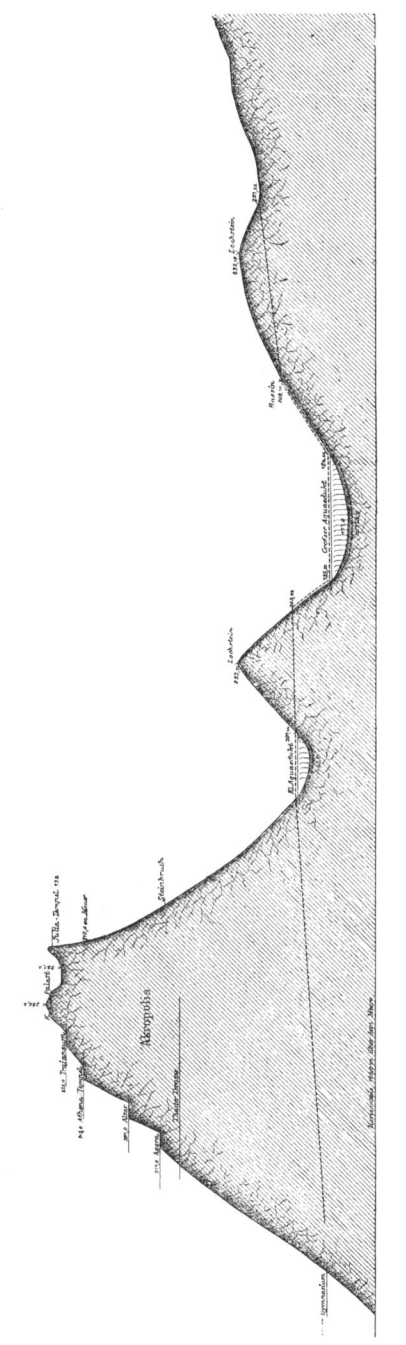

Abb. 573. Plan der Wasserleitung von Pergamon.

gibt uns die Ausführung dieser unterirdischen Wasserleitung „einen hohen Begriff von der Bedeutung der alten Stadt". Es hat sich nicht genau ermitteln lassen, wann diese Leitung angelegt wurde.

Abb. 574. Lochsteine der Wasserleitung
von Pergamon.

Das durch sie zugeführte Wasser mußte bis zu einer Zisterne in 332 m Höhe über dem Meere hinaufgeführt werden. Um es bis hier herauf zu fördern, war also der Hochbehälter an einem noch höheren Orte anzulegen. Seine Reste befinden sich nach Giebeler in 367,6 m Höhe auf dem Berge Hagios Georgios. Von hier fällt die Leitung nach zwei tiefen, durch einen Hügelrücken getrennt, Tälern von etwa 192 bzw. 172 m Meereshöhe, um dann wieder zu der hoch gelegenen Entnahmestelle anzusteigen. Man mußte also auch diese beiden Täler bzw. den zwischen ihnen liegenden Höhenrücken durch den Druck des Wassers überwinden. Der Maximaldruck in der Leitung betrug somit 367,6 — 172 = 195,6 m Wassersäule, also 19,56 Atmosphären. (Abbildung 573 Seite 427.)

Gräber, der früher die Verwendung von Bleirohren annahm, vermutet später, daß die Rohre aus „Erz", also wohl aus Kupfer, Messing oder Bronze bestanden, eine Vermutung, gegen die sich verschiedene Einwendungen geschichtlicher und auch metalltechnischer Art machen lassen. Nach einer freundlichen brieflichen Mitteilung von Dörpfeld hält dieser auch eine Holzleitung nicht für unwahrscheinlich, eine Annahme, der sich auch der Verfasser anschließen möchte, denn Holzleitungen halten starke Drucke aus, waren im ganzen Altertume vielfach in Verwendung, sind leicht herzustellen, zu verbinden und zu dichten. Immerhin erscheint vielleicht die Benutzung von Tonrohren wenigstens innerhalb der Stadt nicht ganz ausgeschlossen. Man hat

Abb. 575   Reste der Wasserleitung von Pergamon

solche Tonrohre in der Hauptstraße gefunden, die vom Eumenischen Mauerring nach oben führt. Weitere Tonrohre fand man als Zuleitung zum Baderaum des oberen Gymnasions. Sie lagen in einem Felskanal und gingen bis zur Mitte der Wände in die höhe. Von hier aus wurde das Waffer in Metallrohren bis über die Wannen geleitet. Da nun die Römer fpäter in Pergamon noch eine zweite Leitung, allerdings nur für die Unterftadt anlegten, fo kann es vielleicht zweifelhaft erfcheinen ob diefe Rohre nicht erft von ihnen eingebaut wurden. Die Röhren find niemals darauf unterfucht worden, ob fie, wenigftens foweit fie im oberen Gymnafion liegen, den dort vorhanden gewefenen Druck aus= zuhalten imftande find. Sie lagen wohl durchweg in Loch= fteinen (Abb. 574 Seite 428), die in etwa 1,20 m Entfernung von einander in einem Graben auf ihrer fchmalen Kante aufgeftellt find. Die Lochfteine haben eine Länge von 1,20—1,50 m, eine Breite von 0,60—0,70 m und eine Dicke von 20—25 cm. Sie find in der Mitte durchbohrt.

Abb. 576. Refte des Quellhaufes der alten Waffer= leitung von Pergamon.

Bei der jetzigen Erhaltung ift der obere Rand oft ausgebrochen. Die Durchbohrung hat einen Durchmeffer von 30 cm. Auch bei der fpäteren römifchen Wafferleitung kamen derartige Lochfteine in einer Stärke von 60—80 cm und mit einer Durchbohrung von 24 cm Durchmeffer zur Verwendung. Sie lagen auf den Aquädukten, durch die die Römer die oben erwähnten Einfattlungen von 192 bzw. 172 m Meereshöhe überbrück= ten. Den zwifchen den beiden Aquädukten befindlichen hügel umfchreitet die römifche Lei= tung, während die griechifche über feinen Kamm hinweg= führt. Ebenfo fchlängelt fich die römifche Leitung noch um einen zweiten hügel von 233 m Meereshöhe herum — ein Zei= chen, daß ihr Druck zu gering war, diefe höhen zu überwin= den, über die die altgriechifche Leitung vermöge ihres höheren Druckes glatt hinwegführte. Alles in allem legten die Römer zu Pergamon fünf große Waf=

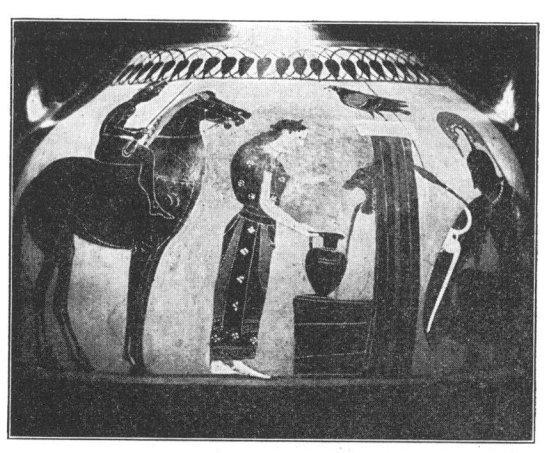

Abb. 577. Griechifcher Brunnen.
Nur fcheinbar ein Pumpbrunnen; die Lanze des dahinter ftehenden Kriegers bringt diefe Täufchung hervor. Der Brunnen hat die= felbe Bauart wie der auf Seite 439 Abb. 594 dargeftellte römifche. Vafenbild. Berlin, Altes Mufeum Antiquarium

ferleitungen an, von denen verfchiedene wegen ihrer Länge bemerkenswert find, bringt die eine doch das Waffer aus einer Entfernung von 60 km, während es die andere aus dem 33 km entfernten Soma zuführt. (Abb. 573—576.)

Die Druckwafferleitung von Pergamon ift nicht die einzige des Altertums und insbesondere des griechischen Altertums. Wir finden solche noch in Patara, in Methymna usw. usw.

Die Wasserversorgung bei den Römern.

Auch die römischen Wasserleitungen haben vielfach das Drucksystem, trotzdem man es, soweit als nur möglich vermied, da die Leitungen schwerer auszuführen

Abb. 578. Brunnen hinter den Häusern der bürgerlichen Ansiedlung auf der Saalburg.

Abb. 579. Brunnen mit Holzverschalung und Dach (Rekonstruktion) im Saalburgkastell.

und vor allem auch schwerer dicht zu halten waren. Wo man daher mit einer einfachen Gefällswasserleitung auskommen konnte, zog man diese vor. Doch finden sich auch römische Druckwasserleitungen wie z. B. zu Alatri bei Rom usw. usw. Wo die

Abb. 580. Brunnen mit Mauerrand und Dach (Rekonstruktion) im Saalburgkastell.

Römer hinkamen, war die Schaffung einer guten Wasserversorgung eine ihrer ersten Sorgen. Sie erkannten sehr wohl die Vorzüge des Quellwassers. Wo aber Quellwasser nicht zu haben war, da handelten sie nach dem Rate des Vecetius (epit. R. mil. IV. X): „Si natura (fontes) non praestat effodiendi sunt putei aquarumque haustus funibus extrahendi" (wenn die Natur kein Quellwasser liefert, so muß man Brunnen in jeder erforderlichen Tiefe graben und das Wasser mit Hilfe von Seilen emporziehen). Diese Regel macht es erklärlich, warum z. B. die ganze Wasserversorgung der Saalburg mit Hilfe von Ziehbrunnen geschieht, die uns allerdings zeigen, wie der Römer den reichlichen Gebrauch von Wasser und von Gelegenheiten, es zu entnehmen, liebte. In der vor dem Kastell gelegenen bürgerlichen Ansiedlung finden sich eine Unmasse von Schöpfbrunnen. (Abb. 578.) Hinter jedem Hause, ja fast hinter jedem Gebäude war einer angebracht, aber auch im Innern des Kastells finden wir solche Brunnen. (Abb. 579 und 580.) Im ganzen sind bis jetzt im Kastell 12 Brunnen und außerhalb 78, im ganzen also 90 aus verschiedenen Perioden ausgegraben. Die älteren dieser Brunnen waren mit Holz verschalt (Abb. 579), später ersetzte man die Ver= schalung durch Mauerwerk, das man bis ungefähr zur Brusthöhe aufmauerte. (Abb. 578 und 580.) Die Brunnen waren wohl meist durch ein darüber an= gebrachtes auf Holzpfosten ruhendes Dach, an dem auch die Rolle zum Schöpf= eimer angebracht war, vor Verschmutzung geschützt. Vielleicht war auch der Brunnenschacht oben noch einmal besonders mit einem Deckel bedeckt. Außerdem hatte man außerhalb des Kastells noch verschiedene Quellen gefaßt, deren Wasser durch Holzrohre nach den in der Umgebung gelegenen Schöpf= und Verbrauchsstellen ge= leitet wird. Die Holzrohre wurden mittels langer Röhrenbohrer hergestellt und durch Metallringe miteinander verbunden. In verschiedenen Römerkastellen Deutsch= lands (Wiesbaden, Hofheim, Heddernheim, Saalburg) fand man eiserne Reifen von 10 cm Durchmesser mit einer Rippe in der Mitte, sogenannte „Büchsen", wie sie zur Verbindung hölzerner Wasserleitungsröhren an den Fugen heute noch ge= braucht werden.

Die Anlage von Brunnen stieß manchmal deshalb auf Schwierigkeiten, weil man nicht überall, wo man es brauchte, auch Wasser fand. Vitruv gibt deshalb (VIII 1) für das Auffinden von Wasser folgende Regeln:

„Man lege sich, noch ehe die Sonne aufgegangen ist, in der Gegend, in welcher man Wasser sucht, das Gesicht gegen die Erde gewendet, auf den Boden, und indem man das Kinn auf die Erde setzt und fest stützt, sehe man über jene Fläche hin. So wird nämlich, wenn das Kinn unbeweglich steht, das Auge nicht unstät höher streben, als es soll, sondern wird in sicherer Einschränkung die Niveauhöhe über die Gegend hin halten. An der Stelle nun, an welcher man Dünste sich kräuselnd in die Luft erheben sieht, da schlage man einen Schacht hinab: denn an einem trockenen Orte kann sich dies Anzeichen nicht finden . . .

Kennzeichen der Stelle aber, an welchen Bodenarten Wasser zum Vorscheine kommt und gefunden werden kann, sind: zarte Binsen, wilde Weiden, Erlen, Keu= schlamm, Schilf, Efeu und andere Gewächse der Art, welche ohne Feuchtigkeit nicht gedeihen können. Es pflegen aber dergleichen auch in Bodensenkungen zu wachsen, welche, tiefer als das übrige Gefilde liegend, die Feuchtigkeit von den Regengüssen aufnehmen und den Äckern den Winter über und noch länger infolge ihrer mulden= förmigen Beschaffenheit bewahren; diesen aber ist nicht zu trauen, sondern an andern Gegenden und Landstrichen, nur nicht an Bodensenkungen, wo jene Anzeichen ungesät, vielmehr durch den Trieb der Natur selbst von freien Stücken wachsen, da muß man nach Wasser forschen.

Wenn aber an diesen Plätzen keine Dinge der Art den Fundort zeigen, so hat man folgende Versuche anzustellen. Man grabe ein Loch, das nach jeder Richtung fünf Fuß mißt, und setze in dasselbe um Sonnenuntergang einen bronzenen oder bleiernen Becher oder ein solches Becken, was von beiden eben zur Hand ist, streiche es aber vorher von innen mit Öl aus und stelle es umgestürzt hinein, bedecke dann die Oberfläche der Grube mit Schilfrohr und schütte dies mit Erde zu; öffnet man dann am folgenden Tage die Grube wieder, so wird der Boden, wenn das Gefäß angelaufen ist und Tropfen enthält, Wasser bergen. Ebenso kann man den Versuch mit einem irdenen noch ungebrannten Geschirre machen. Ist nämlich das Gefäß auf dieselbe Weise in die Grube gestellt und bedeckt, so wird es, wenn der Ort Wasser enthält, nachdem man es wieder aufgedeckt hat, feucht sein und wohl auch durch die Einwirkung der Feuchtigkeit zerfallen. Und wenn man einen Büschel Wolle

in jene Grube gelegt hat, am folgenden Tage aber Waffer herauszupreffen ift, fo zeigt
dies an, daß jener Ort Dorrat an Waffer enthalte. Nicht minder kann man den
Derfuch mit einer Lampe machen. Hat man diefe, gehörig zugerichtet, mit Öl gefüllt
und angezündet, an jenen Ort geftellt und bedeckt, und ift fie am folgenden Tage,
wenngleich fie noch Öl und Docht übrig hat, erlofchen und wird felbft feucht gefunden,
fo wird fie anzeigen, daß jener Ort Waffer enthalte, und zwar deshalb, weil alle
Wärme die Feuchtigkeit an fich zieht. Wenn man ferner an jener Stelle Feuer an=
macht und die erwärmte und angebrannte Erde einen nebelartigen Dunft von fich
gibt, fo wird jene Stelle Waffer ent=
halten."

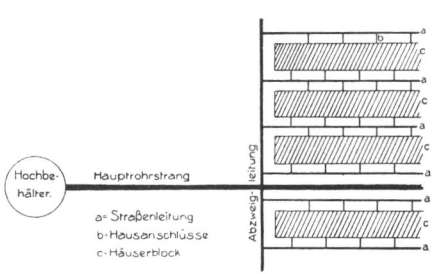

Abb. 581. Wafferverteilung einer neuzeit=
lichen Stadt.
Der Hauptrohrftrang führt das Waffer vom Hoch=
behälter nach der Stadt, wo es durch Abzweig=
leitungen verfchiedener Ordnung in die Straßen und
Häufer verteilt wird.

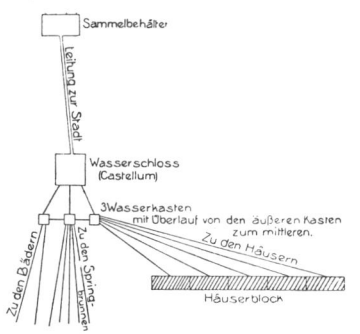

Abb. 582. Wafferverteilung einer
antiken Stadt
(die Einzelheiten fiehe im Text.)

Die vorftehenden Regeln zeigen, daß
fich die Auffindung des Waffers bei den
Römern zu einer ganz befonderen Technik
ausgeftaltet hatte. Mit Ausnahme der
Herftellung von Druckwafferleitungen, die
man, wie fchon erwähnt, wenn irgend
möglich vermied, erreichten aber auch alle
übrigen Zweige der gefamten Waffer=
leitungstechnik im altrömifchen Reich eine
außerordentlich hohe Stufe der Entwick=
lung. Diefe Entwicklung darf uns nicht
wundernehmen, liebte doch der Römer das
Waffer fehr und pflegte er doch geradezu
Derfchwendung damit zu treiben. Noch heute ift
Rom die wafferreichfte Stadt der Welt, eine
Tatfache, die fie nicht zum mindeften den alt=
römifchen Wafferleitungen verdankt. Nirgends
auf der Welt gibt es einen folchen Waffer=
überfluß, nirgends fo viele Brunnen, Spring=
brunnen, Wafferkünfte ufw. ufw. wie in Rom.
Wenn diefe Brunnen auch zum großen Teil von
Künftlern der Renaiffance und des Rokoko ge=
fchaffen wurden, fo ftammt doch die Grundlage
aller diefer Schönheit, die gewaltige zur Der=
fügung ftehende Waffermenge, noch aus dem
alten, an Brunnen, Fontänen, Bädern und fon=
ftigen Stätten der Wafferverfchwendung fo über=
reichen Rom. Und jede römifche Provinzftadt
war nach Möglichkeit ein Rom im Kleinen! So
finden wir denn noch allüberall, wo römifche Kultur einft hingetragen wurde, auch
die Refte der hochentwickelten altrömifchen Wafferleitungstechnik, vor allen die für
fie fo charakteriftifchen und in ihrer Ausführung fo überwältigenden Aquädukte.
Auch die römifchen Wafferleitungen hatten kein Hauptrohr, das vom Haupt=
behälter zur Stadt führte, fondern das Waffer floß aus der Quelle in oft langen und
nach Bedarf über Aquädukte geführten Leitungen zunächft nach dem die Stelle
unferes Hauptbehälters vertretenden Wafferfchloß (castellum). (Abb. 581 und 582.)
Das Wafferfchloß hatte im Innern in der Regel vier Abteilungen: zunächft den
eigentlichen Hauptbehälter, von dem aus Röhren in drei Nebenbehälter führten. Der

eine dieser Nebenbehälter war zur Speisung der Bäder bestimmt und mit diesen durch einen Rohrstrang verbunden. Der zweite Nebenbehälter diente zur Versorgung der Privathäuser, der dritte nahm das aus den beiden anderen wegströmende überflüssige Wasser auf, das von hier aus den öffentlichen Bassins und Springbrunnen zugeführt wurde.

Der zweite Behälter, der zur Versorgung der Privathäuser diente, war nun auch mit diesen nicht etwa durch ein Hauptrohr und Nebenrohre verbunden. Das Wasser ging vielmehr von ihm aus nach einer Art von kleinerem Wasserschloß, das sich in der Nähe der zu versorgenden Häuser befand. Hier floß es in einen Behälter; erst aus diesem wurde es den einzelnen Häusern durch Rohrleitungen zugeführt. Bei großen Wasserversorgungsanlagen vervielfachte sich die hier beschriebene Einrichtung natürlich in entsprechender Weise: der Aquädukt speiste nicht eines, sondern mehrere Hauptwasserschlösser. Von diesen aus wurden wiederum entsprechend mehrere Privatwasserschlösser in den verschiedenen Stadtteilen versorgt usw. usw. Die Nachteile dieses Systems liegen vor allem darin, daß sehr große Rohrleitungen nötig sind;

Abb. 583. Die Campagna bei Rom mit den Resten altrömischer Aquädukte.

muß doch vom Nebenwasserschloß nach jedem Haus eine besondere Leitung gelegt werden und müssen doch auch die Nebenwasserschlösser wieder durch je eine Leitung mit dem Hauptwasserschloß verbunden werden. Dann aber läuft viel Wasser unbenützt weg, der Wasserbedarf steht in keinem Verhältnis zum tatsächlichen Nutzverbrauch, die Kontrolle ist erschwert usw. usw. Trotzdem hat auch das heutige Rom noch bei manchen seiner Leitungen (Aqua Marcia) dieses aus dem Altertum bis jetzt erhaltene System.

Um ihren Städten das nötige Wasser zu schaffen, scheuten die Römer vor keiner Mühe zurück. Im Anfange legten auch sie die Wasserleitungen unterirdisch an. Dann aber holten sie nicht nur in Rom, sondern auch in anderen Städten das Wasser aus so weiten Entfernungen her, daß die unterirdische Verlegung der Röhren Schwierigkeiten bereitet hätte. Außerdem aber vermieden sie es, wenn irgend möglich, Höhenunterschiede durch den Wasserdruck zu überwinden. Lieber entschlossen sie sich zu den kostspieligsten und mühsamsten Kunstbauten, also zur Anlage von Tunnels und Aquädukten. So gewinnt die Umgebung so mancher altrömischen Stadt, vor allem

aber die Roms, durch die Aquädukte ihr charakteristisches Aussehen. Die Rom um=
gebende weite Ebene, die Campagna, ist nach den verschiedensten Seiten hin von den
riesigen Bogensträngen der Aquädukte durchzogen, von denen einzelne noch heute
ebenso wie in alter Zeit Wasser von den entfernten Gebirgen heranführten. Die
Aqua Marcia, die dritte von den vierzehn im Laufe der Zeiten zur Wasserversorgung
Roms ausgeführten Leitungen, verbindet die Hauptstadt mit den 53 km weit ent=
fernten Quellen. Die Gesamtlänge der Leitung beträgt nicht weniger als 91,6 km,
wovon 11 km auf Aquädukten geführt werden. Da die Quellen 317 m über dem
Meere liegen, Rom hingegen nur 54, so hätte man bei dem Gefälle von 263 : 53 000 m
die Leitung bedeutend kürzer führen können. Statt dessen ließ man sie sich allen Un=
ebenheiten des Bodens anschmiegen, man führte sie außerdem noch um Hügel und
Vorsprünge herum, wodurch sich die ungeheure Verlängerung auf fast 92 km ergab.
Die Aqua Julia, die im Jahre 43 v. Chr. erbaut wurde, hat eine Länge von 23 km,
wovon 9,6 km auf Aquädukten liegen. Die von den Kaisern Claudius und Trajan
ausgeführte Aqua Claudia besteht aus zwei Aquädukten, die auf weiten Strecken zu=
sammenlaufen. Ihre Gesamtlänge beträgt nicht weniger als 156 km, wovon 87 auf
den sogenannten „Anio novus", 69 km auf die eigentliche „Aqua Claudia" fallen.
Auch die sonstigen Leitungen Roms wiesen eine oft sehr bedeutende Länge auf,
ebenso die der römischen Provinzen. So hatte z. B. die aus der Eifel nach Köln
geführte Leitung eine Länge von fast 80 km.

Die Aquädukte sind hohe und meist schmale Bogen, die dicht aneinander an=
schließen, und über die die Rinne hinweggeführt ist, in der das Wasser läuft. Bogen
und Rinne bestehen aus Mauerwerk. Die älteren Aquädukte in der Nähe Roms sind
in der Regel aus großen Quadern gebaut. Die Bogenöffnungen sind mit Keilsteinen
umsetzt und innen oft noch einmal durch eine Füllung aus Ziegelmauerwerk gestützt,
das sich auch an die Seitenpfeiler anlehnt. Dieses Ziegelmauerwerk zeigt an den Seiten=
pfeilern horizontale, in der Bogenwölbung radiale Schichtung. Hier ist es oft in drei
bis vier konzentrischen Schichten übereinandergelegt. Später geht man, jedenfalls
um den Bau zu verbilligen, von den großen Quadern ab und benützt kleinere Steine.
Im übrigen aber lassen sich allgemeine Regeln für den Bau der Aquädukte nicht auf=
stellen: man kann sagen, daß jedes der vielen bis heute erhaltenen derartigen Bau=
werke seine besondere Eigenart aufweist, die meist durch die Natur des Baumaterials
bedingt ist, das man in der Nähe fand. Besonders kühne Konstruktionen treten uns
in den zwei= und dreigeschossigen Aquädukten entgegen, die eine oft beträchtliche
Höhe aufweisen. Die Ausführung derartiger Kunstbauten mußte natürlich die Ge=
samtanlage der Wasserleitungen außerordentlich verteuern. Trotz der Billigkeit
der damaligen Arbeitskräfte kostete nach den Berechnungen von Belgrand der lau=
fende Meter der beiden Aquädukte der Aqua Claudia etwa 80 Mark, eine infolge
des geringen Querschnittes der Bauwerke sehr hohe Summe.

Die Rinne, in der das Wasser lief, hat bei den verschiedenen Aquädukten die
mannigfachsten Querschnitte. Sie ist — von vereinzelten Fällen abgesehen — fast
stets übermauert, um einesteils eine Verunreinigung des Wassers und um anderer=
seits seine Erwärmung durch die Sonne zu verhüten. Zuweilen werden auf dem
Aquädukt mehrere Rinnen übereinander angebracht. (Abb. 584 S. 435.) So erheben
sich z. B. an der heutigen Porta maggiore zu Rom über und neben dem Tor noch
gewaltige Aufbauten, in denen die Rinnen von nicht weniger als fünf Wasser=
leitungen dahinführen und zwar von unten nach oben der Marcia, Tepula (jetzt in der
Mauer), Julia (in Mauer und Tor), Claudia, Anio novus (nur über dem Tor).

Gegenüber den Aquädukten treten die Tunnelbauten zurück. Sie bieten auch in techniſcher Hinſicht — nach dem ſchon oben über die Tunnels

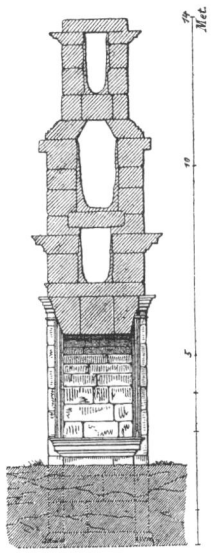

Abb. 584. Durchſchnitt durch einen Teil der Aqua Marcia mit drei übereinanderliegenden Waſſerrinnen.

Abb. 586. Blick in die Piscina mirabilis bei Bajae.

Abb. 585. Tunnel= bzw. Kanalleitung der Waſſerleitung von Trier.
Der Kanal beſteht aus Sohle, zwei Seitenmauern, und Gewölbe. Die Sohle iſt in der Regel aus 3 Schichten: Schiefer, Beton (mit Kies) und Ziegelmörteldecke hergeſtellt. Die Seitenmauern beſtehen aus verſchiedenen Baumaterialien. Boden und Wände ſind äußerſt ſorgfältig geglättet. Der Kanal läuft an Berghängen; Schluchten ſind durch Aquädukte überbrückt.

von Siloah und Samos Geſagten — wenig Bemerkenswertes dar. (Abb. 585.) Hingegen ſcheint es bemerkenswert, daß die Römer bereits eine Klärung des Waſſers durch Abſitzenlaſſen vornahmen. Das aus der Quelle kommende Waſſer führte Erdreich, Schlamm und ſonſtige Sinkſtoffe mit ſich, die ſich zwar teilweiſe ſchon in den Rinnen ablagerten, deren Entfernung man aber, ſofern ſie in zu großer Maſſe auftraten, in beſonderen Klärbaſſins bewirkte. Dieſe Klärbaſſins (piscinae = Fiſchteiche, Teiche) waren große gemauerte Behälter, in die das Waſſer hineinlief, und in denen es eine Zeitlang ſtehen blieb, ehe es zum

28*

Gebrauch entnommen wurde. Manchmal dienten sie auch, wie z. B. die Piscina mirabilis (siehe S. 435), als Vorratsbehälter und gleichzeitig als Klärbassin.

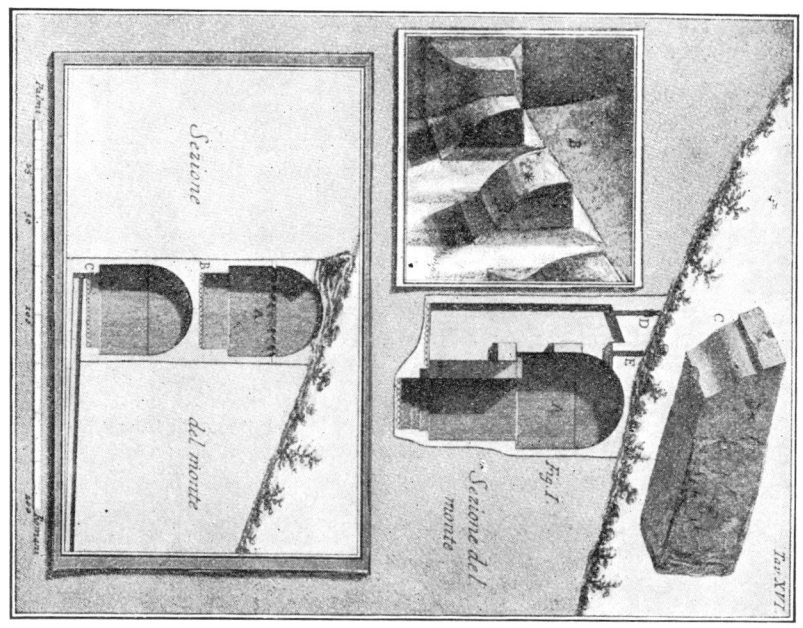

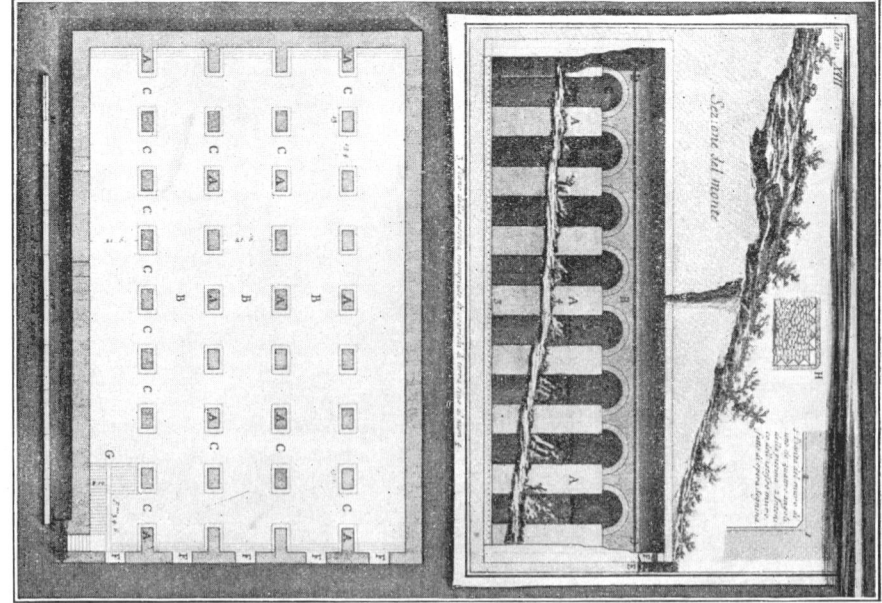

Abb. 587 und 588. Piscina bei Castel Gondolfo. (Erläuterung siehe Seite 457.)

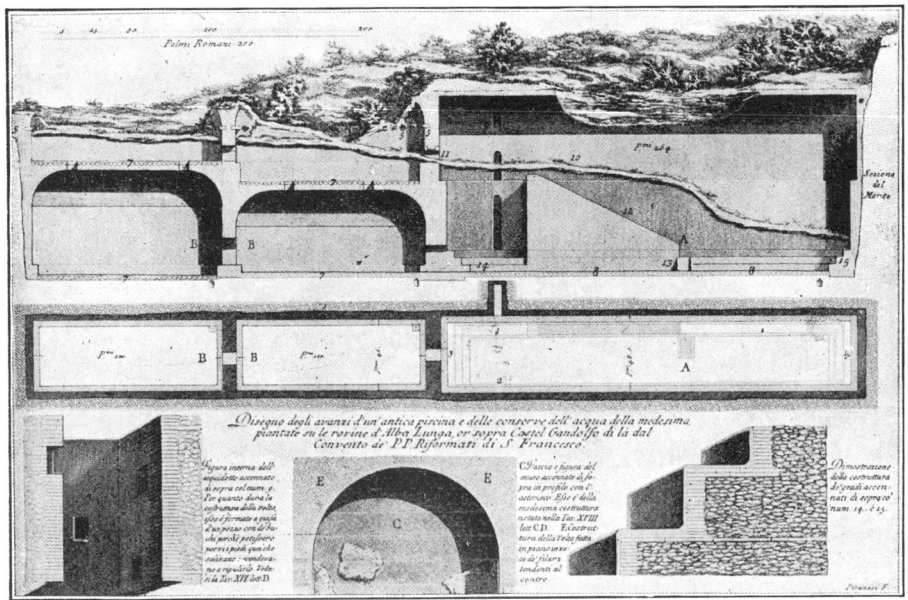

Abb. 589.

Abb. 587 bis 589. Querschnitte durch die zweigeschossige Piscina bei Castel Gondolfo und ihre Einzelteile.)

Die Piscina ist in den Berg eingebaut und besteht aus einer Anzahl zum Teil von Säulen gestützter Behälter, von denen manche zu zweien übereinander stehen oder durch einen „Überlauf" in zwei nebeneinander befind= liche Teile getrennt sind.

Manche Klärbassins bestanden aus zwei übereinander stehenden Behältern. Das Wasser lief in den unteren hinein, trat durch eine Öffnung in der Zwischendecke nach oben und wurde von hier entnommen. (Abb. 587 bis 589.)

Innerhalb der Städte wurde das Wasser unterirdisch weitergeleitet. Es ist be= merkenswert, daß man bei den altrömischen Wasserleitungen auch eine Art von Druck= minderer, von Reduzierventil kannte, das bei sehr starkem Gefälle und infolgedessen hohen Druck in der Leitung diesen auf einen zweckmäßigen Gebrauchsdruck herab= minderte. Ein solcher Druckminderer hat sich z. B. in Pompeji in Form zweier Pfeiler gefunden. Auf der Höhe des Pfeilers befand sich ein offener Behälter. Das Wasser wurde durch eine Röhre hinaufgeleitet und strömte durch die andere dann weiter. Es hatte dann nur noch den durch die Höhe des Pfeilers und die Weite der zweiten Röhre bedingten Druck. Der Druck des ursprünglichen Gefälles war ausgeschaltet.

Um das Wasser dann den Brunnen und Häusern zuzuleiten, verwendete man Röhren aus Ton oder Blei. Auch Steinröhren finden sich, jedoch selten. Die Bleiröhren stellte man einfach aus einem Bleibleche her, das man um einen Kern zusammenbog. Die Rohre haben sämtlich ovalen bzw. tropfenförmigen Querschnitt und sind an der Naht mit Blei verlötet. Sie wurden auch durch Löten mit Blei aneinander befestigt, wobei man das Ende des einen Rohrs mit Hilfe eines dornähnlichen Handwerkzeugs erwei= terte. (Abb. 590 S. 438.) Dann steckte man in die so geschaffene trichterförmige Öffnung das Ende des anderen Rohres hinein und goß den Zwischenraum mit Blei aus bzw. verlötete ihn mit Blei. Belgrand hat über die Haltbarkeit der Lötnähte von römischen

Wasserleitungsröhren, die mit Blei verlötet waren, Versuche ausgeführt. Die von ihm hergestellten Rohre von 7 mm Stärke wurden bei einem Drucke von 3 Atmosphären kreisförmig. Bei 8 Atmosphären war die Aufrundung eine vollkommene, bei 18 Atmosphären platzten sie, wobei aber die Lötnaht unversehrt blieb. Diese erwies sich also druckfester als das Bleiblech. Anstatt der reinen Bleilötung wurde, wie Sieber nachgewiesen hat, auch ein Lot zum Zusammenlöten derartiger Rohre verwendet, das geringe Mengen von Zinn ent=hielt. (Siehe auch Seite 49.)

Vitruv hält (VIII 6) den Gebrauch von Ton=

.Abb. 590. Bleierne Wasserleitungsröhren.

Die Rohre hatten ursprünglich, wie das Rohr rechts, ovalen bzw. tropfenförmigen Querschnitt und wurden dann durch den Wasser=druck rund gebogen. Man beachte die kurzen Rohrstückchen u. da=durch bedingten vielen Lötstellen. Aus dem „Hause der Livia" Rom.

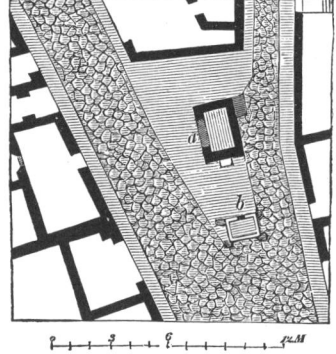

Abb. 591. Brunnen mit Wasserschloß
in Pompeji (Plan).
a Wasserschloß; b Brunnen.

röhren für vorteilhafter als den von Bleiröhren, da sie sich leich=ter auswechseln lassen, und da die Bleiröhre ein ungesundes Wasser liefert. Das Blei liefert Bleiweiß, und das könne nach seiner Ansicht unmöglich gesund sein; sehen doch die Bleigießer immer schlecht aus. Außerdem aber sei das Wasser aus tönernen Leitungen sicher wohlschmecken=der, denn auch an Pracht=tafeln pflegte man es nicht aus silbernen oder metallenen, sondern aus irdenen Gefäßen zu trinken. Kobert hat nun neuerdings in einer ausführ=

Abb. 592. Brunnen mit Wasserschloß in Pompeji (Ansicht).

lichen Studie und unter Bezugnahme auf eine Arbeit von Helwes nachgewiesen, daß sich Vergiftungen durch bleierne Wasserleitungsröhren auch in neuerer Zeit noch er=eigneten, und daß somit die eben gekennzeichnete Ansicht des Vitruv als eine zu=treffende bezeichnet werden muß. Dabei liegen aber jetzt nur in den Häusern bleierne Röhren, während sie im Altertum auch zu Straßenleitungen Verwendung fanden, so daß das Wasser viel länger mit ihnen in Berührung stand.

Die Entnahme des Wassers geschah in den Straßen aus öffentlichen Brunnen, in den Häusern entweder gleichfalls aus Brunnen, die stets liefen, oder aus Zapf=

Abb. 596. Hausbrunnen (Mosaikbrunnen) in Pompeji.

hähnen. Die Brunnen der Straßen hatten häufig noch ein besonderes kleineres Wasserschloß, das in ihrer nächsten Nähe stand. (Abb. 591 und 592 S. 438.) Das Wasser läuft erst in das Wasserschloß und von hier aus in die Brunnen. Die einfacheren Brunnen bestanden aus einem kleinen massiven Pfeiler, in dem eine Durchbohrung in die Höhe führt, in der das Wasserleitungsrohr emporstieg. (Abb. 594.) Dieses mündet an einem Ausgusse, der meist mit einem figürlichen Schmucke versehen ist. Darunter befindet sich ein Bassin (Abb. 592), das aus Hau= steinen hergestellt ist, die durch Klammern verbunden sind. Am vorderen Rande dieses Bassins ist ein Überlauf, aus dem das überschüssige Wasser abläuft. Zu diesem allgemeinen Brunnentyp gesellen sich noch die verschiedenartigsten anderen, die aber in technischer Hinsicht nichts Neues bieten.

In den Häusern mußte man das Wasser bezahlen. Deshalb verschloß man die Mündung der Leitung häufig durch einen Hahn (Abb. 595) und suchte durch die Anbringung dieses Zapfhahns dem übermäßigen Wasserverbrauche zu steuern. Die

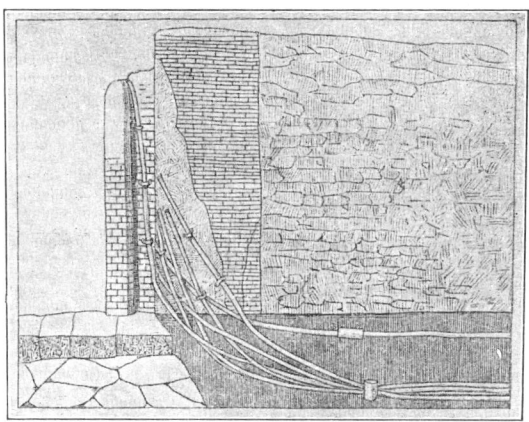

Abb. 593. Mit einem Hahn verschließbare Bleirohr= zuflußleitungen zu einem Hause in Pompeji.

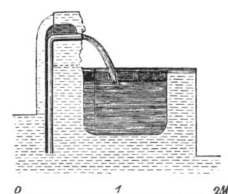

Abb. 594. Durchschnitt eines Brun= nens in Pompeji.

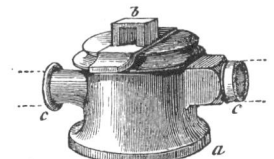

Abb. 595. Wasserleitungshahn aus dem Palaste des Tiberius auf Capri (Durch Drehen von b in a wird Rohr c geöffnet.) Museo nazionale in Neapel.

Bezahlung des verbrauchten Wassers geschah in Rom nach einer bestimmten Einheit, dem „Quinarius“. Der Quinarius (nach der Silbermünze gleichen Namens be= zeichnet) entsprach der Wassermenge, die in der Zeiteinheit ein senkrechtes 30 cm langes Rohr von 3 cm Durchmesser durchströmte, über dessen Zufluß eine Wasser= säule von 33 cm Höhe ruhte. In 24 Stunden ergab sich hierbei eine Wasser= menge von etwa 420 Litern. Von den Zapfhähnen sowie auch Leitungshähnen, die zum Absperren einzelner Teile der Wasserleitung dienten, sind uns verschiedene erhalten. Die beistehende Abb. 595 stellt einen Hahn aus dem Palast des Tiberius auf Capri dar. Man sieht sofort, daß sich der Teil b im Teil a drehte und so das Rohr c je nach seiner Stellung öffnete oder schloß.

Literatur zum Abschnitte: „Die Wasserversorgung“ siehe hinter dem Abschnitte „Bewässerung und Entwässerung“.

Die Kanalisation.

Mit der Verbreitung der Kanalisation stand es im Altertume fast durchweg so
wie gegenwärtig bei uns: die größeren Städte waren meist mit Kanalisationseinrich=
tungen versehen, während sie in den kleineren fehlten. Allerdings war die Zahl der
ausgeführten Kanalisationsanlagen im Verhältnis zur Anzahl der Städte damals eine
scheinbar geringere als heute. Der gesundheitliche Wert der Kanalisation wurde wohl
weniger gewürdigt als die Bequemlichkeit: je größer eine Stadt wurde, desto schwerer
hielt es, und desto mühseliger wurde es, den Unrat und die Abwässer zu entfernen,
die sich in großen Mengen ansammelten. Darum — und wahrscheinlich nicht aus ge=
sundheitlichen Rücksichten — baute man Einrichtungen, durch die alle aus der Stadt
abzuführenden Stoffe auf mechanischem Weg und möglichst ohne Mühe weggeschafft
werden konnten: die Kanäle.

Kanalsysteme im Orient.

Diese Kanäle dienten ihrer ganzen Anlage und Beschaffenheit nach wohl in
erster Linie zur Entfernung der Abwässer. Erst allmählich scheint man auch Unrat
aller Art durch sie weggeschwemmt zu haben. Wir treffen in fast allen größeren Städten
des Altertums auf solche Kanäle. Layard fand in Babylon ein gut durchgebildetes
Kanalisationssystem, das ebenso wie das anderer mesopotamischer Städte, wie z. B.
das von Nimrud, aus Hauptkanal und Seitenkanälen bestand. Die Seitenkanäle
führen bis unter die Häuser und nehmen die hier zu entfernenden Abwässer auf. Die
Herstellung der Kanäle selbst bietet in technischer Hinsicht mancherlei bemerkens=
werte Einzelheiten, so vor allem die, daß sie gewölbt waren. (Abb. 597 und 598,
Seite 442.) Das Gewölbe war kein falsches, durch allmähliche Vorkragung
der höheren Steinschichten gebildetes, sondern ein echtes, durch entsprechende
Stellung der Steine ausgeführtes, die als richtige Gewölbesteine zum Teil keil=
förmigen Querschnitt hatten. Es kann nach der ganzen Anlage, insbesondere
des Kanals zu Nimrud, wohl keinem Zweifel unterliegen, daß zur Herstellung dieser
Gewölbe ein spitzbogiges Lehrgerüst gedient hat. Des weiteren ist bemerkens=
wert, daß die Abwässer dem Hauptkanal durch ein ziemlich starkes Gefälle zu=
geführt wurden, was darauf schließen läßt, daß man sie möglichst rasch zu beseitigen
suchte. Der Seitenkanal schließt sich etwa in einem Drittel der Höhe des Hauptkanals
an diesen an, fällt ziemlich stark gegen ihn ab und steht durch einen senkrechten Schacht
mit dem zu entwässernden Gebäude, in diesem Falle mit dem Südostpalast von Nimrud,
in Verbindung. Er ist aus gebrannten Ziegelsteinen hergestellt und mit viereckigen
Ziegelplatten gedeckt. Der senkrechte Schacht ist nach oben durch eine große Platte

abgeſchloſſen, die in der Mitte eine runde Durchbohrung trägt, die als Einguß diente. Da dieſe Durchbohrung eine geringere lichte Weite aufweiſt als der Schacht ſelbſt, ſo erſcheint die Vermutung gerechtfertigt, daß hier vielleicht eine Rohrleitung einge= führt war. In der Tat hat man in Nimrud auch Ziegelrohre gefunden, die die Verbin= dung der zu entwäſſernden Gebäude mit dem Kanaliſationsneße herſtellen.

In ähnlicher Weiſe ſind auch die Kanaliſationseinrichtungen anderer meſopo= tamiſcher Städte ausgeführt.

Beſonders bemerkenswert ſind die Kanäle Jeruſalems, einmal deshalb, weil man ſie zum Teil in Felſen anlegte, dann aber auch deshalb, weil man ſich bewußt war, daß die von ihnen mitgeführten Sinkſtoffe für Landwirtſchaft und Gartenkultur nußbar verwendet werden können. Das Kanaliſationsſyſtem Jeruſalems iſt nicht auf einmal entſtanden, ſondern von altjüdiſcher Zeit bis zur Zeit der römiſchen Herr= ſchaft in verſchiedenen Zeitabſchnitten aus= gebaut worden. Die älteſten Kanäle wurden jedenfalls ſchon vor der Zeit König Davids hergeſtellt, alſo vor etwa 1055 v. Chr. Als

Abb. 597. Kanal unter dem Nord= weſtpalaſt von Nimrud.

Abb. 598. Kanal unter dem Südoſtpalaſt von Nimrud.

dann König David ſeine Burg Zion baute und Jeruſalem zum Mittelpunkt des Reiches machte, dürfte er wahrſcheinlich das alte Kanaliſationsſyſtem noch bedeutend erweitert haben. Über dieſes ſelbſt verdanken wir Schick eingehende Forſchungen, der ſich darüber alſo äußert: „Zwiſchen den Höhlen, Felſen und Steinhäuſern befanden ſich als Gaſſen breite Kanäle oder Rinnen, die aus dem Felſen gebrochen und dort, wo Felſen fehlte, durch Mauerwerk vervollſtändigt waren. Dieſe Kanäle leiteten alles Regen= und Schmußwaſſer nach den Rändern des Felſens. Im allgemeinen waren dieſe Gaſſen ſchmal und krumm, doch war die Hauptgaſſe, welche von Norden vom Millo herabkam, verhältnismäßig geräumiger und auch wohl gerader als die von ihr nach links und rechts abzweigenden kurzen Seitengaſſen. Die Ausgußöffnungen dieſer Kanäle am Rande des Felſens lagen naturgemäß niedriger als die Gaſſen und Häuſer. Durch dieſe Waſſerrinnen, d. h. die Ausgußöffnungen der Gaſſenkanäle und Kloaken, drang Joab in Jerusalem ein und kam David ohne Blutvergießen in den Besitz der Stadt."

In Jerusalem scheint man das verbrauchte Wasser und den von den Kloaken kommenden Unrat getrennt abgeführt zu haben, eine Annahme, die dadurch zu einer an Gewißheit grenzenden Wahrscheinlichkeit wird, daß man Abzugsleitungen auffand, die zweifellos nur zur Abführung des bei religiösen Waschungen im Tempel verbrauchten Wassers dienten. Der Tempel war mit einer besonderen Wasserzuleitung versehen, die das für religiöse Gebräuche in reichlichen Mengen benötigte Wasser lieferte. Ebenso hatte er auch, wie viele Spuren beweisen, seine eigene Ableitung. Da sich noch andere ähnliche Leitungen gefunden haben, so drängt sich unwillkürlich die Vermutung auf, daß man in Jerusalem Kloakenwasser und Wasch= und Badewasser getrennt abgeführt hat. Die Ursache ist leicht einzusehen. Heutzutage wird durch eine sehr einfache Vorrichtung am Ablaufe der Aborte und der Wasserleitungsausgüsse, durch das sogenannte „Knie", dafür gesorgt, daß die Kloakenluft nicht in das Innere der Häuser eintritt. In diesem Knie soll stets Wasser stehen bleiben, das einen Abschluß der Hausräume gegen die Kanalisationsanlage bewirkt. Außerdem ist die Klosettanlage noch mit einer besonderen Entlüftungseinrichtung versehen. Diese Vorrichtungen kannte man damals noch nicht, deshalb suchte man auf andere Weise den Eintritt übler Düfte in die Aufenthaltsräume der Bewohner und vor allem in das Heiligtum des Tempels zu verhüten. Ein Mittel hierzu fand man in der allerdings etwas umständlichen und kostspieligen Anlage des doppelten Kanalsystems, das uns aber beweist, daß man bei den alten Juden neben anderen hygienischen Tatsachen auch die des Wertes einer Trennung von Kanalisation und Wohnraum erkannt hatte.

Abb. 599. Bleiklotz zum Verschließen der Anlage zur Fortführung des Regenwassers am Toten=tempel des Sahurê.

Aber auch noch eine weitere Erkenntnis scheint man in Jerusalem bereits ausgenützt zu haben, nämlich die vom Werte der Sinkstoffe. Ein großer Behälter, in den ein Kanal einmündet, sowie Teiche, die mit der Kanalisation in Verbindung stehen, beweisen, daß man die in den Kanalwässern enthaltenen Schwebestoffe absitzen ließ. Sie wurden dann als Dünger verwendet. Das über dem Absatz abgezogene Wasser, das immerhin noch eine hinreichende Menge solcher Düngstoffe mit sich führte, diente dann zur Bewässerung von Gärten.

Auch die Ägypter verstanden es, Kanalsysteme anzulegen. Daß sie bereits um das Jahr 250 v. Chr. das bei religiösen Waschungen sich ergebende Wasser ableiteten, beweisen die von Borchardt vorgenommenen Ausgrabungen an dem um jene Zeit gebauten Totentempel des Königs Sahurê bei Abusir. Hier fand man außer Anlagen zur Fortführung des Regenwassers an fünf verschiedenen Stellen der Wände Spuren von Kalksteinbecken, die, mit einem Metalleinsatze versehen, als Ausguß dienten. Der Ablauf war durch einen 4 cm langen kegelförmigen Bleiklotz verschlossen, in dessen obere Fläche eine Kupferöse eingelassen war. (Abb. 599.) Mittels eines in dieser Öse befindlichen Bronzerings war der Klotz an einer Kette befestigt. Unter den Becken führten Kupferrohrleitungen weg, die sich vereinigten und das gebrauchte Wasser oder auch das sich ansammelnde Regenwasser in das Tal hinab= leiteten. (Abb. 600 und 601 S. 444.) Die Gesamtlänge der Leitung betrug 400 m. Ein Stück des Rohrs war noch vollkommen unversehrt. Es besteht aus getriebenem Kupfer, hat einen Durchmesser von 4,7 cm und eine Wandstärke von 1,4 mm. Es war einfach zusammengebogen und nirgends vernietet oder gefalzt. Man hatte seine Längsnaht einfach dadurch geschlossen, daß man die entsprechenden Seiten des Blechs übereinanderlegte und sie zusammenhämmerte. Das Rohr lag in einer

Abb. 600. Eingebettetes Kupferrohr zum Abführen des Regenwassers am Totentempel des Sahurê.

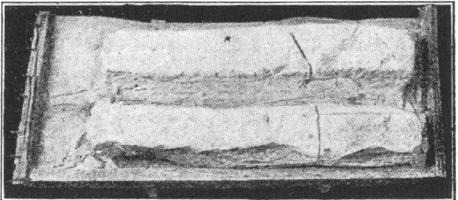

Abb. 601. Teil der Bettung für die Regenwasserableitung am Totentempel des Sahurê.

im Stein ausgehöhlten Rinne und war in ihr mit einem aus 45,54% Gips und 41,36% kohlensaurem Kalt bestehenden Mörtel befestigt.

Kanalisationsanlagen bei den Griechen.

Die griechischen Kanalisationsanlagen waren schon in alter Zeit sehr vervollkommnet. Bereits der Palast von Knossos besaß Aborte mit Wasserspülung. Derartige Aborte sind im griechischen und später auch im römischen Altertume keine Seltenheit. Wir finden sie auch in manchen Häusern von Thera, wo der Abort nicht nur mit einer Wasserspülung ausgestattet ist, sondern auch ein zum Waschen der Hände

Abb. 602. Öffentlicher Abort mit Wasserspülung in Timgad.

dienendes Marmorbecken enthält. In Pergamon gibt es öffentliche Abtritte, die der Baupolizei unterstellt waren, in Ephesus werden derartige Anlagen zur Kaiserzeit sogar besonders prachtvoll ausgestattet. Wenn wir hier der Vollständigkeit halber gleich erwähnen, daß auch die römischen Städte öffentliche und zum Teil mit

Wasserspülung versehene Abtritte haben, so möge gleichzeitig darauf hingewiesen sein, daß sie diese Einrichtungen nebst so vielen anderen wahrscheinlich von der griechischen Kultur übernahmen. In Pompeji findet sich am Forum civile ein derartiger öffentlicher Abtritt. Er besteht aus zwei Abteilungen, einem Vor= und einem Hauptraume. Drei Seiten des Hauptraums waren mit den „Gelegenheiten" ausgestattet, die über einem am Boden dieser drei Seiten herumgeführten Kanal lagen. In den Kanal floß von der linken hinteren Ecke her aus einer Öffnung Wasser hinein, das dann an der entsprechenden anderen Ecke abfloß. Ein ähnlicher Abort mit ringsum laufendem Kanal wurde von Michaelis in den größeren Thermen Pompejis nachgewiesen. Besonders schön ist die Anlage in Timgad (Abb. 602, Seite 444), weitere finden wir in Puteoli usw. usw. Als man diese letztere 1850 ausgrub, hielt man sie zunächst für einen Tempel, weil die in dieser Hinsicht nicht verwöhnten damaligen Gelehrten überhaupt nicht auf die Idee kamen, daß eine derartige Einrichtung zu den Bedürfnissen einer auf dem Gebiete der Hygiene einigermaßen fortgeschrittenen Bevölkerung gehören könne. Die technische Einrichtung dieser mit Wasserspülung versehenen Aborte des Altertums unterschied sich von der heutigen freilich in weit=

gehendem Maße. Druckkessel und besondere Formen der Becken gab es nicht, dagegen glichen die Abtritte vielfach denen, wie sie zu jener Zeit häufig ausgeführt wurden, als derartige Einrichtungen bei uns aufkamen. Die Spülung geschah nämlich direkt von der Wasserleitung aus, meist aber war sie noch einfacher: die Sitzflächen befanden sich direkt über einem natürlichen oder künstlichen Wasserlaufe bzw. einem Kanal, der allen Unrat rasch fortführte.

Abb. 603. Brausebad nach einer griechischen Vasenmalerei. Berlin, Altes Museum, Antiquarium.

Auch die Badeeinrichtungen wurden schon bei den Griechen an die Kanalisation angeschlossen. So hat man bei den Ausgrabungen zu Pergamon im oberen Gymnasion einen Baderaum freigelegt, der zum letztenmal im 2. Jahrhundert v. Chr. hergerichtet worden sein dürfte, wahrscheinlich aber schon aus früherer Zeit stammt, und bei dem das gebrauchte Wasser durch eine Anzahl (wahrscheinlich sieben) Wannen hindurchlief, in denen die Badenden standen, die sich (nach Art der Brausebäder) von dem über ihren Köpfen aus der Wasserleitung entströmenden Wasser überrieseln ließen. (Abb. 603.) Von der letzten Wanne lief das Wasser zur Erde und von da aus in einen Abzugskanal. Die Kanalisation von Milet zeigte Abmessungen, wie sie nach v. Salis „auch die Kanalisation einer modernen Großstadt nicht erreicht". Ähnliche großartige Kanalisationsanlagen finden wir in Athen, in Olympia, in Samos usw. usw.

Außer durch ihre Verbindung mit Wasserleitung und Kanalisation waren die Badeeinrichtungen auch sonst schon in den ältesten Zeiten mit großer technischer Vollkommenheit ausgestattet. So besitzt z. B. das älteste griechische Bad, von dem wir Kenntnis haben, das in der Königsburg von Tiryns

(Abb. 604 und 605) einen aus einer einzigen Steinplatte bestehenden Fußboden, der gleichzeitig als Grundlage für die Mauern dient. Der Boden ist geneigt, um das aus

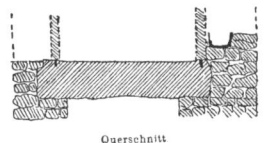

Querschnitt

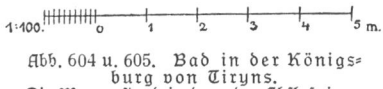

Abb. 606 u. 607. Die Wanne des Bades von Tiryns.
(Oben der an der Außenwand angebrachte Henkel.)

Abb. 604 u. 605. Bad in der Königs=
burg von Tiryns.
Die Wanne stand in dem der Abflußrinne
benachbarten Teil des Raumes.

der Wanne überlaufende Wasser zu sammeln und es einer besonders angebrachten Abflußrinne zu= zuleiten. Die Form der Wanne, von der Stücke erhalten sind und die aus gebranntem Ton her= gestellt war, gibt Abb. 606 und 607 wieder. Sie zeigt außen Henkel zum Heben und im Innern eine Verzierung in Gestalt eines Wellenorna= ments. Außer derartigen großen Wannen gab es aber auch noch andere, wie z. B. solche, die für Fußbad sowohl wie Sitzbad eingerichtet waren. (Abb. 608.) Ähn= lichen Zwecken, sicherlich aber dem Fußbad, scheint eine in Priene aufgefundene Wanne gedient zu haben (Abb. 609), von der uns die Reste des Bodens erhalten sind. Nach den Ansätzen der Seiten= wände zu schließen, waren diese vielleicht so aus= gestaltet, daß sie einen Sitz bildeten oder daß auf sie ein Sitzbrett aufgelegt werden konnte. Vielleicht aber schlossen sie eine Einrichtung für Sitzbäder in

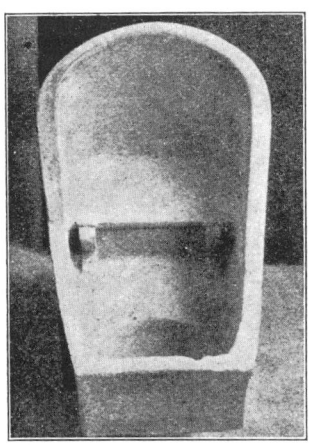

Abb. 608. Wanne für Fuß= und
Sitzbad aus Mykenae.

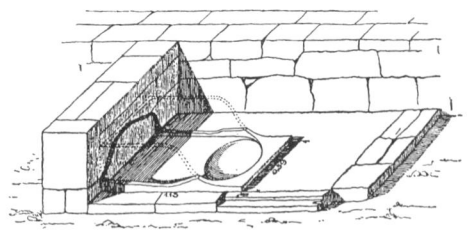

Abb. 609. Fußbadewanne aus Priene.

sich. Eine wohl für Massenbetrieb eingerichtete Wannenanlage hat sich im Gymnasium zu Priene gefunden, die in außerordentlich weitgehendem Maße

unseren neuesten Einrichtungen für Arbeiterhygiene ähnelt (Abb. 610). In zahl=
reichen Fabriken der Neuzeit findet man reihenförmig angeordnete Waschgelegen=
heiten für die Arbeiter. Das ihnen zugrunde liegende Prinzip zeigt auch die
Wannenreihe des Gymnasiums zu Priene, bei der das Wasser aus einer Anzahl
von Löwenköpfen in einen langen mit seinem oberen vorderen Rande 0,75 m über
dem Fußboden befindlichen Trog läuft. Das Wasser floß über den Wannenrand

Abb. 610. Wascheinrichtung (im Hintergrund) und Fußbäder (in der Mitte des Vorder=
grunds) im Gymnasium zu Priene.

und den geneigten Fußboden ab, der es einer auf die Straße mündenden Rinne
zuführte. Im Vordergrunde sind noch 2 Sitzblöcke zu sehen, vor denen sich Mulden
für Fußbäder befanden. Die Abflußeinrichtung
auf dem Fußboden der Palästra zu Olympia
zeigt Abb. 611.

Die athenische Kanalisation ist deshalb be=
sonders bemerkenswert, weil sie die Abwässer
in einer Weise verschwinden ließ, die wir heute
als „Versickerungssystem" bezeichnen würden.
Der teils mit falschen, teils mit echten Gewölben
ausgestattete Abzugskanal verteilt sich, nachdem
er die Stadt verlassen hat, in eine Anzahl von
kleinen Kanälen, so daß also die zuerst gesam=
melten Wässer nunmehr wieder in kleineren
Bächen auseinanderfließen. Sie laufen in diesen
kleinen Kanälen noch eine Strecke unterirdisch dahin
und entströmten von hier nach den tiefer gelegenen
Ebenen, in denen sie versickerten. Ob man dort nach

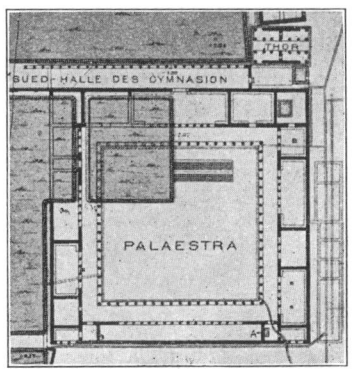

Abb. 611. Plan der Palaestra zu
Olympia.

Art unserer Rieselfelder Pflanzungen anlegte,
um die in den Wässern enthaltenen Düngerstoffe zu verwerten, ist nicht bekannt.
Da man jedoch an einem der kleineren Kanäle eine Art von Absperrschieber ge=
funden hat, die beweist, daß man die einzelnen Verteilungskanäle absperren konnte,
so kann man wohl annehmen, daß die Stadt Athen ihre Abwässer nutzbringend ver=
wertete, indem sie sie den einzelnen Pächtern der auf der Versickerungsebene liegenden

Ländereien zuteilte. Der athenische Hauptkanal war aus Quaderſteinen hergeſtellt, die Verteilungskanäle beſtanden aus gebranntem Ton. Abnehmbare Deckel geſtatteten die Reinigung der Kanaliſation. Die einzelnen Tonröhren waren loſe aneinander= geſchoben, in ähnlicher Weiſe wie man auch jetzt noch die Drainageröhren aneinander= zuſchieben pflegt. Vielfach findet man bei griechiſchen Kanaliſationsanlagen aber auch Rohre mit „aufgebürdelten" Enden, ſo daß man ſie bequem ineinanderſchieben konnte. Wo man ſie loſe aneinanderlegte, fand auch eine Verklammerung mit Hilfe von Bleiklammern ſtatt. Daß ein Verſchmieren der Berührungsſtellen ſtattgehabt hätte, ließ ſich bis jetzt nicht nachweiſen. In Samos waren die Abzugskanäle zum Teil in den Felſen gearbeitet.

Römiſche Kanaliſationsanlagen.

Unter den römiſchen Kanaliſationsanlagen, die ſich in bezug auf ihre techniſche Einrichtung im allgemeinen den griechiſchen anſchließen, verdient die Entwäſſerungs= anlage Roms, die heute noch erhaltene Cloaca maxima, beſondere Erwähnung. Wie die meiſten alten Kanaliſationsanlagen war ſie im Anfang oben wohl offen und iſt erſt ſpäter überdeckt worden. Zuerſt diente ſie vielleicht nur zur Entwäſſerung des Bodens und erſt ſpäter dürfte ſie ihrer eigentlichen Beſtimmung übergeben worden ſein. Zwiſchen dem kapitoliniſchen, dem palatiniſchen und dem esquiliniſchen Hügel Roms liegt nämlich in einer Höhe von 12 m über dem Meere und 7 m über dem Tiber eine Talſenkung, die früher ſumpfig geweſen ſein muß. Um auf dieſem Grunde bauen zu können, mußte man ihn erſt entwäſſern. Zu dieſem Zwecke hat man zunächſt den aus dieſer Niederung nach dem Tiber zu fließenden Bach reguliert, eingefaßt und mit ſeitlichen Zuleitungen verſehen, die ihm die in ihnen geſammelten Wäſſer zubrachten. Auch vom Palatin herab wird man Waſſer eingeleitet haben. Dann ließ man durch dieſes Waſſer auch die Abwäſſer mit fortführen und überdeckte ſchließlich, da man durch den nunmehr aufſteigenden Geruch beläſtigt wurde, die ganze Anlage. So entſtand allmählich die Cloaca maxima, die der Überlieferung nach vom fünften Könige Roms, Tarquinius Priscus (616—578 v. Chr.), hergeſtellt worden ſein ſoll, die aber in der Geſtalt, in der wir ſie jetzt ſehen, wahrſcheinlich erſt aus ſpäterer Zeit, aus den Tagen der Republik, ſtammt.

Die Cloaca maxima wechſelt in bezug auf ihre Abmeſſungen ſehr. Der Quer= ſchnitt wird um ſo größer, je mehr ſie ſich dem Tiber nähert, eine Anordnung, die ſich aus ihrer eben dargelegten Entſtehungsgeſchichte erklärt: in ihrem Verlaufe nahm die Kloake immer mehr Abzugskanäle auf, und infolgedeſſen wird die durch ſie hin= durchgeführte Waſſermaſſe immer größer. Außerdem macht Merckel über ſie noch fol= gende Angaben: Die Sohle der Cloaca maxima beſteht aus den bekannten, im Alter= tume ſo vielfach zu Pflaſterungszwecken verwendeten Polygonſteinen aus Lava, die Wände ſind aus großen Tuffquadern, die in drei bis fünf Schichten übereinander= liegen. Einzelne Schichten ſind aus Travertin. Die Größe der Quadern beträgt 2,50 m Länge, 0,80 m Höhe und 1 m Breite. Die Fugen weiſen keine Mörtel= ſchichten auf, die Steine ſcheinen im Innern durch mit Blei eingelaſſene Eiſen= klammern zuſammengehalten zu ſein. Das Gewölbe iſt als Tonnengewölbe ausge= bildet, es iſt jedenfalls über einem Lehrgerüſt ausgeführt und beſteht aus Keilſteinen, die in ſieben= bis neunfacher Schicht, an der Mündung in dreifacher Schicht liegen. Die Breite der Kloake wechſelt außerordentlich. Einzelne Stellen laſſen erkennen, daß ſie

Abb. 612. Blick in einen Teil der Cloaca maxima.

Abb. 613. Die Mündung der Cloaca maxima in den Tiber.
An der Mündung ist als Baumaterial Peperin=Stein benutzt.

früher offen war, an anderen wieder ist sie nur mit starken Steinplatten bedeckt, die man heute noch leicht aufheben kann, wodurch ein Blick auf das rasch dahinfließende Wasser ermöglicht wird. An wieder anderen Stellen ist das Gewölbe aus Ziegeln hergestellt — kurzum es zeigt sich überall, daß an der Kloake zu verschiedenen Zeiten und nach verschiedenen Gesichtspunkten gebaut wurde. Darauf lassen auch die Schächte schließen, die verschiedentlich in die Höhe gehen, und die in bezug auf Durch= bildung des Längsschnitts, ihrer oberen Öffnung usw. usw. in mannigfachster Weise von einander abweichen.

Wie in Rom, so legte man auch in den römischen Provinzstädten vielfach Kanali= sationsanlagen an, ja sogar einige Feldlager, also Kastelle, versah man damit. So hat man auf der Saalburg eine Kanalisation nachgewiesen, die scheinbar sowohl zur Entwässerung des Bodens wie zur Aufnahme der Abwässer und vielleicht auch zur Entfernung des Unrats diente. Ob letzteres der Fall war, hat sich nicht nachweisen lassen, weil es bisher noch nicht gelang, die Stelle aufzufinden, auf der sich die Abort= anlage befand. Die Wässer der Saalburg flossen durch kleinere und größere Kanäle, die teils mit Holzverschalung versehen, teils ausgemauert waren, unter Ausnutzung des starken Gefälles, das das dortige Gelände aufweist, zunächst in die Spitzgräben, die den Kastellmauern vorgelagert sind. Von hier aus flossen sie dann nach Norden zu ins Freie ab. Manche von diesen Gräben leisten auch heute noch nützliche Dienste, indem sie das bei starken Regengüssen im Kastell sich ansammelnde Regenwasser fortführen und so das Innere der Anlage trocken erhalten.

Literatur zum Abschnitte: „Die Kanalifation" siehe hinter dem Abschnitte: „Bewässerung und Entwässerung".

Bewässerung und Entwässerung.

Bewässerung und Entwässerung stehen insofern in engem Zusammenhange als die technischen Mittel zu ihrer Durchführung — geschlossene oder offene Gräben und die Ausnützung des Gefälles — die gleichen sind. Die ganze Technik ist eine derart einfache, daß über ihre Ausführung, die in ihren Grundzügen im Altertume bereits genau so geschah wie heutzutage, eigentlich nicht viel zu sagen ist. Das, was gerade auf diesem Gebiet unser Staunen und unsere Bewunderung erregt, ist weniger die technische Durchführung als vielmehr die Größe der einzelnen Anlagen, von denen manche Weltberühmtheit erlangt haben, wie z. B. die Entwässerung der Campagna durch die Römer.

Die ersten Drainierungsanlagen des Altertums, von denen wir Kenntnis haben, stammen ungefähr aus dem Jahre 1900 v. Chr., aus der Zeit vor dem babylonischen König Chammu=ragas. Sie dienten, wie Merckel ausführt, dazu, den Inhalt der Grabhügel von Ur trocken zu erhalten. Man erreichte dies, wie auch später noch, in einfachster Weise dadurch, daß man in den sumpfigen Boden Tonröhren einließ, die oben mit kleinen Löchern versehen waren. Das Sumpfwasser lief durch diese Löcher in die Röhren und wurde dadurch abgeleitet. Natürlich hatte man das Röhrennetz derart angelegt, daß die Röhren schief nach abwärts führten, und daß ein leichtes Gefälle vorhanden war, bis zuletzt ein Hauptrohr die gesamten Wassermassen aufnahm und wegführte. Die Anlage war derart vorzüglich ausgestaltet, daß wirklich eine vollständige Trockenlegung erfolgte. Wenn uns der Inhalt der Hügel bis auf den heutigen Tag erhalten geblieben ist, so ist dies vor allem der vorzüglich durchgeführten Entwässerungsanlage zuzuschreiben. Derartige Entwässerungsanlagen fanden sich in Babylonien und Assyrien noch mehrfach. Zum Teil waren sie mit Flußregulierungen verbunden. Man baute gewaltige Mauern, die die trocken zu legenden Ländereien von den Flüssen Euphrat und Tigris trennten, so daß deren Wasser keine Überschwemmungen verursachen konnte. Dann schuf man Entwässerungsanlagen, wobei man entweder Tonröhren anwandte oder offene Rinnsale grub, aus denen das Wasser ablief. Auf diese Weise gelang es, ausgedehnte Länderstrecken der Kultur zugänglich zu machen.

Eine besondere Ausbildung erfuhr die Bewässerung und Entwässerung Ägyptens, das man mit Recht als ein „Geschenk des Nils" bezeichnete. Der Nil steigt während der Monate Juni bis Oktober und überschwemmt dabei das Land. Hierbei setzt er einen blaugrauen Schlamm, einen „Schlick" ab, der die fruchtbare Ackererde darstellt. Soweit dieser Schlick reicht, so weit ist Gedeihen, wo er aufhört, beginnt die Wüste. Nun ist das Steigen und Fallen des Nils durchaus kein regelmäßiges. In den Jahren, wo nur ein geringes Steigen stattfand, waren Mißernten und Hungersnot zu verzeichnen. Diese Tatsachen zwangen dazu, die Nilüberschwemmungen zu regeln,

was mit Hilfe von Kanälen und großen Becken geschah, in die während der Zeit
hohen Wasserstandes die Wasser des Nils abgeleitet wurden. Dadurch beugte man
einerseits einer zu großen Überflutung vor, andererseits sorgte man dafür, daß die
Überflutung auch alle Teile des Landes betraf. In welcher Weise das System von
Kanälen und Wasserbecken im einzelnen ausgestaltet war, ist heute nicht mehr genau
festzustellen. Jedenfalls beruhte es auf genauen Messungen der Nilhöhe, zu deren
Vornahme besondere Pegel aufgestellt waren, die sich in Gebäuden befanden, zu denen
nur die Priester Zutritt hatten. Die wirkliche Nilhöhe wurde nämlich geheim ge=
halten, da gewisse Steuern nach ihr erhoben wurden, deren Betrag die Priester nach
dem jeweiligen oder angeblichen Nilstande bestimmten. Auch der sagenhafte Möris=
see soll eines dieser großen Be= und Entwässerungsbecken gewesen sein. Herodot
gibt von ihm eine, wie sich allerdings herausgestellt hat, jedenfalls sehr wenig zu=
verlässige Beschreibung. Ob es sich hier wirklich um einen natürlichen, später einge=
trockneten See von riesiger Größe oder, wie andere wieder annehmen, um ein künstlich
geschaffenes gewaltiges Wasserbecken handelte, wird sich wohl nie aufklären lassen.
Oechelhäuser nimmt sogar an, daß der Mörissee überhaupt kein See gewesen ist,
sondern daß man jenen neueren Forschungen Recht geben muß, die in ihm nur ein
dem sumpfigen Fajum im Nildelta abgerungenes Stück Kulturland erkennen wollen,
das durch Dämme vor Überschwemmung geschützt war. Unserer Ansicht nach wird
sich das schon so viel und vor allem mit so vieler Phantasie erörterte Rätsel des Möris=
sees wohl überhaupt sobald nicht lösen lassen.

Genauer sind wir über die gewaltigen Entwässerungsarbeiten unterrichtet, die
zur Trockenlegung des Kopaisseebeckens in Böotien geführt haben, der, wie
Merkel in eingehender Schilderung ausführt, bis zum heutigen Tage ein Gegen=
stand der Forschung geblieben ist. Strabo berichtet, daß durch das Steigen der
Gewässer dieses Sees mehrere Städte, darunter Athen, Arne, Midea und
Eleusis, zerstört wurden. Auch das alte Orchomenos hat hier seinen Untergang
gefunden. Er weist darauf hin, daß der See keinerlei Abfluß besaß, außer den unter=
irdischen Eingängen, in die der Kephissos einfloß. Die Mündungen dieser Ein=
gänge in den See, die sogenannten „Saugschlunde," wurden nun durch Erdbeben
oder Anschwemmungen oft verstopft. Alexander der Große ließ sie bloßlegen
und reinigen, eine Arbeit, die der Ingenieur Krates ausführte. Später wurden
auch noch künstliche Abzugsstollen in die Felsen getrieben, so daß eine gut arbeitende
Entwässerungsanlage geschaffen wurde.

Ähnliche Stollen benutzten auch die Römer zu einem ihrer ältesten Entwässerungs=
werke, zur Ablassung des Albaner Sees, die im Jahre 396 v. Chr. ausgeführt wurde.
Kriegsgefangene Etrusker waren es, die durch den Felsen hindurch einen Stollen spren=
gen mußten, durch den die Wässer des Sees abflossen. So gewaltig dieses Werk auch
erscheint, so bietet es in technischer Hinsicht eigentlich nichts besonders Bemerkens=
wertes dar. Wir wissen von unseren früheren Betrachtungen, daß man damals unter
Aufwand eines gewaltigen Menschenmaterials Leistungen fertig brachte, die uns heute
in Erstaunen versetzen. Wir wissen ferner, daß die Zeit keinen Wert hatte, und kennen
endlich die Verfahren der Felssprengung und Felsbearbeitung, die im Abschnitte
„Bergbau" eingehend dargelegt wurden. Mit derartigem technischen Rüstzeug ließen
sich noch weitere ähnliche Entwässerungsanlagen ausführen wie die im Jahre 289
v. Chr. erfolgte Tieferlegung des Delinus=Sees im Lande der Sabiner. Nicht immer
allerdings glückten die Unternehmungen. So arbeiteten unter Kaiser Claudius
30 000 Sklaven 11 Jahre lang an der Herstellung des großen, 5½ km langen, durch

den Fels gebrochenen Abflußkanals, durch den der Fuciner See trocken gelegt werden sollte. Daß das Werk nicht gelang, lag daran, daß man bei der Überwindung der Höhenunterschiede und bei sonstigen Einzelheiten Fehler gemacht hatte.

Mehr Glück hatte man bei den Drainierungsarbeiten in der Campagna, in den Pontinischen Sümpfen und bei anderen Entwässerungsanlagen. Die Campagna und die Pontinischen Sümpfe, die heute öde, von der Malaria durchseuchte Gelände darstellen, waren, insbesondere die Campagna in der näheren Umgebung Roms, einstmals ein blühendes Land, wo Fruchtbarkeit herrschte, und wo sich die Villen und Gärten der reichen Römer befanden. Hier, in der Campagna, stauen sich die von den Gebirgen dem Meere zuströmenden Gewässer und führen zur Sumpfbildung. Das Gleiche ist bei den Pontinischen Sümpfen der Fall. Die Römer hatten nun ein wohl= durchgebildetes Drainagenetz angelegt, durch das die Sumpfgelände vollkommen trocken gelegt wurden, so daß sie bewohnbar und anbauungsfähig wurden. Die Drainage wurde sowohl mit Hilfe offener Gräben wie auch mit Hilfe von Rohrleitungen durchgeführt. Erst als Rom verfiel und man sie vernachlässigte, erfolgte von neuem die Bildung von Sümpfen. Mit ihr trat dann die Malaria auf, die Gegenden wurden entvölkert und sind es heute noch. Erst jetzt will man wieder daran gehen, sie durch eine erneute Drainage und sonstige Maßregeln zu erschließen. Ähnliche Drainagen wurden überall durchgeführt, wo römischer Einfluß und römische Kultur sich geltend machten. Aber wie in der Campagna, so sind auch sie nach dem Abzug der Römer vielfach wieder vernachläſſigt worden, wodurch auch ihre Segnungen verſchwanden.

Literatur zu den Abschnitten: „Die Wasserversorgung und die Kanalisation" und „Bewässerung und Entwässerung".

Altmann, Palast und Wohnhaus im Altertum. Umschau 1907, S. 844 ff.

Anonymus, Die Trockenlegung der Pontinischen Sümpfe. Welt der Technik 1904, S. 45.

Baeck, Aus dem alten Babylon. Das Wissen 4. Jahrg., Nr. 10 u. 11.

Ballu und Cagnat, Timgad, une cité africaine. Paris 1897.

Banks, Babylonian Excavations by the Germans. Scientific American 1913 S. 357.

— Entwässerungsanlagen bei den alten Babyloniern. Die Post 1905, Nr. 413.

— Excavations at Nippur. Scientific American 1901, S. 133.

Bauer, Die Wasserwerke Roms im Anfang der Kaiserzeit. Berlin 1876.

Belger, Die Wasserversorgung Korinths. Berliner Philologische Wochenschrift 1902

Belgrand, Les aqueducs romains. Paris 1875.

Borchardt, Das Grabmal des Königs Sahu-rê. Leipzig 1910 und 1913.

— Die Ausgrabung des Totentempels des Königs Sahu-rê bei Abusir. Mitt. der deutsch. Orientgesellschaft 1907/08, Nr. 37.

— Über ägyptische Nilmesser.

Bertholet, Der älteste Tunnel. Referat nach der „Zeitschrift für Tiefbau" in „Welt der Technik" 1906, S. 79.

Cramer, Das römische Trier. Gütersloh 1911.

Curtius, Über städtische Wasserbauten der Hellenen. Berlin 1847.

— Adler und Hirschfeld, Die Ausgrabungen zu Olympia. Berlin 1877—1881.

Dörpfeld, Die Ausgrabungen an der Eneakrunos. Mitt. des Kaiserl. deutschen Archäolog. Instituts in Athen, Band XVII, XVIII und XIX; 1892, 1893, 1894.

— Jakobsthal und Schazmann, Bericht über die Arbeiten zu Pergamon. Athen 1908.

Eyth, Das Wasser im alten und neuen Ägypten. Bayer. Industrie- und Gewerbeblatt 1902, Nr. 6—9.

Fabricius, Altertümer auf der Insel Samos. Mitt. des Kais. deut. archäologischen Instituts in Athen, Band IX, 1884.

Fieber, Über die Untersuchung eines antiken Bleirohrs. Chemiker-Zeitung 1908, 13, S. 149.

Franghia, Rapports sur l'adduction des eaux d'Arroul. Jerusalem 1908.

Friedländer, Darstellungen aus der Sittengeschichte Roms. Leipzig 1888—1890.

Gsell, Les Monuments antiques de l'Algérie. Paris 1901.

Giebeler, Die antike Hochdruckwasserleitung der Burg Pergamon. Journal für Gasbeleuchtung und Wasserversorgung 1897, Nr. 12.

— Über einige älteste Wasserleitungen und deren Beziehungen zu den neuesten. Verhandl. des deutschen Vereins von Gas- und Wasserfachmännern. 1896.

Gräber, Die pergamenische Wasserleitung. Die Altertümer von Pergamon. Textband I, 3.

— Die Wasserleitung von Olympia. Die Ergebnisse der von dem Deutschen Reich veranstalteten Ausgrabungen zu Olympia. Textband II. Berlin 1892.

— Die Wasserleitungen von Pergamon. Abhandlungen der Akademie der Wissenschaften zu Berlin 1887.

— Die Wasserleitung zu Athen. Mitt. d. Kais. Archäologischen Instituts in Athen. Band XXX, 1905, S. 1 ff.

Guidi, Le fontane barocche di Roma. Dissertation Zürich 1917.

Haberlandt, Die Trinkwasserversorgung der primitiven Völker. Gotha 1912.

Herodot, Geschichten. I, 188; III 60.

Hofschlaeger, Die Entstehung und Verbreitung der künstlichen Wasserleitungen in der Vorzeit und im Altertum. Vortrag, geh. in der Gesellschaft für Geschichte der Naturwissenschaften, der Medizin und der Technik am Niederrhein. Düsseldorf, 7. März 1913.

Hueisen, Die Thermen des Agrippa, ein Beitrag zur Topographie des Marsfeldes in Rom. Rom 1910.

Humann und Puchstein, Ausgrabungen zu Sendschirli. Berlin 1893—1902.

— — Reisen in Kleinasien und Nordsyrien. Berlin 1890.

Huntemüller, Wasserversorgung und Kanalisation im alten und heutigen Jerusalem. Zeitschrift für Hygiene und Infektionskrankheiten 1916, Bd. 81, Heft 2, S. 257.

Jacobi, Das Römerkastell Saalburg. Homburg 1897.

— Führer durch das Römerkastell Saalburg. Homburg 1908.

Kab, Die römischen Kaiserbad-Ruinen zu Baden-Baden. Ill. Badeblatt 1916, Nr. 18.

Kautzsch, Die Siloah-Inschrift. Zeitschr. des Deutschen Palästinavereins, 5. Band 1882.

Klinkowström, Graf v., Beiträge zur Geschichte der Wassererschließung. Zeitschrift des Vereins der Gas- und Wasserfachmänner in Österreich-Ungarn 1913. Heft 12—15.

Kloeß, Aus der Wasserwirtschaft der alten Zeit. Zeitschr. der gesamten Wasserwirtschaft 1912, S. 142.

Kobert, Chronische Bleivergiftung im klassischen Altertum. In Diergart: Beiträge aus der Geschichte der Chemie. Leipzig und Wien 1909.

Köhler, Beiträge zur Kenntnis der Entwicklung des Militärbadewesens usw. Veröffentlichungen auf dem Gebiete des Militär-Sanitätswesens 1913, Heft 56, S. 2.

Layard, Niniveh und Babylon. Übersetzt von Zenker. Leipzig.

Lehmann-Haupt, Armenien einst und jetzt. Berlin 1910.

— Die historische Semiramis und ihre Zeit. Tübingen 1910.

Lemberg, Zur Geschichte der Trinkwasserfiltration. Der Städtische Tiefbau 1912, Heft 23.

Lewin-Dorsch, Die Technik in der Urzeit. Der Wohnungsbau. Stuttgart 1912.

Mastermann, The water supply of Jerusalem ancient and modern. The biblical World.

Merckel, Die Ingenieurtechnik im Altertum. Berlin 1899.

Nentwich, Tunesiana. Frankfurter Zeitung vom 18. Februar 1912.

Neuburger, Das Wasser als Hilfsmittel in Haus und Gewerbe. In Kraemer: Der Mensch und die Erde. Band IX, S. 149 ff.

Nielsen, Die Straßenhygiene im Altertum. Archiv für Hygiene 1902, Heft 1, S. 85 ff.

Noack, Die Baukunst des Altertums. Berlin.

Oechelhäuser, Technische Arbeit einst und jetzt. Vortrag zur Feier des 50jährigen Bestehens des Vereins Deutscher Ingenieure. Deutsche Techniker-Zeitung 1906, S. 443.

Overbeck, Pompeji in seinen Gebäuden, Altertümern und Kunstwerken. Leipzig 1884.

Partsch, Auf der Insel des Pelops. Breslau 1902.

Pfretzschner, Die Grundrißentwicklung der römischen Thermen. Erlangen 1908.

Pregél, Die Technik im Altertum. Sonderabdruck aus dem Jahresbericht der technischen Staatslehranstalten zu Chemnitz. Chemnitz 1896.

Rathgen, Über ein kupfernes Wasserleitungsrohr. Chemiker-Zeitung 1911, 34. S. 309.

Ratner, Die Trinkbarmachung ungenießbaren Wassers in der Bibel. Hygienische Rundschau 1910, Band XX, S. 190.

Reber, Des Dittruvius Zehn Bücher über die Architektur. Stuttgart 1865.

Richter, Die Cloaca maxima in Rom. Berlin 1889.

Rohland, Zur Geschichte der Abwässeranlagen. Archiv für die Geschichte der Technik, Band IV, S. 215.

Rothey, Die Wasserleitungen des römischen Aventicum. Referat d. Voss. Zeitung vom 22. Januar 1911, Nr. 37.

Schick, Die Wasserversorgung der Stadt Jerusalem in geschichtlicher und topographischer Darstellung. Zeitschr. des Deutschen Palästina-Vereins, 1. Band, 1878.

Schleyer, Bäder und Badeanstalten. Leipzig 1909.

Schliemann, Ilios, Stadt und Land der Trojaner. Leipzig 1881.

— Mykenä. Bericht über meine Forschungen und Entdeckungen in Mykenä und Tiryns. Leipzig 1878.

— Tiryns. Der prähistorische Palast der Könige von Tiryns. Leipzig 1886.

Schreiber und Sieglin, Die Nekropole von Km-esch-Schukafa. Leipzig 1908.

Schubart, Ein Jahrtausend am Nil. Berlin 1912.

Schultze, Die römischen Grenzanlagen in Deutschland. Gütersloh 1906.

Schutte, Die Wasserversorgung der Stadt Hannover. Eine geschichtliche Einleitung. Hanomag=Nachrichten 1916, Heft 2, S. 23.

Söllner, Die hygienischen Anschauungen des römischen Architekten Vitruvius. Jenaer Medizinisch=historische Beiträge 1913, Heft 4.

Steuer, Die Wasserversorgung der Städte und Ortschaften. Berlin 1912.

Techniker, Der, im Altertum. Welt der Technik 1910, S. 142.

Trillat, Ein von den Römern angewandtes kolorimetrisches Verfahren zur Charakterisierung von Trinkwasser. Chemiker=Zeitung 1916, S. 750.

Ursprung, Der, der Nilfluten. Welt der Technik 1910, S. 278.

Wiedemann, Beiträge zur Geschichte der Naturwissenschaften und der Technik bei den Arabern. Sitzungsberichte der phys.=med. Sozietät in Erlangen 1906, Band 38.

Wilkinson, The manners and customs of the ancient Egyptians. London 1878.

Wood, The ruins of Palmyra, otherwise Tedmor in the desert. London 1753.

Wolff, Bericht über die Arbeiten der Ausgrabungskommission (Heddernheim) in den Jahren 1903—1906. Mitt. über römische Funde in Heddernheim. Heft IV, S. 57 ff. Frankfurt a. M. 1907.

Woenig, Die Pflanzen im alten Ägypten. Leipzig 1897.

Ziller, Über die antiken Wasserleitungen Athens. Mitt. des kaiserl. deutsch. Archäologischen Instituts in Athen, Band II, 1877.

Zint, Die Entwicklung der Entwässerungen mit offenen Gräben und Drainagen von den ältesten Zeiten bis zur Gegenwart. Selbstverlag. Prag.

Zumpt, Über die bauliche Einrichtung des römischen Wohnhauses. Berlin 1852.

Straßen und Brücken.

Allgemeines.

Die Straßen des Altertums laſſen ſich im allgemeinen in zwei große Gruppen einteilen: in ſolche Straßen, die lediglich dem Verkehre zwiſchen benachbarten Ort=ſchaften oder ſolchen Orten dienen ſollten, zwiſchen denen ein lebhafter Handels=verkehr ſtattfand, und in ſolche, die aus ſtrategiſchen Rückſichten erbaut wurden. Die Aufgabe dieſer letzteren war es, dem Heere die Möglichkeit zu gewähren, in ſchnellen Märſchen die Grenzen zu erreichen, um feindliche Einfälle abzuweiſen oder ſelbſt in das Nachbargebiet vorzudringen. Ebenſo verſchieden wie der Zweck war auch der Zuſtand der Straßen. Die Verkehrs= und Handelsstraßen ſind im allgemeinen ſchlecht unterhalten; oft ſind es bloße Saumpfade oder ausgetretene Wege ohne jeden Unterbau, ohne Vorrichtungen, die dem Regenwaſſer den Abfluß gewähren ſollen — für ihre Unterhaltung wird nichts oder nur das Notwendigſte ausgegeben. Anders die Heeresstraßen. Sie werden mit der größten Sorgfalt und mit hoher techniſcher Vollkommenheit angelegt, und ebenſo ſorgfältig hält man ſie imſtande; beſondere, meiſt ſehr zahlreiche Beamte ſind mit ihrer Überwachung betraut. Als Grundlage der Straßenführung ſelbſt gilt — und zwar ſowohl für die Verkehrs= und Handels= wie für die Staats= und Kriegsstraßen — der mathematiſche Grundſatz, daß der kürzeſte Weg zwiſchen zwei Punkten die gerade Linie iſt. Soweit nicht die Verhältniſſe des Geländes zu Ausbiegungen und Umgehungen nötigen, ziehen ſich die Straßen des Altertums meiſt kerzengerade dahin.

Straßen im Orient.

Über die Straßen der meſopotamiſchen Völker iſt uns nur verhältnismäßig wenig bekannt. Man hat vor allem auch nur ſehr geringe Spuren von ihnen aufgefun=den, die uns keinerlei Begriff von ihrem Ausſehen, ihrem Zuſtand und der Technik ihrer Herſtellung zu geben vermögen. Layard hat Überreſte einer nach Ninive führenden Straße aufgefunden, die mit Steinen gepflaſtert war. Die Reſte waren jedoch zu ungenügend, um daraus irgendwelche Schlüſſe auf die Straßenbautechnik jener Gegenden zu ziehen.

Bei den Ägyptern war es nicht nötig, große Straßen anzulegen; bildete doch der Nil wie auch heute noch die beste und bequemste Hauptverkehrsstraße des Landes. Trotzdem führten vom Niltale sowohl von Osten wie nach Westen zu einzelne Straßen weg, die die Haupthandelsplätze mit entfernter gelegenen Orten verbanden. Es scheint sich hier jedoch meist um einfache Karawanenstraßen gehandelt zu haben, die aus Pfaden durch allmählichen Gebrauch von selbst entstanden. Später befestigte man dann die Straßendecke durch Steine. Die am Wüstenrand entlang führenden Straßen waren gegen die Wüste zu durch Mauern geschützt. Ob diese Mauern die Verwehung der Straße durch den Wüstensand verhindern, oder ob sie den Karawanen zum Schutze gegen die Angriffe der Wüstenbewohner dienen sollten, hat sich nicht mit Sicherheit feststellen lassen. Ramses II. ließ an der Küste Syriens eine Straße in Felsgestein sprengen, wohl das einzige Beispiel einer derartigen durch die Ägypter ausgeübten Straßenbautechnik. Die meisten ägyptischen Straßen wurden in späterer Zeit — nach der Eroberung durch die Römer — hergestellt und sind deshalb als römische Straßen zu betrachten. Auch ihre technische Ausgestaltung erfolgte nach den von den Römern bei ihren Straßenbauten bewährt gefundenen Grundsätzen.

Griechische Straßen.

Besser als über die Straßen der eben genannten Völker sind wir über die der Griechen unterrichtet, bei denen sich, wie auf so vielen Gebieten griechischer Technik, deutlich phönizischer Einfluß erkennen läßt. Es ist sogar wahrscheinlich, daß die ersten griechischen Straßen von den Phöniziern angelegt wurden, die ihre in Griechenland befindlichen Küstenplätze durch Straßen mit dem Innern des Landes verbanden, um von hier aus wertvolle Produkte nach den Schiffen befördern zu können. Hauptsächlich waren es Holz, Kupfer, Erze usw., die an die Küsten gebracht und hier entweder zu Schiffsbauten oder zur Anlage von Werften verwendet oder auf die Schiffe verladen wurden. Diese ältesten phönizischen Straßen waren sehr einfach. Man schlug Lichtungen durch die Wälder, glich Unebenheiten im Boden durch Einebnen aus, und wenn man in der Nähe der Küste, wie dies vielfach geschah, auf sumpfige Niederungen stieß, so errichtete man einen Damm, über den dann die Straße hinwegführte.

Als sich später die griechische Kultur immer mehr vom phönizischen Einflusse freimachte, und als Griechenland den Zeiten seiner höchsten Blüte entgegenging, da bildete sich auch eine eigene Straßenbautechnik aus. Für die Entwicklung dieser Technik war in Griechenland noch ein besonderer Umstand maßgebend. Man brauchte nicht nur wie bei andern Völkern Handels- und Kriegsstraßen, sondern auch Feststraßen, die zu den Heiligtümern, zu den Tempeln der Götter führten. Einzelne dieser Heiligtümer genossen ja beim ganzen Volk eine weitgehende Verehrung. Man veranstaltete zu gewissen Jahreszeiten oder an gewissen Tagen besondere Festzüge, zu denen das Volk von weit herbeiströmte. Um den Festzug ungestört durchführen zu können, mußte man Straßen anlegen, man mußte vor allem dafür sorgen, daß die kostbaren Festwagen ohne Schaden zu leiden ungestört dahinfahren konnten. Dies erreichte man dadurch, daß man in die Straßen die Geleise einschnitt, deren Entfernung der Spurweite der Wagenräder entsprach. Derartige Geleise an alten Feststraßen sind heute noch in ziemlicher Menge erhalten. Ihre Spurweite ist eine verschiedene, die Tiefe der Geleisfläche beträgt ungefähr 7 cm. Wir haben also hier gewissermaßen die Vorläufer der Straßenbahn, die älteste Art der „Schienenbahn" vor uns, jedenfalls eine Art des Straßenbaus, die auch heute noch nicht ganz aus der Welt verschwunden ist. So befindet sich, um nur ein Beispiel anzuführen, zwischen Heringsdorf und Swinemünde eine Landstraße, in die ebenfalls Geleise, allerdings aus eisernen Trägern eingelassen sind, und auf denen die gewöhnlichen Landwagen dahinfahren. So und so oft dürften wohl Begegnungen auf der eingleisigen Strecke stattgefunden haben, woraus sich dann Ausweichstellen entwickelten, wie heute noch auf engen Gebirgspfaden. Auch die sogenannte „Trassenführung" entsprach jener, wie man sie am Anfange der Entwicklung des Eisenbahnwesens bei uns be= obachten konnte. Damals führte man die Linie um alle Windungen und Kurven, um alle Hügel und sonstige Hindernisse herum, anstatt sie, wie man dies jetzt tun würde, glatt zu durchschneiden. So entstehen jene, heute noch im Betrieb befindlichen, durch ihren außerordentlichen Kurvenreichtum auffallenden Eisenbahnstrecken, wie wir sie in Deutschland vielfach finden. Auch die Griechen waren nicht imstande, größere Kunstbauten durchzuführen; sie schmiegten sich, indem sie die gerade Linie nach Möglichkeit beizubehalten suchten, doch allen Unebenheiten des Geländes an und bauten infolgedessen außerordentlich gewundene Straßen, durch die sich die Weg= länge natürlich bedeutend vergrößerte. Im übrigen aber verstand man es, Felsen, soweit sie nicht zu groß waren, wegzuräumen oder einzuebnen, gute Dämme anzu= legen, eine dauerhafte Straßendecke durch Pflasterung zu schaffen und die Straßen selbst künstlerisch auszugestalten, indem man an ihren Seiten Grabdenkmäler, Hermen, Brunnen usw. usw. aufstellte. Besonders bemerkenswerte Züge weist aber die Straßen= bautechnik der alten Griechen nicht auf.

Die Straßen der Römer.

Diese treten uns in um so höherem und umfangreicherem Maßstabe bei den Stra= ßenbauten der Römer entgegen, bei denen die Straßenbautechnik die höchste Stufe ihrer Entwicklung erreichte. Die Römer waren auf den Besitz guter Straßen ange= wiesen; nur durch ihre Schaffung und Unterhaltung vermochte das römische Welt= reich zu bestehen. Roms ausgedehnter Handel stellte andere Anforderungen an die Beschaffenheit des Straßennetzes, als dies bei anderen Völkern der Fall war. Vor allem aber mußte man imstande sein, jeden Augenblick — unter Umständen mit ge= waltigen Heeren — die oft weit entfernten Grenzen zu erreichen. Diese Aufgabe konnte nur durch die Schaffung eines ausgedehnten Straßennetzes gelöst werden. So geht denn die Verbreitung der römischen Herrschaft mit der gleichzeitigen Anlage von Straßen einher. Es bildete sich ein besonderer Stand der Straßenbaumeister, zahlreiche Kräfte wurden in den Dienst der Herstellung und Unterhaltung von Straßen gestellt. Zunächst einmal die Legionen selbst, denen stets Arbeit zugewiesen werden mußte, damit sie nicht durch Müßiggang zur Unzufriedenheit und zu Aufständen verleitet wurden. Dann aber mußten Sklaven sowie unterworfene Völker Hand anlegen, wenn es galt, eine Heeresstraße zu schaffen. Diese unterjochten Völker erkannten auch sehr richtig den Wert der Straßen für die Stützung der römischen Herrschaft; sie wußten, daß die Befreiung vom römischen Joche nur durch den Untergang der Straßen zu einer dauernden werden konnte. Als das römische Weltreich in Trümmer sank, war es daher bei vielen Völkern das erste, daß sie die römischen Straßen zerstörten und dadurch die Heere verhinderten, von neuem vorzudringen. Trotzdem haben sich noch zahlreiche alte Römerstraßen bis auf den heutigen Tag erhalten — der

beste Beweis für die Güte ihrer Ausführung und die hochentwickelte römische
Straßenbautechnik!

Diese Technik hatte aber auch hinreichend Gelegenheit, sich im Laufe von Jahr=
hunderten zu großer Vollkommenheit zu entwickeln. Man schätzt die Gesamtlänge der
von den Römern erbauten Straßen auf rund 76 000 km, so daß sie fast der doppelten
Größe des Erdumfangs gleichkommt. Die Linienführung war derart durchgebildet,
daß sie der der heutigen Eisenbahnen entspricht; man suchte den geradesten Weg bei=
zubehalten, ganz gleich, welche Hindernisse sich auch entgegenstellten. Da wurden
Felsen gesprengt, Tunnels durch Gebirge geschlagen, Dämme aufgeschüttet, Sümpfe
entwässert und die Straße selbst derart gebaut, daß sie für ewige Dauer bestimmt
schien. Mit Recht weist Matschoß darauf hin, daß die römischen Straßen Mauern
glichen, die auf die Seite gelegt waren.

Diese hohe Straßenbautechnik hat sich aus einfachen Anfängen entwickelt. Auch
im römischen Reiche waren die ersten Straßen, wie überall, zunächst einfache Verbin=
dungswege, die immer mehr verbessert wurden, bis schließlich eine glatte Landstraße
entstand. Aber auch diese einfachen Verbindungswege scheinen schon unter dem Ge=
sichtspunkt der ewigen Dauer hergestellt. Noch heute findet man z. B. im Großherzog=
tum Oldenburg altrömische Bohlwege, also Wege, die nur aus Brettern geschaffen
wurden, und die Jahrhunderte überdauert haben. Das Meßtischblatt Nr. 1734 der
Königlich Preußischen Landesaufnahme von 1898 enthält die Bezeichnung eines

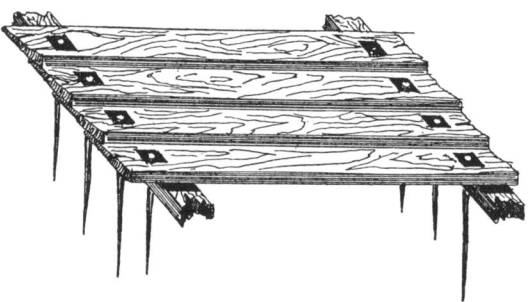

Weges als „römischer Bohlweg"·
Die Bohlen bestehen teils aus
Eichen= teils aus Kiefernholz
und sind meistens künstlich be=
arbeitet. Sie hatten die Form
von Brettern mit dreikantigem
Querschnitt. (Abb. 614.) Die
Bretterbohlen lagen hart neben=
einander oder griffen etwas
übereinander, so daß die dünne
Seite jeder Bohle unter die
dickere der darüber liegenden
kam. In den weichen Moor=
partien waren unter den Bohlen

Abb. 614. Schematische Darstellung eines römischen
Bohlweges.

balkenförmige Längsschwellen angebracht. An jedem Ende der Bohle war ein drei
oder vierkantiges Loch, durch das ein zur Befestigung dienender Pflock in das Moor
hineingetrieben wurde. Die Unebenheiten, die durch die keilförmige Gestalt der
Bohlen entstanden, wurden durch Sand oder Erde ausgefüllt. Eine genaue Be=
schreibung eines solchen Bohlweges gibt Böcker:

„Bei diesem Bohlwege liegt Bohle an Bohle, etwas übereinandergreifend,
ähnlich wie die Ziegel auf den Dächern. Die Bohlen sind mit der Axt bearbeitet, durch
Längsschwellen und Pflöcke befestigt. Die ganze Arbeit ist sehr sorgfältig ausgeführt.
Die Bohlen sind meistens aus Eichenholz angefertigt, während die Pflöcke auch aus
Birken, Tannen und Erlen gewonnen sind. An dem Birkenholz ist noch die weiße
Borke zu erkennen. Die Bohlen sind 3 m lang, 22 cm breit und 8 cm dick. In einer
Entfernung von 22 cm von beiden Enden befindet sich ein quadratisches Loch, 10 qcm
weit, durch welches ein Pflock gesteckt ist, um den Bohlen auf dem weicheren Moor=
boden mehr Festigkeit zu geben. Der längste Pflock ist 1,33 m lang, oben 4 cm, unten

kaum 2 cm dick. Die meisten Pflöcke zeigen eine Länge von 60—100 cm; auf einigen befindet sich oben ein Kopf, welcher 7 cm breit und 10 cm lang ist. Die Pflöcke sind scheinbar mit einigen Schlägen zugespitzt, die eichenen sind etwas viereckig. Die Bohlen sind gespalten; die gespaltene Seite liegt nach oben." An einer Stelle, welche vom genannten Bohlwege ungefähr 10 Minuten entfernt ist, hat man früher schon vielfach besondere Hölzer gefunden, und es ist Böcker gelungen zu konstatieren, daß an dieser Stelle ein mit dem ersten Bohlwege mehr oder weniger parallel laufender zweiter Bohlweg sich befindet, welcher ebenfalls von Nordwesten nach Südosten führt.

Diese hier beschriebenen Bohlwege werden auch in Tacitus erwähnt, der in seinen „Annalen" (I 61) schreibt, daß Germanicus den Legaten Cäcina vorausgeschickt habe, „um die Dunkelheit des Waldes auszukundschaften und Brücken und Dämme über feuchte Sümpfe und trügerische Flächen zu bauen". Vorher aber (I 63) heißt es:

„Nachdem er (Germanicus) darauf das Heer an die Ems zurückgeführt, brachte er die Legionen auf der Flotte, wie er sie hergebracht hatte, zurück. Die Reiterei erhielt den Befehl, an den Ufern des Ozeans her nach dem Rheine zu ziehen. Cäcina, der sein eigenes Heer führte, wurde ermahnt, obwohl er auf bekannten Wegen zurückgehe, so schnell als möglich die langen Brücken — pontes longi — zu überschreiten. Es ist dies ein schmaler Pfad in ausgedehnten Sümpfen und einst von L. Domitius aufgehöht (aggeratus). Das Übrige ist schlammig, zäher, anhängender Kot oder bodenloses Gewässer; herum sind allmählich ansteigende Waldungen, welche Arminius damals besetzt hielt, da er auf kürzeren Wegen und in Eilmärschen dem mit Gepäck und Waffen schwer beladenen Heere zuvorgekommen war. Cäcina überlegte, wie er die von Alter schadhaften Brücken wiederherstellen und zugleich den Feind abwehren könne; er beschloß, an der Stelle (wo der Sumpf begann, über den die langen Brücken führten) ein Lager aufzuschlagen, damit ein Teil des Heeres die Arbeit (die Wiederherstellung der Brücken) beginnen, ein anderer den Kampf aufnehmen könne."

Eine Abart der Bohlwege stellen die Pfahlwege dar, die ihrer Natur nach auf Pfähle oder Pfahlroste gelegte und oft noch mit einer Straßendecke versehene Bohlwege sind. Ein solcher bei Rödelheim gefundener Pfahlweg (Abb. 615 S. 462) hatte eine Breite von 4 m und setzte sich aus Eichenstämmen von etwa 2,20 m Höhe zusammen, die senkrecht in den Lettenboden bzw. die darunter befindliche Kiesschicht eingerammt waren. Sämtliche Pfähle waren aus in der Längsrichtung zerspaltenen Vollhölzern hergestellt, wobei mancher Stamm sechsmal gespalten worden war (siehe Abbildung). Die Pfähle standen außerordentlich nah aneinander, ihre Kopfenden standen über die ganze Breite und Länge des Weges hinweg in gleicher Höhe. Darüber wurden in der Mitte durchgespaltene Stämme derart gelegt, daß die Spaltfläche nach unten, die Wölbung nach oben zu liegen kam. (In unserer Abbildung sind Vollstämme gezeichnet, die bei einer ersten von Cretzschmar vorgenommenen Ausgrabung ebenso wie auch bei den Pfählen selbst gefunden worden sein sollen, während weitere Forschungen dieses Ergebnis jedoch nicht bestätigten.) Diese „Deckschwellen" waren teilweise länger als der Weg breit war. Die längeren Stücke hatten an dem über die Wegbreite hervorragenden Teil rechteckige Löcher, deren Zweck nicht genau festzustehen scheint (siehe Abbildung). Vielleicht trugen sie ein Geländer, vielleicht sollten hindurch und in den Untergrund gesteckte Pfähle ein Ausweichen der Straße nach der Seite zu, wie es unter dem Druck darüber fahrender Lasten nicht unmöglich erscheint, verhüten. Die Vertiefungen zwischen den Schwellen

waren durch Knüppel aus Erlenholz ausgefüllt. Auf dieser Unterlage befanden
sich Faschinen und darüber die aus Kies bestehende Straßendecke.

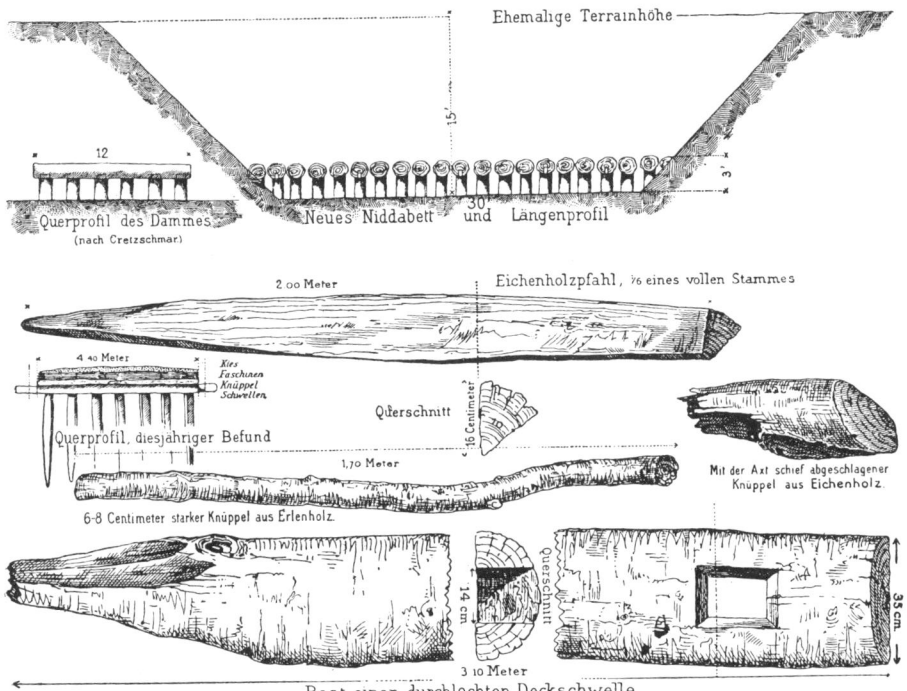

Abb. 615.   Römischer Pfahlweg bei Rödelheim.

In diesen noch in der Kaiserzeit ausgeführten Bohlwegen dürfen wir wohl mit
Recht eine der ältesten Arten römischer Straßenbautechnik erkennen; befanden sich
doch in der Umgebung Roms zahlreiche Sümpfe, die durchquert werden mußten.
Ehe man bessere Verfahren hatte, griff man wohl auch hier zur Anlage von Bohl=
wegen.

Später hat man dann von Rom aus insbesondere durch die Pontinischen Sümpfe,
eine bessere Straße hindurchgelegt, die in gerader Richtung nach Cumae führte, die
„via Domitiana", von der uns der Dichter Statius (45—96 n. Chr.) (Silvae IV 3, 40)
eine eingehende Beschreibung gibt. Nach seinen Ausführungen wurde die Straße
in der Weise gebaut, daß man zunächst zwei zueinander parallel laufende Gräben
(sulci) zog, die die Begrenzung der Straße bildeten und zugleich dazu dienen sollten,
das von ihr ablaufende Wasser aufzunehmen und abzuführen. Dann wurde die
Erde zwischen den beiden Gräben abgegraben, so daß eine breite Rinne entstand, die
die Bettung aufzunehmen bestimmt war. An den Seiten dieser Rinne wurde eine
Reihe großer Randsteine (umbones) gesetzt, die die seitliche Begrenzung der Bettung
und zugleich die innere Grabenseite darstellten. Um sie im sumpfigen Gelände zu

befestigen, schlug man an ihren Seiten starke Holzpfähle ein. Dann wurde die Bettung mit einer Lage größerer Steine bedeckt, auf die weitere Steinschichten kamen. Hierbei

Abb. 616.   Durchschnitt durch eine römische Landstraße (Via Appia).
Deutsches Museum München.

wurde bereits darauf gesehen, eine gewölbte Straßendecke zu erhalten. Als eigent=
liche Decke diente dann kleinerer Steinschlag, der festgestampft und mit Sand oder Kies gestopft wurde. So erhielt man einen glatten Fahrdamm, von dem infolge seiner Wölbung das Regenwasser nach rechts und links in den Graben ablief.

Diese Art des Baus weisen fast alle Römerstraßen auf. Wir haben überall den Graben und die gewölbte Straßendecke sowie die Randsteine. (Abb. 616 bis 618.)

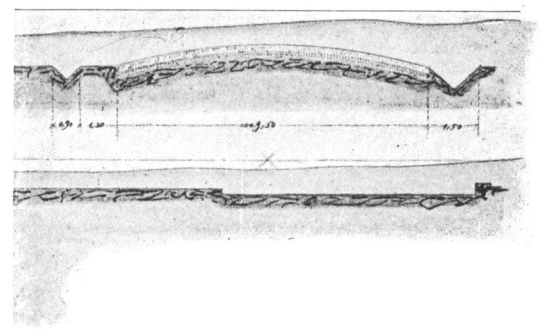

Abb. 617 u. 618. Durchschnitt römischer Straßen bei Heddernheim

Die Bettung besteht aus verschiedenen Schichten von Steinen, die von unten nach oben an Größe abnehmen. (Abb. 619 bis 621 S. 464.) Bei einzelnen Straßen finden sich allerdings Abweichungen, die durch die Natur der Umgebung oder durch die Art des Zweckes als geboten erschienen. So haben manche Straßen anstatt der einen Steinschicht eine Schicht aus Mörtel, der mit großem Steinschlag vermischt ist (Abb. 619 S. 464), andere wieder weisen eine Schicht festgestampfter Erde auf. Bei wieder anderen (Reims) ist die untere Schicht großer Steine ohne Kalkmörtel ver=
legt, bei noch anderen finden wir hydraulische Mörtel verwendet.

Ebenso ist die Gestalt der Oberfläche nicht immer gleich. Im allgemeinen besteht sie aus festgestampftem und mit Sand untermengtem Kleinschlag. Sehr vielfach sind die Straßen aber gepflastert, wobei verschiedenartiges Material zur Verwendung

kommt. Wir finden gewöhnliche, an der Oberfläche nicht einmal geglättete Pflaster=
steine (z. B. am Septimer) ebensowohl wie gute Plattenwege, die mit äußerster

Abb. 619. Durchschnitt durch die Bettung einer altrömischen Landstraße.
Deutsches Museum München.

Sorgfalt hergestellt sind (Via Appia). (Abb. 622 u. 623 S. 465.) Einzelne Straßen
zeigen noch besonders kunstvolle Entwässerungsanlagen, so z. B. eine bei Heddern=

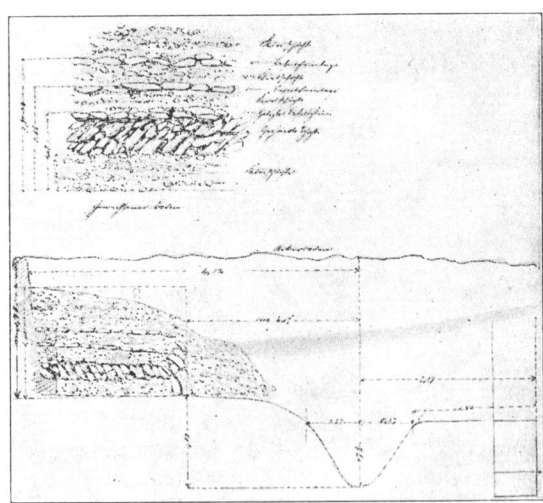

Abb. 620 u. 621. Römische Straße bei Heddernheim.
Reihenfolge der Schichten von unten nach oben: Gewachsener Boden,
gestückte Schicht, gelegte Basaltsteine, Kiesschicht, Basalteinlage,
Kiesschicht, Basalteinlage, Kiesschicht.

heim befindliche Straße, die in der Längsachse unter dem Straßenkörper einen tiefen
Einschnitt aufweist, der neben den beiden Seitengräben als „Sickergraben" zur Ab=

Abb. 623. Teil der Via Appia.

Abb. 622. Teil der Via Appia.

leitung des Regenwassers dienen soll. Er wurde beim Bau der Straße eingeschnitten, mit Holzbohlen belegt und dann durch den Steinkörper überdeckt, der aus Kies mit oder ohne eine Unterlage von gröberem Flußgeschiebe hergestellt wurde. Das Wasser sickerte durch den Kies in den Sickerkanal und lief außerdem noch über die gewölbte Decke in die Seitenkanäle ab. (Abb. 624).

Die Breite der Straßen war sehr verschieden. Während die Julier= ebenso wie andere alte Straßen nur eine Breite von 2 m aufweist, hat die Via Appia gleich der

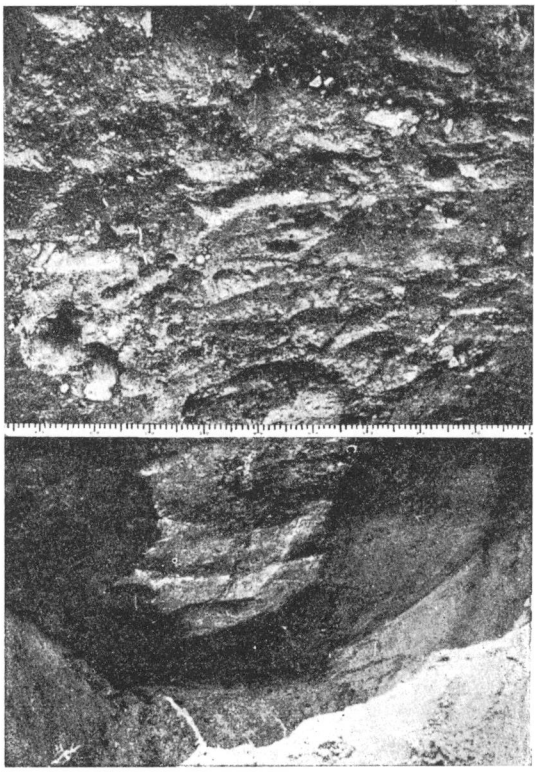

Abb. 624. Sickerkanal unter einer römischen Straße bei Heddernheim.

nach der Saalburg ziehenden Römerstraße und vielen sonstigen Straßen eine Breite von 4,30 m. Andere Straßen wieder weisen eine Breite von 7 m, wieder andere sogar noch darüber auf. Dabei waren manche Straßen noch nicht einmal in ihrer ganzen Breite gepflastert. Insbesondere an den Alpenstraßen hatte der Pflasterstreifen oft nur eine Breite von 1,50 m, während die Straße selbst 2 m, an manchen Stellen sogar bis 3 m breit war.

In bezug auf die äußere Ausstattung waren die Straßen sehr verschieden. Manche waren nur sehr einfach ausgestattet, andere wieder zeigten bedeutenden künstlerischen

Schmuck, insbesondere jene, die von den großen Städten wegführten. Hier waren zu beiden Seiten kunstvolle Grabdenkmäler angebracht, die die Straßen meilenweit begleiteten. Die großen Straßen hatten an der Seite häufig noch Fuß=

Abb. 625 u. 626. Römische Meilensteine.
Provinzialmuseum Trier.

steige, die oft überhöht und vom Fahrdamme durch einen niederen Steindamm getrennt waren. Außerdem waren noch Steine angebracht, die das bequemere Besteigen der Pferde und das Be= und Entladen der Lasttiere ermöglichten.

30*

Bänke fanden sich häufig. Allenthalben standen Meilensteine, meist in der Form runder Säulen, die die Entfernung genau angaben, und die auch noch son= stige Hinweise, wie z. B. auf den Kaiser, unter dem die Straße gebaut wurde, u. dgl. enthielten. (Abb. 622 u. 623 S. 465 und Abb. 625 bis 628 S. 467 u. 468.)

Abb. 627. Römische Meilensteine auf der Höhe des Julierpasses (Schweiz) 2288 m, die die alte unter Augustus angelegte römische Straße flankierten.

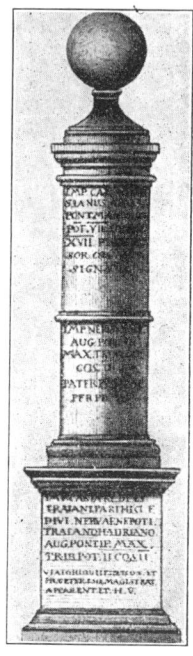

Abb. 628. Rekonstruktion eines römischen Meilen= steines.

Sprengarbeit.

Sehr oft war es nötig, die Straßen durch den Fels hindurchzusprengen. Auch davor scheute man nicht zurück, und so finden wir zahlreiche römische in den Fels gesprengte Straßen, wie z. B. jene, die von Tiberius am Eisernen Tor an der Donau entlang geführt wurde. Die Vollendung geschah erst im Jahre 103 n. Chr. durch Tra= jan. Beim Sprengen kamen die bereits im Abschnitte „Bergbau" behandelten Verfahren zur Anwendung. Man hat vielfach geglaubt, daß die Römer über besondere Verfahren zum Felssprengen verfügt hätten, die auch sonst im Altertume bekannt waren, und die auch von anderen Völkern angewendet wurden. So erzählt Livius im 21. Buche Kapitel 37 seiner Römischen Geschichte in einer Weise, die das Verfahren selbst als allgemein bekannt vorauszusetzen scheint, daß Hannibal bei seinem so berühmt gewordenen Übergang über die Alpen im Jahre 218 v. Chr. die im Wege stehenden Felsen durch „Feuer und Essig" aus dem Wege geräumt habe. Es handelt sich hier um eine Stelle in Livius' Schriften, die bereits reichlich kommentiert, aber niemals vollkommen erklärt worden ist. Hervorragende Sprachforscher und Chemiker haben sich damit beschäftigt, zu ermitteln, was denn dieser „Essig" (acetum) des Hanni= bal gewesen sein könne. Während die einen „aceta" lesen und darin eine Art Eis=

pickel ſehen, glauben andere, daß es ſich um ein Lötrohr, wieder andere aber, daß es ſich um wirklichen Eſſig gehandelt habe. Insbeſondere hat der bekannte Forſcher auf dem Gebiete der Geſchichte der Naturwiſſenſchaften und der Technik Hermann Schelenz eine große Anzahl von Beweiſen dafür beigebracht, daß hier tatſächlich Eſſig angewendet wurde, der damals bereits, insbeſondere in weinbauenden Gegenden, in großen Mengen hergeſtellt wurde. Der Verfaſſer wendete ſich auf der Naturforſcherverſammlung zu Wien 1913 gegen dieſe Annahme und zeigte zunächſt an Hand chemiſcher Berechnungen, daß zum Auflöſen einer verhältnismäßig geringen aus Kalk beſtehenden Felſenmaſſe ſo gewaltige Mengen von Eſſig nötig geweſen wären, daß die Möglichkeit ihres Transportes zur damaligen Zeit als völlig ausgeſchloſſen erſcheinen muß. Des weiteren wies er nach, daß die Vornahme derartiger Löſungen von Geſteinen durch Eſſig das Heer in ganz ungeheurem Maße ſelbſt dann hätte aufhalten müſſen, wenn es ſich auch nur um Blöcke von verhältnismäßig geringem Umfange gehandelt hätte. Hannibal brauchte zu ſeinem Zug über die Alpen aber nur 15 Tage. Endlich aber wurde noch der Beweis erbracht, daß ein Löſen auch aus geologiſchen Gründen unmöglich erſcheinen muß. Der Weg, den Hannibal nahm, ſteht nicht genau feſt. Es ſtehen ſich auch hier die verſchiedenſten Anſichten gegenüber. Alle Forſcher ſind jedoch darüber einig, daß nur die Oſtalpen bzw. gewiſſe Teile der öſtlichen Zentralalpen in Frage kommen können. Die in Betracht kommenden Wege führten aber durchweg durch Gebiete, die zu den Gneis= oder den Schieferalpen gehören, und in denen Kalkeinſprengungen ſelten ſind. Dann ließ ſich der weiche Kalk mit den damaligen Werkzeugen entſchieden leichter aus dem Wege räumen als der harte Gneis, der ſich in Eſſig überhaupt nicht auflöſt, ſo daß ſchon aus dieſen Gründen die Annahme der Verwendung von Eſſig hinfällig erſcheinen muß. Da aber die Karthager dieſen Unterſchied zwiſchen Gneis und Kalk überhaupt nicht gekannt haben dürften, und da ſich, wie ſchon erwähnt, Kalk auf ihrem ganzen Wege nur in geringen Spuren findet, ſo dürften ſie ihre erſten Löſungsverſuche unter Verwendung von Eſſig, wenn ſie ſolche überhaupt anſtellten, mit großer Wahrſcheinlichkeit am Gneis gemacht haben. Die dann eintretende Erfolgloſigkeit ihrer Bemühungen müßte ſie belehrt haben, daß ein Löſen der Felſen mit Eſſig ſelbſt unter Verwendung von Feuer ganz unmöglich iſt. Es ergibt ſich damit aus chemiſchen, phyſikaliſchen, techniſchen und geologiſchen Gründen, daß Hannibal keinen Eſſig zur Anwendung gebracht haben kann, und die betreffende Stelle in Livius erſcheint ſomit auch heute noch vollkommen ungeklärt. Hierzu bemerkt E. O. v. Lippmann: „daß es ſich bei dem fraglichen, außer bei Livius auch noch bei vielen anderen antiken Schriftſtellern erwähnten Vorgange nur um die abergläubiſche Idee handle, daß dem Eſſig eine ganz beſonders ‚kalte Natur' zukomme, und daß daher, beim Aufgießen von Eſſig ſtatt Waſſer auf durch ſogenanntes ‚Feuerſetzen' erhitztes Geſtein, durch das Aufeinanderprallen der extremſten Gegenſätze eine ganz außergewöhnliche Wirkung erzielt werden müſſe. Der Aberglaube betreffs der großen ‚Kälte' und der aus dieſer entſpringenden ungeheueren ‚Kraft' des Eſſigs war im Altertum allgemein verbreitet; ſoll doch, wie ich a. a. O. anführte, der Feldherr Metellus ſogar einen Ziegelturm über Nacht mittels Eſſig ‚aufgelöſt' haben! Auch jetzt noch iſt er übrigens lebendig. Ich traf in der Schweiz italieniſche Arbeiter, die bei Anlage eines Felſenweges das erhitzte Geſtein außer mit Waſſer auch noch mit etwas Eſſig (aus einer Glasflaſche) beſprengten, ‚perchè è molto più freddo' (‚weil er viel kälter iſt'), und dies als ein Zunftgeheimnis bezeichneten.

Daß an ein wirkliches ‚Auflösen' von Gesteinen nicht zu denken ist, ergibt für den Chemiker ohne weiteres die Rechnung: nach der Gleichung:

$$CaCO_3 + 2\, C_2H_4O_2 = (C_4H_6O_4)\, .\, Ca + CO_2 + H_2O$$

sind auf 100 Teile Kalkstein 120 Teile 100proz. Essigsäure oder 2400 Teile 5proz. Essig erforderlich: Hannibal hätte also, um auch nur 1 dz Kalkstein aufzulösen, schon etwa 2,5 cbm Essig nachfahren und durch die unwegsamen Saumpfade der Westalpen transportieren müssen!"

Die Brücken.

Einen besonders bemerkenswerten Teil im Zuge der Straßen stellen die Brücken dar, die sich allerdings erst auf einer schon etwas vorgeschritteneren Stufe des Verkehrs entwickeln konnten. Zunächst dürfte man, wenn es sich um die Überschreitung eines Flusses handelt, die Furten aufgesucht haben, an denen sich dann vielfach Ansiedlungen bildeten, so daß manche Furt die Ursache zur Entstehung einer Stadt wurde. Außerdem verwendete man, um über die Flüsse zu gelangen, Fähren und schließlich Brücken. Ob die ältesten Brücken, wie man vermutet, Schiffbrücken waren, mag dahingestellt bleiben. Sehr wahrscheinlich erscheint es nicht, da sich die Brücke wohl aus einem über ein schmales Flußbett gelegten Baumstamme weiter entwickelte. War ein breiteres Flußbett zu überschreiten, so lag es nahe, so viele Baumstämme zusammenzufügen, bis die beiden Ufer verbunden waren. Das Zusammenfügen konnte durch am Ufer oder an seichten im Flusse gelegenen Stellen errichtete Stützpunkte, wie Pfähle, Felsblöcke usw., erleichtert werden. Auf diese Weise läßt sich die Entwicklung der Brücke wohl am einfachsten erklären, ohne daß es nötig ist, sie, wie dies vielfach geschieht, aus der Schiffbrücke herzuleiten.

Allerdings kamen schon sehr früh Schiffbrücken zur Verwendung. So berichtet Herodot (VII 25 ff.) von der Schiffbrücke, die der Perserkönig Xerxes über den Strymon schlagen ließ:

„Das machte er also. Es war auch Tauwerk zu den Brücken im voraus gemacht, aus Byblos und aus weißem Flachs, das war den Phönikern und den Ägyptern auferlegt, und daß sie Lebensmittel anfahren sollten, damit das Heer nicht Hunger litte, noch das Zugvieh, das mit nach Hellas getrieben wurde." (Über „Byblos" siehe S. 486.)

Ferner erzählt er (VII 36) von einer weiteren Schiffbrücke, über deren Ausführung er folgende Angaben macht:

„Die Brücken aber verfertigten andere Baumeister, und bauten auf diese Art: Sie stellten Dreiruderer und Fünfzigruderer nebeneinander, nach der Seite des Pontos Euxeinos zu dreihundertsechzig, nach der anderen Seite dreihundertvierzig, jene dem Pontos entgegen, diese mit dem Strome des Hellespontos, damit er die ausgespannten Seile in der Schwebe hielte. Darauf warfen sie Anker aus von gewaltiger Größe, an der einen Brücke nach dem Pontos zu, der Winde wegen, die von innen herauswehen, auf der anderen Brücke aber gegen Abend und das Ägäische Meer zu, des Südost- und des Südwindes wegen. Sie ließen aber eine offene Durchfahrt zwischen den Fünfzigruderern und den Dreiruderern an drei Orten, damit einer mit kleinen Schiffen nach dem Pontos hinein- und aus dem Pontos herausfahren konnte. Als sie dies getan, spannten sie vom Lande aus die Seile vermittelst hölzerner Winden an. Doch brachten sie nicht jedes besonders an, sondern sie banden zusammen je zwei von weißem Flachs und je vier von Byblos. An Dicke und Ansehn waren sie einander gleich, aber die von Flachs waren natürlich schwerer, eine Elle davon wog ein Pfund. Und als nun die Schiffbrücke geschlagen war, sägten sie Baumstämme durch und machten sie ebenso breit wie die Brücke und legten sie in guter Ordnung über die ausgespannten Seile, und wie sie dieselben eins nach dem anderen hingelegt, banden sie sie wieder fest. Als sie das getan, trugen sie Balken hinauf, und als sie auch die Balken in guter Ordnung hingelegt, trugen sie Erde hinauf, und als sie auch die Erde hinaufgebracht, machten sie ein Geländer von beiden Seiten, damit das Zugvieh und die Pferde nicht scheuten, wenn sie das Meer sähen."

Im übrigen wird erwähnt, daß anstatt des weißen Flachses von den Ägyptern auch Byblos zum Bau der Brücken verwendet wurde. Die Schiffbrücken wurden überhaupt im Altertum gern und viel angewandt, auch noch in der spätrömischen Zeit, als man schon längst gute und dauerhafte Brücken zu schlagen verstand. Die Schiffbrücke war besonders für Heereszwecke sehr geeignet; ließ sie sich doch am schnellsten herstellen und wieder abbrechen. Darum führten einzelne Heeresteile stets das zum Bau solcher Brücken nötige Material mit sich. Die Eisen und Haken, die zum Zusammenhalten der Bretter dienten, waren häufig schon vorbereitet.

Von den Heeresbrücken und überhaupt allen gewissermaßen unvorbereitet hergestellten Brücken hat ganz besonders die von Cäsar bei seinem ersten Rheinübergange geschaffene Brücke große Berühmtheit erlangt. Sie ist in neuerer Zeit vielfach rekonstruiert worden, und es existieren eine ganze Anzahl Modelle von ihr. Im übrigen aber ist die Beschreibung, die Cäsar vom Brückenbau gibt, eine derart klare, daß sie für den technisch durchgebildeten Leser keinerlei Zweifel übrig läßt. Die Brücke ist deshalb ganz besonders bemerkenswert, weil sie scheinbar keinen Vorläufer hat; bezeichnet er sie doch selbst als neu. Über den Brückenbau aber berichtet er (nach Woyte):

„Aus all den erwähnten Gründen also hatte sich Cäsar dazu entschlossen, über den Rhein zu gehen. Der Übergang zu Schiff jedoch erschien ihm weder sicher genug noch mit seiner oder des römischen Volkes Würde vereinbar. Obgleich sich nun bei der Breite, der reißenden Strömung und der Tiefe des Rheins der Bau einer Brücke als überaus schwierig herausstellte, glaubte er doch, darauf bestehen oder den Übergang ganz unterlassen zu müssen.

Die Konstruktion, die er der Brücke gab, war neu und folgender Art. 1½ Fuß (etwa ½ m) dicke Pfähle, am unteren Ende ein wenig zugespitzt und je nach der Tiefe des Wasser verschieden lang, ließ er paarweise in einem Abstande von 2 Fuß (etwa 70 cm) miteinander verbinden. Diese wurden dann mit Maschinen in den Fluß hinabgelassen, festgemacht und eingerammt, aber nicht senkrecht, wie sonst Tragbalken, sondern schräg wie Dachsparren, und zwar in der Stromrichtung. Darauf wurde jedem dieser Paare gegenüber weiter flußabwärts in einer Entfernung von 40 Fuß (etwa 13 m) der Stromrichtung entgegen ein anderes in gleicher Weise verbundenes Pfahlpaar festgemacht. Diese Pfahlpaare bekamen einen festen Stand durch Holme, die, dem Abstande der Pfähle voneinander entsprechend, in einer Stärke von 2 Fuß von oben eingelassen und an den beiden Enden durch doppelte Klammern mit den Pfählen fest verbunden wurden. Da hierdurch die Pfahlpaare in gehörigem Abstande von einander und in der Richtung, die sie gegeneinander hatten, gehalten wurden, war die Festigkeit und natürliche Beschaffenheit des ganzes Baues der Art, daß, je stärker die Strömung anprallte, die Balken um so fester ineinander gezwängt wurden. Die Pfahljoche wurden durch Längsbalken miteinander verbunden und diese wieder

mit Stangen und Flechtwerk belegt. Trotzdem der Bau schon fest genug war, wurden
noch stromaufwärts Pfähle schräg eingerammt. Diese, dem Bau schützend vorgelagert
und mit ihm verbunden, brachen die Gewalt der Strömung. Ebenso wurden strom=
aufwärts in mäßiger Entfernung von der Brücke Strebebalken eingerammt. Diese
sollten für den Fall, daß der Feind Baumstämme oder Schiffe zur Zerstörung des
Baues stromabwärts treiben ließ, deren Anprall mindern und die Brücke vor Beschädi=
gung sichern.

Binnen zehn Tagen vom ersten Herbeischaffen des Baumaterials an war die
Brücke fertig, und das Heer marschierte hinüber."

Wir müssen uns, wie Cohausen in seinen eingehenden Untersuchungen,
denen wir nachstehend im allgemeinen, jedoch nicht in allen Punkten folgen, mit
Recht betont, Cäsars Rheinbrücke als eine sogenannte „Bockbrücke" vorstellen, deren
Böcke aus zwei Paaren (Abb. 629) je paarweise parallel miteinander verbundener

Abb. 629. Bockbrücke als Modell von Cäsars Rheinbrücke am Lande aufgestellt.

Beine (c d, c d,) und einem Holm (H) bestanden. Beine und Holm, aus in der
Nähe gefällten Rundhölzern bestehend, die ersteren unten zugespitzt, wurden erst
an Ort und Stelle miteinander verbunden. Die Beine wurden durch einige Schläge
in den Grund des Flusses eingetrieben. Ihren Halt bekam die Brücke durch die Ver=
bindung der Böcke, die in der Weise vor sich ging, daß von Land zu Land jeder Holm
mit dem folgenden durch sogenannte „Streckbalken" verbunden wurde. Außerdem
wurden die Beine noch gegen den Wasserstoß verstrebt. Die Rheinbrücke besteht also
unter Zugrundelegung der eben gemachten Ausführungen aus folgenden Teilen
(Abb. 630): den Bockbeinen c d, die bei d angespitzt sind, den Holmen g h, die auf

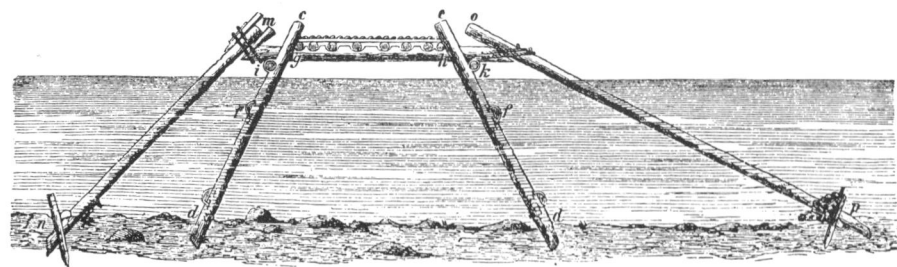

Abb. 630. Cäsars Rheinbrücke. Stromrichtung m n nach o p.

den Balken i und k aufruhen, den Klammern bei g h i k, die Beine und Holme verbinden, den unter Wasser befindlichen Verstrebungen bei d und f und den Vorrichtungen o p und m n (Gegenstreben), die die Brücke gegen im Flusse treibende Zerstörungsmittel sichern sowie eine weitere Festigung bewirken sollen. Oberhalb, stromaufwärts, müssen wir uns dann noch eingerammte Pfähle denken, also eine Art von geöffnetem Nadelwehr, die die Gewalt der Strömung brachen.

Zur Ausführung der Brücke wurden zweifellos Pontons benutzt, von denen aus man die Pfähle ins Wasser versenkte, um dann darauf den Holm zu befestigen. Ob das Einschlagen der Pfähle mit Hilfe von Hämmern oder mit Hilfe einer auf den Pontons aufgestellten Ramme geschah, berichtet Cäsar nicht. Um die Richtung genau einzuhalten, wurden wahrscheinlich von Ufer zu Ufer Richtseile gespannt, die vielleicht auch unterstützt durch schief nach dem Ufer geführte Halte- und im Fluß angebrachte Ankertaue zum Festhalten der Pontons während der Arbeit dienten.

Wo die Brücke gestanden hat, ist bis jetzt nicht aufgeklärt worden. Wahrscheinlich hat man die Stelle des Brückenschlages zwischen Andernach und Koblenz zu suchen. Jedenfalls stellt die im stark strömenden Rheine hergestellte Brücke der Ingenieurtechnik Cäsars und seiner Baumeister ein hohes Zeugnis aus.

Im Gegensatze zu diesen nicht für die Dauer berechneten Brücken spielten im Altertume die Dauerbrücken eine große Rolle, die wir schon im alten Babylon vorfinden. Hier befand sich wohl die älteste Brücke des Altertums, der wir eine größere technische Bedeutung zumessen können, die Euphratbrücke, die die beiden Stadthälften des alten Babylon miteinander verband und auf Nebukadnezar als Erbauer zurückgeführt wird. Der Fluß ist an jener Stelle 900 m breit. Darin wurden mehr als 100 Steinpfeiler errichtet, auf die die Brückenbahn zu liegen kam, die aus Palmbalken hergestellt sowie überdacht war und eine Breite von 9 m aufwies. So bemerkenswert diese Brücke auch als Bauwerk erscheint, so müssen gegen ihre Ausführung doch einige Bedenken technischer Art geltend gemacht werden. Zunächst einmal war, wie sich leicht berechnen läßt, der Zwischenraum zwischen den einzelnen Steinpfeilern, deren Breite unbekannt ist, nur sehr gering, vielleicht 5—6 m. Durch diese engen Durchströmungsöffnungen und die Unzahl der Pfeiler wird im Fluß ein großes Hindernis geschaffen, das zu Stauungen und bei Hochwasser zu Überschwemmungen führen kann. Außerdem verstand man damals scheinbar noch nicht im Flusse selbst zu fundamentieren. Der Fluß soll vielmehr während der Herstellung umgeleitet worden sein. Dagegen waren die Pfeiler bereits gegen die Strömung zugespitzt, so daß sich an ihrer Kante das Wasser leicht brach. An der der Strömung abgewendeten Seite waren sie stumpf. Später verbesserte man, und zwar wohl schon in Mesopotamien den Brückenbau allmählich dadurch, daß man zu gewölbten Brückenöffnungen überging. (Abb. 631 S. 474.) Es wurde bereits oben (siehe die Abschnitte „Wasserversorgung", „Kanalisation" und „Bauausführung") so oft vom Gewölbebau und seiner Ausführung gesprochen, daß es sich wohl erübrigt, hier noch näher darauf einzugehen. Der bei den Brücken angewandte Gewölbebau unterscheidet sich in keiner Weise von jenem, wie er auch für Wasserleitungen, Kanäle usw. ausgeführt wurde. Die Zeitabschnitte der Entwicklung entsprechen auch bei den Brücken den Fortschritten des Gewölbebaus. Es dürfte daher genügen, wenn wir auf einzelne besonders bemerkenswerte Brücken des Altertums hier noch besonders hinweisen, wobei sich die Art des Gewölbeschlusses, die Ausführung der Kragung, der Bau über dem Lehrgerüst usw. aus den oben genannten Abschnitten bereits gemachten ausführlichen Darstellungen ja ohne weiteres ergibt.

Von den alten griechischen Brücken sind uns nur verhältnismäßig sehr wenige
Überreste erhalten, die uns jedoch keinen Einblick in den Stand geben, den die Technik
des Brückenbaus zur Zeit ihrer höchsten Entwicklung erreicht hatte. Dagegen zeigten
sich die Römer auch auf dem Gebiete des Brückenbaus als Meister. Sie verwendeten
zunächst Holzbrücken. Die älteste römische Brücke, der im Jahre 625 v. Chr. errichtete
„pons Sublicius,“ war aus Holz hergestellt. Wie verschiedene Forscher behaupten,
soll diese Brücke einen losen Brückenbelag gehabt haben, weil Eisen damals infolge
religiöser Vorschriften nicht benutzt werden durfte. Später scheint man sich an diese
Vorschriften nicht mehr so genau gehalten zu haben, und man stellte dann massen=
haft Brücken her, bei denen die Bohlen mit Eisen befestigt waren.

Die alten Holzbrücken wichen jedoch bald den Steinbrücken, bei deren Herstellung
man nach den uns schon bekannten Regeln der Baukunst verfuhr. Die Wölbung

Abb. 631. Mesopotamische Bogenbrücke.
(Nach Art des Gewölbebaus hergestellt.) Alte Tigrisbrücke bei Djezireh.

wurde über einem Lehrgerüst aufgeführt, die Steine wurden in der bereits ausführlich
beschriebenen Weise durch Eisenklammern, die mit Blei eingegossen wurden, mit=
einander verbunden. Wo Mörtel zur Anwendung kam, verwendete man entweder
Gemische von Lava mit Kalkmörtel, oder man benutzte hydraulische Mörtel. So be=
sitzt die Stadt Amalfi am Eingange des Tales von Molini eine alte Brücke wohl
aus dem 5. Jahrhundert n. Chr., bei der als Verbindungsmittel natürliche Puzzolan=
erde verwendet wurde. Die Brücke besteht heute noch und hat sich also trotz des Feh=
lens aller Eisenklammern fast 1500 Jahre lang erhalten. Ihre Spannweite beträgt
7 m, die Breite 1,50 m und die Höhe über dem Flußbett ungefähr 3 m. | Man sieht
also, daß die Römer beim Brückenbau alle jene Mittel zur Anwendung brachten, die
auch in der übrigen Baukunst Verwendung fanden.

Die alten römischen Brücken zeigen oft erstaunlich hohe Bogenwölbungen,
so daß die Fahrbahn durch sie künstlich erhöht wird. Infolgedessen sind schon vorher
Anrampungen nötig. Fragen wir uns nach der Ursache dieser eigenartigen Konstruk=

Abb. 632. Altrömische Brücke mit hoher Anrampung und hoher Bogenöffnung (Ponte Salario).
(Erbaut 569 n. Chr.)

Abb. 633. Vierbogige altrömische Bogenbrücke mit ungleicher Bogenform u. steiler Anrampung
(Ponte Lucano).

Abb. 634. Pons Aelius (heutige Engelsbrücke) in Rom. (Erbaut 136 n. Chr.)

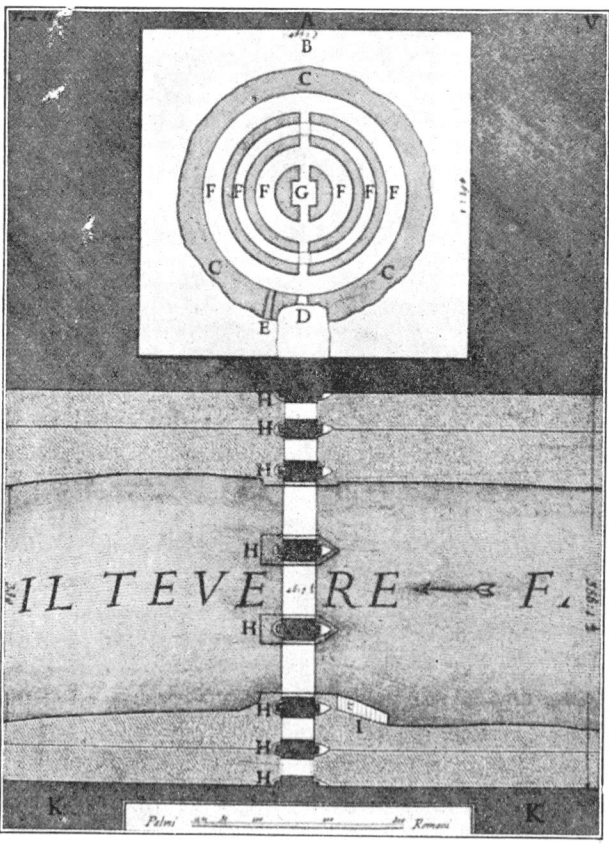

Abb. 635. Die Fundamen=
tierung der Engelsbrücke.

Piranesi gibt zwei Flußpfeiler
und je zwei volle und einen halben
Festlandspfeiler auf jedem Ufer
an; ob diese Fundamentierung
schon zur Zeit der Erbauung der
Brücke bestand, ist neuerdings
zweifelhaft geworden, doch han=
delt es sich nicht um wesentliche
Unterschiede gegenüber den An=
gaben Piranesis, sondern ledig=
lich darum, ob sich nicht an dem
an der Engelsburg befindlichen
Ufer nur zwei Pfeiler und somit
nur zwei Bogen befanden. In
den Jahren 1892—1894 wurde die
Brücke im Zusammenhang mit der
Regulierung des Tiber umgebaut;
gegenwärtig sind nur noch die
drei mittleren Bogen altrömischen
Ursprungs. Das im Bilde oben
an den Grundriß der Engelsbrücke
sich anschließende, gleichfalls im
Grundriß dargestellte Bauwerk ist
die Engelsburg, das Grabmal
des römischen Kaisers Hadrian
(moles Hadriani), in dem alle
Kaiser von Hadrian bis Cara=
calla begraben wurden. Der an=
steigende Gang F führt zu der
Grabkammer G.

tion, so erkennen wir immer wieder die Tatsache, daß man sehr weite Bogen nicht zu spannen verstand, und daß die Pfeiler deshalb das Flußbett beträchtlich einengen, so daß bei Hochwasser mit einem beträchtlichen Ansteigen der Wassermassen zu rechnen

Abb. 636. Die „Tiberinsel" zu Rom mit den beiden Brücken (Pons Cestius links und Pons Fabricius rechts). — Bemerkenswert am Pons Fabricius die Entlastung des Brückenpfeilers durch eine über dem Fundament befindliche Öffnung.

war. Was man ihnen an Weite nahm, das mußte man, um allzu gefährliche Aufstauungen zu verhüten, an Höhe zugeben. Infolgedessen verlegte man die Brückenbahn möglichst hoch und machte auch möglichst hohe Durchgangsöffnungen. (Abb. 633 bis 636.)

Als eine besonders bemerkenswerte und berühmte Brücke der Römer muß die Brücke bezeichnet werden, mit der Kaiser Trajan im Jahre 104 n. Chr. die Donau jenseits des eisernen Tors überspannte. Die Einzelheiten über den Bau dieser Brücke sind uns leider verloren gegangen, doch kann man aus den Angaben des Dio Cassius annehmen, daß diese berühmte Brücke aus 20 steinernen Strompfeilern bestand. Ihre Höhe soll 50 m betragen haben, die Breite 20 m. Die Pfeiler weisen eine gegenseitige Entfernung von 57 m auf. Zwischen ihnen waren Bogen gespannt. Die Höhe erscheint auf den ersten Blick etwas unwahrscheinlich, sie wird jedoch wahrscheinlicher, wenn wir bedenken, daß es sich allem Anschein nach um eine auf Steinpfeilern errichtete Holzbrücke handelte. Die Darstellung an der Trajanssäule in Rom läßt erkennen, daß nur die Pfeiler aus Stein waren. Auf ihnen erhob sich ein Tragwerk aus Balken, zwischen dem sich Bogen spannten, die allem Anschein nach gleichfalls aus Balken hergestellt waren. Auf diesen Bogen lag die eigentliche Brückenbahn, die zugleich auch auf dem auf den Steinpfeilern errichteten Stützwerk aufruhte. Die Brücke selbst war mit einem Geländer versehen.

Bemerkenswert ist auch die Art und Weise, wie man die Steinpfeiler inmitten der Donau errichtete. Eine Ableitung dieses gewaltigen Flusses war nicht möglich. Man mußte deshalb im Flusse selbst Senkkasten anbringen, über deren Bau nichts

Abb. 637. Modell der römischen Rheinbrücke
(Strombogen) bei Mainz.
Altertumsmuseum der Stadt Mainz.

Näheres bekannt ist. Jedenfalls aber zeigt sich, daß die Römer derartige Senkkasten verwendeten — eine Tatsache, die sich auch aus den Einzelheiten anderer ihrer Brückenbauten ergibt.

So dürften derartige Senkkasten wohl auch bei der Herstellung der bei Mainz errichteten Brücke im stark strömen=

Abb. 638. Modell eines Pfahlrostes mit Steinschüttung und Teile eines gemauerten Strom=
pfeilers der römischen Rheinbrücke bei Mainz. — Altertumsmuseum der Stadt Mainz.
Das Modell zeigt den hohen Stand der Fundamentierung der Pfeiler; allerdings steht nicht fest, wie man im stark
strömenden Rhein die Pfahlroste herstellte. (Siehe das im Text über die Donaubrücke des Kaisers Trajan Gesagte.)

Abb. 639. Römische Bleimedaille.
Vorne rechts: Die Rheinbrücke bei Mainz.
Gefunden in der Saône bei Lyon, aufbewahrt in
der Bibliothèque nationale zu Paris.
Durchmesser 8—9 cm.

den Rhein Verwendung gefunden haben. Wenigstens läßt sich nicht erklären, wie man sonst beim Bau der Pfahlroste und Steinfundamente hätte vorgehen sollen. Auch in bezug auf das auf den Steinpfeilern sich erhebende Balkenstützwerk, das die Brückenbahn trug, dürfte die Rheinbrücke (Abb. 637 und 638) der Trajanischen Donaubrücke, wie sie sich uns auf der Trajanssäule in Rom darstellt, geglichen haben. Ob bei der Donaubrücke Pfahlroste verwendet wurden, ist nicht bekannt, doch nach gewissen Funden nicht unwahrscheinlich. Eine alt=römische Darstellung auf einer Bleimedaille (Abb. 639) läßt Einzelheiten der Römerbrücke bei Mainz erkennen, insbesondere die Bogen, Pfeiler, Fundamente, Geländer usw.

Abb. 640. Die Moselbrücke in Trier in ihrer heutigen Gestalt.

Der Oberbau zeigt Einzelheiten, die auf Holz= architektur schließen lassen. (Man vergleiche Abb. 637.)

Gut erhalten hat sich die römische Mosel= brücke bei Trier (Abb. 640 u. 641), die in ihrer überkommenen Form wahrscheinlich aus der Zeit Kaiser Konstantins des Großen 274—337 n. Chr. stammt. Von den acht Pfeilern sind heute nur noch sieben sichtbar, der achte ist durch an= geschwemmtes Land verdeckt. Aber auch von diesen sieben sind nur noch fünf römischen Ur= sprungs, was sich schon an ihrer dunklen Farbe (Material: Basaltlava) zu erkennen gibt. Die anderen beiden (in Abb. 641, heller gestrichelt) wurden 1689 durch die Franzosen zerstört und dann erneuert. Die Entfernung der Pfeiler be= trägt 20 m. Auskragungen an ihrem Oberteil lassen vermuten, daß der ursprüngliche Oberbau gleichfalls aus Holz bestand, doch ist es möglich, daß sie auch zur Aufnahme der Lehrgerüste für die Herstellung der Bogenwölbungen dienten.

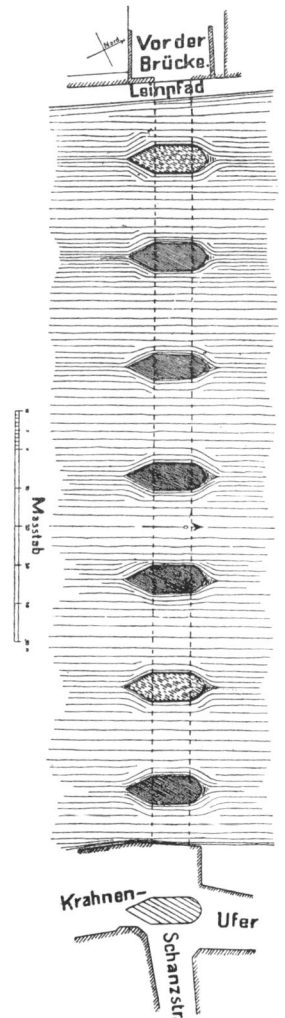

Abb. 641. Grundriß der Moselbrücke in Trier.

Literatur zum Abschnitt: „Straßen und Brücken".

von Alten, Die Bohlwege im Herzogtum Oldenburg.

Becker-Marquardt, Handbuch der römischen Altertümer. Leipzig 1834—1877.

Betonbrücke, eine ehrwürdige. Zement und Beton. 1909, S. 143.

Böcker, Damme als der mutmaßliche Schauplatz der Darusschlacht. Köln 1887.

Cäsar, De bello gallico IV, 16—19.

v. Cohausen, Cajars Rheinbrücken, philologisch, militärisch und technisch untersucht. Leipzig 1867.

— Der römische Grenzwall in Deutschland. Wiesbaden 1884.

Cramer, Das römische Trier. Gütersloh 1911.

Curtius, E., Zur Geschichte des Wegebaus bei den Griechen. Berlin 1885.

Daremberg et Saglio, Dictionnaire des Antiquités grecques et romaines. Paris 1874—1917.

Franziß, Bayern zur Römerzeit. Regensburg 1905.

Friedenstein, Alte Römerstraße und altes Neckarbett. Frankfurter Nachrichten, 14. Oktober 1911.

Friedländer, Darstellungen aus der Sittengeschichte Roms. Leipzig 1888—1890.

Führer durch die Stulpturen- und Antikensammlung des Museums Wallraf-Richartz der Stadt Köln. Köln 1911.

Haarmann, Das Eisenbahngeleise. 1. Geschichtlicher Teil. Leipzig 1891.

Herodot, Geschichten, I, 1, 184; II, 7, 25.

Jacobi, Das Römerkastell Saalburg. Homburg 1897.

Katalog des Reichspostmuseums. Berlin.

Knocke, Die Kriegszüge des Germanikus in Deutschland. Berlin 1887, Nachträge 1889 und 1897.

Lehmann, Die Erschließung der Alpen im Altertum. Vortrag, gehalten im Verein der Saalburgfreunde zu Berlin am 8. Dezember 1905.

Lehmann-Haupt, Die historische Semiramis und ihre Zeit. Tübingen 1910.

Lehmann-Haupt, Armenien einst und jetzt. Berlin 1910.

v. Lippmann, Der Essig des Hannibal. Chemiker-Zeitung 1913, Nr. 126.

Livius, Buch 21, Kap. 37.

Matschoß, Staat und Technik. Vortrag zur Eröffnung der 52. Versammlung des Vereins Deutscher Ingenieure zu Breslau 12. Juli 1911.

Merckel, Die Ingenieurtechnik im Altertum. Berlin 1899.

Meyer, Die römischen Alpenstraßen. Mitt. der antiquar. Gesellsch. in Zürich, Bd. 13.

Neuburger, Der Essig des Hannibal. Chemiker-Zeitung 1913, Nr. 118 und Nr. 126.

Nissen, Pompejanische Studien zur Städtekunde des Altertums. Leipzig 1877.

Nivellierinstrument, Über ein, und Tunnelbau im Altertum. Welt der Technik 1904, S. 173.

Noack, Die Bautunst des Altertums. Berlin.

Pregél, Die Technik im Altertum. Sonderabdruck aus dem Jahresbericht der technischen Staatslehranstalten zu Chemnitz. Chemnitz 1896.

Quilling, Die Ausgrabungen des Vereins für das historische Museum zu Frankfurt auf dem christlichen Heddernheimer Friedhofe im Winter 1891/92 und Sommer 1892. Mitt. über römische Funde in Heddernheim im I. Frankfurt a. M. 1894.

Ramsauer, Die Alpenfunde im Altertum. Zeitschrift des Deutschen und Österreichschen Alpenvereins. 32. 1901.

Ranke, Erinnerungen an die vorgeschichtlichen Bewohner der Ostalpen. Zeitschr. des Deutschen und Österreichischen Alpenvereins. 30. 1899.

Reber, Des Vitruvius Zehn Bücher über die Architektur. Stuttgart 1865.

— Geschichte der Baukunst im Altertum. Leipzig 1876.

Reuleaux, Der Weltverkehr und seine Mittel. Leipzig 1889.

Römische Bohlwege im Herzogtum Oldenburg. Erläuterungen zu dem seitens der Verwaltung des Landes=Kulturfonds ausgestellten Bohlwege. Oldenburg.

Scheffel, Die Brennerstraße zur Römerzeit. Berlin 1911.

Schelenz, Felssprengen mittelst Feuer und Essig bei den Alten. Zeitschr. für das ge= samte Schieß= und Sprengstoffwesen 1909. Sonderabdruck.

Schmidt, Aus der antiken Mechanik. Leip= zig 1904.

— Geschichte des Welthandels. Leipzig 1906.

Schneider, Die alten Heer= und Handelswege der Germanen, Römer und Franken im Deutschen Reiche. Düsseldorf 1882—1890.

Schuchardt, Die vermeintlichen Darus= schlachthügel im Arnsberger Walde. Täg= liche Rundschau, 4. Dezember 1912.

Schultze, Die römischen Grenzanlagen in Deutschland und das Limeskastell Saal= burg. Gütersloh 1906.

Schweiger=Lerchenfeld, Das neue Buch von der Weltpost. Wien.

Spenser Wilkinson, Hannibals March through the Alps. Oxford 1911.

Streiter, Riesenbrücken aus alter und neuer Zeit. Die Burg. 1911, S. 553.

Tacitus, Annalen.

Techniker, Der, im Altertum. Welt der Technik 1910, S. 143.

Trajansbrücke über die Donau. Prome= theus 1898, S. 575.

Wiedemann, Beiträge zur Geschichte der Naturwissenschaften und der Technik bei den Arabern. Sitzungsberichte der phys.= med. Sozietät in Erlangen 1906, Band 38.

Wolff, Bericht über die Arbeiten der Aus= grabungskommission in den Jahren 1903 bis 1906. Mitt. über Römische Funde in Heddernheim. IV. Frankfurt a. M. 1907.

— Die Aufdeckung eines Römerkastells zu Marköbel bei Hanau. Didaskalia 1884, Nr. 249.

— Die römische Straße von Heddernheim nach Nied und das Heidenschloß. Mitt. über römische Funde in Heddernheim. III. Frankfurt a. M. 1900.

— Römerstraßen am Main. Didaskalia 1884, Nr. 171.

Woyte, Antike Quellen zur Geschichte der Germanen. II. Voigtländers Quellen= bücher, Band 52.

Schiffe und Schiffbau.

Die ältesten Schiffsformen. Schiffe des Orients.

Das Schiff soll sich einer durch keinerlei Tatsachen bewiesenen Annahme zufolge
aus dem auf dem Wasser treibenden Baumstamm entwickelt haben. Eine andere
Sage sieht in dem kleinen Schalentier Nautilus das Vorbild für die ältesten Schiffe.
Solche Unterlagen sind zu dürftig, um uns irgendwelchen Aufschluß über die frühe=
sten Schifformen zu geben. Diese treten uns — und zwar bereits auf einer ziemlich
hohen Stufe der Vollendung — bei den mesopotamischen Völkern sowohl wie bei den
Ägyptern entgegen. Verschiedene Funde aus vorgeschichtlicher Zeit wie z. B. Einbäume
lassen uns einzelne Stufen der vorangegangenen Entwicklung erkennen, sie sind jedoch
nicht geeignet, ein zusammenhängendes Bild von ihr zu geben. Die mesopotamischen
Mittel des Wasserverkehrs lassen nun sehr genau zwei Grundformen unterscheiden:
eine floßähnliche und eine bootsähnliche. Die floßähnliche ist der auch heute noch im
Gebrauch stehende „Kelek", der uns bereits auf altassyrischen Darstellungen, wie
z. B. auf einer im Britischen Museum enthaltenen Reliefplatte entgegentritt.
(Abb. 642.) Die Herstellung des Kelek geschieht nach den Forschungen von Leh=

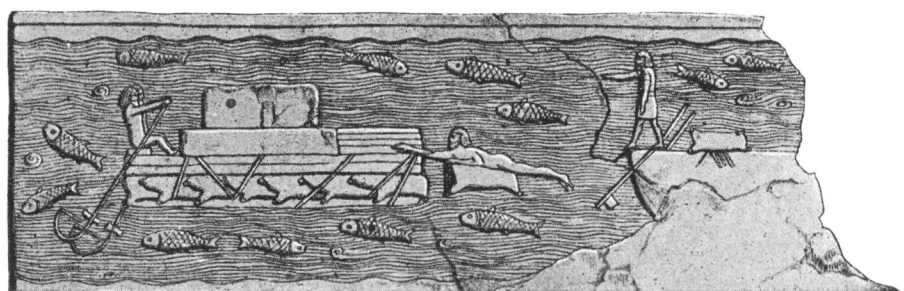

Abb. 642. Assyrischer Kelek und (dahinter) Mann auf Schwimmschlauch.
Auch auf dem Boot (Rundboot?) am Ufer (rechts) liegt ein Schwimmschlauch, der unten scheinbar die Bänder
zeigt, die vielleicht dazu dienten, ihn — ähnlich unseren Schwimmgürteln — am Leibe festzubinden.
Relief aus Ninive.

mann=Haupt auch jetzt noch in der gleichen Weise, wie sie wohl damals erfolgte.
Aufgeblasene Hammelhäute, sogenannte „Burdjuks", werden unter einem Gerüst,
das bei kleineren Keleks aus Weidenruten und sonstigem biegsamen Material

beſteht, angebracht. (Abb. 643.) Darauf kommt eine Schicht von Brettern. Auf dieſe wird Stroh, Schilf oder Moos gelegt, und damit iſt dann das Fahrzeug fertig, das ſowohl Perſonen wie Laſten trägt. Für große Transporte werden Keleks hergeſtellt, die oft aus 2300 derartig aufgeblaſenen Hammelhäuten zuſammen= geſetzt ſind. Die Tragfähigkeit iſt, wie vor allem der große Stratege Moltke bei

Abb. 643. Herſtellung von Keleks aus „Burdjuks".

ſeinen Reiſen erprobte, eine große. Dann gewähren die Keleks aber noch den Vorteil, daß ſie auf Gebirgsſtrömen von ungleichmäßiger Tiefe und wechſelnder Stromgeſchwindigkeit ihre Inſaſſen glücklich durch alle Stromſchnellen hindurch= tragen, wobei dieſe allerdings tüchtig herumgewirbelt, ſtändig gedreht und auch kräftig benäßt werden. Das ein= zelne Burdjuk war, wie die er= wähnten aſſyriſchen Darſtellun= gen, ſowie babyloniſche aus dem 9. Jahrhundert v. Chr. zeigen, aber auch als Schwimm= ſchlauch für einzelne Perſonen im Gebrauch. Zu dieſem Zwecke wurde die Hammelhaut zu= ſammengenäht und unter dem Leibe feſtgeſchnallt. Ein Mund=

Abb. 644. Aſſyriſches Rundſchiff. Relief aus Ninive.

ſtück ſcheint die Möglichkeit gegeben zu haben, durch Hineinblaſen während des Schwimmens aus dem Schlauch entwichene Luft zu erſetzen. (Abb. 642 u. 645 S 484.) Dieſer mesopotamiſche Schwimmſchlauch ſtellt einen Vorläufer des aus Kork her= geſtellten Schwimmgürtels dar, der den Römern bereits bekannt war. Camillus ſandte im Jahre 390 v. Chr. einen Boten zum Kapitol, der den Tiber auf Kork durchſchwamm.

Neben den Keleks beſaßen die Aſſyrer aber auch Rundſchiffe, deren Rumpf aus Tierhäuten beſtand, die über ein Holzgeſtell oder Rohrgeflecht geſpannt wurden. Solche

Rundschiffe dienten sowohl zum Transport wie für Kriegszwecke. (Abb. 644 u. 645.)
Auf ihnen hat z. B. Salmanassar III. (782—772 v. Chr.) gegen die Umwohner des
Urmiasees gekämpft. Herodot bezeichnet diese Rundschiffe als das größte Wunder,
das ihm im Zweistromlande begegnet sei, und seine genaue Beschreibung ihrer Her=
stellung läßt keinen Zweifel darüber, daß er sie aus eigener Anschauung kennt. Er be=
richtet (I 194): „Was mich aber die größte Merkwürdigkeit dünkt in dem Lande nächst
der Stadt selber, versteht sich, das will ich gleich erzählen. Ich meine ihre Fahrzeuge,
auf welchen sie den Fluß hinunter nach Babylon fahren; dieselben sind rund und alle

Abb. 645. Assyrisches Rundschiff von längerer Form als Kriegsschiff.
Die Fortbewegung geschieht durch Treideln (die beiden Männer vorne rechts) und Rudern. Das Schiff ist
mit Steuereinrichtung versehen. Oben in der Mitte ein Mann mit Schwimmschlauch.
Relief am Palast des Sanherib zu Ninive aus dem 7. oder Ende des 8. Jahrh. v. Chr.

von Leder. Nämlich in der Armenier Lande, das oberhalb Assyriens liegt, schneiden
sie Weiden ab und machen daraus des Schiffes Bauch, und darüber spannen sie Felle
aus zur Decke wie ein Estrich, aber Schnabel und Spiegel machen sie nicht daran, sondern
alles ist rund wie ein Schild. Sodann füllen sie dieses ganze Fahrzeug mit Stroh an
und bringen ihre Ladung hinein, und dann geht es den Fluß hinunter. Meist haben
sie Fässer mit Palmwein geladen. Gelenkt wird es durch zwei Ruder und zwei Männer,
die stehen aufrecht, und der eine zieht an, der andere aber stößt ab. Dergleichen Fahr=
zeuge machen sie von verschiedener Größe; die allergrößten tragen wohl eine Last
von 5000 Pfund. Auf einem jeden ist ein lebendiger Esel, auf den größeren wohl
mehr als einer. Wenn sie nun auf ihrer Fahrt nach Babylon gekommen und ihre
Ware los sind, so bieten sie auch des Schiffes Bauch und alles Stroh feil, die Felle aber
packen sie auf die Esel, und so treiben sie heim nach Armenien. Denn den Fluß hinauf
kann man durchaus nicht fahren, weil er so reißend ist, und eben deswegen machen sie
auch ihre Fahrzeuge nicht aus Holz, sondern von Leder. Sind sie nun mit ihren Eseln
in Armenien angelangt, so machen sie sich andere Fahrzeuge auf dieselbe Weise. Also
sind ihre Fahrzeuge beschaffen."

Mit Rundschiffen befuhren auch die Phönizier, denen das Verdienst ge=
bührt, zuerst weite Seereisen unternommen zu haben, die Wasserstraßen. Bereits im
Jahre 3000 v. Chr. soll von ihnen die Fischerstadt Sidon gegründet worden sein,
die durch ihre Lage auf die Seefahrt angewiesen war, und deren Bevölkerung so rasch
wuchs, daß ihre Bewohner schon im Jahre 2760 v. Chr. die Tochterstadt Tyrus

gründeten, der wiederum als Tochterstadt 1160 v. Chr. Gades, das heutige Cadix folgte, ein Beweis, wie große Entfernungen zu schon so früher Zeit ihre Schiffe zurück= legten. (Breusing.) Von Gades aus segelten die phönizischen Schiffe dann bis an die Küsten der Nord= und Ostsee, um von dort das Zinn und den Bernstein zu holen. Die Schiffe, die die Phönizier benutzten, hatten im Anfange wohl gleichfalls die Rund= form, die uns auf den altassyrischen Darstellungen entgegentritt. Sie hießen deshalb auch γαῦλοι (gauli), eine Bezeichnung, die sich von dem eine ähnliche Form auf= weisenden und ebenso benannten Melkeimer herleitet. Die „gauli" der Phönizier dienten zunächst wohl nur als Last= und Frachtschiffe, dann aber auch als Kriegsschiffe. Es ist sehr wahrscheinlich, daß sie als solche zuerst mit dem zum Rammen dienenden Sporn versehen wurden, der ums Jahr 700 v. Chr. bereits erwähnt und dann von den Griechen übernommen wird, die ihn zum ersten Male in der Seeschlacht von Kyrnos (Korsika) im Jahre 536 v. Chr. verwendeten. Vielleicht waren die phöni= zischen Gauli auch die ersten Schiffe, die die durch mancherlei Eigenart gekennzeichnete Segeleinrichtung erhielten. Ihre Segeleinrichtung hatte eine feste d. h. nicht nieder= legbare Raa, also eine wagerecht am Mast angebrachte Segelstange, an der das Haupt= segel befestigt war. Der Segelbaum, die wagerechte Stange am unteren Rande des Segels, fehlte. An beiden Seiten des Hecks befand sich je ein Steuerruder. In dem Maße wie die Seefahrten der Phönizier länger und weiter wurden, nimmt die Größe der Schiffe, die Zahl ihrer Ruderer und die Abmessung ihrer Takelage zu. Wir werden sehen, daß sich einzelne dieser Eigentümlichkeiten der phönizischen Schiffe auch an den Schiffen anderer Völker des Altertums, insbesondere aber an den ägyptischen und griechischen wiederfinden. Bekanntlich berichtet ja die griechische Sage von der Kultur, die von Kadmus aus Phönizien her überliefert wurde: Während er wan= dert, um in Europa seine von Zeus geraubte Schwester aufzufinden, gründet er eine Anzahl griechischer Städte, die er mit phönizischen Kultureinrichtungen ausstattet.

Die Schiffe der Ägypter.

Die Ägypter betrieben ihren Handel hauptsächlich auf dem Lande. Ihre Schiff= fahrt beschränkte sich auf den Nil und vielleicht auch noch auf das Rote Meer. Einzelne Fahrten wie z. B. die von der Königin Hathsopsitu um 1650 v. Chr. ausgerüstete Expedition von fünf Schiffen nach dem Puntlande, das wohl irgendwo an der So= malifüste zu suchen sein dürfte, sind als besondere Abenteuer aufzufassen. Trotz dieser geringen Ausdehnung ihrer Schiffahrt haben die Ägypter in bezug auf Bau und Ausrüstung der Schiffe von den Phöniziern so manches gelernt. Außerdem aber paßten sie ihre auf der so viel belebten Wasserstraße des Nils verkehrenden Schiffe den mannigfachsten Bedürfnissen an, so daß die verschiedenartigsten Schiffs= typen, von der Lustjacht und dem Trauerschiff angefangen bis zum schweren Kauf= fahrteischiff entstehen, über die wir durch zahlreiche Darstellungen aufs eingehendste unterrichtet sind.

Über die Art und Weise, wie die ägyptischen Schiffe gebaut wurden, berichtet zunächst Herodot (II 96): „Ihre Schiffe, darauf sie ihre Lasten fahren, machen sie aus einem Dorn, der beinahe ebenso aussieht wie der Lotos in Kyrene, und es schwitzt Gummi daraus hervor. Aus diesem Dorn hauen sie Stäbe von ungefähr zwei Ellen und reihen sie wie Ziegel aneinander, und dann bauen sie das Schiff auf folgende Art: Sie befestigen die zwei Ellen langen Stäbe um dichte und lange Pflöcke. Wenn sie auf diese Art das Fahrzeug gebaut, legen sie Querbalken darüber her, Rippen aber brauchen sie gar nicht. Und inwendig verstopfen sie die Fugen mit Byblos (Byblos = griechische Bezeichnung der Papyrusstaude). Dann machen sie ein Steuer, das geht unten durch den Kiel. Auch der Mast ist von Dorn, und die Segel sind von Byblos. Diese Fahrzeuge können nicht stromauf fahren, wenn nicht ein frischer Wind geht, sondern werden vom Lande gezogen. Stromab aber geht es also: Sie haben eine Hürde, die ist von Genst gemacht und mit Rohr geflochten, und einen Stein, da ist ein Loch durch und ungefähr zwei Pfund schwer. Die Hürde nun bindet man an ein Tau und läßt sie ins Wasser vorn am Schiff, und den Stein hinten an ein anderes Tau. Wenn nun der Strom die Hürde faßt, so geht sie schnell und zieht die Baris (so heißt nämlich diese Art von Fahrzeugen), der Stein aber, der hinten im Grunde nachschleppt, lenkt den Lauf. Solche Fahrzeuge haben sie sehr viele, und einige tragen viele tausend Pfund." Dieser Bericht des Herodot scheint im allgemeinen richtig zu sein, nur läßt sich zweifeln, ob die von ihm angegebene Tragfähigkeit der altägyptischen Lastschiffe nicht zu hoch gegriffen ist. Da ein „Talent" (Pfund) 26,2 kg entspricht, so hätten wir es hier mit Schiffen zu tun, die gewaltige Tonnenladungen (1 Tonne gleich 1000 kg) trugen. Es erscheint, insbesondere wenn man die heutigen Nilschiffe und auch die alten Abbildungen in Betracht zieht, nicht sehr wahrscheinlich, daß die altägyptischen Schiffe derartige Lasten aufzunehmen vermochten. Außerdem aber scheint die von Herodot gegebene Darstellung des Schiffbaues nicht das einzige in Ägypten übliche Verfahren gewesen zu sein. Kleinere Boote, wie sie z. B. zum Fisch= fange benutzt wurden, stellte man, wie uns die erhaltenen Reliefs — vor allem eines im Berliner Museum — erkennen lassen, in einfachster Weise durch Zusammenbinden von Lotosstengeln her. Aus Wandgemälden geht des weiteren hervor, daß man zur Anfertigung solcher Boote auch Papyrus benutzte, dessen Stengel man mit Papyrus= bändern zusammenband. Die Angabe des Plinius (VI 22), daß derartige Papyrus= boote über das Meer bis zur Insel Taprobane (Ceylon) fuhren, beruht wohl auf einem Irrtum, der dadurch entstand, daß die Segel der ägyptischen Schiffe zuweilen aus Papyrus hergestellt wurden. Aber auch dies geschah verhältnismäßig selten. Nur einzelne Darstellungen von Nilbooten wie z. B. auf einem Wandgemälde zu Kom el Ahmar lassen die Vermutung zu, daß hier ein Papyrussegel vorliegt, das aus einzelnen Bahnen derart zusammengesetzt ist, daß es durch Falten nach diesen Bahnen gerefft und zusammengelegt werden kann. Für gewöhnlich bestanden die ägypti= schen Segel aus Leinen oder anderem Stoffe. Sie wurden vielfach bemalt und bildeten einen wichtigen Handelsartikel, den insbesondere die Phönizier in großen Massen bezogen. „Dein Segel war von gestickter köstlicher Leinwand aus Ägypten" (Heze= kiel 27, 7). Außerdem benutzte man in Ägypten noch aus Palmblättern hergestellte Matten als Segel. Ihre Herstellung geht aus den Wandgemälden von Theben und Beni=Hassan mit allen Einzelheiten hervor, zeigt jedoch nichts, was nicht schon in dem Abschnitt über die Herstellung von Geweben eingehend dargelegt wäre. Im übri= gen ist zu der obigen Darstellung des Herodot vom altägyptischen Schiffbau noch hinzu= zufügen, daß große Lastschiffe auch in der jetzt noch gebräuchlichen Weise aus Holz= planken angefertigt wurden, die man mit Hilfe von Sägen herstellte. Sie wurden dann mit Nägeln zusammengenagelt. (Abb. 646 S. 487.)

Die Segelboote hatten am Heck entweder ein oder zwei Ruder, die als Steuer dien= ten. Sie waren auf Pfosten aufgelegt oder an ihnen mit Stricken befestigt, so daß sie leicht bewegt werden konnten. Oft lagen sie auch in einem am Heck angebrachten tiefen Einschnitte. Sowohl auf dem Steuerruder sowie den Außenbords war gewöhnlich

ein Auge angemalt (Abb. 648), dessen symbolische Bedeutung — Schutz vor Unglück —
ja bekannt ist. Der im Anfang einfache Mast wird später zu einem Doppelmast.
Die Gestalt der ägyptischen Schiffe wechselte je nach dem Zwecke, dem sie dienen
sollten, in der mannigfachsten Weise, ebenso wie auch die Bezeichnungen bei den ver=

Abb. 646. Bau eines Schiffes in Ägypten.
Der Schiffskörper ist vorne und hinten durch untergestemmte
Balken gestützt. Links ein Aufseher. Die Arbeiter arbeiten (von
links nach rechts) mit dem Dexel (siehe S. 74), Glätter (?), Beil,
Meisel und Holzschlägel.

schiedenen Schriftstellern des
Altertums je nach dem Verwen=
dungszwecke sehr verschiedene
sind. Die größeren Boote hatten
alle Kabinen, ganz gleich ob sie
Luxuszwecken dienten, oder ob sie
zur Herbeischaffung von Markt=
ware verwendet wurden. Aber
auch bei kleinen Booten, die ge=
treidelt wurden, finden wir die
Kabine. Sie wird bei manchen
Lastbooten so groß, daß man sie als
Viehstall benutzt, in dem Vieh=

ladungen verfrachtet werden. Eine besondere Einrichtung, die wir im Altertume viel=
fach finden, ist das vom Vordersteven bis zum Heck über die ganze Länge des Bootes
gespannte, sogar über die Kabine hinweggehende
Seil, das den Zweck hat, das Durchbrechen des
Bootes in der Mitte zu verhindern. (Abb. 650 u.
651 S. 488 u. 489, siehe auch S. 501.) Durch dieses
Seil wird gewissermaßen eine Auflage geschaffen,
in der der Kiel ruht. (Siehe S. 501/502.) Die
Segel konnten auf dem Nil nur bei günst'gem
Winde Verwendung finden. Brauchte man sie nicht,
so war es bequem den Mast umzulegen (Abb. 649
S. 488). Darstellungen aus Eileithyia zeigen uns
in der Tat, daß manche ägyptische Schiffe auch
mit einem umlegbaren Mast ausgestattet waren.
Am unteren Ende dieses umlegbaren Mastes auf
dem Wandgemälde eines Grabes zu Eileithyia

Abb. 647. Typen ägyptischer Schiffe:
Einfaches Nilboot eines Fischers im
Lotosdickicht.
Kalksteinrelief am Türpfosten eines Grabes.
Berliner Museum, Ägyptische Abteilung.

Abb. 648. Typen ägyptischer Schiffe: Totenschiff (bemalt).
In der Mitte ein von 6 Holzsäulen getragener Baldachin, darunter ein Ruhebett. Um den Baldachin hocken
an den Ecken die 4 Osiris=Söhne, am Fußende des Toten steht Isis, am Kopfende Nephthis. Am Außen=
bord das „Schutzauge", ebenso an den beiden auf Pfosten befindlichen Steuerrudern. Die Form des Schiffes
entspricht genau der von Abb. 646. -- Berliner Museum, Ägyptische Abteilung.

ist noch ein Rad zu erkennen, das man früher vielfach als Vorrichtung zum Aufwinden
der Segel oder zum Niederlegen des Mastes gedeutet hat. Genaue Forschungen haben

Abb. 649. Typen ägyptischer Schiffe: Ruderschiff mit einmastiger Segeleinrichtung (aus Gurnah).
Schiff außenbords ebenso wie das einfache Steuerruder bemalt. Dieses ist auf hohem Pfosten befestigt und
wird durch eine senkrecht herabgeführte Lenkstange (Pinne) bewegt. Der Mast ist umgeklappt, auf ihm liegt
die aus zwei Hälften bestehende und in diese zerlegte Raa.
Berliner Museum, Ägyptische Abteilung.

jedoch ergeben, daß es zu einem Streitwagen gehört, der auf dem Dache der Kabine
verfrachtet ist. Auch die Pferde, die ihn ziehen sollen, sind in das große Schiff einge-

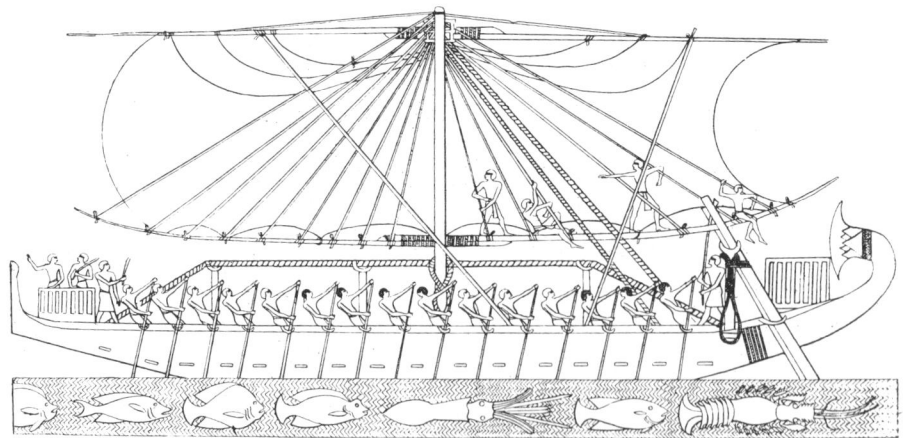

Abb. 650. Typen ägyptischer Schiffe: Großes Ruder= und Segelschiff.
Über die ganze Länge des Schiffes ist ein auch um den Mast geschlungenes Seil gespannt. Raa am Mast zu=
sammengesetzt, durch schief und scheinbar auf die Bordwand aufstehende lange Stäbe (rechts und links) gestützt,
sowie, wie Teile des Tauwerks vermuten lassen, zum Auf= und Niederziehen eingerichtet. Zusammengesetzter
Segelbaum. Ruderer stehend und „pullend“. Ruder in Ringen. Am Stern eine Art „Brücke“ und Aufseher
oder Befehlshaber mit Geisel. Am Heck zweite (leere) Brücke, Steuerruder auf Pfosten und Steuermann mit
senkrecht herabgeführter Steuerpinne. Hinter ihm große Seilschlaufe zum Festhalten des Steuers oder Be=
festigen des Schiffes am Bollwerk (letzteres nach der Darstellung Abb. 651 weniger wahrscheinlich, da hier bei
den doch sicherlich fest liegenden Schiffen diese Schlaufe herabhängt).

laden. Die Segel scheinen durchweg rechteckige Form gehabt zu haben. Ob im alten Ägypten schon lateinische, also dreieckige Segel gebraucht wurden, erscheint zweifelhaft. Die Raaen waren, wenn sehr breite Segel gebraucht wurden, am Mast

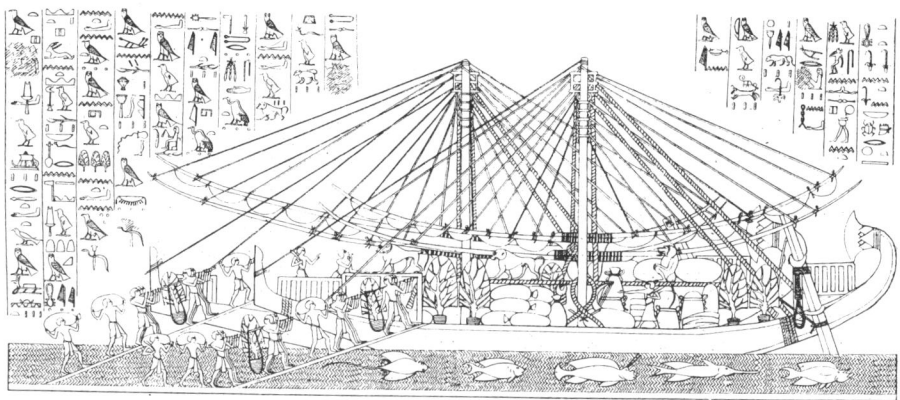

Abb. 651. Typen ägyptischer Schiffe: Zwei große Lastschiffe während des Beladens.
Die Segel sind vollständig entfernt, die Raaen herabgelassen, unter ihnen sogenannte „Pferde", also Taue, auf denen die Mannschaft während der Segelbedienung steht. Im übrigen entspricht die Einrichtung der auf Abb. 650.

zusammengesetzt, was durch Verbinden ihrer beiden Hälften mit Stricken geschah. (Abb. 650 u. 651.) Außerdem befand sich unten am Segel ein Segelbaum. (Abb. 650 u. 651.) Die Raaen waren bei manchen Schiffen zum Auf- und Niederziehen eingerichtet. Die Ruder (Riemen) der ägyptischen Schiffe hatten einen langen runden Holzschaft, an dem unten das flache ovale oder runde Ruderblatt befestigt war. (Abb. 649 S. 488.) Sie wurden entweder durch Dollen (Ruderpflöcke) oder durch Ringe, die an der oberen Bordwand befestigt waren, und die zugleich als Drehpunkt für den Ruderhebel dienten, in ihrer Stellung fixiert. (Abb. 652.) Die Ruderer standen entweder, oder sie knieten, oder aber sie saßen auf Ruderbänken bzw. niedrigen Sitzen. (Abb. 649.) Das Boot selbst wurde mit Hilfe der Ruder entweder vorwärtsgestoßen oder nach

Abb. 652. Ruderbefestigung an ägyptischen Schiffen mit Hilfe von Ringen, Ruderer stehend.
Bruchstück aus einem Kalksteinrelief zu Der el Bahri. Höhe 20 cm, Breite 21,5 cm.
(Ein Mann ist im Relief nicht vorgearbeitet, sondern nur gemalt.)
Berlin, Ägyptisches Museum, Ägyptische Abteilung.

der dem Antlitz der Ruderer entgegengesetzten Seite bewegt, „gepullt". Die
Zahl der Ruder ist oft eine sehr große. Merkwürdig ist, daß vorn am
Stern fast stets ein mit einem Stabe bewaffneter Mann steht, der schein=
bar das Kommando führt. Manchmal ist für ihn ein besonderer Aufbau, also
eine sogenannte „Brücke" angebracht. (Abb. 650 S. 488.) Eine besondere Aus=
stattung zeigten natürlich die Kriegsschiffe, die unter einzelnen ägyptischen Kö=
nigen, wie z. B. unter Ramses dem Großen (1392—1326 v. Chr.), in großer Zahl
gebaut wurden. Unter ihm bestand die Flotte des Roten Meeres aus 400 Schiffen,
die Tausende von Kriegern aufzunehmen vermochten, und die angeblich bis Indien
gekommen sein soll, während die Mittelmeerflotte bis Phönizien vordrang. Das alt=
ägyptische Kriegsschiff hatte den auf uns gekommenen Darstellungen zufolge einen
erhöhten Vorbau, auf dem Bogenschützen standen. Ein ähnlicher Aufbau befand
sich hinten und diente gleichfalls zur Aufnahme von Bogenschützen sowie des
Steuermanns. Die Ruderer waren durch eine besondere Schanzverkleidung vor
den feindlichen Geschossen geschützt. Auf dem Maste war ein Mastkorb ange=
bracht, von wo aus Schleuderer Steine gegen die Feinde schleuderten.

Ob die Ägypter den Anker gekannt haben, erscheint zweifelhaft. Auf einer uns
erhaltenen Darstellung eines Lastschiffes in den Königsgräbern von Theben erkennen
wir, daß man die Lastschiffe mit Hilfe von Stricken am Bollwerk festmachte, die um
Haken geschlungen wurden. Derartige Haken scheinen an den Anlegestellen in ähnlicher
Weise in größerer Anzahl vorhanden gewesen zu sein wie bei uns die zum Befestigen
der anlegenden Schiffe dienenden Ringe.

Griechische und römische Schiffe. Das „Mittelmeerschiff".

Die griechische Schiffahrt entwickelte sich, wie schon erwähnt, aus der phöni=
zischen. Deshalb weisen die griechischen Schiffe so manche Eigenart auf, die wir auch
an den phönizischen finden. Bei den engen Beziehungen zwischen griechischem und
römischem Handel kann es nicht ausbleiben, daß auch das römische Schiff mit Merk=
malen ausgestattet ist, die auf phönizische Herkunft zurückzuführen sind. So ergibt
sich in den Mittelmeerländern ein ziemlich einheitlicher Schiffstypus, der durch
die Einfachheit und Gleichartigkeit der zum Schiffsbau verwendeten Materialien,
Anlagen, Handwerkszeuge usw. usw. noch mehr gefördert wird.

Die Herstellung der Schiffe geschah auf einem besonderen Bauplatz, auf dem ein
Unterbau aus Pfahlwerk errichtet wurde, die auch jetzt noch gebräuchliche „Helling"
(ὁλκός). Auf dieser Helling wurde das Schiff gezimmert. Um es ablaufen lassen zu
können, war sie gegen die Wasserfläche zu geneigt und länger gebaut, als es zur Auf=
nahme des Schiffsrumpfes nötig war. Ob mit den Hellingen ein Dock verbunden
war, erscheint zweifelhaft. Im allgemeinen dockte man die auszubessernden Schiffe
ja nicht. Da man sie aber, wenn sie nicht gebraucht wurden, mit Vorliebe auf das Land
zog und in Schuppen unterbrachte, in denen dann wahrscheinlich auch die Repa=
raturen vorgenommen wurden, so kann man diese Schuppen ja schließlich auch als
Docks auffassen. Um das Riesenschiff „Alexandreia" (s. unten) aufs Trockene zu schaf=
fen, soll eine Art von Trockendock hergestellt worden sein, ein Bassin, das gegen
das Meer durch einen Damm abgeschlossen wurde. Man fuhr das Schiff hinein und
pumpte das Bassin aus. Das — jedenfalls durch seitliche Stützen gehaltene —
Schiff lag dann auf dem Trockenen. Das Aufbewahren in Schuppen erwies sich

deshalb als nötig, weil die Schiffe, von wenigen Ausnahmen abgesehen, keine durchgehenden Decks hatten. Außerdem war ihre Außenwand in der Regel in keiner Weise geschützt. Den heute verwendeten Kupferbeschlag kannte man noch nicht. Nur in ganz vereinzelten Fällen, wie z. B. an dem 264 v. Chr. erbauten Riesen= schiff „Alexandreia", war ein Beschlag aus Bleiplatten angenagelt. Infolgedessen entstanden an der Außenwand, wenn das Schiff im Wasser lag, rasch dicke Krusten, und es siedelten sich Bohrwürmer an. Innen aber blieb das Regenwasser stehen und mußte ausgeschöpft werden. Durch die Feuchtigkeit geriet das Holz rasch in Fäulnis. Alle diese Umstände machten es ratsam, die Schiffe nicht im Wasser zu belassen, sondern sie in geschützten Schuppen unterzubringen, die schon zu Homers Zeiten in Gebrauch gewesen sein dürften, wenigstens sind bei ihm die Gestelle erwähnt, auf denen die Schiffe der Phäaken ruhten (Odyssee VI 265). Auch sonst suchte man schon bei der Anlage der Werften darauf hinzuwirken, den Einfluß der Feuchtigkeit auf die Schiffe möglichst auszuschließen. Vitruv (V 12, 7) gibt an, daß die Werften nach Norden gelegen sein sollen, weil bei südlicher Lage das Holz infolge der Hitze in viel höherem Grade der Fäulnis, dem Wurmfraß und sonstigen schädlichen Einflüssen unterliege. Der Feuersgefahr wegen soll man aber die Gebäude der Schiffszimmerplätze unter Verwendung von möglichst wenig Holz herstellen.

Die Hauptarbeit auf diesen Werften oblag dem Schiffszimmermann, neben dem aber auch noch Seiler, Segelmacher, Maler, Schmiede, Lederarbeiter usw. in Tätig= keit waren. Als Rohmaterial für den Schiffbau dienten die verschiedenartigsten Höl= zer, die man teils in feuchterem, teils in möglichst ausgetrocknetem Zustande verwen= dete. Feuchtes Holz nahm man für die gebogenen Schiffsteile, also für Rippen und Planken, trockenes hingegen überall da, wo die Einzelteile durch Leimen verbun= den werden mußten. Für Rumpf und Kiel waren hauptsächlich die Weißtanne, die Kiefer, die Steineiche und die schwarze Akazie beliebt. Die Esche diente für die Innenteile und die Kranbalken. Die Planken stellte man aus Linden= und Rotbuchen= holz her, das, wie Theophrast angibt (H. ql. V 4, 4) die wertvolle Eigenschaft hatte, im Wasser nicht zu faulen. Masten und Raaen machte man aus Tannenholz, die Ruder, mit Vorliebe aus dem Holze der Oliven und Pinien. Außer diesen Forschungen über das zum Schiffbau verwendete Material verdanken wir Blümner noch weitere über die Tätigkeit des Schiffszimmermanns.

Das Handwerkszeug des Schiffszimmermanns glich dem heutigen. Er handhabte die Breitaxt sowohl wie die Doppelaxt und arbeitete mit Winkelmaß, Richtschnur und Bleilot. Außerdem gehörten zu seinem Handwerkszeuge der Bohrer und der Hobel. Zum Zusammenhalten der einzelnen Schiffsteile dienten Nägel, die aus Eisen oder Bronze hergestellt waren, ferner Keile, Schrauben, Klammern, Bänder und endlich auch Leim. Eine anschauliche Schilderung der Arbeit beim Schiffsbau gibt uns Homer (Odyssee V, 243 ff.):

„Und er fällte die Bäum, und vollendete hurtig die Arbeit.
Zwanzig stürzt' er in allem, umhaute mit eherner Art sie,
Schlichtete sie mit dem Beil und nach dem Maße der Richtschnur.
Jetzo brachte sie Bohrer, die hehre Göttin Kalypso.
Und er bohrte die Balken und fügte sie wohl aneinander
Und verband nun den Floß mit ehernen Nägeln und Klammern.
Von der Größe, wie etwa ein kluger Meister im Schiffbau
Zimmern würde den Boden des breiten geräumigen Lastschiffs,
Baute den breiten Floß der erfindungsreiche Odysseus.

Nun umstellt' er ihn dicht mit Pfählen, heftete Bohlen
Ringsherum und schloß das Verdeck mit langen Brettern.
Drinnen erhob er den Mast, von der Segelstange durchkreuzet,
Endlich zimmert' er sich ein Steuer, die Fahrt zu lenken.
Beide Seiten des Floßes beschirmt' er mit weidenen Flechten
Gegen die rollende Flut und füllte den Boden mit Ballast.
Jetzo brachte sie Tücher, die hehre Göttin Kalypso,
Segel davon zu schneiden; auch diese breitet' er künstlich,
Band die Taue des Mastes und segelwendenden Seile,
Wälzte darauf mit Hebeln den Floß in die heilige Meersflut."

Der Schiffbau und die Einrichtung der Schiffe bei Griechen und Römern.

Der Bau des Schiffes begann mit der Kiellegung. Der Kiel (ἡ τρόπις)
hatte die Gestalt eines viertantigen Balkens. Er wurde bei Handelsschiffen aus Fich=
tenholz, bei Kriegsschiffen hingegen, da sie stärkeren Stößen widerstehen mußten,
aus Eichenholz hergestellt (Theophrast H. pl. V 8). Aber auch dieser Eichenkiel ge=
nügte nicht für alle Fälle, wurden doch die Schiffe des Altertums, da man über Nacht
nicht auf dem Wasser blieb, alle Abende auf den Strand gezogen, dann wieder in die
Schuppen hineingeschleift usw. usw. Außerdem geriet man in dem flachen Küsten=
wasser, auf dem man fuhr, so und so oft auf Grund. Es erwies sich daher als nötig,
den Kiel noch einmal besonders, vor allem auch beim Ablaufen, beim Stapellauf,
zu schützen. Deshalb nagelte man unter ihm noch eine starke Bohle fest, den „losen"
oder „falschen Kiel". Der Kiel war an beiden Enden etwas nach oben gebogen. Mit
ihm wurden, schräg nach oben strebend, die Steven verbunden, von denen der Vorder=
steven ziemlich steil emporstrebte und schief nach rückwärts stand. Infolgedessen
wurde der Vorderteil des Schiffes spitzwinklig. Nicht immer war der Vordersteven
gerade, manchmal war er auch gekrümmt. In der Regel bestand er teils, um ihn
zu verstärken, teils um die Krümmung herauszubringen, aus zwei Stücken, von denen
das obere als Topstück (ὁ στόλος) bezeichnet wurde. Das Topstück endigte oben in
ein nach vorne herausstehendes spitzes Stück Holz, den Stevenkopf, der bei Kriegs=
schiffen zugleich als Stoßbalken diente, mit dem man auf feindliche Schiffe losfuhr.
Da der Vordersteven also starke Stöße aushalten mußte, und da er auch bei den Kauf=
fahrteischiffen alle das Schiff am Bollwerk, an Klippen usw. usw. treffenden Stöße
auffing, so machte man ihn möglichst widerstandsfähig. Dies geschah dadurch, daß
man seine einzelnen Teile nicht bloß miteinander verfalzte und zusammennagelte,
sondern daß man ihn auch noch mit metallenen Schienen umkleidete. Innen, an seinem
unteren Teile stemmte sich außerdem noch ein Balken, der Binnensteven, dagegen,
der durch eine besondere Planke, das Stevenknie, angedrückt wurde, die dem ganzen
Vordersteven einen festen Rückhalt gewährte. In ähnlicher Weise war der Hinter=
steven ausgestaltet, der gleichfalls mit einem Binnensteven und einem Stevenknie
versehen war. Zu homerischer Zeit waren beide Steven hornartig ausgebildet, wobei
die die Hörner bildenden oberen Teile der Steven entgegengesetzte Richtung hatten. In=
folgedessen sah das Schiff von der Seite gesehen „doppelgeschweift" (ἀμφιέλισσα)
aus. Später gab man dem „Stolos", also dem obersten Teile des Vordersteven, die Ge=
stalt eines Schwanenhalses oder eines Hakens, der noch später nach rückwärts gekrümmt
wird und in einen Knauf oder in eine Schnecke endigt. Der Hintersteven ist stets gegen

die Innenseite des Schiffes zu gebogen und endigt dann in eine Art von Fächer, der aus einer Anzahl von Brettern hergestellt wird. (Abb. 653 u. 654.) Niemals ist dieser Fächer des Hinterstevens, das ἄφλαστον, eine Windfahne gewesen, wie mehrfach behauptet wurde, denn sonst hätte sie ich ja mit dem Winde drehen, also wenn das Schiff z. B. gegen den Wind gerudert wurde, nach hinten stehen müssen.

Abb. 653. Griechische Schiffsform.
Der Hintersteven als Fächer ausgebildet; unter dem hochbordigen gebogenen Dordersteven der doppelt ausgebildete Stoßbalken (siehe Seite 497) und darunter der Sporn (siehe Seite 497). Nach einer kerkyräischen Münze.

Abb. 654. Römische Schiffsform.
Sehr hoher Hintersteven, unter dessen dachartigem Schutz der Steuermann sitzt. Unter dem niederen Hintersteven Stoßbalken und darunter Sporn, hinter dem das „Auge" sitzt, dessen Bedeutung nicht klar ist. Don mancher Seite wird es als Schmuck, von anderer als Ankerklüse aufgefaßt, auch steht nicht fest, ob die Schiffe ein oder zwei Augen hatten. — Nach einer römischen Münze im Britischen Museum, London.

Die Bilder zeigen aber stets nur einen gegen das Dorderteil des Schiffes zu gerich= teten Fächer. Anstatt des Fächers wird zuweilen auch eine andere Heckverzierung, der „Gänsekopf", verwendet (Abb. 656 S. 496 u. 661 S. 501), der aber manchmal auch die Gestalt des Schwanenhalses hat, wie z. B. auf diesen beiden Abbildungen. Daß es sich hier nur um den Hinter= niemals aber um den Dordersteven handeln kann, beweisen schon das Steuerruder, ferner aber auch das Beiboot (Abb. 656 S. 496) usw. Außer sehr wichtigen Aufschlüssen über die Technik und Terminologie des Schiffbaus, auf die wir uns in den vorstehenden Mitteilungen stützten, verdanken wir den For= schungen von Breusing, Luebeck und Aßmann auch noch solche über zahlreiche Einzelheiten, die wir den nachfolgenden Ausführungen im wesentlichen zugrunde legen.

Dom Kiel aus streben seitwärts die U-förmig gebogenen Spanten, die Rippen des Schiffes empor, die Gestalt und Größe des Fahrzeuges bestimmen. Die Biegung der Spanten wird dadurch hervorgebracht, daß man mehrere Stücke zusammenfügt, was durch Anbohren und Derbolzen sowie Zusammennageln geschieht. Außerdem wer= den sie, um die Fäulnis zu verhüten, noch geteert. Sie liegen mit Hilfe einer Einkerbung, die der Kielbreite entspricht und den Kiel aufnimmt, fest an diesem an. Die Einkerbung hindert die seitliche Derschiebung der Spanten. Um auch eine Derschiebung nach vor= und rückwärts zu verhüten, wird das „Kielschwein" (δεύτερα τρόπις) über ihnen angebracht, ein langer mit dem Kiel parallel laufender Balken, in dem unten Aus= sparungen vorgesehen sind, die über die Spanten passen und sie festhalten. Die Span= ten sind also zwischen dem eigentlichen Kiel und dem Kielschwein eingeklemmt: Der Kiel ist von hinten her in sie eingelassen, das Kielschwein greift von oben her über sie über. Kielschwein und Kiel berühren sich jedoch nicht. Zwischen beiden bleiben Lücken, durch die das auf dem Boden des Schiffes gesammelte Wasser nach beiden

Seiten durchlaufen kann. Infolge dieser Anordnung läßt sich auch das stark auf der
Seite liegende Schiff leicht durch Ausschöpfen entleeren, da es bequemer zugängig ist.

Auf das durch Kiel und Spanten gebildete Gerippe des Schiffes kommt dann
die Beplankung, die in der Weise vorgenommen wird, daß man die einzelnen Planken
in wagrechter Lage auf die Spanten aufnagelt. Die untersten Planken müssen in den
Kiel, die Enden der einzelnen Plankenreihen, der „Gänge" in die Steven eingelassen
werden. Zu diesem Zweck werden der Kiel und die beiden Steven mit einer entspre=
chenden Auskehlung versehen. Die Planken schließen mit ihren Schmalseiten dicht
aneinander an. Eine Abweichung von dieser Art der Beplankung scheinen nach der
oben angeführten Stelle des Herodot (II 96) die ägyptischen Schiffe gemacht zu
haben, bei denen die Planken nach Art der Dachziegel übereinander griffen. Auf den
obersten Plankengang wurde ein auch auf den Spantenköpfen aufliegender starker
Balken oder auch eine besonders starke Planke aufgesetzt. In ihn wurden die Löcher
gebohrt, in denen die Ruderpflöcke, die Dollen, saßen, gegen die sich die Ruder stemmten,
oder an denen sie, wobei die Dollen als Stützpunkt dienten, mit Hilfe einer Leder=
schlaufe lose befestigt waren. Altgriechische Vasenbilder wie z. B. ein solches im Bri=
tischen Museum und auch sonstige Darstellungen zeigen uns, daß auf dem eben er=
wähnten das eigentliche Schiffsbord bildenden starken Balken noch eine Art von Leiter
aufgesetzt ist. Diese „Leitern" werden verschieden gedeutet. Während sie Konter=
admiral Glatzel als Laufplanken ansieht, die beim Festmachen des Schiffes an Land
den Landverkehr erleichtern, wird andererseits angenommen, daß ihre Zwischenräume
dazu dienten, die Ruder hindurchzustecken, so daß also anstatt des Dollpflockes das
Fach der Leiter in Wirkung trat. Diese Ansicht erscheint zwar als die berechtigtere,
doch ist gegen sie immerhin noch einzuwenden, daß auf den erwähnten Darstellungen
nicht ersichtlich ist, ob nicht der Dollpflock hinter der Leiter sitzt und sich auf dem Bild
oder dem Relief, wie z. B. dem der Akropolis zu Athen, nur nicht genügend abhebt.
(Abb. 655 S. 495.) Immerhin ist zu erwägen, daß das Bewegen des Ruders zwischen zwei
eng aneinandergestellten Dollpflöcken im Altertume nicht üblich war: Man benutzte
immer nur einen Dollpflock, gegen den es sich anstemmte, und an dem es durch die
oben schon erwähnte Lederschlaufe festgehalten war. Um die Beplankung zu festigen,
nagelte man sowohl innen wie außen am Schiffe noch stärkere Planken von ge=
ringerer Breite auf, die, sowohl in wagerechter wie senkrechter Richtung an=
gebracht, eine Art von Gitter bilden, in dem der eigentliche Schiffsrumpf lag.

Die Planken ließen sich nicht so dicht aneinander fügen, daß kein Wasser eindrin=
gen konnte. Man mußte die zwischen ihnen befindlichen Fugen deshalb noch besonders
dichten. Hierzu nahm man meist Werg, legte es in die Fugen und stopfte es darin unter
Verwendung eines stumpfen Meißels und hölzernen Hammers fest. Dann goß man
die Fuge noch mit geschmolzenem Pech oder mit einem Gemenge von Pech und
Wachs, manchmal aber auch mit reinem Wachs aus. Zum Schlusse strich man die ganze
Außenwand des Schiffes mit dem in den Kohlenmeilern oder in eigenen Anlagen
(siehe Seite 251) gewonnenen Teer an. In vereinzelten Fällen wurden dann, um
die Holzwandung des Schiffes zu schützen, noch, wie oben bereits erwähnt, Bleiplatten
aufgenagelt, unter denen man eine Lage geteerter Leinwand angebracht hatte.

Diesen außenbords auszuführenden Vollendungsarbeiten schlossen sich noch einige
im Innern des Schiffes an. Über dem Kiel, in dem heute „Sod" genannten Raume
sammelte sich Wasser. Damit es den Verkehr im Schiffe nicht hinderte, wurde der Sod
mit einer losen Lage von Brettern bedeckt, die man zum Zwecke des Ausschöpfens
von Sodwasser leicht aufheben konnte. Auch Ballast in Form von Steinen, Sandsäcken

usw. wurde im Sod verstaut. Das Sodwasser wurde mit Eimern herausgeschöpft, die man auf kleineren Schiffen einfach über Bord goß, während man bei größeren wahrscheinlich innenbords eine Leiter anlehnte, auf der die Leute standen, die sich diese Eimer dann zureichten. Aus gewissen Stellen (Aristophanes, Lysistrata 722) läßt sich schließen, daß man auch Rollen zum Emporwinden der vollen Eimer ver= wendete. Ebenso soll auch die archimedische Schraube (siehe Seite 211) zum Entfernen des Wassers aus den Schiffen benutzt worden sein.   Im übrigen suchte man das

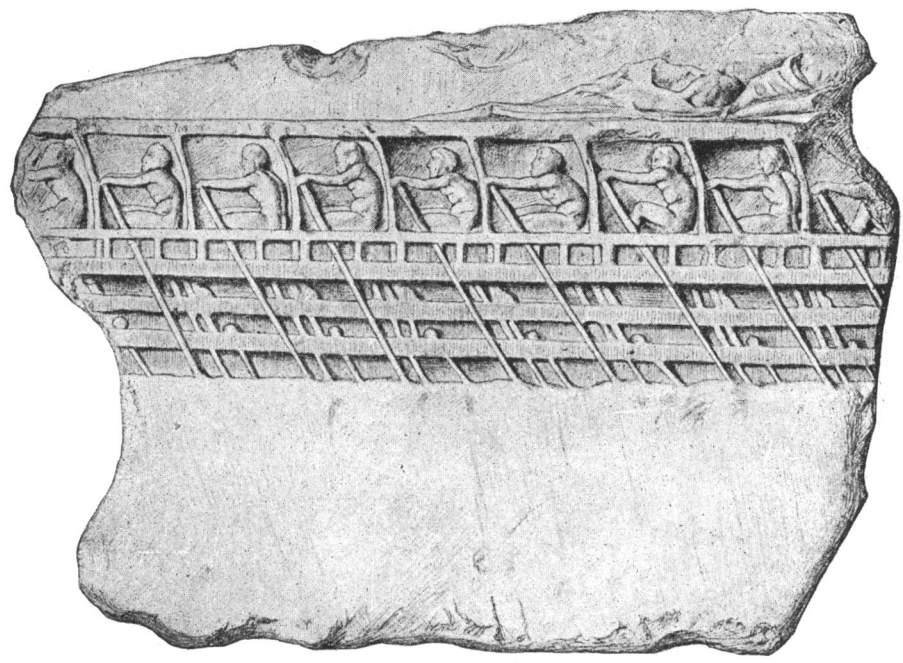

Abb. 655. Griechische Triere.
Es sind deutlich drei Reihen von Rudern (übereinander) erkenntlich, bei der obersten Reihe die „Leiter" bzw. die „Dollpflöcke", wobei jedoch die technischen Einzelheiten der unteren beiden, und besonders warum die Ruderschäfte von Querbalken überdeckt sind, nicht ganz klar erscheinen.
Relief von der Akropolis.

Eindringen von Wasser in Kauffahrteischiffen mit wertvoller Ladung noch dadurch besonders zu verhindern, daß man innen nochmals eine volle Beplankung anbrachte.

Ein Deck in unserem Sinne, d. h. ein solches, das den ganzen Innenraum über= deckt, hatten im Altertume wahrscheinlich nur die Handelsschiffe, bei denen es nötig war, um die Ladung vor den Unbilden der Witterung zu schützen. Die übrigen Schiffe waren mit einem Halbdeck versehen oder überhaupt unbedeckt. Die homerischen besaßen ein Vordeck und ein Hinterdeck, der mittlere Teil des Schiffes war unbedeckt (Odyssee XII 229 und XIII 74). Das Deck ruhte auf Balken, den Dachbalken, auf, die quer über das Schiff von Spantenkopf zu Spantenkopf liefen. Es war nicht wie bei unseren Schiffen eine ununterbrochene ebene Fläche, sondern in der Mitte ste's vertieft, was den Zweck hatte, die Ruderer näher an das Wasser heranzubringen und vorn oder hinten oder auch beiderseits einen erhöhten Aufbau zu schaffen. Die beiden Aufbauten, das Vordeck, die „Back", und das Hinterdeck, die „Schanze", ändern im Laufe der Zeiten ihr Aussehen sehr. Bald haben sie, insbesondere das Vordeck, eine Schanzverkleidung, bald wieder nehmen sie, vor allem das Hinterdeck, bei den römischen Schiffen einen besonderen Aufbau auf, der als Kapitänskajüte diente. (Abb. 656.) Diese Kajüte besteht aus einem aus Holzbalken und Holzreifen ge= bildeten und mit Tuch umkleideten Gestell. Vielfach findet man auch eine Galerie

auf einem dieser Decks (Abb.656, ferner Abb. 661 links usw.), dann wieder werden auf dem Vordeck Kriegsmaschinen der verschiedensten Art, insbeson= dere der Onager, aufgestellt; es werden hier Fallbrücken an= gebracht, auf denen man in das feindliche Schiff vordringt, und vor allem ist hier der Platz für den „Delphin". Dieser ist ein schwerer Eisen= oder Blei= kloß, den man auf das feind= liche Schiff hinabfallen läßt, um es zu zerschmettern. Ferner finden auf dem Vordeck noch die Ankerwinden und die Ein= richtungen zum Niederlegen und Aufstellen des Mastes ihren Platz.

Abb. 656. Der hintere Teil eines römischen Segelschiffs.
(Mosaitbild aus der Casa quirinale des Claudio Claudiano.)
Der Hintersteven endigt in den „Gänsekopf". (Siehe Seite 493.) Am Hinterdeck eine „Schanze". Um das Oberdeck läuft eine Galerie. Hinter dem Gänsekopf ein Aufbau, die „Kapitänskajüte". Der Schiffs= rumpf läßt mehrere Decks übereinander erkennen. Seitenbords ein Steuerruder. Das Segel ist mit Ringen und Tauen versehen (siehe Seite 501) und etwas gereft. Bemerkenswert ist auch das Bei= boot. Links ein Leuchtturm. — Kapitolinisches Museum, Rom.

Außer bei den vollge= deckten Kauffahrteischiffen war der zwischen Vorder= und Hinterdeck befindliche Mittelraum des Schiffes zunächst offen. Er nahm die Ruderer und bei Kriegsschiffen die Soldaten auf. Um diesen beim Kampf einen günstigeren Standort zu verschaffen, legte man dann an der Innenseite des Schiffes Laufplanken entlang, die auf Stützbalken ruhten. Die Ruderer saßen zwischen diesen Laufplanken, also noch näher gegen die Mittellinie zu. Später entsteht aus den Laufplanken das Mitteldeck, das jedoch beim Kriegsschiff immer noch in der Mitte offen bleibt. Wenn auch der offene Raum immer schmäler wird, so bekommt das Kriegsschiff doch nie ein Volldeck. Dies hat seine guten Gründe: Einesteils mußte man imstande sein, den Mast umzulegen, der beim Kampfe unnötig und hinderlich war: Man bewegte die Schiffe während der Schlacht niemals durch Segel, sondern immer nur durch Ruder. Dann aber bestand ein beliebtes Kampfmittel darin, auf den Feind loszufahren und so nahe an ihm vorbeizustreifen, daß die Ruder seiner Schiffe zerbrachen. Um nun dabei nicht selbst Ruder einzubüßen und dem gleichen von feindlicher Seite her erfol= genden Streiche wirksam begegnen zu können, mußte man in der Mitte des Mitteldecks einen freien Raum haben, der es ermöglichte, die Ruder rasch einzuziehen und hoch zu stellen.

Unter dem Vordeck und dem Hinterdeck befanden sich Verschläge, die teils zur Aufbewahrung von Tauwerk, teils aber auch als allerdings sehr enge und unbequeme Schlafräume dienten. Auch der Trinkwasserbehälter war hier untergebracht. Bei größeren Schiffen lief zwischen Vorder= und Hinterdeck noch eine Verschanzung herum, die verhütete, daß Wasser in das Innere des Schiffes spritzte. Bei Kriegsschiffen diente diese Verschanzung auch als Brustwehr. Während sie für gewöhnlich aus Brettern her= gestellt war, die auf ein leiterähnliches Balkengerüst aufgenagelt wurden, brachte man bei Kriegsschiffen auf diesen Brettern noch eine besondere Verkleidung aus Häu= ten oder Tuch an, oder man belegte sie mit Schilden — alles Einrichtungen, in denen sich die feindlichen Pfeile fangen sollten. Unterhalb der Verschanzung, im Dollbord, befanden sich wahrscheinlich ovale nach außen und unten führende Löcher, die dem doch auf das Deck gelangten Wasser als Ablauf dienten, die „Speigatten".

Eine besondere an den Kriegsschiffen angebrachte Einrichtung war der Sporn (ἔμβολον, rostrum), eine in Anbetracht der Bauart der Fahrzeuge sehr wirksame Waffe, deren geschickte Anwendung in so mancher Seeschlacht die Entscheidung herbeiführte. Seiner Bedeutung trug man auch im gewöhnlichen Leben in mannig= facher Hinsicht Rechnung, indem man z. B. in Rom die Rednertribüne mit den Schiffs= schnäbeln feindlicher Schiffe, worunter derartige Sporne zu verstehen sind, ausschmückte oder sie an Denkmälern anbrachte. Der Sporn war ein meist aus mehreren Balken zusammengesetzter starker, gewöhnlich mit drei Spitzen versehener, vor dem Bug angebrachter Vorbau. Daß er von den Phöniziern stammt, wurde bereits oben er= wähnt. Zunächst lag er unter der Wasserlinie, so daß er das feindliche Schiff an einer Stelle traf, durch die Wasser ins Innere eindringen konnte. Mit der Zeit brachte man ihn jedoch immer höher an, und später liegt er stets über dem Wasser. Der Grund hierfür ist wohl darin zu suchen, daß der Rammstoß mit großer Kraft geführt werden muß. Da der Widerstand in der Luft geringer ist als im Wasser, so hinderte der unter der Wasserlinie liegende Sporn die Entfaltung der zu einem wirkungsvollen Stoße nötigen Geschwindigkeit. Infolgedessen verlegte man mit der Hauptmasse des Kriegs= schiffes, das meist nur 1 m Tiefgang hatte, auch den Sporn nach oben an die Luft. Er wirkte, da das Holz und die Balken beim Stoße ja zersplitterten, trotzdem so, daß sich das vom Sporn geöffnete Leck auch bis unterhalb der Wasserlinie fortsetzte. Außer dem Sporn trug das Kriegsschiff noch eine zweite Waffe, den Stoßbalken (Abb. 657, sowie 653 u. 654 S. 493), dessen oberes Ende oft mit einem aus Holz geschnitzten Tierkopfe versehen war. Wirkte der Sporn gegen die dicht über der Wasserlinie gelegenen Rumpfteile des feind= lichen Schiffes, so wirkte der Stoßbalken gegen die höheren,

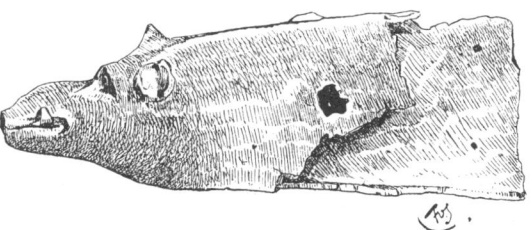

Abb. 657. Stoßbalken eines römischen Kriegsschiffs.

also gegen das Bord, die Schanzverkleidung, die Aufbauten usw. usw. Er hat aber noch einen weiteren Zweck. Der Sporn sollte das gegnerische Schiff lediglich leck machen. Drang er zu tief ein, so kam man nicht gut wieder heraus und wurde unter Umständen selbst mit in die Tiefe gezogen. Darum bremste der Stoßbalken, nachdem der Sporn weit genug eingedrungen war, dadurch, daß er an das feindliche Schiff anstieß, die weitere Vorwärtsbewegung: man konnte nun rasch wieder zurückrudern und sich aus der Nähe des gerammten Schiffes entfernen.

Die Ruder unterlagen im Laufe der Zeit gleichfalls mancherlei Wandlungen. Im Anfange war das Ruderblatt breit und flach. Sein Ende lief in eine Spitze aus.

Manchmal zeigte es irgendeine ornamentale Form, die oft an eine Schaufel erinnerte. Später verliert sich dieses Aussehen, das Ruderblatt wird lang und schmal. Über das Zusammenwirken von Ruder und Dollpflock wurde oben bereits alles Bemerkens= werte mitgeteilt. Das Rudern geschah in gleicher Weise wie jetzt noch: bei Booten arbei= tete oft ein Mann mit zwei Rudern gleichzeitig, das größere Ruder des größeren Fahr= zeugs wurde für sich von einem Mann bedient, der mit beiden Händen angriff. Ob sehr große Ruder von mehreren Ruderern bewegt wurden, die gleichzeitig daran arbei= teten, ist eine noch ungeklärte Frage. Bei den sogenannten „Vielruderern", d. h. also bei Schiffen, in denen mehrere Reihen von Rudern zur Verwendung kamen, wurden in der Schiffswand besonders starke Plankengänge angebracht, in denen besondere Pforten, die man heute „Rojepforten" nennen würde, vorgesehen waren, durch die die Ruder hindurchgesteckt wurden. Damit das Wasser nicht durch diese Pforten ins Innere des Schiffes hineinschlug, wurden sie mit Tierfellen überspannt, in denen sich ein Schlitz befand, durch den man dann das Ruderblatt und hierauf das ganze Ruder nach außen schob. Da das Blatt breiter war als der Ruderschaft, so konnte der Schlitz diesen niemals dicht umschließen. Es drang, wie uns aus mehrfachen Berichten bekannt ist, in der Tat durch den Schlitz noch oft genug Wasser ins Schiffs= innere (Appian, De rebus Syriac. 27; Lucan, Phars. III 650, 665). Die Ruderer saßen hintereinander auf Ruderbänken, über die wir eigentlich so gut wie nichts wissen. Das, was wir wissen, wie z. B. daß man die Ruderbänke mit Schaffellen polsterte, ist in technischer Hinsicht von keinerlei Bedeutung. Nur so viel ist sicher, daß die Ruderer der Griechen und Römer ihr Gesicht dem Hinterteile des Schiffes zu= wendeten, so daß sie also die Ruder durch Anziehen des oberen Schaftteiles gegen den Körper wirken ließen. Sie wurden zuweilen auf dem Lande an eigens dazu aus Balken zusammengezimmerten Modellen im Rudern geübt und arbeiteten im Schiffe nach Kommando, oft, um höhere Leistungen aus ihnen herauszuholen, unter Beglei= tung von Flötenmelodien.

Auf Flußschiffen scheint das Rudern vereinzelt auch in der Weise geübt worden zu sein, daß der obere Teil des Ruders von der Brust wegbewegt wurde, um die Vorwärtsbewegung im Wasser hervorzubringen. Hierauf lassen einzelne Dar= stellungen, wie z. B. die Abb. 658 S. 499, schließen, die einen Weintrans= port auf der Mosel darstellt. Das Schiff geht vorne schmal und spitz zu, ist hoch= bordig und mit Galerie versehen. Der Steuermann sitzt hinten.

Auch das Steuer war nichts weiter als ein Ruder und unterschied sich von diesem lediglich durch die größere Länge und Breite des Blattes. Kleinere Schiffe führten ein Steuer, das zwischen zwei Dollen oder in einem Einschnitt auf die Mitte des Hecks gelegt wurde. Man konnte das Steuerruder jedoch auch bald auf der einen bald auf der anderen Seite des Hintersteuers ins Wasser halten und auf diese auch jetzt noch bei kleineren Kähnen gebräuchliche Art steuern. Wahrscheinlich diente die im Ho= mer (Ilias XV 728) erwähnte „Bank des Steuerers" dazu, dem Steuermanne das zu diesem Zwecke nötige Hin= und Hergehen zu erleichtern. Bei größeren Schiffen machte man sich die Sache bequemer und ersparte sich das Hin= und Hergehen sowohl wie das Ausheben und Eintauchen ein= und desselben Steuerruders auf beiden Schiffsseiten: Man brachte gleich zwei Steuerruder an, die in einem Einschnitte des Dollbords oder der Verschanzung ruhten oder durch besondere Öffnungen in der Schiffswand hindurch= geführt waren. (Abb. 660 S. 500.) Ihr oberes Ende trägt, wie jetzt auch noch, oben einen wagerechten Handgriff, die „Pinne". Die beiden Steuer wurden jedes für sich gehandhabt und arbeiteten vollkommen unabhängig voneinander. Bei ruhiger See

dürfte ein Mann zu ihrer Bedienung gedient haben, bei bewegter See waren ficher=
lich zwei Leute nötig, die in genauer Übereinstimmung handeln mußten, und von denen
jeder ein Steuer mit beiden Händen handhabte. Die Bedienung durch einen Mann

Abb. 658. Ruderfchiff auf einem Fluffe (Weintransport auf der Mofel). Relief.
Provinzialmufeum Trier.

gefchah wohl in der Weife, daß man das nicht gebrauchte Steuer einfach aushob und
es an einem am Griffe befindlichen Ringe im Schiff aufhängte, bis man es wieder
benötigte. Es erscheint nicht wahrscheinlich, daß beide Pinnen durch einen Riemen
verbunden waren, den ein davor sitzender Mann nach Bedarf bald in der einen, bald
in der anderen Richtung anzog, auf diese Weise beide Steuer bedienend. Durch einen
derartigen Riemen laffen fich die Pinnen nämlich nur nach innen ziehen, nicht aber
nach außen bewegen. Manche Schiffe hatten vorn und hinten ein Steuer, so daß man,
ohne zu wenden, fofort nach jeder Richtung zu fahren vermochte. Derartige Schiffe,
die nach jeder Richtung fahren konnten, scheinen auch bei den Germanen üblich
gewefen zu sein, wenigstens berichtet Tacitus (Germ. 44) von den Suionen: „Ihre
Schiffe unterscheiden sich im Bau dadurch von den unseren, daß Stern und Schnabel
ganz gleich und somit beide Ende immer zum Anlanden geeignet sind. Auch führen
fie keine Segel und haben nicht die ordentlichen Ruderreihen an den Seiten; die
Ruder find, wie bei Flußkähnen, frei und beweglich und werden, je nach
Bedürfnis, bald hier, bald dort eingefetzt.“

Die Segeleinrichtung der griechifchen
und römifchen Schiffe war eine äußerst einfache.
Gewöhnlich hatten die Schiffe nur einen
einzigen Maft, der bei den homerifchen Fahr=
zeugen aus Tannenholz hergestellt wurde, doch
kamen auch Schiffe mit zwei Masten (mit
mehr wohl kaum) vor (Abb. 659). Er ruhte
auf dem Kiel in einem auf diefem aufgesetzten
Balkengehäufe, der „Maftfpur“ auf, in das der

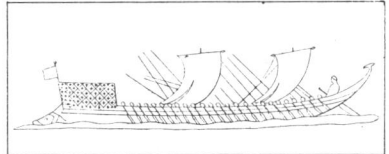

Abb. 659. Zweimafter.
Zweimaftige „Pentekontere“ (Fünfzigruderer),
der mit Rudern und Segeln fortbewegt wird.
Am Hinterfteven der „Sächer“. Zwei gleichhohe
Maften mit je einer Raa. Am Heck die Flagge.

32*

Maſtfuß eingeſetzt war. Die größte Dicke des Maſtes befand ſich in der Höhe des
Verdecks (Abb. 660 u. 661); hatte man doch die Erfahrung gemacht, daß der Maſt
bei vollem Winddruck auf das Segel gerade hier am leichteſten durchbrach. An
beiden Seiten des Maſtes waren parallel zu ihm emporſtehende Balken angebracht,
zwiſchen denen er ſich derart bewegte, daß er bequem niedergelegt werden konnte.
Beim Niederlegen drehte er ſich nach hinten. Richtete man ihn wieder auf, ſo
wurden um ihn und um die zu ſeinen Seiten ſtehenden Balken Schienen herum=
gelegt, die ihn in ſeiner ſenkrechten Stellung feſthielten. Dieſe ganze einfache
Vorrichtung, die ja auch jetzt noch auf unſeren Flußſchiffen gebräuchlich iſt, der
„Maſtköcher", geſtattete ein ſehr bequemes Umlegen auch für das Altertum ver=
hältnismäßig hoher Maſte, da ſich ja der Drehpunkt der Höhe des Maſtes derart
anpaſſen ließ, daß Niederlegen und Aufrichten ohne große Kraftanſtrengung vor=
genommen werden konnten. Über den Maſtköcher war quer über das Schiff von
Spante zu Spante noch ein Querbalken befeſtigt, der in der Mitte einen halbkreis=
förmigen Ausſchnitt hatte. Dieſer Ausſchnitt des Querbalkens, die „Segelducht",
nahm den Maſt auf, der ſich gegen die Ducht legte und dadurch dem Winddrucke
beſſer widerſtehen konnte. Oben am Maſte waren zwei Taue befeſtigt, mit denen
er an den beiden Seiten des Vorderſchiffes befeſtigt war, ein drittes Tau führte nach
dem Hinterſchiffe. Die Maſte waren im allgemeinen niedrig, der Begriff „hoher
Maſt" iſt alſo eine relative Bezeichnung. Zuſammengeſetzte Maſte kannte man
nicht. Um auf den Maſt hinauf=
zuſteigen, bediente man ſich der
eben erwähnten Taue, an denen
man emporkletterte (Abb. 661),
oder es waren am Maſte ſelbſt
Holzklötze angenagelt, an denen
man   emporſteigen   konnte.
(Abb. 660.) Der Gebrauch von
Strickleitern,   der von mancher
Seite behauptet wird, iſt nicht
mit Sicherheit erwieſen. Oben
am Maſte war ein Holzklotz,
der „Maſtkopf" angebracht, an
oder in dem die zum Auf=

Abb. 660. Kleineres römiſches Schiff.
(Nach einem Flachrelief an der Kathedrale von Salerno.)
Am Hinterſteven der „Fächer" (ſiehe Seite 493), umgelegter mit
Holzklötzen verſehener Maſt, die zum Emporklettern dienten.
Zwei Steuerruder.

heißen der Raa nötigen Rollen befeſtigt waren. (Abb. 661 S. 501.) Auf größeren
und Kriegsſchiffen war mit dem Maſtkopf ein mit Bruſtwehr umgebener Stand=
platz für Beobachter oder Soldaten verbunden, alſo eine Art von Maſtkorb. Über
dem Maſtkopfe ragte dann ein Flaggenſtock empor, der den „Stander" trug.
    Die Raa war meiſt wohl gleichfalls aus Tannenholz hergeſtellt, das, wie Pli=
nius (XVI 39) angibt, ſich wegen ſeiner Leichtigkeit beſonders für ſie eignete. Sie
war in der Mitte am dickſten, nach den Enden zu wurde ſie ſchwächer. Oft war ſie
aus zwei Stücken zuſammengeſetzt, die in der Mitte übereinander gelegt und zuſammen=
gebunden waren. (Abb. 661.) Der Maſt trug ſtets nur eine einzige Raa, an der das
aus Leinwand hergeſtellte viereckige Segel befeſtigt war. Die Verbindung von Raa
und Maſt geſchah durch eine Schlinge, die von der Raa aus um den Maſt herumlief,
und auf der Kugeln aufgereiht waren, ſo daß die Raa leicht am Maſt auf= und nieder=
glitt. Die Raa konnte mit Hilfe beſonderer Taue, der „Braſſe" und der „Schoten",
am Maſte verſtellt und in bezug auf ihre Lage der jeweiligen Windrichtung an=

gepaßt werden. (Abb. 662.) Das Segel war auf seiner Vorderfläche mit Ringen versehen, in denen Taue herunterliefen. (Abb. 656 S. 496.) Durch Anziehen dieser Taue wurde es gerefft. Das Reffen, also das Verkleinern des Segels, geschah somit im Altertum in anderer Weise wie heute. Mit Recht hat Luebeck das damalige Verfahren mit dem stufenweisen Aufziehen einer Fensterjalousie verglichen. (Abb. 661.) Manche Schiffe, insbesondere Kriegsschiffe, führten außer dem Hauptmaste noch einen zweiten Mast, der vor ihm stand, also einen Fockmast, der nach Art eines Bugspriets schief nach vorn ragte und gleichfalls ein einziges Segel trug. Auch dieses Segel war wie das des Großmastes wohl meist viereckig. Der Fockmast ist, wie man mit großer Wahrscheinlichkeit annehmen kann, wenn das Schiff im Hafen seine Ladung löschte, auch als Kran benutzt worden. Die Segel wurden aus verschiedenen Bahnen

Abb. 661. Römisches Segelschiff mit aufgesteckter Flagge.
Am Hintersteven der „Gänsekopf". Am Hinterdeck eine „Schanze".
Scheinbar mehrere Decks. Links Galerie und vertiefter offener Mittelraum (siehe Seite 496). Zusammengesetzte drehbare Raa. Mast nach oben verjüngt. Am Top der „Stander". Segel teilweise gerefft und aus mehreren Bahnen zusammengenäht. Die Bedienung klettert an den Tauen empor.

genäht. (Abb. 661.) Um sie widerstandsfähiger gegen den Winddruck zu machen, nähte man besondere Streifen, vermutlich aus Leinwand, auf. Sie erschienen dadurch in Quadrate oder Rechtecke geteilt. Außerdem aber waren sie noch vielfach bemalt. Um den Mannschaften, die sie an der Raa zu befestigen oder sonst an dieser zu arbeiten hatten, einen Standpunkt zu schaffen, waren, wie bei den Raaen unserer Zeit auch noch, unter diesem Taue, die heutigen „Pferde" angebracht (s. Abb. 651 S. 489).

Wie bei den ägyptischen Schiffen, so lief auch bei den griechischen und römischen über die ganze Länge des Schiffes sehr oft ein Tau, das

Abb. 662. Griechisches Segelschiff mit Rudereinrichtung und „gebraßter Raa".
Die Raa ist mit „Brassen" versehen (die fünf schief von links oben nach rechts unten laufenden Taue der „Schoten"), um sie in der Windrichtung feststellen zu können.
Attische Vase vom Ende des 6. Jahrhunderts v. Chr.
Vasensammlung der Universität Würzburg.

„Hypozom" (ὑπόζωμα), dessen Bedeutung lange nicht klar war und viel erörtert wurde. Es diente aber, wie Breusing unseres Erachtens mit Recht ausführt, dazu, das Auseinanderbrechen des Kiels zu verhüten, eine Gefahr, die bei den Schiffen des Altertums, insbesondere aber bei den Kriegsschiffen deshalb vorlag, weil sie, um möglichst viel Ruderer gleichzeitig arbeiten lassen zu können, im Verhältnis zu ihrer geringen Breite oft sehr lang waren. Das Hypozom wurde immer erst dann angebracht, wenn das Schiff in See gehen sollte.

Ein weiterer wichtiger Ausrüstungsgegenstand der Schiffe war der Anker (ἄγκυρα, ancora), der im Hafen jedoch nur selten gebraucht worden zu sein scheint. Hier machte man in der Weise fest, wie es in manchen Fischerhäfen z. B., in Scheveningen auch heute noch gebräuchlich ist, daß man mit dem Vorder- und Hintersteven des Schiffes bis dicht an das Bollwerk heranfuhr und das Schiff dann durch Taue an Ringen anband, die in der Mauer des Bollwerks saßen. Auf vielen Schiffen des Altertums befand sich, und zwar auf einem der oben erwähnten Deckaufbauten, ein hoher hölzerner oder steinerner Pfosten, der wohl dazu gedient haben dürfte, das zum Festmachen benutzte Seil herumzuschlingen. Bei dieser Art des Anlegens konnte auch ein kleiner Hafen ziemlich viele Schiffe aufnehmen. Die Verbindung zum Lande wurde durch Laufplanken hergestellt (Abb. 660 S. 500), die vielleicht auf die von Glatzel (siehe Seite 494) erwähnten Leitern gelegt wurden.

Als Anker verwendete man im Anfange schwere Steine (εὐναί, bei den Germanen „Senchilsteine", d. i. Senksteine) oder pyramidenförmige Korbgeflechte, die

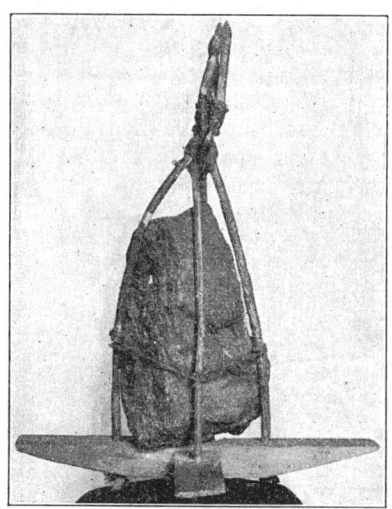

Abb. 663. Ursprünglicher durch einen Stein
beschwerter Holzanker (Nachbildung).
Museum für Meereskunde, Berlin.

mit Steinen gefüllt wurden. Bis zum Jahre 700 v. Chr. scheint der Metallanker unbekannt gewesen zu sein, und in Ägypten scheint man ihn nie benutzt zu haben. Um 650 v. Chr. finden sich auf den Schiffen der Phönizier und Griechen Anker, die zwar schon die spätere Hakenform haben, jedoch aus Holz hergestellt sind. Sie wurden durch Anhängen von Eisen- und Bleistücken oder von Steinen beschwert. (Abb. 663.) Das Gewicht eines solchen Ankers läßt sich nach den Angaben

Abb. 664—666. Griechische Ankerformen.
(Darstellung auf athenischen Münzen.)

Bemerkenswert ist, daß die antiken Anker bereits den Ankerstock (Querbalken) aufweisen, der bewirkt, daß der Anker in eine Lage fallen muß, wobei er sich beim Anziehen in den Grund bohrt. Darstellungen ohne Ankerstock, die gleichfalls bekannt sind, haben wohl Landanker zum Gegenstand, die am Ufer ausgelegt wurden.

verschiedener Schriftsteller auf etwa 400 kg annehmen, von denen jedoch nur 30—40 kg auf den eigentlichen Holzanker kamen. Später werden die Anker leichter. Ein Anker der attischen Trieren hatte ein Gewicht von etwas über 20 kg. Zwischen 600 und 550 v. Chr. tauchen die ersten ganz aus Metall hergestellten Anker auf, die bereits die jetzige Form haben. (Abb. 664 bis 666.) Sie zeigen ebenso wie die alten Holzanker bereits den Ankerstock, einen quer zur Ebene der Arme stehenden

Stab, der die Arme zwingt, sich so zu legen, daß sich ihre Enden beim Anholen des Ankerkabels in den Grund einbohren müssen. Der Ankerstock der ersten Metall= anker ist aus Holz, die Anker selbst sind teils ein= teils zweiarmig. Außerdem gibt es noch Schirmanker, d. h. Anker, die in ihrer Form einem aufgespannten um= gekehrten Schirme gleichen, und die auch heute noch vielfach zur Verankerung von Feuerschiffen und Bojen dienen. Das Innere dieser Schirmanker wurde mit Steinen oder Sandsäcken ausgefüllt, um ihr Gewicht zu vermehren. (Abb. 664) Schon um 500 v. Chr. wurden Ankerbojen, mit Korkstücken gefüllte korbartige Geflechte aus Tauen (σαργάνη) verwendet, die beim Bruch des Ankertaus die Wiedererlangung des Ankers ermöglichen sollten. Der Anker wurde vom Vorderschiff aus in das Meer geworfen. Damit dabei die Schiffswand nicht verletzt wurde, hing er an einem an der Seite des Schiffes herausragenden Balken. In vereinzelten Fällen warf man ihn auch vom Hinterteil aus in die Flut. Der Anker war an einem starken Tau befestigt; eiserne Ankerketten werden zuerst von Cäsar (de bello gallico III 13) erwähnt, der berichtet, daß sich die Veneter solcher bedienten.

Die „Trierenfrage".

Je nach der Zahl der Reihen von Ruderern, die ein Schiff führte, unterscheidet man Moneren, Dieren, Trieren, Tetreren, Penteren usw. usw. Polyeren. (Abb. 655 S. 495 und Abb. 667.) Es bildet nun eine alte Streitfrage, über die seit dem Jahre 1536, wo De Baïf dieses Thema aufrollte, eine Bibliotheken füllende Literatur niedergeschrieben wurde, wie denn eigentlich die Ruderer in diesen Polyeren und vor allem in den Trieren angeordnet waren. Die ganze Frage, die sich durchaus nicht nur auf die Trieren be= zieht, wird als „Trierenfrage" bezeichnet, weil in den alten Schriftstellern drei Arten von Ruderern solcher Trieren näm= lich, die „Thraniten" (obere Reihe), die „Zygiten" (mittlere Reihe) und die „Thalamiten" (untere Reihe) unterschieden werden. In dieser so umfang= reichen Literatur, an deren Aufstellung sich Philologen, Techniker und auch Seeleute

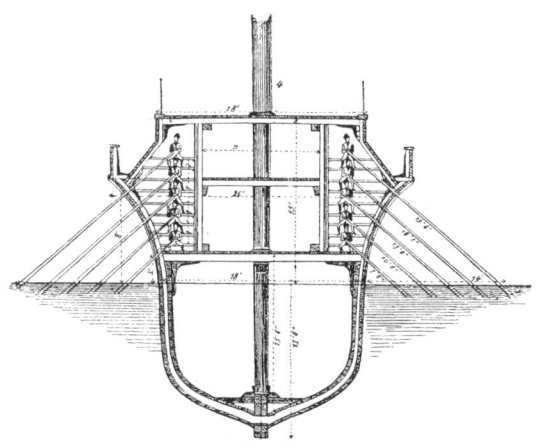

Abb. 667. Pentere.

beteiligten, kommen nun die mannigfachsten Ansichten zur Geltung, und es werden die verschiedenartigsten Zeichnungen der Sitzanordnung für Trieren und Polyeren gegeben. Von den neueren Polyerentheorien sei hier die Aßmanns (nach der Erläuterung Luebecks) angeführt: „Da nämlich bei Schiffen mit mehr als drei Ruderreihen gleichwohl stets nur von Thraniten, Zygiten und Thalamiten die Rede ist, so folgert Aßmann mit hoher Wahrscheinlichkeit, daß dem Ruderkörper

der Polyeren stets die Gruppeneinheit eines Thalamiten, Zygiten und Thraniten
in mehrfacher Wiederholung übereinander zu grunde lag, wobei die Rojer (Ruderer)
jeder einzelnen Gruppe nicht nur über= und voreinander, sondern zur Vermeidung
übergroßer Bordhöhe und Oberlast zugleich, nach der Schiffsmitte zu eingerückt,
schräg abgestuft nebeneinander saßen." Weber sieht den Grund der Erfolglosigkeit
der Lösung des Trierenrätsels hauptsächlich in zwei Irrtümern: „daß man nicht er=
kannt hat, daß ἄνω und κάτω nautisch nicht oben und unten, sondern hinten und
vorn bedeutet, und daß man übersah, daß die Alten wohl 1000mal nicht von Ruder=
reihen, sondern von Reihen von Ruderern sprechen". Er kommt auf Grund eingehender
Betrachtungen zu folgenden Schlüssen: „Die Schwere des Wassers hebt jedes Ruder=
blatt an die Oberfläche und würde bei irgend erheblichem Seegange die untersten Ruder=
blätter in die oberen hineinwerfen, falls es Ruderreihen gäbe. Bei einem Verweilen
oder Zurückziehen im Wasser
hindert aber jedes Ruder den
Lauf des Schiffes; jedenfalls
müßten die obersten Ruder
so hoch in die Höhe gezogen
werden, daß auch die unter=
sten über Wasser zurückge=
zogen werden könnten, und
dies will sagen bei Seegang
so hoch, daß die Blätter
höher kämen als die Griffe,
ein Unding von Kraft und
Zeitverschwendung. Außer=
dem ist dies eine Arbeit, die
weder von einem Manne mit

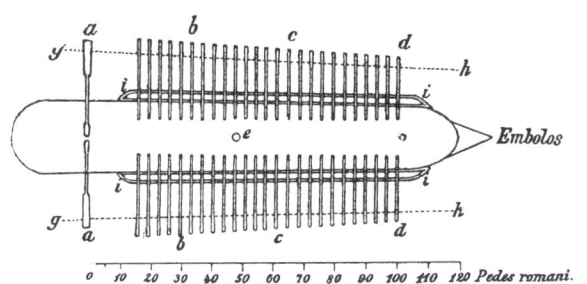

Abb. 668. Triere mit aus dem Wasser gehobenen Rudern, die beim
Herablassen alle gleichmäßig auf die Wasserlinie g h einfallen.
a pedalion: Steuer; b Thranitenruder; c Zygitenruder; d Thalamiten=
ruder; e Hauptmast.

5 m langen noch von drei Mann mit 17 m langen Rudern geleistet werden kann.
Diese Ruderarbeit korrespondiert vielmehr mit den von den Alten angegebenen Reihen=
zahlen, nämlich so, daß zu einem Trierenrem von durchschnittlich 5 m Länge drei
Reihen und zu dem Tessarakonterenrem von durchschnittlich 16 m Länge vierzig
Reihen — das heißt von Ruderern — gehörten" (s. Abb. 668).
    „Es ist also unmöglich, Schiffe zu führen, deren Ruderblätter nicht eine Reihe
im Wasser bilden; wohl aber notwendig, wenn man Schiffe hat, deren Ruder nur
1 m voneinander abstehen, diesen Rudern im Wechsel etwas höheren und etwas nie=
drigeren Stützpunkt zu geben und den Sitz der Ruderer von Polster ohne Holz anzu=
ordnen, um Stöße und Quetschungen zu vermeiden. Entgleitet hier ein Ruder,
so schlägt es in seiner Ebene weiter, trifft also nie den Kopf des Nebenmannes, zer=
schlägt nie sein Bein, das in nachgiebigem Polster steckt."
    Neuerdings ist die Trierenfrage nochmals und zwar von Busley einer
sorgfältigen Untersuchung unterworfen worden. Er kommt auf Grund ein=
gehender Studien zu dem Ergebnis, daß mit den auf drei Reihen verteilten ver=
schieden langen Riemen bei gleichzeitiger Benutzung wohl Schlag gehalten werden
konnte. Dann mußte aber bei allen Riemen das gleiche Verhältnis der inneren
Schaftlänge zu der ganzen Riemenlänge vorhanden sein, ferner war es nötig,
alle Riemen bei jedem Schlage gleichzeitig einzusetzen und endlich mußten sie
mit ein= und derselben Geschwindigkeit durchgezogen werden. Da die Ruderer
mit den kürzesten Riemen den kleinsten Weg beschrieben, so mußten sie eine

Pause einhalten, um mit den anderen Ruderer wieder in Takt zu kommen. Die Thalamiten mußten also so lange mit ihren aus dem Wasser gehobenen Riemen stillsitzen, bis die Riemen der Thraniten mit ihren Riemen in eine Richtung kamen. Dann mußten sie nach vorne schwingen und bei äußerster Auslage noch= mals so lange stillsitzen, bis die Thraniten ebenfalls ganz ausgeschwungen hatten, worauf dann beide Ruderreihen gleichzeitig zu neuem Schlage einsetzten. Die Zygiten mußten, wenn ihre Riemen eine Länge hatten, die zwischen der des Thraniten= und Thalamitenriemens lag, gleichfalls bei jedem Schlage eine Zeit= lang stillsitzen, jedoch nicht so lange, als die Thalamiten. Die Länge der Ruhe= zeit stand im Verhältnis zur Länge der Riemen. Es war eine lange Übung nötig, um eine Trierenmannschaft so gut einzurudern, daß sie mit ihren ver= schieden langen Riemen Rammstöße ausführen konnten. Busley vermutet aber, daß die Thraniten= und Zygitenriemen gleich lang waren, wobei nicht aus= geschlossen ist, daß die Thranitenriemen breitere Blätter hatten. Infolge der gleichen Länge ihrer Riemen konnten sie leicht miteinander Schlag halten. Die Thalamiten mußten besonders darauf eingeübt werden, sich diesem Schlag an= zupassen. Diese Forschungen Busleys, deren wesentlichen Ergebnisse wir vor= stehend wiedergegeben haben, dürften wohl die Lösung des so lange gesuchten Trierenrätsels in sich schließen.

Größe und Geschwindigkeit der Schiffe.

Die Größe der antiken Schiffe war im allgemeinen keine sehr bedeutende. Rechnet man ihre Ladefähigkeit nach heutigem Gebrauch in Tonnen (1 t = 1000 kg) um, so ergibt sich, daß große Handelsschiffe eine Tragkraft von etwa 52 Tonnen hatten. Im allgemeinen kann man wohl annehmen, daß Schiffe von über 100 Tonnen zu den Ausnahmen gehörten. Unter diesen Ausnahmen gab es allerdings solche von beträchtlicher Größe, die dann meist jedoch für besondere Zwecke gebaut waren. So hatte das von Caligula gebaute und von Plinius (XVI 40) beschriebene Schiff, das den vor dem Vatikan stehenden Obelisken aus Ägypten nach Rom brachte, den Berechnungen Aßmanns zufolge eine Ladefähigkeit von 2500 Tonnen. Der Drei= master „Alexandreia", den Hiero von Syrakus bauen ließ, und der für alle Häfen Italiens und Siziliens zu groß war, so daß Hiero sich genötigt sah, ihn dem Könige von Ägypten Ptolemäus Philadelphus zu schenken, vermochte 60 000 Scheffel Korn, 10 000 irdene Gefäße voll gesalzener Fische und eine Unmasse anderer Vor= räte zu laden. Er hatte 60 Zimmer und Säle, eine Küche, einen Garten, ein Gymna= sium, eine Bibliothek, ein Badezimmer usw. usw. Aus diesen Angaben berechnet Graser, daß dieses Schiff, zu dessen Aufnahme einzig und allein der Hafen von Alexan= dria geeignet war, eine Ladefähigkeit von 4200 Tonnen hatte. Vom Standpunkt unserer heutigen Schiffsbautechnik aus betrachtet, gehörte es also immer noch zu den kleineren Schiffen. Die Zahl der Ruderer war je nach der Größe sehr verschieden: Die Moneren hatten bis zu 50 Ruderern, die Trieren zur Zeit des Demosthenes führten auf jeder Seite 31 Thraniten, 27 Zygiten und 27 Thalamiten; bei einzelnen großen Schiffen, wie z. B. dem Vierzigruderer (Tessarakontere) des Hiero von Syra= kus stieg die Zahl aller Ruderer auf 4000. Allerdings hatte die Seitenwand dieses Schiffes, der „Alexandreia", eine Länge von 124,32 m, an der somit in jeder der 40 Reihen 50 Ruderer saßen.

Auch über die Geschwindigkeit der antiken Schiffe lassen sich sehr gut Berechnungen anstellen. Herodot (IV 86) erzählt, daß ein Schiff in den langen Tagen bei Tage 70 000 Klafter, bei Nacht 60 000 macht. Ein Segelschiff, das eine Fahrt vom 9 Tagen und 8 Nächten hinter sich hat, hat in dieser Zeit 11 100 Stadien zurückgelegt, was 1300 Stadien in 24 Stunden entspricht. Es ergibt sich somit eine Geschwindigkeit von 9,6 km pro Stunde, wobei allerdings zu berücksichtigen ist, daß die Länge des Stadions nicht genau feststeht. Sie betrug für das Stadion als Wegemaß (Itinerarsta= dion) 240 Schritt = 157 m (nach Eratosthenes um 200 v. Chr.), während die des olympischen Stadions 192,27 m, die des römischen 185 m betrug. Dörpfeld be= rechnet aus den von Strabo und Ptolemäus mitgeteilten Entfernungen die Länge des Stadions auf 166 m. Aus den Angaben des Xenophon (Anabasis VI 4, 2) läßt sich für eine Triere sogar eine Geschwindigkeit von 15,3 km Geschwindigkeit pro Stunde berechnen. Ganze Flotten fahren natürlich langsamer, sie legen in der Stunde nur etwa 3,7 km zurück. Als mittlere Leistung kann man nach Weber 7,8 km pro Stunde annehmen.

Busley geht bei seinen eingehenden Betrachtungen und Berechnungen über die Geschwindigkeit der Trieren von der Zahl der in der Minute aus= führbaren Schläge und der Verteilung der Zeit auf Schlag, Durchzug und Pause aus, wobei er für die Triere unter Berücksichtigung ihrer Schwere 20 Schläge in der Minute annimmt. Er kommt auf Grund dieser seiner Be= rechnungen sowie sonstiger Unterlagen zu folgenden Schlüssen: „Als Ergebnis der auf verschiedene Weise abgeleiteten Geschwindigkeit der Trieren erscheint daher eine mittlere nur durch Rudern erreichte Fahrt von 4 Knoten (1 Knoten = eine Seemeile = 1852 Meter auf die Stunde berechnet; 4 Knoten also 7408 Meter in der Stunde, Anm. d. Verf.) durchaus möglich. Unter Zuhilfenahme der Segel konnte auch bei günstigem, d. h. achterlichen Winde und nicht zu hoher See eine Durchschnittsfahrt von 5 Knoten innegehalten werden, was aber schon als eine besonders günstige Reisegeschwindigkeit galt. Als klassisches Beispiel hierfür läßt sich die Fahrt der Triere anführen, die 405 v. Chr. nach der den peloponnesischen Krieg entscheidenden Seeschlacht von Aegos=Potamos die Nach= richt von der Niederlage nach Athen brachte. Diese Reise wird als hervorragend schnell bezeichnet, die Triere hat dabei etwa 5 Knoten gelaufen. Mehr wie höchstens 6 Knoten können nur für ganz kurze Zeit unter äußerster Anspannung der Kräfte aller Ruderer erreicht worden sein, z. B. bei Ausführung eines Rammanövers während der Seeschlacht."

———————

Literatur zum Abschnitte „Schiffe und Schiffbau" siehe hinter dem Ab= schnitte: „Die Häfen".

Schiffahrt.

Kunst und Technik der Schiffahrt waren trotz des zu manchen Zeiten lebhaften Seeverkehrs im Altertum eigentlich wenig entwickelt. Man betrieb nur Küstenschiff= fahrt und traute sich — mit Ausnahme der Phönizier — nicht auf das offene Meer hinaus. Insbesondere die Römer fürchteten die hohe See, und wenn sie auch im Interesse ihres Handels und zu Kriegszwecken große Flotten unterhalten mußten, so waren sie doch niemals tüchtige Seefahrer. Ebensowenig wie man den Mut hatte, sich von der Küste zu entfernen, wagte man es, bei Nacht zu fahren. Man ruderte oder segelte nur bei Tage an der Küste entlang, wobei man allenfalls tief ins Land hineinreichende Buchten durch Queren abschnitt, und zog dann am Abend die Schiffe ans Land. Trotzdem das Mittelmeer, der Hauptplatz für die antike Schiffahrt, zu den ruhigeren und wenig stürmischen Meeren gehörte, hatte man zu gewissen Monaten, während deren man Stürme befürchtete, doch Angst, Seefahrten zu unternehmen. Hesiod gibt in seinem Kalender an, daß zwei Zeiten der Schiffahrt günstig sind: „Mitte August, wenn die heiße Sommerzeit zu Ende geht, dann ist gut Wetter auf See und keine Gefahr für Schiff und Mannschaft — es sei denn, daß Poseidon oder Zeus gerade jemanden vernichten wollten. Denn um diese Zeit ist reine Luft und ruhige See. Aber man muß sich mit der Rückreise beeilen und darf nicht bis zur Weinlese ausbleiben. Denn dann kommen bald Südwestwinde mit Regen und schwerem See= gang. Die andere Reisezeit fällt in den Frühling. Wenn die Blätter an den jungen Trieben der Feige so lang sind wie ein Krähenfuß, dann ist das Meer fahrbar. Im Herbst, wenn man die Plejaden vor dem Orion am Morgenhimmel untergehen sieht, dann sind alle Winde stürmisch, und dann darf man kein Fahrzeug zu Wasser haben, muß sie vielmehr alle aufs Land ziehen und zudecken, damit die feuchten Winde sie nicht verderben. Und den Pfropfen muß man herausnehmen, damit das Regenwasser abläuft, und das Holz nicht fault." Unter diesem „Pfropfen" ist ein bei den kleineren Schiffen des Altertums am Boden oder neben dem Kiel angebrachter Pfropfen zu verstehen, der in einem durch den Schiffsboden gebohrten Loche steckte. Zog man ihn heraus, so konnte das im Schiffe befindliche Wasser ablaufen. Der Pfropfen trat natürlich nur in Tätigkeit, wenn das Schiff auf dem Lande lag.

Diese während des ganzen Altertums herrschende Zaghaftigkeit, sich dem Meer anzuvertrauen, hinderte nicht, daß doch einzelne kühne Unternehmungen durchge= führt wurden. So fuhren die Ägypter schon im dritten Jahrtausend v. Chr. durch das Rote Meer nach dem Puntlande, das in Südarabien oder an der Somaliküste lag und etwa 600 v. Chr. scheinen auf Veranlassung des ägypti= schen Königs Necho II. phönizische Schiffer von der Ostküste Ägyptens aus um ganz Afrika herumgefahren zu sein. Sie kehrten im dritten Jahre nach ihrer Abfahrt durch die Säulen des Herkules, also durch die Straße von Gibraltar, wieder zurück. Necho II. wollte damals schon jenen Kanalbau ausführen, der erst im 19. Jahrhundert durch den Kanal von Suez zur Wirklichkeit wurde, und der eine Verbindung zu Wasser zwi= schen dem Mittelländischen und dem Roten Meere bezweckte. Inwieweit die Um= schiffung Afrikas bei diesem Plane maßgebend war, läßt sich heute nicht mehr fest=

stellen, jedenfalls aber zeigt uns der Bericht des Herodot über diese kühne Seefahrt, daß die Phönizier auch hier ihrer bei derartigen weiten Fahrten gebräuchlichen Gewohnheit treu blieben: Sie stiegen irgendwo ans Land, bestellten den Boden, säten und warteten dann die Ernte ab. Wenn sie diese eingeheimst und ihre Schiffe mit den Erträgnissen neu verproviantiert hatten, stachen sie wieder in See. Wie aber schon erwähnt, konnten vereinzelte derartige kühne Unternehmungen ebensowenig wie der Umstand, daß man später quer über das Meer von Italien nach Afrika oder ebenso von Syrakus nach Malta und von hier nach Kreta segelte, etwas an der Tatsache ändern, daß die ganze antike Schiffahrt eine mit großer Ängstlichkeit und vielen Vorsichtsmaßregeln durchgeführte Küstenschiffahrt war.

Dieser Umstand bewirkte auch, daß man nicht viele Nahrungsmittel mitnahm, und daß die Schiffe verhältnismäßig klein blieben. Man kam ja alle Abende an Land oder in einen Hafen, Zufluchten, die man auch bei aufziehendem Sturme sofort aufsuchte. Hier konnte man Nahrungsmittel finden, kochen, essen und schlafen, man brauchte also weder viel Proviant noch bequeme Unterkunftsräume für die Mannschaft. Die Schiffe zog man durch Menschenkraft auf das Ufer, später benutzte man die von Archimedes erfundene Winde, die auch dazu diente, die auf der Helling fertiggestellten Schiffe ins Meer zu lassen. Archimedes soll die Winde erfunden haben, als es sich darum handelte, das Riesenschiff Alexandreia des Königs Hiero von Syrakus vom Stapel laufen zu lassen. Wieweit man die Schiffe oft schleifte, läßt sich daraus ersehen, daß nach den Berichten des Strabo (VIII 6, 4) und des Pomponius Mela (II 3) an der 6 km breiten und 79 m hohen Landenge von Korinth ein Doppelhelling (δίολκος), also eine Schleifbahn angebracht war, über die hinweg man die Schiffe vom Ägäischen ins Jonische Meer schleifte.

An der Küste entlang fuhr man sehr vorsichtig. In unbekannten Gewässern bediente man sich der Lotsen, Untiefen und Klippen waren durch Seezeichen gekennzeichnet, die den Schiffer warnten. Dieser selbst bediente sich fleißig des Lotes, um derartige Stellen rechtzeitig zu erkennen. Flotten von mehreren Schiffen fuhren in fremden Gewässern in Kiellinie, wobei das erste lotete, die übrigen warnte und, wenn nötig, die Fahrrinne durch Seezeichen deutlich erkennbar machte. Auch zum Anlaufen der Häfen bediente man sich der Lotsen. Daß zahlreiche Wachtfeuer und Leuchttürme dem Schiffer bei eintretender Nacht als Merkmal und Warnungszeichen dienten, wurde schon in dem Abschnitt über „Beleuchtung" erwähnt (s. Seite 247ff.).

Gute Landungsstellen waren durch „Landmarken" bezeichnet. Eine solche Marke in Gestalt einer Säule von viereckigem Querschnitt ist uns in der sogenannten Iliastafel des Lesches erhalten, einem aus der Zeit der ersten römischen Kaiser stammenden Relief, das die Zerstörung Trojas nach der „kleinen Iliade" des Lesches (um 672 v. Chr.) darstellt. Man hat diese Säule (Abb. 669) früher für einen Leuchtturm gehalten, doch ist es

Abb. 669. Landmarke zur Kennzeichnung eines Landungsplatzes. Rechts davon ein auf den Strand gezogenes Schiff.

Geitel gelungen, mit zwingenden Gründen nachzuweisen, daß es sich hier um eine „Landmarke" handelt.

Wie jetzt, so gab es auch damals schon Handbücher für die Seefahrt, unter denen das hervorragendste der Σταδιασμὸς ἤτοι περίπλους τῆς μεγάλης θαλάσσης also: „Stadienfahrer oder Rundfahrt um das Mittelländische Meer" ist. Er enthält Angaben über alle Einzelheiten, die für den Seefahrer der damaligen Zeit wissenswert waren. Trotz dieser ausführlichen Angaben bringt das Buch keine eigentliche „Segelanweisung", die auch deshalb nicht nötig war, weil man nicht nach einem bestimmten Kurse über das Meer fuhr, sondern immer nur an der Küste entlang. Als Beispiel, wie die Angaben in diesem Buche gehalten sind, sei das folgende angeführt (nach Carl Müller):

„Aus See kommend, siehst du ein niedriges Land, vor dem kleine Inseln liegen. Bist du näher gekommen, so siehst du die Stadt an der See, eine weiße Düne und einen Strand. Auch die ganze Stadt hat ein weißes Aussehen. Einen Hafen hat sie nicht, du liegst aber sicher bei Hermaion. Übrigens heißt die Stadt Leptis ...."

„Von Gaphara nach Amaraia sind 40 Stadien. Das Bollwerk bietet eine Schutz= lage. Es ist Trinkwasser zu haben. Neben dem Flusse sieht man Ackerfelder. Der Fluß heißt Oinoladon ...."

„Von Thapsos nach Kleinleptis sind 170 Stadien. Es ist eine kleine Stadt. Es liegen dort Bänke über Wasser, und das Anlaufen der Stadt ist sehr schwierig ...."

„Von diesem Vorgebirge siehst du die Stadt Adrymeton in einer Entfernung von 40 Stadien. Es ist dort kein Hafen ...."

Fuhr man wirklich über See, so gestaltete sich die Orientierung sehr schwierig. Man hatte nach Breusing weder Mittel, um Entfernungen zu messen, noch kannte man den Kompaß, der die Innehaltung eines bestimmten Kurses ermöglichte. So mußte man sich nach der Sonne und den Gestirnen richten, die versagten, sobald sich der Himmel bewölkte. Dann gab wohl noch die Richtung der Wogen eine Zeitlang einen Anhalt, wohin man ungefähr steuerte, aber auch dies gewährte ja schon nach kurzer Zeit keine Sicherheit mehr. Alle diese Umstände lassen die Furcht des Altertums vor der hohen See als wohlberechtigt erscheinen. Da man nur ungefähr Kurs halten konnte, so traf man auch nie genau an den Punkt der Küste, den man ansteuern wollte, sondern gelangte meist nur in seine Nähe. Dann mußte man loten, um, sofern der Anblick der Küste keinen Anhalt gab, aus der Beschaffenheit des Grundes zu erkennen, wo man sich befand. Das Lot war unten ausgehöhlt, die Höhlung wurde mit Talg gefüllt, an dem Teile des Meeresbodens hängen blieben. Auch durch das Auffliegen= lassen von Vögeln suchte man zu ergründen, in welcher Richtung das Land lag. All= mählich besserten sich ja diese Verhältnisse etwas, da man lernte, die Meeres= und Luft= strömungen zu beobachten und insbesondere aus regelmäßig wehenden Winden Nutzen zu ziehen, da man ferner Seekarten anfertigte, und da man endlich mit Hilfe des Schattenstabes, des „Gnomons", die Länge des Schattens an verschiedenen Orten und für die verschiedenen Tage des Jahres festlegte. Die erhaltenen Zahlen wurden in Tabellen zusammengestellt, wie eine solche z. B. auch im Plinius (VI 33) enthalten ist. Führte das Schiff also einen Schattenstab mit sich, so konnte es aus der Länge des Schattens, aus dem Datum und aus der gleichfalls mitgeführten Tabelle die un= gefähre geographische Breite bestimmen, in der es sich befand.

Literatur zu dem Abschnitte: „Die Schiffahrt" siehe hinter dem Abschnitte: „Die Häfen".

Die Häfen.

Während man jetzt bei heranziehendem Unwetter die Nähe der Küste meidet und die offene See zu gewinnen sucht, wurde im Altertume der Hafen dem Schiffe die einzige sichere Zuflucht, denn auch das auf den Strand hinaufgezogene Schiff war bei starkem Sturm und hohem Wogengang gefährdet. Daher baute man die Häfen sehr sorgfältig aus, wobei man einerseits einen möglichst guten Ankergrund, andererseits möglichste Sicherheit vor feindlichen Angriffen zu gewinnen sucht. Ließ sich beides nicht vereinen, dann half man, indem man den einen oder anderen Gesichtspunkt mehr in den Vordergrund stellte, durch die verschiedenartigsten Kunstbauten nach. Mit Vorliebe wählte man zur Anlage der Häfen Buchten, die schon durch ihre Form eine Art von natürlichem Hafen bildeten. Um den Hafen gegen feindliche Überfälle zu schützen, schloß man ihn gewöhnlich in die Befestigung mit ein. Ein wichtiger, für die Anlage der Häfen maßgebender Gesichtspunkt war auch die Beschaffung von Trinkwasser. Merckel weist in seinen eingehenden Betrachtungen noch auf folgende Besonderheiten einzelner Häfen hin:

Die Phönizier waren bereits Meister des Hafenbaus, ihre Seestädte Sidon und Tyrus hatten beide große Häfen. In Sidon, das auf einer dreieckigen Landspitze liegt, erstreckten sich von dieser aus nach Norden und Süden lange Felsbänke und Inseln. Diese Inseln wurden durch Mauern fest mit den Felsbänken verbunden, und dann wurde das Ganze durch Dämme und Befestigungen gesichert. Auf diese Weise wurden zwei Häfen geschaffen. Tyrus lag auf einer Insel, die durch einen Damm mit dem Festlande verbunden wurde, und aus deren Ausbuchtungen man gleichfalls Häfen bildete.

Schon die ältesten griechischen Häfen hatten zum Teil künstliche Molen, die aus Doppelmauern bestanden. Der Zwischenraum zwischen den gewaltigen Steinen dieser Doppelmauern wurde durch Felsstücke ausgefüllt. Heute noch sind Reste derartiger Molen erhalten, die uns erkennen lassen, daß sie, wie z. B. die des Hafens von Methone, befestigt waren. (Abb. 670 bis 674 S. 510.) Die Molen hatten oft eine beträchtliche Höhe. So war die unter Polykrates (540—523 v. Chr.) aufgeführte Mole des Hafens von Samos nicht weniger als 35 m hoch. Die Länge der einen Mole des Hafens von Rhodus betrug fast 0,5 km (genau 450 m).

In ähnlicher Weise waren die Häfen der Römer vorzüglich ausgestattet. Unter ihnen erlangte vor allem der Hafen Roms, der an der Tibermündung bei Ostia gelegen war, große Bedeutung. Ursprünglich befand sich hier am Ufer nur eine Anlegestelle, die, da die Schiffe bald hier, bald dort anlegten, durch zwei Säulen enger begrenzt wurde. Der wachsende Handel und die vielen Schiffsuntergänge, die sich an der ungeschützten Anlegestelle ereigneten, erforderten dann die Anlage eines Hafens, der mit der Zeit immer mehr vergrößert und ausgebaut wurde, bis ihn zuletzt Kaiser Trajan (um 53—117 n. Chr.) zu einer riesigen und mustergültigen Anlage ausbaute. (Abb. 675.) Der Innenhafen von Ostia hatte die Gestalt eines Sechsecks, seine Wasserfläche betrug 235000 qm, die Tiefe belief

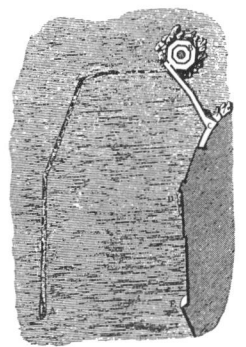

Abb. 670. Plan des Hafens von Methone.

A B Antike griechische Mole; B Fort (neuzeitlich); C Stadttor; D Reste der altgriechischen Festungsmauer.

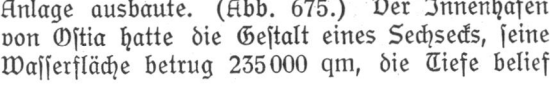

Abb. 671. Die altgriechische Mole von Methone links vom Molenrande (A auf Abb. 670) aus gesehen, sowie Blick auf Fort B der Abb. 670 (hinten Mitte) und Stadt (rechts). In der Stadtmauer (über der höchsten Spitze des im Vordergrunde liegenden Bootes) die Reste der alten Festungsmauer (D in Abb. 670 und Abb. 674).

Abb. 672. Das Ende der altgriechischen Mole (Molenkopf) von Methone

Abb. 673. Der Molenkopf von Methone von oben gesehen.

Die Umkleidungsmauer ist mit Felsstücken ausgefüllt.

Abb. 674. Reste der altgriechischen Festungsmauer von Methone. (D in Abb. 670).

sich auf 6 m, die Quais hatten eine Länge von 1970 m. Um den Hafen herzustellen, mußten 2 380 000 cbm Erde entfernt und 543 000 cbm Mauerwerk aufgeführt werden, eine gewaltige Leistung! Die Lagerschuppen hatten eine Ausdehnung von 1570 m. Der Hafen war auch sonst in jeder Hinsicht glänzend ausgestattet, mit vielen Kunstwerken geschmückt, mit Triumphbogen versehen usw. usw.

Ein ähnlich gewaltiges Werk war der Kriegshafen bei Kap Misenum, der unter Kaiser Nero (54—68 n. Chr.) sogar durch einen Kanal mit Rom verbunden wer=

den sollte, ein Werk, das jedoch nie zur Ausführung kam. Hingegen schuf man ober=
halb dieses Hafens einen gewaltigen Wasserbehälter, aus dem die Kriegsflotte ihre
Wasservorräte entnehmen sollte, die jetzt noch vorzüglich erhaltene, in den Berg
eingehauene „Piscina mirabi=
lis". (Siehe Abb. 586 S. 435.)
Außer diesem Wunderwerke
zeichnete sich der Hafen von
Kap Misenum noch durch eine
gewaltige Mole aus, deren
einzelne aus dem dort befind=
lichen Tuffgestein hergestellten
Blöcke eine Höhe von 8 m
hatten. Die Mole selbst war
800 m lang.

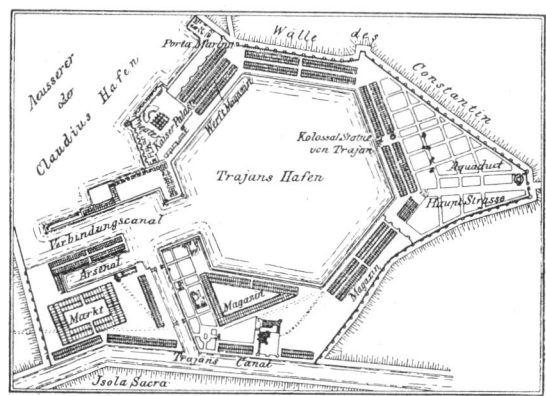

Abb. 675. Plan des Trajanshafens zu Ostia.

Um derartige Wasser=
bauten auszuführen, mußte
man natürlich über wasser=
dichte Mörtel verfügen, die
aber nicht immer Verwendung
fanden. Manchmal begnügte
man sich damit, die Blöcke einfach aufeinanderzutürmen, manchmal aber, wie
z. B. bei Kap Misenum, wurde eine Art von Beton aus Puzzolanmörtel, Sand und
kleinen Steinen (Kleinschlag) verwendet. Außerdem stellte man einen wasserdichten
Mörtel aus reinem Kalk und Öl her. Auch
die Anwendung einer Art von Senkkasten
für Arbeiten im Wasser war bekannt. Man
stellte sie durch Aufführung von Mauern
her, die einen rechteckigen Innenraum um=
schlossen. Aus diesen schöpfte man dann
das Wasser aus und füllte ihn mit Steinen
oder Mauerwerk an. Zur Fundierung
mancher Molen nahm man gewaltige Auf=
schüttungen vor, wobei man so lange
Steine und Geröll ins Meer versenkte, bis
ein fester Damm entstanden war, auf dem
man die eigentliche Mole aufführen konnte.
Manchen Hafen führte man, um sie von
Unrat zu reinigen, abgeleitete Bäche mit
starkem Gefälle zu, die alle Verunreinigungen
ins Meer hinausschwemmten. Die Hafen=
einfahrt machte man, um sie gut verteidigen
zu können, möglichst eng. Einfahrten von
97 m Weite, wie z. B. die des Kriegs=

Abb. 676. Die Nike von Samothrake auf
der Prora (Vorderteil) eines Schiffes
stehend.
Diese riesige Siegesgöttin wurde um 300 v. Chr.
von Demetrios Poliorketes für einen Seesieg
errichtet.

hafens von Zea bei Athen (Abb. 355 S. 274), gehören zu den Seltenheiten.
Gewöhnlich war die Hafeneinfahrt noch durch Befestigungen geschützt und so
eingerichtet, daß man sie durch Ketten, Querbalken oder Tore absperren konnte.
Gut ausgestattete Häfen, wie z. B. der von Ostia, waren reichlich mit Kranen,
Winden und sonstigen Einrichtungen zum Löschen der Ladungen ausgestattet.

Literatur zu den Abschnitten: „Schiffe und Schiffbau", „Die Schiffahrt" und „Die Häfen".

Anonymus, Der Rammsporn. Das Große Weltpanorama. 11. Jahrg., S. 291.

Arenhold, Die historische Entwicklung der Schiffstypen vom römischen Kriegsschiff bis zur Gegenwart. Kiel und Leipzig 1891.

Aßmann, Das Floß der Odyssee. Berlin 1904.

— Seewesen. In: Baumeister, Denkmäler des klassischen Altertums. München und Leipzig 1888.

— Zur Kenntnis der antiken Schiffe. Jahrb. d. Kaiserl. deutschen arch. Instituts 1889 2. Heft.

Bayfii Lazari, De re navali. Basel 1537.

Benndorf, Neue archäologische Untersuchungen auf Samothrake. Wien 1880.

Berghaus, Geschichte der Schiffahrtskunde. Leipzig 1792.

Blümner, Technologie und Terminologie der Gewerbe und Künste bei Griechen und Römern. II. Band. Leipzig 1879.

Boeth, Urkunden über das Seewesen des attischen Staates. Berlin 1840.

Breusing, Die Nautik der Alten. Bremen 1886.

Busley, Schiffe des Altertums. Sonderabdruck nach einem Vortrag auf der 20. Ordentlichen Hauptversammlung der Schiffbautechnischen Gesellschaft. März 1919.

Cartault, La trière athénienne. Paris 1881.

Daremberg et Saglio, Dictionnaire des Antiquités grecques et romaines. Paris 1874—1917.

Droysen, Griechische Kriegsaltertümer. In: Hermann, Lehrbuch der griechisch. Antiquitäten. Band II. Freiburg i. B. 1889.

Dümichen, La flotte d'une reine égyptienne au XVII siècle avant notre ère. Leipzig 1868.

Fincati, Le triremi. Roma 1881.

Friedländer, Darstellungen aus der Sittengeschichte Roms. Leipzig 1888—1890.

Friedrichson, Geschichte der Schiffahrt. Hamburg 1890.

Geitel, Die Entwicklung der Leuchtfeuer. Polytechnisches Zentralblatt 1900, Nr. 22, S. 235.

Glatzel, Das Meer als Mittel des Völkerverkehrs und als Kampffeld. In: Krämer, Der Mensch und die Erde. Band X.

Graser, De veterum re navali. Berlin 1864.

— Meine Messungen in altathenischen Kriegshäfen. Philologus, Band 31, S. 1 ff.

Haack, Über attische Trieren. Zeitschrift des Vereins deutscher Ingenieure 1895.

Herodot, Geschichten. I, 194; II, 96; IV, 44.

Hüllmann, Über die Entwicklung des Kriegsschif s. Festrede zur Feier des Geburtstags Sr. Majestät des Kaisers und Königs in der Technischen Hochschule Berlin 1918.

Jal, Archéologie navale. Paris 1840.

Konyenburg, van, L'Architecture navale depuis ses origines. Brüssel 1913.

Kopecky, Die attischen Trieren. Leipzig 1890.

Köster, Die Nautik im Altertum. Berlin 1914.

Krause, Das europäische Klima im letzten vorchristlichen Jahrtausend. Naturwissenschaftliche Wochenschrift 1913, S. 688 ff.

Layard, Nineve und Babylon, übersetzt von Zenker. Leipzig.

— The monuments of Niniveh. London 1853.

Lehmann-Haupt, Armenien einst und jetzt. Berlin 1910.

— Die historische Semiramis und ihre Zeit. Tübingen 1910.

Le Roy, Memoires sur la marine des anciens. Paris 1783.

Luebeck, Das Seewesen der Griechen und Römer. Hamburg 1890 u. 1891.

Marquardt-Mau, Das Privatleben der Römer. Leipzig 1886.

Maspero, Geschichte der morgenländischen Völker im Altertum. Leipzig 1877.

Merckel, Die Ingenieurtechnik im Altertum. Berlin 1899.

Moll, Die Entwicklung des Schiffsankers und die Grundlagen moderner Anker. Vortrag auf der XIX. ordentl. Hauptversammlung der Schiffbautechnischen Gesellschaft zu Berlin am 23. November 1917.

Pietschmann, Geschichte der Phönizier. In: Oncken, Allgemeine Geschichte in Einzeldarstellungen. Berlin 1878—1894, Band IV.

Pregél, Die Technik im Altertum. Sonderabdruck aus dem Jahresbericht der technischen Staatslehranstalten in Chemnitz. Chemnitz 1896.

Richter, Die römische Rednerbühne. Jahrb. d. kaiserl. deutsch. arch. Instituts. 1889, Heft 1.

Schubart, Ein Jahrtausend am Nil. Berlin 1912.

Serre, Les marines de guerre de l'antiquité et moyen-âge. Paris 1885—1891.

Spieß, Archimed von Syrakus. Akademische Antritt rede. Mitteilungen zur Geschichte der Medizin u. der Naturwissenschaften. Leipzig 1904, S. 231.

Tilmann, Entwicklung der Anker. Technische Rundschau d. Berl. Tageblattes 1912, Nr. 3.

Tyler, Wall Drawings and monuments of El Kab. The tomb of Remi (Plate London 1900, X; mittlere Reihe).

Weber, Die Lösung des Trierenrätsels. Danzig 1896.

Werner, Atlas des Seewesens. Leipzig 1871.

Wilkinson, The manners and customs of the ancient Egyptians. London 1878.

Quellennachweis für die Abbildungen und die ständig benutzte Literatur.

1. Abbildungen.

34*

2. Ständig benutzte Literatur.

Außer den am Schluß der einzelnen Abschnitte angegebenen Quellen wurden ferner bei der Bearbeitung des ganzen Werkes ständig noch die folgenden benutzt:

Baumeister, Denkmäler des klassischen Altertums zur Erläuterung des Lebens der Griechen und Römer in Religion, Kunst und Sitte. München und Leipzig 1885—1888.

Blümner, Technologie und Terminologie der Gewerbe und Künste bei Griechen und Römern. Leipzig 1884—1886. Berlin und Leipzig 1912.

Curtius, Griechische Geschichte. Berlin 1857—1861.

Daremberg und Saglio, Dictionnaire des antiquitées Grecques et Romaines. Paris 1877—1917.

Forrer, Reallexikon der prähistorischen, klassischen und frühchristlichen Altertümer. Berlin und Stuttgart 1908.

Friedländer, Darstellungen aus der Sittengeschichte Roms. Leipzig 1888—1890.

Herodot, Die Geschichten des Herodotos. Übersetzt von Lange. Leipzig.

Herons von Alexandria Druckwerke und Automatentheater. Griechisch und deutsch herausgegeben von Wilhelm Schmidt. Leipzig 1899.

Hoops, Reallexikon der germanischen Altertumskunde. Straßburg 1911 ff.

Mommsen, Römische Geschichte. Berlin 1903.

Pauly=Wissowa, Realenzyklopädie der klassischen Altertumswissenschaften. Stuttgart 1894 ff.

Plinius, Cajus Plinius Secundus Naturgeschichte. Übersetzt und erläutert von Ph. C. Külb. Stuttgart 1840.

Tacitus, Die Germania des Cornelius Tacitus. Aus dem Lateinischen mit Einleitung und Erläuterungen von Max Oberbreyer. Leipzig.

Vitruv, Reber: Des Vitruvius zehn Bücher über die Architektur. Stuttgart 1865.

Namen= und Sachverzeichnis.

36*